Margot Adler

INVOCANDO A LUA

Bruxas, Druidas, Cultuadores da Deusa e Outros Pagãos na América

Tradução de
DRAWING DOWN THE MOON
Por Claudiney Prieto

Margot Adler
INVOCANDO A LUA
Bruxas, Druidas, Cultuadores da Deusa e Outros Pagãos na América
ARDANE

Tradução autorizada do inglês
Direitos de edição para a Língua Portuguesa

Editor: Claudiney Prieto
Tradução: Ardane Books
Diagramação e Projeto Gráfico: Priscila Souza
Capa: Priscila Souza
Revisão: Luciana Papale

DADOS INTERNACIONAIS DE CATALOGAÇÃO NA PUBLICAÇÃO (CIP) CÂMARA BRASILEIRA DO LIVRO, SP, BRASIL

A237 ADLER, Margot
Invocando a Lua / Margot Adler ; tradução de Claudiney Prieto. Editora Ardane 1ª edição. São Paulo, 2025.

Tradução de: *Drawing Down The Moon*
ISBN: 978-65-85370-39-4

1. Wicca. 2. Bruxaria 3. Paganismo. 4. Magia. I. Título. II. Autor

CDD 133.43
CDU 133.4

Índice para catálogo sistêmico:
1. Bruxaria: Paganismo 133-43

EDITORA ARDANE
www.ardane.com.br
Fone: (11) 97774-4013
E-mail: contato@ardane.com.br
Instagram: @ardanebooks

Sumário

CAPÍTULO 11

CAPÍTULO 12

CAPÍTULO 13

Apêndices

Prefácio à Edição Brasileira

Tradução, antes de tudo, é um encontro de almas. É o olhar de um leitor apaixonado que mergulha fundo, toma nas mãos o texto original e o conduz cuidadosamente para outra cultura e língua, oferecendo-lhe uma nova casa sem desrespeitar suas raízes e sua força original. E foi exatamente com essa consciência, sensibilidade e respeito que realizei a tradução desta obra essencial, buscando preservar em cada frase a riqueza histórica e espiritual de *Drawing Down the Moon*, um trabalho original de Margot Adler, que, desde seu lançamento em Nova York no simbólico Dia das Bruxas de 1979, tornou-se rapidamente uma das mais importantes referências sobre o renascimento do Paganismo Moderno, da Wicca e das tradições ligadas à espiritualidade da Deusa. Naquela época, dois livros simultaneamente acenderam a chama da consciência Pagã contemporânea: este aqui, que você tem agora em mãos, e o não menos lendário *A Dança Cósmica das Feiticeiras*, de Starhawk. Ambos trouxeram para a luz do debate público ideias, práticas e crenças há muito esquecidas ou marginalizadas, contribuindo diretamente para uma revolução cultural e espiritual.

Starhawk e Adler são dois nomes fundamentais dessa revolução espiritual silenciosa, mas profundamente transformadora, que se espalhou primeiro pelos Estados Unidos e logo alcançou o mundo. Se o livro de Starhawk é visto frequentemente como o manifesto vibrante e feminista da espiritualidade da Deusa e da Bruxaria moderna, o texto de Adler representa o olhar atento e profundamente investigativo, uma janela aberta para uma diversidade rica e pulsante, descrevendo de maneira detalhada e precisa a variedade de práticas, tradições e crenças que renasciam com força no final do século 20.

Uma das grandes virtudes de Margot Adler é o seu talento para captar o espírito de seu tempo enquanto projeta o olhar para além dele. Ao folhear estas páginas, somos conduzidos a uma viagem pelo passado recente da espiritualidade Neopagã, enquanto fazemos uma reflexão profunda sobre o futuro que desejamos construir. Em seu trabalho cuidadoso e pioneiro, Adler nos mostra que as Tradições Pagãs, longe de serem relíquias estáticas ou movimentos isolados, estão em constante diálogo com as necessidades e desafios da humanidade contemporânea.

Para nós, Bruxos brasileiros, esse diálogo se torna especialmente potente. O Brasil é um país singular, cuja história é marcada por encontros, desencontros, resistências e reinvenções culturais e espirituais constantes. É um espaço onde o sagrado e o profano, o tradicional e o contemporâneo convivem intensamente, criando uma espiritualidade multifacetada, sincrética e profundamente viva. Em nosso território, tão permeado por espiritualidades afro-brasileiras, tradições indígenas, catolicismo popular, misticismo e esoterismo, as reflexões de Adler ecoam com uma potência única.

É precisamente essa diversidade, essa pluralidade espiritual, que faz do Brasil um solo fértil para o crescimento do Neopaganismo, especialmente a Wicca e a espiritualidade da Deusa. Aqui, mais do que em outros lugares, as tradições descritas por Adler encontram acolhimento, num contexto privilegiado para florescerem e se renovarem continuamente. Ao ler *Invocando a Lua* – nome escolhido para dar voz a esta bela obra em nosso país –, você certamente reconhecerá ecos de nossas próprias práticas, ancestrais ou contemporâneas, nas histórias e experiências que Adler compartilha.

Nesta obra monumental, Adler apresenta entrevistas, relatos pessoais e reflexões esclarecedoras sobre o papel histórico das religiões de natureza que, antes marginalizadas, hoje ganham crescente legitimidade cultural e acadêmica. Com sua voz sensível e lúcida, Adler combate preconceitos e abre espaço para compreender a espiritualidade como uma experiência de conexão profunda e pessoal com a natureza, com o sagrado e com as antigas tradições. Neste livro, Margot Adler faz uma investigação profunda, trazendo à tona as muitas vozes, sonhos e perspectivas daqueles que ousaram desafiar dogmas tradicionais, retornando a antigas formas de veneração aos ciclos naturais, aos arquétipos femininos e masculinos em equilíbrio e ao conhecimento ancestral de povos nativos, europeus e antigos. Mas ela não se limita apenas a descrever; ela vivencia, participa, questiona e se transforma com os grupos, Covens, Groves e comunidades Pagãs por onde passou em suas pesquisas. Sua narrativa reflete o respeito profundo pela diversidade espiritual e pela riqueza das tradições Pagãs e Wiccanianas.

Quando *Drawing Down the Moon* foi publicado originalmente, o movimento Neopagão ainda dava seus primeiros passos e muitos o viam como uma subcultura alternativa e efêmera. No entanto, o tempo revelou algo bem diferente. Nas décadas seguintes à publicação, os grupos Wiccanianos, Pagãos e Neopagãos cresceram exponencialmente, multiplicaram-se e evoluíram de maneira extraordinária, superando até mesmo as expectativas mais otimistas da própria Adler.

Na época em que Margot iniciou suas pesquisas, menos de cem mil pessoas nos Estados Unidos se identificavam abertamente como Pagãs ou Bruxas. Hoje, essas estimativas ultrapassam largamente a casa do milhão. E essa transformação se deve, em grande parte, à coragem e ao pioneirismo de obras como esta, que abriram um diálogo honesto e desmistificador sobre um tema muitas vezes incompreendido.

O mérito excepcional de Adler reside em ter sido capaz de transitar entre diferentes universos e tradições espirituais, documentando de maneira imparcial, sensível e humana as múltiplas faces desse movimento. Não há, em seu trabalho, preconceitos nem julgamentos superficiais. O que vemos aqui é um retrato fiel e apaixonado da diversidade espiritual, um verdadeiro mosaico onde diferentes caminhos coexistem em respeito e harmonia.

Invocando a Lua nos convida a compreender o Paganismo e a Bruxaria moderna como manifestações genuínas e profundas de espiritualidade, pautadas não por dogmas inflexíveis, mas por valores comuns como respeito à natureza, valorização da diversidade, aceitação do corpo, da sexualidade, da imaginação e da magia como elementos sagrados da existência humana. Para Adler, não há antagonismo entre o sagrado e o profano. Pelo contrário, seu livro é uma celebração vibrante do prazer, do êxtase e da alegria que podem coexistir perfeitamente com uma vida espiritual autêntica e responsável.

Margot Adler não se limita a contar histórias de Bruxas e Magos modernos. Ela nos conduz pelas questões essenciais que permeiam o renascimento Pagão contemporâneo, explorando debates fundamentais sobre legitimidade, identidade cultural, feminismo, ecologia e espiritualidade. Cada capítulo oferece uma oportunidade para refletirmos sobre nossa relação com o Planeta, com os outros seres humanos e com nós mesmos. Adler dialoga com autores consagrados como Mircea Eliade e Norman Cohn e não evita debates complexos, como a controvérsia Murraísta - proposta pela antropóloga Margaret Murray - sobre a possível sobrevivência de cultos Pagãos organizados na Europa pré-moderna, teoria hoje rejeitada pela maior parte da academia, mas que ainda exerce um fascínio significativo sobre os praticantes modernos da Arte. Ela também revisita Gerald Gardner sob uma nova luz, questionando velhas certezas e abrindo caminhos para novos entendimentos, com um olhar crítico, mas também respeitoso, compreendendo que o poder simbólico desses mitos muitas vezes supera sua exatidão histórica literal, e entendendo que a Wicca moderna se fundamenta muito mais em valores espirituais e éticos do que em certezas históricas absolutas.

Com um estilo fascinante e acessível, Adler apresenta os diversos ramos da Wicca - da Tradição Gardneriana clássica, passando pela Alexandrina, pelas vertentes mais feministas e politizadas como a Diânica e a Reclaiming, até as formas modernas mais criativas e ecléticas. O leitor brasileiro poderá acompanhar, ao longo dessas páginas, o surgimento, crescimento e consolidação desses grupos e movimentos, percebendo como as antigas crenças foram reinventadas para refletir os desafios contemporâneos.

Nesta jornada encantadora e esclarecedora, Adler desmistifica a ideia simplista da Wicca e da Bruxaria Moderna como mera reação à sociedade dominante, revelando essas Tradições como caminhos espirituais válidos e autônomos, que oferecem uma visão diferente do divino e uma filosofia que questiona profundamente o modo como nos relacionamos com a vida e a natureza. Ela nos mostra que, diante das crises ambientais, sociais e espirituais de nosso tempo, muitas respostas podem vir justamente desses caminhos "alternativos", que resgatam a importância da comunidade, da criatividade e do respeito profundo pela diversidade cultural e espiritual.

Um dos grandes diferenciais de Margot Adler reside em sua impressionante habilidade de contextualizar historicamente o Paganismo moderno, oferecendo ao leitor uma visão abrangente sobre suas origens e seu desenvolvimento ao longo das últimas décadas. *Invocando a Lua* analisa criticamente as narrativas que deram origem ao que hoje chamamos genericamente de "Bruxaria moderna" e "Wicca", sem jamais cair na tentação simplista de apresentar esses movimentos como fenômenos isolados ou dissociados das grandes questões históricas, sociais e políticas do nosso tempo.

A história narrada por Adler nos leva a uma reflexão profunda sobre o papel da espiritualidade Pagã na sociedade contemporânea. Ao percorrer a narrativa detalhada de como os diversos grupos Neopagãos evoluíram, ela nos revela o diálogo constante entre o renascimento espiritual e movimentos culturais mais amplos, como o feminismo, a ecologia, o movimento pelos direitos civis e o questionamento profundo das estruturas tradicionais de poder e religião no Ocidente. Isso nos faz perceber claramente que o Paganismo contemporâneo é, além de um retorno ao passado idealizado, uma resposta vibrante e consciente às crises e desafios do nosso presente.

Adler, com sua escrita lúcida e envolvente, nos ajuda a entender por que tantas pessoas hoje buscam respostas no Paganismo. Sua obra nos faz refletir sobre nossa desconexão histórica com os ciclos naturais, nossa separação crescente da comunidade e nossa perda do sentido de mistério e sacralidade. E, ao mesmo tempo, ela nos oferece caminhos concretos para a reconexão, caminhos que passam pelo respeito à diversidade espiritual, pelo retorno à celebração dos ciclos naturais e pela valorização de práticas comunitárias e rituais que nos colocam em contato direto com o mistério e a beleza da vida.

Finalmente, leitor brasileiro, chegamos ao ponto deste prefácio em que me permito falar diretamente ao seu coração. Ao encerrar a tradução deste clássico absoluto do Neopaganismo moderno, sinto-me profundamente tocado e privilegiado por poder entregar-lhe este livro em nossa língua. Para mim, como autor e estudioso das tradições Neopagãs, da Wicca, da Bruxaria e do Ocultismo, não poderia haver honra maior ou alegria mais sincera do que apresentar-lhe uma obra desta grandeza histórica e espiritual.

Traduzir este livro para o português brasileiro foi, para mim, um verdadeiro ato de amor. E eu espero, sinceramente, que você perceba essa energia ao longo de cada página. Acredito profundamente que este livro tem o poder de tocar almas, despertar consciências e transformar vidas, assim como fez comigo quando o li pela primeira vez há quase três décadas. Tenho a certeza de que, após mergulhar nas reflexões e histórias compartilhadas por Margot Adler, você sentirá o mesmo chamado que senti para olhar com novos olhos o mundo, a natureza e a si mesmo.

Nesta edição brasileira, procurei cuidadosamente preservar não apenas a precisão e a fidelidade da tradução, mas, principalmente, o espírito autêntico e o estilo cativante da autora. No entanto, com o passar do tempo, muitos dos sites, endereços e telefones citados na obra original podem já não ser os mesmos. Cabe ao leitor fazer uma pesquisa prévia, caso deseje entrar em contato com esses grupos.

A você que já trilha o caminho da Arte, que este livro amplie seus horizontes, inspire suas práticas e fortaleça ainda mais seu vínculo com suas crenças e sua comunidade. Para você que chega agora, que estas páginas sejam um convite acolhedor para um universo rico e transformador, onde a espiritualidade é vivenciada com alegria, liberdade, autenticidade e profunda conexão com a Terra. Aos acadêmicos, historiadores, feministas, ambientalistas e estudiosos brasileiros, que o livro forneça uma base sólida e informada para compreender a grandiosidade deste movimento espiritual contemporâneo, suas raízes e impactos no cenário mundial atual.

Com este sentimento, recomendo este livro com entusiasmo absoluto. Que ele seja uma referência constante em sua jornada pessoal, uma fonte inesgotável de sabedoria, inspiração e Magia. Que ele o ajude a perceber que cada pessoa possui o poder mágico de transformar o mundo por meio de pequenas ações cotidianas, celebrações comunitárias e, acima de tudo, através do reconhecimento da sacralidade da vida em todas as suas manifestações.

A obra que você está prestes a mergulhar é histórica, profunda, provocadora, libertadora e revolucionária. Desejo que você se sinta transportado diretamente para a presença de Adler, ouvindo suas palavras claras e apaixonadas, percebendo sua empatia profunda e compartilhando suas descobertas. E que ela traga inspiração e coragem para você reivindicar o direito de viver plenamente sua espiritualidade, seja qual for o caminho que seu coração escolher. Que ela fortaleça a convicção de que um mundo plural, diverso e espiritualmente livre é possível e desejável.

Agora, convido você a passear pelas páginas seguintes e, como tantas vezes na história da humanidade, invocar a Lua – essa luminosa e eterna guardiã dos mistérios, das transformações e do poder espiritual que pulsa em cada um de nós.

Concluo este prefácio dedicando esta tradução à memória de Margot Adler, cuja coragem, inteligência e sensibilidade continuam inspirando gerações.

Boa leitura!

Claudiney Prieto

Historiador e autor do best-seller

Wicca - A Religião da Deusa

@claudineyprieto

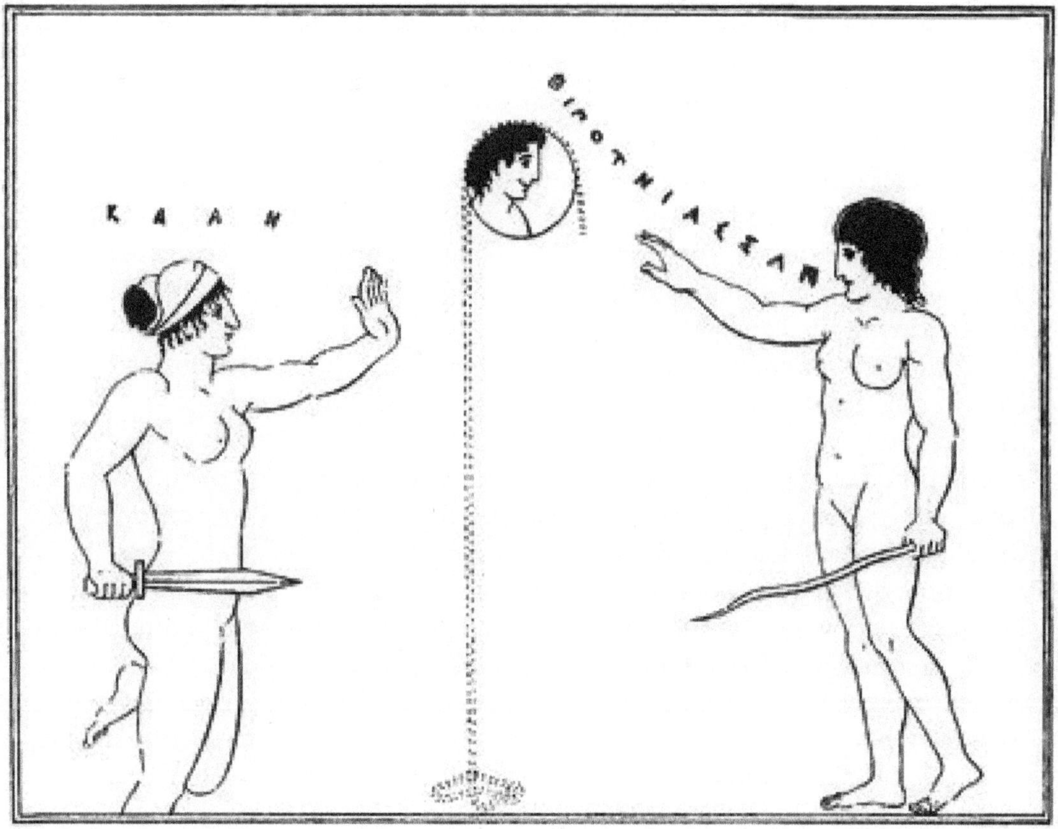

Drawing Down the Moon[1], *uma das poucas representações conhecidas deste antigo ritual, proveniente de um vaso grego, provavelmente do segundo século AEC.*

(Biblioteca Pública de Nova York)

1 N.T: o título original deste livro em inglês, *Drawing Down the Moon*, "Puxar a Lua para Baixo", foi escolhido pela autora tanto como uma referência ao ritual praticado nos Covens da Bruxaria Moderna quanto pela poesia que a expressão transmite. A terminologia sugere que os Bruxos modernos estão revitalizando o culto à Deusa da Lua, atraindo seu poder para a Terra de forma que ele se manifeste novamente no mundo. No Brasil, optamos pelo título *Invocando a Lua* para nomear a edição traduzida de *Drawing Down the Moon* para o português.

PREFÁCIO PARA A NOVA EDIÇÃO

No Dia das Bruxas, em 1979, *Drawing Down the Moon* foi publicado na cidade de Nova York. No mesmo dia, *A Dança Cósmica das Feiticeiras,* de Starhawk, foi publicado na Califórnia. Estes dois livros continuam sendo a introdução de muitas pessoas ao Paganismo Moderno, à Wicca e à Espiritualidade da Deusa. Embora tenham perspectivas diferentes, ambos vislumbraram um movimento Pagão muito maior do que aquele que existia quando os livros foram publicados pela primeira vez. Esse movimento maior se concretizou, embora seja muito diferente do que qualquer autor imaginava.

Quando *Drawing Down the Moon* foi publicado, os Pagãos modernos, Heathens[2], Druidas e Wiccanianos nos Estados Unidos eram menos de cem mil pessoas. Hoje, muitas estimativas apontam de quatro a sete vezes esse número, com mais de um milhão em todo o mundo.

Nos mais de vinte e cinco anos desde que *Drawing Down the Moon* foi publicado, o mundo mudou muito, mas estranhamente, embora muitos detalhes tenham se alterado e algumas das organizações iniciais não existam mais, as ideias fundamentais presentes neste livro parecem mais relevantes agora do que em 1979.

A mensagem contida nesta obra sempre será a de que o mundo espiritual é como o mundo natural - apenas a diversidade o salvará. Assim como a saúde de uma floresta ou de um campo perfumado pode ser avaliada pela diversidade de insetos, plantas e criaturas que ali prosperam, da mesma forma, apenas por meio de uma abundância extraordinária de caminhos espirituais e filosóficos os seres humanos poderão navegar pelas tempestades escuras e turbulentas que marcam nossa era atual. "Não podemos chegar a um segredo tão grandioso", escreveu Símaco dezesseis séculos atrás, "apenas por uma via".

Sabemos que a tendência espiritual dominante de nosso tempo é o fundamentalismo militante. Homens-bomba suicidas morrem como mártires na Palestina e no Iraque. Neste país, os fundamentalistas lutam para alterar materiais didáticos e proibir livros. Assim como as corporações que empobrecem países

2 N.T.: o termo se refere aos seguidores de religiões Neopagãs nórdicas e suas variadas formas de reconstrução como, por exemplo, o Ásatrú.

em desenvolvimento ao converterem suas terras em monoculturas, a crença em uma única palavra, verdade ou caminho para a luz favorece a destruição de ideias, instituições e pessoas. Há quase cem anos, o historiador James Breasted escreveu esta frase controversa que vale a pena contemplar: "O Monoteísmo é nada mais que o imperialismo na religião."

Se recuarmos o suficiente no tempo, veremos que todos os nossos antepassados eram Pagãos. Suas religiões tinham poucos credos ou dogmas. Não havia profetas, apenas mitos e lendas, sem textos sagrados a serem tomados literalmente. Essas religiões eram baseadas na celebração dos ciclos sazonais da natureza. Fundamentadas no que as pessoas faziam, não no que acreditavam. São essas religiões politeístas que estão sendo revividas e recriadas pelos Neopagãos hoje. Este livro é a história desse ressurgimento Pagão.

Drawing Down the Moon está fundamentado na visão de que a realidade é múltipla e diversa. O livro se opõe às visões religiosas e políticas totalitárias que dominam o mundo. Ele diz, "esforce-se para se sentir confortável no caos e na complexidade. Seja como um Xamã que caminha em muitos mundos". A premissa básica do livro é que seu próprio caminho espiritual não necessariamente é o meu. Na verdade, até as religiões mais extremas e autoritárias podem ser vistas como caminhos espirituais individuais apropriados – mas são apenas uma flor em um jardim.

Entretanto, existem muitos grupos religiosos antiautoritários, incluindo muitos cristãos, muçulmanos e judeus, sem mencionar os Quakers, Bahais, Unitaristas e inúmeros outros. O que é incomum nos Pagãos modernos é que eles permanecem antiautoritários enquanto mantêm rituais e técnicas extáticas que, em nosso tempo, são usados principalmente por religiões dogmáticas ou grupos tribais indígenas.

Como os Pagãos são um grupo muito diverso, é errado dizer que todos acreditam nisso ou naquilo, mas aqui estão algumas crenças que muitas pessoas neste livro compartilham:

> O mundo é sagrado. A natureza é sagrada. O corpo é sagrado. A sexualidade é sagrada. A imaginação é sagrada. A Divindade está imanente na natureza; está dentro de você, assim como está fora. A maioria dos caminhos espirituais leva as pessoas a compreenderem sua própria conexão com o Divino. Embora os seres humanos muitas vezes estejam desconectados de experimentar a conexão profunda e sempre presente entre eles e o Universo, essa conexão muitas vezes pode ser recuperada por meio de cerimônias e da comunidade. A energia que você emite para o mundo retorna para você.

Hoje em dia, existem muitos bons livros sobre Paganismo Moderno, Bruxaria e Espiritualidade da Deusa, e muitas obras acadêmicas importantes. Mas este livro ainda é a única história detalhada das origens do Neopaganismo nos Estados Unidos. Portanto, ao preparar esta nova edição, surgiu um dilema entre preservar o livro como um registro histórico ou atualizá-lo para refletir as transformações do

Paganismo Moderno nos últimos vinte anos, desde sua última revisão significativa. Muitas pessoas me pediram para incluir apenas adições, não mudanças. No final, adotei um meio-termo, o mesmo que adotei em 1986 – deixando a maior parte do livro intacta, fazendo algumas alterações, cortando partes de capítulos que pareciam excessivamente longas ("Vivendo na Terra"), colocando um capítulo que parecia realmente desatualizado em um apêndice ("Acadêmicos, Escritores, Jornalistas e o Ocultismo"), expandindo muito as seções sobre Festivais Pagãos, Heathenismo, Espiritualidade Gay, os Erisianos e Tradições Wiccanianas, e adicionando algumas páginas novas sobre estudos Pagãos. Também criei um guia de recursos mais amplo e atualizado para grupos Pagãos, festivais, publicações e sites na web, com mais de trezentas listagens. Inclui um número maior de grupos druidas e *heathens*, além de mais entradas da Europa, Austrália, Canadá e África do Sul. Mesmo com tudo isso, a explosão de Festivais Pagãos (mais de 350 nos Estados Unidos), sites na Web (pelo menos 5.000, provavelmente mais) e outros grupos, mostra que o movimento Pagão está se tornando tão grande, que está cada vez mais difícil de mapear.

Embora algumas das primeiras organizações que ajudaram a criar o renascimento Neopagão não sejam mais predominantes, é importante lembrar que foram elas que originaram e desenvolveram conceitos-chave que moldaram a visão Neopagã – conceitos esses como a diferença entre uma religião tribal e uma religião baseada em credos, entre religiões de imanência e de transcendência, entre perspectivas politeístas e monoteístas, e entre religiões fundamentadas em palavras e aquelas baseadas na experiência.

Um aspecto fascinante do crescimento do paganismo na Internet é que algumas dessas organizações iniciais – grupos que pareciam moribundos quinze anos atrás – ganharam uma nova vida no ambiente digital.

Finalmente, embora alguns acadêmicos possam discordar, ninguém converte outras pessoas ao Paganismo ou à Wicca. Você não verá alguém distribuindo panfletos Pagãos ou pregando em uma esquina. Muitas pessoas encontraram este livro – ou centenas de outros – em algum canto remoto da América ou do mundo, talvez em uma biblioteca de cidade pequena, em uma livraria de segunda mão, esquecido na estante de um amigo ou até mesmo em uma prisão. Ao abrir suas páginas, muitas vezes essas pessoas experimentaram um retorno ao lar. Talvez tenham dito, "Nunca soube que havia mais alguém no mundo que sentia o que eu sinto ou acreditava no que sempre acreditei. Nunca soube que minha religião tinha um nome". A essas pessoas, este livro é dedicado.

PREFÁCIO

"Paganismo na América"... Essa simples frase desperta respostas profundas em muitas pessoas. Um livro sobre Paganismo pode abordar vários temas - já que o termo "Pagão" foi definido de diversas maneiras, desde "decadência" e "sensualidade", até um retorno ao primitivo ou uma postura contrária à religião. Este poderia ser apenas mais um termo em um livro sobre narcisismo em nosso tempo, ou sobre ateísmo ou hedonismo. Não importa o quão precisamente seja definida - e ela é definida com precisão nas páginas que se seguem - a palavra "Pagão", assim como "anarquista" ou "comunista", evoca expectativas complexas e muitas vezes negativas nos leitores.

Pelo menos algumas centenas de milhares de pessoas nos Estados Unidos se autodenominam Pagãos ou Neopagãos hoje, e elas usam a palavra de diversas maneiras diferentes. Essas pessoas - o tema deste livro - consideram-se parte de um movimento religioso que antecede o Cristianismo e o Monoteísmo. Por Pagão, geralmente se referem às religiões naturais pré-cristãs do Ocidente e suas próprias tentativas de revivê-las ou recriá-las em novas formas. O ressurgimento do Paganismo Moderno inclui adoradoras feministas da Deusa, Bruxas modernas, novas religiões baseadas nas visões de escritores de ficção científica e tentativas de reviver antigas religiões europeias - nórdica, grega, romana, druídica e celta, entre outras.

O movimento Pagão não inclui a maioria dos grupos religiosos do Oriente. Também não inclui satanistas nem cristãos. E está em marcado contraste com muitos outros movimentos religiosos alternativos que receberam ampla cobertura na imprensa - desde os Hare Krishnas até a Igreja da Unificação. Os grupos mencionados neste livro são, em grande parte, não autoritários. A visão Pagã sustenta que doutrina, dogma, ascetismo ou uma sociedade governada por mestres não são necessários para a experiência visionária, e que êxtase e liberdade podem coexistir. Isso se alinha bem com nossa sociedade pluralista.

A Parte I deste livro fornece algumas definições básicas e filosóficas. O capítulo I descreve as linhas gerais desse movimento e define palavras desafiadoras como "Pagão" e "Bruxo". O capítulo 2 descreve minha própria entrada nesse mundo, há trinta e cinco anos, como uma observadora-participante, e discute como a entrada, na maioria desses grupos, difere do processo de conversão tão familiar em muitas religiões. O capítulo 3 trata da visão de mundo Pagã: como a perspectiva politeísta de muitos grupos Pagãos exige – pelo menos em teoria – uma postura contra o autoritarismo.

A Parte II aborda o renascimento da Bruxaria, sua história, seus vínculos com a Grã-Bretanha e certos folcloristas britânicos, além de suas práticas, crenças e tradições atuais. Um capítulo explora o papel da magia e do ritual nesses grupos, enquanto outro discute os Covens de Bruxas feministas e a interseção mais ampla entre feminismo e Paganismo.

A Parte III examina outros grupos Neopagãos: o ressurgimento e reconstrução de antigas religiões europeias – druidas, *heathens*, bem como o reavivamento de religiões da Grécia e do Egito antigos. Há ainda uma seção sobre espiritualidade gay e outra que aborda religiões baseadas em fantasia e visões privativas, bem como uma miscelânea de grupos que surgiram como sátira, desde druidas reformistas da América do Norte até adoradores de Eris, a Deusa do Caos.

A Parte IV examina a relação de todos esses aspectos com o "mundo real" e ainda analisa as atitudes dos Pagãos em relação ao meio ambiente, política, trabalho, tecnologia e ciência. Também destaca as amplas mudanças que ocorreram no movimento ao longo dos últimos vinte e cinco anos.

Este livro não teria sido possível sem a contribuição de centenas de pessoas, muitas das quais têm seus nomes mencionados ao longo do texto.

Para a edição mais recente, a Internet foi uma bênção. Obrigada a: Andras e Dierdre Arthen, Z Budapest, Chas Clifton e a *Nature Religions Scholars Network*, Jennifer Culver, Selena Fox, Sally Miller Gearhart, Judy Harrow, Ronald Hutton, Willow La Monte, Michael Lloyd, Aidan Kelly, Morgan McFarland, Patricia Monaghan, Harold Moss, Jean Mountaingrove, Fritz Muntean, Sparky T. Rabbit, Oberon Zell-Ravenheart, Victoria Slind-Flor, Volkhvy, Ben Waggoner, Dale Wallace, Don Wildgrube e centenas de outros que me indicaram de uma pessoa para outra, de e-mail a e-mail.

O livro original nunca teria sido possível sem os comentários e críticas de amigos, acadêmicos e um grupo diversificado de Neopagãos, incluindo Isaac Bonewits, Sharon Devlin, Aidan Kelly, Morgan McFarland, Penny Novack, Theodore Roszak, Jeffrey Burton Russell e meu marido, John Gliedman. Outros, cujas conversas ou ideias ajudaram a inspirar o livro, incluem Lindsay Ardwin, o falecido Bruce Kenyon, Zana Miller, Arnie Sacher, Kathleen Pullen, John Schaar, Ursula Le Guin, Ernest Becker e Ernest Callenbach. Todos os possíveis erros são meus.

Voluntários transcreveram quase duzentas horas de entrevistas gravadas. Agradeço especialmente a Patricia Holub e Elena La Pera. Além disso, Susan Advocate, Doug Berk, Arlene Coffee, Alice Elste, Mary Joiner, Melvin Jones, Jackie Kelly, Jean Kononowitz, Herb Penmen e Maureen Scherer.

Viajei milhares de quilômetros fazendo pesquisas para a primeira edição. Visitei centenas de pessoas e participei de rituais em Groves e Covens por todo os Estados Unidos e na Inglaterra. Muitas vezes fui acolhida e alimentada por estranhos, que rapidamente se tornaram amigos. Um agradecimento especial a Doris e Vic Stuart, Morgan McFarland, Mark Roberts, os Zell-Ravenhearts, Athena e Dagna, Gwydion Pendderwen, e minha querida amiga, já falecida, Alison Harlow.

O jornal Neopagão *Green Egg* publicou um longo questionário que fiz e recebi centenas de páginas em resposta.

A segunda edição, em 1986, não teria sido possível sem a ajuda de Larry Cornett, Selena Fox, Christa Heiden e Bob Murphy. Também recebi conselhos ou ajuda de Judy Harrow, Oz, Starhawk, Isaac Bonewits, Ginny Brubaker e Doreen Valiente.

Para a revisão de 1986, distribuí quatrocentos questionários em três festivais pagãos em 1985: Rites of Spring, COG MerryMeet e Pagan Spirit Gathering. Também entrevistei participantes do Festival de Espiritualidade Feminina. O questionário foi publicado no jornal neopagão *Panegyria*, e recebi cento e noventa e cinco respostas, entregues pessoalmente ou enviadas pelo correio. Para esta edição de 2006, conduzi entrevistas em Rites of Spring e Pagan Spirit Gathering, além de me corresponder e conversar com representantes de mais de trezentos grupos diferentes — pela internet, telefone e correio.

Quanto às bibliotecas e instituições, agradeço ao Instituto para o Estudo da Religião Americana e a J. Gordon Melton; aos Arquivos de História Lésbica em Nova York; à Fundação C. G. Jung e sua biblioteca, e à Biblioteca Pública ambas em Nova York, e especialmente à Sala Frederick Lewis Allen da Biblioteca Pública - uma sala maravilhosa para escritores - onde todas as edições, exceto esta, foram escritas.

Um agradecimento especial à falecida Mary Card, que lecionou por doze anos na *The City and Country School,* dedicando um ano inteiro à Grécia Antiga. Sem essa experiência, essa jornada talvez não tivesse ocorrido. Também agradeço ao professor Gilbert Rose, que me introduziu aos rudimentos da língua grega antiga na faculdade, permitindo que meus pensamentos seguissem por caminhos incomuns.

Meu muito obrigada ao grupo de mulheres que se reúne nos dias úteis na cafeteria Juliano, por me manterem sã.

Este livro teve vários editores diferentes durante suas quatro edições. Agradeço a Edwin Kennebec, Alida Becker, Joanne Wycoff e minha nova editora na Penguin, Rakia Clark. E um agradecimento profundo a Jane Rotrosen e Donald Cleary da Agência Jane Rotrosen.

Aqui está a verdadeira história. Um encontro casual em um bar foi o maior responsável pela existência de *Drawing Down the Moon.* Um amigo me apresentou a uma agente, Jane Rotrosen, lá atrás, em 1974. Seus olhos se arregalaram enquanto eu começava a falar sobre minhas experiências com Pagãos e Bruxas. "Você já pensou em escrever um livro?", ela perguntou? "Não", eu disse. E eu realmente não tinha pensado, então acrescentei: "Ao contrário do rádio, a palavra escrita é tão eterna". Obrigada, Jane - trinta e um anos após aquele primeiro encontro, aqui está a mais nova edição.

AGRADECIMENTOS

A autora agradece às seguintes editoras pela permissão para reimprimir trechos: De *Religious and Spiritual Groups in Modern America*, de Robert S. Ellwood, Jr., © 1973 por Prentice-Hall, Inc. Com permissão de Prentice-Hall, Inc., Englewood Cliffs, N.J. De *Occultism, Witchcraft and Cultural Fashions*, de Mircea Eliade, © 1976 University of Chicago. Com permissão da University of Chicago Press. *The Occult and the Modern World* apareceu originalmente no *Journal of the Philadelphia Association for Psychoanalysis*, Vol. 1, Nº. 3, setembro de 1974. De Edward J. Moody, *Magical Therapy: An Anthropological Investigation of Contemporary Satanism*; Marcello Truzzi, *Towards a Sociology of the Occult; Notes on Modern Witchcraft*; e Harriet Whitehead, *Reasonably Fantastic: Some Perspectives on Scientology, Science Fiction, and Occultism*, em *Religious Movements in Contemporary America*, eds. Irving J. Zaretsky e Mark P. Leone, © 1974, por Princeton University Press. Com permissão de Princeton University Press. De *Europe's Inner Demons: An Enquiry Inspired by the Great Witch-Hunt*, de Norman Cohn, © 1975, por Norman Cohn. Com permissão de Basic Books, Inc., Publishers, New York. De *An ABC of Witchcraft Past and Present and Natural Magic*, por Doreen Valiente, © respectivamente 1973 e 1975, por Doreen Valiente. Com permissão de St. Martin's Press, Inc., New York. De *Eleusis and the Eleusinian Mysteries*, de George E. Mylonas, © 1961, por Princeton University Press. Com permissão de Princeton University Press. De *The Religious Background of the Present Environmental Crisis*, de Arnold Toynbee, publicado originalmente em *The International Journal of Environmental Studies*, 1972, Vol. III, Gordon and Breach Science Publishers Ltd., 41/42 William IV Street, London WC2, England. Com permissão dos editores e do Espólio do Professor Toynbee. De *The Witch Archetype*, de Ann Bedford Ulanov, publicado originalmente em *Quadrant*, Vol. X, Nº. 1, 1977. Com permissão da C. J. Jung Foundation for Analytical Psychology, Inc., New York, NY. De *Witchcraft: Classical, Gothic and Neo-pagan*, por Isaac Bonewits, © 1976, por Green Egg, St. Louis, Missouri. De *The Druid Chronicles (Evolved)*, ed. Isaac Bonewits, Berkeley Druumenon Press, Berkeley, Califórnia, 1976. De *Real Magic*, por P. E. I. Bonewits, Creative Arts Book Company, © 1979 por P. E. I. Bonewits. De *Green Egg*, © 1968-1976, por *Green Egg*, St. Louis, Missouri. De *Gnostica*, © 1973-1975, por Llewellyn Publications, St. Paul, Minnesota.

De *The Rebirth of Witchcraft*, manuscrito não publicado por Aidan Kelly, © 1977, por Aidan Kelly. De *Why a Craft Ritual Works, Palengenesia, e She Touched Me...* em *Essays Toward a Metathealogy of the Goddess*, por C. Taliesin Edwards (Aidan Kelly), © 1975, por C. Taliesin Edwards. De *"I.D.,"*, poema de Barbara Starrett, © 1974, por Barbara Starrett. Ilustração da abertura, permissão concedida por *Art and Architectural Division* da Livraria Pública de Nova York (Astor, Lenox and Tilden Foundation).

NOTA SOBRE NOMES E LINGUAGEM

Diversas pessoas mencionadas aqui estão usando nomes "da Arte" ou "Pagãos" em vez de seus nomes verdadeiros. Isso pode ocorrer por segurança no trabalho, pela comunidade em que vivem ou simplesmente por não quererem tornar pública sua religião. Seus desejos foram respeitados

Ao longo do livro, não uso as palavras "homem", "humanidade" ou "ele" como termos genéricos. Atualmente, esses termos significam "masculino" em vez de serem realmente genéricos. Muitos dos autores que cito usam esses termos, suas citações foram mantidas intactas. Há também várias citações que contêm palavras com grafias intencionalmente não convencionais, como *womin*[3] e "tealogia".

3

I

Contextualizando a Obra

... As Bruxas da Tessália que
puxam para baixo a lua do céu...

— GÓRGIAS, PLATÃO

Se eu contemplasse o sol enquanto ele brilhava, ou a lua caminhando em sua luminosidade; e meu coração fosse secretamente seduzido, ou minha boca beijasse minha própria mão: isso também seria uma iniquidade a ser punida pelo juiz; pois eu teria negado o Deus que está acima.

— JÓ, XXXIII, 27-8

Capítulo 1

Paganismo e Preconceito

Nos últimos quarenta e cinco anos, junto ao tão citado ressurgimento de grupos "ocultos" e "mágicos", surgiu um movimento religioso diversificado e descentralizado, que ainda passa despercebido em grande parte e, quando reconhecido, costuma ser mal compreendido. Nos Estados Unidos, existem milhares de grupos pertencentes a esse movimento, cada um com um número que varia de alguns poucos a várias centenas de membros. Ecléticos, individualistas e muitas vezes detentores de uma autonomia rigorosa, esses grupos não apresentam as características que a mídia costuma atribuir aos cultos religiosos. Em geral, surgem de maneira independente e mantêm uma estrutura simples, sem "gurus" ou "mestres". Possuem poucos templos e realizam encontros em bosques, parques, apartamentos e casas. As operações com grandes quantias de dinheiro são incomuns, e a entrada nesses grupos ocorre por um processo que dificilmente pode ser chamado de "conversão".

Embora apresentem diferenças em tradição, abrangência, estrutura, organização, rituais e nomes de suas divindades, esses grupos religiosos se reconhecem como parte de um mesmo movimento filosófico e espiritual. Adotam um nome comum para si: Pagãos ou Neopagãos[4], compartilham um conjunto de valores e se comunicam por meio de boletins informativos[5], sites e encontros regionais e nacionais.

A maioria dos Neopagãos sente vivacidade e "presença" na natureza. Geralmente, são politeístas, animistas ou panteístas, ou duas ou três dessas coisas ao mesmo tempo. Partilham o objetivo de viver em harmonia com a natureza e tendem a ver o "avanço" da humanidade e a separação da natureza como a principal fonte de alienação. Eles encaram o ritual como uma ferramenta para acabar com essa alienação. Os Neopagãos costumam buscar inspiração e nutrição nas antigas

4 "Pagão" e "Neopagão" são escritos com letras maiúsculas, pois as palavras são usadas aqui para descrever membros de uma religião, da mesma forma que se descreveria um "Cristão" ou um "Judeu". As palavras "Bruxo" e "Bruxa" serão escritas com letra maiúscula quando usadas para se referir a membros da religião da Bruxaria Moderna, da Wicca ou da Arte.

5 Publicações sobre Bruxaria/Paganismo (seja em circulação atualmente ou publicadas nos últimos trinta e cinco anos) incluem: The Crystal Well, The Waxing Moon, Nemeton, Green Egg, Korythalia, The New Broom, The Hidden Path, Medicine Wheel, Earth Religion News, The Witches Broomstick, Wica Newsletter, The Witches' Trine, Star-Child, Insight, Quest, Revival, The Wiccan, Florida Aquarian, Northwind News, The Black Lite, Survival, Iris, Julian Review, The Harp, Witchcraft Digest, Psychic Eye, Seax Wica Voys, Word to the Wise, Gnostica, The Enchanted Cauldron, Khepera, Esbat, Moon Rise, Wicca Times, Georgian Newsletter, Runestone, Women's Coven Newsletter, Druid Chronicler, Castle Rising, Caveat Emptor, Pagan Renaissance, The Coming Age, The Cauldron, The Covenstead, The Unicorn Speaks, The Summoner, The Sword of Dyrnwyn, Old Gods and New Devils, The Heathen, Raven Banner, Shrew, The Pagan Way.

religiões naturais pré-cristãs da Europa, nas religiões extáticas e nas tradições de mistério. Eles gravitam em torno de símbolos e mitos das antigas religiões politeístas dos gregos, egípcios, celtas e sumérios. Nesse processo, estão recuperando essas fontes, transformando-as em algo novo e também incorporando as visões de Robert Graves e até mesmo de J.R.R. Tolkien, além de outros escritores de ficção científica e fantasia, bem como alguns dos ensinamentos e práticas do que resta dos povos aborígenes.

A maioria destes grupos cresceu nas cidades, onde a perda do enriquecimento do mundo natural é mais evidente e onde há também um maior número de ferramentas intelectuais para ampliar tal percepção. Alimentados por uma visão romântica, fantasiosa e por atividades visionárias, e ainda fortalecidos por um sentimento de crise planetária e pela ideia de que tal visão da natureza pode ser submersa em um pesadelo ecocida, os Neopagãos frequentemente se aliam a outros movimentos filosóficos e políticos.

Desde 1972, tenho circulado livremente entre um grande número de Neopagãos. Visitei Groves e Covens por todo o país e participei de muitos festivais e reuniões. Também visitei grupos no Canadá e no Reino Unido. Este livro traça o ressurgimento dessas religiões contemporâneas da natureza.

No final da década de 1960, estava na moda caracterizar a contracultura e o movimento psicodélico como um movimento visionário, "neossacral" e "neotranscendental"[6] que combinava uma visão mística do cosmos com um estilo de vida contracultural e uma abordagem política mundana. Na última década, esse movimento praticamente desapareceu e o seu lugar foi ocupado por grandes grupos religiosos bem financiados, geralmente caracterizados pelo autoritarismo e pelo ascetismo. A Igreja da Unificação de Sun Myung Moon e a Sociedade Internacional da Consciência de Krishna de Swami Prabhupada são dois exemplos entre muitos.

Em contraste, os grupos Neopagãos descritos nestas páginas preservam algo do impulso original "neossacral" dos anos 1960. Eles não consideram o prazer como pecaminoso, nem concebem este mundo como um fardo. Embora muitos de seus membros tenham vidas bastante comuns e muitas vezes bem-sucedidas no "mundo real", eles conseguem se distanciar de muitas das tendências atuais, mantendo um senso de humor, um anarquismo gentil e uma notável tolerância à diversidade.

Tenho notado que muitos intelectuais se tornam indiferentes no instante em que são confrontados com as palavras "Bruxaria", "Magia", "Ocultismo" e "Religião", como se tais ideias exercessem um poder perigoso, que pudesse enfraquecer as suas faculdades racionais. No entanto, muitas destas pessoas mantêm uma abertura

---

6 "Neossacral" foi usado, por exemplo, por Andrew M. Greeley em "Implicações para a Sociologia da Religião do Comportamento Oculto na Cultura Jovem", no livro *On the Margin of the Visible: Sociology, the Esoteric and the Occult*, editado por Edward A. Tiryakian (New York: John Wiley & Sons, 1974), p. 295. Apresentado pela primeira vez como um artigo na reunião anual de 1970 da American Sociological Association; "Neotranscendental" foi usado, por exemplo, pelo psiquiatra Raymond Prince em "Trabalho no Casulo: Uma Interpretação da Preocupação da Juventude Contemporânea com o Místico", no livro *Religious Movements in Contemporary America*, editado por Irving Zaretsky e Mark Leone (Princeton: Princeton University Press, 1974), p. 263.

generosa em relação a visionários, poetas e artistas, alguns dos quais podem ser bastante loucos de acordo com os padrões "racionais". Eles são fascinados por pessoas de diversas profissões e estilos de vida que têm laços históricos com, digamos, os transcendentalistas ou os surrealistas, desde que a palavra "Ocultismo" não seja mencionada.

Se o Neopaganismo fosse apresentado como um movimento intelectual e artístico, cujos adeptos têm novas percepções sobre a natureza da realidade, o lugar da sexualidade e o sentido de comunidade, os acadêmicos ficariam imediatamente interessados em estudá-lo. Os filósofos políticos escreveriam artigos sobre o sentimento de admiração dos Neopagãos e a visão minoritária que eles representam. Os críticos literários comparariam as imagens poéticas das pequenas revistas publicadas e distribuídas pelos grupos com as imagens dos escritos de Blake e Whitman. Os psicólogos junguianos se apressariam em estudar o uso de arquétipos antigos pelos Neopagãos e seu amor pelos clássicos e pela antiga tradição.

Mas palavras como "Bruxa" e "Pagão" não se acomodam facilmente na mente ou na língua. Embora as reportagens sobre o Paganismo e a Wicca tenham melhorado na última década, os jornalistas populares ainda apresentam, com muita frequência, um Neopaganismo composto de personagens estranhos e ritos peculiares[7].

A realidade é muito diferente. Este movimento religioso de pessoas que muitas vezes se autodenominam "Pagãos", "Neopagãos" e "Bruxos" é apenas parcialmente um fenômeno "oculto". Muitas vezes entrelaçados à tradição visionária e artística, ao movimento ecológico, ao movimento feminista e à tradição libertária.

Alguns estudiosos e especialistas analisaram e compreenderam o Neopaganismo, mas o público ainda mantém uma visão imprecisa sobre ele. Os equívocos começam no nível mais básico, no significado das palavras usadas para descrever crenças e atitudes. Tomemos como exemplo a palavra "Magia". A maioria das pessoas a define como "superstição" ou "crença no sobrenatural". Em contraste, Magos, Bruxas e outros praticantes não a associam ao sobrenatural.[8]

Aqui está um exemplo que ilustra a profundidade e a complexidade dessas diferenças. Durante minhas viagens me deparei com um grupo de Bruxos que vivia em uma fazenda nas planícies do Colorado.[9] Este pequeno grupo era liderado por um casal que se autodenominava Michael e Judy. No seu quintal, criavam e vendiam animais, ordenhavam cabras, abatiam porcos e cultivavam vegetais, que eram enlatados e armazenados. As estações mudavam e o trabalho prosseguia. Michael e Judy eram Bruxos – isto é, eram

---

7 A maioria dos grupos Neopagãos se reúne em Groves, Círculos ou Covens. A palavra "ninhos" é usada para descrever grupos dentro da Igreja de Todos os Mundos. O termo "vórtices" tem sido usado pelas Filhas da Rainha Élfica.

8 Um capítulo inteiro poderia ser escrito sobre as várias definições da palavra "Magia" encontradas nos dicionários. O *Oxford English Dictionary*, por exemplo, define-a como "A suposta arte de influenciar o curso dos eventos... por processos que se acredita obter sua eficácia através do poder de chamar a intervenção de seres espirituais ou de ativar princípios ocultos da natureza", e depois adiciona o que equivale a um breve ensaio histórico, sugerindo que a Magia de ontem é frequentemente a Ciência de hoje.

9 Originalmente chamada *Craftcast Farm*, tornou-se "A Ordem Sagrada de Santa Brígida", em 1977.

membros de uma religião de natureza politeísta que adoravam uma Deusa e um Deus e se consideravam Sacerdotes e Sacerdotisas da Mãe Terra. Fora isso, viviam vidas bastante comuns, como seus vizinhos, que também cultivavam e criavam animais. Ao contrário da maioria dos seus vizinhos, no entanto, eles não tinham televisão e passavam as poucas horas de tempo livre todos os dias estudando música e lendo livros sobre mitologia, história celta ou história e filosofia da prática mágica.

Os seus rituais marcavam as mudanças sazonais do ano e proporcionavam um foco para diversas atividades criativas - desde a escrita de poesia e teatro até um grande número de atividades que, nesta sociedade, são geralmente obras de artistas e não de agricultores.

Eles plantavam conforme as fases da lua (assim como fazem milhares de agricultores), utilizavam remédios fitoterápicos para tratar feridas em seus animais e realizavam rituais para se conectarem ao mundo natural, vivenciando de perto o ciclo de morte e nascimento de animais e plantas.

Agora, o que a Magia representava para esse grupo de Bruxos? Em que aspectos sua definição se diferenciava da visão popular e das interpretações acadêmicas? Qual teria sido um exemplo real de Magia na fazenda?

Embora esse grupo já tivesse se dissolvido, visitei a fazenda em 1974 e 1976. Em um dia quente e seco, quatro de nós - eu, dois voluntários de fim de semana que estudavam com o Coven e um membro em tempo integral - fomos convidados a ir até o rio, que costumava secar no fim do verão, deixando apenas um leito rachado em setembro. Todos os anos, conforme a água desaparecia, os peixes morriam. Nosso objetivo era recolher os peixes agonizantes em baldes, encher um pequeno caminhão com eles e utilizá-los como compostagem para uma horta orgânica.

Alguns peixes flutuavam na superfície, mas a maioria ainda se debatia, fugindo na tentativa de sobreviver por mais algumas horas, talvez dias. O trabalho foi desgastante, confuso e ineficaz. Depois de três horas, estávamos cobertos de lama até as coxas e voltamos com apenas dois baldes de peixe. A tarefa parecia impossível.

De volta à fazenda, Michael afirmou que retornaria conosco ao rio, garantindo que o trabalho era viável e, mais do que isso, que os peixes eram necessários. Eu estava cética. A caminho do rio, ele falou algumas palavras sobre Magia (talvez a única vez que ouvi essa palavra durante minha estada na fazenda). "Magia", disse ele, "é simplesmente a arte de obter resultados". Michael havia notado que os peixes estavam morrendo e que poderiam ser aproveitados para fertilizar a terra. Ele plantou em nós a necessidade de agir.

Michael então descreveu como os ursos capturam peixes com as patas. Pediu que nos imaginássemos como ursos, colocando-nos no lugar de um animal faminto em busca de alimento. Tentei visualizar a essência da vida de um urso. Com esse estado de espírito, avançamos até o meio do rio, onde a água chegava à cintura, e começamos a bater as mãos muito rapidamente, agarrando os peixes e lançando-os por cima da cabeça em direção à praia. Continuamos esse processo de tapas e arremessos até a praia ficar coberta de peixes. Uma hora depois, juntamos tudo em baldes e levamos até o caminhão, que logo ficou cheio quase até o topo.

Se eu fosse ampliar a definição de Magia de Michael, faria mais ou menos assim: "Magia é um termo prático para descrever um conjunto de técnicas que envolvem a mente. Neste caso, trata-se da mobilização de confiança, vontade e emoção, provocada pelo reconhecimento da necessidade, do uso da imaginação e, especialmente, da visualização para compreender como outros seres interagem na natureza, de modo que se possa aplicar esse conhecimento para alcançar os objetivos desejados."

Essa Magia não tinha relação com o sobrenatural. Em vez disso, baseava-se na compreensão dos processos psicológicos e ambientais. Era um tipo de Xamanismo, um conhecimento sobre como a emoção e a concentração podem ser direcionadas de maneira natural para provocar mudanças na consciência, influenciando o comportamento de humanos e peixes, neste caso. É importante ressaltar que essa definição naturalista de Magia não é exclusiva da fazenda no Colorado. De alguma forma, ela é comum a muitos grupos mencionados nestas páginas.

Curiosamente, as definições tradicionais de Magia no ocultismo quase nunca fazem referência ao sobrenatural. Por exemplo, na famosa definição de Aleister Crowley, Magia é "a Ciência e a Arte de fazer com que a mudança ocorra em conformidade com a Vontade"[10]. Mais tarde, Isaac Bonewits definiu a Magia como "Parapsicologia popular, uma arte e ciência concebida para permitir às pessoas fazer uso eficaz de seus talentos psíquicos".[11] A maioria dessas definições vincula a Magia à compreensão do funcionamento da mente. Na verdade, a ideia do sobrenatural, de algo fora da natureza, é uma noção totalmente moderna, desconhecida pelos antigos.

Magia é apenas um dos muitos termos sobre os quais há mal-entendidos. Outros desses termos são as palavras Pagãos e Bruxos. Pagão vem do latim *paganus*, que significa "morador do campo", e é derivado de *pagus*, a palavra

10 Aleister Crowley, *Magick in Theory and Practice*, publicado privadamente em Paris, em 1929. Recentemente publicado em *Magick*, ed. John Symonds e Kenneth Grant (London: Routledge Kegan Paul, Ltd., 1973), p. 131. Crowley escreve magick com um "k" para diferenciar da magia de palco. Muitos praticantes de Magia fazem o mesmo. Eu não faço.

11 A definição de "Magia" de Bonewits não é simplesmente "parapsicologia popular", uma frase que ele usou efetivamente em entrevistas de TV, etc. Bonewits considera a Magia "uma Arte, Assim como uma ciência que lida com os métodos que as pessoas desenvolveram ao longo dos séculos para fazer com que seus talentos psíquicos realizem o que elas desejam" (carta gravada, inverno de 1978). Minha tendência é diluir a linha entre o psicológico e o psíquico. Bonewits discorda: "É verdade que muitas vezes é difícil traçar uma linha fina entre onde o psíquico começa e o psicológico termina, mas é uma distinção que ainda precisa ser feita de vez em quando. A maioria das pessoas que tem uma definição imprecisa de Magia (ou uma definição que a torna impossível de distinguir da arte ou da psicologia) geralmente não é muito boa como ocultista e não possui muito talento psíquico.

latina para "aldeia" ou "distrito rural".[12] Da mesma forma, "Pagão" originalmente significava uma pessoa que vivia nas charnecas. As associações negativas com estas palavras são o resultado final de séculos de lutas políticas durante as quais as principais religiões proféticas, nomeadamente o Cristianismo, obtiveram vitória sobre as religiões politeístas mais antigas. No Ocidente, muitas vezes as últimas pessoas a serem convertidas ao Cristianismo viviam na periferia de áreas povoadas e mantinham-se fieis aos velhos costumes. Eles se tornaram conhecidos como "Pagãos" e "Gentios" - a palavra "Pagão" era um termo de insulto, que significa "caipira".

Durante o terceiro século, em Roma, o termo "Pagão" tornou-se depreciativo. Mais tarde, após a morte de Juliano, o último imperador Pagão, em 362 E.C.[13], o termo passou a se referir a intelectuais. Gore Vidal, no seu extraordinário romance "Juliano", escreveu uma descrição ficcional deste acontecimento em que o orador Pagão Libanius, depois de assistir ao funeral de um notável cristão, escreve no seu diário: "Houve uma certa quantidade de comentários bem-humorados sobre 'Pagãos' (uma nova palavra de desprezo para nós, helenistas) frequentando os cultos cristãos..."[14] A propósito, Juliano é há muito tempo um dos heróis do Neopaganismo. Um dos primeiros jornais Neopagãos chamava-se *The Julian Review.*[15] Séculos depois, a palavra "Pagão" ainda carrega as consequências de lutas políticas e religiosas, e os dicionários ainda a definem como alguém ímpio ou incrédulo, em vez de simplesmente um membro de um tipo diferente de religião.

A palavra "Pagão" também é frequentemente associada ao hedonismo, o que faz sentido, uma vez que muitas religiões Pagãs antigas incorporaram a sexualidade nas práticas religiosas extáticas. Embora algumas tradições Neopagãs valorizem uma abordagem aberta em relação à sexualidade, isso não é universal. As religiões Pagãs antigas também incluíam sua cota de ascetas. Eu uso o termo "Pagão" para me referir a um membro de uma religião de natureza politeísta, como as

---

12 Edward Gibbon, *The Decline and Fall of the Roman Empire* (New York: Modern Library, 1932), I, 725-26. Em uma nota de rodapé (Capítulo XXI, nota 174), Gibbon escreve que "Pagão" deriva do grego παγή, significando "fonte" e o bairro rural ao seu redor. Tornou-se sinônimo de "rural" em Roma e passou a significar "rústico" ou "camponês". Com o surgimento do exército romano, "pagão" tornou-se um epíteto desdenhoso para significar um "não soldado". Os cristãos consideravam-se Soldados de Cristo, e aqueles que recusavam o sacramento do batismo eram repreendidos com o termo "Pagão", isso já acontecia durante o reinado do Imperador Valente (365 E.C.). A palavra foi introduzida na lei imperial no Código Teodosiano. Após o cristianismo se tornar a religião oficial do Império Romano, a religião antiga persistiu em lugares obscuros e, escreve Gibbon, "a palavra 'Pagãos', com seu novo significado, reverteu à sua origem primitiva". Foi então aplicada a todos os politeístas no mundo antigo e novo e usada pelos cristãos contra os muçulmanos, os unitários, etc.

13 E.C. (Era Comum) é usado ao longo deste livro para substituir d.C.; A.E.C. (Antes da Era Comum) é usado para substituir a.C. Esse é um uso bastante comum entre os acadêmicos. Veja *Webster's New International Dictionary,* 2ª ed. (F. C. Merriam Company, 1958), pp. 540 e 866; *Encyclopedia Judaica,* Vol. I (New York: The Macmillan Company, 1972), p. 73.

14 Gore Vidal, *Julian* (Boston: Little, Brown and Company, 1964), p. 497.

15 *The Julian Review* foi publicado pela Delphic Fellowship, um grupo Neopagão agora extinto. O Julian Review foi fundado em 1967, por Don Harrison. Logo depois, Harrison conheceu Michael Kinghorn e, juntos, fundaram a Delphic Fellowship, que se considerava a voz do Paganismo grego ressurgente. Hoje, Harrison é um Sacerdote na Church of the Eternal Source (Igreja da Fonte Eterna, veja o capítulo 9).

antigas religiões gregas, romanas e egípcias, ou, em termos antropológicos, um membro de uma das religiões indígenas e tribais de todo o mundo. Pessoas que estudaram os clássicos ou tiveram contato direto com povos naturais ou aborígenes tendem a estar mais livres das atitudes negativas e, muitas vezes, racistas que envolvem a palavra "Pagão".

Isaac Bonewits usa o termo "Neopaganismo" para se referir a "religiões de natureza politeístas (ou monoteístas condicionais) que são baseadas nas religiões mais antigas ou Paleopagãs; com o objetivo de preservar os aspectos humanísticos, ecológicos e criativos desses antigos sistemas de crenças, descartando, ao mesmo tempo, seus ocasionais desenvolvimentos brutais ou repressivos, que são considerados inadequados..."[16] Outro escritor Neopagão, Oberon Zell-Ravenheart da *Church of All Worlds,* escreveu que os Neopagãos veem a divindade manifestada em todos os processos da natureza. De acordo com sua visão, o Neopaganismo é uma filosofia em constante evolução que vê a humanidade como um "órgão funcional dentro do organismo maior de todos os viventes..."[17]

Como muitos participantes dos grupos que entrevistei para este livro se consideram membros de Covens de Bruxaria de alguma maneira, é impossível compreender sua verdadeira natureza se alguém estiver sobrecarregado por noções estereotipadas sobre Bruxas. As meras palavras "Bruxa" e "Bruxaria" desencadeiam um conjunto de associações explosivas que inspiram desconforto, se não medo.

Dicionários definem a palavra "Bruxas" como (principalmente) mulheres que são sedutoras e encantadoras (enfeitiçadoras) ou feias e más (perversas). Em ambos os casos, supõe-se que as mulheres possuam uma variedade de poderes "sobrenaturais". As definições lexicográficas para "Bruxa" são imprecisas e pouco correspondem à designação que as próprias Bruxas adotam. No renascimento da Bruxaria, o termo Bruxa(o) costuma ser usado para identificar alguém iniciado na religião Wicca, também chamada de "a Arte".

Os seguidores da Wicca buscam inspiração em fontes pré-cristãs, no folclore europeu e na mitologia. Eles se consideram Sacerdotes e Sacerdotisas de uma antiga religião de natureza xamânica europeia, que adora uma Deusa que está relacionada com a antiga Deusa Mãe em seus três aspectos de Donzela, Mãe e Anciã. Muitas tradições da Arte também adoram um Deus associado ao antigo Senhor dos Animais com Chifres, um Deus da Caça, um Deus da Morte e um Senhor das Florestas. Muitos Bruxos Neopagãos, assim como os Neopagãos em geral, se veem como herdeiros modernos das antigas tradições mistéricas do Egito, Creta e Elêusis, bem como das tradições camponesas mais populares, ligadas a festivais comemorativos e ritos sazonais.

---

16 The First Epistle of Isaac, *The Druid Chronicles* (evolved) (Berkeley: Berkeley Drunemeton Press, 1976), 2:4.

17 A primeira citação é de um folheto sem data da Igreja de Todos os Mundos, "Uma Religião Antiga para uma Nova Era: Neopaganismo." A segunda citação aparece em "A Primeira Epístola de Isaac", de Bonewits, 2:2.

A palavra *Bruxaria* (*Witchcraft* em inglês) tem origem nos termos do inglês antigo *wicce* e *wicca*, referindo-se, respectivamente, a praticantes mulheres e homens. Muitos Bruxos afirmam que esses termos derivam de uma raiz associada a "conhecimento" ou "sabedoria". Outros, incluindo eu em uma edição anterior deste livro, sugeriram que a palavra vem das raízes indo-europeias *wic* e *weik*, com o significado de "dobrar" ou "virar". Segundo essa visão, uma Bruxa seria uma mulher (ou um homem) habilidosa na arte de moldar, dobrar e transformar a realidade. Essa definição se aplica bem ao que aconteceu com os peixes no Colorado. Embora ela destaque a natureza flexível e não autoritária da Wicca moderna, a maioria dos dicionários diz algo bem diferente. O *American Heritage Dictionary of the English Language*, por exemplo, diz que a palavra "Bruxa" é derivada da raiz indo-europeia weik, que tem a ver com religião e Magia, e isso difere de *weik*, "dobrar". Muitos Wiccanianos definem a Bruxaria como a "Arte dos Sábios", e qualquer pessoa que leia a literatura da Wicca moderna encontrará esta definição. Quer esta ideia seja ou não etimologicamente correta, é compreensível, uma vez que os Bruxos se identificam com os Elders (anciãos) e curandeiros da aldeia – aqueles hábeis na cura e nas artes práticas.[18]

Neste livro, Bruxo(a) se refere aos seguidores da Arte, salvo indicação em contrário. A Bruxaria Neopagã é vista aqui como uma das várias religiões politeístas modernas. Utilizo a palavra "religião" de forma ampla, para me referir a qualquer conjunto de formas e atos simbólicos que relacionem os seres humanos às condições últimas de existência, às questões cósmicas e às preocupações universais. A maioria das pessoas no Ocidente tende a associar a palavra "religião" ao tipo de culto a que estão acostumadas. Eles assumem que a religião deve conter "crenças" e "dogmas" e deve envolver uma Divindade remota e transcendente, geralmente masculina, embora ocasionalmente neutra, e muitas vezes afastada da interação humana. A ideia de uma "religião da natureza" parece uma contradição em termos.

Os Neopagãos encaram a religião de maneira diferente; eles frequentemente apontam que a raiz da palavra significa "religar" e "conectar", portanto, refere-se a qualquer filosofia que estabeleça conexões profundas entre os seres humanos e o Universo.[19] A escritora de ficção científica Joanna Russ disse certa vez, em uma convenção, que a ficção científica era uma "literatura religiosa". Muitos Neopagãos concordariam. Da mesma forma, a literatura sobre ecologia – presente nos trabalhos de Loren Eiseley, René Dubos, Marston Bates, John Muir e Henry David Thoreau – é vista por muitos Neopagãos como religiosa. Além disso, o Neopaganismo resgata

---

18 Também há um grande debate sobre o termo "Wicca", com alguns argumentos de que deveria ser usado apenas para grupos tradicionais britânicos. Eu adoto uma visão mais ampla; considero qualquer grupo Wiccaniano que esteja comprometido com as práticas Gardnerianas e fontes europeias – o que inclui a maioria dos grupos Wiccanianos Diânicos e Ecléticos.

19 O *Oxford English Dictionary* observa que a etimologia da palavra "religião" é duvidosa. Uma das opiniões conecta "religião" com *religare* – que significa "ligar". O *American Heritage Dictionary* observa que "religião", do latim *religió*, é "talvez derivado de *religare*, que significa "ligar de volta": re-, "de volta", e *ligáre*, "ligar", "prender".

a antiga ideia de que não existe separação entre espiritual e material, sagrado e secular. Geralmente pensamos que as questões espirituais estão separadas das preocupações mundanas. Essa ideia é totalmente oposta à percepção Pagã. Certa vez, um grupo de mulheres de um Coven de Bruxaria feminista me disse que, para elas, "espiritual" significava "o poder dentro de si mesma para criar artisticamente e transformar a própria vida". Elas não viam contradição entre o desejo de mudança política e social e o interesse pelas "coisas do espírito". Para elas, a espiritualidade estava ligada à necessidade de beleza e à centelha criativa que dá vida a um poema ou uma dança. Alegria e reverência coexistiam, assim como em muitas culturas indígenas.

As pessoas que procuram uma forma conveniente de categorizar esses grupos costumam me perguntar se eles são "ocultos". De modo geral, essa questão vem de quem prefere não se aprofundar no assunto. Se eu disser que sim, sentirão alívio por não precisarem se envolver. Na verdade, a resposta é tanto "sim" quanto "não", dependendo da definição de Ocultismo. Sim, porque muitos desses grupos lidam com formas de conhecimento oculto ou pouco conhecidas, que não são amplamente aceitas. E não, porque vários se veem mais como grupos celebratórios do que mágicos ou ocultos.

Harriet Whitehead, num artigo sobre Cientologia, ficção científica e Ocultismo, afirma que, contrariamente à suposição popular, a maioria dos ocultistas tem um estilo intelectual, "um processo de classificação, levantamento, análise e abstração". Uma das marcas desse estilo é a falta de dogmatismo. "O mundo oculto", escreve ela, "oferece ao indivíduo um 'mercado livre' de ideias..." Isso se assemelha, "e não por coincidência, à democracia intelectual das comunidades científicas e acadêmicas". Ela escreve que a diferença entre essas duas comunidades e o mundo ocultista é que os ocultistas recusam o "contentamento com o finito" (a frase vem de William James). Os ocultistas afirmam continuamente que "certas experiências não deixam de existir apenas porque não há lugar para elas na nossa ordem habitual". Eles demonstram uma capacidade extraordinária de transitar entre diferentes dimensões da realidade com muita facilidade, percebendo que o mundo inteiro "está entrelaçado numa peça unificada".[20] Embora alguns Neopagãos se considerem ocultistas e outros não, as características de Whitehead parecem ser verdadeiras para os grupos que observei. Então, enquanto você lê este livro, espero que seus estereótipos habituais se dissolvam.

20 Harriet Whitehead, "Reasonably Fantastic: Some Perspectives on Scientology, Science Fiction and Occultism,", em *Religious Movements in Contemporary America*, pp. 547–87. A citação original de William James ("Seu contentamento com o finito o encerra como uma carapaça de lagosta"). aparece em William James, *The Varieties of Religious Experience: A Study in Human Nature,* sendo as Gifford Lectures sobre religião natural, proferidas em Edimburgo em 1901–1902 (New York: Longmans, Green, and Co., Ltd., 1903), p. 93

Capítulo 2

Uma Religião sem Convertidos

Como as pessoas se tornam Neopagãs? Grupos Neopagãos raramente fazem proselitismo e alguns deles são bastante seletivos. Existem poucos convertidos. Na maioria dos casos, o boca a boca, uma conversa entre amigos, uma palestra, um livro, artigo ou website servem como ponto de entrada. No entanto, esses acontecimentos apenas reforçam uma experiência anterior e pessoal, de modo que o sentimento mais comum entre aqueles que se autodenominam "Pagãos" é algo como: "Finalmente encontrei um grupo que compartilha das mesmas percepções religiosas que sempre tive." Uma frase comum que se ouve é "voltei para casa" ou, como me disse uma mulher com entusiasmo após uma palestra: "Sempre soube que tinha uma religião, mas nunca soube que ela tinha um nome."

Alison Harlow, analista de sistemas de um grande centro de pesquisa médica na Califórnia, descreveu sua primeira experiência desta forma:[21]

> Era Véspera de Natal e eu estava cantando no coral de uma linda igreja à beira de um lago. A igreja estava lindamente decorada. Era noite de lua cheia. A lua brilhava através das janelas de vidro da igreja. Ao olhar para fora, senti algo muito especial, que parecia não ter conexão com o que estava acontecendo dentro da igreja.
>
> Depois que a missa da meia-noite terminou e todos foram para a casa paroquial para tomar café, eu sabia que precisava ficar sozinha por um minuto, então deixei meu marido e subi a colina atrás da igreja. Sentei-me nesta colina olhando para a lua cheia e pude ouvir o som das xícaras de café tilintando e o murmúrio das conversas vindo da casa paroquial.
>
> Eu observava tudo isso quando, de repente, senti uma "presença". Uma energia que me pareceu antiga, sábia e, sem dúvida, feminina. Não consigo descrevê-la melhor, mas tive a impressão de que aquele ser olhava para mim, para a igreja e para as pessoas, dizendo: "Coitados dos pequeninos! Têm boas intenções, mas compreendem tão pouco."

21 Alison Harlow faleceu em 2004. Ela era Sacerdotisa na Tradição Faery da Wicca.

> Senti que, quem quer que fosse, ela era incrivelmente velha e paciente, e estava exasperada com a forma como as coisas estavam acontecendo no nosso Planeta, mas ainda não havia perdido a esperança de que começaríamos a dar algum sentido ao mundo. Depois disso, eu sabia que precisava descobrir mais sobre ela.

Como resultado de sua experiência, Harlow iniciou uma jornada complexa para explorar a história e a prática da adoração à Deusa. Essa busca a levou, por meio de diversas leituras, ao contato com diferentes Tradições da Arte, culminando na escrita de uma coluna sobre feminismo e Bruxaria para a revista Neopagã *Nemeton* (hoje extinta). Talvez seja apropriado, neste momento, eu descrever a minha própria entrada nesse mesmo mundo.

Quando criança, tive a sorte de estudar em uma escola secundária incomum na cidade de Nova York (*City and Country*), que permitia aos alunos se aprofundar em períodos históricos a tal ponto que, muitas vezes, parecíamos vivenciá-los. Aos doze anos, idade tradicional para ritos de passagem, esse período escolar era dedicado à Grécia Antiga. Lembro-me de ter entrado nos mitos gregos como se estivesse retornando à minha verdadeira pátria.

Meus amigos e eu vivemos as batalhas da Ilíada; lemos os romances históricos de Mary Renault e Caroline Dale Snedeker[22] e assumimos o papel de heróis e heroínas antigos em peças de teatro e fantasia. Escrevi hinos a Deuses e Deusas e derramei libações (de água) na grama dos parques vizinhos. Nos meus momentos mais profundos e secretos, sonhei acordada que havia me tornado esses seres, sentindo como seria ser Ártemis ou Athena. Representei velhos mitos e criei novos, na fantasia e nas brincadeiras privadas. Foi um grande e profundo segredo que se manifestou em breves anotações de diário e desenhos não qualificados. Entretanto, como muitas outras questões internas, isso não era algo exclusivo para mim.

Desde então, descobri que essas experiências são comuns. Os panteões podem diferir de acordo com as circunstâncias, classe, origem étnica e cultural, oportunidade e até mesmo acaso. Há crianças nos Estados Unidos cujos panteões vêm de *Star Wars*, enquanto seus pais fantasiam sobre *Star Trek*[23] e seus avós lembram-se dos dias de Buck Rogers. As imagens arquetípicas parecem entrar e sair das fantasias de milhões de crianças, disfarçadas em modelos contemporâneos. O fato de eu e a maioria dos meus amigos termos tido a oportunidade de retirar nossos arquétipos do rico panteão da Grécia Antiga foi resultado de classe e oportunidade, nada mais.

---

22 Entre os livros que influenciaram minha infância estão: *The Spartan* (ou *The Coward of Thermopylae*) de Caroline Dale Snedeker (New York: Doubleday, 1911) e *The Perilous Seat* (New York: Doubleday, 1923); e *The King Must Die* de Mary Renault (New York: Pantheon, 1958).

23 Para entender a literatura de *Star Trek*, veja J. Lichtenberg, S. Marshak e J. Winston, Star Trek Lives (New York: Bantam, 1975); veja também os mitos derivados de Star Trek escritos por fãs em Jacquelin Lichtenberg, *Kraith Collected*, Vol. I, e nas edições da Babel, uma revista de fãs "Trekkie".

Quais eram essas fantasias de Deuses e Deusas? Qual era sua utilidade, seu propósito? Hoje, vejo essas fantasias como devaneios utilizados na busca pela minha própria transformação. No entanto, estavam longe de ser meros devaneios, pois ofereciam modelos mais fortes e saudáveis do que aqueles impostos às mulheres na cultura do final da década de 1950. A fantasia me permitiu entrar em contato com partes mais fortes de mim mesma, encorajando minha visão pessoal. Além disso, essas experiências foram repletas de poder, intensidade e até êxtase que, em retrospectiva, parecem religiosos ou espirituais.

Conforme fui crescendo, forcei-me a negar essas experiências da infância. No começo, senti falta delas; depois, acabei não me lembrando mais do que havia perdido. Tudo isso se tornou uma estranha parte descartada da minha fantasia juvenil. Ninguém me disse diretamente: "as pessoas não adoram mais os Deuses gregos, muito menos tentam se tornar Deuses por meio de rituais e fantasias", mas as mensagens ao meu redor eram bastante claras. Tais devaneios não se enquadravam na sociedade em que eu vivia, e até mesmo falar sobre eles era impossível. Tornou-se mais fácil discutir as experiências pessoais, emocionais ou sexuais mais íntimas do que falar dessas experiências anteriores. Revelá-las era uma espécie de violação mágica.

A religião não tinha um lugar oficial na minha infância. Fui criada em uma família de agnósticos e ateus. Ainda assim, sentindo que algo faltava em suas vidas, embarquei em uma busca quase religiosa na adolescência. Sentia um poder extático na missa católica (desde que fosse em latim), participei de reuniões Quaker e visitei sinagogas e igrejas. Hoje, parece-me que eu tinha sede do poder e da riqueza dessas experiências originais, embora só encontrasse crenças e dogmas que lhes pareciam irrelevantes ou mesmo contraditórios. Eu queria permissão para essas experiências, mas não às custas da minha integridade ou do meu compromisso de viver e agir no mundo.

Lembro-me de ter ouvido as famosas palavras de Marx sobre a religião: "A religião é o suspiro dos oprimidos, o coração de um mundo sem coração, a alma de condições sem alma, o ópio do povo..."[24] E, sem um lugar para acomodar essa experiência com a Deusa, nem liberdade suficiente para continuar a antiga prática na qual havia tropeçado, gradualmente a deixei para trás e voltei minha atenção para as condições desprovidas de alma. Era 1964, eu estava em Berkeley e havia muitas condições desprovidas de alma com as quais me preocupar.

24 A famosa citação "ópio do povo" quase nunca é apresentada na íntegra. Minha tradução favorita está em Christopher Caudwell, Further Studies in a *Dying Culture* (London: The Bodley Head, 1949), pp. 75-76: "A miséria religiosa é ao mesmo tempo a expressão da miséria real e um protesto contra essa miséria. A religião é o suspiro da criatura oprimida, o coração de um mundo sem coração, o espírito de condições espiritualmente destituídas. É o ópio do povo." Para uma versão mais acessível, veja Karl Marx, *Selected Writings in Sociology and Social Philosophy*, trad. T. B. Bottomore (New York: McGraw-Hill, 1964), p. 27.

Em 1971, enquanto eu trabalhava como repórter política para a rádio Pacífica, em Washington, DC, envolvi-me em diversas preocupações ambientalistas e ecológicas. Durante aquele ano, John McPhee escreveu uma série de artigos para a *The New Yorker* chamada "Encontros com o Arquidruida", posteriormente publicada em livro. Os artigos narravam três viagens pelo deserto feitas por David Brower (presidente da *Friends of the Earth* e ex-chefe do Sierra Club) na companhia de três de seus inimigos nas questões ambientais. Duas passagens deste livro vêm à mente como trampolins emocionais para os acontecimentos que se seguiram. A primeira citação foi a declaração de Brower de que o movimento ecológico era, na verdade, um movimento espiritual. "Estamos em uma espécie de religião", ele disse, "uma ética em relação ao terreno, e essa religião é mais próxima do Budismo, suponho". Na segunda citação, um dos inimigos de Brower, um construtor, falou contra as práticas dos conservacionistas e chamou Brower de "Druida". Iniciei então uma busca por uma estrutura religiosa ecológica. Comecei procurando por Druidas.[25]

Naquela época, dois historiadores renomados, Arnold Toynbee e Lynn White, escreveram ensaios nos quais afirmavam que, de fato, havia uma dimensão religiosa na crise ambiental.

O artigo de Toynbee foi publicado em 1972, no *International Journal of Environmental Studies*. Seu ponto principal era que os problemas ecológicos mundiais eram causados, em parte, por um motivo religioso, "a ascensão do Monoteísmo". O versículo em Gênesis (1:28), "Sede fecundos, multiplicai-vos, enchei a Terra e subjugai-a", tornou-se uma sanção bíblica para os seres humanos fazerem valer os seus direitos sobre toda a natureza. Toynbee acreditava que sua educação em literatura grega e latina pré-cristã teve "um efeito mais profundo e duradouro em sua visão de mundo" do que sua formação cristã:

> Na religião popular grega pré-cristã, a divindade era inerente a todos os fenômenos naturais, incluindo aqueles que o homem dominou e domesticou. A divindade estava presente nas nascentes, nos rios e no mar; nas árvores, tanto no carvalho bravo como na oliveira cultivada; no milho e na vinha; nas montanhas; em terremotos, relâmpagos e trovões. A divindade foi difundida por todos os fenômenos. Era plural, não singular; um panteão, não uma pessoa super-humana única e todo-poderosa. Quando o mundo greco-romano foi convertido ao Cristianismo, a divindade foi retirada da natureza e concentrada em um único Deus transcendente. "Pan está morto." "Os oráculos estão mudos." Bromsgrove não é mais uma floresta sacrossanta, porque é animada pelo Deus Bron...

25 John McPhee, *Encounters with the Archdruid* (New York: Farrar, Straus e Giroux, 1971), pp. 84, 95.

A tradição judaico-cristã deu licença para exploração. Toynbee sugeriu a "transição da Visão do Mundo do Monoteísmo para a Visão do Mundo do Panteísmo, que é mais antiga e foi universal no passado".

> A situação em que o homem pós-Revolução Industrial se encontra agora é mais uma demonstração de que o homem não é o senhor do seu ambiente - nem mesmo quando supostamente armado com um mandado, emitido por um Deus supostamente único e onipotente, com uma personalidade humana, delegando ao homem poderes plenipotenciários. A natureza está agora demonstrando que não reconhece a validade desta suposta garantia, e está nos alertando que, se o homem insistir em tentar executá-la, ele cometerá essa atrocidade contra a natureza por sua conta e risco.[26]

Embora Toynbee não chegasse a defender um retorno ao Politeísmo e sugerisse que muitas das divindades pré-cristãs eram demasiado grosseiras para a nossa época, a sua percepção básica era surpreendentemente semelhante ao impulso que levou à criação de muitos grupos Neopagãos.

O artigo de Lynn White apareceu vários anos antes na Science e deu início a uma grande controvérsia. Embora grande parte do artigo de White, "As raízes históricas da nossa crise ecológica", tratasse das mudanças nos métodos de cultivo e agricultura ao longo dos séculos, alguns dos seus pontos eram surpreendentemente semelhantes aos de Toynbee. White observou que "a vitória do Cristianismo sobre o Paganismo foi a maior revolução psíquica na história da nossa cultura".

> O Cristianismo, em absoluto contraste com o Paganismo antigo... não apenas estabeleceu um dualismo entre homem e natureza, mas também insistiu que é a vontade de Deus que o homem explore a natureza para seus próprios fins... Na antiguidade, cada árvore, cada fonte, cada riacho, cada colina tinha o seu *genius loci*, o seu espírito guardião... Ao destruir o Animismo Pagão, o Cristianismo tornou possível explorar a natureza em um clima de indiferença ao sentimento dos objetos naturais.[27]

Nos anos seguintes, procurei em livros e artigos um enquadramento ecológico-religioso compatível com a minha própria política e compromisso com o mundo. Logo, comecei uma longa correspondência com um grupo de Bruxos em Essex, Inglaterra. Não sendo menos vítima de estereótipos do que a maioria, imaginei o casal que liderava este grupo na casa dos trinta e de classe média. Mas Doris e Vic Stuart tinham entre quarenta e cinquenta

26 Arnold Toynbee, "O Contexto Religioso da Atual Crise Ambiental", *International Journal of Environmental Studies*, Vol. III, 1972. Também publicado sob o título "O Gênese da Poluição", na Horizon, Vol. XV, Nº 3 (verão de 1973), pp. 4–9.

27 Lynn White, Jr., "As Raízes Históricas da Nossa Crise Ecológica", *Science*, vol. 155 (10 de março de 1967), pp. 1203–07. Também incluído em *The Environmental Handbook*, ed. Garrett de Bell (New York: Ballantine, 1970), pp. 12–26. Citações nas pp. 19 e 20.

e tantos anos. Ele era um velho sindicalista e socialista e ela era operária de fábrica.[28] Nesse período, também entrei em contato com um grupo Pagão no País de Gales. Francamente, na época, eu achava um tanto estranho e até divertido trocar correspondências com Bruxos. Certamente não imaginava que poderia haver qualquer conexão entre esses grupos e a minha própria experiência com a Deusa, que ainda me surgia de forma espontânea em momentos inesperados.

Certo dia, o Coven de Essex me enviou uma gravação de alguns rituais. O primeiro da fita chamava-se "Puxar a Lua para Baixo". Naquele momento, eu não sabia, mas esse ritual, um dos mais sérios e belos da Arte Moderna, consiste na invocação da Deusa ou da Deusa Tripla, simbolizada pelas fases da lua, pelo Sacerdote na Sacerdotisa (ou, dependendo do ponto de vista, na evocação dela a partir de si mesma). A Deusa é conhecida por mil nomes, entre eles, aqueles que eu usava quando criança. Em alguns rituais da Arte, a Sacerdotisa entra em transe e fala; em outras Tradições, o ritual se desenrola como um diálogo dramático, mais formal e muitas vezes de intensa beleza, no qual, novamente, a Sacerdotisa assume o papel da Deusa e fala em seu nome. Em ambos os casos, ela se torna a manifestação da Deusa dentro do Círculo.

Encontrei um lugar tranquilo e coloquei a fita para tocar. A música de fundo parecia ser de Brahms. Um homem e uma mulher falavam com sotaque inglês. Quando chegou o momento da invocação, as palavras soaram com clareza:

> Ouçam as palavras da Grande Mãe, que antigamente também era chamada de Ártemis, Astarte, Melusine, Afrodite, Diana, Brigit e muitos outros nomes...[29]

Uma sensação de poder e emoção tomou conta de mim. Afinal, quão diferente era esse ritual, dos rituais mágicos da minha infância? O conteúdo da fita simplesmente me deu permissão para aceitar uma parte da minha própria psique que eu havia negado durante anos – e depois ampliá-la.

Como a maioria dos Neopagãos, nunca me converti no sentido literal. Simplesmente aceitei, reafirmei e estendi uma experiência muito antiga. Permiti que certos tipos de sentimentos e maneiras voltassem à minha vida.

---

28 Veja "Uma Entrevista com Doris e Sylvester (Vic) Stuart", *Earth Religion News*, vol. 1, nº 4 (1974), pp. 23–25.

29 Versões publicadas deste ritual – frequentemente chamadas de "A Carga da Deusa" – podem ser encontradas em *The Grimoire of Lady Sheba* (St. Paul: Llewellyn, 1972), pp. 145–47, e em *What Witches Do*, de Stewart Farrar (New York: Coward, McCann & Geoghegan, 1971), pp. 193–94. A versão do ritual que ouvi na fita dos Stuart foi escrita pelo autor Neopagão Ed Fitch.

Compartilho essas experiências em um livro que traz pouca história pessoal para responder uma afirmação que ouço com frequência: "Eu não *acredito nisso!*" Essa é a reação habitual a muitas das ideias e pessoas abordadas aqui. No entanto, a *crença* nunca pareceu ter grande importância dentro do movimento Neopagão.[30]

Nos meus quinze anos de contato com esses grupos, nunca me pediram para acreditar em nada. Ouvi alguns dogmas de pessoas que não tinham se livrado da tendência de dogmatizar, mas eu os rejeitei. Nos próximos capítulos, você encontrará Sacerdotes e Sacerdotisas que se consideram agnósticos filosóficos e afirmam que isso nunca limitou sua participação ou liderança em grupos Neopagãos e da Arte. Alguns dirão que os Deuses e Deusas são "seres etéreos", enquanto outros os descrevem como "símbolos", "poderes", "arquétipos" ou "algo profundo e poderoso dentro de si a ser acessado", e até mesmo como "uma força comparável à poesia e arte". Como observou um estudioso, trata-se de uma religião "de atmosfera, em vez de fé; um cosmos em uma palavra, construído pela imaginação..."[31]

Minha própria função tem sido a de observadora-participante. Comecei tentando encontrar razões para o meu envolvimento e, em seguida, viajei por todo o país para visitar centenas de pessoas e comparar as minhas próprias experiências com as delas. No final dessas viagens, descobri que muitas das minhas suposições iniciais estavam incorretas.

Por exemplo, descobri que os grupos Neopagãos eram muito diversos em classe e origem étnica. Minhas primeiras experiências me colocaram em contato com um espectro de pessoas muito mais amplo do que eu havia conhecido nos movimentos estudantis da década de 1960. Os primeiros três Covens que encontrei em Nova York e na Inglaterra eram compostos, em grande parte, por pessoas da classe trabalhadora e da classe média baixa. Mais tarde, conheci Covens e grupos compostos predominantemente por intelectuais de classe média alta. Em seguida, conheci grupos cujos membros eram vendedores de seguros, motoristas de ônibus, policiais e secretárias. Todos os meus estereótipos de classe começaram a cair no esquecimento.

Outra suposição, da qual demorei a abandonar, era que o ressurgimento Neopagão era, fundamentalmente, uma reação contra a ciência, a tecnologia e o progresso. Meu próprio envolvimento resultou de uma espécie de reação Luddista, então presumi que fosse típico. No entanto, em muitas entrevistas, Neopagãos e Bruxos apoiaram tecnologias avançadas, a pesquisa científica

30 Esta atitude em relação à crença não é, na verdade, incomum entre os escritores que abordam temas "ocultos". Por exemplo, D. Arthur Kelly escreve em "Teorias do Conhecimento e o I Ching": "Não posso dizer que 'acredito' no I Ching; em vez disso, diria que aprendi muito sobre a vida e o Universo a partir da contemplação de seus 'ensinamentos'". (Gnostica, Vol. IV, N°. 5 [janeiro de 1975], p. 33).

31 Robert S. Ellwood, Jr., *Religious and Spiritual Groups in Modern America* (Englewood Cliffs, NJ: Prentice-Hall, 1973), p. 189.

e a exploração espacial. É verdade que a maioria dos Neopagãos sente que abusamos da tecnologia; muitas vezes eles apoiam tecnologias "alternativas" - solar, eólica, etc. - e têm uma visão do mundo biológica em vez de mecanicista.

De modo geral, procuro estar ciente dos meus próprios preconceitos e deixá-los claros para que, se for preciso, eu possa contornar os obstáculos.

Por último, algumas palavras sobre as razões deste ressurgimento Neopagão. Uma explicação psicológica padrão é que as pessoas se juntam a estes grupos para ganhar poder sobre os outros ou para banir sentimentos de inadequação e insegurança. Obviamente (alguns dos estudos mencionados mais adiante mostram isso), algumas pessoas se juntam a grupos mágicos e religiosos com o objetivo de alcançar o autodomínio, no sentido de obter conhecimento prático de psicologia e do funcionamento da psique, para que possam atuar melhor no mundo. Mas essa razão não estava entre as seis principais que Pagãos e Bruxos me deram em resposta às perguntas "Por que este fenômeno está ocorrendo?" "Por que você está envolvido?" Muitas das respostas são novas e estão completamente contrárias às suposições comuns:

Beleza, Visão, Imaginação. Vários Neopagãos me disseram que suas visões religiosas faziam parte de uma busca visionária geral que incluía envolvimento com poesia, arte, drama, música, ficção científica e fantasia. Pelo menos quatro Bruxas em diferentes partes do país falaram da religião como uma necessidade humana de beleza.

Satisfação Intelectual. Muitos me disseram que ler e colecionar livros raros foi a principal influência em sua decisão religiosa. Isso foi uma surpresa para mim. Em particular, a maioria dos habitantes do Centro-Oeste disse categoricamente que a ampla disseminação de livros raros e fascinantes tinha sido o principal fator na criação de um ressurgimento Neopagão. E, embora a classe e a profissão variem entre os Neopagãos, quase todos são leitores ávidos. Isto não parece depender do seu nível educacional; vale para quem abandonou o ensino médio e também para doutores.

Crescimento. Uma resposta previsível, essa palavra ambígua foi mencionada com frequência. A maioria dos Pagãos não vê a vida como um caminho reto em direção a um objetivo específico, mas como um processo - uma evolução, uma transformação ou um aprofundamento na compreensão. Os Neopagãos muitas vezes se veem envolvidos nas buscas das tradições de mistério, passando por iniciações que revelam os ciclos de vida, morte e renascimento.

Feminismo. Para muitas mulheres, esse foi o principal motivo do envolvimento. Um grande número de mulheres tem procurado uma estrutura espiritual fora das religiões patriarcais que dominaram o mundo ocidental por milênios. Muitas que queriam encontrar um lado espiritual para o seu feminismo encontraram na Arte um caminho, devido à sua ênfase na adoração da Deusa. Os grupos de Bruxaria Neopagã variam desde aqueles que cultuam divindades femininas e masculinas até os que se dedicam exclusivamente à Deusa Mãe.

Resposta Ambiental. Muitos dos entrevistados afirmaram que o Neopaganismo surgiu como uma resposta à crise do Planeta. Quase todas as Tradições Pagãs enfatizam a reverência pela natureza, e muitos acreditam que apenas ao reconhecer a Terra como sagrada os seres humanos terão disposição e capacidade de protegê-la. Alguns Pagãos disseram que é preciso um renascimento do Animismo para enfrentar as forças que ameaçam o mundo natural.[32]

Liberdade. Outra resposta inesperada. Gavin e Yvonne Frost, responsáveis por um dos maiores cursos de Bruxaria por correspondência do país, descreveram a Arte como "uma religião sem intermediários". Muitas pessoas disseram ter se tornado Pagãs porque podiam ser elas mesmas e agir conforme escolhessem, sem o que consideravam "noções medievais de pecado e culpa". Outras buscavam participar ativamente dos rituais, em vez de apenas observá-los. O líder da Tradição Georgiana me disse que a liberdade foi seu principal motivo para tomar uma decisão religiosa independente.

Esta última razão parecia muito notável. A liberdade característica do ressurgimento Neopagão diferencia o movimento de muitos outros avivamentos religiosos. Por que esses grupos resistiram à imposição de hierarquias rígidas e à institucionalização? E como conseguem coexistir em relativa harmonia, apesar das diferenças em seus rituais e divindades? Isso é possível porque a estrutura religiosa Neopagã se apoia em uma perspectiva politeísta — uma visão que favorece a coexistência de diferentes perspectivas e ideias.

32 Em *An Interview with Doris and Sylvester Stuart*, p. 24, Sylvester Stuart observa: "Vejo a Wicca como a única esperança para os sobreviventes da humanidade após o completo colapso do nosso tipo atual de sociedade, um colapso que vejo chegando em um futuro próximo". Stuart disse que via a Arte como um repositório de habilidades de sobrevivência.

Capítulo 3

A Visão Pagã do Mundo

Olhamos para as mesmas estrelas, o céu nos cobre a todos, o mesmo Universo nos abrange. Que importância tem qual sistema prático adotamos em nossa busca pela verdade? Não é por uma única via que podemos alcançar um segredo tão grandioso.

— Símaco, 384 d.C.[33]

O Monoteísmo é nada mais que o Imperialismo na religião.

— James Henry Breasted[34]

Embora a maioria dos Neopagãos discorde em quase tudo, um de seus princípios fundamentais é o Politeísmo. Esse conceito vai além de uma simples ideia de que a Realidade Divina é composta por muitos Deuses e apresenta uma multiplicidade numérica.[35] Muitos Pagãos dirão que o Politeísmo é mais do que uma crença religiosa - é uma atitude e uma perspectiva que influenciam diversas áreas da vida. Poderiam afirmar que os constantes apelos à unidade, integração e homogeneização no mundo ocidental derivam de uma ideologia moldada pelo Monoteísmo, que continua a ser a tradição dominante no Ocidente. Também poderiam argumentar que o Monoteísmo não é apenas uma visão religiosa, mas também uma ideologia política e psicológica, e que a antiga lição econômica sobre os riscos de uma cultura única se aplica igualmente ao campo espiritual.

33 R. H. Barrow, trad., *Prefect and Emperor, the Relationes of Symmachus A.D. 384* (London: Oxford University Press, 1973), pp. 40–41. De um discurso a Valentiniano, Teodósio e Arcádio. Em latim: *"Eadem spectamus astra, commune caelum est, idem nos mundus involvit: Quid interest, qua quisque prudentia verum requirat? Uno itinere non potest perveniri ad tam grande secretum."*

34 James Henry Breasted, *Development of Religion and Thought in Ancient Egypt* (Nova York: Charles Scribner's Sons, 1912), p. 315.

35 Dagobert D. Runes, *Dictionary of Philosophy* (New York: Philosophical Library, 1942), p. 242.

Se você perguntasse aos Pagãos modernos quais são as ideias centrais por trás do renascimento do Paganismo, provavelmente ouviria três palavras: Animismo, Panteísmo e, acima de tudo, Politeísmo. Os Neopagãos atribuem a esses termos significados que diferem das definições convencionais e, em alguns casos, eles se sobrepõem.

O Animismo expressa a ideia de uma realidade onde todas as coisas possuem vitalidade. Na visão de mundo antiga, não havia separação entre "animado" e "inanimado". Pedras, árvores e até mesmo sonhos eram vistos como partes ativas da força vital. Em certo nível, o Neopaganismo busca devolver vitalidade ao mundo natural. Ou, talvez com mais precisão, as religiões Neopagãs permitem que seus participantes retomem a visão de mundo primitiva e vivenciem a natureza de um modo que, para a maioria dos ocidentais, se torna inacessível após a infância. O renascimento Pagão parece, em parte, uma resposta à experiência urbana e suburbana comum, na qual a cultura é percebida como "impessoal", "neutra" ou "morta".

Para muitos Pagãos, o Panteísmo se aproxima bastante do Animismo. Trata-se da ideia de que a divindade está inseparavelmente unida à natureza e é imanente a ela. Grupos Neopagãos se veem como parte dessa divindade. O título deste livro sugere uma dessas formas de participação: quando uma Sacerdotisa se torna a Deusa dentro do Círculo. "Atrair a Lua" simboliza a ideia de que somos os Deuses ou, pelo menos, podemos nos tornar um deles em certos momentos, por meio do rito e da fantasia. Essa ideia foi bem expressa na citação que abre o *Whole Earth Catalog*: "Somos como Deuses e podemos nos tornar muito bons nisso".[36] A *Neopagan Church of All Worlds* expressou esta ideia com a frase: "Tu és Deus/Deusa".[37]

A ideia de Politeísmo está fundamentada na visão de que a realidade (divina ou não) é múltipla e diversa. Para aqueles que se consideram panteístas-politeístas, como muitos Neopagãos, pode se dizer que toda a natureza é uma expressão do divino, manifestando-se de formas variadas e encantadoras. Em um nível mais amplo, Isaac Bonewits escreveu: "Os politeístas... desenvolvem sistemas lógicos baseados em múltiplos níveis de realidade e na Lei Mágica dos Universos Infinitos: 'cada ser senciente vive em um universo único'."[38] O Politeísmo permitiu que uma infinidade de grupos distintos existissem mais ou menos em harmonia, apesar das grandes divergências em crenças e práticas, e também pode ter evitado que estes grupos fossem vítimas de gurus e aproveitadores.

---

36 *Whole Earth Catalog* (Menlo Park, CA: Portola Institute, 1969)

37 Nos últimos anos, alguns Pagãos têm usado o termo "panenteísmo" para descrever sua perspectiva religiosa: uma crença de que existe uma fonte transcendente – ou seja, a divindade se manifesta no mundo material, mas também em outros lugares. Alguns Pagãos envolvidos em tradições místicas dirão que acreditam em uma única fonte, que alguns poderiam chamar de "Deus", mas que abrange todos os Deuses e crenças.

38 Isaac Bonewits, "A Segunda Epístola de Isaac", em *The Druid Chronicles* (evolved) (Berkeley: Berkeley Drunemeton Press, 1976), 2:13.

Para começar a compreender o que o Politeísmo significa para os Pagãos modernos, é preciso abandonar uma série de concepções equivocadas sobre o tema – principalmente a ideia de que o Politeísmo é uma forma primitiva de crença que desapareceu à medida que as religiões "evoluíram" para a noção de um Deus único.

A origem dessa ideia equivocada remonta ao século 18. Um exemplo disso pode ser encontrado nas obras do filósofo David Hume, que escreveu que, assim como "a mente sobe gradualmente, de inferior para superior", o Politeísmo prevalece "entre a maior parte da humanidade não instruída", enquanto a noção de um "Criador Supremo" que impõe ordem por sua vontade é "grande demais para suas concepções estreitas..."[39] Até recentemente, muitos escritores classificavam as religiões tribais como "superstição", enquanto reservavam o termo "religião" para dignificar as crenças monoteístas, geralmente o Cristianismo, o Judaísmo e o Islamismo. Essas ideias hoje não são expressas com tanta veemência, mas ainda persistem.

Muitos antropólogos há tempos contestam a ideia de que as religiões seguem uma evolução linear. Paul Radin, há mais de cinquenta anos, escreveu que o Monoteísmo está presente, de alguma forma, em todas as culturas consideradas primitivas. Os etnólogos devem admitir, disse ele, que "a possibilidade de interpretar o Monoteísmo como parte de um progresso intelectual e ético geral deve ser abandonada..." Ele demonstrou que o Monoteísmo frequentemente coexistia com o Politeísmo, o Animismo e o Panteísmo. Radin via o Monoteísmo e o Politeísmo como indicadores das diferenças de temperamento filosófico presentes em todos os grupos humanos.

Quanto ao Monoteísmo na nossa sociedade, Radin observou: "Os fatores envolvidos no triunfo completo do Monoteísmo no Judaísmo, no Cristianismo e no Islamismo nunca foram explicados de forma satisfatória, mas são enfaticamente de natureza histórica e psicológica individual". Ele acrescentou que nenhum progresso na resolução deste enigma será feito "até que os estudiosos se livrem, de uma vez por todas, da curiosa noção de que tudo possui uma história evolutiva", e que o grande erro reside em aplicar o pensamento darwiniano às análises da cultura. Radin considerava as sociedades primitivas tão lógicas quanto as modernas, muitas vezes tendo um sentido de realidade mais verdadeiro e concreto. A maioria das sociedades primitivas exibe todos os tipos de temperamentos e habilidades: "O idealista e o materialista, o sonhador e o realista sempre estiveram conosco"[40].

---

39 David Hume, *The Natural History of Religion*, em *Essays and Treatises on Several Subjects* (Edimburgo: Bell & Bradfute, 1825), II, 384-422. Citações nas pp. 386 e 395.

40 Paul Radin, *Monotheism Among Primitive Peoples* (Basel: Bollingen Foundation, Special Publication N. 4, 1954), Citações nas páginas 24, 29, 30 e 25.

Harold Moss, escritor Neopagão e Sacerdote da *Church of the Eternal Source,* escreveu certa vez que o Monoteísmo estava presente em muitas sociedades tribais e que, conforme essas sociedades se tornavam mais complexas e sofisticadas, desenvolviam uma teologia politeísta. "Hoje", disse ele, "em vez de um Cristianismo único com vários Deuses, vemos um Cristianismo despedaçado, cada seita adorando um Deus ligeiramente diferente".[41]

Outro desafio ao analisar as religiões Pagãs, antigas e modernas, com uma perspectiva renovada é a noção de "idolatria" e a imagem estereotipada de nativos insensíveis prostrando-se diante de um ídolo de pedra. Lembro-me de ver essa imagem com frequência nos livros que lia na infância – *A História de Chanuká* é um dos que recordo com clareza. Era fácil sentir pena dos pobres Pagãos, assim como uma superioridade paternalista. As religiões monoteístas há muito pressupõem que o adorador que se encontra diante de uma estátua ou de um bosque não consegue ver além daquela estátua ou bosque, e que esse idólatra atribui à divindade apenas aquilo que vê e nada mais. Em contrapartida, assumem que a adoração de outras pessoas a Deuses neutros, onipotentes e incognoscíveis é necessariamente pura e sublime.

A melhor refutação dessas ideias está em *Where the Wasteland Ends,* de Theodore Roszak. Segundo Roszak, a estátua e o bosque sagrado eram janelas translúcidas para a experiência – meios pelos quais a testemunha era conduzida a um território sagrado e participava do divino. A rejeição do Animismo, primeiro pelos judeus e depois, de forma ainda mais dogmática, por certos grupos cristãos, resultou em uma guerra contra a arte e todas as atividades imaginativas. Roszak não encontra evidências de que a visão de mundo animista seja falsa. Ele observa que nenhum de nós adentrou esse universo animista o suficiente para julgá-lo em sua existência.

> Deixando de lado o preconceito e o etnocentrismo, o que sabemos com certeza é que, fora da nossa estreita experiência cultural, em ritos religiosos sofisticados e primitivos, os seres humanos foram capazes de alcançar uma visão sacramental do ser, e que esta pode muito bem ser a fonte da consciência espiritual humana. Dessa rica fonte fluem inúmeras tradições religiosas e filosóficas. As diferenças entre estas tradições - entre o Xamanismo esquimó e a alquimia medieval, entre o Druidismo celta e o Tantrismo Budista - são muitas; mas uma visão de mundo essencialmente mágica é comum a todos eles... Esta família diversificada de religiões e filosofias (representa) a Antiga Gnose - uma remota forma de conhecimento que se deleitava em encontrar o sagrado no profano... Considero-o o impulso essencial e supremo da vida religiosa. É claro que isso não é a religião como muitas pessoas em nossa sociedade aceitam. É um estilo de conhecimento visionário, não

41 Harold Moss, *Green Egg,* Vol. V, Nº. 51 (21 de dezembro de 1972), seção Fórum, p. 5.

teológico; sua linguagem própria é o mito e o ritual; seu fundamento é o arrebatamento, não a fé e a doutrina; e a sua experiência da natureza é de comunhão viva.[42]

A nossa ideia de idolatria, portanto, é uma espécie de percepção racista baseada na ignorância. Para Roszak, se existe algum tipo de idolatria, ela está em nossa sociedade, onde a artificialidade é exaltada e a religião vista como algo sobrenatural, separado da natureza. Roszak chamou a visão moderna de "religião de visão única".

Grande parte da base teórica para uma defesa moderna do Politeísmo vem dos psicólogos junguianos, que há tempos argumentam que os Deuses e Deusas presentes nos mitos, lendas e contos de fadas representam arquétipos, forças e potencialidades reais nas profundezas da psique. Quando lhes é permitido florescer, possibilitam uma experiência mais plena da condição humana. Esses arquétipos precisam ser reconhecidos e, em última instância, considerados, se quisermos acessar as riquezas que reprimimos. A maioria dos junguianos argumenta que a tarefa consiste em unificar essas potencialidades em um todo sinfônico. No entanto, James Hillman, um junguiano pouco ortodoxo, propôs uma "psicologia politeísta", que enfatiza as múltiplas facetas do self, nem sempre conduzindo à integração ou à totalidade.

Nos círculos teológicos, um dos primeiros defensores de um novo Politeísmo na década de 1970, foi David Miller. Baseando-se fortemente nas ideias junguianas, Miller via o Politeísmo como a redescoberta dos Deuses e Deusas enquanto forças arquetípicas atuantes em nossa vida. Seus argumentos, apresentados no *The New Polytheism*, são semelhantes aos pontos de vista de muitos Neopagãos. No entanto, no momento da publicação, Miller aparentemente não tinha conhecimento do surgimento generalizado de grupos Neopagãos. Na época, ele era professor de religião na Universidade de Siracusa e relatou que seus alunos haviam ficado profundamente atraídos pelos mitos gregos, ao mesmo tempo em que teólogos e psicólogos reavaliavam a ideia do Politeísmo. O teólogo William Hamilton, por exemplo, afirmou em uma conferência que os estudantes agora buscam acesso a todos os Deuses – "orientais e ocidentais, primitivos e modernos, heréticos e ortodoxos, loucos e sãos". Esses Deuses "não devem ser acreditados ou confiáveis, mas usados para dar forma a uma experiência de vida cada vez mais complexa e variada". Hamilton acrescentou: "A revolução não se parece com o Monoteísmo, cristão ou pós-cristão. O que se assemelha a ela é o Politeísmo." Essa observação marcou o início da jornada de Miller.

42 Theodore Roszak, *Onde o Deserto Acaba: Política e Transcendência na Sociedade Pós-Industrial* (New York: Anchor Books, 1973), pp. 108–09.

No final, Miller passou a acreditar que a tão falada "morte de Deus" era, na verdade, a morte do pensamento "monoteísta" unidimensional que dominara a cultura ocidental de cima para baixo, influenciando não apenas a sua religião, mas também a sua psicologia e política. O Politeísmo, por outro lado, era uma visão que permitia múltiplas dimensões da realidade.

> Politeísmo é o nome dado a uma situação religiosa específica... caracterizado pela pluralidade... Socialmente entendido, o Politeísmo está eternamente em conflito insolúvel com o Monoteísmo social, que, na sua pior forma, é o fascismo, e nas suas formas menos destrutivas, é o imperialismo, o capitalismo, o feudalismo e a monarquia... Politeísmo não é apenas uma realidade social; é também uma condição filosófica. É aquela realidade vivida por homens e mulheres quando a Verdade com "V" maiúsculo não pode ser articulada reflexivamente de acordo com uma única gramática, uma única lógica ou um único sistema de símbolos.[43]

Longe de se restringir a uma crença religiosa, para Miller, o Politeísmo é uma atitude que possibilita afirmar "a pluralidade radical do self".Na psicologia, isso permitiria explorar os diversos aspectos da própria personalidade. Além disso, configura-se como uma visão de mundo que acolhe a complexidade, múltiplos significados e ambiguidades – assim como a "Velha Gnose" de Roszak, que também reconhece e valoriza metáforas e mitos. No entanto, esse novo Politeísmo "não é simplesmente uma questão de pluralismo na ordem social, anarquia na política ou significado polifônico na linguagem"; os Deuses, para Miller, são forças informativas, realidades psíquicas que dão forma à existência social, intelectual e pessoal.

Miller discorda de vários teólogos que defendem o Monoteísmo, em particular H. Richard Niebuhr, que argumenta que o problema central da sociedade moderna é seu caráter politeísta. Niebuhr, ao definir os Deuses como centros de valor, vê o Politeísmo moderno como a adoração de Deuses sociais, como dinheiro, poder e sexo. Em oposição a esse Politeísmo social, Niebuhr defende um Monoteísmo radical que adora exclusivamente o princípio do ser.

A resposta de Miller propõe um Politeísmo mais profundo. Ele não vê os Deuses como centros de valor, mas como potências dentro da psique, que encenam suas narrativas míticas em nossa vida cotidiana.

Miller acredita que podemos experimentar a multiplicidade sem comprometer a integração e a totalidade. Ele observa que o Politeísmo inclui o Monoteísmo, mas o inverso não é verdadeiro. Para a maioria das pessoas, a prática religiosa resume-se a uma série de Monoteísmos consecutivos, todos dentro de uma estrutura politeísta mais ampla.

---

43 David Miller, *The New Polytheism* (New York: Harper & Row, 1974), p. 4. Outras citações de Miller estão nas p. 5–6, 59–60, vii–viii, ix e 24.

Aqui, Miller está mais próximo dos Neopagãos modernos, que escolhem um entre vários Deuses e Deusas e seguem uma entre muitas Tradições, sem negar a validade dos demais Deuses e Tradições.[44]

Miller se baseia fortemente no ensaio de James Hillman *Psicologia: Monoteísta ou Politeísta.*

Hillman afirma que a psicologia tem sido influenciada por uma teologia monoteísta, que define unidade, integração e totalidade como os objetivos naturais do desenvolvimento psicológico, enquanto a fragmentação é vista como sinal de patologia. Ele também argumenta que as imagens de Ártemis, Perséfone e Atena compõem um retrato mais rico do feminino do que o da Virgem Maria. Levando essa ideia ao limite, Hillman sugere que a multiplicidade de línguas em Babel, tradicionalmente interpretada como um "declínio", pode ser uma representação mais fiel da realidade psíquica. A partir disso, defende que algumas pessoas poderiam se beneficiar de uma terapia que, em certos momentos, conduzisse à fragmentação.

No final, Hillman defendeu uma "psicologia politeísta" que permitiria muitas vozes possíveis:

> Ao fornecer um fundo divino de personagens e poderes para cada complexo, encontraria um lugar para cada centelha... Aceitaria a multiplicidade de vozes, a Babel da anima e do animus, sem insistir em unificá-los numa única figura...[45]

A alegação de Hillman de que Jung sempre enfatizou o *self* como primordial e considerou toda exploração de arquétipos como preliminar para algo mais elevado é controversa. Suas opiniões não foram aceitas pela maioria dos junguianos. Ainda assim, sua pergunta "se existe apenas um modelo de individuação, pode haver verdadeira individualidade?", está próxima da crítica religiosa e social dos Neopagãos.

As ideias de Miller e Hillman sobre o Politeísmo às vezes parecem se assemelhar demais à noção liberal de pluralismo, uma espécie de competição entre facções. No entanto, a maioria dos Neopagãos que conheço não vê o Politeísmo dessa forma, mas como facetas de uma joia — harmoniosas, porém distintas. Ainda assim, muitos Neopagãos interpretam os Deuses em termos junguianos. O falecido Gwydion Pendderwen, um dos mais conhecidos bardos da Tradição, disse-me: "Os Deuses são realmente os componentes da nossa psique. Somos Deuses, no sentido de que

---

44 Por exemplo, ao observar o controverso sistema monoteísta de Bruxaria da Escola Wicca de Gavin e Yvonne Frost, Harold Moss, da *Church of the Eternal* (Igreja da Fonte Eterna), comentou: "Nas discussões com os Frosts, devemos lembrar que o politeísmo pode conter monoteísmo, mas não o contrário. Quando dizemos que os Bruxos são politeístas, estamos admitindo que alguns deles foram e são monoteístas. (Os Frosts são) monoteístas em uma religião politeísta... o que está perfeitamente OK!" (Earth Religion News, Vol. I, Nº. 4 [1974], 3–4).

45 James Hillman, "Psychology: Monotheistic or Polytheistic", Spring 1971 (New York: Spring Publications, 1971), pp. 197, 199–200.

nós, como a totalidade dos seres humanos, somos a soma dos Deuses. E os Pagãos não desejam ser limitados a um ato específico de consciência. Eles mantêm um ingresso em aberto."

Miller escreve que a tarefa em questão é encarnar os Deuses, "tornar-se consciente da sua presença e reconhecer e celebrar as suas formas"[46]. Esses Deuses, observa ele, são mundos de significado; são as idas e vindas, os nascimentos e as mortes em nossas vidas. Geralmente não são reconhecidos, porque a nossa cultura não está em harmonia com eles.

Ele observa que as antigas formas de conhecimento (como o misticismo, a alquimia e o gnosticismo) ainda existem, mas a maioria de nós está divorciada delas. O recente interesse generalizado pelo Ocultismo é, em parte, um desejo de recuperá-lo. Esses sistemas são mais ricos em imagens do que a Tradição judaico-cristã, tal como chegou até a maioria de nós. Apesar disso, tanto Miller quanto Hillman se preocupam com um renascimento Pagão. Hillman teme um "verdadeiro renascimento do paganismo como religião", receoso de que isso traga dogmas e adivinhos. Em vez disso, propõe uma psicologia politeísta como alternativa.[47]

Miller defende um retorno ao Politeísmo greco-romano, porque somos "quer queiramos ou não, homens e mulheres ocidentais" e outros sistemas de símbolos são inadequados.[48] Grande parte do restante do livro de Miller é uma tentativa de usar a mitologia grega para explicar a sociedade moderna. Ele vê os problemas da tecnologia como a representação das histórias de Prometeu, Hefesto e Esculápio; o complexo militar-industrial é Hera-Hefesto-Héracles; a irrupção do irracional é Pan; e assim por diante. Isto pode ser bom para os estudantes do Politeísmo grego antigo, mas a maioria dos Neopagãos divergem dele neste ponto.

Quando *The New Polytheism*, de Miller, foi publicado, um jornal Pagão chamou-o de "uma vitória impressionante para o nosso ponto de vista". Harold Moss, por outro lado, escreveu que o Politeísmo greco-romano não era uma estrutura adequada para hoje.[49] Uma das críticas mais fortes ao livro de Miller veio de Robert Ellwood, professor de religião na Universidade do Sul da Califórnia, no seu livro *Religious and Spiritual Groups in Modern America.*

Ellwood captou com precisão a crítica dos Neopagãos sobre Miller quando escreveu: "Pode-se sentir que ele (Miller) dá um tratamento superficial às nossas heranças revitalizadas nas religiões politeístas celtas (Yeats), nórdicas (Wagner), africanas (LeRoi Jones) e ameríndias (diversos nomes)". Ellwood não é um defensor

46 Miller, *The New Polytheism*, p. 55.

47 Hillman, "Psychology: Monotheistic or Polytheistic", p. 206. Hillman considera um renascimento do paganismo um "perigo", porque traria, "juntamente aos seus adereços de adivinhação popular, sacerdócios efêmeros, adivinhação astrológica, práticas extravagantes e a erosão das diferenciações psíquicas através de entusiasmos delirantes". (p. 206).

48 Miller, *The New Polytheism*, p. 81.

49 Harold Moss, *Green Egg*, Vol. VII, Nº. 63 (21 de junho de 1974), p. 28.

do paganismo, mas ao contrário de Miller, ele passou algum tempo entre Pagãos e Neopagãos. Ele pergunta: "O Politeísmo na prática é o que Miller faz parecer? Como seria uma postura politeísta séria na América moderna?"

Ellwood analisa primeiro a prática do Xintoísmo no Japão e vê o Politeísmo como um sistema vinculativo e estruturado, uma reação, de fato, ao aumento da multiplicidade - um meio de organizá-la em um império, em um cosmos. Ele argumenta que, no passado, o Politeísmo atraía os organizadores dos cultos oficiais dos impérios, enquanto os cultos fervorosos dos marginalizados eram, em grande parte, monoteístas - como as religiões de mistério, o Cristianismo e as novas religiões do Japão.

Quanto aos Neopagãos nos Estados Unidos, ele reconhece sua "reverência pelo sol e pelas árvores", sua sinceridade e a realidade de sua experiência. "A visão pessoal de alguns Neopagãos é profunda e rica; eles são videntes, senão xamãs", afirma. No entanto, ele considera esses grupos instáveis e conclui que "o Politeísmo impõe uma forte pressão na formação e continuidade dos grupos" e que "só pode ser uma visão intensamente pessoal", servindo como veículo para o subjetivo. Cada grupo é "pequeno, luta para se manter e é provavelmente efêmero"; Ellwood acha difícil acreditar que o Neopaganismo como visão religiosa possa lidar adequadamente com a alienação humana. Ele afirma que o Politeísmo nunca foi uma causa em si, apenas um pano de fundo sobre o qual as causas se desenrolaram.

Ellwood considera que o grande problema espiritual da atualidade é "lidar com a multiplicidade", mas sugere que a posição de Miller e o Politeísmo de modo geral, levam, em última instância, a uma vida de "sentimentos sem âncora", com constantes mudanças de estilo, que eventualmente desencadearão uma reação contrária. Uma dessas formas de reação, observa ele, pode ser vista no Movimento de Jesus com o seu *slogan* "Um só Caminho" e, claro, há muitos outros novos movimentos monoteístas. Certamente teríamos de concordar que o Neopaganismo é uma visão minoritária, que luta no meio da tendência maioritária para cultos autoritários.

A visão de Ellwood sobre a crença em vários deuses nos Estados Unidos remete ao "Politeísmo do poeta solitário", e não ao do Sacerdote do Templo. Ela se personifica no Xamã solitário, afastado de sentimentos e objetivos comuns. Tais imagens já estão delineadas, diz Ellwood; podem ser vistas nos personagens de Ged na trilogia *Terramar*, de Ursula Le Guin; Gandalf na trilogia *O Senhor dos Anéis* de J.R.R. Tolkien, e Don Juan na série de livros de Carlos Castaneda. Nenhum deles formam grupos duradouros ou cultivam amizades permanentes. Todos compartilham conhecimento e sabedoria intuitivos, mas no final, permanecem sós e melancólicos.[50]

50 Robert Ellwood Jr., "Politeísmo: Religião de Estabelecimento ou Libertação?", Journal of the American Academy of Religion, Vol. XLII, Nº. 2 (1974), pp. 344–349.

Para Ellwood, o Politeísmo jamais pode fornecer coesão social nem ampliar as opções de vida além do âmbito privado, sugerindo que é, em sua essência, um movimento antipolítico e antissocial.

Praticantes Pagãos poderiam responder a Ellwood que sua religião não está em conflito com a experiência de totalidade. Embora sempre existam grupos que se dissolvem e outros que surgem, a comunidade Pagã está muito mais coesa hoje do que na época em que Ellwood escrevia. Desde a década de 1990, Pagãos modernos começaram a formar comunidades duradouras – não apenas organizações religiosas legalmente reconhecidas, uma tendência que já ocorre há trinta anos –, mas também seminários, santuários naturais e encontros e instituições com mais de vinte e cinco anos de existência.

A maioria dos Neopagãos concordaria com Ellwood que "apenas religiões monoteístas ou monistas 'convertem' nações. Dificilmente veremos um templo para Hera, Héracles ou Hefesto no gramado do Pentágono." Muitos também considerariam isso uma grande força do Politeísmo – o fato de não se prestar a guerras santas. Até mesmo a dura condenação de David Hume ao Politeísmo como idolatria e superstição foi atenuada por seu reconhecimento da tolerância dos politeístas a quase qualquer prática religiosa, em contraste com a intolerância demonstrada pela maioria das religiões monoteístas.

Na prática, os Neopagãos apresentam uma variedade de razões para o seu Politeísmo.[51] "Uma visão de mundo politeísta", escreveu um deles, "torna a autoilusão mais difícil. Os Pagãos parecem relacionar-se com as divindades em um nível mais simbólico e complexo. Pessoalmente, acho que toda intelectualização sobre divindades é autoengano." Outros me disseram que o Politeísmo tinha maior probabilidade de encorajar a reverência pela natureza. Uma mulher me escreveu: "O Politeísmo, e especialmente o Animismo, exigem apreço por uma gama muito mais ampla de coisas. Se você é monoteísta e seu Deus não está voltado para a vida, torna-se fácil destruir a biosfera da qual depende para sobreviver – basta olhar onde estamos agora."

Uma terceira razão que me foi dada é a mais enfatizada por Miller: diversidade e liberdade. Alkemene, uma Sacerdotisa da Arte em Nova York, escreveu-me:

> Uma religião monoteísta parece análoga ao sistema "uma doença – um tratamento" ainda prevalente na medicina moderna. Quando os adoradores passam a ver a divindade de uma maneira única, isso tende a realimentar uma imagem homogênea. Os adoradores começam (1) a ver a homogeneidade como algo bom e (2) a se tornarem eles próprios homogêneos. A excentricidade se torna "má" e "errada". A descentralização é vista como errada, uma vez que o que é errado para "A" não pode ser certo para "B". Uma visão de mundo

51 As próximas citações foram extraídas de respostas a um questionário enviado pelo correio a vários Neopagãos durante o inverno e a primavera de 1976. O questionário apareceu na *Green Egg*, Vol. VIII, Nº. 76 (2 de fevereiro de 1976), pp. 32–36.

> politeísta permite uma gama mais ampla de escolhas. Uma pessoa pode se identificar com diferentes divindades em momentos diferentes. As diferenças tornam-se aceitáveis, até mesmo "respeitáveis".
> As antigas religiões pagãs não tiveram muita dificuldade em ver que muitos nomes diferentes eram "no fundo" iguais. É claro que as suas culturas e políticas entraram em conflito, mas tiveram relativamente poucas guerras santas. No entanto, todas as nossas guerras parecem ser "santas" de uma forma ou de outra.

Esta ideia de diversidade e tolerância também foi sublinhada por Isaac Bonewits, que me disse: "Os Pagãos eram tolerantes pela simples razão de que muitos acreditavam que os seus Deuses e Deusas estavam ligados às pessoas ou ao lugar. Se você for para outro lugar, existem diferentes Deuses e Deusas. E se estiver hospedado na casa de outra pessoa, será educado com os Deuses dela; eles são tão reais quanto aqueles que você deixou em casa." Bonewits chamou o Monoteísmo de "uma aberração", mas "particularmente útil na história, quando pequenos grupos de pessoas queriam controlar um grande número de pessoas". Em *The Druid Chronicles,* ele observou que o Monoteísmo, "longe de ser a coroa do pensamento e da religião humanos, como seus defensores têm afirmado há vários milênios sangrentos, é, na verdade, um monstruoso retrocesso – um passo que tem sido responsável por mais miséria humana do que qualquer outra ideia na história conhecida."[52]

Muitos outros Neopagãos enfatizaram que o Politeísmo permitia tanto a unidade como a diversidade, e vários afirmaram que eram monoteístas em alguns momentos e politeístas em outros. Penny Novack, uma poetisa Pagã, escreveu certa vez que vislumbres do Uno poderiam deixá-la feliz, admirada e entusiasmada, "mas não consigo imaginar uma religião baseada nisso".

Outra pessoa me escreveu:

> Não acredito em Deuses como personalidades reais em qualquer plano ou dimensão. No entanto, acredito em Deuses como símbolos ou personificações de princípios universais. A Mãe Terra é a semente primordial - fonte do Universo... Acredito em Deuses percebidos na natureza; percebido como uma tempestade, um espírito da floresta, a Deusa do Lago, etc. Muitos lugares e épocas do ano têm um espírito ou poder sobre eles. Talvez estes sejam meus Deuses.

52 Isaac Bonewits, primeira citação de entrevista; segunda de "A Segunda Epístola de Isaac", *The Druid Chronicles* (evolved) (Berkeley: Berkeley Drunemeton Press, 1976) 1:12. Em um editorial na Gnostica, Vol. IV, Nº. 6 (fevereiro de 1975), p. 2, Bonewits, com seu humor característico, acrescentou que "as religiões monoteístas inevitavelmente promovem preconceito e chauvinismo de todos os tipos, mas não devemos esquecer que as culturas politeístas também produziram comportamentos chauvinistas... No entanto, enquanto os monoteístas são obrigados a serem preconceituosos, para os politeístas, o preconceito é meramente uma opção empolgante".

Já os Neopagãos da Arte que são seguidores da Wicca, podem muito bem ser considerados "duoteístas", concebendo a divindade como a Deusa da Lua, da Terra e do Mar, e o Deus das Florestas, da Caça, do Reino Animal. As Bruxas Feministas são frequentemente monoteístas, adorando a Deusa como Única. Morgan McFarland, que liderava o Coven Morrigana em Dallas, disse-me: "Considero-me uma politeísta, como na declaração que Ísis faz em O *Asno de Ouro* quando diz: 'De mim vieram todos os Deuses e Deusas que existem'. Assim, vejo-me como monoteísta ao acreditar na Deusa, a Criadora, o Princípio Feminino, mas ao mesmo tempo reconhecendo que outros Deuses e Deusas existem através dela como manifestações, facetas do todo." Um homem politeísta disse que certas partes da Arte foram afetadas pela "maldição do Monoteísmo da Deusa que aparentemente está enlouquecendo tantas Bruxas".[53] Das muitas respostas à pergunta "O que significa para você ser Pagão e politeísta?" a resposta que mais gosto veio da saudosa Sacerdotisa Wiccaniana Alison Harlow:

> Muitas vezes sou confrontada com a tentativa de explicar às pessoas o que quero dizer com "Paganismo". Para alguns parece uma contradição dizer que possuo uma certa verdade subjetiva; Eu tenho experienciado a Deusa e esta é a minha realidade total. No entanto, não acredito que tenha um caminho verdadeiro, exclusivo, que seja certo e único.
>
> Muitas pessoas não conseguem entender como eu considero a Deusa parte da minha realidade e aceito o fato de que a sua realidade pode ser outra coisa. Mas para mim, isso não é de forma alguma uma contradição, porque tenho consciência de que a minha realidade e as minhas conclusões são resultado de uma estrutura genética única, da minha experiência de vida e dos meus sentimentos subjetivos; e você é uma pessoa diferente, cuja mesma experiência de tudo o que pode ou não estar lá fora será traduzida em seu sistema nervoso em algo diferente. E eu posso aprender com isso.
>
> Ao compartilhar isso, posso expandir minha própria realidade e crescer. Esse reconhecimento de que cada um tem experiências diferentes é um pilar fundamental do Paganismo; é a premissa básica de que tudo o que está acontecendo lá fora é infinitamente mais complexo do que jamais poderei entender. E isso me faz sentir muito bem.

Essa última frase me impactou profundamente. Que reação incomum diante das diferenças entre as pessoas – tão distinta das respostas habituais de medo e hostilidade! Que tipo de pessoa é capaz de dizer isso – de celebrar as diferenças? Esta é a questão com a qual luto. Quem são aqueles que conseguem abraçar o Politeísmo aceitando um pouco de caos na sua perspectiva espiritual sem negar modos racionais de pensar? Quem são os capazes de suspender a crença e a descrença à vontade e se sentem igualmente confortáveis com o discurso

53 Harold Moss, *Green Egg*, Vol. VIII, Nº. 70 (1º de maio de 1975), 38

científico e o ritual mágico? Em suma, quem pode se permitir uma religião não autoritária? Estamos falando de um fenômeno de ampla base neste país? Certamente não. Será que estamos falando de modos de ser que estão disponíveis apenas para aqueles fortes o suficiente para romper com certos aspectos da cultura dominante?

Minha própria experiência com o ressurgimento Pagão me fez relutante em categorizar os Neopagãos de acordo com simples divisões de idade e classe. Não me sinto confortável com uma análise "radical" categorizando a recente ascensão de grupos ocultistas a um fenômeno da classe média branca. Seria demasiado simples, embora muitos dos que conheci posteriormente se enquadrassem nesta categoria.

Concluo, portanto, provisoriamente, que os Neopagãos são uma espécie de elite - uma elite estranha.[54] As pessoas que você encontrará aqui podem ser algumas das poucas que, por acaso, pelas circunstâncias, sorte e ocasionalmente dificuldades, escaparam de certas formas de inculturação.

A maioria dos Pagãos são leitores ávidos, mas muitos deles tiveram pouca educação formal. Poucos são viciados em televisão. Eles são, pontuou-me um Sacerdote, "arqueólogos práticos", desenterrando fatos estranhos, "estudiosos sem diplomas". Vêm de uma variedade de classes e ocupam empregos que vão de bombeiros a Ph.D.s em química. Mas como leitores, constituem uma elite, uma vez que constituem menos de vinte por cento da população dos Estados Unidos.

O paradoxo do Politeísmo parece ser este: os argumentos a favor de um mundo de multiplicidade e diversidade geralmente são apresentados por aqueles poucos fortes o suficiente e afortunados em termos de educação, criação ou sorte para conseguir renunciar, por palavras, estilo de vida e filosofias, às visões religiosas e políticas totalitárias que dominam nossa sociedade. Talvez, devido ao meu próprio fascínio pelo ressurgimento Neopagão, eu esteja esperando que essas atitudes possam se tornar o legado de todos nós.

Eis a grande questão: será que a afirmação politeísta da diversidade surgiu num momento em que a maioria das pessoas teme cada vez mais a complexidade e aceita soluções autoritárias? O Neopaganismo é um movimento crescente. Segundo algumas fontes,[55] há um milhão de Neopagãos em todo o mundo. Em edições anteriores deste livro, perguntei-me se o Neopaganismo estava condenado a ser uma iguaria para poucos. Ainda estou convencida de que o Paganismo contemporâneo continuará a ser um fenômeno religioso minoritário; mas hoje estou mais convencida de que ele tem poder de permanência.

---

54 A propósito dos Neopagãos como uma elite, Bonewits, em um editorial na Gnostica, Vol. IV, Nº. 9 (julho de 1975), p. 2, escreve que os Neopagãos fazem parte dos *andermenschen* - o outro povo - em oposição aos *übermenschen* ou *untermenschen*: "Sempre tivemos os *andermenschen* - os estranhos, os diferentes. Sempre tivemos os *andermenschen*, em todas as sociedades do nosso Planeta; eles são nossos pintores e poetas, nossos compositores e músicos, nossos dançarinos e contadores de histórias, nossas bruxas e médiuns, nossos místicos e xamãs, nossos magos e psíquicos. Estes são os estranhos, as pessoas que mergulharam os pés no Outromundo e voltaram delirando e encantando, curando e profetizando, sempre tentando desesperadamente apontar para o novo e o inexplicável como a única fonte de salvação para nossa pobre espécie confusa."

55 Veja www.adherents.com.

II

Bruxos

Capítulo 4

O Reavivamento Wiccaniano

O que podemos aprender sobre a figura da Bruxa?... Ela tira energias da consciência e as direciona para o inconsciente, estabelecendo uma conexão entre esses dois sistemas mentais...

Sabemos que as raízes da nossa consciência alcançam profundamente o inconsciente arcaico e não humano... O arquétipo da Bruxa torna visível para nós as profundezas do que é humanamente possível, os grandes silêncios no limite do ser...

Ela provoca tempestades que invadem comunidades inteiras de pessoas. Conduz vastas energias coletivas até a nossa porta... Essas forças espirituais não direcionadas e não humanizadas são simbolizadas para nós como fantasmas, ancestrais mortos, Deuses e Deusas que surgem do Submundo...

Qual é o benefício desta visão? Um senso de perspectiva... A Bruxa vidente nos faz ver as proporções da vida...

O impacto radical do arquétipo da Bruxa é que ela invade a comunidade civilizada. Ela entra. Ela a transforma... Ela anuncia o processo atemporal de originar, a partir do inconsciente, novas formas de consciência humana e de sociedade.

— Dr. Ann Belford Ulanov[56]

A palavra "Bruxa" é definida de maneiras tão diferentes por diferentes pessoas, que um conceito comum parece improvável. "Uma Bruxa", poderão dizer a você, "é alguém com poderes sobrenaturais", mas as Bruxas revivalistas não acreditam em algo sobrenatural. "Uma Bruxa", poderão lhe dizer, "é qualquer pessoa que pratica Magia", mas as Bruxas revivalistas dirão que a Bruxaria é uma religião, e algumas delas dirão que a Magia é secundária. "Uma Bruxa", poderão argumentar, "é uma praticante do mal", mas as Bruxas revivalistas lhe dirão que elas promovem o bem.

56 Ann Belford Ulanov, "O Arquétipo da Bruxa", uma palestra dada ao Clube de Psicologia Analítica de New York em 17 de novembro de 1976. Publicado em Quadrant, Vol. X, Nº. 1 (1977), pp. 5–22.

O historiador Elliot Rose observou que a palavra “Bruxa” é “livre para vagar, e de fato vagueia, entre uma variedade desconcertante de associações mentais”.[57] O ocultista Isaac Bonewits perguntou:

> Uma"Bruxa"éalguémquefazmagiaoulêsortes?Uma"Bruxa"éalguémqueadora o Diabo Cristão? Uma Bruxa (com letra maiúscula, desta vez) é membro de uma fé Pagã específica chamada "Wicca"? Uma "Bruxa" é alguém que pratica Voodoo, Macumba ou Candomblé? Estão os antropólogos corretos ao definir uma "Bruxa" como qualquer pessoa que pratica magia (geralmente má) fora de uma estrutura social aprovada?[58]

Bonewits dissipa parte dessa confusão, como veremos, ao classificar as Bruxas em diversas categorias, incluindo Clássicas ou Populares, Neodiabólicas, Familiares, Imigrantes, Étnicas, Feministas e Neopagãs. Neste livro, estamos (principalmente) falando sobre as Bruxas Neopagãs – o renascimento, recriação ou nova criação (dependendo de seu ponto de vista) de uma religião natural Neopagã que se denomina “Bruxaria”, “Wicca”, “Arte” ou “Antiga Religião”. Essa religião, cuja inspiração vem da Europa Ocidental pré-cristã, possui uma história específica – ainda que nebulosa – e uma natureza particular de estar no mundo.

Vimos que a palavra “Bruxa” vem do inglês antigo *wicce* e *wicca*, e essas palavras derivam da raiz wic, ou weik, que tem a ver com religião e magia. Vimos também que muitos praticantes afirmam que a palavra *Wicca* significa “sábia”, embora isso seja etimologicamente incorreto. Outros dizem que o termo vem de uma raiz que significa “dobrar” ou “virar”, e que “Bruxa” é quem molda e altera a realidade.

Mas a etimologia não ajuda a confrontar o sentimento confuso que está por trás da palavra “Bruxa”. O próprio poder da palavra reside em sua imprecisão. Não se trata apenas de uma expressão, mas um arquétipo, um conjunto de imagens poderosas. Algo que ressoa na mente. Nas palavras do Dr. Ulanov, essa palavra nos leva a lugares profundos, a florestas e contos de fadas, mitos e amizades com animais. O preço que pagamos pela clareza de definição não deve ser a redução da força desse conjunto de imagens.

A palavra “Bruxa” divide opiniões até mesmo entre seus praticantes. Algumas pessoas a consideram um símbolo de orgulho, uma palavra a ser reivindicada, assim como lésbicas militantes reivindicaram o termo “sapatão”. Porém, muitos não gostam do uso da palavra. “Ela tem uma reputação ruim”, disse-me uma Bruxa. Outra afirmou: “Eu não planejei me chamar de Bruxa. O nome me encontrou. Foi

---

57 Elliot Rose, *A Razor for a Goat* (Toronto: University of Toronto Press, 1962), p. 3

58 Isaac Bonewits, “Bruxaria: Clássica, Gótica e Neopagã (Parte I)”, *Green Egg*, Vol. IX, Nº. 77 (20 de março de 1976), p. 15. A excursão etimológica de Bonewits pela palavra “Bruxa” aparece nas pp. 15–17.

apenas um nome – talvez um nome ruim – que foi associado às coisas que eu estava buscando". Um jornal Neopagão declarou que o termo "Bruxaria" é inadequado, pois "refere-se a uma versão decadente de uma fé mais antiga".[59]

Algumas Bruxas dirão que preferem a palavra "Arte", porque ela enfatiza uma forma de praticar magia, uma tecnologia oculta. E há Bruxas – as "clássicas" na definição de Bonewits – que definem a Bruxaria não como uma religião, mas simplesmente como uma arte. Outras dirão que são da "Velha Religião", porque desejam ligar-se ao passado pré-cristão da Europa, já outras preferem dizer que são "Wicca", a fim de enfatizar uma família ou tribo com laços especiais. Há aquelas que falam de suas práticas como "o renascimento das antigas tradições de mistério". Mas quando conversam entre si, muitas vezes usam esses termos de forma intercambiável, e as pessoas de fora ficam mais confusas do que nunca.

Infelizmente, apenas poetas e artistas conseguem dar vida às experiências religiosas ao narrá-las. A maioria das descrições de vivências místicas é monótona e banal – em contraste com a profundidade e a riqueza das próprias experiências. E é por isso que, apesar de todos os outros capítulos estarem concluídos, este permaneceu inacabado. Eu tinha pilhas de anotações espalhadas sobre as mesas: descrições de Bruxaria praticada por Bruxas; definições de Bruxaria por estudiosos; teorias sobre a origem da Bruxaria feitas por historiadores, teorias de escritores Neopagãos modernos como Aidan Kelly e Isaac Bonewits; uma centena de histórias e relatos.

Ed Fitch, um Sacerdote da Arte na Califórnia, disse: "Ser uma Bruxa é recorrer às nossas raízes arquetípicas e extrair força delas. Significa alinhar-se com maneiras que são mais antigas do que a própria raça humana." Senti um leve arrepio na nuca ao ouvir essas palavras. Lembrei-me de uma citação de *A Deusa Branca*, de Robert Graves, de que a verdadeira "função da poesia é a invocação religiosa da Musa", e que toda poesia verdadeira cria uma "experiência de exaltação misturada com o horror que sua presença excita." Graves disse que é preciso pensar tanto de maneira mítica quanto racional, sem nunca confundir uma com a outra e nunca se surpreender "com as estranhas criaturas não naturais que entram no círculo".[60]

Então, talvez a melhor maneira de começar a compreender a força por trás da simples palavra "Bruxa", seja adentrar esse círculo com o mesmo espírito com que C. G. Jung consultou o I Ching antes de escrever sua famosa introdução para a tradução de Wilhelm-Baynes. Faça isso em uma lua cheia, talvez em um parque ou em uma clareira de uma floresta. Não é necessário usar nenhum dos instrumentos citados em livros sobre a Arte. Tampouco vai precisar de roupas especiais, ou da falta delas. Talvez você crie um cântico, uma sequência de nomes

59 "Witchcraft in Wichita", *The Waxing Moon* (edição britânica), Nova Série Nº 1 (Samhain 1970), p. 5. *The Waxing Moon* foi o jornal do Movimento Pagão na Grã-Bretanha e na Irlanda.

60 Robert Graves, *The White Goddess*, edição revisada e ampliada (New York: Farrar, Straus e Giroux, 1966), p. 14.

de Deuses e Deusas que eram queridos e familiares nos mitos da infância, uma simples sequência de nomes para a Terra, a Lua e as estrelas, facilmente repetível como um mantra.

Talvez, ao pronunciar esses nomes familiares e sentir a terra e o ar, a Lua pareça um pouco mais próxima. De repente, talvez, o vento sussurrante nas folhas esteja em sintonia com a sua própria respiração. Ou talvez o cântico pareça mais forte e todos os outros sons se distanciem. Talvez a floresta pareça estranha e barulhenta, ou de um silêncio impossível de descrever. Quem sabe a linha clara que separa você dos pássaros, das árvores e dos pequenos lagartos comece a se dissolver. Seja como for, sua relação com a natureza viva se transforma. A Bruxa é essa transformadora de vínculos e definições.

Certa vez, em uma praia estranha e desconhecida, um grupo de jovens e inexperientes Bruxos e Bruxas revivalistas estava prestes a traçar um Círculo para realizar um ritual. Como a maioria dos Wiccanianos modernos, eles eram pessoas da cidade desajustadas naquela praia da Nova Inglaterra. Eles haviam trazido velas em potes, incenso, carvão, vinho, sal, facas rituais e todos os instrumentos que a maioria dos livros sobre a Bruxaria Moderna recomenda usar. O vento soprava forte e as velas não conseguiam se manter acesas. O carvão acendeu e o fogo foi levado rapidamente pelo vento. A lua desapareceu atrás de uma nuvem e todos os instrumentos se perderam na escuridão. Em seguida, os jovens perderam a noção de direção e se viram confrontando os poderes elementais da natureza, os Deuses do frio, do vento, da água e da peregrinação. A terra – outrora local de práticas religiosas antigas muito diferentes – começou a exercer a sua própria presença e a fazer suas exigências sobre a psique. Assustados, eles rapidamente voltaram para casa.

O ponto de tudo isso é simples. Tudo o que vem a seguir – as distinções, as definições, a história e a teoria da Bruxaria Moderna – não significa nada a menos que o conteúdo poderoso e emocional que se oculta como fonte por trás das diversas formas contemporâneas seja respeitado. Esse conteúdo está na mente de cada um. Existe algo relacionado com a palavra "Bruxa" que é atemporal, primordial, pré-histórico (em sentimento, sendo ou não um fato), algo, talvez, "mais antigo do que a própria raça humana". A história do renascimento da Wicca é – antes de tudo – uma narrativa de pessoas que exploram imagens arcaicas e poderosas da natureza, da vida, da morte, da criação e da destruição. Os Wiccanianos modernos estão utilizando essas imagens para mudar sua relação com o mundo. A busca por essas imagens, e o uso delas, deve ser visto como válido, não importa quão limitadas e empobrecidas as formas externas do renascimento Wiccaniano possa parecer às vezes, não importando, também, quão contestada seja sua história.

O Mito da Wicca

Muitos já observaram que os mitos não devem ser tomados ao pé da letra. Isso não significa que sejam "falsos", mas que, para compreendê-los, é necessário distinguir poesia de prosa, verdade metafórica de realidade literal.

O renascimento da Wicca começa com um mito, que Bonewits costumava chamar – para a irritação de muitas Bruxas – de "O Mito do Culto da Bruxa Unitariana, Universalista e Branca da Grã-Bretanha Teosófica Ocidental."

A história é mais ou menos assim: a Bruxaria é uma religião que remonta ao período Paleolítico, associada ao culto do Deus da Caça e da Deusa da Fertilidade. Vestígios dessa religião podem ser encontrados em pinturas rupestres e em estatuetas de Deusas com milhares de anos. Essa religião primitiva era universal. Embora os nomes das divindades variem de um lugar para outro, as figuras essenciais eram as mesmas.

Quando o Cristianismo chegou à Europa, sua expansão foi lenta. Reis e nobres foram os primeiros a se converter, mas grande parte do povo continuou a praticar ambas as religiões. Os habitantes das áreas rurais, os *Pagãos* e *Heathens*, mantiveram os antigos costumes. Igrejas foram construídas sobre os locais sagrados da Antiga Religião. Os nomes dos festivais foram alterados, mas as datas foram preservadas. Os antigos ritos continuaram nos festivais populares, e, por muitos séculos, a política cristã foi de cooptação gradual.

Durante os períodos de perseguição, a Igreja tomou o Deus da Antiga Religião e – como é costume entre os conquistadores – transformou-o no demônio da nova religião – o diabo cristão. A Antiga Religião foi forçada à clandestinidade, com seus únicos registros apenas sendo apresentados, de forma distorcida, por seus inimigos. Pequenas famílias mantiveram viva a religião e, em 1951, depois que as Leis sobre a Bruxaria na Inglaterra foram revogadas, ela começou a emergir novamente.[61]

Neste ponto, o Mito Wiccaniano se ramifica em muitas direções. Diferentes Tradições (ou seitas) Wiccanianas têm histórias distintas para contar. Muitas mencionam o trabalho de Margaret Murray, cujo *The Witch-Cult in Western Europe* (1921) popularizou a ideia de que a Bruxaria é a religião pré-cristã sobrevivente da Europa. Muitos mencionarão Charles G. Leland, cujos livros, escritos no final do século 19, descreviam uma religião Pagã sobrevivente na Itália, incluindo um culto de Bruxas que adoravam Diana, e uma série de sobrevivências etruscas antigas. Outros citarão Gerald B. Gardner, um funcionário público britânico aposentado que afirmou ter sido iniciado em um dos antigos Covens ingleses sobreviventes em 1939. Convencido de que o culto às Bruxas estava morrendo por falta de conhecimento, Gardner publicou parte do que havia aprendido em um romance denominado *High Magic's Aid* (Com o Auxílio da Alta Magia). Após

61 Para um resumo desse mito, veja Raymond Buckland, *Witchcraft from the Inside* (St. Paul: Llewellyn, 1971).

a revogação das Leis sobre a Bruxaria, em 1951, Gardner publicou *Witchcraft Today* (A Bruxaria Hoje) e *The Meaning of Witchcraft* (O Significado da Bruxaria). As Bruxas Britânicas frequentemente mencionam o trabalho da Witchcraft Research Association e sua revista de curta duração, *Pentagram*, que teve um importante papel no renascimento da Bruxaria.

Os elementos desse Mito da Wicca podem ser encontrados - em versões bem mais extensas - na maioria dos livros introdutórios sobre a Arte moderna que circulavam antes de 1980, incluindo obras de Gardner, Doreen Valiente, Justine Glass, Patricia Crowther, Stewart Farrar e Raymond Buckland. Muitos elementos são inquestionavelmente verdadeiros - como a ideia de sobrevivências pré-cristãs na Europa. Outros são fortemente contestados por estudiosos - em particular, a teoria de Margaret Murray sobre uma Antiga Religião universal e organizada.

Até algumas décadas, a maioria dos Wiccanianos interpretava quase todos os elementos do mito literalmente. Poucos fazem isso hoje em dia, o que, por si só, é uma lição sobre a flexibilidade do renascimento. Muitos estudiosos refutaram a precisão literal do mito e, em seguida, descartaram erroneamente a própria Arte Moderna como uma fraude. Não se pode realmente compreender o renascimento da Bruxaria hoje sem antes nos familiarizarmos com algumas das fontes que formaram o Mito Wiccaniano e deram origem ao renascimento. Essas fontes incluem os teóricos matriarcais, como J. J. Bachofen e Friedrich Engels; os folcloristas britânicos; a teoria de Margaret Murray sobre a Bruxaria na Idade Média e os livros do renascimento, em particular os escritos de Gerald Gardner nas décadas de 1940 e 1950.

A Controvérsia Murraísta

Embora a Wicca moderna tenha pouco a ver com a Bruxaria da Idade Média ou dos séculos 16 e 17, o renascimento da Wicca foi fortemente influenciado pelos escritos de Margaret Murray.

Mesmo existindo muitas abordagens diferentes para o estudo da Bruxaria medieval europeia, até cerca de oitenta anos atrás havia duas principais teorias opostas, que o historiador Elliot Rose chamou, humoristicamente, de escola "Bluff" e escola "Anti-Sadduceia".[62] A primeira teoria, refletindo o racionalismo do final do século 19 e início do século 20, concluiu que a Bruxaria era uma ilusão inventada pela Inquisição. Estudiosos racionalistas afirmavam que os "elementos sobrenaturais" nos relatórios dos julgamentos - descrições de voos pelo ar e mutações em animais - tornaram esses relatórios totalmente suspeitos. Além disso, o uso da tortura para obter essas informações, tornava-as inúteis como

62 Elliot Rose, *A Razor for a Goat*, pp. 8-10. Na verdade, Rose, em tom humorístico, apresenta quatro escolas: Bluff, Knowing, Anti-Sadducea e Murrayita.

evidência. Por outro lado, estudiosos oponentes, como Montague Summers, acreditavam na realidade de Satanás e aceitavam todos os relatórios de julgamentos como precisos e literais.

Em 1921, Margaret Murray publicou *The Witch-Cult* in Western Europe (O Culto às Bruxas na Europa Ocidental). Murray era, acima de tudo, uma egiptóloga e, em segundo plano, uma folclorista e antropóloga. Após reexaminar documentos dos julgamentos da Inquisição, ela argumentou que a Bruxaria poderia ser rastreada até "tempos pré-cristãos, parecendo ser a Antiga Religião da Europa Ocidental" centrada em uma divindade que se manifestava em um homem, uma mulher ou um animal. Uma de suas formas era o Deus de duas faces e com chifres, conhecido pelos romanos como Janus ou Dianus. Murray escreveu que a forma feminina do nome – Diana – foi encontrada em toda a Europa Ocidental como a líder das Bruxas. Devido a isso, Murray chamou a religião de "Culto Diânico", embora tenha escrito que o Deus raramente aparecia na forma de mulher e uma divindade masculina aparentemente substituiu uma feminina. Essa "religião organizada" era, de acordo com Murray, principalmente um culto de fertilidade, seguindo a Tradição descrita por Sir James Frazer em *The Golden Bough* (*O Ramo de Ouro*). Tratava-se de um culto ao Deus que morre e renasce, cujo nascimento e morte se refletem no ciclo das estações e no ciclo das colheitas. De acordo com Murray, esse culto havia se originado com uma raça aborígine britânica de pequenos povos que eram a realidade por trás da fé nas fadas. O culto tinha participantes de todas as classes, desde o campesinato até a nobreza. Os dois principais festivais do culto, Véspera de Maio e Véspera de Novembro, foram descritos como "pré-agrícolas", tendo mais a ver com a fertilidade dos animais do que com as colheitas.

Murray escreveu que as Bruxas praticavam uma religião alegre. Elas se reuniam nos oito grandes festivais (Sabbats) e em encontros mais gerais (Esbats) em Covens de treze pessoas. Festejavam, dançavam e tinham visões xamânicas. Murray argumentou que, de fato, os relatórios do julgamento das Bruxas que se descreviam a si mesmas voando pelo ar e mudando para formas animais eram "rituais e não reais", um "relato claro da própria Bruxa e de suas companheiras acreditando na mudança de forma causada pelo objeto mágico, exatamente da mesma maneira que os xamãs acreditam em sua própria transformação por meios semelhantes." Murray também argumentou que o Coven, o Sabbat e todos os outros aspectos das acusações feitas contra as Bruxas tinham uma realidade por trás deles. A Inquisição simplesmente transformou o Deus das Bruxas em seu demônio e substituiu o bem pelo mal.[63]

Os livros posteriores de Murray, *The God of the Witches* (1933) e *The Divine King in England* (1954), foram ainda mais controversos, especialmente o último. Nesse livro, ela argumentou que a ideia do "Rei Sagrado" era uma realidade na

63 Margaret A. Murray, *The Witch-Cult in Western Europe* (Oxford: Oxford University Press, 1921), pp. 12, 233 e 236.

Grã-Bretanha, e que muitos reis ingleses haviam sido assassinados ritualmente; ela sustentou que a maior parte da realeza britânica era de membros do Culto Diânico. A maioria dos estudiosos descartou esse livro como obra de uma excêntrica que teve a audácia de publicá-lo aos noventa anos. (Murray foi uma mulher notável que viveu até os cem anos. Ela publicou sua autobiografia, *My First Hundred Years* [Meus primeiros cem anos], em 1963, mesmo ano em que faleceu.)[64]

As teorias de Murray foram bem avaliadas por algum tempo. No entanto, nos últimos quarenta e cinco anos, elas foram desacreditadas. Os argumentos contra ela foram muitos. Disseram que ela aceitou como verdadeiras histórias que poderiam ter sido fabricadas sob tortura; que, embora tenha apresentado boas evidências da sobrevivência Pagãs na Grã-Bretanha, ela não deu evidências de que uma religião Pagã organizada sobreviveu, ou de que essa religião era universal, ou mesmo de que Covens ou Sabbats existiam antes de aparecerem nos relatórios dos julgamentos.

O principal valor do trabalho de Murray foi a sua compreensão da persistência dos costumes populares Pagãos na Grã-Bretanha e sua percepção de que a Bruxaria não poderia ser analisada isoladamente da história comparada das religiões, nem do estudo da antropologia e do folclore. No entanto, a maioria dos estudiosos hoje descarta grande parte do seu trabalho.

Estudos sobre a Bruxaria europeia, particularmente sobre o que veio a ser chamado de "a Histeria das Bruxas" dos séculos 16 e 17, são tão vastos que resumir a pesquisa pós-Murray seria impossível em um livro desta natureza. Além disso, o panorama acadêmico mudou completamente desde a primeira publicação de *Drawing Down the Moon.*

Norman Cohn: A Bruxaria como Ilusão

O falecido historiador Norman Cohn, autor de *Europe's Inner Demons* (1975), argumentou que o estereótipo da Bruxa tem origem em uma fantasia específica surgida na Antiguidade. Essa fantasia – de que no meio da sociedade maior existe uma pequena sociedade secreta envolvida em práticas anti-humanas, incluindo infanticídio, incesto, canibalismo, bestialidade e sexo orgiástico – é uma tradição antiga, usada pela primeira vez pelos romanos para caracterizar os cristãos. Mais tarde, foi usada pelos cristãos para caracterizar os judeus, assim como seitas cristãs consideradas heréticas, como os cátaros, os valdenses, os maniqueístas, os montanistas e grupos como os Cavaleiros Templários.

Cohn duvidava da existência real de uma seita de bruxas, por isso seu livro trata de uma história de "fantasia". Ele argumentava que os folcloristas Jacob Grimm e Girolamo Tartarotti – há muito considerados os criadores da visão de

---

64 Margaret A. Murray, *The God of the Witches* (London: Sampson Low, Marston & Co., Ltd., 1933); *The Divine King in England* (London: Faber & Faber Ltd., 1954); *My First Hundred Years* (London: William Kimber and Co., Ltd., 1963).

que a Bruxaria seria uma religião pré-cristã – apenas chamaram atenção para a persistência de crenças populares anteriores ao Cristianismo, que mais tarde contribuíram para o estereótipo da Bruxa. Karl Jarcke foi o primeiro a afirmar, em 1828, que a Bruxaria era a antiga religião pagã da Alemanha, preservada entre o povo comum. Dez anos depois, Franz Joseph Mone descreveu a Bruxaria germânica como um culto esotérico clandestino. Cohn acreditava que nenhuma dessas teorias era convincente; nem Jarcke nem Mone conseguiram demonstrar que o culto aos Deuses antigos era "praticado por grupos secretos organizados na Idade Média". A próxima vítima de Cohn foi o historiador Jules Michelet, cujo famoso livro sobre Bruxaria, *La Sorcière,* apareceu em 1862. Cohn caracterizou Michelet como um "radical romântico envelhecido, sem tempo ou desejo para pesquisas detalhadas". Ele argumentou contra a visão de Michelet de que a Bruxaria era um protesto dos servos medievais contra uma ordem social opressiva, e que esses servos, reuniam-se em segredo para realizar antigas danças Pagãs e sátiras contra seus opressores. "Tal visão", escreveu Cohn, "era impulsionada por uma urgência apaixonada para reabilitar duas classes oprimidas – as mulheres e o campesinato medieval", mas não havia evidências que sustentassem isso.

Em seguida, Cohn abordou a ideia de que a Bruxaria seria a sobrevivência de um culto de fertilidade. Ele escreveu que *The Golden Bough* (*O Ramo de Ouro*), de Frazer, "lançou um culto aos cultos de fertilidade" e que, em 1921, quando surgiu a teoria de Murray sobre o culto Diânico, "a influência de O Ramo de Ouro estava no auge". Cohn demonstrou total desdém por Murray. Como ela tinha sessenta anos quando apresentou a sua teoria, ele estava convencido de que a sua mente estava rigidamente "moldada em uma versão exagerada e distorcida do molde Frazeriano". (Na verdade, ao longo do livro, Cohn usa a idade como razão para descartar um estudioso ou uma ideia.) Ele argumentou – como muitos outros estudiosos – que Murray não poderia provar a existência de um culto organizado. Mas sua principal crítica foi que ela eliminou os elementos fantásticos dos relatórios dos julgamentos das Bruxas, dando a falsa impressão de que existiam descrições realistas dos Sabbats. Ele observou que, se existem paralelos entre as descrições dos Sabbats e os rituais de fertilidade, eles são insignificantes. Para ele, os Sabbats eram uma completa ilusão, uma ficção. Cohn criticou historiadores como Elliot Rose e Jeffrey Burton Russell por estarem sob a influência de Murray, apesar de suas críticas ao trabalho dela. Ele ainda expressou consternação pelo fato de o trabalho de Murray ter "estimulado a extraordinária proliferação de 'Covens de Bruxas' na Europa Ocidental e nos Estados Unidos durante a última década, culminando na fundação da Witches International Craft Association, com sede em Nova York".

O principal argumento de Cohn era que nenhuma história com "elementos impossíveis" deveria ser aceita como evidência. "Ninguém jamais encontrou uma sociedade real de Bruxas", escreveu ele, acrescentando:

> Tomada como um todo, essa própria tradição constitui um capítulo curioso na história das ideias. Ao longo de um século e meio, a inexistente sociedade das Bruxas foi repetidamente reinterpretada à luz das preocupações intelectuais do momento. As teorias de Jarcke e Mone foram claramente inspiradas pelo temor corrente de sociedades secretas; a de Michelet, por seu entusiasmo pela emancipação das classes trabalhadoras e das mulheres; as de Murray e Runeberg, pela crença frazeriana de que a religião consistia originalmente em cultos de fertilidade, e as de Rose e Russell, talvez, pelo espetáculo dos experimentos psicodélicos e orgíacos da década de 1960.[65]

De acordo com Cohn, os estudiosos simplesmente "subestimaram de forma grosseira as capacidades da imaginação humana". Ele escreveu que muitas noções "fantásticas" sobre as Bruxas tinham uma longa história nas crenças populares – como a ideia de que elas praticavam o mal, mudavam de forma e voavam pelo ar –, mas nunca foram significativas até que novos procedimentos inquisitoriais passaram a investigar a Magia Ritual. Nesse ponto, pequenos julgamentos de indivíduos acusados de associação com demônios começaram a ocorrer. Esses casos eram menores, e a maioria dos acusados eram padres. Só depois que todas as partes da "fantasia" foram reunidas e aceitas pelas autoridades é que as perseguições às bruxas puderam realmente começar. Para a maioria dos camponeses, as bruxas eram simplesmente aquelas que causavam danos por meios ocultos – principalmente mulheres. Outra noção, a de que as bruxas eram membros de uma seita secreta liderada por Satanás, veio dos líderes eclesiásticos e inquisidores, quando passaram a acreditar na realidade do Sabbat e dos voos noturnos. (Murray, como vimos, nunca considerou os voos noturnos reais, mas os interpretou como visões xamânicas, semelhantes às relatadas por visionários religiosos ao redor do mundo.)

No final de *Europe's Inner Demons,* infelizmente, Cohn assumiu inteiramente a abordagem mais popular sobre a bruxaria na atualidade – a psiquiatria. Ele escreveu que as origens da bruxaria na Idade Média estão enraizadas em nosso inconsciente, sendo uma fantasia presente tanto na história quanto em sua escrita. Segundo ele, a caça às bruxas jamais teria ocorrido sem "a fantasia de uma seita devoradora de crianças, orgiástica e adoradora do Diabo". A única continuidade está na fantasia. Mas de onde vieram essas fantasias? A resposta de Cohn foi que elas representavam "os aspectos mais profundos" de muitos europeus, "seus medos obsessivos e também os seus desejos aterrorizantes e não reconhecidos". Essas fantasias de canibalismo e infanticídio estavam presentes em todo o folclore, enraizadas na infância e ligadas a "desejos e ansiedades vivenciados na infância ou na primeira infância, mas profundamente reprimidos

---

65 Norman Cohn, *Europe's Inner Demons* (New York: Basic Books, 1975), p. 125. Outras citações estão nas páginas 104-09, 124 e 258-61. A referência à Witches International Craft Association refere-se à Bruxa de New York, Leo Martello, cujas atividades em prol dos direitos civis das Bruxas podem ser lidas em seu livro *Witchcraft: The Old Religion* (Secaucus, NJ: University Books, 1973).

e, em sua forma original, totalmente inconscientes". A criação de uma sociedade de bruxas foi, portanto, uma revolta inconsciente contra o Cristianismo, visto como excessivamente rigoroso e repressivo.

Um dos problemas com o argumento de Cohn foi sua concepção limitada do que é possível. Por exemplo, ele considerava todos os relatos de orgias como fantasia, afirmando: "Essas orgias em que alguém se acasala com o próximo no escuro, sem se preocupar em saber se esse vizinho é homem ou mulher, um estranho ou o contrário, o próprio pai ou mãe, filho ou filha, pertencem ao mundo da fantasia". Aqui, ele demonstra uma surpreendente ignorância sobre a história do sexo e do ritual. Práticas orgiásticas faziam parte dos rituais religiosos em muitas culturas do mundo antigo. E, embora a maioria dos encontros sexuais em grupo modernos não tenha uma dimensão religiosa, basta ler relatos sobre clubes de sexo contemporâneos para saber que experiências orgiásticas não são meramente um produto da fantasia.

Mircea Eliade: A Bruxaria Remanescente do Paganismo Arcaico

Em 1976, o historiador Mircea Eliade escreveu o ensaio *Some Observations on European Witchcraft* (*Algumas Observações sobre a Bruxaria Europeia*), observando que, embora o trabalho de Murray estivesse repleto de erros e suposições não comprovadas, estudos mais recentes de documentos indianos e tibetanos "convencerão um leitor imparcial de que a bruxaria europeia não pode ser uma criação de perseguição religiosa ou política, nem uma seita demoníaca dedicada a Satanás e à propagação do mal".

> De fato, todas as características associadas às bruxas europeias - com exceção de Satanás e do Sabbat - são também atribuídas a iogues e magos indo-tibetanos. Eles também deveriam voar pelo ar, tornar-se invisíveis, matar a distância, dominar demônios e fantasmas, e assim por diante. Além disso, alguns desses excêntricos sectários indianos se vangloriam de quebrar todos os tabus religiosos e regras sociais: eles afirmam praticar sacrifícios humanos, canibalismo e toda a sorte de orgias, incluindo relações incestuosas, além de comer excrementos, animais repugnantes e devorar cadáveres humanos. Em outras palavras, eles se orgulham de reivindicar todos os crimes e cerimônias horríveis citados exaustivamente nos julgamentos de bruxas da Europa Ocidental.[66]

66 Mircea Eliade, "Some Observations on European Witchcraft", in *Occultism, Witchcraft and Cultural Fashions* (Chicago: University of Chicago Press, 1976), p. 71.

Eliade apontou para o culto do *benandanti*, revelado por Carlo Ginzburg. Nos quatro grandes festivais agrícolas do ano, esses bruxos italianos travaram uma batalha (em transe) contra um grupo de bruxos considerados malignos, os *stregoni*. Eles iam para suas assembleias *in spiritu*, enquanto dormiam, e seu rito central era uma batalha cerimonial contra os *stregoni* para garantir a colheita. "É provável", escreveu Eliade, "que esse combate entre *benandanti* e *stregoni* tenha prolongado um cenário ritual arcaico de competições e contendas entre dois grupos opostos, destinado a estimular as forças criativas da natureza e ainda regenerar a sociedade humana". A perseguição aos *benandanti* ocorreu na Itália nos séculos 16 e 17 e, na maioria dos julgamentos, os acusados foram indiciados por aderir a um culto a Diana. O modelo inquisitorial imposto aos acusados teve efeito e, "após cinquenta anos de julgamentos inquisitoriais, os *benandanti* reconheceram sua identidade com as bruxas (*strighe* e *stregoni*)". Eles passaram a falar sobre o Sabbat e dos pactos com o diabo. Eliade argumentou que, embora esse exemplo não forneça nenhuma evidência sobre o Deus com chifres de Murray ou de seu sistema organizado de Covens, ele era, no entanto, "um caso bem documentado do processo pelo qual um culto popular e arcaico da fertilidade é transformado em uma prática meramente mágica, ou até mesmo em Magia Negra, sob pressão da Inquisição." Aliás, Norman Cohn descartou os *benandanti*, pois suas experiências ocorrendo sob transe, eram, para ele, ilusórias.

Eliade também descreveu paralelos em estudos romenos bastante significativos, isso porque não houve perseguição sistemática às bruxas na Romênia e nenhuma instituição análoga à Inquisição, portanto, a "cultura popular arcaica" estava, sob um "controle eclesiástico menos rígido". Foi relatado que as bruxas romenas mudavam de forma, andavam em vassouras e brigavam a noite toda em horários específicos de festivais até se reconciliarem. A Diana romena estava ligada às fadas. A Rainha das Fadas passou a ser associada a nomes como Diana, Irodiada e Aradia. "Nomes esses", Eliade escreveu, "famosos entre as bruxas da Europa Ocidental".

Eliade concluiu que "aquilo que os autores medievais designavam como 'bruxaria' e o que se tornou a 'histeria das bruxas' dos séculos 14, 16 e 17, tinha suas raízes em cenários mítico-rituais arcaicos, comparáveis aos que sobreviveram entre os *benandanti* italianos e na cultura popular romena."[67]

A Wicca moderna, embora mantenha o uso de termos como "Esbat", "Sabbat" e "Coven", não tem nenhuma semelhança com a bruxaria europeia discutida pelos estudiosos. Não há crenças em Satanás, nem pactos, sacrifícios, infanticídio ou canibalismo, muitas vezes, nem mesmo práticas sexuais. Ainda assim, as teorias de Margaret Murray foram fortemente influentes no estímulo ao renascimento da Wicca, e, pode-se argumentar, que o seu trabalho foi o responsável pela criação de diversos Covens britânicos.

---

67 *Ibid.*, p. 85. Outras citações estão nas pp. 75–78 e 81.

Nos últimos vinte anos, todo o panorama acadêmico mudou. Os acadêmicos realizaram estudos meticulosos dos registros de julgamentos em dezenas de comunidades europeias. Um bom resumo da pesquisa atual é *Witchcraft and Magic in Sixteenth- and Seventeenth-Century Europe* de Geoffrey Scarre e John Callow (2ª edição). A maioria dos estudiosos agora estima que o número de pessoas mortas pelo crime de bruxaria entre o final do século 15 e o século 17 está entre quarenta e cinquenta mil, e não *milhões*, ou mesmo aquele *um milhão* que usei na primeira edição de *Drawing Down the Moon*. Isso sem contar com um número desconhecido de pessoas que "receberam uma forma mais aleatória de justiça por parte de seus vizinhos, através de ataques comuns, linchamentos e ostracismo social".[68] Scarre e Callow argumentam que nunca será possível saber com total certeza quantas pessoas na Europa foram processadas por bruxaria e quantas chegaram à morte, uma vez que nem sempre registros foram mantidos, e mesmo quando aconteciam de ser, alguns acabaram perdidos. Mesmo com isso, eles ainda consideravam que um número razoável de execuções, entre os anos 1428 e 1782, tenha sido de quarenta mil. As piores perseguições ocorreram na década de 1590 e entre 1630 e 1660, sendo a Alemanha o principal cenário desses eventos. Enquanto isso, Itália e Espanha – "os berços da Inquisição" – tiveram um número significativamente menor de julgamentos.[69]

Cerca de 80 por cento das vítimas eram mulheres, embora, em alguns lugares (Moscou, por exemplo), predominassem as vítimas do sexo masculino. Frequentemente, essas mulheres eram pobres e, em sua maioria, tinham mais de cinquenta anos. A teoria de Murray é aqui ignorada, assim como a tese de Jules Michelet de que a bruxaria era um protesto contra condições sociais repressivas. Scarre e Callow também acreditam que há pouca evidência para a obra inovadora de 1976, de Barbara Ehrenreich e Deirdre English, *Witches, Midwives and Nurses*, que associava o desaparecimento da Bruxaria à supressão das parteiras e curandeiras pelo emergente sistema médico masculino. As autoras argumentam que, embora a misoginia tenha desempenhado um papel significativo, essa teoria não explica por que algumas das vozes mais fervorosas a favor da perseguição vieram do campesinato.

Scarre e Callow também afirmam que há pouca evidência para a tese de H. R. Trevor-Roper, que atribuía à Igreja Católica o uso do estereótipo da Bruxa em disputas locais contra grupos que não queria ou não conseguia assimilar. Trevor-Roper escreveu que o estereótipo da Bruxa poderia ter desaparecido se não tivesse sido revivido no século da Peste Negra e da Guerra dos Cem Anos, ganhando novo fôlego com a luta entre Reforma e Contrarreforma, que "reacendeu a decadente histeria das bruxas, assim como reviveu tantos outros

68 Geoffrey Scarre and John Callow, *Witchcraft and Magic in Sixteenth- and Seventeenth-Century Europe* (Hampshire, UK: Palgrave, 2001), pp. 1–2.

69 *Ibid.*, p. 25.

hábitos de pensamento obsoletos: fundamentalismo bíblico, história teológica e aristotelismo escolástico." Ele afirmou que cada grande surto das perseguições às bruxas a partir da década de 1560 ocorreu nas áreas de fronteira entre católicos e protestantes. Por exemplo, a perseguição na Inglaterra foi mais intensa em Essex e Lancashire, onde o catolicismo era forte. Na França católica, a maioria das bruxas eram protestantes e muitas vezes vinham de "ilhas protestantes" como Orleans e Normandia.[70] Acadêmicos como Scarre e Callow refutam essa posição e argumentam que os julgamentos de bruxaria aconteceram em muitos lugares onde havia pouca ou nenhuma disputa interdenominacional. Em alguns casos, terras católicas e protestantes trocaram informações sobre atividades relacionadas à bruxaria.[71] Além disso, muitas acusações foram incentivadas pela demanda popular e não por autoridades seculares ou religiosas. De fato, muitos estudiosos hoje argumentam que as perseguições foram mais intensas onde a Igreja era mais fraca e os acusados de bruxaria tinham uma chance maior de absolvição nos tribunais eclesiásticos.

Historiadores que enfatizam a questão de classe, como o inglês Christopher Hill, teorizaram que a perseguição à Bruxaria foi utilizada como instrumento de controle social e de dominação do campesinato pelas classes abastadas. Starhawk aprofunda essa ideia em seu belo ensaio The Burning Times, no qual argumenta que "a perseguição às bruxas minou a unidade da comunidade camponesa."[72] Ao eliminar as curandeiras das aldeias, era possível fragmentar a comunidade e facilitar a apropriação das terras comuns. No entanto, Ronald Hutton argumenta que Hill foi bastante desacreditado, pois costumava se basear em obras literárias que distorciam a realidade. A maioria dos estudiosos atuais não acredita que tenha havido uma desapropriação em massa da população camponesa por meio do cercamento das terras. Hutton escreve:

> O que se encontrou, em vez disso, foi um cenário mais complexo, marcado pela disputa entre diferentes tipos de camponeses e senhores de terras pelo uso dos recursos em um período de oportunidades econômicas sem precedentes. Em outras palavras, não se tratava de uma simples luta de classes, e os camponeses foram menos vítimas e mais oportunistas do que sugerem as interpretações tradicionais. Por outro lado, havia uma forte consciência de classe, e as pessoas trabalhadoras muitas vezes protegiam bem seus interesses e participavam ativamente da política.[73]

70 H. R. Trevor-Roper, "The European Witch-Craze and Social Change", em *Witchcraft and Sorcery*, ed. Max Marwick (Harmondsworth, Reino Unido: Penguin Books, 1970), pp. 121–23, 127–28, 131–32, 136 e 146.

71 Scarre e Callow, *Witchcraft and Magic in Sixteen- and Seventeenth-Century Europe*, p. 44.

72 Starhawk, "The Burning Times: Notes on a Critical Period of History", in *Dreaming the Dark, Magic, Sex and Politics* (Boston: Beacon Press, 1982, 1997), pp. 183–219

73 Ronald Hutton, e-mail: 28 de outubro de 2005

Outras Fontes do Reavivamento da Bruxaria

Grande parte dos principais nomes que impulsionaram o renascimento da Bruxaria foi influenciada por diversos autores além de Murray e Frazer. Eles eram conhecedores de fontes clássicas, como o clássico romance de Bruxaria de Lúcio Apuleio, *The Golden Ass* (*O Asno de Ouro*)[74], em que Apuleio se torna Sacerdote de Ísis após a Deusa aparecer em uma bela visão, e em Aradia, or the Gospel of the Witches (Aradia, ou o Evangelho das Bruxas), de Charles G. Leland, publicado em 1899.[75]

Se os estudiosos contestaram a tese de Murray, eles rejeitaram totalmente Leland, dizendo que, ou ele tinha sido vítima de uma piada de mau gosto ou, como ele havia escrito sátiras no passado, não poderia ser levado a sério. Jeffrey Burton Russell, autor de *Witchcraft in the Middle Ages,* disse que Aradia não contém evidências úteis.[76] Elliot Rose o chamou de um produto da Arte, em vez de uma criação folclórica. Uma discussão interessante sobre C. G. Leland pode ser encontrada em *Witchcraft: The Old Religion*, de Leo Martello; outra está em *The Triumph of the Moon,* de Ronald Hutton.[77]

Charles Godfrey Leland (1824-1903) foi um escritor e folclorista americano que, segundo sua sobrinha e biógrafa, Elizabeth Robins Pennell, era um rebelde político, abolicionista, artista, ocultista e folclorista. Viveu entre tribos nativas americanas, estudou e compilou conhecimentos sobre os ciganos, conviveu com eles, aprendeu o idioma romani e fundou o *Gypsy Lore Journal.* Também aprendeu a língua *Shelta*, comum entre os ferreiros itinerantes celtas. Em 1899, tornou-se presidente do primeiro congresso europeu de folclore. Logo em seguida, viajou para a Itália e escreveu uma série de livros notáveis sobre a persistência das crenças religiosas Pagãs. Um deles, *Etruscan Roman Remains* (1892), é uma joia. Nele, Leland rastreia os nomes das divindades etruscas à medida que se degeneraram ao longo do tempo em espíritos menores e seres etéreos que continuaram presentes em cânticos, rimas e encantamentos.[78] Leland alcançou certa fama por escrever uma série de versos satíricos sobre imigrantes germano-americanos, as *Hans Breitman Ballads* (*Baladas de Hans Breitman,* 1872), mas poucos estudiosos o levaram a sério como folclorista.

74 Lucius Apuleius, *The Golden Ass,* trad. Robert Graves (New York: Farrar, Straus & Young, 1951); também trad. W. Adlington de 1566 (Cambridge: Harvard University Press, 1965).

75 Charles Godfrey Leland, *Aradia, or the Gospel of the Witches* (London: David Nutt, 1899); reimpresso (New York: Samuel Weiser, 1974).

76 Jeffrey Burton Russell, *Witchcraft in the Middle Ages* (Ithaca: Cornell University Press, 1972), p. 298.

77 Leo Martello, *Witchcraft: The Old Religion* (Secaucus, NJ: University Books, 1973), pp. 45–68. Veja também Ronald Hutton, The Triumph of the Moon: A History of Modern Pagan Witchcraft (Oxford: Oxford University Press, 1999), pp. 141–148.

78 Charles Godfrey Leland, *Etruscan Roman Remains* (London: T. Fisher Unwin, 1892).

A controvérsia em torno de Leland diz respeito ao seu encontro com uma mulher chamada Maddalena, que alegava ser descendente de uma antiga família de Bruxas. Ela trouxe para Leland o que dizia ser o Livro das Bruxas locais, uma mistura de mitos e feitiços. Leland o descreveu como a tradução de um texto em latim antigo ou tardio. Os mitos falam de Diana (ou Tana), Rainha das Bruxas, e apresentam duas versões diferentes de sua união com Lúcifer, o Sol. Dessa união nasceu uma filha, Aradia, enviada à Terra como a "messias" das Bruxas para ensinar as artes da Bruxaria à humanidade oprimida. Leland escreveu que esse era um evangelho sagrado da Antiga Religião (*la Vecchia Religione*). Ele afirmou que essa religião ainda prevalecia em vilarejos inteiros da Romagna, na Itália.

Elliot Rose rejeitou o livro e escreveu que "a obra como um todo parece mais como se um de seus autores estivesse deliberadamente tentando demonstrar que o culto das bruxas tinha uma natureza específica, incorporando material criado para sustentar essa ideia a um livro de encantamentos já existente."[79] Até hoje, ninguém determinou se Maddalena inventou a história, se a autoria foi de Leland ou se há elementos de verdade misturados com exagero. Seja como for, *Aradia* foi utilizada por Gardner e muitos outros, e belas estrofes da obra também apareceram com poucas alterações no rito conhecido como *A Carga da Deusa.* Em *Aradia*, esse trecho aparece da seguinte forma:

> Agora que Aradia havia aprendido a praticar toda a Bruxaria e a destruir a raça maligna (dos opressores), ela (transmitiu esse conhecimento aos seus discípulos) e lhes disse:
>
> *Quando eu tiver partido deste mundo,*
> *sempre que tiverdes necessidade de algo,*
> *uma vez por mês, e quando a lua estiver cheia,*
> *deveis reunir-vos em algum lugar deserto*
> *ou numa floresta, todos juntos, para adorar*
> *o potente espírito de vossa Rainha, minha mãe,*
> *a grande Diana. Aquela que deseja aprender toda a feitiçaria,*
> *mas ainda não conquistou seus segredos mais profundos,*
> *ela, minha mãe, ensinará a vós todas as coisas ainda desconhecidas.*
> *E todos vós sereis libertos da escravidão,*
> *e assim sereis livres em tudo.*
> *E como um sinal de que estais verdadeiramente livres,*
> *devereis estar nus em vossos ritos, tanto homens*
> *quanto mulheres: isso durará até que*
> *o último de vossos opressores esteja morto...*[80]

79 Rose, *A Razor for a Goat*, p. 218

80 Leland, *Aradia*, pp. 5–7.

No Rito Wiccaniano Moderno *A Carga da Deusa,* conforme publicado no *The Grimoire of Lady Sheba,* é apenas ligeiramente alterada e despolitizada.

> Sempre que precisardes de algo, uma vez por mês - e melhor será quando a Lua estiver cheia -, devereis reunir-vos em um local secreto e adorar o Meu Espírito, pois sou a Rainha de todas as Bruxarias. Lá vos reunireis, vós que desejais aprender todas as feitiçarias e ainda não alcançastes os meus segredos mais profundos. A esses ensinarei o que ainda é desconhecido. E sereis livres de toda servidão e, como sinal de vossa verdadeira liberdade, devereis estar nus em vossos ritos. E devereis cantar, festejar, fazer música e amor, tudo em minha presença. Pois meu é o êxtase do Espírito, e minha é também a alegria na Terra. Minha Lei é o amor por todos os seres.[81]

Curiosamente, muitos escritores interpretaram as referências políticas de *Aradia* como um sinal da degeneração do texto. O historiador T. C. Lethbridge disse que *Aradia* foi "muito distorcida pela propaganda política"[82] O escritor e Sacerdote da Arte Raymond Buckland concordou.[83] Doreen Valiente observou que "sua franqueza sexual - que Leland atenuou em sua tradução - seus ataques à Igreja Cristã, sua atitude anarquista em relação à ordem social, tudo contribuiu para torná-lo um livro que foi deixado de lado".[84] O próprio Leland era um político radical. A versão Wiccaniana mais moderna foi escrita por Doreen Valiente, que manteve algumas frases de Leland e acrescentou fragmentos de seus próprios poemas.

Ainda assim, é em Aradia, e em outros livros de Leland, que a frase la Vecchia Religione - a Antiga Religião - aparece. E é aí que o termo, agora usado com tanta frequência entre as Bruxas, pode ter se originado. A importância de Aradia em ajudar a criar o avivamento nunca pode ser suficientemente sublinhada. Em contraste com Murray, Leland, já na década de 1890, dizia que às mulheres era dado um lugar igual, talvez superior, na religião. Ele escreveu que, "sempre que houver um período de rebelião intelectual radical contra o conservadorismo, a hierarquia e coisas do gênero há muito estabelecidos, haverá um esforço para considerar a mulher como totalmente igual, o que significa 'sexo superior'". Ele observou que na Bruxaria "é a mulher o princípio primitivo". O livro de Leland tornou-se muito popular entre os grupos feministas dentro da Arte, em parte porque o mito da criação de Aradia e Diana colocava o princípio feminino em primeiro lugar e, em parte, porque as Bruxas feministas - as mais politizadas da Arte - sempre foram muito simpáticas à ideia de uma ligação entre Bruxas e povos oprimidos. No apêndice de Aradia, Leland escreveu:

81 Jessie Wicker Bell, *The Grimoire of Lady Sheba* (St. Paul: Llewellyn, 1972), p. 145.

82 T. C. Lethbridge, *Witches* (New York: Citadel Press, 1968), p. 9

83 Buckland, *Witchcraft from the Inside,* p. 50

84 Doreen Valiente, *An ABC of Witchcraft Past & Present* (New York: St. Martin's Press, 1973), p. 12.

> A percepção desta (tirania) levou um grande número de descontentes à rebelião e, comonão puderam prevalecer pela guerra aberta, direcionaram seu ódio para um tipo de anarquia secreta, que, no entanto, estava intimamente misturada com superstição e fragmentos de antigas tradições. Proeminente a isso, e de forma natural, estava o culto a Diana, a protetora... O resultado foi um vasto desenvolvimento de rebeldes, párias e todos os descontentes, que adotaram a Bruxaria ou a feitiçaria como religião e os Bruxos como seus Sacerdotes.[85]

Junto a Murray e Leland, Robert Graves foi muito influente no renascimento da Bruxaria. *The White Goddess* (*A Deusa Branca*) e algumas das obras menos conhecidas de Graves, particularmente romances como Watch the North Wind Rise e King Jesus, tiveram um enorme impacto nas pessoas que mais tarde aderiram à Arte. Muitos observaram que, após a Segunda Guerra Mundial, diversos livros apresentaram a ideia do culto à Deusa como uma forma de desviar a humanidade do seu curso destrutivo.[86]

Bonewits me disse: "Graves é um acadêmico descuidado. A Deusa Branca gerou mais equívocos antropológicos entre grupos Wiccanianos do que quase qualquer outra obra. É uma bela metáfora, um mito e uma fonte inspiradora de ideias religiosas, mas ele alegou que se tratava de um trabalho acadêmico e que as pessoas deveriam aceitar o que dizia como verdade. Ainda há alguns grupos de Neopagãos que usam Graves e Murray como escritura sagrada."

É provável que alguns membros da Arte tenham interpretado Graves muito literalmente. O próprio Graves afirmou ter escrito o primeiro rascunho de *A Deusa Branca* em poucas semanas, tomado por um turbilhão de paixão. Desde o início, estava claro para ele que o livro era uma metáfora poética.[87] Sua atitude em relação à Wicca sempre foi de perplexidade. Em 1964, escrevendo para a Virginia Quarterly Review, Graves atribuiu a disseminação dos Covens de Bruxas organizados às obras antropológicas de Margaret Murray. Ele argumentou que as Bruxas existiam na Grã-Bretanha desde os tempos antigos, e que vários Covens haviam sobrevivido, mas que a "reavaliação simpática da Bruxaria organizada de Murray tornou possível um renascimento". Graves via a Tradição com certo divertimento, encontrando entre seus membros tanto idealistas quanto "personagens histéricos ou pervertidos". "Ainda assim, a Arte parecia bastante saudável em 1964

85 Leland, *Aradia*, pp. 104-06 and 111.

86 Aidan Kelly, "The Rebirth of Witchcraft: Tradition and Creativity in the Gardnerian Reform" (manuscrito não publicado, 1977), p. 274.

87 Graves, *A Deusa Branca*, p. 488. Esta é uma área em que Isaac Bonewits e Aidan Kelly discordam. Aidan me escreveu na primavera de 1978: "Graves afirma várias vezes em *A Deusa Branca* que se trata de uma obra poética e, especificamente, nega que seja um trabalho acadêmico no sentido usual. Certamente, muitos dentro da Tradição, que não reconheceriam uma obra acadêmica mesmo que a tivessem diante de si, ignoraram esse ponto com entusiasmo – mas Graves não pode ser responsabilizado por isso."

e crescia rapidamente", escreveu. "Agora, só precisa que algum místico talentoso surja para se apresentar, reunir e, com dignidade, restaurar sua fome original por sabedoria. Diversão e jogos são insuficientes."[88]

Se grande parte da pesquisa moderna descartou Murray como uma excêntrica, Leland como um satirista e Graves como um escritor de fantasia poética, Gerald B. Gardner costuma ser rotulado como um "fraude" ou um "velho pervertido". E, ainda assim, é impossível compreender o renascimento da Bruxaria sem considerar Gardner e sua influência - uma influência muito maior do que se poderia supor ao ler sobre sua vida ou suas obras.

Os relatos mais simpáticos sobre a vida de Gardner incluem a biografia mal escrita de J. L. Bracelin, *Gerald Gardner: Witch*, a bela narrativa de Doreen Valiente em *The ABC of Witchcraft Past and Present* e os relatos de diversos Gardnerianos, Neo-Gardnerianos e ex-Gardnerianos, como Patricia Crowther, Stewart Farrar e Raymond Buckland.[89] Os relatos mais críticos podem ser encontrados nas obras do escritor ocultista Francis King e do historiador Elliot Rose.

Aqui está a história apresentada por Bracelin, Valiente, Buckland e outros. Como certos trechos são alvo de controvérsia, essa história pode ser considerada parte do mito Wiccaniano.

Gerald B. Gardner (1884-1964) foi um antropólogo e folclorista amador que passou grande parte de sua vida no Extremo Oriente, trabalhando como cultivador de borracha e chá no Ceilão e na Malásia, e mais tarde como funcionário da alfândega britânica. Gardner escreveu um livro sobre armamentos malaio em 1936 (*Keris and Other Malay Weapons*) e se aposentou no mesmo ano, estabelecendo-se em Hampshire, Inglaterra, com sua esposa. Ele ingressou em uma sociedade naturista, aparentemente tendo se tornado um nudista ainda jovem.

Segundo consta, foi em 1939 que Gardner entrou em contato com o Culto das Bruxas na Inglaterra. De acordo com seu próprio relato, Valiente afirma ter sido iniciada na Arte por Gardner em 1953. Ela escreve que Gerald ingressou em uma sociedade ocultista, a *Fellowship of Crotona*, e que esta havia construído um teatro comunitário chamado *The First Rosicrucian Theatre in England* (O Primeiro Teatro Rosacruz na Inglaterra). Entre os membros dessa fraternidade ocultista estava a filha de Annie Besant, a teosofista e fundadora da Co-Maçonaria, um movimento maçônico para mulheres.[90]

88 Robert Graves, "Witches in 1964", The Virginia Quarterly Review, Vol. XL, N°. 4 (1964), 550-59

89 Patricia Crowther, *Witch Blood!* (New York: House of Collectibles, 1974); Stewart Farrar, *What Witches Do* (New York: Coward, McCann & Geoghegan, 1971); Raymond Buckland, *Witchcraft from the Inside.*

90 Valiente, *An ABC of Witchcraft*, p. 153

Bracelin escreve que Gardner percebeu, entre os membros da Fellowship, um grupo que se destacava dos demais.

> Eles pareciam bastante intimidados pelos outros e mantinham-se reservados. No entanto, eram o grupo mais interessante. Diferente de muitos, precisavam ganhar a vida, eram alegres e otimistas, e tinham um real interesse pelo Ocultismo. Também haviam lido cuidadosamente muitos livros sobre o assunto, ao contrário da massa em geral, que se supunha ter lido tudo, mas parecia não saber nada.[91]

De acordo com Bracelin, Gardner foi levado à casa de uma mulher rica da vizinhança conhecida como "Velha Dorothy" e, em 1939, foi iniciado por ela na Wicca. Até recentemente, pouco se sabia sobre a "Velha Dorothy". Alguns estudiosos presumiam até que ela fosse uma invenção. Valiente escreveu que a senhora era conhecida por ela, mas que revelar sua identidade ao público seria "uma quebra de confiança". Em um apêndice de *The Witches' Way,* Doreen Valiente descreveu sua longa e bem-sucedida busca pelas certidões de nascimento e óbito de Dorothy Clutterbuck.[92] Ronald Hutton, em *The Triumph of the Moon,* demonstra de forma bastante convincente que Dorothy Clutterbuck existiu, mas pode muito bem não ter tido nenhuma ligação com Gerald Gardner ou com a Bruxaria. Hutton escreve que uma mulher chamada Dafo, diretora de palco do Teatro Rosacruz, foi amiga próxima de Gardner durante a maior parte da década de 1940 e pode muito bem ter sido sua principal parceira nos rituais.[93] No relato de Bracelin, Gardner estava na metade da cerimônia de Iniciação "quando a palavra *Wica* foi mencionada pela primeira vez: 'e então eu soube que aquilo que eu pensava ter se extinguido há centenas de anos ainda sobrevivia'".[94]

Gardner queria escrever sobre a Arte de forma mais aberta, mas não podia devido às Leis de Bruxaria na Grã-Bretanha (a última dessas leis foi revogada em 1951, em grande parte graças aos esforços do movimento espiritualista). Em 1949, Gardner publicou *Com o Auxílio da Alta Magia* sob o pseudônimo de "Scire". Um romance histórico sobre a Arte que continha dois Rituais de Iniciação, mas sem fazer referência à Deusa. Após a revogação da última Lei da Bruxaria, Gardner publicou dois livros em seu próprio nome, *A Bruxaria Hoje* (1954) e O Significado da Bruxaria (1959). Em 1951, Cecil Williamson estabeleceu um museu de Bruxaria em Castletown, na Ilha de Man. Gardner se juntou a Williamson como Bruxo residente e começou a criar bastante publicidade. Valiente escreve:

91 Bracelin, J. L. *Gerald Gardner: Witch.* London: Octagon Press, 1960, pp. 164–65.

92 Janet e Stewart Farrar, *The Witches' Way.* Publicado pela primeira vez nos Estados Unidos como *A Bíblia das Bruxas,* Vol. I, II (New York: Magickal Childe Publications, 1984), Vol. II, pp. 283–93. No Brasil, o livro *A Bíblia das Bruxas* é atualmente publicado pela Editora Ardane Books.

93 Hutton, *The Triumph of the Moon,* pp. 207–214.

94 Bracelin, *Gerald Gardner: Witch,* p. 165.

> G.B.G. decidiu que o momento havia chegado para os membros da Arte dos Sábios saírem do anonimato e falarem abertamente ao mundo sobre seus rituais e crenças... Se ele estava certo ou não nessa decisão ainda é uma questão controversa entre os Bruxos atuais, e provavelmente continuará a ser. Não há dúvida de que a ação de G. B. G. foi uma ruptura completa com a tradição de silêncio e sigilo das Bruxas. Tenho razões para pensar que isso também foi contrário aos desejos dos seus associados. Hoje, muitas pessoas dentro do Culto das Bruxas consideram que o G. B. G. fez muito mais mal do que bem ao divulgar a Bruxaria. Além disso, não concordam que a versão de G.B.G. da Arte seja uma autoridade...[95]

A versão de Gardner da Arte era bem diferente da descrita por Murray. Para ele, a Bruxaria era uma religião pacífica e feliz, ligada à natureza. As Bruxas se reuniam em Covens, liderados por uma Sacerdotisa, e adoravam duas divindades principais: o Deus das Florestas e do Além, e a Grande Deusa Tríplice da Fertilidade e do Renascimento. Reuniam-se nuas em um Círculo de quase três metros de diâmetro e elevavam o poder de seus corpos por meio de danças, cânticos e técnicas meditativas. O foco estava principalmente na Deusa. Elas também celebravam os oito antigos Festivais Pagãos da Europa e buscavam sintonizar-se com a natureza.[96]

Valiente escreveu que alguns críticos de Gardner achavam que a publicidade que ele gerou era indigna, mas, "olhando para trás", admitiu que ele era "sincero". O Coven de Gardner "era composto principalmente por pessoas idosas" e ele temia que a Arte "estivesse em perigo de desaparecer". Ela ainda escreve que muitos consideravam a insistência na nudez uma invenção sua e que, embora fosse uma ideia mágica muito antiga e válida, era inadequada no frio e na umidade da Inglaterra. Valiente também observou que muitas outras Bruxas consideravam grande parte dos escritos de Gardner como "um reflexo de suas próprias ideias". Ela observou o uso de fraseologia maçônica nos rituais Gardnerianos e a utilização de citações de Aleister Crowley.[97] Valiente escreveu:

> Quando dei indícios de que achava isso inapropriado para os ritos da Bruxaria, por ser moderno demais, ele me deu a entender que os rituais que havia recebido eram, na verdade, fragmentários. Havia muitas lacunas neles; e, para ligá-las em um todo coerente e torná-las funcionais, ele forneceu

---

95 Valiente, *An ABC of Witchcraft Past & Present* (New York: St. Martin's Press, 1973), pp. 154-55.

96 Gerald B. Gardner, *Witchcraft Today* (New York: The Citadel Press, 1955). Primeira publicação em 1954 na Inglaterra pela Rider & Company.

97 Valiente, em seu livro *Witchcraft for Tomorrow*, nota com diversão que é autora de dois poemas da Tradição que apareceram em muitas versões publicadas (e não publicadas, devo acrescentar) dos rituais da Arte. Doreen escreve que, ela e Gerald Gardner, escreveram *Darksome Night and Shining Moon* (um poema usado em inúmeros ritos que já tem várias versões derivadas) em 1954 ou 1955. Seu poema *Invocation to the Horned God* foi citado erroneamente no *Book of Shadows de Lady Sheba*, onde aparece como parte de um rito antigo. Valiente observa que o poema foi publicado no *Pentagram* em 1965 sob seu nome e marca de copyright.

> palavras que lhe pareciam transmitir a atmosfera correta, tocar os acordes certos na mente. "Sentia", disse ele, "que alguns dos trabalhos de Crowley faziam isso".
>
> Pelo meu próprio estudo desses ritos e tradições, acredito que este antigo Coven ao qual Gerald Gardner se juntou contém fragmentos de rituais antigos; mas apenas fragmentos, nas mãos dos poucos membros idosos que restaram. Gerald Gardner, acreditando apaixonadamente que a antiga Arte dos Sábios não deveria morrer, reuniu esses fragmentos e, com a ajuda de seu próprio conhecimento de Magia, que era considerável, além do resultado de muitos anos de estudo em todo o mundo, uniu-os e adicionou material próprio para torná-los funcionais. Ao fazer isso, ele necessariamente imprimiu sua personalidade e ideias neles.[98]

A questão sobre Gardner ter sido iniciado em um Coven autêntico que teria sobrevivido ao tempo gera controvérsias, assim como o quanto da Wicca revivalista é invenção dele, de Crowley, Doreen Valiente ou de outros. A maioria dos escritores que não são membros da Arte ou simpatizantes dela descartam todo o renascimento como uma fraude criada por Gardner.

O escritor inglês Francis King dedicou um breve capítulo ao renascimento da Bruxaria em *The Rites of Modern Occult Magic* (1970). Na época em que escreveu, ele estimou que entre mil e duas mil pessoas na Grã-Bretanha eram membros de Covens que "praticavam, ou acreditavam praticar, a Bruxaria Tradicional, suposta religião de fertilidade ainda sobrevivente da Europa pré-histórica".

King acreditava que Covens pré-Gardnerianos realmente existiram (embora não antes da publicação da tese de Murray). No entanto, ele via o crescimento do movimento da Bruxaria como resultado dos escritos de Gardner. King argumentou que Gardner foi iniciado em um Coven, não gostou "de seus rituais simples" e então "fundou seu próprio culto de Bruxaria, mais elaborado e romantizado". Para isso, ele "contratou Crowley, por uma quantia generosa, para escrever rituais elaborados para o novo culto 'Gardneriano' e, mais ou menos na mesma época, forjou, ou fez com que fosse forjado, o chamado *Livro das Sombras,* supostamente um livro de regras para Bruxas do século 16, mas que traia suas origens modernas em cada linha de seu pastiche insatisfatório do inglês elisabetano."[99]

De fato, nunca houve qualquer evidência de que Aleister Crowley tenha sido contratado para escrever os rituais Gardnerianos. Existem elementos de Crowley em seus rituais, como também há elementos de Ovídio, Leland e Kipling. Ainda assim, esta ideia circulava na década de 1970. Uma Sacerdotisa, Mary Nesnick (que trabalhou tanto nas Tradições Gardneriana quanto Alexandrina antes de criar sua própria Tradição combinada, conhecida como Algard Wicca), escreveu para mim:

98 Valiente, *An ABC of Witchcraft*, pp. 155–57. Muitos observaram que as partes dos rituais Gardnerianos que foram publicados contêm frases de Ovídio, Kipling, Leland, Crowley e A Chave de Salomão.

99 Francis King, *The Rites of Modern Occult Magic* (New York: Macmillan, 1970), pp. 176 e 179–80.

> Cinquenta por cento da Wicca moderna é uma invenção comprada e paga por Gerald B. Gardner a Aleister Crowley. Dez por cento foram "emprestados" de livros e manuscritos como o texto *Aradia* de Leland. Os quarenta por cento restantes foram emprestados de religiões e filosofias do Extremo Oriente, se não em palavras, pelo menos em ideias e princípios básicos.

Eliot Rose escreveu uma crítica devastadora a Gardner em seu animado livro *A Razor for a Goat*. Rose admite seus preconceitos. Ele é anglicano e acredita que a Bruxaria é uma tolice e, embora tenha sido "racional temer a Bruxaria" no passado, "nunca foi racional admirá-la".

Rose considerou o renascimento da Bruxaria uma espécie de produção literária criada por um grupo de homens e mulheres ingleses que "lamentavam ver a Inglaterra indo para o caos" após a Segunda Guerra Mundial, e sentiu que um retorno ao culto da Deusa impediria isso. "O Culto das Bruxas", escreveu Rose, "combinaria alegremente os motivos esteticamente mais toleráveis de vários credos anteriores e as declarações éticas menos controversas de todas as épocas. Deuses com nomes persas e corpos gregos ao serem examinados, revelariam, na verdade, mentes totalmente Bloomsbury".

Eliot descreveu o Culto das Bruxas de Murray como "orientado para os homens". O mito da Deusa, disse ele, "cheira à moda literária do século 20" e não era facilmente acessível antes de 1930. Ele disse: "Duvido que, em qualquer época muito anterior a 1930, existisse literatura suficiente para que muitas pessoas sentissem que para ser verdadeiramente pagão, era preciso ser 'matrista'." Descartou Engels e Bachofen, descreveu o *Asno de Ouro* de Apuleio como uma religião "sincrética" de Deusas, e definiu o Paganismo como algo "muito literário". Quanto à *Aradia* de Leland, publicada em Londres, em 1899, Rose a descartou como mais uma produção literária. Chamou o livro de "pós-cristão", "não muito Pagão" e "nada religioso". Ele defendeu a ideia de que a Igreja italiana havia assumido tão completamente os antigos festivais, que passou a ter "tanta legitimidade para representar o antigo Paganismo quanto um culto que fala sobre Diana..." Quanto a Gardner, Rose disse que a sua versão da Bruxaria era "sincrética", cheia de nomes gregos e nenhum nome celta, e até descreveu a afirmação de Graves de que o culto à Deusa faz parte da herança britânica como uma visão nazista.

Como Rose julgava o renascimento da Wicca com base em sua suposta ligação com "tradições antigas", ele às vezes podia ser bastante crítico, como quando comentou:

> Aqueles que buscam aqui uma profundidade mística oculta aos homens comuns buscarão em vão e vagarão na mesma névoa, de mãos dadas com o ávido Necromante dos tempos modernos à esquerda e com o Estudioso de Religiões Comparadas à direita, que investiga os Deuses Antigos. Se reunirem

> dez companheiros iludidos pela Lua, que formem seu próprio Coven para validar seus pontos de vista; será tão tradicional, bem instruído e autêntico quanto qualquer outro que tenha existido nos últimos mil anos.[100]

Embora vários escritores rejeitassem o avivamento, dentro da Arte o debate se concentrou por muitos anos na questão levantada por Valiente: a versão de Gardner era oficial? Ou ele era apenas um "arrivista" e havia outra Tradição mais antiga que fosse verdadeira? A segunda edição do *Pentagram*, o boletim informativo publicado pela Associação Britânica de Pesquisa em Bruxaria, British Witchcraft Research Association, reimprimiu um discurso à associação no qual Valiente prestava homenagem a Gardner e observava que muitas pessoas presumiam, erroneamente, que ele havia inventado a religião. O *Pentagram*, disse ela, estava começando a entrar em contato com Tradições sobreviventes que não tinham tido contato com Gardner; a Arte havia "sobrevivido em fragmentos por toda Grã-Bretanha", e cada grupo tinha as suas próprias ideias e tradições de ritual e prática. E, de fato, outras tradições, que se declaravam ainda mais antigas, e que geralmente denominavam-se de "tradicionalistas" ou "hereditárias", começaram a oferecer um contraponto à Arte revivalista descrita por Gardner. Vários membros de Covens hereditários criticaram os seguidores de Gardner e discordaram da ideia de que a Bruxaria fosse "uma religião simples para pessoas simples."[101]

Quase todos os escritores do *Pentagram* defendiam a ideia de que as antigas tradições estavam fragmentadas, e que esses fragmentos, em algum momento, formaram um todo coerente. Eles viam a Witchcraft Research Association como uma espécie de "Nações Unidas da Arte" que abriria caminho "para que uma verdadeira Grande Obra fosse realizada; ou seja, a reconstrução de todas as partes verdadeiras da Antiga Tradição..." Em outras palavras, o *Pentagram* aceitava a ideia de que a Bruxaria havia sido, no passado, uma religião universal, e que ela fora levada posteriormente à clandestinidade para sobreviver em segredo, com muito do conhecimento tendo sido perdido. Muitos artigos encorajaram a união das Tradições "antes que seja tarde demais", pois o legado estava em perigo e o tempo estava se esgotando.[102]

100 Rose, *A Razor for a Goat,* p. 230. Outras citações estão nas pp. 200-201, 204, 206, 210, 217 e 220.

101 *Pentagram*, n.º 2 (novembro de 1964), pp. 5, 7.

102 Valiente, "Carta para *Pentagram*", Nº. 1 (agosto de 1964), p. 1.

Uma História Revisionista da Arte

Como conciliar toda essa controvérsia com a ideia da Wicca como um movimento sério? Gardner simplesmente inventou tudo? Existem Bruxas hereditárias? Há Covens anteriores a Murray e Gardner? Gardner teve acesso a um Coven mais antigo?

Até alguns anos atrás, como vimos, a maioria dos estudiosos considerava todos os segmentos da Bruxaria Moderna uma farsa. Algumas Bruxas afirmavam pertencer a Tradições antigas que existiam muito antes da época de Gardner. Outras diziam que a versão da Arte de Gardner era uma Tradição "pura". Nos Estados Unidos, descendentes de imigrantes europeus insistiam que eram Bruxos por tradição familiar e que a sua Bruxaria não se assemelhava em nada com a de Gardner. Além disso, muitos deles disseram que a Bruxaria era, antes de tudo, uma Arte e, apenas secundariamente, uma religião. Ao mesmo tempo, Covens surgiam de todos os lugares, e seus líderes declararam-se herdeiros de Tradições milenares. Muitos deles logo foram descobertos como mentirosos. Uma Sacerdotisa Wicca me disse: "Nunca vi um Livro das Sombras realmente antigo. Não estou dizendo que eles não existam... mas, assim como os unicórnios e os hipogrifos, eu nunca vi um!"

O que essa controvérsia tem a ver com a realidade da Bruxaria Moderna? Felizmente, não muito. Nos últimos trinta anos, enquanto alguns escritores e estudiosos rejeitavam a Arte como "besteira" ou "fraudulenta", os Neopagãos e Wiccanianos começaram a reavaliar quem realmente eram e do que se tratava realmente a Arte. Durante esse tempo, vários escritores Neopagãos americanos tentaram compilar uma história revisionista da Arte.

No início deste capítulo foi mencionado que Isaac Bonewits dividiu as Bruxas em várias categorias. Chegou o momento de examinar seus argumentos mais de perto, especialmente no que diz respeito às origens da Arte e ao lugar das Bruxas fora do avivamento.

A história da interação de Bonewits com a Arte é conturbada. Ele é um mago e ocultista que, por muitos anos, foi Sacerdote dos New Reformed Druids of North America (Novos Druidas Reformados da América do Norte). Ele então fundou um grupo druida revivalista chamado Ár nDraíocht Féin. Desde o início, quando escreveu *Real Magic* (1971), Bonewits sempre foi um pouco sarcástico em relação à Wicca. Ele rejeitou o "Mito da Wicca" de maneira prematura, um pouco direta e fácil demais, o que irritou muitos na Arte. Na época de *Real Magic* e de seu artigo posterior, *Witchcult: Fact or Fancy?*, a maioria das Bruxas aceitava literalmente na ideia de uma Antiga Religião universal, como a descrita por Murray. Como as opiniões de Bonewits estavam alinhadas com as de estudiosos mais inflexíveis, ele foi rotulado por alguns como hostil à comunidade da Arte. No livro, escrito quando Bonewits mal tinha saído da faculdade, ele argumentou (como ainda faz) que nunca existiu uma Antiga Religião unificada em toda a Europa. Havia religiões Pagãs –

muitas das quais vigorosas – e diversas comunidades europeias mantiveram crenças Pagãs e até, talvez, grupos Pagãos dentro da era cristã; mas Bonewits argumentou que a "Antiga Religião Unitária das Bruxas Brancas" existia na imaginação, não na realidade, "produto do egocentrismo cultural local e da má etnografia".[103] Sua investida final no *Real Magic* causou ainda mais atrito:

> Alguns grupos de Bruxas afirmam ser cristãos e, exceto pelo fato de às vezes realizarem seus ritos nus, você pode encontrar mais Paganismo e Bruxaria em uma reunião de oração batista. Outros grupos afirmam ser renascimentos ou remanescentes do inexistente "Culto das Bruxas da Europa Ocidental" (tão popular por conta da autora Margaret Murray). Eles obtêm "autoridade" de suas "Crenças Secretas Transmitidas por Gerações de Bruxas em Minha Família", etc. Esse tipo de Bruxaria tende a ser uma mistura de superstições meio esquecidas, conceitos cristãos e crenças hindus. Assim, seus "ritos de fertilidade" são realizados para a "fertilidade espiritual" e não para a fertilidade física, embora gostem de sugerir que suas cerimônias são realmente muito emocionantes (não são – são terrivelmente entediantes para qualquer pessoa que já tenha participado de uma boa "sessão de amor").[104]

Vários anos depois, Bonewits discursou em uma reunião de Bruxas em Minneapolis. Suas observações foram posteriormente publicadas na *Gnostica* como *Witchcult: Fact or Fancy?*. Mais tarde, ele refinou esses argumentos em uma série de artigos que apareceram na *Green Egg* entre 1976 e 1977 sob o título *Witchcraft: Classical, Gothic and Neopagan* (*Bruxaria: Clássica, Gótica e Neopagã*). Nos últimos anos, ele mudou ligeiramente essas categorias.

A divisão das Bruxas em categorias feita por Bonewits visa esclarecer parte da confusão em torno da palavra "Bruxa". Por exemplo, a "Bruxa Clássica" ou "pessoas habilidosas", seria definida como:

> [...] uma pessoa (geralmente uma mulher mais velha) que é habilidosa no uso de ervas, raízes, cascas, etc., para propósitos tanto de cura quanto de dano (incluindo partos, envenenamento, produção de afrodisíacos e de alucinógenos, etc.) e que está familiarizada com os princípios básicos tanto de talentos mágicos passivos quanto ativos, podendo, portanto, usá-los para o bem ou para o mal, conforme sua escolha.

Essa "Bruxa clássica" poderia ser encontrada entre a maioria dos povos. Na Europa, essa mulher (ou homem) seria, quem sabe, uma camponesa idosa, talvez "uma fonte de sabedoria popular e antigas superstições, além de uma perspicaz conhecedora do caráter alheio". Para esse tipo de Bruxa, escreve Bonewits, a religião

103 Isaac Bonewits, "Witchcult: Fact or Fancy?" *Gnostica*, Vol. III, Nº. 4 (21 de novembro de 1973), p. 5.

104 Isaac Bonewits, *Real Magic* (New York: Berkley Publishing Corp., 1972), pp. 129–130.

era relativamente irrelevante para a prática. Alguns se consideravam cristãos; alguns eram Pagãos. Na Irlanda, muitos diziam que seus poderes vinham das fadas. Relativamente, poucas Bruxas Clássicas existem hoje na Europa. Bonewits acredita que a maioria das pessoas que hoje se autodenominam "Bruxas" são "Neoclássicas" - ou seja, usam magia, adivinhação, herbologia e percepção extrassensorial sem muita consideração pela religião. De acordo com ele, 70% das Bruxas na América hoje são "Neoclássicas".[105]

As "Bruxas Góticas" de Bonewits, agora chamadas de "Bruxas Diabólicas", são aquelas que aparecem em relatórios de julgamentos entre 1450 e 1750. Elas representavam uma versão invertida do catolicismo romano, incluindo pactos com o diabo, devoramento de bebês e outros elementos de propaganda negativa que a Igreja usou durante a Inquisição. A Bruxaria Gótica, de acordo com Bonewits, é uma ficção da Igreja. Ele refuta a tese Murrayita de uma Antiga Religião universal com a afirmação de que a Bruxaria na Europa foi uma criação da Inquisição, completa, com descrições do Sabbat, Covens e orgias. Bonewits considera o satanismo contemporâneo como Bruxaria neogótica, porque ela descende da Bruxaria Gótica criada pelo Cristianismo. A maioria dos satanistas modernos se baseiam nas ideias criadas pela Igreja e procedem a partir delas. (Eu alteraria isso para dizer que alguns satanistas modernos parecem ser Neopagãos deslocados que não foram capazes de ir além da terminologia e do simbolismo cristãos.)

Bonewits aceita a sobrevivência dos Neopagãos na era cristã, embora esteja convencido de que, até o século 11, a maioria deles havia passado à clandestinidade ou sido destruída. Essencialmente, ele adota a posição acadêmica ortodoxa de que, até meados do século 14, a Bruxaria significava simplesmente "feitiçaria" - uma tentativa de controlar a natureza - e nunca foi uma sobrevivência organizada do Paganismo. Defendia também, que a palavra adquiriu um novo significado no século 14, quando foi identificada como uma heresia e foi elaborada e difundida pela Inquisição para os seus próprios fins políticos. Já encontramos seus argumentos antes: a política oficial da Igreja de que a Bruxaria era uma ilusão foi revertida; uma nova forma de Bruxaria foi criada pela Igreja para erradicar a heresia; muitas das antigas acusações contra judeus e ciganos foram "tiradas do pó" e combinadas com as novas invenções do Sabbat das Bruxas e da Missa Negra.

Bonewits acredita que algumas famílias europeias podem ter mantido vivas as tradições Pagãs (ele observa que as famílias ricas muitas vezes não são perseguidas), mas que não há evidências de um movimento religioso organizado clandestino durante a Idade Média europeia[106]

105 Isaac Bonewits, "Witchcraft", Pt. I, pp. 17–18. Veja também Bonewits, *Bonewits' Essential Guide to Witchcraft and Wicca* (New York: Citadel Press, 2006), apêndice 3.

106 *Ibidem*, Pt. II, *Green Egg*, Vol. IX, Nº 78 (1º de maio de 1976), pp. 13–17.

No entanto, o termo "Bruxaria Neopagã" é usado por Bonewits para se referir à Wicca. Ele estima que, dos muitos milhares de pessoas na América que se consideram Bruxas, uma análise estatística poderia se parecer com isto:

Neopagão 15%

Feministas 10%

Neogótico 2-3%

Neoclássico 55%

Clássico 1-2%

Tradições Familiares 1-2%

Tradições Imigrantes 1-2%

Étnica (Vodu, Ameríndio, etc).....10% [107]

Como muitos outros, Bonewits acredita que o folclore e a literatura deram origem à Bruxaria Neopagã: o folclore de Frazer e as teorias sobre o direito materno, e também os estudos de Leland sobre as sobrevivências Pagãs entre o campesinato italiano. Ele diz que oscampos do folclore, da antropologia e da psicologia realmente começaram a se desenvolver entre 1900 e 1920, assim como a pesquisa psíquica e a Magia Cerimonial. Ele especula:

> Em algum lugar entre 1920 e 1925, na Inglaterra, um grupo de cientistas sociais (provavelmente folcloristas), reuniu-se com alguns Rosacruzes da Golden Dawn e alguns Fam-Trads (veja a seguir) para criar os primeiros Covens modernos na Inglaterra; apropriando-se ecleticamente de qualquer fonte que pudessem encontrar para tentar reconstruir os fragmentos de seu passado Pagão.[108]

Bonewits atribui a maior parte da Bruxaria Neopagã nos Estados Unidos à influência de Gerald Gardner, e ainda escreve que Gardner pegou "material de qualquer fonte que não fugisse rápido demais para escapar."

107 *Ibidem*, Pt. III, *Green Egg*, Vol. IX, Nº. 79 (21 de junho de 1976), p. 10.

108 *Ibid.*, p. 7.

Tradições Familiares

Bonewits é mais esclarecedor quando fala sobre a realidade das Tradições Familiares (*Fam-Trads*). Ele aceita a ideia de que algumas "Bruxas Clássicas" poderiam ter preservado tradições folclóricas e festivais agrícolas. Embora isso não tenha sido um culto universal organizado, famílias isoladas e influentes podem ter preservado muitas tradições, cada uma sofrendo influências ao longo dos anos. "Há muitas evidências", escreve ele, "de que antigas Tradições Pagãs sobreviveram sob uma fina camada de Cristianismo em regiões isoladas da cristandade", mas "quase nada sugere de forma lógica que as pessoas que lideravam essas Tradições estivessem em contato umas com as outras ou compartilhassem mais do que crenças vagamente semelhantes."[109] Essas famílias frequentemente se autodenominam Bruxas hoje, mas se assim o faziam até pouco tempo atrás ou se têm algo em comum com os Wiccanianos modernos ainda é uma questão em aberto.

Bonewits enfatiza a contaminação das tradições familiares europeias, assim como das famílias que imigraram para os Estados Unidos (Tradições Imigrantes). As Bruxas Clássicas estavam diminuindo em número e "o cientificismo estava rapidamente se tornando a religião suprema no Ocidente".

> A maioria dos membros da *Tradições Familiares3* fez esforços para esconder suas crenças "supersticiosas" e sistemas mágicos Pagãos. Em vez disso, envolveram-se na Maçonaria e no Rosacrucianismo no século 18, e no Espiritismo e na Teosofia no século 19; pois todos esses movimentos eram considerados mais respeitáveis que a Bruxaria, e ainda permitiam que as *Fam-Trads* praticassem artes ocultas... Com o passar dos anos, os membros dos *Fam-Trads* absorveram cada vez mais fontes mágicas não Pagãs e transmitiram suas novas informações a cada geração, muitas vezes permitindo descuidadamente que os descendentes pensassem que um feitiço Rosacruz ou uma meditação alquímica era uma parte legítima de sua herança Pagã. Assim, mesmo nos dias atuais, temos Bruxas *Fam-Trads* que estão muito mais próximas de serem Teosofistas ou Espiritualistas do que Bruxas Clássicas ou Neoclássicas.[110]

Quase todos que encontraram membros de Tradições familiares notam que sua Arte é muito diferente da Bruxaria do renascimento. Eles se encaixam muito mais facilmente na descrição de Bonewits de "Bruxas Clássicas". Como uma Sacerdotisa do Meio-Oeste observou: "Eu conheço Tradições familiares – há muitas pessoas que

109 *Ibid.*, Pt. II, pp. 15–16.

110 *Ibid.*, Pt. III, pp. 5–6.

foram ensinadas a fazer várias coisas. Mas isso raramente é chamado de Bruxaria. Mais tarde, claro, essas pessoas começaram a ler e passaram a dizer a si mesmas: 'Fui ensinada a fazer isso, e agora dizem que é Bruxaria!'"

Na análise de Bonewits, as Bruxas de Tradição Familiar são essencialmente "Bruxas Clássicas" que mudaram com o tempo. Como ele me disse: "Para não serem perseguidas, tiveram que usar muita camuflagem protetora. Quando a terminologia Rosacruz estava em alta, treinavam seus filhos com essa terminologia. Quando a Teosofia estava em alta, eles eram Teosofistas. Quando o Espiritualismo estava em alta, eles eram espiritualistas. Isso significa que, do ponto de vista antropológico, as *Fam-Trads* estão extremamente contaminadas. As gerações posteriores não sabem o que é da família e o que foi inserido nela.

"Pode ter havido Tradições Familiares que leram Frazer e Murray e disseram: 'Oh, é isso que temos feito', e copiaram tudo isso, pensando: 'Esta é a nossa Tradição há muito perdida, trazida de volta para nós por este antropólogo ou este folclorista'.

"E quando uma Tradição Familiar chega aos Estados Unidos – uma Tradição de imigrantes –, acaba misturando seu sistema de crenças familiares com os costumes populares das pessoas com quem convivem. Hoje, muitas dessas pessoas estão na fronteira entre ser uma Bruxa Neoclássica e uma Bruxa Wiccaniana Moderna."

As Bruxas dessas Tradições Familiares falam sobre si mesmas como Bonewits as descreve? A resposta é, em grande parte, sim, como veremos a partir de alguns exemplos.

Lady Cybele é uma Bruxa que mora em Madison, Wisconsin. Suas raízes são escocesas e galesas, e as principais tradições mágicas da família vêm do lado paterno. Os pais de seu pai eram de Tradições da Arte. Após chegar a Nova York, a maior parte da família se estabeleceu em Wisconsin e Minnesota.

Cybele me contou sobre reuniões familiares de mais de duzentas pessoas, nas quais um pequeno grupo se reunia paralelamente para falar sobre "os velhos costumes" ou "o modo como costumávamos fazer as coisas". Sua família estava cautelosa em deixar que os vizinhos soubessem que tinham práticas incomuns. Para eles, a Bruxaria era uma prática. Ela disse: "O aspecto religioso era muito simples: adoração à Mãe Natureza. Deus estava na Natureza, e a Natureza era feminina. A Deusa era a Terra. O carvalho, e não o Sol, manifestava o princípio masculino. Isso era quase toda a teologia."

"Quando eu era criança, os aspectos espirituais não eram enfatizados como são agora. A Arte tem recebido muitas influências da alta Magia. Acho que isso é bom, mas é algo relativamente novo para a Arte."

A Tradição de Cibele não continha leis escritas. "Se os *Fam-Trads* tivessem uma lei", disse ela, "essa lei seria: 'Se funciona, faça; se não, jogue fora'. A Arte sempre se baseou em todas as culturas com as quais tivemos contato." Como a família morava perto do campo, ela aprendeu principalmente magia agrícola – trabalho com o clima e magia das colheitas.

"Fui ensinada a fazer certas coisas, coisas práticas. Você sabe como fazer seu jardim crescer? Conversa com suas plantas, estabelece uma conexão mental com elas. Sabe como atrair os peixes? Como se posiciona no lugar ideal? Como incentiva os outros?"

Durante a maior parte de sua vida, Cybele desconhecia o renascimento da Wicca. "Só na faculdade descobri que havia outras pessoas na Arte, eu não sabia que éramos muitos até 1964, quando meu marido chegou em casa correndo e animado. Ele vinha da biblioteca onde trabalhava, transbordando de entusiasmo, dizendo: 'Há mais de nós no mundo.' Ele tinha o livro de Gerald Gardner em mãos, nós lemos tudo e ele disse: 'Isso é incrível! Eles não são exatamente como nós, mas, sim, nós também fazemos isso, e fazemos aquilo, e quem já ouviu falar disso?'"

Cybele disse que, em sua experiência, a maioria dos *Fam-Trads* eram solitários que tinham dificuldade em trabalhar em Covens. Ocasionalmente, os *Fam-Trads* trabalhavam juntos, mas raramente era uma reunião ritual formal. O mais provável seria uma série de telefonemas: "Ei, você ouviu falar que Sam Smith vai fazer exames de câncer na terça-feira às oito horas? Pense nisso!" Cybele disse que a maioria das Bruxas *Fam-Trads* que ela conhecia trabalhavam com roupas comuns e usavam utensílios de cozinha corriqueiros como ferramentas. "Adicionei coisas de outras Tradições", disse ela, "porque acho divertido."

Também conversei com Bonnie Sherlock, uma Sacerdotisa da Arte em Lander, Wyoming, antes de sua morte, em 1976. Ela descreveu os ensinamentos de sua avó imigrante irlandesa em termos semelhantes.

"Suas crenças eram Pagãs, embora seu quarto estivesse repleto de estátuas e imagens católicas romanas. Minha avó nunca usava as terminologias que são usadas na Arte hoje. Ela chamava um Pentagrama de 'estrela'. Se alguém tivesse uma habilidade, ela se referia a isso como 'poder'. Tampouco usava o termo 'aura', ela dizia 'luz'. Minha avó nunca falava 'Bruxaria', ela dizia apenas que a pessoa tinha 'o poder'. O Solstício de Verão era chamado de 'Meio do Verão', Beltane (1º de maio) era 'Dia do Cesto de Maio'. Yule era 'Natal' e Samhain era '*Halloween*'. Ela fazia incenso com canela em pó da despensa e agulhas de pinheiro.

"Aprendi com ela que a Arte é uma religião do lar e da lareira. Os Instrumentos da Arte são utensílios de cozinha disfarçados. É uma religião de domesticidade e de celebração da vida."

Apesar de ter esses ensinamentos, Bonnie Sherlock precisou de um impulso para começar a trabalhar na Arte. Assim como Cybele, esse impulso veio de fora e soa notavelmente semelhante.

"Recebi um anúncio pelo correio com uma lista de livros de Gerald Gardner. Decidi assinar a revista britânica *Pentagram*. Então vi uma carta de Leo Martello na revista *Fate*, propondo um método para reunir pessoas da Arte. Intermediado por Leo, comecei a me corresponder com um homem que se tornou meu Alto Sacerdote."

Mas isso ainda não era suficiente. "Você simplesmente não pode sair por aí dizendo: 'Eu sou uma Bruxa'. Talvez tudo se resuma à ideia de que você precisa provar seu valor para si mesma antes de qualquer outra pessoa. Senti que precisava de algum tipo de Iniciação. Então procurei um curandeiro nativo americano. Passei por um ritual, uma busca de visão e um jejum de três dias. Ao criar a nossa Tradição Delfiana, usei uma combinação de Tradições, incluindo material celta e nativo americano, além de coisas que me lembrava da minha avó'."

Aqui está mais uma história de Bruxos de Tradição Familiar, desta vez um homem de Minnesota:

"Fui criado com uma espécie de Paganismo-oculto antiquado de origem americana. Revoltei-me contra isso, da mesma maneira que a maioria dos Neopagãos e outras pessoas da contracultura se revoltaram contra as suas origens judaico-cristãs. Apenas alguns membros da minha família eram pessoas que considero remotamente aquarianas, e eles agora estão mortos.

"Eu fui criado como Pagão. Toda a minha família são de 'Bruxos antiquados'. Isso não significa que sejam parecidos com os Neopagãos ou com os Pagãos da Europa Antiga. Significa, principalmente, que eles não são cristãos, judeus, muçulmanos ou ateus intelectuais modernos.

"Além das referências à 'Mãe Natureza' e coisas semelhantes, nunca fui exposto às divindades Pagãs descritas por Robert Graves e outros, e a 'magia que minha avó, mãe, tias, etc., praticavam era derivada de uma ampla variedade de fontes, principalmente técnicas maçônicas e Rosacruzes modernas, espiritualismo, leitura de cartas 'ciganas', adivinhação, Teosofia e assim por diante. Tenho a ideia de que tudo está enraizado em algum lugar do passado, na Antiga Religião Celta, mas se esse for o caso, os elementos estão tão desgastados, que é impossível identificá-los com certeza.

"A maior parte das diferenças entre minha educação e a educação americana padrão são pequenos detalhes não verbais. Como ser amamentado por uma cadela pastor alemão quando minha mãe ficou sem leite, em vez de ser alimentado com uma mamadeira cheia de leite de vaca e açúcar refinado. Mastigar carne em vez de usar um chocalho plástico. Acender, em vez de apagar as velas dos meus bolos de aniversário. Trazer para casa uma 'Árvore de Natal' em um vaso, com raízes intactas, e replantá-la novamente na primavera. Essas são as únicas coisas de que me lembro, mas minha personalidade acabou sendo radicalmente diferente das crianças com quem estudei. Por exemplo, nunca tive uma verdadeira compreensão dos conceitos cristãos de 'pecado' e 'culpa'. Desde que me lembro, simplesmente percebi que, se você faz algo 'errado', será 'punido', talvez por outras pessoas, talvez pelas ações da Natureza, mas nunca por si mesmo.

"Minha família usava a palavra 'Bruxa' de maneira bastante vaga para designar qualquer pessoa que praticasse 'magia' – não tinha nada a ver com passar por quaisquer rituais religiosos específicos, apenas rituais operacionais (feitiçarias).

A 'magia' que aprendi quando criança foi principalmente o que se poderia chamar de "percepção extrassensorial" – saber se alguém de fora era amigável ou hostil, se estava mentindo ou dizendo a verdade, ter lampejos de conhecimento sobre o futuro ou passado de uma pessoa ou objeto, localizar coisas perdidas. À medida que fui crescendo, meus tios começaram a me ensinar a partir de todos os tipos de fontes mágicas "padrão": livros sagrados de uma dúzia ou mais de religiões, mas também livros ocultistas e espiritualistas do século passado e deste. Eles também me ensinaram seu sistema 'pessoal', que era uma mistura de muitos conceitos mágicos diferentes, além de outras coisas que não era magia propriamente dita, mas que continha todos os truques necessários para ganhar a vida como 'Bruxo', se eu quisesse. (Eles passaram cerca de trinta anos viajando pelo país, autodenominando-se 'ciganos' e sustentando-se principalmente com a prática de vários tipos de adivinhação. Também proporcionaram 'experiências espirituais profundas', ao estimular as pessoas com peiote sem dizer o que estavam fazendo.) Então, na verdade, não sou um 'Bruxo' no sentido em que o termo é usado entre os grupos modernos que se autodenominam por esse nome, embora eu tenha usado esse termo a minha vida toda. 'Mago' seria uma descrição mais adequada, e é o que eu agora uso para me descrever, deixando Bruxo para se aplicar às pessoas que praticam religiões Pagãs vagamente derivadas das religiões celtas e de outras antigas religiões indo-europeias."

Como exemplo final, aqui está a história de Z Budapeste, a Bruxa feminista de Los Angeles. Isto foi o que ela me contou sobre sua infância na Hungria:

"Eu era uma Bruxa antes de ser feminista. Minha família manteve um livro sobre quem viveu e quem morreu, começando em 1270. Havia alguns fitoterapeutas entre nós. A certa altura, tivemos uma pequena farmácia em uma pequena cidade. Meu pai era médico e muitas pessoas da minha família eram curandeiras.

"Eu via minha mãe conversando com os mortos. Ela entrava em transe e sentia presenças ao seu redor. Minha mãe é uma artista. Sua arte muitas vezes reflete influências sumérias, mas ela apresenta sua arte como "camponesa", não como "Pagã", assim consegue driblar a questão na Hungria. Em húngaro, a palavra é a mesma.

"Muitos habitantes do campo compram cerâmicas da minha mãe. Ela usa motivos antigos, como a Árvore da Vida, a simbologia das flores e a ideia da Deusa segurando uma criança dentro de um Círculo de renascimento. Minha mãe faz magia espontânea, canta e recita rima. Ela adivinha a sorte e pode acalmar o vento."

Quando Z tinha dezesseis anos, ocorreu a revolta húngara e ela se tornou uma exilada política.

"Apenas um dia vi uma mudança total ocorrer. De repente, o povo do meu país saiu e amou uns aos outros. Os húngaros geralmente se odeiam. Foi minha primeira Iniciação na revolução. Isso me fez decidir mudar minha vida. Eu queria viver. Eu queria prosperar. Decidi que meu país estava arrasado. Decidi conhecer o Ocidente."

Mas quando Z veio para Nova York, ela descobriu uma nova forma de opressão. As fundações Ford e Rockefeller concediam bolsas de estudo a refugiados. Os homens recebiam uma renda razoável, mas as mulheres conseguiam pouco dinheiro. Elas tinham que se tornar garçonetes para conseguir passar até o ensino médio. Z acabou em um papel tradicional: esposa e mãe. Após doze anos, sentindo-se limitada e escravizada, foi levada a tentar o suicídio. Durante esta tentativa teve uma visão na qual havia morrido, mas a morte não era assustadora. Ela me contou:

"Após essa visão, recuperei minha verdadeira perspectiva de uma Bruxa, de como uma Bruxa vê a vida – como um desafio. Os desafios não vão durar para sempre e, do outro lado, tudo estará bem. Então, o que você vai fazer?

"Uma vez que isso aconteceu dentro de mim, eu simplesmente fiz as malas, estiquei o polegar e peguei carona de Nova York até Los Angeles. Peguei um jornal e vi que havia uma celebração de libertação das mulheres no dia 8 de março. Pensei em dar uma olhada nessas pessoas. E eu as conhecia. Elas se pareciam comigo. Algumas delas tinham minhas feridas; outras tinham feridas diferentes.

"Comecei a falar sobre a Deusa. Eu conhecia muitos costumes Pagãos que meu país havia preservado, mas que haviam perdido o significado religioso – embora não para mim. Também comecei a ler sobre Bruxaria Diânica, a literatura inglesa. Um ano depois, comecei, com várias outras mulheres, a celebrar os Sabbats. Em 1971, no Solstício de Inverno, nomeamos nosso grupo de Coven Susan B. Anthony."

O padrão é claro. A tradição familiar começa bastante próxima da definição de "Bruxaria Clássica" de Bonewits: um legado de ensinamentos mágicos, principalmente orais. A religião é simples. Não há iniciações elaboradas. O ritual é mínimo. É uma Arte. Depois há contato com a Wicca revivalista, em muitos casos com a "literatura inglesa" – Margaret Murray e Gerald Gardner, entre outros. A partir disso surge uma nova direção externa rumo à atividade e, em alguns casos, a adoção de estruturas mais formais, iniciações e rituais.

A literatura da Arte revivalista influenciou quase todas as pessoas que conheci. E o que quer que Gardner tenha feito na Inglaterra, para o bem ou para o mal, seus livros serviram como um catalisador ou trampolim para muitos Covens e Tradições que não necessariamente "pareciam" Gardnerianos. Esses Covens tinham pouco dos pequenos adornos da Arte de Gardner – a nudez, o flagelo, o uso de rituais específicos. Mas a influência estava lá.

Minha entrevista com o poeta e Xamã Victor Anderson é um exemplo notável disso. Esse foi um dos mais misteriosos dos meus encontros. A história dele foi a única que ouvi que vinha claramente do reino das fadas. Era pura poesia.

Anderson, autor de *Thorns of the Blood Rose*, um belo livro de poesias sobre a Arte, contou-me sobre seu encontro, aos nove anos, com uma senhorinha que afirmou ser ele um Bruxo. Anderson morava no Oregon quando a encontrou sentada nua no centro de um círculo ao lado de várias tigelas de latão cheias de ervas. Ele disse que se despiu, sabendo instintivamente o que fazer, e foi iniciado "por um completo rito sexual". Então me contou sobre a visão que teve naquele círculo.

"Ela sussurrou os nomes da nossa Tradição e tudo desapareceu; estava tudo completamente escuro. Parecia não haver nada sólido, exceto aquela mulher, e eu me segurei nela. Parecíamos estar flutuando no espaço. Então ouvi uma voz, uma voz muito distante dizendo 'Tana, Tana'. Tornando-se cada vez mais alto. Era uma voz muito feminina, mas tão poderosa quanto um trovão, dura feito um diamante e, ainda assim, muito suave. A voz agora veio muito alto. Dizia: 'Eu sou Tana'. De repente, pude ver que havia um grande céu acima de mim, como um céu tropical, repleto de estrelas brilhantes piscando, e eu as pude ver perfeitamente nesta visão, apesar da minha cegueira.[111] A lua estava lá, mas era verde. Pude ouvir os sons da selva ao meu redor. Eu podia sentir o cheiro dos odores da selva.

"Então vi algo mais vindo da selva em minha direção. Um homem muito bonito. Havia algo de afeminado nele e, ainda assim, muito poderoso. Seu falo estava bastante ereto. O homem tinha chifres e uma chama azul saia de sua cabeça. Ele vinha caminhando em minha direção, ela também. Sem que me dissessem, percebi que este era o poderoso Deus Cornífero. Mas ele não era seu senhor, mestre ou algo assim, ele era seu amante e consorte. Ela continha dentro de si todos os princípios e potências da natureza.

"Havia outras comunicações estranhas, e então, a escuridão desapareceu. Sentamos no círculo e ela começou a me instruir no uso ritual de cada uma das ervas e chás que havia ali. Então fui lavado com manteiga, óleo e sal. Vesti minhas roupas e voltei para casa. Na manhã seguinte, quando acordei, sabia que aquilo tudo realmente tinha acontecido, mas parecia uma espécie de sonho."

Depois que a descrição dessa visão foi assimilada, perguntei a Anderson: "Quando você decidiu formar um Coven?" Ele respondeu: "Foi quando Gerald Gardner publicou seu livro, *A Bruxaria Hoje*. Pensei comigo mesmo: 'Bem, se isso é conhecido... tudo se encaixa.'"

Do outro lado do país questionei outra líder Neopagã, Penny Novack, uma das primeiras líderes do Pagan Way (Caminho Pagão), um grupo Neopagão que em sua teologia era intimamente aliado da Wicca. Ela descreveu sua entrada em uma religião de adoração à Deusa.

"Eu trabalhava como faxineira em um pequeno colégio em Vermont. Houve uma nevasca terrível e eu estava na estrada, pegando carona. A lua estava alta, uma linda lua cheia, e eu estava andando pela estrada.

"Agora, eu e Deus tínhamos esse relacionamento. Eu sempre gritei com Deus e Deus sempre disse: 'Se você levantar a cabeça e fizer alguma coisa, tudo vai se resolver'. Isso às vezes acontecia, às vezes não.

111 Anderson ficou quase totalmente cego quando criança.

"Então eu estava lá, caminhando por aquela estrada, sacudindo o punho para a lua e dizendo: 'Por que não estou crescendo mais? O que eu devo fazer?' E estava furiosa, sacudindo o punho para a lua e ficando ainda mais desesperada com toda aquela situação quando recebi essa mensagem. Eu não ouvi uma voz. Simplesmente recebi a mensagem: 'O problema é que seu conceito do Eterno é masculino, e até que possa conhecer o Um como Feminino, não há como crescer.' Então eu pensei: 'Isso é estranho. Eu nunca teria pensado nisso, mas vou tentar.'"

Quando Penny e seu marido, Michael, mudaram-se para Filadélfia, Michael começou a se interessar por Bruxaria. Penny lhe disse: "Não estou interessada em magia. Quero algo que trate de Deusas e crescimento espiritual."

"Michael continuava dizendo: 'Eu li esses livros de Gerald Gardner, e parece uma verdadeira religião da natureza'.

Eu estou dizendo: 'Não fale comigo sobre Bruxaria.'

"Uma semana depois, em dezembro de 1965, um membro do comitê republicano local veio nos visitar e, de passagem, mencionou alguns Bruxos que ele gostaria que conhecêssemos. Ele trouxe um panfleto Gardneriano e as coisas decolaram a partir daí."

Gardner Sob uma Nova Luz

No final dos anos 1970, Aidan Kelly, um dos fundadores de uma das mais vibrantes e belas tradições da Arte nos Estados Unidos - a New Reformed Orthodox Order of the Golden Dawn (NROOGD) - começou a escrever sobre as origens da tradição Gardneriana. As primeiras versões de seu manuscrito foram intituladas "O Renascimento da Bruxaria: Tradição e Criatividade na Reforma Gardneriana". Dentro desse trabalho, Kelly fez algo bastante novo. Ele rotulou todo o renascimento Wiccaniano como "Bruxaria Gardneriana". Ele escreve: "Refiro-me a este movimento religioso atual como 'Gardneriano', porque quase toda a vitalidade atual do movimento foi desencadeada por Gerald B. Gardner, um funcionário público britânico aposentado que instituiu uma reforma (e uso esta palavra com precisão) na década de 1940."[112]

A maioria das Bruxas modernas usa o termo "Gardneriano" para se referir ou aos Covens específicos que derivam de uma cadeia de sucessão apostólica do Coven de Gardner na Ilha de Man, ou aos Covens que usam rituais Gardnerianos, muitos dos quais foram publicados em livros. A NROOGD não se enquadra em nenhuma dessas categorias. Mas Aidan estava dizendo algo diferente - que

112 Aidan Kelly, op. cit., p. 4

a influência de Gardner no renascimento moderno da Bruxaria é muito maior do que a maioria das pessoas imagina, e que muitos grupos, muitas vezes sem saber, assimilaram suas principais contribuições.

O manuscrito focou nos problemas que temos considerado – o argumento do movimento Wiccaniano sobre a continuidade histórica – já que muitos membros da Tradição (pelo menos até recentemente) afirmavam que suas práticas descendem diretamente das religiões pré-cristãs da Grã-Bretanha e do Norte da Europa. Como observou Aidan, a maioria das Bruxas vê sua religião como uma "religião pagã nativa da Grã-Bretanha e do Norte da Europa que, segundo a teoria de Margaret Murray, está subjacente à luta político-religiosa que culminou nos julgamentos de Bruxas da Era Moderna". Mas como vimos, a maioria dos estudiosos rejeitou a teoria de Murray e todo o movimento como fraudulento. "A verdade", escreveu Aidan, no final da década de 1970, 'está em algum ponto intermediário.'"

O manuscrito de Kelly passou por muitas revisões. Parte de seu trabalho sobre Gardner foi finalmente publicado, em 1991, como *Crafting the Art of Magic*. Uma de suas contribuições mais importantes foi encontrar a versão mais antiga do *Gardnerian Book of Shadows,* nas coleções de materiais de Gardner em Toronto: *Ye Bok de Ye Art Magical.* Esta é a versão mais antiga do *Livro das Sombras Gardneriano,* ou da liturgia Gardneriana. O material chegou ao Canadá depois que Monique Wilson vendeu o museu de Gardner na Ilha de Man para a Ripley's International Ltd.

No início de sua pesquisa, quando *Drawing Down the Moon* foi publicado pela primeira vez, Kelly argumentou que não havia como provar se um Coven de New Forest realmente existiu. Ele escreveu que, se o Coven existiu, seus procedimentos eram tão rudimentares que novos tiveram que ser inventados. E, independentemente de ter informações tradicionais ou somente ter extraído informações de livros, Gardner transformou os conceitos "de tal forma que instituiu uma grande reforma – ou seja, como aconteceu tantas vezes na história, ele fundou uma nova religião com a crença aparentemente sincera de que estava apenas reformando uma antiga". E embora esta religião possa ter elementos da Antiga Religião, "não é mais a mesma religião do que quando os primeiros budistas eram ainda apenas hindus, ou os primeiros cristãos eram apenas judeus".[113]

Os conceitos que eram novos – o foco da reforma de Gardner – eram: a preeminência da Deusa; a ideia da mulher como Sacerdotisa; a ideia de que uma mulher pode se tornar a Deusa e um novo modo de trabalhar magia que era particularmente acessível a pequenos grupos. A última foi uma combinação da "baixa magia" comum ao folclore em todo o mundo (feitiços e receitas) e a "Alta Magia" do grimório cerimonial. Adicionou-se a isso a ideia do círculo como um lugar para conter o poder. As fontes usadas por Gardner incluíram Ovídio, Crowley, Kipling, Leland e a Ordem da Golden Dawn.

113 *Idem*, p. 18. Outras citações estão nas p. 1, 5 e 274.

Aidan escreveu que realmente não faz diferença se Gardner foi ou não iniciado em um Coven mais antigo. Ele inventou uma nova religião, um "sistema vivo", e os Covens modernos adotaram grande parte disso, porque preenche uma necessidade. Este novo sistema tem pouco a ver com os rituais rotulados como "Gardnerianos". Tem pouco a ver até mesmo com os poucos Covens que "fazem parte da 'sucessão apostólica ortodoxa' da Iniciação Gardneriana". A reforma consiste nesses novos conceitos, sendo os principais o culto à Deusa e uma nova forma de trabalhar a magia, uma espécie de "magia da classe média" (embora Aidan não tenha usado esse termo). O apelo da Deusa torna o movimento mais significativo do que o seu tamanho indicaria.

Aidan observou que a reforma de Gardner ocorreu durante o mesmo período em que Robert Graves publicou *A Deusa Branca* e Gertrude Rachel Levy escreveu *The Gate of Horn.*[114] Ele escreveu:

> [...] a essência da reforma de Gardner é que ele fez da Deusa a principal divindade de seu novo movimento, e é a Deusa quem captura a imaginação, ou o coração, ou a alma, ou qualquer outra coisa que os atraia, daqueles que entram neste movimento. É como se a civilização ocidental estivesse pronta para lidar novamente (ou finalmente) com o conceito de Divindade como Feminina. Quaisquer que sejam as razões para essa prontidão existir, é essa prontidão que justifica e sustenta o movimento Gardneriano, e não uma pseudo-história que remonta à Idade da Pedra.[115]

Na opinião de Aidan, Gardner nunca recebeu crédito por seu gênio criativo. Ele teve uma visão de uma Bruxaria reformada. Gardner reuniu elementos do folclore e da magia e assimilou a "tealogia matriarcal" apresentada por Graves, Leland e Apuleio. Com esses elementos, ele criou um sistema que cresceu.

Kelly argumentou que a Bruxaria é válida em seus próprios termos. Por quê? Porque é uma religião baseada na experiência. A Bruxaria é uma religião que permite que certas experiências aconteçam. Não precisa de dogmas. Seus Covens estão ligados por seu foco nos panteões da Europa pré-cristã, por sua ética de "Sem a ninguém prejudicar, faça o que desejar" e, principalmente, pelo seu culto à Deusa.

Anos mais tarde, depois de analisar os cadernos de Gardner, Kelly passou a acreditar que não havia base alguma para a afirmação de que a Bruxaria Gardneriana derivava da Antiga Religião Pagã da Europa. Olhando para *Ye Bok de Ye Art Magical,* Kelly notou que muitas coisas foram copiadas para ele, incluindo passagens da *Greater Key of Solomon* (a *Chave Maior de Salomão*), que aparecem em rituais Gardnerianos, e os Rituais de Iniciação encontrados no romance *Com o Auxílio da Alta Magia* de Gardner. Kelly afirmou

114 Gertrude Rachel Levy, *The Gate of Horn* (London: Faber and Faber, 1963). Publicado originalmente em 1948.

115 Kelly, *The Rebirth of Witchcraft*, p. 274. O resumo de Aidan sobre a história do culto à Deusa está nas páginas 281-294.

que o livro não começou como um "Livro das Sombras", mas "tornou-se um – na verdade, o primeiro – quando foi preenchido e aposentado. Kelly argumentou que, ao examinar os documentos, fica claro que até 1954 todos os rituais foram adaptados dos procedimentos cabalísticos da Chave Maior de Salomão. Em sua visão, não havia ênfase na Deusa como divindade principal nem na Alta Sacerdotisa como autoridade central no Coven até depois de 1957, "quando Doreen Valiente se tornou a primeira Alta Sacerdotisa 'Gardneriana' e começou a adotar o mito da 'Deusa Branca' de Robert Graves como a tealogia oficial de seu Coven." De acordo com Kelly, foi somente após a publicação de *A Bruxaria Hoje,* em 1954, que a Deusa e a Sacerdotisa se tornaram dominantes. Kelly escreve:

> O principal trabalho de Valiente de 1954 a 1957 foi a criação de uma teologia Pagã sobre a qual os rituais poderiam ser baseados; ela também criou rituais baseados nesta teologia, adaptando os procedimentos complicados do sistema da HOGD (Ordem Sagrada da Golden Dawn) às *necessidades* de um pequeno grupo. Como essas coisas costumam acontecer, devo considerar isso um grande avanço na tecnologia mágica."[116]

Na edição de verão de 1985 da *Iron Mountain,* Doreen Valiente respondeu aos argumentos de Kelly. Ela afirmou que contribuiu com muitas coisas para o atual Livro das Sombras do "que veio a ser chamado de Bruxaria Gardneriana", mas disse que sua contribuição não foi de forma alguma tão extensa quanto Kelly acreditava. Ela afirmou, também, que não foi a primeira Sacerdotisa Gardneriana, e que Gardner já tinha um Coven em funcionamento quando ela foi iniciada, em 1953. Valiente disse que a existência de um Coven pré-1939 na área de New Forest não dependia de uma análise dos documentos Gardnerianos, e que testemunhos independentes sobre tal Coven foram fornecidos ao escritor ocultista Francis King pelo escritor Louis Wilkinson. Valiente então descreveu sua própria busca pela "Velha Dorothy", a Alta Sacerdotisa que supostamente iniciou Gerald Gardner em 1939. Após uma longa busca, Valiente encontrou cópias das certidões de nascimento e de óbito de Dorothy Clutterbuck e afirmou que seu histórico correspondia à descrição apresentada na biografia de Gardner escrita por Bracelin, e que ela morava na mesma área, nos limites de New Forest, onde Gerald Gardner e sua esposa viviam, em 1939. Como vimos, Ronald Hutton afirma que Dorothy Clutterbuck realmente vivia na região, mas provavelmente não tinha nada a ver com Gardner ou com a Arte. Valiente também afirmou que Kelly estava simplesmente errado

116 *Iron Mountain* (verão de 1984), pp. 19–29

ao dizer que não havia ênfase na Deusa como uma divindade principal e na Alta Sacerdotisa como autoridade central no Coven até 1957. "O culto da Deusa sempre esteve presente", escreveu ela, "e, segundo Gerald, sempre tem sido assim."[117]

Nos últimos anos de sua vida, Doreen Valiente revelou diversas informações. Algumas podem ser encontradas em seu livro *Witchcraft for Tomorrow*, e, *The Witches 'Way*, dos Farrars, revela ainda mais. Mas há muitas perguntas que permanecem sem resposta. Eu perguntei a Valiente: "O que você acha que existia em 1939?" Numa série de cartas durante o verão e outono de 1985, Doreen Valiente escreveu que acreditava que Gardner não inventou o esqueleto básico dos rituais. "Baseio essa crença", escreveu ela, "no que o velho Gerald me contou e no estado um tanto desarticulado dos rituais que ele praticava quando o conheci. Eles eram fortemente influenciados por Crowley e pela O.T. O., mas por trás disso, havia muito que não era Crowley, e também não era a Golden Dawn ou a Magia Cerimonial – e eu vinha estudando todas essas três Tradições há anos." Ela escreveu que acreditava que as Iniciações eram mais ou menos como são hoje, assim como os conceitos da Deusa e do Deus e o papel do Sacerdote e da Sacerdotisa. "Sim, sou responsável por boa parte da redação dos rituais atuais; mas não pela estrutura desses rituais ou as ideias sobre as quais eles se baseiam. Nisso eu lhe dou minha palavra.

Valiente também afirmou que nunca acreditou que os rituais "Gardnerianos" ou quaisquer outro rituais de Bruxaria tivesse "uma linha direta com o Paleolítico". Pelo contrário, disse ela: "Acredito que nossos rituais atuais têm a mesma relação com aqueles dos dias antigos, como, por exemplo, o Sacrifício da Missa em uma catedral contemporânea tem com a pequena refeição ritual que ocorreu sob circunstâncias dramáticas no cenáculo de uma taberna na Palestina por volta de 33 EC." Ela escreveu que ficou intrigada com a sugestão de Isaac Bonewits de que um grupo de folcloristas, na década de 1920, reuniu-se com alguns *Fam-Trads* e alguns Rosacruzes da Golden Dawn para produzir os primeiros Covens modernos na Inglaterra.

Valiente também disse algumas palavras que os Gardnerianos americanos modernos achariam surpreendentes. Observando a tendência de usar os títulos de "Rainha", "Senhor" e "Senhora", em alguns Covens americanos, ela escreveu: "Toda essa reverência e bajulação de 'Rainhas' e 'Senhoras' é nauseante! A única Rainha cuja autoridade reconheço vive no Palácio de Buckingham!" Ela afirmou que tais ideias foram introduzidas na América por Monique Wilson.

Em 1985, a Sacerdotisa que mais impressionava Doreen Valiente era Starhawk. "Alguns anos atrás", ela escreveu, "fiz algumas leituras em um Sabbat durante as quais previ que surgiria uma nova jovem Sacerdotisa que faria muito pela Arte no futuro. Quando li o livro de Starhawk, senti que minha previsão estava se concretizando." Então perguntei a Valiente: "Como você mede a 'validade'? O que torna alguém válido?"

117 *Iron Mountain* (outono de 1985), 3–6.

Ela respondeu: "Bem, parafraseando Gertrude Stein, 'uma Bruxa é uma Bruxa uma Bruxa uma Bruxa'. Se alguém está genuinamente dedicado aos costumes dos Deuses Antigos e à magia da natureza, aos meus olhos essa pessoa é válida, especialmente se puderem usar os poderes da Bruxa. Em outras palavras, não é o que as pessoas sabem, é o que elas são."[118]

Antes de prosseguir, deve ser dito que algumas pessoas envolvidas com a Bruxaria Gardneriana têm buscado outras fontes para a Arte. Donald Frew, em um artigo de 1999 no periódico acadêmico Pagão *The Pomegranate,* escreveu agora acreditar "que uma linha direta de transmissão pode ser traçada desde a teurgia hermética e neoplatônica da Antiguidade Tardia até o início do movimento moderno da Bruxaria na década de 1930."[119] Frew e Anna Korn viajaram até a antiga cidade de Harran, na Turquia, para realizar pesquisas. Frew argumenta que o Paganismo e o Neoplatonismo permaneceram ativos em Harran até o século 12, mais de quinhentos anos após o fim do Paganismo no Império Romano, e muitos Neoplatonistas fugiram para o Leste. Além disso, Gardner, em seus escritos, menciona uma breve obra Neoplatônica de Sallustius, amigo do imperador Pagão Juliano, *On the Gods and the World.* (Em algumas traduções é chamado de *Sobre os Deuses e o Universo.*) Frew escreve que Gardner via esse texto como uma explicação da teologia básica da Arte.

A Principal Tradição da Arte: A Criatividade

Hoje, a maioria das Bruxas revivalistas na América do Norte aceitam a Antiga Religião universal mais como uma metáfora do que como uma realidade literal – uma verdade espiritual mais do que geográfica. E embora a primeira edição do *Pentagram* (em 1964) proclamasse que as antigas tradições já foram um todo coerente que só precisava ser reunido novamente, muitas Bruxas nunca enxergaram a Wicca de forma monolítica e apenas alguns dogmáticos a veriam hoje assim. A antiga definição de Bruxaria Neopagã de Bonewits seria agora contestada pela maioria dos Wiccanianos. E ele próprio modificou alguns pontos de vista. Mas certa vez ele escreveu:

> A "Bruxaria Neopagã" refere-se a pessoas que também se identificam como "seguidores da Wicca", "Wiccanianos" e "praticantes da Arte". Essas pessoas são Neopagãos que seguem uma teologia duoteísta (uma Deusa e um Deus Cornífero) e acreditam firmemente que, em tempos passados, todos na Europa adoravam da mesma forma que agora, que as Bruxas eram Sacerdotes e Sacerdotisas do Culto Universal da Deusa, forçados à clandestinidade pelos

118 Cartas de Doreen Valiente, 12 e 18 de setembro, e 14 de novembro de 1985.

119 Donald H. Frew, "Harran: Último Refúgio do Paganismo Clássico", *The Pomegranate,* edição 9, Lammas, 1999.

> cristãos, e que, algum dia, toda Bruxa ordenada se tornará a líder de uma congregação de Neopagãos, assim como seus predecessores supostamente lideraram congregações de Paleopagãos.[120]

Bonewits, é claro, estava descrevendo o Mito da Wicca no início de seu desenvolvimento na América, numa época em que a maioria dos Wiccanianos eram recém-iniciados ou estavam obcecados em recriar "Tradições". Mas já em 1975 tudo isso havia mudado. Muitos Bruxos já não aceitavam totalmente a tese de Murray. Enquanto alguns ainda falavam de "Tradições ininterruptas", poucos pensavam que Gardner – ou qualquer outra pessoa – tivesse uma linha direta com as cavernas Paleolíticas. E as pessoas na Arte estavam começando a considerar a questão da origem como não essencial. A maioria havia se acostumado com a ideia de criatividade e originalidade como ponto de partida para a Arte. À medida que mais e mais praticantes da Wicca começaram a perceber que não existia uma tradição totalmente ininterrupta ou inalterada, começaram a reavaliar o significado de seu movimento.

Hoje em dia, muitas Bruxas falam vigorosamente sobre as sobrevivências Pagãs. Outras mencionam diferentes Tradições de povos antigos e um rico passado Pagão. E ainda outras falam de mitologia antiga e tradições folclóricas ou de Deusas em todo o mundo. Mas não aceitam o Mito Wiccaniano tal como era comumente descrito há trinta anos.

Muitas delas não sentem nenhuma ligação com a Bruxaria da Idade Média ou do século 17, preferindo olhar para trás, para os antigos gregos, os celtas e até mesmo os egípcios. Se elas se organizam em "Covens", certamente não é devido aos "Covens" que aparecem em algumas descrições de Bruxas dos séculos 16 e 17, mas, sim, porque grupos de sete a doze pessoas têm se mostrado, ao longo do tempo – em grupos de encontro, grupos de terapia e grupos de conscientização – como o melhor formato para que pessoas com ideias semelhantes possam trabalhar em conjunto de forma eficaz. A Wicca moderna descende, em espírito, precisamente daqueles fragmentos de crenças e práticas pré-cristãs que ninguém nega: mitos, poesia, clássicos e costumes populares.

Os comentários das Bruxas são instrutivos. Ed Fitch, criador dos rituais do Pagan Way, Sacerdote Gardneriano e um dos que foi atacado no passado por aderir dogmaticamente ao Mito Wiccaniano, disse-me:

"Acho que todos nós amadurecemos um pouco. Depois de um tempo, você percebe que já ouviu aquela história sobre uma velha avó, já ouviu até mesmo seis ou sete histórias iguais. Você percebe que o além deve estar superlotado de avós.

---

120 Bonewits, "Witchcraft", Pt. III, p. 10. Os argumentos de Bonewits podem ter desempenhado um papel significativo na mudança das atitudes de muitos Wiccanianos sobre essa questão.

"Pessoas como Raymond Buckland e eu costumávamos acreditar que a Arte era muito antiga. Por um tempo, acho que acreditei que a Arte Gardneriana descendia literalmente de rituais retratados nas pinturas rupestres Paleolíticas da Caverne des Trois Frères, em Ariège, França.

"Acho que todos nós passamos por esse tipo de coisa. Eu sei que passei. Mas agora, é claro, todos perceberam que não importa se a sua Tradição tem quarenta mil anos ou se foi criada na semana passada. Se houver uma conexão adequada entre você e a Deusa e o Deus no seu subconsciente, e outras forças semelhantes, então é isso que importa."

A ex-esposa de Ed Fitch, Janine Renée, disse que sentia que a principal contribuição de Murray foi mostrar a prevalência de sobrevivências Pagãs na Europa. Ela acreditava que a Arte estava conectada à horticultura e que suas origens eram pré-germânicas e pré-célticas.

A Sacerdotisa Gardneriana Theos me disse:

"Particularmente, não acredito na ideia de que os homens das cavernas eram Bruxos, como muitos parecem ansiosos por tentar provar. Também não acredito que as muitas sociedades posteriores que se relacionavam com essas forças eram Bruxas; nem estou certa de que aqueles que foram acusados de serem Bruxos no século 17 estivessem envolvidos nas mesmas coisas que nós, na Wicca moderna."

Carl Weschcke, um Sacerdote da Tradição Celta Americana e editor da Llewellyn Press, disse-me que a Antiga Religião universal pode não ter existido geograficamente, mas existia no sentido junguiano de que as pessoas estavam recorrendo a uma fonte comum. "Estamos retrocedendo; estamos tentando redescobrir nossas raízes. Ninguém que conheci parece ter uma Tradição verdadeiramente viva. Todos parecem empobrecidos. Mas está ganhando vida, ganhando vida."

Moria, uma Sacerdotisa do norte da Califórnia, disse-me:

"De que adianta uma linhagem? Ou você tem energia ou não tem.

"Já vi muitas pessoas na Arte ficarem presas a fragmentos de rituais e mitos. Algumas pessoas aceitam esses fragmentos como um dogma. E dogma é a pior coisa que você pode ter na Arte. A Bruxaria precisa ser uma religião viva e vibrante, algo que esteja vivo e crescendo."

Muitas Bruxas expressaram esses mesmos sentimentos. A Sacerdotisa diânica Morgan McFarland, de Dallas, disse que a adoração da Deusa tinha "uma universalidade antiga", mas que surgiu em diferentes lugares e épocas, mudando de um lugar para o outro. Ainda assim, ela afirmou, "neste momento realmente não importa se ela existiu ou não. Se não existiu, invente! As pessoas que conheço na Arte estão tão desesperadas para trazer de volta algum equilíbrio à Mãe, antes que ela seja totalmente estuprada e pilhada, que estamos, através desse desespero, criando-a ou recriando-a."

A falecida Sacerdotisa Alison Harlow adotou uma posição semelhante. "Não importa se a Arte é antiga. O que importa é aprender a aceitar o processo de intuição que ocorre, que soa verdadeiro. Quando você está realizando um ritual e de repente tem a sensação de que está vivenciando algo que gerações de seus antepassados vivenciaram, é provável que seja verdade.

"Acho que nunca encontraremos uma verdadeira história da Arte, simplesmente porque muito tempo se passou e toda a história é invenção, muitas vezes recebida em segunda ou terceira mão."

Leo Martello colocou desta forma: "Vamos supor que a linhagem de muitas dessas pessoas tenham sido inventadas. Suponhamos, ainda, que não tenha existido nenhum Coven na cena atual que tenha qualquer base histórica. O fato é que, eles existem agora. E eles podem reivindicar uma linhagem espiritual que remonta a milhares de anos. Todos os nossos antepassados pré-judaicos-cristãos ou muçulmanos eram Pagãos!"

Algumas Bruxas eram abertamente incrédulas. Herman Slater, ex-Sacerdote da Arte na cidade de Nova York e proprietário da loja de Ocultismo The Magickal Childe, contou-me alguns anos antes de morrer:

"Fui iniciado em diversas Tradições. Todas as suas origens são questionáveis. O Coven com o qual pratico agora é democrático. Estamos voltados para a celebração. Somos Gardnerianos em termos de rituais, mas com uma boa dose de besteira jogada fora. Somos galeses em formação e mitologia. Particularmente, acho que Murray e Lethbridge foram bons propagandistas para o movimento, mas isso é tudo."

Quase todas as Bruxas destacaram o valor de criar novos rituais em vez de simplesmente receber uma série de rituais antigos prontos. "Sempre enfatizo fortemente a parte improvisada da Arte", disse-me Z Budapeste. "A Arte não é rígida. Nosso Livro das Sombras é um modelo para outros se inspirarem e criarem seus próprios livros." Uma Bruxa de Minneapolis começou a descrever "a bela criatividade que está acontecendo em nós, que é mais importante do que todos os textos antigos". Ela disse pensativamente: "Se pudéssemos realmente obter um antigo Livro das Sombras, provavelmente não se encaixaria onde estamos agora. Hoje, quando temos um festival, primeiro sentamos e conversamos sobre o que esse festival significa e como podemos aplicá-lo em termos de como vivemos agora. Isso faz você pensar. Aqueles grupos que seguem estritamente o livro de alguém são realmente muito empobrecidos."

Glenna Turner, Sacerdotisa do NROOGD, afirmou: "Seguir as Tradições pode ser um erro. É mais importante que a Arte responda às necessidades que temos hoje." E Tony Andruzzi, uma Bruxa siciliana de Chicago, refletiu: "Sim, minha mãe me ensinou algumas coisas. Mas talvez ela os tenha tirado do nada! Quem sabe se ela herdou essas coisas da avó. O importante é que estou trabalhando com um fragmento. Não estou apenas aceitando, colocando no bolso, queimando uma vela ou usando uma corrente de ouro no pescoço para isso."

Uma das declarações mais impressionantes veio do falecido Gwydion Pendderwen, compositor, bardo e Sacerdote da Arte. Ele disse: "Nós somos todas as nossas avós. Nós as inventamos, quer tenhamos uma avó que nos ensinou alguma coisa ou não. Não importa se a avó era uma realidade física ou um produto da nossa imaginação. Um é subjetivo, o outro é objetivo, mas vivenciamos ambos."

Gwydion disse que nunca sentiu que a Arte fosse alguma vez uma entidade única. "O que chegou até nós é tão mínimo que poderia ser descartado sem que sentíssemos falta. Objetivamente, há muito pouco que tenha passado do antigo ao moderno em sucessão direta. Mas subjetivamente, muita coisa é antiga, extraída de materiais antigos. São representações de padrões arquetípicos."

Enquanto conversava com Gwydion e o ouvia cantar algumas de suas belas canções, lembrei-me do seu longo texto que apareceu no *The Witchcraft Report*, de Hans Holzer[121], alguns anos antes. O texto falava sobre as tradições de Coeden Brith, os duzentos acres de terra pertencentes ao grupo Neopagão Nemeton. Eu tinha lido aquelas páginas e sabia, por experiência própria, que partes do ensaio eram pura fantasia. "E quanto aquela fantasia?" perguntei. "O que você pensa sobre aquele ensaio agora? Isso o incomoda? Era mentira?"

Gwydion respondeu: "Sim, escrevi uma fantasia. Foi um desejo. Era algo que eu desejava que acontecesse. Talvez seja por isso que existem tantas dessas fantasias circulando na Arte hoje em dia, e pessoas tentando convencer outras de que são verdadeiras. É certamente muito mais agradável e 'mágico' dizer 'aconteceu desta maneira', em vez de 'eu pesquisei isso', 'eu escrevi esses rituais', 'eu mesmo tive essa ideia'.

"Então eu enviei aquilo para Hans Holzer e não achei que ele publicaria sem verificar os fatos. Logo, comecei a me arrepender. E quando saiu, eu me arrependi novamente. Foi então que comecei a receber perguntas de pessoas sinceras e de amigos.

"Tive uma longa conversa com Aidan Kelly. Disse a ele que não deveria ter feito isso – que Holzer era um tolo e um péssimo jornalista por nem sequer ter verificado os fatos. Mas então Aidan disse uma coisa extraordinária. Ele disse que isso não importava realmente, porque a visão que eu tive era uma Tradição válida da Arte."

Há cerca de trinta anos, o sociólogo Marcello Truzzi escreveu:

> Basicamente, a Bruxaria constitui um conjunto de crenças e técnicas mantidas em segredo, que o novato deve obter de alguém familiarizado com elas. O meio normal e tradicional de obter tais informações é através de outra Bruxa que conheça esses segredos. Tradicionalmente, isso pode ser feito através da Iniciação em um Coven de Bruxas existente ou sendo informado dos segredos da Arte por um parente apropriado que seja Bruxo. Qualquer outro meio de obter os segredos da Bruxaria, como a leitura de livros sobre o assunto ou a obtenção de um diploma por correspondência não

121 Hans Holzer, *The Witchcraft Report* (New York: Ace Books, 1973), pp. 135–145.

> é um meio tradicional e não é considerado legítimo pelas Bruxas Tradicionais. Como a maioria das Bruxas de hoje em dia não foi tradicionalmente iniciada na Arte, elas muitas vezes criam outros vínculos com os ortodoxos como forma de obter legitimidade. Assim, muitas Bruxas atuais afirmam ter uma descendência hereditária de alguma Bruxa antiga ou afirmam ser as reencarnações atuais de Bruxas do passado.
>
> Em geral, determinar a fonte de legitimidade em grupos de Bruxaria é muito difícil, especialmente porque quase todos alegam ter origens antigas e tradicionais. No entanto, investigações intensas geralmente revelam que as fontes secretas do grupo não são como afirmado.[122]

Apenas alguns anos depois uma Sacerdotisa me disse: "É melhor receber treinamento de pessoas experientes, mas na falta disso, nós simplesmente pegamos de todos os livros que pudermos!" Outra Bruxa observou: "Recentemente, comecei a ver personalidades que antes eram dominantes na Arte reconhecendo suas próprias inadequações, sendo capazes de admiti-las e se tornarem estudantes novamente".

Tradicionalmente, religiões com histórias e dogmas indefensáveis agarram-se a eles tenazmente. A Arte evitou isto através da compreensão, muitas vezes inconsciente, de que as suas verdadeiras fontes residem na mente, na arte, no trabalho criativo. Uma vez que as pessoas se tornaram confortáveis na Arte, as velhas mentiras começaram a se dissolver. O fato de terem se dissolvido tão rapidamente é uma percepção da flexibilidade da Wicca.

Em um breve período, muitos líderes da Arte realizaram mudanças radicais. Talvez o mais notável desses líderes seja Raymond Buckland, que, juntamente à sua esposa, Rosemary, trouxe a Tradição Gardneriana para os Estados Unidos na década de 1960. Em 1971, Buckland publicou *Witchcraft from the Inside*. Falando como Bruxo, ele desprezou todas as tradições "caseiras":

> Isto diz muito sobre o sucesso de Gerald Gardner em obter reconhecimento para a Arte como uma religião, pois seus imitadores são aqueles que, incapazes de ingressar em um Coven, decidiram iniciar o seu próprio. Esses "Bruxos" do tipo "faça-você-mesmo" parecem, à primeira vista, inofensivas, mas com uma análise mais detalhada, não são tanto assim. Eles estão causando uma considerável confusão para outros que, em busca da verdade, acabam se enredando no falso. A maioria desses "Bruxos modernos" geralmente leu ou ouviu falar de pelo menos dois livros – *A Bruxaria Hoje*, de Gardner, e *Aradia*, de Leland. Desses, eles selecionam as informações que consideram válidas e compensam o que está faltando...

122 Marcello Truzzi, "Toward a Sociology of the Occult: Notes on Modern Witchcraft", em *Religious Movements in Contemporary America*, ed. Irving Zaretsky e Mark Leone (Princeton: Princeton University Press, 1974), p. 636.

> Por que as pessoas iniciam tais "Covens"? Por que não esperar e pesquisar? Para alguns, é simplesmente falta de paciência. Eles têm um sentimento tão forte pela Arte que precisam participar de alguma forma. Quando eventualmente entram em contato com a verdadeira Arte, já é tarde demais.[123]

Apenas dois anos depois, Buckland, em conflito com sua própria Tradição e com seu casamento desfeito, criou uma nova Tradição – a Seax Wicca ou Saxon Wicca, uma Tradição que seria acessível a qualquer pessoa que abrisse seu novo livro, *The Tree* (1974). Ele agora acreditava que havia muitos caminhos válidos e que tinha sido culpado por ter uma visão tão limitada "nos tempos anteriores". Escrevendo no *Earth Religion News,* Buckland disse: "Enquanto outros discutem sobre qual é a Tradição mais antiga, eu reivindico a minha como a mais nova!"[124] Quando *The Tree: The Complete Book of Saxon Witchcraft* apareceu, ele continha estas palavras:

> Aqueles que procuram pela Arte podem ter acesso imediato a pelo menos um ramo, ou Tradição, dela... Com isso, e com o material explicativo, agora é possível fazer o que acabei de dizer, e que geralmente não pode ser feito: iniciar-se como um Bruxo e começar seu próprio Coven.[125]

À medida que Buckland desenvolveu a Seax Wicca, ela se tornou uma Tradição acessível a qualquer pessoa, sendo o primeiro livro de rituais da Arte publicados desde que Lady Sheba lançou o que eram essencialmente (com algumas modificações e uma série de omissões) os rituais Gardnerianos. Sheba afirmou que a Deusa lhe disse para fazer isso. Sua ação foi recebida com intensa raiva por muitos Bruxos, particularmente os Gardnerianos. A reação à ação de Buckland variou do prazer (expresso por aqueles que buscaram inutilmente ser admitido em uma Tradição existente) à indiferença (pela maioria dos outros).

Buckland escreveu no *Earth Religion News* que a nova Tradição foi criada como uma resposta aos conflitos internos na Arte. Como a maioria dos Wiccanianos eram "orientada por Tradições", ele deu à sua Tradição algum contexto histórico, uma origem saxônica. "Com isso, não quero dizer de forma alguma que haja qualquer reivindicação de que a sua liturgia seja descendência direta de origens saxônicas! Como mencionado anteriormente, ela é totalmente nova.[126]

Raymond Buckland foi apenas um exemplo da tendência de afastamento dos antigos e mofados Livros das Sombras e das duvidosas alegações de linhagem antiga. Pode-se dizer que ele estava seguindo a mais autêntica e consagrada Tradição Gardneriana – pegando emprestado de qualquer fonte que não fugisse rápido demais.

---

123 Raymond Buckland, *Witchcraft from the Inside* (New York: Harper & Row, 1971), pp. 79–80.

124 Raymond Buckland, *Earth Religion News,* Vol. 1, Nº. 1 (Yule 1973), p. 1.

125 Raymond Buckland, *The Tree: The Complete Book of Saxon Witchcraft* (New York: Samuel Weiser, 1974), p. 4.

126 Buckland, *Earth Religion News.*

Capítulo 5

A Arte Hoje

Legitimidade

> Conheço um caso em que, anos atrás, uma pessoa conseguiu o Livro das Sombras de um Coven existente depois de ter sido recusada como membro. Com base nesse livro, passou a se apresentar como Bruxa, realizou Iniciações e as pessoas que Iniciou seguiram adiante, formando seus próprios Covens e Iniciando outras em seguida. Se a primeira pessoa dessa cadeia não foi iniciada, isso invalida todas as Iniciações? Não creio. Apesar da fraude inicial, aquelas pessoas passaram pela cerimônia com sinceridade e, ao que tudo indica, receberam a iluminação que acompanha uma verdadeira Iniciação.
>
> — Joseph Wilson[127]

Se qualquer pessoa pode se tornar membro da Wicca apenas lendo livros; se é possível criar sua própria "Tradição"; se alguém chega à Arte por um sentimento de retorno ao lar; se a Arte funciona por causa do conteúdo arquetípico da mente humana; existe realmente uma Tradição "válida" ou "inválida"? Qualquer Tradição que pareça certa é adequada? Como se determina a validade em uma religião como essa? É necessário passar por uma Iniciação para se tornar uma Bruxa? Aqui está uma história real que pode ilustrar essa questão e talvez oferecer uma chave para essa resposta.

Mais de trinta anos atrás, apenas dois anos depois do início da minha jornada na Arte, fui à Inglaterra procurar Alex e Maxine Sanders. Alex Sanders fundou a tradição Alexandrina da Wicca. Ele afirmava que, em 1933, aos sete anos, encontrou sua avó nua dentro de um círculo na cozinha. Foi então que ela o Iniciou na Arte. Um relato dessa história pode ser encontrado no livro *King of the Witches*, de June Johns, e também em *What Witches Do* (*O Que as Bruxas Fazem*), de Stewart Farrar.[128]

---

127 Joseph Wilson, *Gnostica*, Vol. III, No. 11 (21 de junho de 1974), 17.

128 June Johns, *King of the Witches: The World of Alex Sanders* (London: Peter Davies, 1969), pp. 10–21; Stewart Farrar, *What Witches Do* (New York: Coward, McCann & Geoghegan, 1971), pp. 1–2. No Brasil, *What Witches Do* foi publicado com o nome *O que as Bruxas Fazem*, pela Editora Ardane.

Alex e Maxine Sanders se tornaram celebridades em Londres. Suas fotos apareceram em dezenas de livros populares sobre Ocultismo. Muitos dos rituais Alexandrinos que foram publicados se assemelhavam tanto aos rituais Gardnerianos que a história de Alex sobre sua origem é frequentemente questionada.

No verão de 1973, quando visitei Londres, Alex havia deixado Maxine. Nessa época, ela administrava o Coven sozinha, além de conduzir um grupo de treinamento e diversas aulas sobre Ocultismo. Liguei para ela com certa apreensão. Eu havia sido recentemente iniciada na Tradição Gardneriana e costumava ser cautelosa em territórios desconhecidos. Disse a Maxine que estava "na Arte", e ela rapidamente me convidou para participar de um Círculo naquela noite. Esperava que ela quisesse me avaliar, mas fiquei surpresa por não ter feito isso. Maxine perguntou o nome da minha "Tradição" e pouco mais que isso.

Coloquei meu Athame e um colar na bolsa e segui para a casa dos Sanders. Entramos por um longo corredor bastante escuro. Uma mulher de aspecto formal, vestida de preto, perguntou-me qual era o meu propósito. Informei que havia sido convidada por Maxine para participar de um Círculo, disse que eu era uma iniciada de outra Tradição e que estava ali para ver Maxine. "Maxine está muito ocupada agora", a mulher me disse bruscamente, "mas pode ir se trocar no banheiro". Também fui informada de que eu, como convidada, não precisaria pagar a taxa normal de cinquenta centavos para participar do Círculo.

Fui tomada por uma variedade de emoções intensas. Ali estava eu, uma estranha para aquele Círculo Wiccaniano de outra Tradição, convidada por essa Sacerdotisa que, quando cheguei, não teve nem tempo de me receber para cumprimentar. E o dinheiro... aquilo parecia uma violação de todos os princípios da Arte que eu havia aprendido. Eu costumo levar comida e vinho para muitos Círculos, mas nunca tinha visto uma moeda trocar de mãos. Porém, destemida, entrei no banheiro e tirei a roupa. Os Alexandrinos, assim como os Gardnerianos, trabalhavam "vestidos de céu", ou seja, nus.

Enquanto me despia, uma mulher abriu a porta do banheiro e entrou. Vou chamá-la de Jane. Ela é a verdadeira protagonista da nossa história. Jane pesava facilmente mais de noventa quilos. Ela era jovem, talvez dezoito anos. Enquanto se despia, ficou dolorosamente óbvio que ela estava nervosa, assustada, tímida e chateada com sua imagem. Ela estava tão pesada, que sua barriga pendia, tornando sua vagina invisível. Como eu mesma estava quinze quilos acima do peso, sua aparência, lamento confessar, causou-me certo alívio. Ali estava uma companheira de batalha. De repente, senti-me calma, tranquila, uma Sacerdotisa experiente da Arte, uma mulher do mundo.

Jane me contou que aquela noite era sua Iniciação na Arte. Ela estava animada e nervosa. "Você sabe o que vai acontecer?" ela me perguntou. Ela já havia frequentado três Círculos anteriores e um certo número de aulas. Respondi que eu era iniciada em uma Tradição semelhante àquela e que ela não deveria se preocupar; seria uma bela experiência. Saímos do banheiro – com exceção de um colar, ambas estávamos completamente nuas. Eu tinha um Athame embainhado na mão. Juntas, caminhamos para aquele salão estranho e escuro.

Todos os outros haviam desaparecido, exceto a empertigada mulher vestida de preto. "Para onde devemos ir?" Perguntei.

"Fique aqui um minuto", disse a mulher.

Dois jovens apareceram. Eles haviam tirado as camisas, mas estavam usando calças. Vendaram Jane e amarraram suas mãos atrás das costas. Desta forma, de acordo com a Tradição Alexandrina, ela seria conduzida ao Círculo. Eu esperei. "Quem é a Alta Sacerdotisa?", um dos rapazes perguntou à mulher de preto. Nesse ponto, comecei a sentir uma sensação de desconforto. Não era Maxine Sanders a Sacerdotisa? E onde estava Maxine, afinal?

Em resposta à pergunta do homem, a mulher de preto virou-se para ele, apontou para mim (de pé, nua na escuridão) e disse: "Aí está ela".

"O quê?", eu disse, não acreditando em suas palavras.

"É ela", repetiu a mulher.

Reagi com absoluta surpresa. "Espere um minuto!", eu disse. "Acabei de sair da rua, vinda de outro país, de outra Tradição. Nunca estive num Círculo Alexandrino em toda a minha vida. Não tenho ideia do que vocês fazem! Simplesmente não acho que isso esteja certo, de qualquer forma, não sei como vocês conduzem seus rituais!" Eu estava tagarelando a essa altura.

"Ah, está tudo bem", ela respondeu. "Está tudo no livro, basta seguir o livro!"

"Não", eu respondi. "Eu não vou fazer isso. Simplesmente não acho que seja o certo a se fazer." E comecei a repetir meus argumentos. "Eu estou aqui, uma estranha completa, realmente não acho que isso esteja certo."

Enquanto isso, Jane, encostada na parede, amarrada e vendada, aguardava sua sublime experiência de Iniciação ouvindo essa troca de palavras inacreditáveis. De repente, Maxine Sanders apareceu do nada. Ela estava vestida com um longo vestido branco; seu cabelo loiro descia até a cintura. Parecia ainda mais bonita do que qualquer uma das fotos que eu já tinha visto dela. "Qual é o problema?", perguntou Maxine.

"Ela não vai fazer isso", disse a mulher de preto, apontando para mim.

Repeti meus argumentos para Maxine, que me disse: "Nenhuma das outras mulheres apareceu".

Logo, várias coisas ficaram claras. O Círculo que se formaria era o Coven de treinamento de Maxine e, dentro daquela Tradição, as Iniciações de primeiro grau aconteciam nesse grupo. A Sacerdotisa do grupo aparentemente havia saído após um desentendimento por um motivo trivial. Restávamos Jane, eu e seis ou sete homens. Aliás, Jane ainda estava amarrada e vendada enquanto essa explicação acontecia. Continuei recusando. Maxine aceitou e disse que eles seguiriam sem uma Sacerdotisa.

Um evento estranho se seguiu a outro. Por alguns momentos, após entrarmos na sala onde o Círculo seria realizado, parecia não haver também um Sacerdote disponível para esse grupo de treinamento, até que Maxine teve um pequeno surto. "Que tipo de Bruxos temos aqui?", gritou para os sete homens na sala. "Por que sempre é a mesma pessoa que se oferece?" Por fim, alguém levantou a mão, e tudo pôde começar.

Por fim, o Círculo foi lançado e o ritual começou. Maxine Sanders observava de fora, do outro lado da sala. A energia foi elevada por meio de dança e cânticos: *Eko, Eko Azarak, Eko, Eko Zomelak, Eko, Eko Karnayna, Eko, Eko Aradia.*

O Círculo foi bastante monótono. O nível de energia parecia baixo, como era de se esperar após as disputas. Versos foram recitados e cânticos entoados sem muita emoção. Se eu não estivesse ainda em estado de choque, teria ficado um pouco entediada.

Então, Jane foi conduzida pela cerimônia de Iniciação. Foi consagrada em nome do Deus e da Deusa da Tradição: Karnayna e Aradia. Perguntaram se queria seguir adiante, e ela confirmou. Jane foi acolhida com as palavras-passe: "Amor perfeito e confiança perfeita." Foi cerimonialmente açoitada, fez um juramento e foi ungida com água e vinho. Apresentaram-lhe cada um dos Instrumentos do Círculo, e ela foi recebida no Coven. Os detalhes desse ritual podem ser encontrados no livro de Stewart Farrar.

No final do ritual, todos se vestiram e seguiram para o pub local, que parecia muito mais animado que o Círculo. E lá estava Jane, novamente vestida, com os olhos brilhando de um jeito peculiar e intenso, sinal certo de que havia vivido uma experiência poderosa – algo que talvez tivesse iniciado um processo de grande transformação em sua vida.

E assim chegamos ao fato curioso de que, mesmo que a história de Sanders fosse falsa, mesmo que não houvesse uma Sacerdotisa para traçar o Círculo, mesmo que todas as "Tradições" tivessem sido violadas e mesmo que alunos sem talento tivessem arruinado o ritual, ainda assim, Jane pode ter passado por um verdadeiro renascimento.

Muitas pessoas na Arte passaram a enxergar a Iniciação como um processo interno. Leo Martello, escrevendo no *WICA Newsletter*, observa que, enquanto as tradições europeias dizem: "Uma Bruxa nasce, não é feita", os Covens anglo-americanos afirmam: "Uma Bruxa é feita, não nasce." Martello frequentemente apontava que uma Iniciação válida depende mais de quem a recebe do que de quem a conduz.[129] Myrdden, um Sacerdote da Arte da cidade de Nova York, escreveu:

129 Leo Martello, *Wica* Newsletter, Nº. 15 (1972), p. 1.

> Não acredito que nossa Deusa negaria adoração a alguém apenas porque essa pessoa não foi iniciada por uma Bruxa iniciada... Além disso, quem pode garantir que a "Bruxa" que realiza a Iniciação foi realmente iniciada?... Muitas de nossas origens são obscuras, e as evidências documentais geralmente não estão disponíveis... Às vezes, é extremamente difícil encontrar alguém que possa realizar a Iniciação. Em grande parte, a Iniciação é um método para proteger a instituição da Arte de pessoas que se autodenominam "Bruxas", mas que são insinceras, "maldosas", ou que poderiam dar uma má reputação à Bruxaria. Mas isso realmente impede alguém de se chamar Bruxa? Não... Os mistérios e segredos da Arte podem ser descobertos de forma independente: não detemos o único caminho. Os Deuses podem ser descobertos independentemente da Arte... Apenas os Deuses podem fazer uma Bruxa; o homem só pode confirmar isso.[130]

O Sacerdote da Arte Phoenix fez uma observação semelhante:

> Encontrei pessoas que construíram cuidadosa e orgulhosamente suas próprias "Tradições", iniciaram-se sozinhas e seguiram em frente, mantendo seus segredos e atuando com inspiração, sinceridade e eficácia. Por outro lado, penso que todos nós, em algum momento, tivemos contato com pessoas que parecem perfeitamente capazes de sustentar a ideia de uma suposta "Iniciação válida" (na verdade, mais de uma dúzia de Iniciações, provavelmente a maioria "honorária" ou, de alguma forma, sem prática ou aprendizado real), mas para quem a Wicca significa pouco ou nada além de uma estratégia de publicidade, um meio de sustento ou uma busca por poder e ego... quem, então, é verdadeiramente Wicca?[131]

Quem Define a Wicca?

Como as Bruxas Modernas se definem?

Como a Arte é descentralizada e cada Coven é autônomo, nenhuma definição única se aplica a todos os Wiccanianos. Nos Estados Unidos, a maioria das tentativas de criar um conjunto comum de princípios e definições fracassou, com exceção da adesão à "Rede Wiccana". A maioria das pessoas que se juntam à Wicca fazem isso, em parte, devido à sua autonomia implícita – "É uma religião sem 'intermediários'", para repetir as palavras de uma Sacerdotisa da Arte. Apesar disso, houve várias tentativas por parte das Bruxas dos Estados Unidos de encontrar e definir esse termo escorregadio, "Bruxa". Uma das primeiras tentativas de criar uma definição ecumênica da Wicca moderna que fosse aceitável para muitas

130 Gnostica, vol. II, no. 8 (21 de junho de 1973), p. 19.

131 Phoenix, "Aspectos Gardnerianos", *Green Egg*, vol. VII, no. 63 (21 de junho de 1974), p. 18.

tradições começou no outono de 1973, quando a Llewellyn Publications, uma editora de ocultismo, patrocinou um encontro de Bruxas em Minneapolis. Setenta e três Bruxas de diferentes Tradições participaram. Elas formaram o Conselho de Bruxas Americanas e, durante o inverno de 1974, começaram a coletar declarações de princípios de vários grupos. O material foi publicado no boletim informativo do Conselho, *Touchstone*.

Carl Weschcke, editor da Llewellyn, escreveu no *Touchstone* que muitas Bruxas sentiam ser necessário uma definição comum como um mecanismo de "autopoliciamento" para "nos proteger de mal-entendidos causados por aqueles cujas buscas por poder pessoal nos expuseram ao ridículo e ao prejuízo."[132] Também, acreditava-se, que uma declaração comum ajudaria a dissipar a imagem sensacionalista promovida pela mídia, que continuava a associar a Wicca ao Satanismo.

Acontece que havia muitas diferenças entre os grupos Wiccanianos, algumas delas conflitantes. Aqui estão possíveis respostas para a pergunta: "O que é uma Bruxa?"

> Uma Bruxa, acima de tudo, adora a Deusa Tríplice e seu Consorte, o Deus Cornífero, de uma forma ou de outra. Uma Bruxa pratica Magia seguindo um código ético bem definido. Uma Bruxa reconhece e utiliza a polaridade masculino-feminino em seus rituais. Uma Bruxa assume total responsabilidade por suas ações, por si mesma e por seu futuro.
>
> — NROOGD (NOVA ORDEM ORTODOXA REFORMADA DA GOLDEN DAWN)

> A Bruxaria é uma religião iniciática de mistério, cujos adeptos buscam, através da autodisciplina, viver uma vida dedicada à busca e prática do conhecimento, sabedoria e compaixão sob a orientação dos Deuses.
>
> — COVEN DE GWYNVYD, ST. LOUIS, MISSOURI

> Uma Bruxa é um membro de uma religião que, por sua própria definição interna é monoteísta. (Esta definição estava claramente em conflito com as outras.)
>
> — ESCOLA DE WICCA

> A Wicca pode ser definida como uma religião Pagã de mistério com uma divindade polarizada e sem personificação do mal.[133]
>
> — LADY CIBELE

132 Carl Weschcke, "Spirit of the Witchmeet", *Touchstone-Witch's Love Letter* (11 de abril de 1974), 1. Este boletim informativo, editado por Weschcke, foi publicado para o Conselho de Bruxas Americanas pela Primeira Igreja Wicca de Minnesota, 476 Summit Ave., St. Paul, MN 55102.

133 *Ibid.*, fevereiro de 1974, 5-6, 9.

Algumas Bruxas se recusaram até mesmo a participar desse processo de definição da Arte, sentindo que uma declaração comum de princípios implicava um grau inaceitável de centralização. Uma Bruxa escreveu para o *Touchstone*:

> Nos primeiros tempos da Igreja, nós, da Wicca, fomos perseguidas por não aderirmos à crença comum dos pais da Igreja, pois recusávamos nos juntar a eles, sermos batizadas ou pagar dízimos ao Deus deles. Fomos torturadas, queimadas, enforcadas e lançadas em tonéis de vidro moído. Preferimos viver de forma simples, adorando os nossos antigos Deuses da Colheita e seguindo os costumes que praticávamos há gerações, assim como fizeram nossos ancestrais...
>
> A Igreja enviava espiões para se infiltrarem em nossos Círculos de adoração e denunciar nossas práticas. Aquelas de nós que eram capturadas eram humilhadas e mortas simplesmente por sua existência... e, claro, a Igreja queria dinheiro e desejavaoprimir as pessoas.
>
> Agora, para nós, que somos mais antigas na Wicca, parece que é exatamente isso que vocês, mais jovens, estão fazendo... oprimindo, tentando nos forçar a integrar uma organização e nos criticando por valorizarmos nossa liberdade e a crença nela.
>
> Não vamos brigar entre nós. Deixem-nos em paz, e faremos o mesmo por vocês. Cultuem como acharem melhor e permitam que tenhamos o mesmo direito. Esse é o verdadeiro caminho da Wicca... o caminho da liberdade.
>
> — De uma Bruxa anônima (porque é meu direito ser assim)[134]

Outros conflitos surgiram entre pessoas sujeitas a juramentos rigorosos de sigilo e aquelas que desejavam compartilhar abertamente suas informações. Algumas acreditavam que pouco deveria ser "secreto", exceto os nomes usados para divindades e rituais de iniciação, para que seu impacto psicológico não se perdesse. Outra questão era a "validade". Muitas consideravam a Iniciação um processo interno, podendo ser recebida por meio de um sonho ou visão, ou até mesmo pelas mãos de impostores. Outras, porém, defendiam que apenas certas Tradições eram "legítimas".

Os grupos estavam mais alinhados em relação à ética. Todos concordavam com o Credo Básico Wiccaniano: "Sem a ninguém prejudicar, faça o que desejar." A maioria afirmava a famosa declaração de Aleister Crowley: "Faz o que tu queres há de ser o todo da Lei. Amor é a Lei, amor sob Vontade." Havia consenso de que não era ético "violar à força a autonomia de uma pessoa". Muitos reconheciam a divindade de todos os seres vivos, sendo a declaração do NROOGD a mais contundente.

134 *Ibid.*, Equinócio da Primavera de 1974, 3.

Sem a ninguém prejudica, faça o que desejar.
Você não pode alterar a vida/karma de outra pessoa sem a permissão dela.
Resolva o problema, nem mais, nem menos.
Todo poder vem da Deusa.
Você deve ajudar seus irmãos e irmãs na Arte da melhor maneira possível.
Se você colocar a mão no fogo, será queimado.[135]

O Conselho das Bruxas Americanas, reunido de 11 a 14 de abril de 1974, em Minneapolis, finalmente elaborou uma declaração de princípios:

PRINCÍPIOS DA CRENÇA WICCANIANA

O Conselho de Bruxas Americanas considera necessário definir a Bruxaria moderna em termos da experiência e das necessidades americanas.
Não estamos vinculados a tradições de outros tempos e de outras culturas, e não devemos lealdade a nenhuma pessoa ou poder superior à Divindade manifestada através do nosso próprio ser.
Como Bruxas Americanas, acolhemos e respeitamos todos os ensinamentos e tradições da Afirmação da Vida, e procuramos aprender com todos e partilhar a nossa aprendizagem dentro do nosso Conselho.
É neste espírito de boas-vindas e cooperação que adotamos estes poucos princípios da crença Wiccaniana. Ao procurarmos ser inclusivos, não queremos abrir-nos à destruição do nosso grupo por aqueles que se dedicam a viagens de poder egoístas, ou a filosofias e práticas contraditórias a esses princípios. Ao procurar excluir aqueles cujos caminhos são contraditórios aos nossos, não desejamos negar a participação a quem tenha um interesse sincero em nosso conhecimento e crenças, independentemente de raça, cor, gênero, idade, origem étnica ou cultural, ou orientação sexual.

1. Praticamos Ritos para nos sintonizarmos com o ritmo natural das forças vitais, marcado pelas Fases da Lua, pelos Ciclos Sazonais e seus Pontos Intermediários.
2. Reconhecemos que nossa inteligência nos confere uma responsabilidade única para com o ambiente. Buscamos viver em harmonia com a Natureza, mantendo o equilíbrio ecológico e promovendo plenitude à vida e à consciência dentro de uma perspectiva evolutiva.
3. Percebemos uma profundidade de poder muito além do perceptível para a maioria. De tão grandiosa, essa força é, às vezes, chamada de 'sobrenatural', mas nós a entendemos como parte do potencial natural para todos.

135 *Ibid.*, fevereiro de 1974, 5-6

4. Concebemos o Poder Criativo no Universo como uma manifestação por meio da polaridade - masculino e feminino - e que este mesmo Poder Criativo vive em todas as pessoas e funciona atuando pela interação entre essas forças. Não atribuímos superioridade a nenhuma delas, sabemos que cada uma sustenta a outra. Valorizamos o Sexo como prazer, símbolo e personificação da vida, além de uma das fontes de energia utilizadas na prática mágica e no culto religioso.
5. Reconhecemos tanto outros mundos quanto os mundos internos ou psicológicos - às vezes chamados de Mundo Espiritual, Inconsciente Coletivo, Planos Internos, entre outros e vemos na interação entre essas duas dimensões a base dos fenômenos paranormais e das práticas mágicas. Não negligenciamos uma dimensão em favor da outra, pois consideramos ambas essenciais para nossa realização.
6. Não reconhecemos nenhuma hierarquia autoritária, mas honramos aqueles que ensinam, respeitamos aqueles que compartilham seu conhecimento e sabedoria, e valorizamos aqueles que, com coragem, dedicaram-se à liderança.
7. Vemos a religião, a magia e a sabedoria de viver como aspectos unidos na forma de perceber o mundo e existir nele - uma visão de mundo e filosofia de vida que identificamos como Bruxaria, o Caminho Wiccaniano.
8. Chamar a si mesma de "Bruxa" não faz de você uma Bruxa - assim como a hereditariedade, títulos, graus ou iniciações também não. Uma Bruxa busca controlar as forças dentro de si que tornam a vida possível para viver com sabedoria e plenitude, sem prejudicar ninguém e em harmonia com a Natureza.
9. Admitimos que a afirmação e a realização da vida, na contínua evolução e expansão da consciência, dão sentido ao Universo percebido e ao nosso papel dentro dele.
10. Nossa única animosidade em relação ao Cristianismo, ou a qualquer outra religião ou filosofia de vida, está no fato de que suas instituições reivindicaram ser "o único caminho" e buscaram negar a liberdade de outras pessoas, suprimindo diferentes formas de prática e crença religiosa.
11. Como Bruxas Americanas, não nos sentimos ameaçadas por debates sobre a história da Arte ou as origens de diferentes aspectos das diversas Tradições. Nosso foco está no presente e no futuro.
12. Não aceitamos o conceito de "mal absoluto", nem cultuamos qualquer entidade chamada "Satanás" ou "Diabo", conforme definido pela Tradição cristã. Não buscamos poder por meio do sofrimento alheio, nem acreditamos que o benefício pessoal só possa ser alcançado à custa da privação de outra pessoa.
13. Admitimos que buscamos na Natureza aquilo que contribui para nossa saúde e bem-estar.[136]

Após a adoção da declaração de princípios, surgiram novas divergências. O Conselho logo se tornou inativo.

Uma tentativa mais bem-sucedida de formar uma aliança de grupos Wiccanianos ocorreu no norte da Califórnia, no Solstício de Verão de 1975. Treze Covens e várias Bruxas solitárias ratificaram a Aliança da Deusa (COG – Covenant of the Goddess) após vários Covens na Califórnia manifestarem o desejo de fortalecer laços, em parte devido à preocupação com assédio e perseguição.

136 "Princípios da Crença Wiccaniana", *Green Egg*, Vol. VII, Nº 64 (1º de agosto de 1974), p. 32. Aprovado pelo Council of American Witches durante o Spring Witchmeet, realizado de 11 a 14 de abril de 1974, em Minneapolis.

Quando a reunião para formar a Aliança da Deusa foi convocada na primavera de 1975, alguns meses antes, representantes de quarenta Covens compareceram. Muitos nunca aderiram. Como me disse a falecida Alison Harlow, na época uma das líderes do COG: "Muitos compareceram por querer garantir que nada fosse decidido sobre seus Covens sem seu conhecimento".

O *Covenant*, assim como o Conselho, deparou-se com o caráter descentralizado da Arte. Alison Harlow afirmou: "Como poderíamos construir uma organização que, de fato, não impusesse regras a ninguém? Como criar um estatuto e regulamentos que pudessem ser registrados como uma organização religiosa legal sem comprometer a verdadeira essência do que fazemos?"

Sabiamente o *Covenant* soube aceitar o anarquismo essencial da Wicca, reconhecendo-o não apenas como inevitável, mas também como desejável. Eles não poderiam definir a religião:

> Não poderíamos definir o que é uma Bruxa em palavras. Há diferenças demais. Nossa realidade é intuitiva. Sabemos quando encontramos alguém que cultua da mesma forma, que segue a mesma religião que nós, e essa é a nossa verdade, algo que precisa ser compreendido em tudo o que fazemos.

Quando o Covenant of the Goddess (Aliança da Deusa) foi organizado, Aidan Kelly sugeriu que sua estrutura fosse baseada nos estatutos e na carta das Igrejas Congregacionais, tornando-o um corpo religioso governado por congregações autônomas – ou seja, Covens – e não por líderes governantes como papas, bispos ou até Sacerdotes e Sacerdotisas neste caso. A sugestão foi aceita e Aidan redigiu grande parte dos estatutos. Inicialmente, os "membros" do Covenant eram os Covens, e cada um tinha direito a dois votos no conselho da organização. Quando um número suficiente de Covens (cinco) se estabelecia em uma região, formava-se um conselho local para administrar seus próprios assuntos.

Alguns pontos da filosofia do COG são esclarecedores para compreender a natureza eclética da Wicca moderna. Um exemplo é o Preâmbulo do Covenant, resumido por Alison Harlow em The Witches' Trine:

> Estabelecemos o Covenant para fortalecer nossos laços e nos ajudar a servir a Arte e a Comunidade Pagã.
>
> Nós nos definimos da seguinte forma: (1) Todas nós cultuamos a Deusa, mas podemos honrar outras divindades. (2) Somos regidas pela lei da Arte, que não é necessariamente idêntica em todas as Tradições. (3) Reconhecemos umas às outras como parte da Arte.
>
> Não somos as únicas Bruxas. Bruxas que escolhem não se juntar a nós continuam sendo Bruxas.
>
> Todo Coven é autônomo. Qualquer autoridade concedida ao *Covenant* é uma escolha de cada Coven e pode ser revogada.[137]

137 *The Witches' Trine*, Vol. IV, Nº 2 (Lughnasadh, 1974), p. 7.

Além disso, a carta deixava claro que a Igreja ou o Covenant não poderia determinar regras, crenças ou práticas, nem criar um Coven ou iniciar uma Bruxa por conta própria. O conselho diretor deveria – sempre – ser composto por membros de mais de uma tradição.

Seu código de ética também era revelador:

1. Sem a ninguém prejudicar, faça o que desejar.
2. Nenhuma Bruxa pode oferecer Iniciações em troca de dinheiro, nem cobrar de iniciadas para ensinar a Arte.
3. Qualquer Bruxa pode cobrar valores razoáveis por serviços ao público.
4. Bruxas devem respeitar a autonomia de outras Bruxas.
5. Todas as Bruxas devem respeitar o sigilo da Arte.
6. Em qualquer declaração pública, Bruxas devem distinguir se falam por si mesmas, por seu Coven ou por sua Igreja.
7. Todos esses princípios éticos estão interligados e derivam da Lei da Arte.[138]

Hoje, o COG conta com mais de cem Covens filiados e quinze conselhos locais, mantendo-se como uma organização importante.

Quando perguntamos às Bruxas sobre suas definições pessoais de Bruxaria, as respostas são muito mais ricas do que essas declarações formais. Ao responder às perguntas: "O que significa ser uma Bruxa? Como é essa experiência?", quase todas enfatizaram que, acima de tudo, trata-se de uma atitude perante a vida – um modo de viver.

Z. Budapest me disse: "De alguma forma, eu me conecto com a Deusa todos os dias. Bato um papo com a Mamãe. Amo minha liberdade. Amo minha independência. Gosto do silêncio. Posso passar dias sozinha. Também gosto de me conectar com multidões. Vejo a presença da Deusa em todos os lugares e em tudo que ela me dá – até hambúrgueres. Já me alimentei muito dessa religião; ela me sustentou em tempos difíceis."

"A abordagem de vida de uma Bruxa é aquela que diz: 'Quando o mal vier sobre você, dê a volta por cima, faça-o trabalhar para você.' Isso significa saber se adaptar; ser sábia.

138 Várias listas de Leis da Arte – como as transmitidas por Gardner e Sanders – foram publicadas. Diversas versões dessas Leis estão no trabalho de Aidan Kelly, *The Rebirth of Witchcraft: Tradition and Creativity in the Gardnerian Reform*, infelizmente inédito. Versões publicadas podem ser encontradas em várias fontes, incluindo The Grimoire of Lady Sheba e O que as Bruxas Fazem, de Stewart Farrar.

"Além disso, o passado é um espelho. E a Arte apresenta às mulheres sua história. Elas olham para esse espelho e dizem: 'Veja o que fizemos naquela época! Nós somos fortes.' Elas olham para o espelho e gostam do que veem e, eventualmente, dizem: 'Vamos fazer ainda mais!'"

"Ser uma Sacerdotisa da Arte significa ter responsabilidade pelas experiências coletivas dos círculos que estou servindo. Significa ser sensível aos que estão no círculo. Posso tocar minha divindade e, ao mesmo tempo, ser um instrumento para o crescimento de outras pessoas."

Alison Harlow me disse que a Wicca implica "um senso de conexão e valorização de todas as formas em que a vida se manifesta." Janine Renée afirmou que ser uma Bruxa significa "experimentar os arquétipos dentro de si e tornar-se eles, assumindo essas forças arquetípicas e expandindo o ego até que ele se erga junto aos deuses, extraindo força dessas raízes, agora, em um mundo onde tanto dessa força foi atrofiada pela despersonalização."

Outras pessoas não enfatizavam objetivos tão cósmicos – algumas até os consideravam questionáveis. "Eu ficaria feliz se a maioria das Bruxas parasse de tentar se tornar como os deuses", disse o falecido Leo Martello, "e simplesmente se desenvolvesse como seres humanos". Muitos enfatizaram que a Arte era um estilo de vida. Cybele me disse: "É uma maneira de se ver como um ser muito natural. Você está em unidade com as pedras e com as estrelas. Enfatiza o conhecimento prático, não a crença cega. É algo prático. Permeia absolutamente tudo o que faço. As pessoas da Arte não perderam o contato com o que é real. Não se deixaram bombardear por estímulos ou, se o fizeram em algum momento de suas vidas, encontraram o caminho de volta." Bran Tree, disse: "Uma Bruxa é alguém que vê além das coisas mundanas, que consegue se encantar com a textura de um seixo ou com o coaxar de um sapo", e Aidan Kelly me disse: "O que realmente define uma Bruxa é um tipo de experiência que as pessoas vivenciam. Essas experiências dependem de estados alterados de consciência. A Arte é, na verdade, o Yoga do Ocidente." Morning Glory Zell-Ravenheart disse que uma Bruxa é um tipo de Xamã europeu, e que ser Bruxa envolve ser Sacerdotisa ou Sacerdote, um psicopompo, um curandeiro, um guia. "É a soma de tudo isso. Você sente uma comunidade. E essa comunidade pode ser o mundo inteiro ou um pequeno grupo de pessoas."

A maioria das Bruxas enfatizou que o objetivo da Arte é ajudar as pessoas a recuperarem a sua herança espiritual perdida, sua afinidade com a terra, com "os deuses", com o infinito. Muitas disseram que essa não é uma religião para todos. Outras acreditavam que a religião sempre seria pequena. Algumas viam o "modismo do Ocultismo" chegando ao fim e sentiam alívio com isso. Outras destacavam o lado pragmático da religião – a magia prática para realizar diversas tarefas. Muitas enfatizaram a experiência de êxtase e alegria. E havia aquelas que expressavam objetivos mais amplos, como responder às necessidades do Planeta em crise ou manifestar a divindade dentro de si.

Quantas Bruxas Wiccanianas existem?

Quantos Wiccanianos existem nos Estados Unidos? Mais uma vez, o caráter descentralizado da Arte torna todas as estimativas questionáveis. A Bruxa Sybil Leek estimou, em 1971, que havia "vários milhares de Covens nos Estados Unidos".[139] O sociólogo Marcello Truzzi estimou o número em trezentos.[140]

Susan Roberts escreveu em *Witches U.S.A.*: "As Bruxas não sabem quantas são – muito menos onde estão. Não há censo, nem uma lista central de endereços. Qualquer pessoa que afirmar ter tal lista está mentindo ou iludida."[141] No máximo, pode-se fazer uma estimativa com base no número de pessoas que assinam publicações Neopagãs e da Arte ou que participam de Festivais Pagãos, mas ambos representam apenas uma fração do total. A maioria das pessoas que conheci e que fazem parte de Covens não assinam jornais Neopagãos nem frequentam festivais. E fico continuamente surpresa ao encontrar novos Covens que se formaram após a leitura de alguns livros introdutórios ou a participação em algumas palestras. Como a maioria dos Covens é autônoma, não há como reunir estatísticas precisas. Enquanto certas Tradições com sucessão apostólica registram trinta ou quarenta Covens, outras podem registrar cinquenta, não há como estimar a frequência com que novos Covens e Tradições surgem espontaneamente a partir da leitura de livros. É impossível saber quantas pessoas, digamos, ouviram uma entrevista no rádio, foram até uma biblioteca local e, dois anos depois, emergiram com uma "Tradição" ou fundaram um Coven. Pode haver muitos grupos sem qualquer vínculo com o que temos chamado de "movimento Neopagão". Uma vez que algumas das Tradições mais vibrantes da Arte – NROOGD, por exemplo – surgiram dessa forma, esse também é um caminho válido.

Em 1985, estimei que havia entre cinquenta mil e cem mil Pagãos e Wiccanianos autoidentificados nos Estados Unidos. No ano 2000, dobrei a estimativa mais alta e passei a considerar que o número estava mais próximo de 200.000. Agora, acredito que esse número seja o dobro, embora ninguém saiba ao certo.

Houve inúmeras tentativas de descobrir quantos Pagãos existem, a maioria apresenta falhas, incluindo as minhas. Há mais de vinte e cinco anos, J. Gordon Melton, diretor do Institute for the Study of American Religion, (Estudo da Religião Americana), fez uma pergunta incomum em uma pesquisa com Pagãos: "Você possui um exemplar da Golden Dawn?" Como apenas quinze mil exemplares deste livro foram publicados, Melton usou a porcentagem de respostas afirmativas como base para extrapolar o número de Neopagãos nos Estados Unidos. Ele chegou ao número de quarenta mil e dobrou essa estimativa em cinco anos. Hoje, há

139 Sybil Leek, *The Complete Art of Witchcraft* (New York: New American Library, 1973), p. 15.

140 Marcello Truzzi, *Toward a Sociology of the Occult: Notes on Modern Witchcraft*, em *Religious Movements in Contemporary America*, ed. Irving Zaretsky e Mark Leone (Princeton: Princeton University Press, 1974), p. 637.

141 Susan Roberts, *Witches, U.S.A.* (New York: Dell, 1971), p. 17.

diversos acadêmicos e escritoras que tentaram obter números mais precisos para a Wicca e o Paganismo, tanto nos Estados Unidos quanto no mundo. Muitos desses estudos podem ser encontrados no site Adherents.com, que reúne estimativas sobre mais de quatro mil grupos religiosos. Como dizem no próprio site, é o tipo de lugar onde se pode descobrir, por exemplo, quantos luteranos vivem na Flórida. Em uma página, eles listam as vinte e duas principais religiões por número de adeptos. O Cristianismo está no topo da lista com 2,1 bilhões, seguido pelo Islamismo, com 1,3 bilhão. O Neopaganismo aparece surpreendentemente na décima nona posição, com um milhão de adeptos, um número muito maior do que eu imaginaria. Se analisarmos mais a fundo, encontraremos todo tipo de estimativa feita por escritoras e acadêmicos. E, embora algumas estimativas sejam claramente questionáveis - variando entre dez mil e cinco milhões - a maioria sobre o número de Wiccanianas nos Estados Unidos varia entre duzentas mil e setecentas mil. Algumas dessas estimativas se referem a Neopagãs, outras a Bruxas, e em alguns casos a distinção não é clara. Muitas acadêmicas, como Helen Berger e Aidan Kelly, apontam números intermediários nessa faixa, entre cento e cinquenta mil e trezentas mil. Uma pesquisa telefônica americana de identificação religiosa (ARIS - American Religious Identification Survey), realizada em 2001, estimou que, após considerar um grande número de pessoas que se recusaram a divulgar sua religião e acrescentar crianças, havia cerca de 750.000 Wiccanianas nos Estados Unidos (www.religioustolerance.org/wic_nbr3.htm). Falarei mais sobre esses números no Capítulo 13, mas esse é um aumento significativo desde a última edição de *Drawing Down the Moon.*

Sabbats e Esbats – Como funcionam os Covens

Um Coven é simplesmente um grupo de pessoas que se reúne para propósitos religiosos, mágicos ou psíquicos. Nem todas as Bruxas fazem parte de Covens. As "Bruxas Clássicas", segundo a descrição de Bonewits, eram na maioria solitárias, e muitos estudiosos argumentam que a ideia de Covens foi uma invenção daqueles que perseguiam as Bruxas, e que mais tarde foi adotada pelo renascimento da Arte. Entre as Leis da Arte Gardneriana e Alexandrina, há uma que afirma: "Não se pode ser uma Bruxa sozinha. Então, alguém poderia pensar que pelo menos não existem Bruxas Gardnerianas ou Alexandrinas solitárias, mas mesmo isso não é verdade - muitos Gardnerianos e Alexandrinos decidiram praticar sem Covens. (Nesta religião, há exceção para tudo.)

Quer a palavra e o conceito de Coven tenham sido inventados por Bruxas ou por caçadores de Bruxas, o fato é que eles funcionam. Um Coven tradicional na Wicca tem doze ou treze membros, mas na prática, pode variar de três a vinte, dependendo da filosofia do grupo, do tamanho do Círculo de trabalho (se tiver nove pés de diâmetro, doze pessoas já é um aperto!) e do número de participantes disponíveis. Mais uma vez, o Coven funciona, não por alguma natureza misteriosa, mas porque pequenos grupos trabalhando juntos são eficazes.

Alguns Covens trabalham em casais, enfatizando a polaridade masculino/feminino e, por isso, terão números pares de integrantes. Outros não dão tanta importância à polaridade e podem ser mais flexíveis em quantidade e tamanho.

A maioria dos Covens Wiccanianos trabalham dentro de um círculo, "um templo portátil", como uma Bruxa me escreveu. Certos grupos na Inglaterra são conhecidos por estabelecer um "castelo psíquico", e muitas Bruxas dirão que seu círculo é, na verdade, uma esfera. O círculo é a declaração de um espaço sagrado. É um lugar à parte, ainda que sua localização material seja uma sala de estar ou um quintal. Mas na mente, o círculo, reforçado pelas ações de lançá-lo e purificá-lo, torna-se um espaço sagrado, um lugar "entre os mundos" onde o contato com a realidade arquetípica, com os recantos profundos da mente – com os "deuses", se preferir – se torna possível. É um espaço onde o tempo desaparece, onde a história se dissolve. É o ponto de contato entre duas realidades. É comum que Bruxas contrastem seu círculo com o círculo do mago cerimonial. O círculo Wiccaniano não é uma "proteção contra demônios", é mais um recipiente para conter a energia gerada.

O ritual da Arte geralmente começa com o traçado e a criação desse espaço mágico, seguido da purificação ritualística com os elementos ancestrais: Fogo, Água, Terra e Ar. O círculo é traçado com uma Espada ritual, Bastão ou Athame (uma adaga pequena, geralmente de cabo preto e lâmina dupla, usada por quase todos os Covens, independentemente da Tradição). Cada Coven adota diferentes simbologias, mas, com frequência, a Espada representa o Ar, o Bastão simboliza o Fogo, o Cálice corresponde à Água e o Pentáculo – um disco redondo inscrito, de cera ou metal – representa a Terra.[142] Quando o círculo é lançado, muitas vezes os Deuses e Deusas são invocados.

Alguns Covens utilizam música, cânticos e dança para gerar energia psíquica dentro do círculo. A cura psíquica é frequentemente praticada, com diferentes graus de sucesso. A forma mais comum de "trabalho" é conhecida como "elevar o Cone de Poder". Isso é feito por meio de cânticos, dança (ou ambos) ou correndo ao redor do círculo. O "Cone de Poder" é, na verdade, a soma das vontades do grupo, intensificada por técnicas rituais e meditativas, direcionada a um objetivo previamente acordado coletivamente. Geralmente, uma Sacerdotisa ou um Sacerdote conduz o Cone; quando sente que ele foi elevado, concentra-o, direciona-o com a mente e o lança para seu destino.

Muitos Covens também realizam práticas mais "espirituais" ou "religiosas". Covens revivalistas, em sua maioria, conduzem rituais nos quais a Deusa, simbolizada pela Lua, é "atraída" para uma Sacerdotisa do Coven, que, em certos

142 Em algumas Tradições, a Espada representa o Fogo e o Bastão, o Ar.

momentos, entra em transe e é "possuída por", "encarna" ou "manifestada por um aspecto" da Deusa. Da mesma forma, há rituais em que a força do Deus é canalizada para o Sacerdote, que assume seu papel dentro do círculo. Nesses rituais, as Bruxas tornam-se as próprias divindades dentro do círculo, manifestando esse potencial. Quando bem conduzidos, esses rituais podem ser experiências extremamente intensas. Já vi pessoas realmente transformadas por eles, assim como já presenciei ocasiões em que se tornaram meras encenações.

Este talvez seja o momento para falar sobre os ritos sexuais, frequentemente mencionados em livros populares sobre Wicca. Encontrei poucos Covens que realizam rituais explicitamente sexuais. Muitos utilizam simbolismo e poesia de cunho sexual, mas raramente o ato em si é concretizado. A razão para isso é curiosa. A maioria dos líderes de Coven com quem conversei acredita que incorporar o sexo nos rituais é como lidar com substâncias altamente explosivas, pois as pessoas em seus Covens simplesmente não estão preparadas para isso. Claro, existem grupos que utilizam o sexo nos rituais. E, em sua forma mais elevada, o "Grande Rito", frequentemente mencionado pela mídia, é uma experiência religiosa sublime. Quando bem compreendido, é longe de ser – como a imprensa tenta retratar – um pretexto para encontros de *swingers* entediados. A ideia por trás do "Grande Rito" é que, uma mulher, por meio do ritual, "encarne" ou se torne a Deusa, e um homem, por sua vez, "encarne" ou se torne o Deus – em outras palavras, duas pessoas que canalizam forças arquetípicas ou, se preferir, permitem que essas forças internas emerjam deles – podendo alcançar uma união espiritual e psíquica verdadeiramente divina. Trata-se da forma moderna do Casamento Sagrado, ou "hierogamia", presente em muitas religiões antigas.

A maioria dos Covens se reúne para práticas espirituais, psíquicas e sociais. Conheci Covens que escreviam poesia, outros que encenavam peças místicas ou simplesmente trabalhavam pelo bem-estar de suas integrantes. Também encontrei Covens que criaram templos astrais dedicados a Atena e Deméter, que dedicavam grande parte do tempo à recuperação de florestas ou canalizavam sua energia para o movimento feminista.

Quase todos os Covens se reúnem nos "Esbats". A maioria dos estudiosos acredita que Murray inventou este termo. Essas reuniões de trabalho podem acontecer na lua cheia, na lua nova, todo fim de semana, uma vez por semana ou quando for conveniente. Os Covens também costumam se reunir nos Sabbats, os oito grandes festivais do Paganismo europeu, que correspondem aos solstícios e equinócios (os Quatro Grandes Marcos Solares) e aos festivais intermediários conhecidos como Sabbats Maiores: Samhain (*Halloween* ou Véspera de Novembro), é o Ano Novo Celta, quando as barreiras entre os mundos estavam mais tênues e o contato com as ancestrais era possível; Imbolc, ou Oimelc (1º de fevereiro), festival de purificação do inverno, época do início do movimento da primavera; Beltane (1º de maio), o grande festival da fertilidade, que celebra o casamento do Deus e da Deusa;

e Lughnasadh (1º de agosto), festival da primeira colheita e, em algumas Tradições, o momento do combate entre os deuses Touro e Cervo pela Senhora ou da morte do Rei Sagrado. Essas são descrições breves. Diferentes Tradições da Arte, baseadas em mitos de diversas partes da Europa, interpretam os festivais de formas variadas. No entanto, quase todas celebram pelo menos Samhain e Beltane.

Esses festivais renovam o senso de comunhão viva com os ciclos naturais e com as mudanças das estações e da terra. Mas grupos Wiccanianos, quase sempre inovadores, são perfeitamente capazes de mudar os festivais e os seus significados. Como me disse uma Sacerdotisa de uma cidade do Ohio: "Estávamos sentadas tentando decidir o que faríamos para o Solstício de Verão (21 de junho). De repente argumentamos, o que o solstício significava para nós aqui? Percebemos que não significava muita coisa. Então por que estávamos celebrando? Decidimos tentar criar novos festivais, ligados a coisas que realmente têm significado para nós."

De fato, algumas Bruxas se rebelaram completamente contra a maioria dos rituais festivos que lhes foram transmitidos. Um homem escreveu para mim:

> A maioria dos rituais da Arte que observei é completamente absurda, porque estão enraizados em tradições alheias às pessoas que os realizam. Pouquíssimas pessoas envolvidas no Paganismo Celta recriado se dão ao trabalho de aprender irlandês antigo ou galês, muito menos de ir além e realmente tentar compreender o significado original dos diversos símbolos. ...Tenho tentado reunir um grupo de pessoas para criar um ritual pagão baseado no inglês moderno e em símbolos que realmente façam sentido para um americano contemporâneo.
>
> Todo mundo diz: "Isso é óbvio", quando aponto que o verdadeiro equivalente moderno de uma espada para um americano moderno, mesmo para um "liberado", é um revólver .38 especial da polícia - como os que aparecem nos programas de TV - ou um rifle militar, ou possivelmente um Colt .45 dos filmes de faroeste. Ainda assim, espadas continuam sendo usadas em rituais mágicos e pagãos, e as pessoas acham absurdo sequer sugerir a substituição por armas de fogo.

Pessoalmente, não tenho vontade de manusear armas, e as espadas têm uma beleza e um romantismo que considero aceitáveis, mas o ponto é válido. Muitos acreditam que os festivais e rituais da Wicca precisam se adaptar aos tempos e necessidades em constante mudança.

São duas as divindades da maioria dos grupos Wiccanianos: o Deus, senhor dos animais, da morte e do que está além, e a Deusa Tríplice em seus três aspectos: Donzela, Mãe e Anciã. Cada aspecto é simbolizado por uma fase da lua - crescente, cheia e minguante. No geral, há uma grande divergência entre os Wiccanianos sobre o que esses "Deuses" realmente são. Seriam formas-pensamento construídas ao longo dos séculos? Arquétipos? Entidades literais? A resposta vai depender de quem você perguntar.

Os nomes usados para os deuses variam de acordo com a Tradição e o grupo. Com frequência, são de origem celta, grega ou latina. A maioria das Bruxas afirma que a personificação politeísta das divindades é o que possibilita o contato com a Realidade Divina. Embora essa Realidade possa, em última instância, ser incognoscível, a personificação permite começar a se aproximar dela.

A maioria das Bruxas acredita em alguma forma de reencarnação. Muitas seguem a "Lei Tríplice", que afirma que tudo o que se faz retorna três vezes. Algumas não acreditam nessa lei, mas a maioria concorda que aquilo que se emite de alguma forma retorna. Devo salientar, que já conheci Sacerdotes e Sacerdotisas na Arte que são agnósticos em relação a todas as "crenças". Pessoas que entraram para a Arte simplesmente porque encontraram beleza em sua poesia ou porque consideraram seu "caminho" uma forma de autodescoberta.

Alguns Covens se reúnem com mantos ou vestes ritualísticas, outros com roupas comuns. Alguns trabalham nus - o termo revivalista é *skyclad* (Vestidos de céu) - geralmente por acreditarem que a nudez proporciona maior liberdade ou igualdade entre as participantes. Gardner pode ter sido responsável por grande parte da prática da nudez na Arte. Muitos Covens nos Estados Unidos adotam o costume sensato de praticar nus no verão e vestidos no inverno.

A maioria dos Covens realiza uma cerimônia de entrada ou Iniciação. Às vezes, é algo simples; outras é um processo mais elaborado, envolvendo uma prova, um juramento e um rito simbólico de morte e renascimento. O conceito de Iniciação é, sem dúvida, profundo. Uma mulher recém-iniciada em um Coven escreveu:

> O empurrão no Círculo Mágico foi como o tapa dado a um recém-nascido, dando-lhe as boas-vindas a uma nova vida. O ambiente estava repleto de presenças que eu não via, mas cuja energia me fazia sentir como se estivesse em um tribunal sendo observada.
>
> Meu tornozelo estava amarrado — nem preso, nem livre. Que estranho estado de limbo é esse que me faz correr em círculos, tropeçando como na vida cotidiana... mas que não são realmente círculos? Senti como se estivesse atravessando um túnel longo. De certa forma, senti-me ligada de maneira especial a viver minha vida com uma nova consciência, vibrante e sem amarras... uma dedicação ao que realmente sou... uma responsabilidade.
>
> Minha testa sobre o altar me despertou: minha mente deve se tornar o altar da Mãe, meu corpo, o templo vivo dos Deuses.
>
> A ordem abrupta e quase ríspida para me ajoelhar me lembrou da aceitação necessária quando as coisas não acontecem como eu gostaria.
>
> O sangue correndo por cada célula do meu corpo parecia quente e brilhante. Eu sou Abençoada![143]

143 Helica, *letter* (New York, november, 1977).

As Tradições Modernas da Arte

Quando *Drawing Down the Moon* foi publicado pela primeira vez, descrever as Tradições Wiccanianas era relativamente simples: havia a Gardneriana, a Alexandrina, a Diânica, a Georgiana, a NROOGD e a Continental, que englobava desde a *Strega* (italiana) até diversas outras ramificações europeias. Existia algo chamado "Wicca Tradicional", mas seu significado não era exatamente claro. Agora, vinte e cinco anos depois, há muitas outras Tradições e inúmeros desdobramentos dessas linhagens. No entanto, uma verdade ainda se mantém. Da mesma forma que avaliar um bom psicoterapeuta raramente tem a ver com ele ter sido treinado como junguiano, freudiano, adleriano, behaviorista ou qualquer outra vertente - pois o que realmente importa é a arte, o estilo e a humanidade daquele terapeuta em particular -, a Tradição de um Coven pode ter alguma importância, ou pode ser o aspecto menos relevante do grupo. Também vale notar que, trinta e cinco anos atrás, quando comecei a procurar um grupo, a maioria dos iniciantes não tinha conhecimento sobre as diferentes Tradições. Todos os neófitos acabavam se juntando ao grupo que estava mais próximo. Hoje, isso mudou completamente. Qualquer pessoa pode acessar a Internet, visitar www.witchvox.com e encontrar páginas e mais páginas sobre diversas Tradições Wiccanianas e sua história, com informações precisas e até acadêmicas sobre cada uma. Na última vez que consultei, havia cinquenta e sete ensaios sobre diferentes Tradições no site. A maioria, mas não todas, era Wiccanianas. Uma simples busca na Internet traz centenas de outros artigos sobre diferentes Tradições da Wicca. Nesta edição, estou listando apenas uma dúzia delas; na última, incluí somente cinco.

Stewart Farrar tinha algumas coisas bastante divertidas a dizer sobre "Tradições". Em seu livro *O que s Bruxas Fazem* ele escreveu:

> As Bruxas Hereditárias são aquelas que, supostamente, mantiveram a Arte viva através de uma linhagem familiar direta. A teoria é que essas linhas descendem ininterruptamente da Antiga Religião; quão verdadeira essa afirmação é, apenas as próprias famílias sabem - se é que realmente sabem.

Ao se referir à "Tradicional", Farrar comentou com ironia:

> Exatamente o que as Bruxas Tradicionais fazem (além de aparentemente usarem vestes em seus rituais), não posso dizer. Elas se mantêm reservadas e, que eu saiba, nunca conheci nenhuma...

Em seguida, ele menciona as Tradições Gardnerianas e Alexandrinas, cuja história é relativamente fácil de traçar.

A maioria das descrições sobre Tradições fracassa porque se concentra nas formas - como os rituais, por exemplo, que perdem quase tudo na descrição - e ignora os aspectos essenciais, as coisas não-verbais, a experiência das pessoas. Para citar Farrar novamente, o "detalhe da forma" não importa tanto, "mas o espírito e se funciona" são fundamentais. Em todas as descrições de Tradições que seguem, é importante lembrar que essas diferenças são valiosas por sua riqueza e diversidade, mas a maioria das pessoas entra para a Arte, e não para uma Tradição específica. Farrar, por exemplo, entrou para a Arte porque encontrou "um simbolismo belo, um ritual satisfatório, tolerância (e até um incentivo) às atitudes individuais de forma civilizada, raízes profundas e nutritivas, além de uma organização em pequenos grupos que era ao mesmo tempo fraterna e eficaz."[144] Por acaso, o Coven que ele encontrou enquanto fazia uma matéria para um jornal era Alexandrino.

Da mesma forma, Valiente escreve:

> Já dancei no Sabbat das Bruxas em muitas ocasiões e encontrei uma alegria despreocupada nisso. Já estive sob as estrelas à meia-noite e invoquei os Antigos Deuses; e nessas invocações das forças mais primordiais - as da Vida, do Amor e da Morte - experimentei uma elevação de consciência que nenhum serviço religioso ortodoxo jamais me proporcionou.[145]

O fato de Valiente ter trabalhado com Gardner em determinado momento parece pouco relevante. A maioria das pessoas que entra para a Arte se junta à "Tradição" que está disponível em sua região. E, independentemente da "Tradição" em que ingressam, as histórias sobre como e por que entraram na Arte costumam ser parecidas. Por exemplo, o Sacerdote nova-iorquino Lyr ab Govannon descreveu assim sua entrada na Arte:

"Entrei em um seminário protestante aos dezenove anos, em parte porque venho de um ambiente cultural onde isso era considerado um chamado elevado e, em parte, porque sou uma pessoa religiosa por natureza. Mas em pouco tempo, comecei a ter dúvidas sobre o que estava sendo preparado para ensinar.

"Certo dia, deparei-me com *King Jesus*, de Robert Graves. O livro retrata Jesus como um Rei Sagrado dentro da Antiga Tradição. Para mim, foi uma ideia surpreendente. No meio do livro, há um capítulo em que Jesus procura Maria, a Cabeleireira, uma Sacerdotisa da religião ancestral que adorava a Deusa, a quem Maria chama de 'Minha Senhora, a Primeira Eva', referindo-se a Lilith. "Pow! Ali estava um conceito de divindade feminina, não apenas uma Virgem Maria secundária, mas 'A Grande Divindade'.

---

144 Farrar, *What Witches Do*, p. 190. Outras citações estão nas pp. 4 e 22.

145 Doreen Valiente, *An ABC of Witchcraft Past & Present* (St. Martin's Press, 1973), p. xiii.

"Um ano depois, Robert Graves lançou *A Deusa Branca*, naquela altura, eu já sabia do que ele estava falando e concordei. A partir daí, começou uma longa odisseia em busca de... meu povo, suponho... e, acredite, encontrei algumas dessas pessoas em lugares bastante peculiares. Sempre nos surpreendíamos ao nos encontrar, porque cada uma de nós pensava ser, de alguma forma, único."

"Encontrei a Deusa sendo adorada em muitos lugares, sob diversos nomes diferentes. Às vezes, eu via apenas uma referência superficial a Ela, quando, na verdade, era a mesma velha imagem patriarcal que estava sendo perpetuada. No *Vedanta*, por exemplo, o grande Sri ou santo é Ramakrishna, um homem que foi um devoto fervoroso da Mãe Divina durante toda a sua vida. Ele estava embriagado por Ela! Mas os seus chamados "seguidores" não prestam homenagem à Deusa. Eles adoram uma boa e velha imagem patriarcal, Sri Ramakrishna.

"Comecei a meditar com velas e tive vislumbres de imagens. Fui guiado passo a passo. Certa vez, vi ao longe uma figura alta. Era uma mulher envolta em um manto longo. O manto escondia tudo, exceto seu rosto, de onde emanava um brilho tão intenso que eu não conseguia distinguir seus traços. Muitas vezes, senti que tinha pouca escolha sobre o meu caminho. Lutei contra isso, mas sempre era atraído de volta.

"Um dia, um conhecido me enviou um livro chamado *The Divine Mother*. Foi como se o topo da minha cabeça tivesse se aberto. Havia outros devotos. Não apenas um ou dois, mas grupos inteiros. Ouvi falar de uma revista sobre Bruxaria chamada The New Broom e, depois, de uma organização chamada Nemeton. De repente, tudo parecia florescer, e eu me vi entrando no fluxo principal da Arte."

Carolyn Clark, uma Sacerdotisa de St. Louis, também descreveu seu processo de entrada:

"Eu me interessei pela Bruxaria quando tinha doze anos. Quando era criança, por volta dos nove ou dez anos, tive a sorte de morar nos arredores de uma cidade pequena, cercada por bosques. Eu costumava ir até a floresta levando uma vela, encontrava um toco de árvore, colocava a vela em cima, acendia, trazia flores e derramava um pouco de mel, geralmente, porque não tinha vinho, para fazer uma oferenda a Apolo e Diana."

"Li tudo o que pude sobre Bruxaria e paranormalidade. Fiz o curso por correspondência da School of Wicca, mas, como meu principal interesse era o culto à Deusa, acabei criando minha própria Tradição.

"Foi difícil. Precisei encontrar as fontes. Vasculhei a biblioteca pública de St. Louis em busca de livros sobre mitologia celta. Tentei rastrear o Táin e o Mabinogion. Fui pegando fragmentos aqui e ali. Tive alguns contatos e comecei a reunir uma Tradição e alguns rituais.

"Fui despertada para a Deusa. Aquilo era a religião. Não me importava em adquirir qualquer poder pessoal. A Deusa simplesmente estalou os dedos e disse: 'Ei!'"

Essas histórias, mais do que qualquer Tradição, revelam a verdadeira natureza da Arte. As pessoas que conheço raramente entram para uma Tradição por escolha deliberada. Elas buscam "a Arte". Entram em contato, talvez, com o primeiro grupo que encontram. Esse grupo ou Coven lhes oferece um plano de estudos, geralmente de um ano, às vezes mais, às vezes menos. Então, se houver sintonia com as integrantes do grupo, acabam entrando. Na maioria das vezes, aquele Coven segue uma prática e uma Tradição específicas, mas isso pode não ser tão relevante. Mas claro, a Tradição tem sua importância. Alguém pode se identificar com um ciclo mítico específico ou com um conjunto particular de rituais, mas, muitas vezes, esses não são os aspectos essenciais. O que quero dizer, é que em muitos casos, alguém pode entrar para a Wicca apesar de determinada Tradição, como aconteceu com esta mulher, que passou anos em um grupo voltado à tradição galesa:

"Sou uma Bruxa. Uma Bruxa é alguém que usa um conjunto de instrumentos – Deuses, rituais e objetos – para fazer o mesmo que outros Pagãos fazem. Para mim, a Arte é minha forma de me atualizar, de viver plenamente; estou sempre explorando por que isso é assim. A única resposta real que posso dar é que existe uma afinidade entre mim e a Arte. Mas não sei por que essa afinidade e não qualquer outra. Talvez seja porque minha anima tenha se elevado e, ao subir, encontrou a Deusa. Mas existem outras formas de culto à Deusa além da Arte, assim como existem outras artes além do culto à Deusa.

"A Arte é meu lar. Isso não significa que eu não tenha problemas com ela, e, por 'ela', refiro-me à minha própria 'Tradição'. Não gosto da estrutura hierárquica e de algumas formas como ela se expressa por meio de dualidades que podem ou não fazer parte da natureza. Há aspectos da minha Tradição que institucionalizam coisas que não reconheço como institucionalizadas dentro de mim. Esses são desafios reais.

"Mas me nomeio Bruxa. Sou chamada de Bruxa, e Bruxa eu sou. Gosto disso. No entanto, tanto eu quanto minha Arte estamos sempre mudando. É um processo de descobrir o que permanecerá.

"Não acredito que as Bruxas sejam diferentes das outras pessoas, ou que tenham poderes diferentes. A Arte me ajudou a manifestar esses aspectos do meu ser. Eu os permiti em mim."

Embora a Arte seja eclética por natureza, é possível fazer algumas distinções úteis sobre cada "Tradição" dentro dela.

Wicca Tradicional

Apesar da observação bem-humorada de Farrar de que a única coisa que sabe sobre Bruxas "Tradicionalistas" é que usam mantos (o que, na verdade, nem sempre é verdade), há muitos Covens nos Estados Unidos que se autodenominam "Tradicionalistas", mas isso pode ter vários significados. Alguns Covens seguem os mitos e tradições folclóricas de um determinado país e consideram essas tradições mais importantes do que as formas do renascimento Wiccaniano. Por exemplo, um Coven "tradicionalista galês" que conheci usava o ciclo mitológico galês do *Mabinogion* como principal fonte para seus rituais, poesia e nomes de divindades. A "Tradição" desse Coven era, na verdade, o legado literário e acadêmico relacionado às crenças pré-cristãs do povo galês. Além dos grupos que se definem por um país específico – tradicionalistas irlandeses, tradicionalistas gregos, tradicionalistas escoceses, entre outros –, há centenas de Covens nos Estados Unidos e na Europa que se consideram parte da Wicca Tradicional Britânica, da Bruxaria Tradicional ou de nomes similares. Esse é um conjunto complexo de Tradições e linhagens de Covens, muitas das quais têm vínculos com as Tradições Gardneriana e Alexandrina, mas com histórias próprias significativas. Alguns dos grupos listados abaixo se encaixam nessa categoria.

Gardneriana

Como vimos, muitos Wiccanianos usam esse termo para descrever os Covens nos Estados Unidos que descendem, em uma linha de "sucessão apostólica", do Coven de Gardner na Ilha de Man. Entre as Bruxas citadas neste livro, várias chegaram à Wicca por esse caminho, incluindo Rosemary e Ray Buckland, que fundaram um Coven Gardneriano nos Estados Unidos em 1964; Theos e Phoenix de Long Island, que assumiram o Coven de Buckland em 1972; a falecida Donna C. Schultz; e Athena, Sacerdotisa e cientista.

Mas como também vimos, o termo Gardneriano pode ser usado para descrever Covens que utilizam rituais Gardnerianos, muitos dos quais disponíveis publicamente. Às vezes, esses Covens se autodenominam Neo-Gardnerianos ou Gardnerianos ecléticos.[146] Alguns dos elementos externos mais conhecidos da Bruxaria Gardneriana incluem: as 162 (mais ou menos) Leis da Arte, agora aceitas por muitos Covens; a nudez ritual; um círculo de nove pés (quase três metros); o uso simbólico do flagelo para purificação; uma forma quase cerimonial de lançar o círculo, com semelhanças aos rituais da *Chave de Salomão;* o uso do "Grande Rito", seja de forma simbólica ou real; a Carga da Deusa, escrita por Doreen Valiente, mas derivada de *Aradia*; três graus de avanço e o ritual conhecido como *Drawing Down the Moon* (Puxar a Lua para Baixo ou Invocando a Lua)

146 Na Inglaterra, os Covens que descendem de Gardner não se autodenominam "Gardnerianos".

C. A. Burland, escritor e etnógrafo inglês, escreveu sobre essa Tradição em *The Magical Arts:*

> [Esses Covens] estudavam o assunto e, na maioria das vezes, realizavam suas danças rituais em torno de um círculo mágico dentro das casas. Eles entendiam que os rituais antigos precisavam ser revividos e usavam um círculo mágico com símbolos semelhantes aos encontrados em pinturas do século 16. A Sacerdotisa portava seus dois instrumentos tradicionais, a adaga preta e a faca branca, além de usar colar e tiara. Muitas orações eram recitadas, sendo de origem antiga, algumas retiradas de Aradia. O propósito do movimento era trazer paz de espírito às suas integrantes e ajudá-las a alcançar o conhecimento das forças da Natureza, que as Bruxas sempre reconheceram como uma mãe generosa.[147]

Embora Gardner tenha conhecido a *Fellowship of Crotona* e sido iniciado em um Coven em 1939, Fred Lamond, Gardneriano britânico de longa data e autor de *Religion Without Beliefs* (1997) e *Fifty Years of Wicca* (2004), afirma que a Wicca Gardneriana realmente ganhou força em 1953, quando Gardner iniciou Doreen Valiente e ela reescreveu o *Livro das Sombras* de Gardner, transformando-o na versão que se tornou a referência atual.

A maioria dos Covens Gardnerianos nos Estados Unidos segue um sistema matrilinear, no qual a liderança é transmitida através de sucessivas Sacerdotisas. Cada Coven é autônomo. A maior parte enfatiza o equilíbrio entre os princípios masculino e feminino, embora alguns sejam bastante flexíveis. A falecida Sacerdotisa Donna C. Schultz, que liderava um Coven Gardneriano em Chicago, disse-me que o seu grupo frequentemente usava túnicas, tinha abandonado o uso do flagelo e minimizado grande parte do simbolismo sexual, dando ênfase a práticas ocultistas mais amplas. Outros Covens são bastante rígidos e "seguem as regras".

Muitos Covens Gardnerianos dedicam mais tempo à sua "família de Covens"[148] do que a atividades ecumênicas com outros grupos Neopagãos ou da Arte.

Diversos rituais Gardnerianos podem ser encontrados em *The Witches' Way*, de Janet e Stewart Farrar. Alguns também foram publicados no *Livro das Sombras* de Lady Sheba. Três livros de Gardner são igualmente relevantes: *High Magic's Aid, Witchcraft Today* e *The Meaning of Witchcraft.*[149]

---

147 C. A. Burland, *The Magical Arts* (London: Arthur Barker Ltd., 1966), p. 175.

148 "Família de Covens" foi um termo utilizado por um jornal Gardneriano publicado entre 1974 e 1976 em Louisville, Kentucky.

149 Gerald B. Gardner, *High Magic's Aid* (London: Michael Houghton, 1949); também publicado em New York por Samuel Weiser (1975); *Witchcraft Today* (New York: The Citadel Press, 1955); *The Meaning of Witchcraft* (London: Aquarian Press, 1959); e Janet e Stewart Farrar, *The Witches' Way* (London: Robert Hale, Ltd., 1981), publicado nos Estados Unidos como *A Witches' Bible*, Vol. I, II (New York: Magickal Childe Publications, 1985).

Muitas Tradições e "linhagens" surgiram a partir dos Covens Gardnerianos originais, incluindo a Linhagem de Sheffield, iniciada por Pat Crowther, uma das iniciadas de Gardner, embora aparentemente ela nunca a tenha chamado assim, e a Linhagem Whitecroft, fundada por Eleanor Rae Bone, outra iniciada. A última Alta Sacerdotisa de Gardner foi Monique Wilson, que iniciou Ray Buckland. Os Gardnerianos de Long Island tiveram início quando Ray Buckland e sua esposa, Rosemary, levaram a Tradição Gardneriana para os Estados Unidos.

Alexandrina

A Tradição Alexandrina surgiu a partir do Coven fundado por Alex Sanders na Inglaterra, onde "Jane" também foi iniciada.[150] Nas décadas de 1970 e 1980, muitas vezes parecia que metade das fotos de rituais de Bruxaria na mídia retratava Alex e Maxine. Alex afirmava ter sido iniciado na Arte por sua avó, em 1933. No entanto, segundo Ronald Hutton em *The Triumph of the Moon,* Sanders foi iniciado em um Coven que aparentemente era Gardneriano, por uma Sacerdotisa chamada Medea, em 1963.[151] Alex contou sua história em uma época em que muitas Bruxas criavam relatos impressionantes sobre suas origens. Muitos rituais Alexandrinos são quase idênticos aos Gardnerianos, mas trazem um senso maior de teatralidade e uma ênfase mais marcante na Magia Cerimonial.

Seja qual for a verdade, Sanders fez muito para popularizar a Arte. Talvez um de seus atos mais estratégicos tenha sido iniciar o jornalista inglês Stewart Farrar, cujos livros estão entre as melhores obras introdutórias sobre a Wicca moderna. Mais tarde, Farrar formou seu próprio Coven e seguiu seu próprio caminho.

Muitos Covens Alexandrinos foram formados nos Estados Unidos, mas poucos mantiveram qualquer ligação com Sanders.

Mary Nesnick, uma norte-americana iniciada tanto na Tradição Gardneriana quanto na Alexandrina, combinou as duas Tradições em 1972 e criou uma nova chamada Algard.

Uma série de Tradições dinâmicas nos Estados Unidos combinaram a Wicca Gardneriana e Alexandrina. Muitas se denominam Wicca Tradicional Britânica ou, na Europa, simplesmente Bruxaria Tradicional. Entre as muitas Tradições que surgiram a partir desse eixo Gardneriano-Alexandrino estão Kingstone, Greencraft, Mohsian e Silver Crescent. Outras, como a Tradição 1734, incorporaram mais elementos xamânicos e místicos.

150 Veja p. ??

151 Ronald Hutton, *The Triumph of the Moon: A History of Modern Pagan Witchcraft* (Oxford: Oxford University Press, 1999), p. 321.

1734

A Tradição 1734 baseia-se na filosofia de Robert Cochrane, um Bruxo britânico que Doreen Valiente certa vez descreveu como "talvez a personalidade mais poderosa e talentosa a surgir na Bruxaria moderna." Segundo um artigo de Chas Clifton sobre a Tradição, publicado no *The Witches' Voice*, Valiente entrou para o círculo de Cochrane após deixar o Coven de Gerald Gardner.[152]

Cochrane se envolveu com a Arte no início dos anos 1950 e acabou fundando um Coven chamado *The Clan of Tubal Cain*. Conhecido por sua paixão por poesia e enigmas, o nome 1734 aparentemente é um enigma que envolve o nome da Deusa. Durante a década de 1960, Cochrane manteve correspondência com Joseph Wilson, que publicava um dos primeiros jornais Wiccanos dos Estados Unidos, The Waxing Moon. Embora nunca tenham se encontrado pessoalmente e Cochrane tenha falecido em 1966, Wilson mais tarde viajou para a Inglaterra e conheceu vários integrantes do Coven de Cochrane. A troca de cartas entre os dois deu origem à Tradição 1734.

Só recentemente a Tradição 1734 foi reconhecida como oficial. Diz-se que nenhum de seus Covens é exatamente igual a outro, e todos são autônomos. Não existe uma autoridade central, nenhuma liturgia comum ou Livro das Sombras, embora as cartas e artigos de Cochrane tenham sido compartilhados e estejam atualmente disponíveis em sites. Em um artigo no *The Witches' Voice*, Clifton menciona que a correspondência entre Wilson e Cochrane foi tão disseminada, que muitos que tiveram acesso a esses textos simplesmente os consideravam parte da *Bruxaria Tradicional*.

> Não é possível traçar com precisão o caminho que os ensinamentos de Cochrane percorreram até chegar ao cenário da Arte nos Estados Unidos, mas suas cartas para Joe Wilson circularam por vias secretas. Nunca publicadas oficialmente (embora agora estejam disponíveis na Web, no site de Wilson, www.metista.com), foram reescritas, fotocopiadas e, em alguns momentos, sua autoria pode ter sido obscurecida, tornando-se simplesmente "tradicionais". Elas atraíram os criadores da nova Bruxaria americana, porque falavam por meio de sugestões e enigmas, em vez de estabelecer dogmas. Muitas vezes, esses enigmas inspiravam outros, ou serviam como desafios para novos estudantes. Trechos do que Cochrane escreveu foram misturados a materiais posteriores, vindos de seus alunos e de outras fontes, criando uma fusão da chamada "Bruxaria Tradicional Britânica". Essa influência se espalhou entre praticantes norte-americanas nas décadas de 1960 e 1970 – e continuou a se expandir depois.[153]

152 Chas S. Clifton, "*The '1734' Tradition in North America*", publicado em *The Witches' Voice*, 18 de março de 2001. ID do artigo: 3356: www.witchvox.com/va/dt_va.html?a=usco&c=trads&id=3356.

153 *Ibid.*

Joseph Wilson, que se considerava o fundador da Tradição 1734, faleceu em 1994, mas seu site ainda está disponível ao público. Ele descreve a Tradição 1734 da seguinte forma:

> 1734 é uma Tradição mística dentro de um forte contexto religioso, bastante diferente das outras Tradições da Arte ou Neopagãs que você possa ter encontrado. Seu foco é provocar uma transformação no participante por meio do trabalho com certos elementos que podem, de certa forma, lembrar os Koan do Zen, embora sejam essencialmente diferentes. Trata-se de uma forma de acumular ou criar um "poder pessoal", que não surge do que se sabe, mas do que se é... É um meio de fortalecer a si mesmo e, nesse processo, abrir-se de uma maneira que permita a comunicação com o espírito e es-píritos sem ilusão, mantendo o controle. Em essência, é a habilidade de compreender e se comunicar na linguagem da metáfora poética, a verdadeira linguagem dos espíritos.[154]

Atualmente, muitos Covens foram influenciados pela Tradição 1734. Clifton afirma que as cartas de Cochrane para Joe Wilson transmitiam um ensinamento Pagão místico, mas falavam pouco sobre rituais e organização de Covens. Por isso, esses grupos frequentemente adotavam elementos da Arte Gardneriana genérica, como o traçado do círculo, o uso de invocações nos quatro quadrantes e o ritual de "Puxar a Lua para Baixo". A maioria dos Covens que reivindica uma linhagem ligada à Tradição 1734 incorpora dança, cânticos e estados de transe. Clifton também menciona que há uma característica marcante nesses Covens: um apreço pela natureza e uma orientação mais mística e xamânica. Em uma das cartas enviadas a Joseph Wilson, Robert Cochrane escreveu:

> Como você já percebeu, ensinamos por meio da inferência poética, seguindo linhas de pensamento que pertencem ao mundo dos sonhos e das imagens. Não há uma técnica de ensino rígida, nenhuma escritura ou lei estabelecida, pois a sabedoria vem apenas para aqueles que a merecem, e seu verdadeiro mestre é você mesmo, visto através de um espelho sombrio. As respostas para todas as coisas estão no Ar - a Inspiração. Os ventos lhe trarão notícias e conhecimento, se souber perguntar corretamente. As Árvores da Floresta lhe concederão poder, e as Águas do Mar lhe darão paciência e onisciência, pois o mar é um ventre que contém a memória de todas as coisas... Não há segredo no mundo que não possa ser descoberto, se aquele que busca estiver pronto para ouvi-lo, pois o próprio Ar carrega memória e conhecimento.[155]

---

154 Veja Joseph Wilson, "Flags, Flax, and Fodder–The Secrets of 1734 Revealed", disponível em www.1734.us/riddles.html.

155 Carta de Robert Cochrane para Joseph Wilson, 1966, disponível em www.cyberwitch.com/bowers.

Greencraft (Tradição Verde)

A Greencraft, assim como outras Tradições Wiccanianas, surgiu a partir da Tradição Alexandrina, depois de ter sido levada aos países do Benelux - Bélgica, Holanda e Luxemburgo. Tudo começou com um único Coven, fundado por Hera e Arghuicha, que originalmente faziam parte de um Coven Alexandrino, o único na região. Em 1994, tornou-se uma Tradição própria em Amsterdã. Atualmente, existem Covens na Bélgica, nos Países Baixos e nos Estados Unidos. Dois novos grupos de treinamento foram posteriormente formados na Bélgica, e dois de seus iniciados retornaram ao Texas. Outros dois membros também receberam treinamento na Tradição Tuatha de Danann. Essas seis pessoas estabeleceram a Tradição Greencraft e The Sacred Well.

Na Europa, muitas das vertentes que surgiram a partir da Wicca Alexandrina e Gardneriana, incluindo as Tradições Greencraft, Danann e Whitecraft, se autodenominam Traditional Craft Wicca (TCW). Nos Estados Unidos, a maioria dos grupos originados das Tradições Gardneriana e Alexandrina se identifica como Wicca Tradicional Britânica. Segundo o site da Sacred Well, um grupo Greencraft nos Estados Unidos, a Tradição define a Wicca como "uma religião baseada na terra e na natureza, com alguns ramos, incluindo o nosso, reivindicando uma 'Tradição de Mistérios Ocidentais'." De acordo com a Sacred Well:

> A Traditional Craft Wicca (TCW), como a definimos, é uma Tradição iniciática que celebra os Mitos Sagrados em torno da *Carga* e *Descida da Deusa*, assim como os Mitos Sagrados da morte e renascimento do Deus. A maior parte do que é considerado Mitologia Sagrada é extraída de fontes celtas e germânicas, com uma influência significativa da mitologia clássica mediterrânea, egípcia e do Oriente Médio, além de um vasto repertório de material ritualístico.

Entre as características especiais dos Covens Greencraft – além dos elementos Alexandrinos – estão o uso de um alfabeto arbóreo, um sistema rúnico único desenvolvido por Michael Ragan, fundador da tradição americana Tuatha De Danann, uma forma não hebraica da Cabala e uma Árvore da Vida parcialmente baseada no trabalho de R. J. Stewart. Greencraft incorpora influências da Magia Cerimonial, da Magia Popular e das religiões da natureza. Também utiliza técnicas xamânicas, como tocar tambores, dançar, cantar e desenvolver percepção sensorial.

Integrantes da Greencraft afirmam que seu principal objetivo tem sido oferecer uma estrutura para que os Covens cooperem entre si e levem a sério a proposta de serem tanto uma Tradição da natureza quanto uma Tradição de mistérios. A Greencraft fornece materiais de ensino comuns, realiza convenções anuais, da Greencraft e da Sacred Well, e mantém uma fundação (Greencraft Creations) que publica uma revista trimestral, além de administrar um site e organizar eventos. Para fortalecer os aspectos ligados à natureza em sua prática, a Greencraft promove caminhadas mensais denominadas "passeios pelas árvores", baseadas no calendário arbóreo celta, como alternativa aos tradicionais encontros em pubs (*pub moots*). Também criaram um Tarô Greencraft inspirado na tradição celta e germânica e têm vários livros em andamento.

Para se tornar integrante da Greencraft, é necessário aceitar o *Covenant of Five Tenets* (*Pacto dos Cinco Princípios*), que incluem a reverência ao Deus e à Deusa como representações da realidade divina, tanto imanente quanto transcendente; respeito e reverência pelo mundo natural e pelo valor de todas as formas de vida; a crença de que cada indivíduo tem o direito de ser sua própria autoridade em questões espirituais e religiosas; e um compromisso com a tolerância em relação a toda a humanidade, o que implica a recusa em converter ou tentar converter outras pessoas a suas crenças e práticas.

Nos Estados Unidos, a principal organização ligada ao Greencraft é a Sacred Well Congregation, que conta com mais de 1.200 integrantes no país, cerca de metade deles pertencentes às forças armadas. A conexão com o meio militar teve início em 1997, quando a Sacred Well Congregation concordou em patrocinar um grupo de Wiccanianos praticantes em Fort Hood.

Georgiana

George Patterson fundou a Tradição Georgiana em 1971. Inicialmente, foi registrada como Church of Wicca of Bakersfield (Igreja da Wicca de Bakersfield) e, mais tarde, como Georgian Church (Igreja Georgiana). De acordo com um site dedicado aos Georgianos tradicionalistas, o nome da Tradição foi escolhido porque "muitos grupos Wiccanianos Tradicionais Britânicos foram liderados por homens que deram seus nomes a essas Tradições". A Wicca Georgiana combina elementos das Tradições Alexandrina e Gardneriana, além do material Pagan Way (Caminho Pagão), criado por Ed Fitch. Muitas de suas práticas – assim como o uso das Leis e Iniciações Wiccanianas – são muito semelhantes às da Wicca Tradicional Britânica. A Wicca Georgiana se considera uma parente próxima da Wicca Gardneriana.

Existem diversas versões sobre a história de George Patterson. Em alguns momentos, ele afirmava ter sido iniciado em um "Coven Celta", enquanto há especulações de que tenha participado de um Coven que trabalhava com divindades clássicas greco-romanas e nórdicas. Após a morte de Patterson, muitos praticantes Georgianos adotaram uma abordagem mais eclética, explorando outros ensinamentos e até reescrevendo os Rituais de Iniciação. Surgiram então Georgianos ecléticos e até Georgianos Diânicos. Aqueles que decidiram permanecer tradicionalistas se reuniram em um único ramo. Hoje, existem três linhagens: Silverknife, Elven e MoonStar. Os Georgianos tradicionalistas têm um site próprio (consulte Recursos). Eles enfatizam as iniciações entre Sacerdotes e Sacerdotisas conforme a forma original escrita em seu Livro das Sombras; celebram os Sabbats em seu formato original e mantêm as mesmas leis (Ordenações) sem modificações ou exclusões no Livro das Sombras.

NROOGD

Os Covens da NROOGD (New Reformed Orthodox Order of the Golden Dawn – Nova Ordem Ortodoxa Reformada da Aurora Dourada) são descritos em detalhe no capítulo 7 (ver também Recursos). A Tradição foi criada inteiramente a partir de pesquisa, poesia, inspiração e da reunião de um pequeno grupo de amigos. Entre as Bruxas citadas no livro que pertencem à NROOGD estão Glenna Turner e Aidan Kelly (uma das fundadoras da Tradição). Kelly costumava dizer que foi a poesia que a levou à Arte, e isso é uma pista tão boa quanto qualquer outra para a Tradição.

Feri

Essa Tradição já foi chamada de Faery, Faerie ou Feri. O poeta Victor Anderson iniciou a Tradição na Califórnia. Como pode ser visto em algumas de suas citações neste livro, Anderson tinha uma visão extremamente poética do mundo. A falecida Alison Harlow uma vez comentou que as histórias que ele contava sobre suas origens frequentemente mudavam. Anderson sempre afirmou que suas influências vinham dos Kahuna havaianos e do Voudou africano. Mas de acordo com um artigo de Steve Hewell no *The Witches' Voice*, aos doze anos, Anderson conheceu um grupo de migrantes do sul da região dos Apalaches, que lhe ensinaram diversas práticas mágicas "enraizadas na magia folclórica americana", com alguns "elementos das Tradições europeia, afro-americana e indígena norte-americana."[156]

Mais tarde, algumas das figuras mais importantes do ressurgimento Pagão – Alison Harlow, Gwydion Pendderwen e sua esposa, Cynthia, Caradoc Ap Cador, entre outras – fizeram parte do Coven de Victor Anderson. Foi nesse momento que a Tradição Feri realmente se expandiu. Posteriormente, Starhawk incorporou muitos elementos da Feri na Tradição Reclaiming, dando-lhe uma orientação mais política. Victor Anderson e outros adicionaram influências Gardnerianas, enquanto outros iniciados levaram a Tradição para caminhos celtas, indígenas norte-americanos e diversas outras vertentes. Entre as características marcantes da Tradição estão práticas xamânicas e o misticismo sexual. Steve Hewell escreveu:

> Os Deuses são vistos como mônadas, contendo em si tanto a luz quanto a escuridão, o masculino e o feminino. Alguns conceitos e ferramentas de ensino exclusivos da Tradição Feri tornaram-se amplamente conhecidos... Em especial, a concepção Feri da natureza tripartida da psique humana - que traz ideias semelhantes aos conceitos da Cabala Hebraica e do *Huna* havaiano, pelo qual Victor tinha um apreço

156 Steve Hewell, "The Feri Tradition", publicado em *The Witches' Voice*, 1º de janeiro de 2002. ID do artigo: 3785: www.witchvox.com/va/dt_va.html?a=usga&c=trade&id=3785.

especial - assim como os Pentagramas de Ferro e Pérola passaram a ser reconhecidos além da Tradição. Esses Pentagramas representam os valores fundamentais da Feri e expressam nossa abordagem essencial à magia e à natureza humana.

A prática solitária é comum na Tradição Feri, há apenas uma iniciação e a estrutura dos Covens costuma ser informal. Existem diversas linhagens dentro da Tradição, e alguns dos professores atuais incluem Gabriel, Francesca di Grandis e Tony Spurlock. Hewell resume a Tradição da seguinte maneira:

> O caminho da Feri nem sempre é fácil ou seguro; não é para todos. Requer uma profunda honestidade e muita disposição para explorar a própria escuridão como fonte de poder e autocura. Ensina a entrar nos lugares ocultos, onde enterramos as partes de nós que tememos ou rejeitamos e, ali, encontrar a origem da beleza, do amor, da criatividade e da autenticidade. A Tradição nos coloca frente a frente com nossa própria divindade, permitindo que o poder bruto do Universo vivo flua por cada parte do nosso ser. É uma experiência intensa e muitas vezes desafiadora - o caminho para a totalidade raramente é confortável! As Bruxas Feri buscam viver de acordo com o que chamam de "Ética da Guerreiro", equilibrando liberdade pessoal e amor-próprio como manifestações do Divino, com a necessidade de disciplina, responsabilidade e respeito pelos outros.

Reclaiming

A Tradição Reclaiming surgiu no norte da Califórnia na década de 1980 e atualmente possui grupos espalhados pela América do Norte e partes da Europa Ocidental. Desde o início, sempre enfatizou a comunidade e a ação coletiva. Starhawk é a integrante mais conhecida da Reclaiming, e seus livros *The Spiral Dance, Dreaming the Dark* (*Dança Cósmica da Feiticeira*), dentre outros, serviram como ponto de partida para inúmeros Covens. No entanto, as decisões dentro da Tradição sempre foram tomadas por consenso – algo semelhante ao modelo utilizado pela Religious Society of Friends (Sociedade Religiosa de Amigos), os Quakers. Nunca houve um líder, embora Starhawk tenha sido uma das principais formuladoras teológicas. Desde o princípio, as aulas e workshops foram ministrados em conjunto para modelar uma abordagem diferente do conceito de poder. Em 1982, após um protesto político – um bloqueio contra a construção da usina nuclear em Diablo Canyon – e a primeira celebração da Dança Espiral – a comunidade se consolidou como o "Coletivo Reclaiming". Pouco depois, começaram os primeiros treinamentos intensivos de verão, foi lançada uma newsletter e, em 1994, a Reclaiming tornou-se uma organização formal que, com o tempo, evoluiu para uma Tradição da Bruxaria. A Reclaiming é eclética, fundamentada na autossuficiência espiritual e estruturada de forma não hierárquica. Starhawk recebeu treinamento na Tradição

Feri de Victor e Cora Anderson, além de ter experimentado a Wicca Diânica de Z Budapeste. Segundo um artigo de M. Macha NightMare, com contribuições de Vibra Willow e disponível no site da Reclaiming, essa Tradição, "ao contrário da maioria das outras Tradições da Arte, sempre defendeu a conexão entre espiritualidade e ação política."[157] M. Macha caracteriza a Reclaiming como uma Tradição sem hierarquia; sem panteão específico e sem liturgia definida, exceto em grandes rituais públicos. Não há exigência de iniciações, faz uso extensivo de cânticos, técnicas de respiração e elevação de energia, além de manter um forte engajamento político e uma consciência ecológica profunda. A Reclaiming reivindica com orgulho o uso do termo "Bruxa", e sua visão de espiritualidade feminista - que inclui tanto homens quanto mulheres - baseia-se em uma análise do poder que entende todos os sistemas de opressão como interligados e enraizados em estruturas de dominação e controle. A Tradição diferencia o conceito de "poder interior", do "poder sobre o outro". Nos seus Princípios de Unidade, disponíveis em seu site, a Reclaiming afirma:

> Os valores da Tradição Reclaiming surgem da compreensão de que a Terra está viva e que toda a vida é sagrada e interconectada. Vemos a Deusa como imanente nos ciclos naturais de nascimento, crescimento, morte, decomposição e regeneração. Nossa prática nasce de um compromisso espiritual profundo com a Terra, com a cura e com a união entre magia e ação política.

A Reclaiming conta com grupos e comunidades em diversas partes dos Estados Unidos, além de Alemanha, Espanha, Canadá e Países Baixos. A Tradição organiza os *Witchcamps*, treinamentos intensivos de uma semana que incluem tocar tambor, dançar, entoar cânticos, contar histórias, visualizações guiadas, transe e trabalhos energéticos. Pelo menos cinco mil pessoas já participaram desses encontros. Quando este livro foi finalizado em 2006, havia cerca de vinte *Witchcamps* anuais nos Estados Unidos e na Europa.

Diânica

O termo "Diânica" refere-se a várias Tradições diferentes. O nome vem, em parte, da descrição de Margaret Murray sobre a Bruxaria como o "culto Diânico". Nos Estados Unidos, todos os grupos que se identificam como Diânicos têm um ponto em comum: a ênfase na Deusa.

Talvez a vertente mais antiga e influente da Wicca Diânica tenha sido criada, revivida e inspirada pela autora e ativista Zsuzsanna Budapest no início da década de 1970. Seu primeiro Coven, o Susan B. Anthony Coven, em Los Angeles, deu origem a muitos outros - como o Amelia Earhart Coven, em Nova York, e o Elizabeth Gould Davis Coven, na Flórida –, e mais tarde a dezenas de novos

157 M. Macha NightMare and Vibra Willow, "Reclaiming Tradition Witchcraft", published 1999, 2000: www.reclaiming.org/about/origins/rectrad-craft.html.

grupos. Na década de 1980, já existiam muitos grupos Diânicos, alguns sem qualquer ligação com Z Budapest ou seus ensinamentos. Ruth Barrett, Sacerdotisa que herdou o ministério de Z em 1980 e atua na Tradição Diânica no Meio-Oeste dos Estados Unidos, descreve a Tradição Diânica da seguinte forma:

> Uma Tradição dos Mistérios Femininos vibrante, criativa e em constante evolução, aberta a todas as mulheres. Nossas práticas incluem a celebração e a honra das inúmeras passagens físicas, emocionais e cíclicas que as mulheres vivenciam pelo fato de terem nascido no sexo feminino. A Tradição Diânica contemporânea reconhece os efeitos e influências, maiores ou menores, da cultura dominante em todos os aspectos da vida das mulheres. Desde 1971, o movimento Diânico tem inspirado e fornecido rituais de cura para enfrentar os impactos de viver sob o patriarcado, além de buscar compreender, desconstruir e curar as marcas dessa estrutura na cultura em que vivemos e praticamos nossa fé. Definimos patriarcado como o uso da mentalidade e da ação baseadas no "poder sobre" para oprimir outras pessoas, tanto de forma institucional quanto na esfera pessoal de nossas vidas.[158]

Essa vertente da Tradição Diânica é exclusivamente para mulheres. Sua cosmologia é centrada na Deusa como "Aquela que É Tudo e Completa em Si Mesma". A Deusa é a própria teia da vida. Ruth Barrett escreve que a Roda do Ano Diânica celebra os Festivais Pagãos tradicionais – solstícios, equinócios e festividades dos pontos intermediários –, mas, ao contrário de outras Tradições Wiccanianas, não há foco no ciclo de fertilidade heterossexual entre Deusa e Deus. Como Barrett explica em seu livro *Women's Rites, Women's Mysteries* (cuja segunda edição será publicada pela Llewellyn em 2007):

> A Deusa é celebrada em seu aspecto tríplice de Donzela, Mãe e Anciã, representando o ciclo completo da vida: nascimento, maturação e morte. Ela possui o poder de gerar a vida, nutrir, proteger, sustentar e também de destruí-la. Esse conceito abrange todo o *continuum* da natureza.[159]

Embora se reconheça a Deusa como uma presença universal, também se compreende que Ela foi cultuada sob muitos nomes e em diversas formas culturais. Os rituais diânicos homenageiam os ritos de passagem das mulheres. Há uma ênfase no que Barrett chama de "os cinco mistérios do sangue", que são nascimento, menarca, parto/lactação, menopausa e morte. Ela escreve: "Esses Mistérios reconhecem e honram a capacidade das mulheres de criar a vida,

158 Ruth Barrett, *Women's Rites, Women's Mysteries* (Bloomington: AuthorHouse, 2004), p. 420.

159 *Ibid.*, pp. 421–422.

sustentá-la e devolver nossos corpos à Deusa na morte. Independentemente de darem à luz ou não, todas as mulheres passam pela fase de Mãe ao escolherem caminhos de vida que sustentam nossa espécie ou outras formas de vida."[160]

Tudo o que é masculino na natureza é visto como uma variação da Deusa, originado dela, nascido dos ventres das mulheres. Os úteros femininos são considerados a fonte da criação e do poder das mulheres, independentemente de terem passado por uma histerectomia. Como resultado, o feminismo da Wicca Diânica é essencialista, em contraste com a visão de que a maioria das diferenças entre homens e mulheres é culturalmente construída. A maioria das diânicas dessa Tradição não aceitam homens transgêneros ou alterados cirurgicamente como mulheres, uma questão controversa que tem sido debatida dentro do movimento feminista há anos. Além disso, há uma tendência a desconfiar de estudos acadêmicos masculinos sobre a Deusa. Muitos trabalhos clássicos sobre a história do culto à Deusa – como os de J. J. Bachofen, Helen Diner, Merlin Stone, E. G. Davis, Barbara Walker e, mais recentemente, Marija Gimbutas – não foram amplamente aceitos pela academia tradicional. Isso frequentemente coloca as diânicas e outras espiritualistas feministas em conflito com o movimento acadêmico de Estudos Pagãos, abordado em outro capítulo.

No passado, as diânicas muitas vezes enfatizaram a criatividade, as habilidades psíquicas, o feminismo e a oposição ao patriarcado, ao mesmo tempo em que minimizaram a importância da estrutura e dos rituais formais. Há certa preferência pela improvisação em vez de uma liturgia rigidamente estabelecida.

Outra vertente da Tradição Diânica nos Estados Unidos teve início em Dallas, com o Dianic Covenstead da Sacerdotisa Morgan McFarland. Essa Tradição exalta o feminino, mas não exclui os homens do culto. Quando a visitei em 1976, McFarland era Sacerdotisa de três Covens, um deles exclusivamente feminino.

Nessa vertente da Tradição, a Deusa é vista em três aspectos: Donzela-Criadora, Grande Mãe e Anciã, que guarda a porta da morte e do renascimento. É em seu segundo aspecto que a Deusa toma um consorte masculino, que se relaciona com Ela como Osíris para Ísis. Para ilustrar essa relação, as diânicas citam uma frase atribuída a Bachofen: "Imortal é Ísis, mortal o seu marido, como a criação terrena que ele representa." Assim, há um espaço para o Deus, mas a figura feminina como Criadora é central. As diânicas também veem a Deusa simbolizada na natureza como a Tríplice Criadora: na Lua, como Rainha dos Mistérios; no Sol, como Sunna, Rainha das Estrelas, que provê calor e sustento; e na Terra, como a Mãe para quem todas devem retornar.

Mark Roberts, que foi parceiro de Morgan McFarland até 1978, disse-me que as diânicas também são panteístas, pois reconhecem a sacralidade de tudo o que existe. No entanto, afirmou: "A Deusa é a pedra de toque deste Planeta e deste ciclo de vida." Na época, Mark e Morgan pareceram ser, entre todas as pessoas que entrevistei, as mais preocupadas com o destino ecológico do Planeta. Em The

160 *Ibid*, p. 422.

New Broom, uma antiga publicação diânica, Roberts escreveu que a distinção entre "mortal" e "divindade" era menor do que a diferença entre aqueles que perderam a conexão com a natureza e aqueles cujos ritmos e pulsações estavam em sintonia com o universo. Ele também escreveu:

> O estilo de vida diânico é a síntese de três valores e ideais. Primeiro, uma consciência de si mesmo. Segundo, uma conexão crescente e sempre em expansão com a Natureza. Terceiro, uma sensibilidade aberta ao ritmo do cosmos. À medida que nos aproximamos desses objetivos comuns - consciência, conexão e sensibilidade -, atingimos um nível de sintonia que as pessoas de fora chamam de "magia". Estamos plenamente cientes de que, em nossas práticas, não criamos nem produzimos nada sobrenatural: apenas alcançamos nosso potencial natural.
>
> Em uma sociedade obcecada pela artificialidade, nosso modo de viver pode parecer estranho, "antinatural", até mesmo revolucionário...
>
> E somos revolucionários: no sentido de que giramos em torno do eixo que é a Deusa e completamos o ciclo que vê seu culto retornar com força; e somos defensores de uma mudança drástica e radical em relação ao mundo desordenado, vertiginoso e destrutivo em que nos encontramos. Em uma era tecnológica, onde os avanços mecânicos cobram um preço cada vez maior da sensibilidade humana, treinamos nossos sentidos para despertarem novamente, alcançando um nível de consciência que liberta o ser humano para ser inteiro, independente e alerta. Em uma cultura patriarcal que se torna cada vez mais autoritária, não temos escolha senão nos posicionar como rebeldes contra a desumanização...[161]

Em consonância com esses princípios, o Círculo Diânico desenvolveu uma série eficaz de exercícios e técnicas para restaurar a conexão e a sintonia com a natureza.

A origem do Círculo Diânico em Dallas remonta a cerca de quarenta anos. Morgan McFarland, filha de um ministro, passou parte da juventude no Oriente antes de se mudar para o sul dos Estados Unidos. Morgan foi iniciada em um Coven de Bruxaria do Sul que não tinha um nome específico para sua Tradição, referindo-se a ela simplesmente como "Bruxaria". Mais tarde, McFarland adotou o termo "Diânica". Os rituais desse Coven enfatizavam a Lua e tinham uma forte influência "Gravesiana", focando nos mitos, na tradição e no mistério por trás dos treze meses lunares e sua conexão com o alfabeto arbóreo *Beth-Luis-Nion* da antiga Britânia.[162]

161 Mark Roberts, "An Introduction to Dianic Witchcraft", manuscrito não publicado, Cap. VI, pp. 1–2.

162 Grande parte de *The White Goddess*, de Robert Graves, é uma investigação metafórica desse alfabeto, que se acredita ser um antigo sistema druídico. Ele possui dezoito letras — treze consoantes e cinco vogais —, e cada uma está associada a uma árvore bem conhecida no folclore europeu. *Beth* corresponde à bétula, *Luis* ao sorveira, *Nion* ao freixo, e assim por diante. As consoantes costumam ser usadas para representar os treze meses lunares. O *Covenstead* de Morrigana adotava esse sistema, assim como muitos calendários lunares mais recentes, incluindo aqueles publicados por Nancy Passmore pela Luna Press (Boston)

Embora tanto homens quanto mulheres pudessem se tornar iniciados, as mulheres que tivessem experimentado os rituais de todos os meses lunares podiam passar por cinco "rituais de passagem" adicionais, após os quais poderiam "se separar" e formar seus próprios Covens. Dentro da Tradição, são as mulheres que escolhem os seus Sacerdotes, podendo revogar essa escolha a qualquer momento.

Perguntei a Mark a questão óbvia: como era ser um Sacerdote em uma Tradição tão marcadamente matriarcal. Ele respondeu: "Eu prefiro ser imediato em um navio sólido do que capitão em um navio com o casco podre, um navio que está afundando. O patriarcado é esse navio."

Perguntei a Morgan sobre suas percepções em relação à diferença entre seus dois Covens que incluem homens e aquele exclusivamente feminino. Ela respondeu: "Descobrimos que, quando trabalham juntas, as mulheres são capazes de invocar seu passado e despertar sua antiga soberania. Elas conseguem reunir muitas das peças perdidas. Isso não parece acontecer quando há homens presentes. Talvez seja uma questão social. Nos Covens mistos, por mais 'feministas' que as mulheres sejam, um certo tipo de competição começa a surgir. Entre as mulheres, sozinhas, nada disso ocorre, e uma grande reciprocidade se desenvolve, algo diferente de tudo o que já vi antes."

Morgan McFarland já foi dona de casa, palestrante sobre feminismo e Bruxaria, proprietária de um pequeno negócio de plantas e cestas e, também, uma mulher que construiu sua carreira dentro de uma grande corporação. Ela tem dois filhos. Passei uma semana com Morgan e Mark durante o período em que trabalhavam juntos e os encontrei como pessoas animadas, espontâneas e maravilhosas.

Seus círculos eram, em grande parte, celebratórios. Como Mark escreveu em *The New Broom:*

> Realizamos trabalhos de cura e resolução de problemas, práticas de vidência e medidas de proteção, mas a maioria de nossos círculos rituais é dedicada à louvação, ao culto e ao contato com a Deusa. O espírito protetor de nossos círculos serve mais para nos resguardar do século 20 do que para nos defender de danos maliciosos. Nossos círculos são um refúgio do presente, que nos liberta para tocar o passado e restaurar nossa antiga sintonia com a natureza.[163]

Dentro do círculo, todos eram iguais, apesar da vertente "feminista", grande liberdade para inovação em relação a rituais, instrumentos, vestimentas (ou sua ausência), tamanho e estrutura. Em 2005, Morgan McFarland disse que observava a nova geração de diânicas a distância. Não liderava mais um Coven e se descrevia como uma matriarca reclusa. No entanto, muitos Groves e Covens continuam seu trabalho.

163 Mark Roberts, "The Dianic Aspects", The New Broom, Vol. I, No. 2 (Candlemas, 1973), p. 17.

Há um terceiro ramo da Wicca Diânica que merece ser mencionado – a Congregação Reformada da Deusa, Internacional (RCG-I – Internacional Reformed Congregation of the Goddess,). A RCG-I começou em 1982, quando Jade River se mudou de Kentucky para Wisconsin e começou a buscar mulheres que desejassem "servir à Deusa". Em 1983, Jade e Lynnie Levy lançaram a revista Of a Like Mind, que rapidamente se tornou a principal rede de comunicação do Movimento de Espiritualidade Feminina, mantendo essa posição por anos. Nesse mesmo ano, elas formalizaram a Reformed Congregation of the Goddess em Wisconsin. Desde então, a RCG-I cresceu e se expandiu, contando com mais de dois mil membros. Há círculos e Sacerdotisas em cerca de sete estados. A RCG-I possui um Instituto Tealógico Feminino que oferece diversos programas de treinamento, além de um processo de ordenação para Sacerdotisas. Embora não se autodenominem "Diânicas", trata-se de uma Tradição exclusiva para mulheres, com foco absoluto na Deusa.

Minoan Brotherhood e Minoan Sisterhood
(Fraternidade Minoica e a Irmandade Minoica)

A Tradição Minoica é um caminho iniciático da Bruxaria, baseado principalmente em fontes cretenses, com influências da mitologia do Egeu e do Antigo Oriente Próximo. Fundada em 1977, por Edmund M. "Eddie" Buczynski, um ritualista e poeta extremamente criativo que foi treinado na Wicca Gardneriana e Galesa. Mais tarde, passou a estudar arqueologia clássica e do Oriente Próximo, rompeu com as Tradições Galesa e Gardneriana e fundou a Minoan Brotherhood. A criação desse grupo teve, em parte, o propósito de celebrar os Mistérios Masculinos e proporcionar um espaço seguro para homens gays e bissexuais dentro da Arte. Pouco depois da fundação da Fraternidade, um grupo de Sacerdotisas em Nova York criou a Minoan Sisterhood. Eddie Buczynski morreu de AIDS em 1989, mas a Tradição continua ativa. Existem grupos da Minoan Brotherhood na Califórnia, Michigan, Flórida, Washington, Louisiana, Indiana e Canadá. A Minoan Sisterhood está ativa na região de Nova York. Além disso, há um espaço de encontro entre os dois grupos chamado Culto de Reia ou Culto do Machado Duplo. Assim como muitas Tradições Wiccanianas, a Tradição Minoica tem três graus de iniciação e celebra ritos na lua cheia e nas oito festividades da Roda do Ano. Embora sua estrutura seja semelhante à da Wicca Gardneriana, suas crenças centrais giram em torno do culto à antiga Deusa Serpente de Creta – a Grande Mãe – e seu filho divino. A Minoan Brotherhood mantém uma forte conexão com a espiritualidade Queer. Não há informações publicadas sobre os rituais internos da Tradição, e seus Elders afirmam que assim deve ser: "Sendo uma Tradição de Mistérios, valorizamos nossa privacidade e o sigilo para preservar a sacralidade e o encantamento da busca espiritual." A Lei ética mais importante da Tradição Minoica é "Amor a Todos os Seres". Os Elders da Tradição escrevem: "Embora a Rede Wiccaniana não seja ensinada nem atribuída como uma regra absoluta que deve ser respeitada, muitos Elders minoicos a veem como um bom conselho para medir as próprias ações". Só para esclarecer, o primeiro grupo da Arte do qual participei, em 1971, foi um grupo de treinamento da Wicca Galesa em Nova York. Eddie Buczynski escreveu a maior parte dos rituais e quase toda a poesia, e muito desse material era de uma beleza extraordinária.

Escola de Wicca

A *School of Wicca* é uma grande escola de Bruxaria por correspondência nos Estados Unidos. Também é reconhecida legalmente como uma igreja.

É discutível se a Escola deveria ser incluída neste livro sobre Neopaganismo e sobre a Wicca como um ramo do Neopaganismo. A School of Wicca não se considera "Pagã", e Gavin e Yvonne Frost, que a dirigem, sempre definiram a Bruxaria como uma religião monoteísta.

Ainda assim, a *School of Wicca* pode ter formado centenas de Covens por meio de suas atividades. Nos últimos anos, os Frosts estiveram frequentemente no centro de iniciativas ecumênicas dentro do Neopaganismo, além de diversas controvérsias dentro da Arte – incluindo debates sobre sexualidade, homossexualidade, e a oposição entre Monoteísmo e Politeísmo, para citar alguns. Enquanto isso, dezenas de milhares de estudantes iniciaram o curso de Bruxaria de doze lições da escola, embora, ao que parece, apenas algumas centenas tenham concluído o programa.

Parte da controvérsia em torno dos Frosts veio do senso de humor irônico e, por vezes, peculiar de Gavin Frost, além de sua tendência a dizer quase qualquer coisa para provocar reações. Por causa disso, muitas vezes foram mal interpretados. Durante algum tempo, sua oposição à homossexualidade dentro da Arte gerou grande debate. Como sua Tradição enfatizava a magia sexual heterossexual, essa postura era, até certo ponto, compreensível – desde que não afirmassem que seus métodos eram "o Caminho". Infelizmente, Gavin nem sempre manteve essa distinção.

Os Frosts cometeram outro erro. Eles escreveram um livro sobre Bruxaria e o intitularam de *The Witch's Bible* (*A Bíblia da Bruxa*) – ou, pelo menos, foi essa a escolha do editor Quando o livro foi publicado, muitas pessoas dentro da Arte ficaram indignadas e passaram a chamá-lo de *Witchcrap book* (*Livro de Bruxaria*). A obra, com sua ênfase em uma divindade monoteísta e assexuada, descrevia uma religião muito diferente daquela praticada pela maioria dos Wiccanianos. Além disso, continha afirmações questionáveis sobre sexo e raça. Também mencionava o uso de falos artificiais – uma antiga prática mágica, mas não familiar à maioria das pessoas dentro da Wicca. O título foi o aspecto mais problemático. Muitas Bruxas ficaram furiosas com o uso do artigo "A", já que o livro, na opinião delas, não tinha qualquer relação com sua religião.

Pessoalmente, os Frosts sempre foram encantadores. Gavin era gentil e bem-humorado, enquanto Yvonne, com seus longos cabelos grisalhos chegando à cintura, era direta e até um pouco reservada. Quando os visitei em 1975, eles viviam no sul do Missouri, perto de uma cidade chamada, apropriadamente, *Salem*. (Desde então, mudaram-se para a Virgínia Ocidental.) Na época, moravam com a filha em uma antiga escola vermelha situada em quatorze acres de terra, onde administravam uma criação de porcos. A impressão que se tinha de sua vida era de solidez. Apesar de minhas fortes diferenças religiosas e políticas com eles, saí de lá com a sensação de que haviam realmente traduzido a Arte em uma filosofia de vida, valorizando técnicas de sobrevivência e um estilo de vida rural simples. Muitos Covens ligados à sua escola e igreja eram baseados no campo, o que trouxe uma mudança bem-vinda em relação aos Covens urbanos que eu havia encontrado até então.

Gavin Frost me disse que era um iconoclasta e que acreditava em uma divindade monoteísta abstrata. Ele dividia os "deuses" em dois tipos. De um lado, havia "Deus", uma entidade abstrata, incognoscível e que não necessitava de adoração. Por outro lado, existiam os "deuses de pedra", aqueles que as pessoas "criam" para um propósito específico. Esses deuses funcionam como reservatórios de energia e são essenciais para a magia. Gavin explicou que as pessoas criam "deuses de pedra" ou "ídolos" para depositar energia neles e, posteriormente, extrair poder. Ambos os tipos de divindades "existem", mas os "deuses de pedra" são criações humanas. Ele afirmou que não se considerava um "pagão" porque não adorava esses "deuses de pedra". "O que você quer dizer com isso?" – perguntei, enquanto estávamos sentados na aconchegante fazenda da antiga escola. A conversa que se seguiu foi a seguinte:

> M.A: vocês dois dizem que não são Pagãos, é verdade?
>
> Gavin: absolutamente!
>
> Yvonne: não me considero Pagã. Eu não adoro nenhuma divindade da natureza. Busco aquilo que é inominável e sem gênero.
>
> M.A: como vocês definem "Pagão"?
>
> Gavin: um Pagão é alguém que adora um espírito da natureza.
>
> Yvonne: ou uma divindade nomeada e finita.
>
> MA: ou várias delas.
>
> Yvonne: digo que existe uma divindade, sem gênero.

Gavin: certo, mas se você quer fazer algo acontecer magicamente, não tem problema em adorar uma estátua de Ísis e depois canalizar energia para ela.

Ivone: ah! Meu mascote? Minha divindade é a chave de ignição do meu Volkswagen. É isso que faz as coisas acontecerem para mim. Não busco conexão espiritual com ela. Mas se vou realizar um procedimento, essa é a divindade ou mascote que utilizo.

Gavin: e você não teria nenhuma objeção em invocar Marte, por exemplo, se Marte parecer apropriado para um procedimento mágico.

Yvonne: mas isso não é uma reverência.

Perguntei a eles se, caso soubessem que A Bíblia da Bruxa causaria tanta polêmica, teriam mudado algo no livro.

Gavin: talvez tivéssemos trocado "da" por "de uma" no título.

Yvonne: se ainda houver nuances masculinas em relação à divindade no livro, talvez as mudássemos para uma abordagem assexuada.

O interesse de Gavin Frost pela Arte começou enquanto ele trabalhava para uma empresa aeroespacial nas planícies de Salisbury. Ele me disse que, ali, "cercado por monumentos", era fácil se interessar pelos druidas. Quando chegou aos Estados Unidos, contou ter sido iniciado por um grupo em St. Louis. Segundo Gavin, sua Tradição era "trinta segundos velha" e "temos um monte de coisas tradicionais, mas elas continuam mudando o tempo todo, e encorajamos as pessoas a experimentar e modificar." E, embora a Church of Wicca – organização vinculada à School of Wicca – inclua muitos Covens, vários deles seguem seus próprios caminhos, sem conexão com a Tradição dos Frosts. Eles optaram por se afiliar à igreja principalmente para obter o status de isenção fiscal como organização religiosa.

Os Frosts são abertamente militantes e afirmam que "a decisão consciente de ser uma Bruxa deve ser, no mínimo, parcialmente pública, reconhecida e assumida." Eles acreditam firmemente que a comunicação entre grupos deve ser incentivada e que "o sigilo traz consigo a perseguição, pois o medo do desconhecido leva à destruição e à morte."

Aqui estão algumas das coisas que distinguem os ensinamentos da School of Wicca de outras tradições Wiccanianas.

1. Monoteísmo: a visão de que a Bruxaria não é uma religião Pagã da natureza.
2. Sem ênfase particular no feminino.
3. Um conceito muito estruturado do "astral", chamado Side, pelos Frosts. O *Side* possui dez níveis.
4. Crenças estruturadas na reencarnação progressiva como principal ferramenta de aprendizado dos seres humanos e todas as "almas". Eles também me disseram que acreditam que a superpopulação está fazendo com que "almas inferiores" reencarnem no plano terrestre.
5. Práticas sexuais de Kundalini, incluindo o *introitus*, uma prática na qual o sexo sem orgasmo é usado como uma forma de rendição a Deus.
6. O uso do ankh egípcio como símbolo de regeneração. O uso de falos artificiais.
7. Uma inclinação antimatriarcal. Gavin chamou a teoria do matriarcado de "heresia marxista."

As crenças da School of Wicca são frequentemente enunciadas da seguinte forma:

- Um indivíduo não pode definir um caminho na realidade de outro.
- Deus/Deusa não é definível.
- Na linguagem bárdica, não há nada verdadeiramente oculto exceto o que não é concebível; não há nada inconcebível, exceto o que é imensurável; não há nada imensurável, exceto Deus.
- Sem a ninguém prejudicar, faça o que desejar.
- O poder é adquirido por meio do conhecimento.
- A reencarnação é para aprendizado.
- A Lei da Atração (o bem gera o bem, o mal gera o mal).
- Harmonia do homem com os mundos psíquico e físico.[164]

Hoje, apesar de suas diferenças, os Frosts parecem se dar bem com a maioria das outras Bruxas, na maior parte do tempo.

Novamente, essas Tradições não são "rigorosas e imutáveis". Como uma Sacerdotisa do Meio-Oeste escreveu de forma humorística: "Mary Nesnick começou como uma Gardneriana, Jesus Cristo começou como um judeu, eu comecei como

164 Touchstone – *Witch's Love Letter* (fevereiro de 1974), p. 9.

uma Alexandrina. Nenhum de nós permaneceu assim."[165] A maioria das pessoas na Arte está começando a sentir que as Tradições devem ser guias, nem mais, nem menos. "Uma Tradição", escreveu-me um Sacerdote da Arte de Nova York, "deve ser rica o suficiente em valores associativos e nuances para não se desgastar, mas para levar a caminhos mais profundos, mistérios mais profundos. Suas imagens e símbolos não devem ser banais. Deve fornecer-lhe valores e relacionamentos de apoio que sustentem o crescimento com outras pessoas ou com outros planos de realidade. Deve proporcionar uma introdução ao mundo espiritual, mas ser equilibrada em relação ao mundo dos sentidos e da carne. Em resumo, ela deve ser estável o suficiente para oferecer um caminho, uma diretriz, mas não deve ser tão rígida que toda a espontaneidade se perca."

Como a Bruxa Diana Demdike disse à revista britânica *Quest*: "A melhor coisa que as Bruxas poderiam fazer", ela afirmou, "seria fazer uma enorme fogueira com todos os seus antigos livros de rituais cuidadosamente copiados e, então, beber a água do conhecimento fresca de sua fonte", que era "a luz da lua, a forma das nuvens e o crescimento das coisas verdes."[166]

A Perseguição às Bruxas nos Dias Atuais

Apesar da emenda constitucional que garante aos cidadãos dos Estados Unidos a liberdade de praticar sua religião – "O Congresso não fará nenhuma lei estabelecendo uma religião ou proibindo o seu livre exercício..." – a Bruxaria não é reconhecida pela maioria como uma religião minoritária legítima. Muitas das pessoas que entrevistei relataram perseguições após serem identificadas como Bruxas. Houve casos de demissões, crianças retiradas dos pais e entregues à custódia de terceiros, prisões por praticar adivinhação janelas quebradas por pedras e episódios em que pessoas precisaram se mudar depois que grupos fundamentalistas decidiram interpretar ao pé da letra a passagem bíblica: "Não deixarás viver a feiticeira".

Entre as Bruxas mencionadas neste livro, Judy Myer perdeu a custódia dos filhos durante o processo de divórcio depois que o marido alegou que ela praticava Bruxaria. Z Budapest foi alvo de uma armação por parte de um informante da polícia e presa por fazer uma leitura de tarô pela qual cobrou dez dólares; o informante afirmou no tribunal que a leitura parecia bastante precisa, mas Z foi condenada e multada em trezentos dólares. Adolescentes locais tentaram atear fogo na casa de

165 Roberta Ann Kennedy, *Green Egg*, Vol. V, No. 51 (17 de dezembro de 1972), seção Fórum, p. 14.

166 Diana Demdike, "Don't Let Witchcraft Die!" em *Quest*, No. 15 (setembro de 1973), p. 6. Esta é a revista britânica sobre Bruxaria, não devendo ser confundida com a revista feminista dos Estados Unidos com o mesmo nome.

Bran e Moria; atiraram tomates pelas janelas, além de pedras e outros objetos. Isso ocorreu depois que Moria participou do *Tomorrow Show* para falar sobre a Arte. Como consequência, Bran e Moria decidiram partir para o norte da Califórnia, dizendo que encararam o ocorrido como um "sinal da Mãe" de que era hora de deixar Los Angeles.

Houve também o provável assassinato de um homem por um parente "zeloso" que queria garantir a salvação de sua alma, além do caso de Robert Williams, um psicólogo que, após mencionar a Arte em uma entrevista para um jornal local, foi demitido de seu trabalho em um reformatório no Kansas e, pouco depois, cometeu suicídio.[167] Mas agora, vinte e cinco anos depois, este tipo de incidentes são bastante raros.

A maior parte da perseguição não é tão explícita. Ela se manifesta de forma mais sutil, por meio das imagens de Bruxas retratadas em programas de televisão e em filmes como *O Bebê de Rosemary* e *O Exorcista*.

O falecido Leo Martello, ativista de longa data pelos direitos civis e LGBTQIA+, organizou um "Witch-in" no Central Park, em Nova York, em 31 de outubro de 1970. Para conseguir a autorização do Departamento de Parques, precisou lutar com o apoio da União Americana pelas Liberdades Civis de Nova York. Martello então fundou a Liga Antidifamação das Bruxas, dedicada a garantir direitos religiosos para as Bruxas.[168] Com o tempo, a organização mudou seu nome para Rede de Educação sobre Religiões Alternativas (AREN – Alternative Religions Education Network).

Alguns anos depois, Isaac Bonewits e outros ocultistas fundaram a Liga Aquariana Antidifamação (AADL Aquarian Anti-Defamation League), – uma organização dedicada a travar batalhas legais em nome de Pagãos e ocultistas. Em um artigo na *Gnostica*, Bonewits deu detalhes das leis e estatutos anti-ocultismo ainda em vigor em diversos estados. Por exemplo, em Delaware, fingir ter habilidades mágicas, praticar adivinhação ou "lidar com espíritos" era suficiente para ser considerado vagabundo. Em Massachusetts, "fingir" ler a sorte com fins lucrativos era classificado como estelionato e fraude. Em Michigan, qualquer forma de adivinhação era proibida, incluindo a radiestesia. Em muitos estados, ainda é ilegal praticar astrologia, quiromancia e outras artes divinatórias sem licença.

Bonewits observou em um artigo intitulado *Witchburning... Now and Then*, que, como a maioria das pessoas não considera as Bruxas integrantes de uma religião "real", elas frequentemente não recebem a proteção legal concedida às igrejas.[169]

167 Sobre a morte de Robert Williams, veja *Green Egg*, Vol. VIII, nº 74 (novembro de 1975), p. 11; também Vol. VII, nº 65 (setembro de 1974), pp. 3, 37; e nº 66 (novembro de 1974), pp. 39–4

168 Leo Martello, *Witchcraft: The Old Religion* (Secaucus, NJ: University Books, 1973), pp. 23–27.

169 Isaac Bonewits, *Witchburning Now & Then*, *Gnostica*, Vol. III, nº 6 (21 de janeiro de 1974), pp. 5–6, 8, 10, 16.

A ideia para a AADL surgiu depois que Bonewits e outros ocultistas foram abordados por pessoas aparentemente simpáticas, que alegavam estar produzindo um documentário sobre o ocultismo. No entanto, descobriu-se que pertenciam a um grupo fundamentalista. O filme, *The Occult: An Echo from Darkness* (*O Oculto: Um Eco das Trevas*), foi narrado por Hal Lindsey, autor de *Satan Is Alive and Well on Planet Earth, The Late Great Planet Earth* e outros livros do gênero. Bonewits comentou:

> O filme é uma propaganda venenosa e agressiva. Seu único propósito é distorcer e confundir fatos bem conhecidos da história mundial e das religiões comparadas, levando espectadores desinformados a acreditar que todo o ocultismo - desde horóscopos de jornal e cartas de tarô até encontros de Bruxas, Magia Ritual, laboratórios de PES (laboratórios de Percepção Extra-Sensorial) e sistemas de treinamento mental - faz parte de um complô satânico unificado para escravizar o mundo e destruir o Cristianismo. Todas as pessoas retratadas no filme, exceto os pregadores, são associadas a uma jovem que "confessa" ter ajudado a queimar um bebê até a morte em um ritual satânico.[170]

Bonewits disse que o filme, uma produção em cores que custou pelo menos cem mil dólares, utilizou citações distorcidas e edições manipuladas. Nele, aparecem diversos Neopagãos, médiuns, Bruxas e Neocristãos, incluindo o próprio Bonewits.

A AADL foi criada em resposta a esse tipo de problema, mas acabou extinta devido à falta de voluntários e de recursos financeiros. Atualmente, os grupos mais importantes na luta pela liberdade religiosa de Wiccanianos e Pagãos são a Liga da Senhora da Liberdade (Lady Liberty League), a Rede de Educação sobre Religiões Alternativas (Alternative Religions Education Network - AREN) e a Lista de Assistência às Religiões da Terra (Earth Religions Assistance List - ERAL). No passado, as atitudes dentro do Paganismo e da Arte em relação à perseguição se dividiam entre duas posturas: "Se formos respeitáveis e discretos, não seremos perseguidos - apenas aqueles que chamam atenção têm problemas" e "É hora de nos posicionarmos e lutarmos por nossos direitos religiosos." Hoje, a maioria dos Wiccanianos leva uma vida muito normal e não sofre muita discriminação. Ainda ocorrem incidentes que chegam aos tribunais e à mídia, além de batalhas contínuas para garantir que Pagãs no meio militar e no sistema prisional tenham os mesmos direitos concedidos a integrantes de outras religiões. Esses esforços exigem ação política e atenção constante, mas são exceções, não a regra.

170 *Ibid.*, p. 6.

Elementos Essenciais

> Muitas Bruxas modernas acreditam ter resgatado a antiga religião dos tempos pré-cristãos. No que se refere à conexão com a natureza e à celebração dos festivais marcados pelos ciclos do céu, há um argumento a seu favor, pois esses eram os elementos essenciais das crenças antigas.
>
> ...Nesse cenário de crescentes ameaças à existência humana, há um movimento em direção às forças da vida. Daí o crescimento das Bruxas do tipo ancestral, ligadas à natureza, às danças dos deuses. Suas marcas são a nudez, o sexo, o canto e a dança, e seus corações, em sua maioria, são inocentes e alegres. Os grupos recém-formados têm sua validade, pois surgem das necessidades emocionais que os originaram. Muitas vezes, sem qualquer planejamento consciente, acabam recriando, de dentro para fora, ecos de rituais antigos.
>
> A Bruxaria é, em sua essência, a reverência às forças deste mundo, sejam elas belas ou terríveis, todas unidas em um círculo sob o céu em movimento, acima do qual está a Unidade.
>
> — CA Burland[171]

A maior parte do discurso popular sobre a Bruxaria se concentra em aparências. Isso desvia a atenção e cria mistério. Nossa sociedade nos ensina a ver os objetos como essenciais, levando muitas pessoas a focarem em adagas ritualísticas, feitiços, ervas exóticas e toda a parafernália da Wicca moderna, acreditando que isso é a Arte.

"Por que você colocou um pano vermelho no altar?", pergunta uma iniciante a um Sacerdote da Wicca, em um tom cuidadoso, como se estivesse prestes a descobrir um grande segredo.

"Porque era o que eu tinha à mão", responde o Sacerdote.

Não devemos cometer o erro da iniciante. Em vez disso, vale a pena considerar as palavras que uma mulher me escreveu recentemente:

> Parece que há realmente poucas crenças necessárias para ser uma Bruxa. Na verdade - corrija-me se estiver errada - a única coisa essencial, o ponto em comum entre todas as Bruxas, é a crença no que eu chamaria de princípio da lua (por falta de um termo melhor). É dele que emergem a intuição, o psíquico, o misterioso, aquilo que, de alguma forma, está alinhado ao feminino, ao oculto, ao desconhecido.
> Esse é um conceito vago, é verdade, mas penso que isso seja necessário por dois motivos: (1) Nossa cultura, fortemente baseada no princípio antitético, tem poucos meios de lidar com esse aspecto da vida além de envolvê-lo em termos ambíguos e sombrios ou condená-lo como maligno. (2) Por ser um

171 C. A. Burland, *Echoes of Magic* (Totowa, NJ: Rowman and Littlefield, 1972), pp. 117–118, 132.

conceito vago, ele se aproxima mais do universal do que religiões ou filosofias rigidamente definidas. Como você percebeu, isso permite que diferentes tipos de pessoas se identifiquem com ele.

Não tenho dificuldade em acreditar nesse princípio, pois há coisas na vida que escapam à lógica e à racionalidade. Há a evidência dos meus sentidos, sentimentos que não podem ser ignorados. E não tenho a menor dúvida, em um nível instintivo, de que posso crescer e vivenciar esse princípio diretamente. Por ora, estou disposta a lançar feitiços, realizar rituais, entoar cânticos à meia-noite diante de velas, porque passei a acreditar que esse é um caminho para o poder. O princípio vem de dentro de nós, seja como fonte ou como canal por onde se manifesta. Ainda não tenho certeza de qual das duas opções, mas suspeito que seja a segunda.

Mas saber disso intelectualmente não nos dá acesso a esse princípio; não o convo-camos com a mente racional, pois ele não obedece à racionalidade. Por isso, eu canto, observo a imagem de uma Deusa tríplice através da fumaça do incenso que dança à luz das velas, desligo minha mente lógica por um tempo e, logo, sinto esse fluxo percorrendo meu corpo como eletricidade. Fico sem fôlego e sou, ao mesmo tempo, a mesma e diferente de antes... Meu Deus, é fácil ser poético ao falar sobre isso! Acho que a poesia vem de Ela/Isso/Eu também... Mas o truque é não esquecer que velas, incensos, imagens, etc., são adereços. Nossa, é fácil ficar poética ao falar sobre isso! Acho que a poesia também vem Dela/Disso/De mim... Mas o segredo é não esquecer que velas, incensos, imagens e afins são apenas suportes.[172]

A Bruxa, como dissemos, é aquela que transforma – que se adapta. A Wicca, em sua melhor forma, é a mais flexível e adaptável das religiões, pois está sempre disposta a descartar dogmas e se basear apenas na experiência.

No momento em que você lê estas páginas, alguns dos Covens mencionados podem ter se dissolvido e outros inteiramente novos podem ter surgido. Não procure encontrar exatamente o que foi descrito aqui. Talvez você não encontre, ou talvez tudo esteja um pouco diferente. Essa é a verdadeira beleza da Wicca quando ela é fiel a si mesma.

172 Carta (nome omitido a pedido), Long Beach, CA, verão de 1977.

Capítulo 6

Entrevista com uma Bruxa Moderna

A entrevista a seguir aconteceu no inverno de 1976, em Oakland, Califórnia. A entrevistada, Sharon Devlin, é americana de ascendência irlandesa. Sharon é membro da Arte, mãe, tecelã, toca harpa irlandesa, atua como ativista pelos direitos civis na Irlanda e trabalha na área da saúde. Não é uma figura comum – se é que existe alguma Bruxa "comum", o que duvido. Suas opiniões seriam consideradas bastante controversas por grande parte dos Wiccanianos modernos, especialmente no que diz respeito a drogas, sexo e política, temas nos quais sua visão representa uma posição minoritária dentro da Bruxaria atual. Ainda assim, escolhi esta entrevista entre tantas outras por sua riqueza e profundidade singulares, por ser minha favorita e por abordar muitos dos temas deste livro.

P. Como você se tornou Pagã e Bruxa?

R. Em primeiro lugar, sou uma Bruxa hereditária, mas isso não significa que haja uma linhagem direta de mãe para filha, embora [risos] eu tenha alegado isso quando era uma adolescente neurótica. O que realmente significa é que venho de uma família de Bruxas. Minha tataravó paterna se chamava Mary MacGoll. Era uma mulher baixinha, rechonchuda, de olhos castanhos e ascendência escocesa (dizem que me pareço com ela). Ela atuava como parteira e curandeira local, basicamente curava pela fé. Duvido que se descrevesse como Pagã. Foi criada como presbiteriana e permaneceu uma cristã devota, mas sua fé tinha um caráter camponês, centrado na Virgem Maria. Sua força vinha dos Tuatha De Danann. A maioria das pessoas os chamava de *Gentry, Sidhe* ou Seres Brilhantes. Há muitas histórias sobre fadas associadas à minha tataravó.

Ela se apaixonou por um católico pobre, mas aparentemente adorável, chamado Jenkin Devlin, meu tataravô. Fugiu com ele depois de engravidar, e sua família a deserdou por ter se casado com um católico. Ela era uma clarividente intensa e previu para a família que, por terem privado seu filho ainda não nascido de sua herança, acabariam sem descendentes e um dia viriam implorar para que seus sucessores retomassem o que lhes havia sido negado. E essa profecia se cumpriu,

Contaram-me muitas outras histórias de coisas que ela fez. Diziam que aprendeu respiração artificial com as fadas e conseguiu reanimar crianças dadas como mortas. Sua vida foi curta. Morreu durante a Grande Fome na região de County Tyrone.

Fui criada como uma católica irlandesa rigorosa, mas isso não tinha as conotações negativas que as pessoas costumam atribuir. Minha família era essencialmente irlandesa da classe trabalhadora, sem nenhuma afetação.

P. Como você entrou para Arte?

R. Foi uma decisão independente, porque, na época, não acreditava que mais ninguém tivesse os mesmos interesses. Quando jovem, eu era muito religiosa e buscava desesperadamente experiências extáticas e profundas. Queria me tornar freira e entrar para uma ordem contemplativa. Meus pais eram radicalmente contra. Achavam que isso seria uma forma de fuga. Para uma jovem diante dos temores em relação ao sexo, a castidade parecia uma saída confortável. A vida no convento proporcionava segurança, e isso me atraía. É claro que, à medida que amadureci, essa opção se tornou cada vez menos atraente.

O auge da minha "fase de convento" foi por volta dos quinze anos. Cheguei a entrar para um convento por um curto período - cerca de seis semanas - até ser retirada à força pelos meus pais. Minha mãe simplesmente se recusou a sair da cama enquanto meu pai não me tirasse de lá. Meu pai disse à Madre Superiora que não queria que meus seios secassem como os dela. E, assim, fui arrancada do meu refúgio espiritual e devolvida ao mundo.

Bem, de volta ao mundo, logo percebi a limitação da visão filosófica do catolicismo ortodoxo. Ao mesmo tempo, uma estranha consciência começou a surgir em mim, algo muito mais poderoso. Eu tinha o hábito de rezar até atingir o êxtase, uma das facetas mais positivas do catolicismo. Conheci alguns padres e freiras que realmente alcançaram a iluminação dessa forma. A maioria tinha opiniões bastante heréticas, e esse foi um dos argumentos que meus pais usaram para me afastar do convento. Eles encontraram uma artista e freira famosa, a Irmã Corita, e passei um verão trabalhando com ela no Immaculate Heart College, em Los Angeles. Ela me disse que o melhor que eu poderia fazer pela minha espiritualidade era construí-la por conta própria.

Durante aquele decisivo décimo sexto ano, comecei a ler filosofia. Li muitos clássicos, bastante filosofia ática e romana. Acabei encontrando a Tradição Hermética e alguns livros sobre alquimia. Passei a discutir alquimia com um professor de química do ensino médio; ele era maravilhoso. Uma coisa levou à outra e, antes que me desse conta, fui até a Larsen's Books, na Hollywood Boulevard, e comprei um exemplar de *The Greater Key of Solomon* (*A Chave Maior de Salomão*).

Comecei a lançar feitiços. Foi nesse momento – depois de realizar meu primeiro feitiço — que me ocorreu que eu estava cumprindo algo relacionado à minha ancestralidade.

Depois disso, fui para a UCLA (Universidade da Califórnia, em Los Angeles) e participei de várias aulas sobre a língua e a mitologia dos povos celtas galeses e irlandeses. Li todos os livros sobre mitologia irlandesa que consegui encontrar. Antes do fim do ano, já me chamava de Bruxa, porque sabia que era isso que eu era.

Mais tarde, minha avó me deu um belo caldeirão de ferro fundido que havia sido trazido da Irlanda entre os pertences pessoais da família. Ele pertenceu à minha tataravó, Mary MacGoll. Na época dela, uma panela de ferro era um investimento de vários meses de dinheiro. As famílias irlandesas cozinhavam toda a refeição com leitelho e batatas nesse tipo de panela. Provavelmente, era o bem mais valioso que minha família tinha. Assim, eu tenho a panela de batatas da minha tataravó, que pode ou não ter sido usada como caldeirão. E, embora eu tenha contado algumas histórias exageradas sobre ter sido iniciada por minha avó e ter recebido o caldeirão nesse contexto, a verdade é que me deram o caldeirão e me contaram sua história.

P. Qual é sua relação atual com o catolicismo?

R. É uma trégua instável. Acredito que Cristo foi um avatar genuíno da Grande Mãe – uma espécie de encarnação dionisíaca. Seu culto foi desesperadamente distorcido. Transformaram-no em algo lamentável em vez do deus sacrificial da Inspiração. De tempos em tempos, vou até lá, como seu Corpo e Sangue, e considero isso válido. Mas "confessar meus pecados" a pessoas que se dizem seus "ministros", mas que não fazem nada além de assassinar seu caráter e propósito, isso me pareceria um sacrilégio. Sei, sem dúvida, que se eu vivesse em uma comunidade católica e soubessem que pratico magia, sem dúvida me impediriam de comungar. Simplesmente entro em diferentes igrejas e aproveito a confusão social que Berkeley proporciona.

P. Você se considera Pagã?

R. O que sou, na verdade, é um desdobramento do Paganismo e do Cristianismo irlandês primitivo. Sigo crenças que formaram a base da Igreja Culdee. Essa foi a única verdadeira união entre o Paganismo e os ensinamentos autênticos de Cristo, mas foi brutalmente erradicada pelo papado. A Igreja Culdee continuou a acreditar nos antigos deuses celtas. Mantiveram suas crenças em Danu e no Dagda e consideravam todos os heróis e heroínas da Irlanda como santos. Eles tinham mulheres no clero. Não viam o sexo como pecado e, de fato, em todas as portas de suas igrejas havia uma grande imagem da Grande Mãe dando à luz, com o clitóris exposto, os lábios puxados para os lados e a boca aberta no êxtase do parto. Essas representações são chamadas de Sheila-Na-Gigh.

P. Você se considera politeísta?

R. Acredito que todos os chamados "deuses" são emanações de formas-pensamento de seres humanos em direção à Consciência Uma, da qual fazemos parte. Creio existir muitas raças de seres sapientes no Universo, algumas fisicamente superiores a nós ou, talvez, sem corpos delineados, como os Seres Brilhantes, ou que vivem em um plano dimensional diferente. Tudo isso está dentro do campo das possibilidades. Nossa tendência tem sido chamar essas entidades de "deuses". Mas o que é um Deus? Para mim é um ser eterno e, nesse sentido, nós também somos Deuses. Então, sim, sou politeísta. Mas também acredito que há uma unidade por trás de tudo, e nesse sentido sou monoteísta. Existe um único Espírito, mas uma infinidade de formas encantadoras entre as quais podemos escolher ou até criar novas, conforme desejarmos.

P. O que significa para você, pessoalmente, ser uma Bruxa?

R. Bem, infelizmente, significa que me afastei, em grande parte, da humanidade. Não me vejo como uma líder e não tenho interesse em ser uma. Mas gostaria de ajudar a iniciar uma mudança de espírito no mundo. Acredito que chegou o momento de a humanidade se posicionar a favor da vida em todos os aspectos. Dizer não à morte, não à destruição e ao estupro do nosso ambiente, não à valorização de bens acima da vida humana, não ao afastamento insensato de nossos pais idosos e de nossas crianças, não à força que nos separa do nosso passado ancestral, não a tudo o que foi criado para nos escravizar.

Não estou dizendo que devemos voltar aos carros de boi. Isso seria obviamente ridículo. Em grande parte, concordo com Bucky Fuller: se tivermos a mentalidade certa, a tecnologia que possuímos pode ser usada de forma realmente bela. Mas precisamos nos livrar dessa mentalidade predatória. Acredito que a Bruxaria oferece uma alternativa ética para isso. Agora, Papa Crowley era um homem bastante problemático em muitos aspectos. Mas ao contrário do que se pensa, ele viveu uma vida de intenso sofrimento, e esse sofrimento teve um propósito: mostrar que "Faze o que tu queres há de ser o todo da Lei. O amor é a Lei, amor sob vontade." Eles deveriam inscrever isso no Rochedo de Gibraltar. Deveria ser pendurado em bandeiras no topo do Empire State Building e da Ponte Golden Gate. Deveria estar gravado no livro que a Estátua da Liberdade segura...

P. Se você fosse parafrasear a afirmação de Crowley de um jeito que muitas pessoas pudessem entender, o que diria?

R. Significa o seguinte: você se acha impotente. Acha que tudo simplesmente acontece com você. Isso é besteira! Porque você não é apenas um filho ou filha de Deus. Ser filho ou filha de Deus significa que você é igual a Deus e tem a responsabilidade, diante do Uno, de se organizar e fazer sua divindade valer de alguma forma. Caso contrário, você é só mais um maldito inseto. É isso que significa. Também quer dizer que se todos fizéssemos o que realmente queremos, faríamos isso em perfeita harmonia. Por que as pessoas matam e violentam umas às outras? Essa é uma expressão da negação do amor na vida daquela pessoa. Já fui atacada, mas, francamente, do fundo do meu coração acredito que quem mata sofre mais do que quem é morto, e que todo "mal" é uma expressão da ignorância, uma frustração da Lei do Uno. E a Lei do Uno, seja Ela quem for, em todas as Suas formas, é que devemos nos doar uns aos outros constantemente. Não estou falando de se doar até a negação de si mesma, mas de se doar para a própria glória. Se você fosse a melhor versão de si mesma e fizesse o que ama com toda a força, criaria tanta luz e tanto poder que isso daria energia a todas as pessoas ao seu redor, talvez até às mais distantes.

P. Mas como isso se relaciona com o propósito da Arte – se é que ela tem um?

R. Eu diria que o propósito final é se tornar isso. Se nos tornarmos esse tipo de pessoa, criaremos uma fonte de energia capaz de regenerar o mundo inteiro. Não precisaremos fazer proselitismo. Não precisaremos vender essa ideia por aí. Considero essa a minha tarefa: esforçar-me ao máximo para alcançar minha divindade. E, se eu falhar nisso, terei me corrompido irremediavelmente.

P. Uma das características da Arte é a grande presença de rituais. Você poderia falar sobre isso? Por que o ritual? Qual é seu propósito? Por que realizá-lo?

R. O propósito do ritual é transformar a mente humana. É um drama sagrado no qual você é tanto espectador quanto participante, e sua função é ativar partes da mente que não são estimuladas no dia a dia. Estamos falando das áreas que produzem aquilo que chamamos de poder psicocinético, telecinético, ou qualquer outro nome que se dê – a conexão entre a força eterna e você. Quanto ao motivo de realizarmos rituais, acredito que os seres humanos têm uma necessidade inata de arte, e a arte é um ritual. Quando nos tornamos sapientes, adquirimos a capacidade de expressão artística. É simplesmente uma necessidade humana.

Uma das coisas em que estou profundamente envolvida é a tentativa de recriar a música e as danças sagradas da Tradição Culdee. Reconstruí o que considero uma boa aproximação das danças circulares, já que poucas danças circulares irlandesas sobreviveram.

P. Para mim, parece que grande parte da Bruxaria moderna e do movimento Neopagão carece de música e dança autênticas, se comparados às Tradições religiosas Pagãs indígenas.[173]

R. Isso é absolutamente verdade. Muitas coisas estão ausentes no Paganismo moderno. Por exemplo, em todas as Tradições Pagãs indígenas, a possessão dos participantes pelos Deuses e Deusas era algo frequente. Isso não acontece com regularidade entre os Neopagãos. Considero um sinal de fragilidade no movimento Pagão. Talvez uma perda da habilidade no uso da música, do ritmo, da dança e de substâncias psicogênicas, acredito eu. Na tradição irlandesa, a música era essencial para o sucesso dos ritos. Finalmente iniciei um gaitista irlandês tradicional para que pudéssemos ter as gaitas, a harpa e os tambores juntos em nossos ritos. Outra parte fundamental dos rituais antigos era a embriaguez ritual e o sexo, algo que também vejo em falta. Precisamos recriar esses estados extáticos. Temos que oferecer às pessoas uma fonte de energia e uma alternativa teológica, e só podemos fazer isso proporcionando uma experiência real. Os verdadeiros sacramentos precisam ser reintroduzidos.

Mas aqui entra um dos aspectos negativos do Cristianismo - o Cristianismo político e fascista, que se tornou a forma predominante no mundo. Esse tipo de Cristianismo gerou medo dos estados extáticos, medo do uso inteligente de alucinógenos, medo do uso sensível e consciente da sexualidade para alcançar o êxtase. Esses são os três elementos que realmente têm faltado. E, pior do que isso, o Cristianismo criou um medo ainda maior: o medo da responsabilidade pessoal pelo próprio desenvolvimento espiritual. Criou medo do pensamento independente.

P. Qual é a sua posição sobre o uso de drogas na Arte? A maioria das pessoas que entrevistei tem uma postura bastante rígida contra as drogas. Ao contrário do que muitos dizem, encontrei pouquíssimos grupos que permitem qualquer uso de substâncias em rituais.

R. Acredito que as drogas, quando usadas com inteligência (como qualquer outra coisa), são importantes. A pomada voadora era usada nos tempos antigos. Nossos ancestrais definitivamente faziam uso de substâncias. Para ser sincera, a maioria dos Pagãos e Bruxas está tateando no escuro. Um Diabellero riria de nós.

173 Isso foi escrito em 1976. Desde então, houve um crescimento notável dos rituais, da música, da dança e da percussão dentro do Neopaganismo.

Um índio do sudoeste dos Estados Unidos nos consideraria ridículos. Quero que as pessoas comecem a despertar. Drogas e sexo são partes essenciais dos rituais mágicos. Alguns dos poderes mais intensos são alcançados dessa forma. Você sabia que houve um período na história da Irlanda em que as pessoas eram tão livres que podiam fazer amor em qualquer lugar público, sem vergonha?

P. Acho isso muito difícil.

R. Também é difícil para mim, mas acredito que esse é o ideal a ser alcançado. Não estou dizendo que devemos transar em público, mas pelo menos vamos fazer isso em particular. Grande parte do Neopaganismo carece dos elementos que mencionei antes. Hoje, a elevação de poder acontece de forma acidental para a maioria de nós. Isso afeta minha própria autoestima e torna difícil trabalhar com outras pessoas. Não gosto de participar de rituais vazios, especialmente com meus amigos mais próximos. Apenas uma vez estive em uma reunião Pagã que, felizmente, "degenerou" em um Grande Rito, e isso só aconteceu porque a Senhora escolheu nos conceder esse momento. Pessoalmente, acredito que qualquer pessoa que se considere Bruxa deve ter a capacidade de lidar com diferentes tipos de estados extáticos. Mas é claro que essas coisas precisam ser feitas com inteligência.

Quero contar uma história que me enche de humildade, sobre a vez em que quase me matei por pura estupidez. Eu morava em uma comuna situada no meio de um pomar de macieiras, que tinha o formato de uma grande tigela oval. Algo peculiar acontecia com frequência: os cachorros começavam a latir em uma das extremidades do local, como se algo estivesse circulando a borda dessa "tigela", e depois paravam. Latiam por todo o contorno, depois silenciavam. Isso se repetia muitas vezes. Na época, minha filha tinha dois meses. Sempre que essa "presença" passava, eu sentia um frio intenso no quarto dela. Na noite de Halloween, saí sob a lua vestida com minhas roupas rituais para procurar essa entidade. Os cachorros começaram a latir. A noite estava linda, e eu me sentia muito forte. De repente, senti a presença. Era como se eu estivesse diante de um velho indígena Pomo. Não o via, mas sentia sua presença. Perguntei o que ele estava fazendo ali, e ele me disse que era um Xamã e que havia morrido sem conseguir passar para o outro mundo. Contou que foi o último, e quando morreu, não havia mais ninguém que soubesse como ajudá-lo a atravessar. Então finquei minha adaga no chão e, dela, surgiu um caminho de luz – mais uma vez, algo que vi claramente na minha mente. Bem, ele começou a subir esse caminho como alguém sobe uma escada. Quando estava quase fora de vista, ele olhou para mim e disse: "A propósito, eu lhe dou tudo o que chegar às suas mãos, se você fechar os olhos e voltar para casa."

Quando ele desapareceu, retirei a adaga do chão, guardei-a na bainha, fechei os olhos e caminhei de volta pelo pomar em direção à casa. Foi então que percebi que estava em um campo de beladona. Ao chegar em casa, minhas mãos estavam cheias das folhas da "erva do diabo". Coloquei a beladona em uma pequena bolsa de veludo, pendurei-a na parede e a mantive lá por muito tempo.

Um dia, resolvi fazer uma pomada voadora. Estava preparando tudo na frente de um estudante que eu queria impressionar. Bem, acabei tornando a mistura mil vezes mais forte do que deveria, porque usei álcool desnaturado em vez de aguardente de vinho para extrair os componentes, como faziam antigamente. E em vez de banha eu estava usando pomada hidrofílica. O resultado foi um aumento de potência entre duzentos e trezentos por cento. Apenas ao misturar, absorvi uma quantidade sob as unhas suficiente para me matar. E teria morrido se não tivesse ligado imediatamente para um amigo que era médico e magista. Aprendi uma dura lição. Foi minha primeira experiência real com a morte, e muito do meu orgulho tolo foi direto pelo ralo com o resto da pomada. Esse foi o presente que recebi do velho indígena.

P. Quanto da Arte é realmente antiga?

R. Acho que isso não importa. Acredito que muita coisa seja antiga, sim. Mas o mais importante é que nos dediquemos a isso e criemos estados extáticos nos quais a verdadeira geração de energia aconteça.

P. Sempre me pareceu que seria difícil escrever uma história precisa do renascimento da Arte, porque muitas pessoas mentiram por anos sobre suas origens.

R. Isso é verdade, mas estou assumindo minhas próprias besteiras. Não sou mais uma adolescente. Na verdade, fui uma adolescente com uma carga enorme de dificuldades psicológicas. Mas estou perfeitamente disposta a admitir que não recebi toda essa "Tradição" de forma direta. O que tive foi, em grande parte, um estudo intenso e, graças à Deusa, um pouco de inspiração verdadeira.

P. Você acredita que existiu uma Religião Antiga universal, como Murray descreve?

R. Não necessariamente. Acho que as pessoas sempre foram muito diversas. Junta um grupo de um lado da aldeia e três pessoas do outro, e logo surgem dois sistemas mágicos diferentes, porque alguém de um lado sonhou com bodes e alguém do outro sonhou com sapos. Assim, de um lado nasce um deus bode e, do outro, um deus sapo. Que diferença faz o quão universal é? Universalidade da forma, não! Universalidade de conteúdo, sim!

E Margaret Murray perdeu outro ponto. Na Irlanda, todas as grandes Bruxas, como Biddy Early, eram trabalhadoras do campo, não aristocratas. Elas estavam entre os que eram chamados "ignorantes". Foram privadas de educação formal, mas buscavam os mestres das escolas clandestinas para obter uma formação clássica. Acabavam se tornando camponesas idosas, acostumadas a beber muito, vivendo em casas de chão de terra, sem nem mesmo pratos para comer suas batatas. Mas eram respeitadas pelos pobres, porque eram parte deles.

Vou contar uma história, uma história de libertação nacional irlandesa associada a Biddy Early, a maior de todas as Bruxas da Irlanda. Biddy Early viveu do final dos anos 1700 até pouco antes da fome da década de 1870. Era de West Clare e, quando morreu, já passava dos noventa anos. Em muitos aspectos, era uma mulher comum. Teve dois maridos e dois filhos. Seu primeiro marido morreu jovem. Casou-se novamente e sobreviveu ao segundo marido por cerca de vinte anos. Depois de ficar viúva pela segunda vez, passou a viver em uma cabana de pedra um pouco afastada da cidade. Visitei sua casa, e tudo o que lhe pertenceu foi cuidadosamente preservado pelos moradores de Feakle. As pessoas da cidade a amam tanto que, mesmo após cento e trinta anos de sua morte, sua memória continua viva. Fui levada até seu túmulo e conversei com uma mulher que jura que seu filho, que quase morreu de paralisia infantil, foi salvo porque, em seu momento mais crítico, ela o levou até o túmulo de Biddy Early e o deitou sobre ele. Vi o garoto andando por aí, então...

Como a maioria das Bruxas irlandesas, ela não necessariamente se autodenominaria Pagã, embora sempre dissesse que herdou seus poderes das fadas. Biddy Early não mantinha boas relações com o clero católico ortodoxo, mas era amada pelo povo. No fim, demonstrou tanto seu valor que até o padre da paróquia acabou convencido do seu modo de pensar.

Na última fase de sua vida, ela bebia muito. Sofria de reumatismo severo e, como muitas Bruxas, não conseguia se curar, então bebia para amenizar o sofrimento. Bem, com o tempo, Biddy Early ficou velha e excêntrica, e seu poder de alguma forma aumentou. Ela salvava o gado, curava pessoas, ajudava mulheres a engravidar, protegia bebês, fazia previsões e, de modo geral, despertava tanta admiração que gente de todos os lugares vinham procurá-la.

Havia um homem na região conhecido como cabin hunter, um tipo de caçador de cabanas. Ele recebia recompensas dos latifundiários por localizar e expulsar famílias que viviam sem pagar aluguel em terras praticamente inúteis. Naquela época, ser despejado significava, quase sempre, morrer de fome. Os "caçadores de cabanas" estavam entre os tipos mais cruéis e desprezíveis que surgiram na Irlanda.

Depois de expulsar algumas famílias, esse homem teve um confronto direto com Biddy Early. Certo dia, para surpresa de todos, ela apareceu na igreja. Ao vê-lo saindo, agarrou-o pelo colarinho, forçou-o a se ajoelhar e disse: "Estou te colocando de joelhos porque é assim que vai acabar se continuar fazendo isso com as pessoas." O homem ficou apavorado, mas ignorou o aviso – um grande erro. Ele tinha acumulado uma boa quantia em dinheiro, uma fazenda considerável e vários empregados. Bem, algum tempo depois, chegou a Biddy a notícia de que ele estava agindo novamente. Era uma noite de chuva intensa, e ela estava no Ceili – uma grande celebração musical típica dos irlandeses. Enquanto a chuva caía lá fora, ela comentou: "Ele está fazendo de novo." "Quem?" perguntaram. E ela disse: "Aquele caçador de cabanas". Então ela pegou um graveto em chamas perto do fogo e soprou um pouco. Naquele exato momento, a casa e os celeiros do homem foram tomados por um incêndio violento, mesmo sob a chuva. Tudo o que ele possuía foi totalmente queimado. Ninguém morreu, mas sua esposa e filhos escaparam por pouco, apenas com as roupas do corpo. Ele perdeu tudo e foi reduzido à mesma miséria das pessoas que tinha arruinado. Desesperado, foi até Biddy Early implorar por perdão. Ela apenas disse para ele sair do distrito, ou o mataria.

P. Acho que preciso perguntar isso agora, porque muitas pessoas na Bruxaria levantariam essa questão. O que você pensa sobre interferir magicamente dessa maneira? Muitas diriam que isso foi antiético. O que você acha de uma ação como essa, incendiar a casa de alguém?

R. Eu perguntaria se isso foi justificado pelas circunstâncias. Diria que, diante de uma injustiça tão grave, era algo permitido. Nunca ataquei ninguém intencionalmente, mas uma das características das antigas Bruxas era proteger sua comunidade da opressão, dentro do que podiam fazer. E convenhamos, esse homem era um transtorno para aquela comunidade. Ele mesmo se tornou um estrangeiro, um tirano. Já não fazia parte daquele povo.

P. Isso levanta uma questão relacionada. Muitos Neopagãos e praticantes da Arte acreditam que a prática deve ser apolítica e permanecer assim. Mas percebo que você se considera uma pessoa política. Antes de tudo, como descreveria sua visão política?

R. Eu me descreveria como uma socialista espiritual. Cresci em uma família anarquista e, para ser sincera, adoro a frase "Não há governo como nenhum governo", mas acredito, sem dúvida, que a resposta está na distribuição igualitária dos bens. No único período em que meu povo viveu em uma sociedade Pagã bem-sucedida, tivemos um socialismo perfeito.

P. De que período você está falando?

R. Estou falando da antiga Irlanda, do período entre a chamada "cristianização" e a chegada dos vikings, que interromperam a economia socialista e forçaram a Irlanda a voltar ao sistema de chefaturas para conseguir organização militar suficiente para combatê-los. E, uma vez no poder, os chefes começaram a fazer acordos com os ingleses..., preciso dizer mais alguma coisa? Houve uma "Idade de Ouro" por cerca de cento e cinquenta anos. O problema foi esquecermos que, no restante do norte da Europa (apesar do mito ariano), as pessoas mal tinham descido das árvores.

P. Vamos voltar à ideia de que o Paganismo é apolítico...

R. Não é! Nada poderia ser mais "político" do que essa ideia. Mas aqui está o grande dilema: se eu vivesse em um país onde houvesse uma tomada marxista, seria tão ameaçadora para eles quanto sou agora, apesar de ser socialista. Uma cultura verdadeiramente socialista trabalharia pelos mesmos objetivos que eu persigo como Pagã – a eliminação de todas as formas de coerção. Mas poucos regimes socialistas realmente buscam isso. A ideologia socialista baseada apenas no materialismo é, infelizmente, vazia. Ela conduz aos mesmos abusos do capitalismo, porque tende a ignorar as verdadeiras necessidades espirituais dos seres humanos, que, em muitos casos, são tão importantes quanto as materiais. Embora, para ser sincera, eu seria a última pessoa a dizer a alguém que está morrendo de fome que tudo ficará bem em um outro mundo. Não creio que exista outro mundo. Este aqui é o outro mundo!

P. Você quer dizer reencarnação?

R. Sim. Como eu disse, este é o outro mundo. Acho que continuamos voltando. Somos nossos próprios descendentes, então é melhor nos esforçarmos para melhorar as coisas.

P. Você acha que a Arte oferece uma alternativa, uma força contrária? Somos uma ameaça ao *status quo*?

R. Sempre fomos. Defendemos a total libertação do espírito humano de qualquer forma de coerção. Buscamos a beleza divina e o desenvolvimento pleno de todas as pessoas.

P. Você tem uma visão de como seria sua vida Pagã ideal na Bruxaria? E que tipo de sociedade seria essa?

R. Eu gostaria de ser a enfermeira-Bruxa-parteira de uma vila irlandesa de bom tamanho, a pessoa que todos procuram quando estão em apuros. A sociedade seria socialista, gaélica, livre e Culdee.

P. Continuo voltando a esse ponto, mas como você concilia sua visão política socialista com a ideia comum na esquerda de que o ocultismo é uma "fuga" - sabe, "A religião é o ópio do povo" e assim por diante?

R. O problema é o seguinte: muitas pessoas se jogam na política com fanatismo para evitar o autoconhecimento, assim como outras buscam gurus ou religiões para fugir de si mesmas. Um compromisso apenas com a política é tão escapista quanto qualquer outra coisa, porque ignora a responsabilidade de desenvolver o eu divino junto ao eu político. Estou tentando fazer ambos. Acho perfeitamente possível conciliar os dois."

Quanto a religião ser o ópio do povo, eu diria que, nos dias de hoje, o ópio é a religião do povo. O verdadeiro problema é que a religião institucionalizada é, de fato, um entorpecente. Na forma como Marx a enxergou, a religião era algo terrivelmente maligno, quase satânico, porque esmagava o livre-arbítrio das pessoas e enfraquecia sua vontade de resistir à injustiça. Mas é preciso lembrar que, na época dele, mulheres e crianças arrastavam carrinhos de carvão por túneis de um metro de altura na Inglaterra, morriam aos montes, nunca viam o sol nascer, trabalhavam até desabar exaustas sobre farrapos, ou bebiam até perder os sentidos e depois precisavam se prostituir para conseguir dinheiro para alimentar os filhos. Então, esses desgraçados subiam ao púlpito e chamavam os ricos de "superiores" a essas pessoas - esses mártires que suportavam pacientemente as piores atrocidades contra a humanidade. Sim, a religião era o ópio do povo, mas uma religião degradada, não a magia. A magia não é o ópio do povo.

P. Para você, qual seria a relação entre o feminismo e a Arte? O que você pensa sobre a Bruxaria feminista, de pessoas como Z Budapest, por exemplo?

R. "Acredito que, como a mentalidade atual ainda é profundamente misógina, a Bruxaria feminista tem grande importância. O que Z e outras propõem - a ideia de uma religião exclusivamente feminina - tem um lugar legítimo dentro do Paganismo. Muitas mulheres precisam disso para curar suas feridas. Acho que Z e as outras estão fazendo algo essencial. Mas não considero a Bruxaria feminista pessoalmente importante para mim, em grande parte porque não passei por uma fase em que fui subjugada sexualmente. A maioria das mulheres não teve essa sorte. Acho que Z foi perseguida porque representa uma ameaça a tudo o que o sistema tradicional defende - e se você não representa uma ameaça, não tem grande valor. Para mim, a ideia de uma religião exclusivamente feminina é difícil. Minha preferência seria trabalhar com homens e mulheres em número igual, com níveis equivalentes de poder e influência.

Não acredito existir diferenças psicológicas entre homens e mulheres. Na verdade, acho que o grande mistério da nossa sociedade é que homens e mulheres são exatamente iguais, e essa verdade está sendo encoberta por uma quantidade absurda de besteira. Acredito que as mulheres são tão capazes de dominar quanto os homens, e os homens são tão capazes de serem gentis e amorosos quanto as mulheres. A prova disso é que os homens estão morrendo aos montes ainda jovens porque suas emoções estão sendo esmagadas. Agora, eu dirigi escavadeiras, já limpei esterco, já construí celeiros, já derrubei homens fortes no chão, mas também já transei com alguns deles até seus olhos quase saltarem. Já carreguei uma faca de tempos em tempos. Mas sou incrivelmente carinhosa e amorosa com minhas filhas. Sou a maior provedora de cuidado que você já viu na vida. Também cozinho bem. O que quero ver chegar ao fim é a frustração do instinto paterno, que tem sido desviado para a violência, e a frustração do instinto feroz da mulher, que tem sido transformado em amargura.

Claro que homens e mulheres são fisicamente diferentes, e isso é realmente prazeroso. Mas não acho que suas mentes sejam tão distintas assim. Homens e mulheres parecem ser fisicamente mais fortes um do que o outro em aspectos diferentes. As mulheres têm muito mais resistência que os homens. Precisam ter, para suportar a experiência do parto. Já os homens são capazes de explosões breves e intensas de força muscular, algo que originalmente servia para caçar veados e outras presas.

Quanto à religião, lembre-se de que, no estado extático, é muito comum que deuses masculinos possuam mulheres e deusas femininas possuam homens. Na verdade, a inversão de papéis entre masculino e feminino em um corpo sempre foi considerada um sinal característico do verdadeiro estado de êxtase.

P. Você acredita que houve um período matriarcal no passado?

R. Sim, pelo menos na minha cultura – na Irlanda. Vamos colocar dessa forma.

P. Você acha que um período matriarcal no futuro seria desejável?

R. Não, não acho. Acredito em uma sociedade onde todos os seres, masculinos, femininos e neutros (se existirem), sejam valorizados. Algumas pessoas não querem se definir sexualmente, e acho que deveriam ter essa liberdade.

P. Você tem alguma opinião sobre homossexualidade e bissexualidade na Arte?

R. Considero a bissexualidade, em geral, um estado mais elevado do que simplesmente a homossexualidade ou a heterossexualidade, porque oferece um maior número de possibilidades. Você deve ser livre para amar todas as pessoas que ama. Se desejar expressar esse amor fisicamente, isso deve ser permitido. Se homens escolhem fazer amor apenas com homens e mulheres escolhem fazer amor apenas com mulheres, tudo bem. Mas devem lembrar que isso é tão limitador quanto se restringir apenas a alguém do sexo oposto.

P. Como Bruxa, ao olhar para a nossa civilização atual, como você a descreveria? Considerando que a Bruxaria busca inspiração em fontes pré-cristãs, o que devemos resgatar do passado e o que devemos rejeitar?

R. Em primeiro lugar, concordo com os budistas tântricos: vivemos uma era de trevas. Uma treva ainda maior do que a da Idade Média. Estamos presenciando a hora mais catastrófica da humanidade, um momento em que podemos nos elevar a uma grandeza inimaginável ou sermos obliteradas como espécie pela Grande Mãe.

Depois de afirmar essa ideia de destruição, preciso dizer que tenho esperança. Sou otimista. Se não fosse, não teria filhos. Acredito que progredimos. O conhecimento científico é maravilhoso e traz enormes possibilidades para a expansão da espiritualidade. Por um lado, entre outras coisas, abriu-nos a possibilidade de contacto com outros seres. Deu-nos uma compreensão muito maior da vastidão do cosmos do que jamais tivemos antes. Isso é um avanço essencial.

Não tenho dúvidas de que a humanidade, como espécie, está amadurecendo. O problema é que estamos numa espécie de adolescência instável. Esse é um ponto crítico. O adolescente pode escolher se autodestruir ou aceitar a vida e chegar à idade adulta. A tendência de rejeitar tudo é a marca registrada da adolescência evolutiva. Penso que é dever de quem consegue enxergar os sinais do tempo olhar com maturidade para o que nossos ancestrais realmente possuíam antes de avançarmos.

Não acredito que o passado tenha sido uma Idade de Ouro. Qualquer época em que crianças ou idosos sejam sacrificados, onde exista escravidão ou um sexismo evidente, não pode ser chamada de Idade de Ouro. Na antiga Irlanda, por exemplo, muitos mitos revelam um histórico de abusos tanto matriarcais quanto patriarcais.

O que deve ser preservado das sociedades primitivas são os ritos de passagem, que nos conectam ao cosmos natural e dão ritmo e significado à vida. Essa foi a maior lição que a vida primitiva nos deixou. Foi o que permitiu sua sobrevivência. Muitas vezes, essas pessoas não tinham sequer um penico para urinar ou uma janela para jogar a urina fora. Se não tivessem bons mistérios, não teriam resistido. Houve um tremendo desconforto e sofrimento que as pessoas tiveram que enfrentar todos os dias para sobreviver. A vida primitiva não era idílica. Era incrivelmente difícil, e o que a tornava possível era a tecnologia espiritual que lhes permitia suportar as duras condições físicas.

Passei por uma fase em que achava que toda tecnologia era maligna. Mas para quem já viveu em fazendas, posso garantir: depois de passar horas sob o sol escaldante, trabalhando até a exaustão, você percebe quanto tempo realmente sobra para refletir sobre a vida.

P. Mas você não acha que há uma dependência excessiva da tecnologia em nossa sociedade, o que acaba limitando nossa percepção sensorial e nossas faculdades?

R. Ah, sim, sem dúvida, mas isso se deve ao estágio em que a sociedade se encontra. Vivemos em um mundo onde a tecnologia é usada para enfraquecer as capacidades humanas. É por isso que digo que esta é uma era de trevas. As pessoas estão se afastando de suas próprias faculdades, mas não por causa da tecnologia em si, mas sim pela mentalidade da cultura atual, que é baseada na exploração e na ideia de que bens materiais são a medida do sucesso pessoal, e não o desenvolvimento das próprias habilidades. Na antiga Irlanda, no período que mencionei antes, houve uma explosão de expressão artística e intelectual. E isso aconteceu porque a honra das pessoas não era medida pelo número de vacas, cabras, presas de javali ou moedas de ouro que possuíam. A honra era definida pela capacidade de cantar, compor poesia, criar coisas de beleza extraordinária. Eram essas habilidades que traziam prestígio. A poesia e a música se tornaram essenciais porque estavam desvinculadas da posse de bens.

P. Qual você acha que é a relação entre o Paganismo, a Bruxaria e o movimento ecológico?

R. O Paganismo é a espiritualidade do movimento ecológico. E a espiritualidade do povo sempre foi uma ameaça ao Estado.

A Sacerdotisa Wiccaniana Elspeth consagra o sal.
(Foto de Govan)

(Photo by Phoenix)

Quatro Sacerdotisas Wiccanianas (em sentido horário a partir do canto superior esquerdo): Moria, Z Budapest, Sharon Devlin e Theos.

Oberon e Morning Glory Zell-Ravenheart com um de seus unicórnios.
(Foto cortesia de The Living Unicorn)

Dança ao redor do Fogo Sagrado no Ritual de Abertura no Pagan Spirit Gathering de 2005, em Ohio.
(Foto de Selena Fox, cortesia do Circle Sanctuary)

Uma procissão druídica na Califórnia – The New Reformed Druids of North America.

O falecido Gwydion Pendderwen em vestes cerimoniais.
(Foto de Selena Fox)

Dançarinos se apresentando no Temple of the Sabaean Order, em Chicago.

Celebração do Primeiro de Maio no Festival Ritos da Primavera de 1982, em Massachusetts.
(Foto de Selena Fox)

A Igreja da Fonte Eterna realiza sua festa anual de Ano Novo Egípcio em Los Angeles.
(Foto da Church of the Eternal Source)

Selena Fox e amigos coletam ervas no Circle Sanctuary em Wisconsin.
(Foto cortesia do National Film Board of Canada)

Pagãos no Parlamento das Religiões do Mundo de 2004, em Barcelona, Espanha. Foto tirada durante a recepção Pagans at the Parliament, patrocinada pelo Circle Sanctuary.
(Cortesia do Circle Sanctuary)

Capítulo 7

Magia e Ritual

A Arte da Bruxaria é a arte de produzir estados alterados de consciência e, tradicionalmente, sempre foi.

— Aidan Kelly

O ritual é para as ciências internas o que o experimento é para as ciências externas.

— Timothy Leary[174]

Magia é uma ciência na qual nunca sabemos do que estamos falando, nem se o que dizemos é verdadeiro.

— A Abadia de Thelema (Ordem Mágica)[175]

"As velas, o incenso e as imagens são adereços", escreveu-me a mulher. "Os feitiços, os cânticos e as danças também são. Essas coisas não são mágicas. A Magia é a arte (ou ciência) de utilizar esses elementos. Mas dizer isso implica que a Magia e o ritual têm algum propósito além das atividades sem objetivo dos ignorantes, incultos e supersticiosos. Bonewits observa que "como intelectuais, fomos criados para ter uma reação instintiva a termos como 'magia', 'oculto', 'ritualismo', 'sobrenatural', etc., de modo que só conseguimos pensar nesses assuntos da maneira que nos foi imposta."[176]

Descobri ser impossível até mesmo debater esses temas com certos intelectuais da alta classe média; eles provocam uma reação quase religiosa. Aqueles que defendem a religião secular do humanismo racional impõem mais barreiras a esse tipo de discussão do que os adeptos de qualquer outra ideologia.

Espero que a maioria dos leitores adote, ao menos temporariamente, uma postura mais aberta, partindo do princípio de que grande parte do que foi escrito sobre magia é um amontoado de equívocos e que a verdade sobre as realidades psíquicas está encoberta por uma densa teia de ignorância, passividade e condicionamento. Talvez a melhor abordagem seja permitir-se brincar com a ideia de magia, assim como

174 Dr. Timothy Leary, citado em "Neurologic, Immortality & All That", por Robert A. Wilson, em *Green Egg*, Vol. VIII, Nº 72 (1º de agosto de 1975), p. 9.

175 "Magia", pela Abadia de Thelema, em *Green Egg*, Vol. VIII, Nº 75 (21 de dezembro de 1975), p. 19.

176 Isaac Bonewits, "A Segunda Epístola de Isaac", em *The Druid Chronicles* (Evolved), ed. Isaac Bonewits (Berkeley: Berkeley Drunemeton Press, 1976), 1:7.

Robert Shea e Robert Anton Wilson fizeram com a ideia de Éris, a Deusa do Caos, em seu livro *Illuminatus*, deixando-se guiar por ela para direções inesperadas. Segundo Wilson, é exatamente assim que a magia funciona.

> As técnicas xamânicas mais avançadas - como o Tantra Tibetano ou o sistema de Crowley no Ocidente - funcionam alternando fé e ceticismo até que se ultrapassem os limites comuns de ambos. Com esses sistemas, aprende-se o quão arbitrários são os mapas da realidade que podem ser codificados em grunhidos laríngeos por hominídeos ou visualizados por um sistema nervoso mamífero. Não podemos visualizar nem mesmo a dimensão de nossa própria galáxia, exceto em estados elevados de consciência.[177]

Vimos que a maioria das Bruxas e Neopagãos não associa "magia" ao "sobrenatural". O melhor comentário sobre esse assunto vem de Leo Martello, autor de *Witchcraft: The Old Religion*. Ele escreveu: "Como Bruxo, não reivindico 'poderes sobrenaturais', mas acredito totalmente nos superpoderes que residem no natural"[178]

Bonewits define a Magia como "uma combinação de arte e ciência, projetada para permitir que as pessoas façam uso eficaz de seus talentos psíquicos. Essas técnicas foram aprimoradas ao longo dos séculos em diversas partes do mundo."[179] Embora os eventos "paranormais" sejam extremamente difíceis de mapear ou repetir em condições laboratoriais, pesquisas recentes mostram que as chances de esses eventos ocorrerem aumentam dramaticamente durante estados alterados de consciência - em sonhos, hipnose, estados induzidos por substâncias, privação sensorial, meditação profunda e experiências de intensa carga emocional. Quem pratica magia trabalha com técnicas que modificam a consciência para facilitar a atividade psíquica.

Em *Real Magic* - uma das análises mais inteligentes sobre o tema -, Bonewits escreve que a única diferença real entre magia e ciência é seu status: a magia é uma arte e uma ciência que "lida com um corpo de conhecimento ainda não totalmente investigado, por alguma razão, ou confirmado pelas demais artes e ciências." Ele acrescenta:

> O Universo físico (supondo que exista) é uma vasta teia de energia interligada, na qual cada átomo e cada onda de energia estão conectados entre si. A estrela mais distante do céu exerce alguma influência sobre nós, ainda que apenas gravitacional; o fato de esse efeito ser pequeno demais para ser medido com os equipamentos atuais é totalmente irrelevante.[180]

177 "Uma Entrevista com Robert Anton Wilson", por Neal Wilgus, Science Fiction Review, Vol. 5, Nº 2 (maio de 1976), p. 32.

178 Leo Martello, *Witchcraft: The Old Religion* (Secaucus, NJ: University Books, 1973), p. 12.

179 Veja "A Primeira Epístola de Isaac", em *The Druid Chronicles* (Evolved), 3:1.

180 Isaac Bonewits, *Real Magic* (New York: Berkley Publishing Corp., 1972), pp. 209, 53.

Bonewits também observa que todas as definições tradicionais de magia estão alinhadas com a filosofia natural. A crença popular de que a magia vem de uma fonte externa e alheia ao natural contradiz as opiniões de todos os praticantes da Arte ao longo da história. Ele apresenta diversos exemplos, incluindo S. L. MacGregor Mathers, um dos fundadores da Golden Dawn (Ordem Hermética da Aurora Dourada), que definiu a magia como "a ciência do controle das forças secretas da natureza", e Aleister Crowley, que a chamou de "a Arte e Ciência de causar mudanças em conformidade com a Vontade". De fato, quase todas as definições de magia envolvem os conceitos de "vontade", "concentração" e "atenção". A Bruxa inglesa Doreen Valiente afirmou que a magia reside "no poder da própria mente" e que "a mente, portanto, é o maior instrumento da magia"[181] E o renomado estudioso das religiões Jacob Needleman escreveu que "a atenção é a chave da magia, tanto como ilusão quanto como poder real." Needleman observou que a vida da maioria das pessoas é marcada por distração e sugestionabilidade, as mesmas características que são manipuladas com tanto sucesso pelo mágico de palco. Esta passividade de atenção, disse Needleman, pode ser a falha humana mais importante. Segundo ele, essa passividade da atenção pode ser a maior falha humana. Em contraste, quase todos os que estudam magia real trabalham vigorosamente para fortalecer a atenção.[182]

Alguns ocultistas afirmam que não há necessidade de falar em um "sexto sentido", pois o uso verdadeiramente desperto dos cinco sentidos já seria suficiente para produzir o que chamamos de atividade "paranormal". Colin Wilson sugere isso em seu extenso estudo *The Occult*, onde discute a "Faculdade X", que não é um "sexto sentido" nem uma habilidade "oculta", mas uma potencialidade comum da consciência. É o poder de apreender a realidade, unindo as duas metades da mente humana, consciente e subconsciente." A "Faculdade X" está latente em todos; sendo a chave para toda experiência poética e mística. É "aquele poder latente que os seres humanos possuem para alcançar além do presente."[183] Doreen Valiente expressa uma ideia semelhante em *Natural Magic*: "Ao usarmos corretamente nossos cinco sentidos, o sexto sentido interior é acrescentado a eles."[184] Um manual de treinamento publicado pelo Coven Diânico de Morrigana, em Dallas, afirma:

181 Doreen Valiente, *Natural Magic* (New York: St. Martin's Press, 1975), p. 13.

182 Jacob Needleman, *A Sense of the Cosmos: The Encounter of Modern Science and Ancient Truth* (New York: Doubleday & Co., 1975).

183 Colin Wilson, *The Occult* (London: Hodder and Stoughton, 1971), p. 59.

184 Doreen Valiente, *Natural Magic* (New York: St. Martin's Press, 1975), p. 33.

> Antes de duvidar do meu uso da palavra magia, deixe-me descrever um estudo feito com os Aborígenes da Austrália... Foi comprovado que eles realmente sabiam onde estava um rebanho de animais, mesmo que estivesse além do horizonte; sabiam quando uma tempestade se aproximava e onde havia água, ainda que a metros abaixo da superfície. Essas são habilidades que nossa sociedade chama de "magia"...
> Esses talentos não vêm de um sexto sentido, mas do uso pleno dos cinco sentidos. O nativo da Austrália não é mais sobrenatural que o seu cachorro. Deixe seu cachorro na floresta por tempo suficiente, sem acesso à água... Ele vai explorar o terreno e depois vai cavar um buraco. Como recompensa por seus esforços e capacidade de cheirar, encontrará uma poça d'água. Aceitamos isso como uma habilidade natural de um cão, mas achamos impossível para um ser humano, porque, com frequência, tratamos o concreto e o aço como nosso habitat natural. Isso se torna possível quando reconhecemos nosso verdadeiro ambiente e recuperamos nossa conexão com ele. Os aborígenes sabiam da existência dos animais distantes porque os ouviam. Da mesma forma, mas de maneira mais evidente, os ameríndios escutavam sons distantes encostando o ouvido no chão. O aborígene percebe quando uma tempestade está se formando através de um sentido muito importante. O nativo consciente sente a tempestade, sente a mudança da pressão barométrica. Esse mesmo sentido altamente desenvolvido também pode... aumentar as chances de a tempestade trazer chuva.[185]

Essa definição equipara a magia às técnicas que conduzem a um estado de ser desperto, atento e sintonizado.[186] Vistos sob essa perspectiva, os modismos de disciplinas meditativas e os cursos de fim de semana em "Controle Mental", "Dinâmica Mental" e outros programas de desenvolvimento pessoal com marcas registradas são, em essência, treinamentos mágicos breves que buscam reativar as faculdades imaginativas, ampliar concentração, atenção e autoconfiança e facilitar a entrada voluntária em estados alterados de consciência, com maior ou menor sucesso, além de apresentarem um uso variável de dogmas desnecessários ou até prejudiciais. O amplo interesse por esses programas pode ser entendido como parte da busca

185 Material de treinamento do Bosque Diânico do Coven de Morrigana, em Dallas, Texas, Lição nº 1.

186 Nem todas as ocultistas concordam que a magia seja apenas outra forma de falar sobre mudanças na consciência. Em particular, Bonewits afirma que esse tipo de definição confunde as coisas, tornando a magia mais aceitável e superficial. Em uma carta (inverno de 1978), ele escreve:

> "À medida que a ciência proporcionou maior controle sobre áreas que antes eram manipuladas de forma incerta por Magos e Sacerdotes, estes começaram a redefinir a magia em termos religiosos, em vez de práticos. Passaram a defini-la como uma mudança na consciência. Embora essa mudança seja certamente necessária, quando a magia é realmente magia, ela envolve a transformação do mundo, além da transformação interior de quem a pratica.
> A maioria das pessoas que enfatiza que a magia é um sistema de iluminação, de desenvolvimento espiritual, de mudança de consciência ou uma nova forma de perceber as coisas, são aquelas que, por razões políticas ou sociais, não ousam sugerir que a magia pode, de fato, alterar o mundo físico pelo controle das energias psíquicas. É politicamente e socialmente mais seguro apresentar a magia como um sistema de desenvolvimento espiritual."

contemporânea por autodomínio, iniciação, crescimento e transformação. Seus aspectos regenerativos devem ser valorizados, enquanto os dogmas que deles surgem devem ser questionados.

Assim como os Neopagãos e as Bruxas definem a magia de forma pragmática, os elementos que cercam a Bruxaria e outros sistemas mágicos também podem ser compreendidos sem mistificação. Cânticos, feitiços, danças ao redor de uma fogueira, velas acesas, fumaça e cheiro de incenso são todos meios de despertar a "mente profunda" - para estimular emoções elevadas, reforçar a concentração e facilitar a entrada em um estado alterado. Mais uma vez, Bonewits traz algumas observações um pouco mais sensatas sobre esse tema, apontando que mandalas, sigilos, pentáculos e yantras são estímulos visuais; mudras e gestos ativam o sentido cinestésico; mantras e encantamentos despertam a audição. O uso de adereços, vestimentas e cenários também pode ser visto como uma forma de estimular os sentidos. Além disso, substâncias alucinógenas, álcool, exercícios respiratórios e técnicas sexuais podem induzir estados alterados de consciência. De acordo com Bonewits, essas práticas têm o mesmo efeito para uma Bruxa ou uma Mago Cerimonial quanto para um Xamã indígena ou um padre católico. Dizer que estes métodos nunca provocam alterações psíquicas e psicológicas nas pessoas envolvidas é tão absurdo quanto alegar que certas religiões possuem o monopólio dessas experiências ou que algumas cultuam "Deus" enquanto outras adoram "demônios". Essas técnicas existem há milhares de anos e foram desenvolvidas por seres humanos para expandir sua percepção da realidade e transformar sua relação com o mundo. Podem ser utilizadas de forma criativa ou destrutiva, tanto para o fortalecimento do eu quanto para sua dissolução.[187]

Frequentemente, nossas concepções sobre a realidade psíquica e as técnicas mágicas que podemos utilizar são apenas um reflexo da cultura em que vivemos. Robert Wilson observa com humor:

> A psicologia moderna redescobriu e demonstrou empiricamente a verdade universal do axioma budista de que os fenômenos se ajustam à percepção de quem os observa...
> Tomemos Uri Geller como exemplo... Geller provavelmente assistiu aos *Looney Tunes*, onde magos entortavam metais. Também deve ter visto filmes de ficção científica de baixo orçamento em Hollywood, nos quais seres interestelares tinham nomes como "Espectro". Agora, o Sr. Geller consegue entortar metal apenas pensando nisso e recebe mensagens de seres interestelares chamados "Espectro"... As fadas são assim. Elas se apresentam como Virgens Santas para os católicos, parentes falecidos para os espiritualistas, OVNIs para os fãs de ficção científica, Homens de Preto para os paranoicos, demônios para os masoquistas, amantes divinos para os libidinosos, conceitos puros para os

187 Veja Bonewits, Real Magic, pp. 91–112 e 163–176; "A Segunda Epístola de Isaac", Cap. 6, "As Ferramentas do Ritual".

lógicos, palhaços do circo celestial para os humoristas, episódios psicóticos para os psiquiatras, Inteligências Superiores para os filósofos, números e paradoxos para os matemáticos e epistemologistas.

Elas podem até se tornar totalmente invisíveis para os céticos. Durante quase 200 anos, todas as transmissões foram interrompidas para a parte universitária da civilização euro-americana. (É duvidoso que os hotentotes, as formigas, os peixes ou as árvores tenham sido desconectados por sequer 200 segundos.)[188]

Muitas pessoas confundem magia com seu oposto – o dogma religioso, ou o que alguns chamam de "magia fracassada". O conceito de "magia fracassada" é frequentemente mencionado tanto por estudiosos quanto por Neopagãos. Jane Ellen Harrison, em sua monumental Epilegomena to the Study of Greek Religion, escreve que a dançarina que interpreta uma divindade em um rito sagrado "não pode ser considerada uma adoradora de seu Deus, pois ela o vive, o experiencia". Somente mais tarde, quando a divindade se separa da adoradora e a magia deixa de funcionar, nasce a religião e, posteriormente, surgem a doutrina e o dogma.[189] Robert Wilson expressa essa ideia da seguinte forma:

> A maior parte da humanidade, incluindo os teólogos de todas as crenças, do Catolicismo ao Cientificismo Mecanicista, representa o ponto onde a magia estagnou, ou seja, onde os resultados de pesquisas anteriores deixaram de inspirar novas investigações e, em vez disso, se cristalizaram em dogma.[190]

Ou, para repetir Sharon Devlin, a religião foi o ópio do povo, não a magia.

Outra forma de enxergar a magia e a realidade psíquica seria usar a imagem do círculo do mágico cerimonial e de seu "demônio" como metáfora. O círculo representa o microcosmo do Universo, um espaço protegido e separado do mundo. Ele cria um ambiente positivo onde as serpentes da própria psique podem se revelar de maneira criativa. Dentro do círculo, as barreiras psíquicas que erguemos para sobreviver no cotidiano podem ser atenuadas, permitindo que partes de partes de nós, raramente confrontadas na vida diária, venham à tona – aqui enfrentamos as criaturas azoológicas de Graves, que "vêm para serem questionadas, não para assustar". Os avisos tradicionais contra o uso da magia e do ocultismo de repente passam a soar semelhantes às advertências contra o uso de substâncias psicodélicas. Ambos exigem certas forças antes de

188 Robert Anton Wilson, "All Hail the Goddess Eris!", *Gnostica*, Vol. 4, Nº 11 (setembro–outubro de 1975), p. 11.

189 Jane Ellen Harrison, *Epilegomena to the Study of Greek Religion* (New Hyde Park, NY: University Books, 1962), pp. xliv–xlvi.

190 Robert Anton Wilson, "The Origins of Magick", Green Egg, Vol. VII, Nº 63 (21 de junho de 1974), p. 7.

serem explorados – além de um conhecimento profundo de si mesmo e um ambiente adequado – para que essas novas percepções possam chegar até nós de uma maneira que encoraje o nosso crescimento em vez de nos prejudicar.

Embora seja muito enfatizado, e com razão, que os rituais na Bruxaria e em outras religiões Neopagãs sejam bem diferentes dos da Magia Cerimonial, algumas ideias se aplicam a ambos. O círculo de uma Bruxa geralmente funciona como um reservatório para conter a energia do grupo, que depois é direcionada. Nenhum "demônio", "anjo" ou outras formas-pensamento de um contexto judaico-cristão são utilizados. No entanto, barreiras psíquicas caem, a energia é "sentida" e trocada, e criaturas azoológicas ocasionalmente se manifestam.

Uma bela descrição da realidade psíquica apareceu no jornal da NROOGD, *The Witches' Trine*. Um autor observou que a arte da adivinhação é "um processo pelo qual as mentes consciente e inconsciente de uma pessoa... cooperam para extrair informações relevantes do caos, em resposta a uma pergunta formulada". O autor descreve esta experiência como "permitir que a mente flutue na corrente do Tao e observe os padrões da corrente e as formas que ela cria". Em seguida, descreve a realidade psíquica:

> Sou um junguiano assumido ao enxergar a mente e a personalidade como uma ilha em um mar psíquico: o que percebemos de nós mesmos, a mente consciente a vontade, é como a parte que emerge acima da água. Suas bordas, margens, contornos e alturas são relativamente claros, mas variam conforme as marés e as ondas do oceano circundante...
> Abaixo dessa área, há uma vasta e pulsante profundidade de mistério que Jung chama de "inconsciente coletivo". É desse mar imenso e imponente que os arquétipos poderosos e irresistíveis emergem com sua majestade mágica, como um grande cetáceo ou monstro marinho rompendo a superfície da consciência, espalhando ondas de transformação por sua superfície antes serena.
> São exatamente esses habitantes das profundezas psíquicas, com suas transformações fluidas e vasto poder e presença numinosa, as divindades e forças consultadas na adivinhação. Sua essência talvez seja objetiva – não podemos afirmar com certeza –, mas sua manifestação é certamente subjetiva, moldando-se a partir do material da mente de cada indivíduo em formas que fazem sentido para ela. E cabe a ela, por sua vez, tentar transmitir esses sinais a outras ilhas.[191]

Se a realidade for concebida dessa maneira, a "magia" passa a ser o desenvolvimento de técnicas que permitem a comunicação com partes ocultas de si mesmo com as partes ocultas de todas as outras ilhas nesse "mar psíquico".

191 Sam'l Bassett ("The Inquisitor"), "An Essay in Divination", *The Witches' Trine*, Vol. 5, Nº 2 (Litha, 1976), pp. 7–8.

Bonewits, Aidan Kelly e Wilson abordam a magia a partir de perspectivas bastante distintas. Bonewits é Mago e Sacerdote druida, a abordagem de Aidan vê a magia através da poesia e da Bruxaria, enquanto Wilson parece combinar sua própria iconoclastia com as teorias de Timothy Leary e Aleister Crowley. Apesar dessas diferenças, todos parecem concordar que os sistemas mágicos Neopagãos funcionam como "mapas" para explorar uma realidade que aparenta ser objetiva, mas frequentemente desafia a análise. Essa realidade reside na mente inconsciente, embora como Aidan observa: "Na verdade, não é inconsciente de forma alguma; somos nós que não temos consciência disso, mas é definitivamente real."[192]

Uma vez que aceitamos a noção de realidade como uma espécie de mar psíquico, do qual uma minoria conseguiu extrair certos tipos de informação, pelo menos um propósito do ritual se torna claro: ele é uma sequência de eventos que permite que este tipo de comunicação aconteça. Quando estive em Oakland, perguntei a Aidan: "Por que você acha que as pessoas realizam rituais? Qual é o propósito do ritual?"

"Ninguém realmente sabe. É uma questão em aberto. A maior parte das teorias sobre ritual surge em um contexto cristão, e os cristãos tendem a ser muito racionais. Essas teorias se concentram no que as pessoas 'acreditam'. Mas você não entende a religião de uma cultura a menos que saiba o que as pessoas *fazem*, e o que elas fazem é o ritual. Por que você faz um ritual? Basicamente porque precisa, Você realiza um ritual basicamente porque precisa, e porque ele atravessa tudo, atuando além do nível "racional". E, nesta cultura – racionalista, agnóstica, cristã, científica, materialista –, o ritual é ignorado. Como o ritual é uma necessidade, e a corrente principal da civilização ocidental não está atendendo a essa necessidade, muito do que acontece hoje em dia são tentativas das pessoas de encontrar maneiras de satisfazer essa necessidade por si mesmas."

Bonewits definiu ritual como "qualquer sequência ordenada de eventos ou ações, incluindo pensamentos direcionados, especialmente aquele que é repetido da 'mesma' maneira todas as vezes, com o objetivo de produzir um estado alterado de consciência previsível, dentro do qual certos resultados mágicos ou religiosos possam ser alcançados."[193] O propósito de um ritual é levar a um estado alterado "no qual se tem acesso e controle sobre os próprios talentos psíquicos." Bonewits também escreveu que os rituais mágicos são psicodramas, "projetados para facilitar a geração de energia psíquica e sua disposição concentrada, com o objetivo de alcançar um determinado resultado."[194]

---

192 Aidan Kelly, "Aporrheton No. 1, To the New Witch", março de 1973, p. 5. Esse material fazia parte dos conteúdos entregues às novas integrantes da NROOGD. Uma cópia desses materiais, assim como do jornal *The Witches' Trine*, está arquivada na biblioteca da Graduate Theological Union em Berkeley, Califórnia.

193 Isaac Bonewits, carta gravada em fita, Berkeley, inverno de 1978.

194 Bonewits, "A Segunda Epístola de Isaac", 5:5–6.

> Quase todo ritual mágico-religioso conhecido segue a mesma estrutura: a emoção é despertada, intensificada e levada ao auge. Um alvo é visualizado e um objetivo é claramente definido. A energia emocional é então concentrada, direcionada e lançada em direção a esse objetivo. Por fim, há um desfecho, que permite que qualquer energia remanescente se dissipe e proporciona um retorno seguro ao estado normal.[195]

Uma explicação muito mais completa e detalhada sobre o funcionamento dos rituais pode ser encontrada em *Real Magic* e na *Second Epistle of Isaac* (Segunda Epístola de Isaac), publicada em *The Druid Chronicles* (*Evolved*).

É importante destacar que, quando os Neopagãos usam a palavra "ritual", seu significado é bem diferente do que a grande parte das pessoas entende. Para a maioria, os rituais são experiências áridas, formalizadas e repetitivas. Da mesma forma, os mitos passaram a ser vistos apenas como explicações pitorescas da "mente primitiva".

A partir das minhas próprias experiências com rituais Neopagãos, passei a sentir que eles têm um propósito adicional: suspender, por um tempo, a sensação de alienação humana em relação à natureza e uns aos outros. Aceitando a ideia do "mar psíquico" e do ser humano como ilhas isoladas dentro desse mar, podemos dizer que, embora estejamos sempre conectados, a nossa experiência mais comum é a de afastamento. O ritual parece ser um meio de reintegrar indivíduos e grupos ao cosmo, vinculando as atividades do dia a dia ao seu significado sempre presente, mas frequentemente esquecido. Permite-nos sentir a ligação biológica com os antepassados que regulavam as suas vidas e atividades de acordo com observâncias sazonais. Assim como a teoria ecológica explica nossa inter-relação com todas as formas de vida, os rituais possibilitam a recriação dessa unidade de maneira intensa, concreta e visceral. Os rituais têm o poder de redefinir nossa percepção do Universo até que, de repente, nos sintamos verdadeiramente "em casa".

Como esses princípios funcionam na prática? Muitos grupos Neopagãos ou de Bruxaria poderiam servir como exemplo, mas talvez o melhor seja a *New Reformed Orthodox Order of the Golden Dawn* (NROOGD), uma Tradição que sempre enfatizou o ritual, a intuição poética e a visão.

O início da NROOGD foi em 1967. Mais tarde, em 1972, um artigo publicado no *The Witches' Trine*, jornal da ordem, declarou:

195 Bonewits, *Real Magic*, p. 175.

> A NROOGD (e recebemos esse nome da Deusa) é um agrupamento de anarquistas naturais, Bruxas autossuficientes e intelectuais alienados... Para nós, um dos grandes defeitos dos cristãos é que eles se levam Muito a Sério; nós não. Nosso lema: Tudo é real; tudo é metáfora; sempre há mais; todo poder vem da Deusa Tríplice.[196]

O nome um tanto enigmático da NROOGD foi inspirado na antiga Ordem da Aurora Dourada do século 19, porém *New Reformed Orthodox* foi acrescentado "porque não somos a antiga"... estamos tentando operar com princípios diferentes dos deles... estamos buscando resgatar princípios muito mais antigos."[197]

Trata-se de uma Tradição de Bruxaria totalmente autônoma e autoconstruída.[198] O início da NROOGD é revelador. Tudo começou não com a visão de uma pessoa, mas com uma experiência ritualística que ocorreu quase por acaso a um grupo de pessoas. Aidan Kelly, um dos fundadores, descreveu o evento em uma edição de *The Witches' Trine.*[199] Ele descreve seu relato como "fiel ao espírito, fictício como toda criação humana e, como qualquer coisa já escrita, incompleto." Uma mulher chamada Morgana estava tendo aulas de artes rituais na San Francisco State College. Após um professor afirmar que "a única maneira de aprender algo importante sobre rituais é praticando-os", ela decidiu realizar um Sabbat de Bruxas, pois já havia lido *The White Goddess*, de Robert Graves, inúmeras vezes. Morgana convidou alguns amigos próximos, entre eles Aidan Kelly e Glenna Turner. Aidan elaborou um esboço ritualístico a partir de suas anotações sobre os escritos de Robert Graves, Margaret Murray, T. C. Lethbridge e Gerald Gardner. Ele escreveu:

> Ao lê-los, comecei a me sentir intrigado e desafiado. Tudo o que eu tinha eram fragmentos, sugestões, insinuações, um enigma, um quebra-cabeça. Mas também tinha algumas ideias sobre quais princípios gerais poderiam unir esses fragmentos em um todo...

---

196 *The Witches' Trine*, Vol. 1, Nº 6 (Solstício de Inverno de 1972), p. 2.

197 *Ibid.*, Vol. 3, Nº 4 (Lughnasadh 1974), p. 11.

198 Em 1976, a NROOGD contava com oito Covens e realizava grandes Sabbats públicos com frequência. Em algumas ocasiões, chegavam a reunir duzentas pessoas. Cada Coven era autônomo. Todas as integrantes tinham voz igual e as questões eram discutidas até que se chegasse a uma decisão aceita por todas. As decisões que envolviam a Ordem como um todo eram tomadas pelo Conselho do Cordão Vermelho, formado por integrantes da NROOGD que pertenciam a um Coven há mais de um ano e haviam alcançado o segundo grau (Cordão Vermelho). No entanto, os Covens continuavam autônomos, e as decisões do Conselho eram apenas orientações, não imposições. O conselho apenas sugeria diretrizes, como a observância das Leis da Arte e a manutenção de requisitos de iniciação pelo menos tão rigorosos quanto os adotados em toda a Ordem.
Em 1976, o Conselho do Cordão Vermelho foi dissolvido. A NROOGD deixou de se definir como uma organização e passou a se identificar como uma Tradição.
"Como um sistema assim pode funcionar?", perguntei a uma Sacerdotisa, que riu e respondeu: "Exigiu muito autocontrole." Aidan Kelly acrescentou: "Éramos um grupo de amigas, então discutíamos as coisas do jeito que amigas discutem, até chegarmos a um acordo. Mais tarde, percebemos que isso é exatamente o que a tradição diz sobre como um conselho deve funcionar, e a antropologia confirma que é assim que conselhos tribais operam."

199 *Ibid.*, "How We Happened to Get the NROOGD Together (Part I)", pp. 9, 10, 12; Vol. 3, Nº 5 (Samhain 1974), "How We Happened to Get the NROOGD Together (Part II)", pp. 18, 19, 21–22.

O esboço foi entregue e o professor disse: "Façam", e um grande grupo de amigos se reuniu para trabalhar no ritual.

> Enquanto estávamos sentados na sala, olhando as cópias, Glenna perguntou: "Imagino que deve haver algum propósito nisso tudo, mas qual seria?"
> "Se entendi bem Gardner", respondi, "o objetivo é gerar a energia de que ele fala, e tudo no ritual é direcionado para essa elevação..." "Essa energia realmente existe?" "Bem, não sei", respondi.

O grupo aprimorou o ritual, praticou-o diversas vezes e o apresentou para a turma em 11 de janeiro de 1968.

> Nós nos divertimos imensamente. Só depois percebemos que o ritual não havia funcionado: não notamos nenhuma mudança incomum em nossas percepções ou emoções, nem durante nem após a cerimônia... Não planejamos fazer o ritual novamente...

No entanto, Aidan observou que "uma sutil mudança tomou conta de nós". Os encontros entre amigos, antes dedicados a jogos e conversas triviais, transformaram-se em um grupo informal de estudos ocultistas. E o ritual "se recusou a desaparecer no passado; repetidamente nos pegávamos falando sobre ele". No verão de 1968, o grupo decidiu repetir o ritual, desta vez como parte de um casamento, uma celebração genuinamente participativa, não apenas uma performance. Desta vez, algo aconteceu. "Após o ritual, enquanto descansávamos deitados na grama, alguns cantando, outros ouvindo e conversando sobre o ritual, um comentário foi surgindo de diferentes formas, até que percebemos que todos estávamos dizendo a mesma coisa: 'desta vez eu senti algo'." Como resultado, o grupo decidiu repetir o ritual novamente, mas com alguns ajustes. Desta vez seria um verdadeiro Sabbat – Lammas – em 1º de agosto de 1968, em um bosque de sequoias. Novamente, o grupo, agora com mais de quarenta pessoas, experimentou uma mudança.

> Quando Glenna começou a conjuração de abertura do ritual, um silêncio tomou conta do círculo. À medida que o círculo era traçado e carregado, e as invocações à Deusa eram feitas, essa presença se intensificava. Enquanto Albion, Loik e Joaquin Murietta marcavam um ritmo pulsante nos tambores e girávamos em um duplo anel no sentido do sol, esse silêncio se transformou em ondas de uma leveza invisível, inundando o círculo, envolvendo nossos ombros e rompendo sobre nossas cabeças.
> Depois, perambulamos pelos jardins, rindo e brincando, embriagados pelo próprio ar, trocando palavras desconexas uns com os outros: deu certo!

"Estávamos fisgados", disse-me Aidan. "E desde então, isso só tem crescido." No relato escrito, ele acrescentou:

> Eu já esperava, é claro, mas naquele dia tive a certeza de que a Arte poderia ser uma religião para nós, intelectuais céticos de classe média: porque ela não exigia que violássemos nossa integridade intelectual, porque ela operava de forma não intelectual, atingindo cordas profundas de nossas raízes emocionais, porque podia alterar nosso estado de consciência. Assim, naquele dia começou nossa verdadeira evolução rumo a nos tornarmos um Coven.

No final de 1969, os membros da NROOGD sabiam que o que estavam fazendo era, de fato, sua religião. Eles iniciaram uns aos outros, começaram a realizar reuniões (Esbats) durante a lua cheia e se declararam um Coven em potencial. Então, durante o Equinócio de Outono, período em que, tradicionalmente, eram celebrados os Mistérios de Elêusis, Aidan rompeu a ordem usual do ritual e conduziu o grupo em uma procissão iluminada por tochas através de um parque estadual, entoando as antigas palavras: "Kore! Evoé! Iakkhos!"

> ...descemos a encosta, cruzamos as pontes de madeira até chegar a uma fonte, onde, se bem me lembro, falei pela primeira vez o mito do presente de Kore. Depois voltamos ao círculo, onde, com nove Sacerdotisas, invocamos as Nove Musas em sua plenitude. Como Orfeu, eu as conduzi audaciosamente em uma dança em corrente ao redor do fogo. Então todos se juntaram à corrente e dançamos até que, fora Ísis e eu, caíssem de exaustão. Logo, aquela energia silenciosa se ergueu novamente, envolvendo-nos, banhando todo o acampamento com uma névoa quente, presente em toda parte, exceto no ponto exato para onde eu olhava.

No final de 1971, "sabíamos", escreveu Aidan, "que de alguma forma havíamos sido transformados, que de fato nos tornamos Bruxos e Bruxas."

Todos os grupos da Arte falam sobre essa "elevação de energia" ou "elevação do Cone de Poder". Mas como isso é feito? E o que isso significa dentro do ritual? Como os métodos usados por cada grupo costumam ser considerados parte dos "segredos" de uma Tradição, e como essas práticas variam, essa informação muitas vezes não está disponível. No entanto, uma das melhores explicações publicadas que já vi vem, mais uma vez, da NROOGD:

> O Coven, de mãos dadas, alternando homens e mulheres sempre que possível, dança no sentido do sol, começando lentamente e acelerando gradualmente. Pode-se cantar, entoar um feitiço criado especificamente para o propósito da energia que será direcionada, usar música ou manter-se em silêncio. Quando a Deusa é invocada, a Sacerdotisa permanece no centro do círculo, assumindo

a persona da Deusa e segurando o instrumento apropriado. Quando sente que a energia atingiu seu ápice, ela dá um comando - em voz alta ou por um sinal - para que todas no círculo soltem a energia de uma só vez, permitindo que ela a direcione para seu objetivo final...[200]

Aidan observa que essa explicação deixa todas as perguntas essenciais sem resposta. Como essas coisas são feitas? Como é a sensação da energia? Como a Sacerdotisa sabe quando a energia atingiu seu ápice? Como as pessoas que estão no círculo liberam essa energia? "As respostas a essas perguntas", escreve ele, "só podem ser aprendidas pela experiência". É essa experiência que constitui os "verdadeiros segredos" da Arte.

Muitos rituais da Arte – incluindo os da NROOGD – são, acima de tudo, religiosos e míticos. Eles abordam temas como nascimento, morte e regeneração, reafirmando a unidade entre mortais e divindades. São esses aspectos que parecem conectar a Arte (assim como outras religiões Neopagãs) às tradições de mistério. O que chama a atenção tanto no Neopaganismo quanto nas Tradições de mistério (a partir das informações limitadas que temos sobre elas) é a suposição de que os seres humanos podem se tornar como divindades. Em algumas Tradições, como na visão da *Church of All Worlds* (Igreja de Todos os Mundos) sobre o conceito de "Tu és Deus"[201], esse princípio é ainda mais evidente. Em outras Tradições, a ideia expressa é de que somos Deuses em potencial. Diversas Tradições mágicas ocidentais buscaram, portanto, um caminho para o divino através do fortalecimento do eu, em vez da anulação do ego. Muitos grupos Neopagãos mantiveram essa abordagem, o que explica, em parte, a relativa ausência de autoritarismo e a falta de gurus, mestres e figuras similares. Toda Tradição xamânica parece partir do pressuposto de que os seres humanos podem, como escreveu I. M. Lewis, "participar da autoridade dos deuses".[202]

Aidan escreve que todos os rituais da Arte, em algum nível, celebram o mito e a história da Deusa. Isso se assemelha, é claro, à descrição de Graves sobre a verdadeira função da poesia como uma invocação religiosa da Deusa ou Musa. Ele descreve o início dos rituais da NROOGD, que sempre começam com a Dança do Encontro.

> A dança começa com todos voltados para fora, alternando homens e mulheres, de mãos dadas. Iniciamos dançando *widdershins*, no sentido contrário ao sol, associado à morte e à destruição, e entoamos: *THOUT, TOUT A TOUT, TOUT, THROUGHOUT AND ABOUT*, que são as palavras que as Bruxas de Somerset usam para abrir seus encontros. Os homens dançam com o calcanhar esquerdo afastado do chão, imitando o passo manco do deus de pés bovinos, o rei

200 Aidan Kelly, "Why a Craft Ritual Works", *Gnostica*, Vol. 4, Nº 7 (março-abril-maio de 1975), p. 33.

201 Veja pp. 158 e seguintes.

202 I. M. Lewis, *Ecstatic Religion* (Harmondsworth, UK: Penguin Books, 1971), p. 205.

> sagrado ferido. A Sacerdotisa que lidera a dança solta a mão esquerda e conduz o grupo em uma espiral para dentro: Ariadne guiando Teseu para o labirinto, onde enfrentará o touro sagrado; Arianrhod conduzindo Gwydion para o Castelo Espiral, onde sua alma aguardará o renascimento. Quando a espiral está bem apertada, a Sacerdotisa vira-se para a direita e beija o homem ao seu lado, assim como a Dama Branca da Rosa de Espinhos beija o príncipe que dorme no Castelo de Vidro, para despertá-lo para uma nova vida. A Sacerdotisa conduz a nova espiral para fora, no sentido do sol, na direção do nascimento e da criação, e ela (e todas as outras mulheres) beija cada homem que encontra. A espiral se desfaz, formando um círculo voltado para dentro, dançando no sentido do sol. Nessa dança, o *widdershins* se transforma em movimento solar, a destruição se torna criação, a morte se converte em renascimento, e aquelas que participam passam simbolicamente pelo Castelo Espiral. Aqui, todas as Tradições e mitos da Arte se unem em um único símbolo em movimento. Em um sentido muito real, todos os outros rituais da Arte são apenas "explicações" dessa dança.[203,204]

Passar por essa experiência com compreensão é repetir simbolicamente o processo iniciático toda vez que o círculo se forma e a dança se completa.

Outro momento em que o simbolismo iniciático aparece em muitos Covens é durante a invocação dos "Senhores [embora possam facilmente ser Senhoras] das Torres de Vigia". Aidan observa que esses "Senhores das Torres" – um termo que a Arte pode ter tomado emprestado da Maçonaria – são arquétipos, tanto humanos quanto imortais, que lembram aos integrantes do Coven que eles "ascenderam pela espiral de vida, morte e renascimento". Eles representam, assim, "o objetivo para o qual a espiral da reencarnação se direciona: tornar-se ao mesmo tempo plenamente humano e plenamente divino". O convite para que essas "presenças" se unam aos participantes e os auxiliem em seu trabalho ocorre próximo ao início da maioria dos rituais modernos da Arte, especialmente nas Tradições Gardneriana, Alexandrina e outras vertentes britânicas. Esses arquétipos também são chamados de "Os Poderosos".

A maioria dos Covens que seguem essas práticas também realiza a cerimônia de "bolose vinho", durante a qual o punhal ritualístico, ou athame, é mergulhado na taça, e os bolos e o vinho são consagrados. Aidan, com base em sua experiência na NROOGD, escreve:

> Este é o casamento sagrado, o "Grande Rito" da fertilidade, condensado em uma única imagem... Mas perceba que o casamento sagrado não ocorre apenas entre masculino e feminino, mas também entre espírito e matéria,

203 Kelly, "Why a Craft Ritual Works."

204 Na verdade, não existe um jeito "correto" de fazer a Dança Espiral. Há espirais rápidas e outras mais lentas, onde se olha nos olhos de cada pessoa. Há espirais com beijos e uma infinidade de outras formas.

entre os céus e a terra, entre os mundos dos Deuses e dos mortais, entre morte e nascimento. O que os símbolos expressam, portanto, é algo como: "O sexo é um verdadeiro veículo para a evolução espiritual da humanidade, pois morte e renascimento são as duas metades do ciclo que nos impulsiona pela espiral rumo ao domínio da Deusa."[205]

Foi Aidan Kelly quem me fez perceber que a expressão *Drawing Down the Moon* (Invocando a Lua) tem origem na antiguidade. *The Drawing Down of the Moon* (A Invocação da Lua) e *The Drawing Down of the Horned God* (A Invocação do Deus Cornífero) são, talvez, as duas partes mais extraordinárias do ritual da Arte, conforme realizadas nos Covens do renascimento. Pois aqui, na verdadeira Tradição xamânica, a Sacerdotisa (ou Sacerdote) pode se tornar a Deusa (ou Deus) e funcionar como tal dentro do círculo. Aidan observa que:

> A Sacerdotisa pode começar na posição com os braços cruzados, chamada *skull and crossbones* (caveira e ossos cruzados), que simboliza a morte, e depois se mover para a posição com os braços abertos, chamada Pentacle (Pentáculo), que simboliza o nascimento. Ela também pode dançar no sentido do sol ao redor do círculo, do quadrante correspondente à morte, até o que corresponde ao nascimento, e depois voltar... O que é simbolizado aqui, como na Dança do Encontro, é o presente da Deusa, a imortalidade através da reencarnação.
> O que a Sacerdotisa faz internamente durante esse processo é – seja de forma intencional ou "instintiva" – alterar seu estado de consciência, assumindo a persona da Deusa, a quem representará (ou até, em alguns sentidos, será) durante a parte ativa do ritual.[206]

Já vi Sacerdotisas que simplesmente recitaram as palavras e Sacerdotisas que passaram por experiências verdadeiramente transformadoras. Vi uma jovem, com pouca educação ou habilidade verbal, falar palavras inspiradas de poesia durante um estado de transe profundo. Ouvi mensagens de sabedoria e intuição de pessoas que, em suas vidas cotidianas, muitas vezes parecem superficiais e sem percepção.

Em um diário que Aidan escreveu há vários anos, há uma entrada incomum sobre a formação de um novo Coven – incomum, certamente, sob a perspectiva das suposições comuns sobre o que são os Covens e como eles funcionam. Ele diz:

> Li para eles algumas poesias, expliquei como funcionam os dísticos ou quartetos em tetrâmetro e atribuí a cada um 8 versos em tetrâmetro rimado sobre cavalos para o próximo grupo de estudo.[207]

205 *Ibid*

206 *Ibid*

207 Aidan Kelly, entrada de diário, 6 de julho de 1972.

Em outro trecho de seus *Essays toward a Metathealogy of the Goddess* (Ensaios para uma Metatealogia da Deusa), Aidan Kelly escreve que a poesia, "sendo uma linguagem carregada emocionalmente que opera em muitos níveis de significado ao mesmo tempo, pode despertar o interesse da Senhora e abrir um canal de comunicação com Ela, enquanto a fala prosaica comum não tem tal efeito".[208]

Essa é outra chave para a distinção que temos feito entre crença e experiência ritual. As formas prosaicas e poéticas de olhar o mundo são diferentes. Mas dentro da estrutura politeísta de realidades múltiplas, ambas podem ser mantidas num único indivíduo. Uma vez que se compreende isso, muitas outras coisas se tornam claras. Compreende-se por que as teorias de Robert Graves permaneceram tão populares no Neopaganismo, apesar das muitas críticas à erudição em *The White Goddess*. Entende-se que é justamente esse aspecto visionário da Arte, com ênfase na poesia e no ritual, o responsável pela criação de um grupo como a NROOGD. Glenna Turner, uma ex-ateia, contou-me como ela uma vez disse a um novato em seu Coven (para seu aparente espanto) que ela ainda se mantinha bastante cética em relação a todos os Deuses, Deusas e à realidade psíquica. No entanto, isso não tinha nada a ver com as razões fundamentais para ela estar na Arte.

"Estou na Arte porque sinto que é o certo. Sou uma visionária. A Arte é um lugar para visionários. Adoro mitos, sonhos, artes visionárias. A Arte é um lugar onde todas essas coisas se encaixam – beleza, pompa, música, dança, canção, sonho. De alguma forma, isso é necessário para mim. É quase como comida e bebida."

Aidan e Glenna não estão sozinhos em enfatizar a relação da poesia e da arte com a Bruxaria. Quase metade de todos os Neopagãs e membros da Arte entrevistados para este livro me disseram, sem que eu perguntasse, que escreviam poesia e criavam rituais. Muitos deles tiveram seu trabalho publicado, pelo menos nas páginas de periódicos Neopagãos. Não é por acaso que os mais respeitados dentro do movimento Neopagão são os poetas, bardos e escritores de rituais. Incluindo, em primeiro lugar, o falecido Gwydion Pendderwen, cujas extraordinárias Canções da Antiga Religião são usadas em todo o movimento Neopagão; o falecido Victor Anderson, o poeta e cego; e Ed Fitch, o criador de um grande número de rituais Pagãos e da Arte usados tanto nos Estados Unidos quanto na Inglaterra. Mas isso não é tudo. Os poemas de Penny Novack (que frequentemente escreve sob o nome de Molly Bloom), Caradoc, Aidan Kelly, Morning Glory Zell-Ravenheart, Isaac Bonewits e agora inúmeros novos e jovens poetas preenchem as páginas das revistas Neopagãs. Algumas dessas pessoas sempre foram poetas, mas outras me disseram que o Neopaganismo abriu uma fonte dentro delas e as levou a escrever poesia pela primeira vez desde a infância.

208 Kelly, "Why a Craft Ritual Works", p. 5.

Temos nos concentrado na NROOGD como uma forma de falar sobre poesia, magia e ritual Neopagãos (neste caso, da Arte). Mas a ênfase no ritual no Neopaganismo tem outras implicações. Uma religião com tal ênfase está fadada a ter um tipo diferente de teologia e organização.

Durante grande parte das décadas de 1980 e início de 1990, Aidan Kelly ocupou o curioso papel de teólogo (ou, mais corretamente, tealogista) em uma religião essencialmente não teológica. Seus escritos sobre a Arte parecem mostrar mais claramente do que outros a natureza fortemente antiautoritária da Arte, já que "ninguém precisa acreditar em nada" e "não há autoridade na Arte fora de cada Coven". E se não fosse assim, "nunca teríamos tocado nele com uma vassoura de três metros. Valorizamos a liberdade acima de tudo."[209] Aidan afirmou que a Arte, ao contrário do Cristianismo e outras religiões mundiais, é totalmente definida em termos de ritual – daquilo que as pessoas fazem – e não no que elas acreditam. A religião, portanto, exige uma resposta criativa das pessoas.

"É uma religião de ritual, em vez de teologia. O ritual vem primeiro; o mito vem depois. E adotar a atitude de que os mitos da Arte são 'história verdadeira', da mesma forma que um fundamentalista olha para as lendas de Gênesis, realmente parece loucura. É um espaço mental alienígena. Esta é uma das maneiras pelas quais a Arte é um tipo de religião de mistério, porque os mistérios clássicos funcionavam de forma semelhante. A promessa das religiões de mistério no mundo clássico era a de imortalidade e da regeneração, algo assim. E em uma das lendas associadas, após a morte, a alma confronta o Guardião dos Portais e é questionada: 'Quem é você?' A resposta dada nunca foi: 'Eu acredito em tal e tal coisa', mas uma declaração como: 'Eu comi do tambor. Eu bebi do címbalo. Eu provei das coisas dentro da cesta sagrada. Eu passei pela câmara nupcial.' Estas são declarações de quem passou por certas experiências. E isso parece ser muito a Gestalt e a tradição da Arte também... O que faz uma pessoa ser uma Bruxa é ter passado por certas experiências. Experiências que acontecem em um nível subconsciente e provocam uma espécie de transmutação."

Uma Bruxa, escreve Aidan, é aquela que é "flexível, adaptável, mutável, em resumo, capaz de aprender". Ele observa que aqueles que mudam de opinião muitas vezes parecem "perversos" para os outros:

> Mas qualquer pessoa que acredita em uma verdade ortodoxa – é como uma grande árvore, que será derrubada e destruída pelo furacão da mudança que passa por este século, enquanto a Bruxa é como o junco, que se curva com o vento e sobrevive.[210]

---

209 Aidan Kelly, "O, That Vexed Question: Is the Craft a Survival, a Revival, or What?", *Nemeton*, Vol. 1, Nº 1 (Samhain 1972), p. 19.

210 Aidan Kelly, "Aporrheton No. 1", p. 2.

Essa ênfase no ritual em vez de crença faz da Arte uma "ratazana", e não um "dinossauro". Ela é pequena, mas pode se adaptar e sobreviver. Não está sobrecarregada pelas estruturas que caracterizaram as grandes religiões dos últimos cinco mil anos. Aidan sustenta que as grandes religiões evoluíram para racionalizar uma civilização baseada na agricultura, uma civilização que está se desintegrando nos últimos duzentos anos. A Arte nunca se desenvolveu em cidades onde estruturas religiosas complicadas evoluíram; ela operou no campo, entre pessoas que estavam próximas da terra e "que ainda estavam, de fato, vivendo em vilarejos como as primeiras aldeias que surgiram há dez mil anos". E, ironicamente, considerando as muitas declarações contra a Bruxaria como uma ameaça à razão, a Arte é um dos poucos pontos de vista religiosos totalmente compatíveis com a ciência moderna, permitindo ceticismo total até mesmo sobre seus próprios métodos, mitos e rituais. "Essa habilidade de coexistir com a ciência moderna", escreve Aidan, "é uma grande força, uma vez que, por muitas razões, pode-se suspeitar fortemente que qualquer sistema de crenças incapaz de tal coexistência não tem futuro".[211]

Observando a tendência de algumas pessoas dentro da Arte de vê-la apenas como mais uma religião antiga e revelada, Aidan me disse que, se fosse esse o caso, a Arte não teria chance de sobreviver. Mas como escreveu em "Aporrheton No. 1", a Arte "não é um sistema antigo de conhecimento, metafísica ou doutrina, mas uma antiga forma de perceber a realidade que novamente está se tornando disponível."

> Uma das principais razões pelas quais a Arte está revivendo agora é que ela depende de uma metafísica "aberta", o único tipo que pode funcionar neste século. A explicação que desenvolvi para tal sistema "aberto" é a seguinte: a realidade é infinita. Portanto, tudo o que você vivencia é, em certo sentido, real. Mas como suas experiências podem ser apenas uma pequena parte dessa infinidade, elas são apenas um mapa dela, meramente uma metáfora; há sempre uma infinidade de experiências possíveis ainda inexploradas. O que você sabe, portanto, pode ser verdade até certo ponto, mas não pode ser a Verdade Total, pois há sempre um caminho infinitamente mais longe a ser explorado. Em resumo: "Tudo é real; tudo é metáfora; sempre há mais." Tudo na Arte, por mais útil que seja, por mais prazeroso que seja, até a Grande Metáfora da Deusa, ainda é apenas uma metáfora.
>
> Saber que todas as verdades são meramente metáforas é talvez a maior vantagem que você pode ter neste ponto da história. Pensar que você conhece "Toda a Verdade" o impede de aprender mais; portanto você estagna; daí

211 A maioria desses argumentos aparece em Aidan Kelly, "Palengenesia", *Gnostica*, Vol. 4, Nº 9 (julho de 1975), pp. 7, 40, 41. Quaisquer acréscimos vêm de entrevistas.

> você morre. Mas saber que toda verdade é apenas uma metáfora, meramente uma ferramenta, deixa você livre para aprender e crescer, deixando de lado metáforas antigas à medida que aprende ou evolui para outras melhores.[212]

Se você perguntasse a Aidan: "A Deusa é "real"?", ele responderia que Ela é real "porque a energia humana é necessária para torná-la real; Ela existe como uma "forma-pensamento no plano astral", mas pode se manifestar fisicamente sempre que quiser. Ela não existe independentemente da humanidade, mas é totalmente independente de qualquer pessoa ou grupo." E, no entanto, ele continua: "Ela é uma metáfora porque, por maior que seja, ela é finita, como qualquer outro conceito humano, enquanto a realidade é infinita".

Por que precisamos de tal conceito? "Porque a mente humana parece incapaz de compreender uma infinidade indiferenciada", continua ele. "Ao criarmos nossas próprias divindades, estabelecemos etapas mentais que nos elevam ao reconhecimento de nossa própria divindade."[213] Mas ele adverte que qualquer nome dado a essa realidade "é uma tentativa de mapear (parte da) realidade psíquica, que parece ser muito receptiva a qualquer mapa que se use, e você não chegará a lugar algum tentando entender essa realidade se não mantiver bem claro em mente sua plasticidade. A razão pela qual o dogmatismo sobre sistemas mágicos é tão venenoso é que todos parecem viver num universo psíquico único. O sistema mágico que funciona para uma pessoa pode ser totalmente contraditório ao sistema que funciona para outra."

A ausência de dogma na Arte, o fato de poder adorar a Deusa sem acreditar nela, aceitá-la como Musa e entender a Bruxaria como um conhecimento antigo a ser testado pela experiência são justamente os aspectos que permitiram à Arte sobreviver, reviver e se recriar neste século. "Isto é um paradoxo", escreve Aidan, mas "a Senhora se deleita com paradoxos.[214]

Em 2006, havia cerca de quinze Covens da NROOGD ativos na Califórnia, Oregon, Washington e Michigan. Alguns Covens na área de São Francisco cooperam para sediar de sete a oito Sabbats públicos por ano e para fornecer liderança local e nacional no Covenant of the Goddess (Aliança da Deusa). Quando esta edição foi impressa, a NROOGD estava nos estágios iniciais de planejamento de um encontro de aniversário de quarenta anos para iniciadas e dedicadas, que ocorreria em 2007 ou 2008. Quanto a Aidan Kelly, ele teve uma longa e complexa jornada, enfrentando uma série de problemas pessoais.

Em 1974, Kelly recebeu cópias de alguns materiais do Livro das Sombras escritos por Gerald Gardner. Esses materiais pertenciam a Carl Weschcke, da Llewellyn Publications, e foram enviados a Kelly por Isaac Bonewits, que foi

212 Aidan Kelly, "Aporrheton No. 1", p. 1.

213 Aidan Kelly, "Aporrheton No. 5, The Craft Laws", abril de 1973, p. 1.

214 Aidan Kelly, "O, That Vexed Question: Is the Craft a Survival, a Revival, or What?", p. 20.

o primeiro a reconhecer sua importância. Kelly também visitou o Ripley's em Toronto em 1975, onde viu pela primeira vez o manuscrito intitulado *Ye Bok of Ye Art Magical* e deduziu que ele era o protótipo do Livro das Sombras de Gardner. Ele escreveu um manuscrito, *The Rebirth of Witchcraft* (O Renascimento da Bruxaria), para Llewellyn. Kelly disse que o trabalho estava muito acadêmico para o mercado da Llewellyn, e Carl Weschcke recusou-se a publicá-lo. Então Kelly o utilizou para satisfazer alguns requisitos de seu programa de doutorado, que ele concluiu em 1980.

Em 1976, Aidan percebeu que tinha um sério problema pessoal e começou a buscar maneiras de lidar com ele. Naquela época, o movimento Pagão não era maduro o suficiente para ter seus próprios recursos de aconselhamento ou programas de doze passos, embora alguns desses programas existam hoje. Incapaz de ver como usar os métodos da Arte para ajudá-lo, em 1978 ele voltou à Igreja Católica para lidar com seu problema. O livro de memórias de Aidan, *Hippie Commie Beatnik Witches*, cobre o período de sua vida de 1953 a 1977. Em 1978 ele me escreveu:

> Poucas pessoas perceberam que sou, principalmente, um poeta. E que não sou, de maneira alguma, um verdadeiro crente em nada - nem na Arte, nem no Cristianismo.

Por um tempo, Aidan acreditou que o movimento da Deusa era simplesmente um tipo radical de seita cristã dissidente, e que não era Maria uma pálida reflexão da Grande Deusa, mas a Deusa que uma "versão descristianizada e retrocedida de Maria."

Em 1988, em seu segundo casamento, ele retornou à Arte, juntando-se a um Coven Gardneriano. Seus livros *Crafting the Art of Magick* foram publicados em 1991, e *Religious Holidays and Calendars* em 1993. Após o fim desse casamento e o início de outro, Kelly e sua esposa atual começaram a trabalhar em um Coven de Tradição 1734. (Veja "Tradições" no Capítulo 5). Agora, morando em Tacoma, Washington, casado e com vários filhos, Kelly ganha a vida ensinando em várias faculdades e escolas secundárias, além de trabalhar na indústria de informática. Ele ainda enfrenta uma série de problemas psicológicos, embora tenha superado os problemas que o atormentavam em anos anteriores. E talvez, mostrando que às vezes as coisas se completam, às vezes, ele e sua atual esposa, Melinda Taylor-Kelly, fundaram o Witch Grass Coven em 2000. Um Coven baseado na NROOGD com influência da 1734.

Capítulo 8

Mulheres, Feminismo e a Arte

Nota para a edição de 2006: Tenho sentimentos bastante complexos em relação a este capítulo. A paixão e a força presentes nele são impressionantes. No entanto, hoje, ele soa mais como um registro histórico notável de algo que parece ter ocorrido há muito tempo. Foi escrito em 1975, antes de Ronald Reagan chegar à Casa Branca e antes dos governos de Bill Clinton e George W. Bush. Havia um otimismo incrível em relação à transformação da sociedade e ao fim da opressão patriarcal - do ponto de vista dos Estados Unidos do século 21, talvez o que houve foi certa ingenuidade. Ainda assim, a força e a espontaneidade da segunda onda do feminismo, que partiu dos grupos de conscientização e levou diretamente à criação de muitos grupos de espiritualidade feminista e Covens, transformaram a vida de incontáveis mulheres. Decidi manter o capítulo praticamente inalterado, com apenas algumas correções pontuais, e abordar a questão da espiritualidade feminista nos dias de hoje ao final.

Identificação

Sou uma agente secreta
Da Lua

Ex-cêntrica
Extra-ordinária
Extra-sensorial
Extra-terrestre

Subversiva celeste
Conspiratória
Espírita Santa

Sagrada
Sagrada
Sagrada

E muito mais
Eu tenho amigos.

— Barbara Starrett[215]

215 O poema foi publicado na *WomanSpirit*, Vol. 1, Nº 3 (Equinócio de Primavera de 1975), na contracapa.

Pois a rebeldia é como o pecado da Bruxaria...

— EU SAMUEL, 15:23

São raros os momentos na vida em que sentimos como se tivéssemos entrado em um afresco minoico ou em uma pintura mural de uma tumba etrusca. Mas foi em uma noite de verão de lua cheia, no improvável bairro de Staten Island, que eu vivi exatamente isso.

Dezanove mulheres, entre elas uma feminista italiana visitante e uma escritora conhecida, sentaram-se nuas em um círculo em um quarto escuro. Velas moldadas em amarelo pendiam de tiras de couro presas a uma cama suspensa. As pequenas e brilhantes chamas projetavam um jogo de luz e sombra. O quarto parecia alimentado pelos tons laranja e vermelho suaves das colchas, pelo doce aroma de damiana misturada com maconha e pelos incensos penetrantes que preenchiam o ar - incensos com nomes como Vesta e Sacerdotisa.

Uma banheira cheia com água fresca, perfumada com almíscar e pétalas de flores ocupava um canto do quarto. Uma flautista tocava uma música suave enquanto as mulheres, uma a uma, entravam na água, banhavam-se e eram secas com toalhas pelas demais. Havia risadas e uma atmosfera de leveza.

Após um breve ritual, um cálice foi preenchido até a borda com vinho e passado no sentido do sol ao redor do círculo. O momento mais marcante ainda estava por vir: a oferta de libações às Deusas e heroínas do passado. Cada mulher tomou um gole, mergulhou os dedos no vinho e espalhou algumas gotas no ar e no chão. Enquanto fazia isso, invocava uma Deusa específica, agradecia ou compartilhava um desejo pessoal ou coletivo. A conhecida escritora pediu inspiração a Safo para auxiliá-la na elaboração de seu novo livro. A Deusa Romana Flora foi agradecida pela chegada da primavera e do verão. Laverna - Deusa romana dos ladrões - foi invocada para ajudar uma mulher a obter absolvição em um processo judicial. Outra mulher também evocou Laverna por ter sido flagrada usando discos falsos no metrô de Nova York.[216] Deméter, Ísis, Hécate, Diana - os nomes continuaram. O cálice passou três vezes por cada mulher e os pedidos se tornaram cada vez mais coletivos. Preocupações com o Coven, com mulheres em luta por todo o mundo, mulheres em prisão e hospitais psiquiátricos e com o movimento feminista. Grandes esperanças para o futuro foram compartilhadas por todas. O ritual se encerrou ao som de tambores e flautas.

216 Você pode se perguntar: de onde as Bruxas feministas tiraram Laverna? De Aradia, ou o Evangelho das Bruxas, de Charles Godfrey Leland (London: David Nutt, 1899), reimpresso em New York pela Samuel Weiser em 1974, nas páginas 89-98. Leland escreve que Laverna é mencionada por Horácio em Epístolas, I, xvi, 59-62.

Frutas foram servidas e compartilhadas – uma grande tigela foi esculpida em uma melancia e recheada com mirtilos e pedaços de melão e cantalupo. Havia pratos com tâmaras e azeitonas, uma bebida espumante de morango e um enorme bloco de sorvete coberto de frutas vermelhas, acompanhado de uma única colher grande. Era fácil se sentir transportada para outra época, algum grande festival, talvez, um antigo colégio de Sacerdotisas em uma ilha remota do Egeu...

Esse encontro não foi único. Rituais como esse têm ocorrido em diversas partes do país. Covens feministas estão surgindo por todos os Estados Unidos, muitos demonstrando mais criatividade, energia e espontaneidade do que muitos grupos "tradicionais" que existem há anos. Tive contato pessoal com nove desses Covens, localizados no Texas, Califórnia, Nova York, Oregon, Flórida e Massachusetts. Há outros no Missouri, Illinois, Pensilvânia e, quase certamente, em muitos outros estados.

A presença do movimento feminista como uma força que se conecta o Neopaganismo e a Bruxaria moderna teve muitas ramificações. Laços foram criados entre esses grupos, e novas vertentes surgiram. Muitos homens (e algumas mulheres) em grupos mais convencionais da Arte se incomodam com o crescimento dos Covens feministas, já que muitas Bruxas feministas rejeitaram deliberadamente certos princípios, normas e estruturas da Bruxaria moderna. Além disso, várias feministas declararam que as mulheres são Bruxas por direito simplesmente por serem mulheres, sem necessidade de qualquer outro critério. A Bruxa feminista Z. Budapest chegou a declarar, em algumas ocasiões, que a Arte é uma "Religião *Wimmins* (de Mulheres)", não aberta aos homens. Outra questão levantada pelas Bruxas feministas é que a Bruxaria não é incompatível com a política. Pelo contrário, defendem que a Arte é uma religião historicamente concebida em rebeldia e só pode permanecer fiel à sua essência se continuar sua antiga luta contra a opressão.

Na maior parte do que ainda podemos chamar de "contracultura", a separação entre o político e o espiritual parece se aprofundar. Em contraste, algumas vertentes do movimento feminista vêm unindo essas duas dimensões como se fossem correntes de um mesmo rio. No início dos anos 1970, diversas conferências feministas abordaram questões de espiritualidade; algumas reunindo mais de mil participantes. Na mesma agenda em que se discutiam Bruxaria, matriarcados e amazonas e workshops sobre artes psíquicas – como tarô, astrologia, massagem, cura energética e meditação –, também havia debates e atividades voltadas à relação entre política, economia e espiritualidade.[217] Ficou evidente nessas conferências que muitas mulheres viam as lutas políticas

217 Dois exemplos de conferências sobre espiritualidade feminista: *Through the Looking Glass*, a *Gynergenetic Experience*, realizada em Boston de 23 a 25 de abril de 1976, e *A Celebration of the Beguines*, realizada na cidade de New York em 30 e 31 de outubro de 1976.

e o desenvolvimento espiritual como interdependentes, acreditando que ambos eram essenciais para construir uma sociedade e uma cultura que fizessem sentido para elas.

Vincular a política feminista à espiritualidade e, em particular, à Bruxaria não é uma ideia nova; essa conexão, possivelmente muito antiga, foi percebida em 1968 pelas fundadoras do WITCH, um grupo de mulheres que realizava ações de protesto políticos e surrealistas. Em seu primeiro manifesto, o WITCH declarou que a ligação entre mulheres, Bruxaria e política remonta a tempos antigos:

> WITCH é Tudo só para mulheres. É teatro, revolução, magia, terror, alegria, flores de alho, feitiços. É uma consciência de que as Bruxas e as ciganas foram as primeiras guerrilheiras e combatentes da resistência contra a opressão - especialmente a opressão das mulheres - ao longo dos séculos. As Bruxas sempre foram mulheres que ousaram ser: autênticas, corajosas, destemidas, inteligentes, inconformistas, exploradoras, curiosas, independentes, sexualmente livres, revolucionárias. (Talvez isso explique por que nove milhões delas foram queimadas.) Elas foram as primeiras Líderes Amigáveis e Comerciantes, as primeiras a praticar controle de natalidade e abortos, as primeiras alquimistas (afinal, transformar o que é considerado insignificante em ouro ameaça toda a lógica do dinheiro). As Bruxas não se curvavam a homem algum, sendo os vestígios vivos da cultura mais antiga de todas - uma em que homens e mulheres compartilhavam de maneira igualitária uma sociedade verdadeiramente cooperativa, antes que a repressão sexual, econômica e espiritual da Sociedade Imperialista Fálica tomasse o controle e começasse a destruir a natureza e a sociedade humana.[218]

A organização surgiu na véspera de Samhain, em 31 de outubro de 1968. O nome original do grupo era *Women's International Terrorist Conspiracy from Hell* (Conspiração Terrorista Internacional de Mulheres Vindas do Inferno), um nome que certamente incomodou os membros mais conservadores da Arte. No entanto, apenas as iniciais eram fixas; o nome mudava conforme a necessidade. Durante um protesto contra as políticas da Bell Telephone, por exemplo, o grupo adotou o nome *Women Incensed at Telephone Company Harassment* (Mulheres Indignadas com o Assédio da Companhia Telefônica). Esse tipo de adaptação ocorreu diversas vezes.

Quando o WITCH foi fundado, era considerado um fenômeno marginal dentro do movimento feminista. Hoje, seus ideais seriam aceitos por um número bem maior de feministas, embora ainda representem uma minoria.

218 Vi esse manifesto originalmente em uma versão mimeografada, mas ele foi publicado, graças a Robin Morgan, em *Sisterhood Is Powerful*, editado por Robin Morgan (New York: Random House, 1970), nas páginas 539-543. A citação está na página 539.

Até agora, temos visto o renascimento Neopagão como um movimento de homens e mulheres que buscam viver de acordo com valores que sempre foram uma visão minoritária na cultura ocidental. De modo geral, os Neopagãos valorizam a espontaneidade, o antiautoritarismo, o anarquismo, o pluralismo, o Politeísmo, o Animismo, a sensualidade, a paixão e a crença na bondade do prazer, no êxtase religioso e na riqueza deste mundo – assim como na possibilidade de muitos outros. Eles abandonaram a "visão única" em favor de uma perspectiva que celebra a diversidade do mito e do símbolo, nutrindo tanto as necessidades espirituais quanto as necessidades sensuais reprimidas. "Os Neopagãos", disse-me uma Sacerdotisa, "podem diferir em relação à Tradição, ao conceito de divindade e às formas rituais. "Mas todos veem a Terra como a Grande Mãe, que foi violada, saqueada e devastada, e que precisa ser novamente exaltada e celebrada, se quisermos sobreviver."

A maioria das mulheres e homens que ingressaram no Neopaganismo foi porque os princípios básicos ou as práticas reais de um ou outro grupo Neopagão aproximavam-se dos sentimentos e crenças que já tinham. "Eu me senti em casa". O Neopaganismo oferecia uma estrutura espiritual e religiosa para a celebração, a exploração psíquica e mágica, além de um profundo respeito ecológico e amor pela natureza.

Mas algumas mulheres chegaram ao Neopaganismo por um caminho bem diferente. Essas feministas têm um histórico de ação política e enxergam todas as questões humanas como simultaneamente espirituais e políticas. Para elas, a separação entre essas dimensões é uma ideia artificial, imposta pelo "patriarcado" – um conceito desconhecido antes do período clássico e que produziu frutos muito amargos – a divisão dos seres humanos em "mentes" e "corpos". Nos Estados Unidos, como veremos, os escritos de povos nativos frequentemente defendem o mesmo ponto: a interconexão entre o político e o espiritual. Mas qual é a natureza desse entendimento? Como as feministas chegaram a essa visão? E de que maneira isso as levou a se identificarem com as Bruxas e a Bruxaria?

As duas mulheres que editaram *The New Woman's Survival Sourcebook*[219] descrevem o que encontraram em uma viagem pelo país:

> ...descobrimos que, onde quer que existam comunidades feministas, há mulheres que exploram fenômenos psíquicos e imateriais; reinterpretando a astrologia, criando e celebrando rituais feministas em torno do nascimento, da morte e da menstruação, lendo o Tarô, estudando formas de religião anteriores ao patriarcado e revivendo filosofias esotéricas centradas na Deusa, como a Wicce. Quando nos deparamos com essa tendência nas

219 Kirsten Grimstad e Susan Rennie, editoras de *The New Woman's Survival Sourcebook* (New York: Alfred A. Knopf, 1975).

> primeiras paradas da viagem, nossa reação inicial foi de indiferença, beirando o desconforto e a apreensão - um sentimento comum entre feministas de perfil mais intelectual ou ativistas políticas.

Susan Rennie e Kirsten Grimstad disseram que começaram a sentir que as suas primeiras impressões vinham de um condicionamento que as levou a suspeitar e ridicularizar tudo o que não pudesse ser "cientificamente validado" e que sempre associaram coisas espirituais com política reacionária. No entanto, essa visão logo mudou. À medida que viajavam, passaram a enxergar que as mulheres estavam se tornando mais sensíveis ao "potencial psíquico inerente à natureza humana". Para elas, as mulheres são o repositório de capacidades e poderes reprimidos, vítimas da busca incessante do homem ocidental pelo controle tecnológico sobre a natureza. Elas propuseram que a alienação das mulheres vai além da imposição dos papéis de gênero, e que, de facto, o patriarcado teria criado a falsa ideia de uma divisão entre mente e corpo, e que a exploração da espiritualidade pelas mulheres é "na verdade, um esforço por uma integração e totalidade total". Esse processo leva a luta feminista a uma nova dimensão. "Trata-se", afirmaram, "de uma redefinição da realidade", uma realidade que desafia as visões mecanicistas da ciência e da religião, assim como a política masculina.

> À medida que ouvíamos mulheres (durante longas conversas noite adentro) compartilhando suas descobertas, explorações e experiências com o espiritual e o não material em suas vidas, nossa convicção crescia: essa tendência não é reacionária, autoritária, mística ou solipsista. O que observamos foi que essa busca por uma compreensão mais ampla de nossos poderes naturais, por uma visão maior de plenitude, tem um efeito revigorante, restaurador e transformador.[220]

Morgan McFarland, feminista e Bruxa, contou-me que durante anos manteve sua militância feminista e sua prática na Arte separadas. Quando finalmente "revelou sua identidade" e contou às amigas feministas que era uma Bruxa, fez isso porque queria compartilhar com elas uma visão mais ampla do que a simples ação política.

"Senti que elas estavam à beira de um abismo espiritual, buscando algo. Ao mesmo tempo, eu também procurava mulheres fortes, autônomas e equilibradas, capazes de preservar algo belo e essencial para o Planeta. Dentro da minha própria Tradição, são as mulheres que guardam o conhecimento, a sabedoria e o transmitem umas às outras. Tenho percebido um movimento crescente de mulheres retornando à Deusa, reconhecendo-se como suas filhas e encontrando o Paganismo por conta própria, dentro de um contexto profundamente feminista.

---

220 Kirsten Grimstad e Susan Rennie, "Spiritual Explorations Crosscountry", *Quest*, Vol. 1, Nº 4 (primavera de 1975), pp. 49–51.

O feminismo implica igualdade, autodefinição e força individual para as mulheres. Na prática, o Paganismo tem sido uma espiritualidade de resistência ao sistema. Portanto, Feministas e Pagãos vêm da mesma raiz sem perceber e caminham para o mesmo destino sem se darem conta disso, e agora esses caminhos começam a se entrelaçar."

A jornada das mulheres feministas em direção a uma espiritualidade que não compromete as preocupações políticas levou menos de cinco anos. Provavelmente, começou com os grupos de conscientização, que deram às mulheres a oportunidade de falar sobre suas experiências pessoais, aparentemente privadas, e encontrar validação em milhares de outras mulheres. A grande lição do *Consciousness-Raising* (CR) foi que os sentimentos pessoais deveriam ser confiáveis e transformados em ação, e que o pessoal é político. O passo do grupo de conscientização para o Coven não foi longo. Ambos são grupos pequenos que se reúnem regularmente e estão envolvidos em questões profundamente pessoais. A única diferença é o foco.

Os grupos de conscientização ofereceram às mulheres (algumas delas pela primeira vez) a oportunidade de falar sobre suas vidas, tomar decisões e agir a partir delas, sem a presença de homens. Nesses espaços, exploravam suas relações com outras mulheres, com homens, com o trabalho, a maternidade e os filhos, além de sua própria sexualidade, o lesbianismo, a juventude passada e a chegada da velhice. Muitas mulheres começaram a investigar seus sonhos e fantasias, e, em alguns casos, iniciaram experiências psíquicas, tanto individuais quanto coletivas, ainda que de forma cautelosa.

A maioria dos grupos de conscientização originais já não existe. As mulheres seguiram caminhos diferentes. Algumas se tornaram politicamente ativas, outras passaram a estudar a história das mulheres, e muitas começaram a pesquisar sobre o matriarcado. Essa busca revelou lendas sobre as amazonas e ciclos míticos envolvendo Deusas e heroínas antigas, conduzindo-as à Grande Mãe em todos os seus aspectos. Também levou muitas ao estudo da magia e do trabalho psíquico. Jean Mountaingrove, coordenadora da *WomanSpirit*, conversou comigo sobre esse processo.

"O feminismo nos ensina a confiar em nós mesmas. Então, começamos a experimentar algo novo. Passamos a acreditar que, sim, de fato éramos discriminadas no trabalho. Percebemos que a maternidade não era exatamente como nos diziam. Passamos a confiar em nossos próprios sentimentos, a acreditar nos nossos orgasmos. Essas foram as primeiras descobertas. Agora, estamos começando a ter experiências espirituais e, pela primeira vez em milhares de anos, confiamos nelas. Dizemos: 'Ah, isso é uma experiência minha, e o feminismo me diz que deve haver algo nisso, porque é certo confiar em mim mesma!' Assim, as mulheres passaram a acreditar no que estavam vivenciando. Por exemplo, uma mulher sonha com pedras e decide ir à biblioteca pesquisar sobre o assunto. Então, ela descobre Stonehenge. Depois, ela se interessa pelos Druidas e percebe que existem cerimônias, muitas vezes chamadas de Bruxaria. A partir daí, ela se interessa pelas Bruxas e vai até elas para entender o que está acontecendo. Acho que é assim que as conexões se formam."

Entre em qualquer uma das muitas livrarias feministas do país e observe os títulos das revistas literárias e de poesia – *Hécate, 13th Moon, Dykes and Gorgons, Hera, Wicce* e *Sinister Wisdom* – e você terá uma ideia da conexão entre a Bruxaria, o culto à Deusa e o movimento feminista.[221] Quase todas essas publicações identificam as mulheres com a Deusa e com as Bruxas. Afinal, a Bruxa é um símbolo poderoso – independente, resistente ao sistema, forte e orgulhosa. É política, mas também espiritual e mágica. Representa a mulher como mártir, perseguida pela ignorância, vivendo à margem da sociedade e das definições impostas sobre o que significa ser mulher.

Em uma sociedade que historicamente oprimiu as mulheres, há poucas imagens positivas de poder feminino. Algumas das mais fortes são as Bruxas, as curandeiras ancestrais e as mulheres poderosas das civilizações pré-clássicas do Egeu e dos mitos celtas. Muitas mulheres que exploram a espiritualidade têm buscado recriar essas figuras por meio de rituais e sonhos, permitindo-se vivenciá-las e agir com sua força e poder, observando as mudanças que isso traz para suas vidas cotidianas. Afinal, se por milhares de anos a imagem da mulher foi deturpada, temos duas opções: resgatar imagens que existiram antes dessa distorção ou criar novas a partir de nós mesmas. As mulheres estão fazendo ambas as coisas. Se essas imagens vêm de uma memória ancestral que remonta a milênios (como muitas acreditam) ou se são apenas modelos poderosos que podem ser internalizados, o fato é que elas estão sendo trazidas à realidade por meio de rituais. A Sacerdotisa McFarland escreve:

> Somos todas Caçadoras Virgens, somos todas Grandes Mães, somos aquelas que trazem a morte e oferecem a promessa de renascimento e renovação. Já não tememos nos reconhecer como filhas Dela, nem aceitamos ser vítimas desta sutil Era das Fogueiras. A Wicce é Revolucionária.

Essas imagens são especialmente poderosas para mulheres que romperam de forma mais radical com a sociedade: as separatistas lésbicas, muitas das quais buscam se afastar completamente do mundo dominante, que veem como contaminado pela ideologia masculina. Assim, embora a maioria dos membros do movimento Neopagão seja de heterossexuais ou bissexuais, e o movimento feminista inclua mulheres com as mais diversas perspectivas sobre sexualidade, a Arte feminista e o movimento em direção a uma espiritualidade feminista parecem ter uma presença proporcionalmente maior de lésbicas do que qualquer um dos dois. No entanto, o lesbianismo hoje parece ser, em parte, mais do que uma orientação sexual. Ele se manifesta, talvez

221 A maioria dessas revistas já não existe. E, infelizmente, muitas livrarias feministas fecharam suas portas.

principalmente, como um fenômeno cultural e político. Por exemplo, conheci diversas mulheres que se identificam como "lésbicas", mas que, sob uma definição estritamente sexual, seriam consideradas assexuadas ou celibatárias. Muitas separatistas lésbicas fizeram essencialmente uma escolha política, abandonando muitas vezes os maridos e as famílias como parte de uma de uma rejeição consciente às atitudes patriarcais.

Edições especiais de revistas feministas como *Quest*, *Country Woman* e *Plexus* foram dedicadas à "espiritualidade" e sua relação com a política feminista. Por exemplo, um editorial da edição especial da *Country Woman* observou que as experiências das mulheres, tanto políticas como espirituais, nunca foram reconhecidas como eventos significativos. Líderes políticas femininas, na maioria das vezes, foram apenas figuras simbólicas, enquanto líderes religiosas foram geralmente consideradas "menores" ou "excêntricas", em contraste com os "gurus" e "messias" masculinos. O editorial também apontou que, assim como as experiências emocionais privadas das mulheres acabaram sendo compartilhadas por um número incontável de pessoas, "as experiências ocultas, privadas e não confirmadas de nossa busca espiritual" também deveriam ser trazidas à tona, com a convicção de que são vividas por muitas mulheres e têm grande importância. Em seguida, o editorial observou que, embora muitas mulheres acreditem que política e espiritualidade são incompatíveis, essa separação é artificial – um reflexo das distorções patriarcais embutidas na própria linguagem:

> Duas correntes estão se desenvolvendo na consciência das mulheres - uma política e outra espiritual. Como as mulheres estão percebendo diferentes aspectos de suas experiências e os categorizando com termos herdados da cultura patriarcal, elas desconfiam umas das outras.
> Para as mulheres "políticas", "espiritual" remete a instituições e filosofias que impediram mudanças concretas, desviando a energia feminina para o serviço aos outros em detrimento de si mesmas. Para as mulheres "espirituais", "político" significa instituições e filosofias que negam a unidade entre as pessoas, direcionando a criatividade feminina para conflitos e disputas. Mas as duas correntes estão investigando profundamente a experiência humana, tanto no plano material quanto no não material. As mulheres estão revolucionando sua consciência em ambas as direções, desafiando as ideias e instituições patriarcais da religião e do governo ao se basearem na vivência feminina do mundo.[222]

222 *Country Women* (abril de 1974), p. 1. Disponível em: Box 51, Albion, CA 95410.

Um artigo na *Quest* adotou uma posição semelhante:

> A chamada divisão entre feminismo cultural e feminismo político é um efeito debilitante da nossa opressão. Deriva da visão patriarcal de que o espiritual e o intelectual operam em esferas separadas. Negar o espiritual enquanto realiza trabalho político, ou cultivar a espiritualidade às custas do bem-estar político e econômico de outras pessoas, é simplesmente continuar jogando o jogo patriarcal.[223]

A enorme repercussão da edição de *Country Woman* dedicada à "espiritualidade" levou à criação da revista trimestral *WomanSpirit*. Publicada no Oregon, a revista é coordenada por Ruth e Jean Mountaingrove, junto a um coletivo rotativo de mulheres que frequentemente se deslocam pelo país, permitindo que novos grupos participem da produção a cada edição.[224] *WomanSpirit* surge de um processo colaborativo e coletivo incomum. Nada é imposto, e tanto Jean quanto Ruth afirmam sentir que a revista é guiada de maneira sutil. Cada edição traz poesia, arte e relatos pessoais - um esforço de conscientização voltado para o espírito.

Jean e Ruth descrevem a linha editorial da *WomanSpirit* como aberta, em constante crescimento e transformação. "Sentimos que estamos em um momento de efervescência. Algo está acontecendo com a espiritualidade das mulheres. Não sabemos exatamente o que é, mas está acontecendo conosco e com outras pessoas. *WomanSpirit* busca facilitar esse processo. Ruth e eu acreditamos que a cultura das mulheres é o que queremos. E queremos viver plenamente aquilo que conseguimos ver. Agora que entendemos a opressão e imaginamos como seria viver sem ela, queremos tornar isso realidade. É isso que buscamos. Queremos um mundo que seja um lugar maravilhoso para vivermos - e não daqui a três mil anos, mas esta tarde, amanhã no máximo."

A maioria das Bruxas feministas acredita que o espiritual e o político podem ser combinados. Eles caminham para uma visão que, como diz Z. Budapest, busca "lutar por nossas doces almas de mulher", tanto quanto por nossos corpos.[225]

Outras mulheres, como a escritora Sally Gearhart, mantiveram a separação entre o espiritual e o político, criticando fortemente a eficácia da maioria das ações políticas contemporâneas. Em artigos publicados na *WomanSpirit*, Gearhart argumentou que as três estratégias conhecidas de ação política - revolução, tomada de poder dentro do sistema e criação de estruturas alternativas - fracassaram. Segundo ela, apenas uma quarta estratégia, o *re-sourcement* (buscar uma fonte "mais profunda" e "anterior", tão poderosa quanto o próprio sistema), pode ameaçá-lo

---

223 Judy Davis e Juanita Weaver, "Dimensions of Spirituality", *Quest*, Vol. 1, Nº 4 (primavera de 1975), p. 6.

224 *WomanSpirit* já não é mais publicada, mas edições anteriores ainda estão disponíveis (veja Recursos).

225 Z. Budapest, *The Feminist Book of Lights and Shadows* (Venice, CA: Luna Publications, 1976), p. 1. Disponível em *The Feminist Wicca*, 442 Lincoln Blvd., Venice, CA 90291. A grafia de *woman* como *womon* e *women* como *wimmin* adotada por Z. Budapest tem a intenção de remover a palavra *man* de woman.

e levar a mudanças reais. Gearhart observou que milhares de mulheres já se afastaram da sociedade e do mundo dos homens para viver isoladas com outras mulheres. Ela apelou para que aquelas que permanecem no sistema - seja por escolha ou necessidade - criem um "estado de transição" que proteja as separatistas até que tenham força suficiente para construir uma nova cultura feminina.[226]

Mas outras mulheres, como Z. Budapest, defendem uma conexão firme e contínua entre a espiritualidade e a ação política no dia a dia. Exilada da Hungria, feminista, Bruxa e líder do Susan B. Anthony Coven em Los Angeles, Z. fez de sua própria vida um exemplo dessa ligação. Sabemos que ela deixou a Hungria em 1956, mas logo percebeu que a opressão que enfrentava como mulher nos Estados Unidos não era diferente daquela que vivera em seu país de origem. Foi ela que trouxe a Bruxaria como religião para o centro do debate público ao ser julgada, em 1975, por violar uma lei de Los Angeles contra a prática da adivinhação. Essa lei era uma entre muitas outras, vagas e imprecisas, que proibiam práticas ocultistas em diversas cidades e estados. Embora alegadamente tenham sido criadas para evitar fraudes, essas leis banem qualquer forma de adivinhação, e não apenas aquelas realizadas por dinheiro. A legislação de Los Angeles, por exemplo, proibia explicitamente a prática de "magia", clarividência, quiromancia e afins. Como Z. trabalhava profissionalmente com leituras de Tarô, acabou sendo alvo de uma armadilha montada por uma policial disfarçada, que marcou uma consulta com ela. O caso foi levado a julgamento, e Z. foi condenada e multada. Diversas testemunhas, entre antropólogos e Bruxas, testemunharam em sua defesa.

Z. me disse que via o julgamento como um marco na luta pelo direito das mulheres de definirem sua própria espiritualidade e exercerem seus talentos sem estarem sujeitas a códigos religiosos e comportamentais impostos pelos homens. Como os videntes são numerosos em Los Angeles, ela acreditava ter sido alvo por conta de sua militância feminista e da visibilidade de sua pequena loja, *The Feminist Wicca*, um espaço voltado para mulheres e para a Bruxaria. Alguns Neopagãos discordaram da forma como o caso foi conduzido, argumentando que, se a defesa tivesse seguido outra abordagem, a vitória teria sido possível e a derrota poderia criar um precedente perigoso. Também houve críticas ao slogan adotado durante o julgamento: *Hands off Wimmin's Religion* (Tirem as mãos da Religião das Mulheres). Z. respondeu que a maioria das cartomantes simplesmente paga suas multas em silêncio e continua praticando, mas que sua luta no tribunal serviu para despertar a comunidade para as conexões entre política, mulheres e religião — e, nesse contexto, "vencer" era irrelevante.

Digo que Z Budapeste é uma mulher dinâmica, cheia de energia e humor. Embora sua política feminista e separatista tenha criado divisões dentro da comunidade Neopagã, ela conquistou amor e respeito entre os Neopagãos da Califórnia que

226 Sally Gearhart, "Womanpower: Energy Re-sourcement", *WomanSpirit*, Vol. 2, Nº 7 (Equinócio de Primavera de 1976), pp. 19-23.

a conhecem pessoalmente, independentemente de suas opiniões "oficiais" sobre política e feminismo. Por um tempo, artigos e cartas na imprensa Neopagã a criticaram abertamente. No entanto, muitas pessoas saíram em sua defesa, incluindo um dos bardos mais respeitados da Arte: Gwydion Pendderwen. Para surpresa de muitos, Gwydion não apenas apoiou Z., ele afirmou repetidamente que a Bruxaria feminista abriga algumas das mais autênticas representantes da Deusa. Como era de se esperar, essa visão não foi bem recebida por todos. Em 1976, ele me disse: "Já vi mulheres em muitos estados de consciência diferentes, mas nunca, até este último ano, vi a Deusa encarnada. Vi a mais suprema expressão da Mulher nessas Bruxas feministas lésbicas. Muitas têm trinta ou quarenta anos. Passaram por uma quantidade inacreditável de reveses em suas vidas, encontraram seu verdadeiro eu e se elevaram acima disso. Elas se destacam, parecem superiores ao resto de nós. A combinação de feminismo e Bruxaria criou verdadeiras Amazonas, gigantes de espírito."

Z. Budapest, com algumas outras mulheres, fundou o *Susan B. Anthony Coven* em 21 de dezembro de 1971. Quando a visitei em 1976, o Coven contava com um núcleo ativo de vinte a quarenta membros, além de um grupo maior de trezentas mulheres que participavam de algumas atividades. Covens relacionados haviam sido iniciados em pelo menos cinco outros estados. O Manifesto do Coven diz, em parte:

> Acreditamos que, para lutar e vencer uma revolução que se estenderá por gerações, precisamos encontrar formas confiáveis de renovar nossas energias. Acreditamos que sem um alicerce sólido na força espiritual das mulheres, não haverá vitória para nós... Estamos igualmente comprometidas com soluções políticas, comunitárias e pessoais.[227]

"A religião é o meio pelo qual se pode alcançar as pessoas em seus mistérios, nas partes de si mesmas que foram negligenciadas, mas que são tão importantes e dolorosas. E, assim, podemos acalmar e curar, porque a autoimagem pode ser restaurada pelo conhecimento, mas só a experiência pode realmente ensinar. A experiência nos permite recuperar essas condições. Que possamos ser Sacerdotisas novamente. Que possamos sentir o que isso significa, como isso serve à comunidade."

A visão de Z. Budapest para o futuro é a de um matriarcado socialista. Como muitas Bruxas feministas, ela acredita em uma era matriarcal no passado, em que "a Terra era tratada como Mãe e as mulheres eram Suas Sacerdotisas". O manifesto do *Susan B. Anthony Coven* incorpora muitas das teses propostas por Elizabeth Gould Davis em *The First Sex*, que argumenta que as mulheres já foram

227 Z. Budapest, *Feminist Book of Lights and Shadows*, pp. 1–2.

supremas e perderam essa posição quando os homens, exilados dos matriarcados, organizaram-se em grupos, derrubaram essas sociedades e introduziram o estupro e outras formas de violência.

Z. escreveu que a Arte não é apenas uma religião.

> A Arte é também um modo de vida. Na época do Matriarcado, o conhecimento das mulheres era amplamente compartilhado. Trazia uma riqueza de informações sobre como viver neste Planeta, como amar, lutar, manter-se saudável e, acima de tudo, como aprender a aprender. O que restou desse saber constitui o que hoje chamamos de "Bruxaria". O vasto conhecimento perdido permanece enterrado dentro de nós, em nossas mentes mais profundas, em nossos próprios genes. Para recuperá-lo, precisamos nos abrir às experiências psíquicas dentro da segurança dos Covens de Bruxaria feminista.[228]

O interesse de Z. pela ideia do matriarcado não é único entre as mulheres envolvidas com o culto à Deusa e a Bruxaria.

Matriarcado

Não é surpreendente que feministas espirituais, em suas explorações da história oculta e distorcida das mulheres, tenham se sentido atraídas pela ideia de uma era universal de culto à Deusa ou de um estágio universal de matriarcado. Essas mulheres têm reexaminado filósofos, historiadores, antropólogos e psicólogos que argumentaram que, no mundo antigo, as mulheres ocupavam uma posição de relativo poder. Às vezes, político, como nas teorias marxistas sobre uma sociedade pré-histórica sem classes (como afirmado, por exemplo, por Friedrich Engels e, mais recentemente, Evelyn Reed); outras vezes, um poder mítico, religioso ou psicológico, como nas teorias de J. J. Bachofen, Helen Diner, C. G. Jung, Erich Neumann, Robert Graves e Esther Harding.[229]

A ideia de matriarcado tem implicações que vão além da questão de sua existência histórica. Quando uma feminista lê a descrição de Estrabão sobre uma ilha de mulheres na foz do Loire, ou um relato sobre um antigo colégio de Sacerdotisas ou a academia de Safo em Lesbos, ou ainda as lendas sobre as Amazonas, ocorre um evento rico potencialmente transformador.

---

228 *Ibid.*, pp. 3–4.

229 Friedrich Engels, *The Origin of the Family, Private Property, and the State* (New York: International Publishers, 1967); Evelyn Reed, *Woman's Evolution* (New York: Pathfinder Press, 1975); J. J. Bachofen, Myth, *Religion and Mother Right* (Princeton: Princeton University Press – Bollingen Series LXXXIV, 1973); Helen Diner, *Mothers and Amazons* (New York: Anchor Books, 1973); Erich Neumann, *The Great Mother: An Analysis of the Archetype* (Princeton: Princeton University Press –Bollingen Series XLVII, 1963).

É fácil se perder em detalhes, e esse é o jogo de muitos estudiosos. Vamos jogar também por um tempo. Jogaremos também por um tempo. A pré-história é um campo aberto, sem consenso sobre o significado da palavra "matriarcado" e ainda menos sobre a existência de matriarcados antigos ou, caso tenham existido, sobre o quão "universais" eles eram. Está na moda acadêmicos rejeitarem a ideia, o que parece ocorrer tanto pela falta de evidências conclusivas em qualquer direção quanto pelo receio (predominantemente masculino) da ideia de mulheres no poder. A questão talvez nunca seja respondida de forma satisfatória. Sarah Pomeroy, em seu cuidadoso estudo, *Goddesses, Whores, Wives, and Slaves* (*Deusas, Prostitutas, Esposas e Escravas*), observa que a maioria das perguntas sobre a pré-história permanece sem resposta. Ela se questiona por que os arqueólogos desenterraram quatro vezes mais estatuetas femininas do que estátuas masculinas; por que os afrescos minoicos retratam muito mais mulheres do que homens; por que as poetisas líricas da época de Safo parecem ter tido tanta liberdade e independência, e qual é o significado por trás das mulheres fortes e dominantes retratadas nas tragédias e mitos gregos que evocam a era pré-clássica. Como Pomeroy observa, é tão insensato presumir a supremacia masculina nesses tempos quanto a feminina.[230] Segundo Bonewits, talvez tenhamos que esperar até que o campo da arqueologia e da pré-história deixem de ser dominados pelos homens. A maioria das mulheres, entretanto, não está esperando.

Muitos estudiosos parecem sentir prazer em apontar fragilidades nos argumentos de algumas das escritoras feministas mais populares sobre o matriarcado, como Elizabeth Gould Davis em seu livro *The First Sex*.[231] É relativamente fácil argumentar que mitos não podem ser tomados sempre ao pé da letra, como Davis faz com frequência, nem que sociedades que veneravam Deusas necessariamente conferiam poder às mulheres. No entanto, tais argumentos "razoáveis" têm sido usados para evitar a questão central da tese do matriarcado: a possibilidade de que, em certas épocas e lugares, as mulheres tenham detido uma parcela de poder muito maior do que possuem hoje e que, talvez, tenham exercido esse poder de uma maneira muito diferente daquela que costumamos conceber.

É importante enfatizar que, ao contrário do que muitos supõem, feministas encaram a ideia de matriarcado como algo mais complexo, e que o uso criativo dessa ideia como visão e ideal não seria de forma alguma comprometido caso surgisse, de repente, uma "prova definitiva" de que matriarcados nunca existiram. Da mesma forma, as Amazonas podem se revelar ficções ou criações do inconsciente profundo ou, como Troia, podem um dia emergir como "realidade". Em qualquer caso, o movimento feminista está dando origem a novas Amazonas, um processo que continuará independentemente do que for descoberto sobre o passado. Um exemplo pode ajudar a ilustrar essa questão.

230 Sarah B. Pomeroy, *Goddesses, Whores, Wives, and Slaves* (New York: Schocken Books, 1975).

231 Elizabeth Gould Davis, *The First Sex* (New York: G. P. Putnam's Sons, 1971)

No extraordinário filme *A Batalha de Argel*, de Gillo Pontecorvo, mulheres argelinas enfrentam os franceses com um grito inquietante, um uivo alto que faz a pele arrepiar. Após o lançamento do filme, ouvi esse mesmo clamor ocasionalmente em manifestações no final dos anos 1960, mas nunca da forma como o ouvi mais tarde, nos anos 1980, em encontros de mulheres. Amazonas estão surgindo hoje. Eu as ouvi e me uni a elas. Uivamos com os ursos, os lobos e os coiotes. Senti sua força. Houve momentos em que parecia possível que se unissem ao reino animal ou se alinhassem com tudo o que é feminino no universo para travar uma guerra em nome da Mãe Natureza. Essas mulheres estão criando suas próprias mitologias e realidades. E frequentemente repetem as palavras de Monique Wittig em *Les Guérillères:*

> Houve um tempo em que você não era escrava, lembre-se disso. Você caminhava sozinha, repleta de riso, banhava-se de ventre descoberto. Você diz que não se lembra, mas tente recordar. Você sabe como evitar um urso no caminho. Conhece o medo do inverno quando ouve os lobos se reunindo. Mas também sabe permanecer horas sentada no alto das árvores, esperando o amanhecer. Você diz que não há palavras para descrever esse tempo, que ele não existe. Mas lembre-se. Esforce-se para lembrar. E, se não conseguir, invente.[232]

Essas feministas espirituais não veem seu futuro como dependente de um passado hipotético. Não sentem necessidade da validação ou negação de estudiosos para afirmar sua realidade. "Afinal", disse-me Z. Budapest, "se a religião da Deusa tem sessenta mil anos ou sete mil, isso não importa. Certamente não para o futuro! Reconhecer a Deusa divina em seu interior é onde está a verdadeira religião."

Em outras palavras, a ideia de matriarcado é poderosa por si só para as mulheres. Duas antropólogas feministas observaram que, seja qual for a definição de matriarcado, "toda a questão desafia as mulheres a se imaginarem com poder. É uma ideia sobre como seria uma sociedade onde as mulheres fossem realmente livres."[233]

Não há consenso sobre o significado da palavra matriarcado, tanto entre feministas quanto entre estudiosos. Literalmente, claro, significa "governado pelas mães" ou, de forma mais ampla, governo e poder nas mãos das mulheres. Mas não é assim que a palavra é usada com mais frequência. Engels e outros pensadores da tradição marxista utilizam a palavra para descrever uma sociedade pré-classista e igualitária, onde mulheres e

232 Monique Wittig, *Les Guérillères* (Boston: Beacon Press, 1985), p. 89.

233 Paula Webster e Esther Newton, *Matriarchy: Puzzle and Paradigm*, apresentado na 71ª Reunião Anual da American Anthropological Association, Toronto, 1972. Esse artigo foi posteriormente publicado na *APHRA – A Feminist Literary Magazine* (primavera/verão de 1973) como *Matriarchy: As Women See It.* Uma versão revisada, *Matriarchy: A Vision of Power*, de Paula Webster, aparece em *Toward an Anthropology of Women*, editado por Rayna Reiter (New York: Monthly Review Press, 1975), pp. 141– 156.

homens compartilham de forma equitativa a produção e o poder. Alguns marxistas evitam chamar essa sociedade igualitária de matriarcado, mas a maioria dentro dessa tradição o faz.

Outros escritores usam o termo matriarcado para se referir a uma era de culto universal à Deusa, independentemente de questões relacionadas ao poder político e ao controle. Diversas feministas observam que poucas definições da palavra, apesar de seu significado literal, incluem qualquer conceito de poder. Elas sugerem que séculos de opressão tornaram impossível para muitas mulheres se imaginarem com tal poder. Também apontam que há muito pouca literatura feminista utópica, com algumas exceções, como a ficção científica de Joanna Russ,[234] *Les Guérillères,* de Monique Wittig, e algumas obras publicadas por pequenas editoras feministas.

Elizabeth Gould Davis e Helen Diner enxergam o matriarcado como uma sociedade em que as mulheres detêm poder e concebem esse poder feminino como qualitativamente diferente do poder masculino. Isso levou muitas feministas a definirem o matriarcado como um tipo distinto de poder, um espaço onde os valores femininos são reconhecidos e onde o poder é exercido de forma não possessiva, não controladora e de maneira orgânica, em harmonia com a natureza.

Ecoando essa visão, a falecida Alison Harlow, feminista e Bruxa da Califórnia, disse-me que, para ela, a palavra patriarcal passou a significar algo manipulador e dominador. Já matriarcal, em sua perspectiva, descrevia uma visão de mundo que valoriza a conexão e a intuição, buscando relações de poder e atitudes não autoritárias nem destrutivas em relação à Terra. Isso difere bastante da ideia de matriarcado como simplesmente um governo exercido por mulheres.

Além das feministas, vários Neopagãos também têm explorado a questão do matriarcado, chegando a conclusões semelhantes sobre o poder. Morning Glory e Oberon Zell-Ravenheart, da Church of All Worlds, disseram-me que não gostavam desse termo "ou de qualquer 'arquia'" e preferiam usar a palavra *matrística.* Os Zell-Ravenheart se autodenominam anarquistas matristas e, observando as opiniões de G. Rattray Taylor em *Sex in History*[235], afirmam considerar as sociedades matrísticas (geralmente matrifocais e matrilineares) caracterizadas por espontaneidade, sensualidade e antiautoritarismo – incorporando, em outras palavras, muitos dos valores compartilhados pelos Neopagãos hoje.

Há diversas formas de abordar a questão dos matriarcados antigos, muitas delas enraizadas nas teorias históricas de J. J. Bachofen e Friedrich Engels. Ambos escreveram no século 19 e, apesar de terem perspectivas muito diferentes, apresentaram a ideia de um matriarcado universal dentro de leis históricas e estágios universais de evolução.

234 Joanna Russ, *The Female Man* (Boston: Beacon Press, 1986); *We Who Are About To...* (New York: Dell, 1975); *The Two of Them* (New York: Berkley Publishing Corp., 1978), entre outros.

235 Gordon Rattray Taylor, *Sex in History* (New York: The Vanguard Press, 1954).

De fato, a noção de uma fase universal de matriarcado foi amplamente aceita até o século 20, mas hoje, assim como a teoria de Murray sobre o culto das Bruxas, caiu em desuso.

Engels e os marxistas que o seguiram fundamentaram suas visões na teoria do materialismo histórico. Segundo essa teoria, antes da sociedade de classes, prevalecia um igualitarismo primitivo no qual mulheres e homens compartilhavam de forma equitativa a produção e o poder. Escritoras feministas como Evelyn Reed continuam a basear suas perspectivas em uma visão evolucionista, definindo o matriarcado como esse tipo de sociedade igualitária. Vale destacar que Reed apresenta diversas ideias originais em seu livro *Woman's Evolution* (*A Evolução da Mulher*), incluindo uma especulação inovadora de que a origem do tabu do incesto surgiu após o controle do canibalismo exercido pelas mulheres.

JJ Bachofen também buscou leis universais da história, embora as baseasse na organização religiosa, no mito e no símbolo, e não no materialismo. Em seu *Myth, Religion, and Mother Right* (Mito, Religião e Direito Materno - 1861), ele escreveu que as sociedades matriarcais eram caracterizadas por liberdade universal, igualdade, hospitalidade, ausência de conflitos e uma aversão geral a restrições. Suas obras eram atraentes para poetas, artistas e psicólogos. Algumas feministas influenciadas por Bachofen, como Davis e Diner, abandonaram qualquer referência à teoria evolucionista, mas mantêm a primazia do mito e das formas simbólicas. Davis, por exemplo, propõe uma visão cíclica e cataclísmica da história, fortemente influenciada por Immanuel Velikovsky. O patriarcado é visto como uma degeneração, tanto moral quanto tecnológica.

Curiosamente, sao as nao marxistas, como Elizabeth Gould Davis e Helen Diner, que conseguem conceber um matriarcado dominante com mulheres no poder, embora esse poder seja exercido de uma forma muito diferente. Algumas antropólogas feministas também apontam contradições no trabalho de Davis; por exemplo, ela diz que o governo dos matriarcados era totalmente benevolente, sugere que um dos motivos de sua queda foi a revolta dos homens que haviam sido excluídos. Uma feminista familiarizada tanto com a teoria marxista quanto com o pensamento feminista contemporâneo me disse que simpatizava com a ideia de que as guerras são fruto da agressividade masculina, mas acrescentou: "Tenho minhas reservas. Li teoria marxista o suficiente para suspeitar que essa visão pode ser uma forma reacionária de interpretar a questão."

Como as teorias sobre estágios evolutivos da história são difíceis de "comprovar", a maioria dos principais antropólogos e arqueólogos fora da tradição marxista evita abordá-las. Da mesma forma, muitas feministas tendem a abandonar a argumentação sobre um estágio universal de matriarcado e, em vez disso, simplesmente afirmam que o culto à Deusa era amplamente difundido em várias sociedades antigas, enquanto as evidências arqueológicas continuam a se acumular com a descoberta de civilizações como Çatal Hüyük e Mersin. O matriarcado pode não ter sido universal, e algumas sociedades matrilineares contemporâneas podem ser opressivas para as mulheres, mas há muitas evidências de sociedades antigas onde elas detinham mais poder do que em muitas sociedades atuais. Por exemplo, os estudos de Jean Markale sobre as sociedades celtas mostram que o poder das mulheres se refletia não apenas em mitos e lendas, mas também em códigos legais relacionados a casamento, divórcio, propriedade e direito ao governo.[236]

Muitas mulheres também estão explorando a ideia de matriarcado sob perspectivas diferentes da teoria política, da história, da arqueologia e da etnografia. Elas estão revisitando escritores, poetas e psicólogos que há anos discutem símbolos femininos, reinos femininos, a anima e outros conceitos. As teorias de C. G. Jung, Esther Harding e Erich Neumann estão sendo reexaminadas, assim como as de poetas que afirmam ter encontrado toda a sua inspiração na Grande Deusa, como Robert Graves e Robert Bly. Neumann, em *The Great Mother* (*A Grande Mãe*), argumenta que o matriarcado não foi um estado histórico, mas sim uma realidade psicológica de grande poder, ainda viva, embora geralmente reprimida na psique humana. Escritores como Neumann e Graves, nas palavras de Adrienne Rich, parecem ter rejeitado "o masculinismo em si" e "começado a associar a negação do 'feminino' na civilização às raízes da desumanidade e da autodestruição, conclamando à renovação do 'princípio feminino'."

A recorrência de mulheres fortes e poderosas em mitos, lendas e sonhos persiste, e Rich observa:

> Se uma era assim existiu em algum lugar, mesmo que não tenha sido dourada, ou se todos nós carregamos, em nossas primeiras impressões, a memória ou o anseio por uma relação passada com um corpo feminino — maior e mais forte que o nosso —, por seu calor, nutrição e ternura, há hoje um novo interesse pelas possibilidades inerentes ao poder feminino benevolente. Um modo de existência ausente na sociedade como um todo e que, mesmo no âmbito privado, as mulheres exerceram sob terríveis restrições impostas pelo patriarcado.[237]

Philip Zabriskie, um junguiano, também destacou o poder e a presença dos arquétipos ancestrais de deusas e mulheres antigas, afirmando que podem ser evocados na vida psíquica presente.[238] É evidente que, mesmo dentro do contexto patriarcal em que eram conhecidas, as deusas clássicas greco-romanas representam imagens do feminino muito mais ricas do que as que temos hoje. No entanto, também é verdade que essas imagens podem tanto reprimir quanto libertar as mulheres.

---

236 Jean Markale, *Women of the Celts* (London: Gordon Cremonesi, 1975). Publicado originalmente como *La Femme Celte,* Editions Payot, Paris, 1972.

237 Adrienne Rich, "The Kingdom of the Fathers", *Partisan Review,* Vol. XLIII, No. 1 (1976), 29–30, 26

238 Philip Zabriskie, "Goddesses in Our Midst", *Quadrant,* nº 17 (outono de 1974), pp. 34–45.

Como vimos, as mulheres abordam o matriarcado de maneira complexa. Elas divergem tanto sobre a existência de matriarcados no passado quanto sobre o significado do matriarcado em termos de poder. Algumas, como Davis, veem a maternidade como a fonte do antigo poder feminino, uma diferença inata que gera uma espécie de superioridade moral decorrente da proximidade com a natureza e a vida. Outras feministas, desde Simone de Beauvoir até Shulamith Firestone, enxergam na maternidade a raiz da opressão das mulheres.

As feministas também divergem sobre a visão do matriarcado como uma "Era Dourada", uma ideia defendida com ênfase por Davis em *The First Sex* (*O Primeiro Sexo*). Algumas veem o matriarcado, acima de tudo, como uma concepção de mulheres em liberdade. Costumam imaginar os antigos matriarcados como sociedades organizadas com base em princípios flexíveis, solidários, anárquicos e verdadeiramente singulares – os mesmos que estruturam muitos grupos feministas contemporâneos, desenvolvidos a partir da tradição da elevação da consciência. Outras, porém, enxergam o matriarcado como um período mais favorável para as mulheres, mas não isento de desafios e dificuldades. Alison Harlow, por exemplo, contou-me que certa vez teve uma visão, um pequeno vislumbre do matriarcado.

> Eu estava de pé com minha mãe, meu pai e minha irmã enquanto uma longa procissão passava. Uma Sacerdotisa estava sendo carregada e, com um longo bastão, ela apontou para mim. Eu fui escolhida. De repente, fui arrancada de tudo o que conhecia. Talvez eu tenha amado aquilo, mas a falta de liberdade me assusta. Uma teocracia só é boa se a Sacerdotisa estiver sempre certa. Talvez elas fossem mais intuitivas do que nós, mas...

Segundo Alison, o matriarcado foi um período de milhares de anos em que as mulheres atuavam com força no mundo.

> Não acredito que tenha existido um matriarcado utópico. Não vejo isso como a solução definitiva para todos os nossos problemas. Mas acredito que há valores das antigas culturas matriarcais que deveríamos reconsiderar e trazer para nossas vidas hoje. Passei muito tempo tentando entender o que significaria viver em uma teocracia centrada na Deusa, onde as pessoas pertenciam à Deusa, onde as cidades pertenciam à Deusa, onde você nasce para servir à Sua vontade. Os conceitos de liberdade humana, como os compreendemos, não são muito compatíveis com qualquer tipo de teocracia, e eu sou profundamente comprometida com a liberdade individual.

Se as feministas têm visões diversas sobre os matriarcados do passado, também possuem diferentes perspectivas em relação aos objetivos para o futuro. Uma mulher do Coven Ursa Maior me disse: "No momento, estou lutando pelo poder das mulheres de todas as formas possíveis, mas não sei se meu objetivo final é uma sociedade onde todos os seres humanos sejam iguais, independentemente dos corpos em que nasceram, ou se preferiria uma sociedade onde as mulheres tivessem autoridade institucional."

De qualquer forma, a maioria das mulheres que explorou essa questão enxerga o retorno a algum tipo de valores matriarcais, seja qual for sua expressão, como um requisito para a sobrevivência do Planeta. Vale lembrar que Robert Graves escreveu em 1948:

> Não prevejo nenhuma mudança para melhor até que tudo piore drasticamente. Somente após um período de completa desorganização religiosa e política o desejo reprimido das raças ocidentais - que anseiam por alguma forma prática de culto à Deusa - poderá, enfim, encontrar satisfação. [...] Mas quanto mais essa hora for adiada e, consequentemente, quanto mais exauridos forem os recursos naturais da terra e do mar pela imprudência irreligiosa do homem, menos misericordiosa será sua máscara de cinco faces...[239]

A ideia de um matriarcado no passado, a possibilidade de um matriarcado no futuro, as imagens matriarcais nos mitos e na psique – talvez presentes em memórias tanto coletivas quanto individuais – levaram feministas espirituais a buscar saberes matriarcais. Esse caminho não se limita ao estudo e à pesquisa. Envolve a criação de rituais, experimentos psíquicos, elementos lúdicos, devaneios e sonhos. Essas experiências, acreditam as mulheres, irão criar ou recriar o matriarcado.

Ritual

No capítulo 7, exploramos a ideia de que o ritual pode ser visto como uma maneira que os seres humanos encontraram para encerrar, ainda que por alguns instantes, sua experiência de alienação da natureza e uns dos outros.

Para reforçar, teóricos da política, da religião e da natureza costumam enxergar o Universo de maneira surpreendentemente semelhante. Muitos destacaram a interconexão de tudo no Universo e o fato de que a maioria das pessoas não percebe essas conexões. Filósofos espirituais tendem a chamar essa falta de percepção de "afastamento" ou "falta de sintonia", enquanto materialistas frequentemente a denominam "alienação" ou, em alguns casos, "falsa consciência". Talvez a teoria, a análise e a transformação da sociedade possam encerrar nossa experiência de alienação em nível consciente. O ritual e a prática mágica buscam encerrá-la no nível inconsciente da mente profunda.

239 Robert Graves, *The White Goddess*, edição revisada e ampliada (New York: Farrar, Straus and Giroux, 1966), pp. 484-86.

Por ritual, não nos referimos àquelas experiências desprovidas, formalizadas e repetitivas que muitos de nós já suportamos. Essas práticas podem ter sido poderosas no passado, mas, na maioria dos casos, foram apropriadas por alguma forma de Estado para fins que pouco contribuem para a libertação humana. Estamos falando dos rituais que as pessoas criam para se conectar com partes profundas de si mesmas, aquelas que não podem ser acessadas pelo nível verbal. São aspectos do ser muitas vezes desprezados e reprimidos. Os rituais também são criados para reconhecer, nesse nível mais profundo, os ciclos das estações, o mundo natural e para celebrar a vida e seus processos.

Muitas Sacerdotisas influentes na Arte destacaram a importância fundamental do ritual.

Sharon Devlin: "O ritual é um drama sagrado no qual você é ao mesmo tempo espectadora e participante. Seu propósito é ativar partes da mente que não são estimuladas pelas atividades cotidianas, incluindo habilidades psicocinéticas e telecinéticas, a conexão entre o poder eterno e nós mesmas... Precisamos recriar estados extáticos onde a geração de energia acontece."

Z Budapest: "O propósito do ritual é despertar a mente ancestral dentro de nós e colocá-la em ação. Os antigos dentro de nós, a consciência coletiva, as muitas vidas, as partes divinas eternas, os sentidos e áreas do cérebro que foram ignoradas. Essas partes não falam inglês. Elas não se importam com a televisão. Mas entendem a luz das velas e as cores. Compreendem a natureza."

Alison Harlow: "O ritual é uma das melhores técnicas para alterar a consciência. Através dele, é possível modificar o próprio estado de percepção para se tornar receptiva a formas de vida não materiais, seja qual for o nome que lhes dê, e, por meio dessa percepção, praticar ciências subjetivas."

De que outras formas as feministas pensam sobre o ritual? Jean Mountaingrove começou dizendo que, assim como os sonhos parecem ser a forma pela qual a mente inconsciente se comunica com a mente consciente, talvez o ritual seja a maneira pela qual a mente consciente se comunica com a inconsciente. Ela e Ruth ocasionalmente compartilhavam água de um riacho, disse ela, para simbolizar o compartilhamento das águas da vida. Ela acrescentou: "Se quero que minha mente inconsciente compreenda que amo Ruth e que ela é minha companheira, realizamos um ritual juntas, e a conexão se torna muito profunda. As palavras que dizemos uma à outra podem não ser suficientes para isso. O ritual estabelece a conexão em outro nível."

Jean observou que o ritual tem uma relevância particular e radical para as feministas. "Como a nossa cultura – aquela que compartilhamos com os homens – está tão contaminada, muitas vezes, quando um grupo de mulheres se reúne, só temos palavras para usar, e essas palavras já vêm carregadas de condicionamentos. Com frequência, podemos argumentar e usá-las para nos dividir. Mas nossas ações não foram tão limitadas pelas definições masculinas. Precisamos encontrar ações que sejam claras, que não carreguem conotações hierárquicas... porque parte do nosso comportamento simbólico também foi contaminado. Se eu der um tapinha na cabeça de alguém, isso pode significar que sou superior a ela; pode ser um gesto condescendente... mas se encontrarmos formas, como lavar as mãos umas das outras, ações mútuas que ainda não foram corrompidas, podemos usá-las como um tipo de vocabulário que atravessa todas as divisões e nos une."

As mulheres estão criando esta nova linguagem. Estão desenvolvendo habilidades psíquicas em oficinas com nomes como *Womancraft* e *Womanshare*; estão reinterpretando eventos relacionados ao feminino sob uma nova perspectiva e usam essas compreensões para criar novas formas de ritual. Um exemplo disso é o uso das "Tendas da Lua" como espaços de recolhimento durante a menstruação. Ao fazer isso, recriam uma experiência comum às mulheres na antiguidade e ainda presente em muitas sociedades tribais. Essas mulheres acreditam que, ao contrário do que se assume academicamente, esses retiros não eram impostos devido à "impureza", mas iniciados por elas mesmas para celebrar seus mistérios e estabelecer um tempo de troca coletiva. Também se teoriza que, antes da luz artificial e dos métodos modernos de contracepção, todas as mulheres de uma tribo frequentemente menstruavam ao mesmo tempo.

Algumas mulheres começaram a trabalhar com seus sonhos. Em um caso, doze mulheres passaram juntas um fim de semana no deserto. Elas dormiam em círculo com as cabeças voltadas para dentro e os corpos dispostos como os raios de uma roda. Teciam "redes de sonhos" com lã e fibras e costuravam "travesseiros de sonho" recheados com artemísia e sementes de *psyllium*. Uma das mulheres que viveu essa experiência compartilhou seu sonho:

Estou com um grupo de mulheres entoando cânticos sob o convés de um velho navio, que remamos através do mar. Todas procuram por sua cidade. Chegamos a uma terra onde um homem nos observa da margem. Ele pergunta: "Por que vieram aqui?" Respondemos: "Viemos encontrar nossa cidade." Ele diz: "Voltem. Sua cidade não está aqui." Ignoramos suas palavras e seguimos para a floresta à beira da água, caminhando por um caminho em espiral que nos conduz ao centro, onde há uma cidade. No fim do percurso, encontramos uma mulher idosa. Dizemos: "Viemos encontrar nossa cidade." Ela responde: "Esta é uma cidade antiga. Não é a de vocês. Sua cidade não está aqui. Vocês precisam ir além." As mulheres então se dispersam para continuar a busca.

A revista WomanSpirit comentou:

> O sonho de Margaret me diz que não encontraremos nossa cultura no mundo dos homens, mas também não a encontraremos na antiga cultura das mulheres. Ela ainda está por ser descoberta.[240]

Um exemplo de ritual simples poderoso é descrito em uma edição antiga da *WomanSpirit*: uma tentativa de ressignificar o conceito de Eva. Feministas e Neopagãs naturalmente percebem que a história de Adão e Eva, na interpretação tradicional, provavelmente contribuiu mais para a degradação e subjugação das mulheres do que qualquer outro mito na história ocidental. Além disso, essa narrativa tem sido usada para inculcar atitudes depreciativas em relação à mente, ao corpo, à sensualidade e à busca pelo conhecimento. A revista sugere que apenas ao reverter a tradição bíblica e enxergar Eva de maneira positiva, como portadora do conhecimento e da consciência, será possível romper definitivamente com a separação entre mente e corpo e com o desprezo por ambos, imposto pelo Cristianismo e por grande parte das tradições clássicas e judaicas das quais ele se originou. Em um artigo intitulado *Eva and Us* (Eva e Nós), uma mulher que conduz uma aula de teologia fala sobre a importância de reconhecer Eva. Ela propõe uma contra-tese: Eva foi "a verdadeira criadora da civilização". A Queda foi, na realidade, "o despertar da consciência humana". A turma observa que, na narrativa, é Adão quem é passivo. Eva é convencida de forma lógica e racional a tornar-se "como os deuses". "Eva e a serpente estavam certas", afirmou a líder da discussão. Ela abriu "um mundo inteiramente novo de consciência. Todo avanço na literatura, na ciência e nas artes pode ser miticamente rastreado até esse evento e, sob essa perspectiva, Eva é de fato a verdadeira criadora da civilização... e nós, mulheres, temos o direito e a responsabilidade de reivindicá-la como nossa."

Nesse momento da aula, um ritual espontâneo aconteceu. Diferente de muitos rituais na Arte, que são cuidadosamente aprendidos, esse surgiu de uma necessidade imediata de afirmar a existência feminina. Uma mulher pegou uma maçã e "a maçã foi cerimoniosamente passada pelo círculo, e cada mulher deu uma mordida, simbolizando sua aceitação e disposição para reivindicar Eva como sua e reconhecer sua unidade com ela."[241]

As mulheres também começaram a criar rituais lunares. A relação entre as mulheres e a Lua é, naturalmente, uma conexão antiga.

---

240 Ruth Mountaingrove, "Clues to Our Women's Culture", *WomanSpirit*, Vol. 2, Nº 6 (Equinócio de Outono, 1975), p. 45.

241 Jude Michaels, "Eve & Us", *WomanSpirit*, Vol. 1, No. 1 (Equinócio de Outono,1974), pp. 5–6. Em conexão com isso, lembro-me das palavras do imperador Juliano, do século 4, que observou que a doutrina de Adão e Eva era inadequada para qualquer mente esclarecida: "O que poderia ser mais tolo do que um ser incapaz de distinguir o bem do mal? [...] Em suma, Deus recusou-se a permitir que o homem provasse da sabedoria, algo de valor inestimável [...] de modo que a serpente foi mais uma benfeitora do que uma destruidora da raça humana." *The Works of the Emperor Julian*, trad. Wilmer Cave Wright, 3 vols. (Cambridge: Harvard University Press, 1961), III, 327.

> Na noite passada [escreve uma mulher], nos debruçamos nas janelas voltadas para o leste e uivamos para a lua, um orbe incrível subindo sobre as colinas orientais... e criamos uma canção para ela. Durante a noite, caí em um sonho que me permitiu enxergar por baixo a barriga da morte, como a doadora da vida.[242]

Outra mulher escreveu sobre uma celebração da lua nova em junho de 1974:

> As mulheres pareciam subir a colina por horas. Ouço vozes e flautas ao longe... Sentamos em um grande círculo em frente à cabana. Damos as mãos e seguimos juntas até o campo, descendo para a escuridão. Contamos histórias sobre a escuridão. Ruth narra o mito de Perséfone sendo raptada pelo Senhor do Submundo... Começamos uma associação livre de palavras e sons a partir da palavra "escuridão". Isso é muito intenso. Palavras e sons surgem rapidamente, fluem e depois se dissipam. Há imagens de medo, mas também de poder e força, além de muitas que transmitem calma, calor e descanso. Uma grande vela é acesa... [Billie] preparou dez pequenas bolsas com cordões, cada uma feita de um material diferente. Cada bolsa tem uma conta preta presa ao cordão, simbolizando a lua escura. Ela nos entrega para que guardemos. Ficamos muito felizes ao passá-las pelo círculo... Dentro das bolsas, encontramos sementes. Sementes, o pequeno começo, a lua nova... Ficamos de pé para uma leitura de despedida de *Monster*, de Robin Morgan, encerrando com todas gritando: "Eu sou um monstro!"[243]

Confrontando a "Deusa"

Não é de surpreender que mulheres envolvidas nesses rituais e percepções comecem a se deparar com a ideia de uma divindade feminina. Elas encontraram a Deusa, ou foram conduzidas a Ela. E o conceito de "Deusa" traz tanto desafios quanto possibilidades para as feministas.

Por mais variadas que sejam as concepções dos Neopagãos sobre as divindades, quase todos compartilham alguma forma da ideia de "Tu és Deus/a". Alguns que conheci consideram que essa noção, conforme articulada pela Church of All Worlds, (Igreja de Todos os Mundos), contém um pouco de arrogância. Ainda assim, a maioria concordaria que o objetivo do Neopaganismo é, em parte, tornar-se aquilo que potencialmente somos, tornar-se "como os Deuses" ou, se somos Deus/Deusa, reconhecer isso e fazer com que nossa divindade tenha significado. Essa visão difere bastante da concepção comum de divindade no pensamento ocidental, que a coloca

242 "Voices", *WomanSpirit*, Vol. 1, No. 1 (Equinócio de Outono, 1974), p. 38.

243 Carol, Patti e Billie, "Moon Over the Mountain: Creating Our Own Rituals", *WomanSpirit*, Vol. 1, No. 1 (Equinócio de Outono, 1974), p. 30. O poema de Robin Morgan aparece em Monster (New York: Vintage Books, 1972), pp. 81–86.

como algo "exclusivo", "acima", "separado" e "externo". Oberon Zell-Ravenheart afirmou que, no Neopaganismo, a divindade é imanente, e não transcendente. Outros defendem que ela é tanto imanente quanto transcendente.

Independentemente do que "divindade" signifique para os Neopagãos, é inegável que a concepção popular de divindade é masculina. Isso ocorre apesar das inúmeras tradições esotéricas cristãs e judaicas que apontam o contrário. Em seu pouco conhecido livro de 1960, *Divinity as the Eternal Feminine* (*A Divindade como o Feminino Eterno*), o veterano Neopagão W. Holman Keith observou:

> Apesar de tudo o que os cristãos dizem em contrário, eles concebem a divindade como masculina. Podem argumentar que não acreditam em antropomorfismo, que Deus é espírito, entre outras justificativas, mas essas declarações não anulam completamente essa constatação.[244]

Mary Daly escreveu amplamente sobre a ideia de que todas as grandes religiões atuais funcionam para legitimar o patriarcado. Segundo ela, uma vez que "Deus é homem, então o homem é Deus", e que o conceito de "Deus Pai" legitima todos os "Padrinhos" terrenos, incluindo Vito Corleone, o Papa Paulo e Richard Nixon.[245] Como essa imagem chamada "Deus" representa algo além de nós, maior do que nós, ela se torna o símbolo do poder e da autoridade, mesmo para muitos que se declaram ateus. Funciona como uma imagem opressiva poderosa, independentemente de acreditarmos ou não "nele". E isso continua sendo verdade, quer o homem tenha criado "Deus" à sua própria imagem, quer tenha sido o contrário. Como muitos ocultistas afirmam, há uma relação contínua entre a mente humana e suas criações, e essas criações influenciam todas as outras mentes humanas.

As mulheres ocidentais foram excluídas da busca pela divindade por milhares de anos, desde o fim do culto à Deusa no Ocidente. A única exceção, ainda que limitada, é a veneração à Virgem Maria pelos católicos, uma pálida lembrança da Grande Deusa. Se um dos propósitos da divindade é oferecer uma imagem a ser alcançada, fica claro que as mulheres foram deixadas de fora ou forçadas a se moldar a um ideal masculino opressor e inalcançável. Mary Daly sugeriu resolver essa questão com a ideia de "Deus como um verbo", mas muitas mulheres consideram essa abordagem abstrata demais e preferem voltar-se para as Deusas antigas.

Uma divindade feminina concebida como onipotente e abrangente pode gerar contradições e outros desafios em uma comunidade feminista anarquista que valoriza a autonomia individual. Ainda assim, a atração pela Deusa entre as mulheres era inevitável. Ela ressoou profundamente. Basta ouvir as canções dedicadas à Deusa que surgiram na comunidade feminina, desde a bem-humorada *Good Old*

244 W. Holman Keith, *Divinity as the Eternal Feminine* (New York: Pageant Press, 1960), p. 14.

245 Mary Daly, *Beyond God the Father* (Boston: Beacon Press, 1973), pp. 16–19.

Dora (A Boa e Velha Dora), de Cassie Culver, até o extraordinário hino de Alex Dobkin à Deusa e à divindade presente em todas as mulheres, *Her Precious Love* (Seu Amor Precioso).[246]

Muitas mulheres tiveram experiências profundas com a divindade em sua forma feminina. "Nunca me ocorreu criar minha própria religião", escreveu uma delas, "e, mais importante, que Deus fosse mulher. Descobrir essa feminilidade me trouxe um imenso alívio. Senti sua bênção me tocar pela primeira vez. Foi como se um grande peso tivesse sido retirado de mim. Pude sentir os últimos resquícios de preconceito contra minha própria mente e corpo femininos se dissolvendo."[247]

Jean Mountaingrove, que passou vinte anos como Quaker praticante, contou-me sobre sua primeira experiência com a divindade feminina.

"Houve uma reunião Quaker em Pendle Hill, um centro de retiro Quaker nos arredores da Filadélfia. Tínhamos encontros todas as manhãs, e muitos Quakers influentes participavam. Dia após dia, eu me sentava na última fila, ouvindo mensagens sobre 'a paternidade de Deus', 'a fraternidade entre os homens' e 'ele' e 'dele'. Até que, certa manhã, depois de cerca de trinta minutos, aquela sensação dentro de mim, que sempre aprendi a confiar como orientação, foi crescendo e crescendo até que comecei a tremer, com a certeza de que deveria dizer alguma coisa. Senti que se não dissesse nada estaria traindo algo em que aprendi a confiar. Tudo o que eu disse foi: 'Mãe. Irmã. Filha.' E isso caiu como uma pedra em um lago silencioso de paternidade e fraternidade. Mas então, todos em silêncio puderam refletir sobre o que aquilo poderia significar. Eu havia me declarado. Eu tinha me posicionado – como posso dizer? – à margem. Meu feminismo foi considerado 'de mau gosto'. Mas depois algumas mulheres vieram até mim e me abraçaram. E isso significou muito."

Jean me contou que anos depois, em uma comunidade no Oregon, ela começou a obter impressões de um bosque especial. "Eu tinha uma formação científica que tende a zombar desse tipo de coisa", disse ela. "Achei muito excêntrico. Mas Ruth, que tinha experiência em psicologia junguiana e havia lido *The White Goddess* (*A Deusa Branca*), acompanhou tudo com uma compreensão que eu mesma não tinha. Fui atraída pela árvore mais alta do bosque e, sempre que me aproximava dela, chorava, mas eram lágrimas de alegria e alívio. Sentia-me completa, inteira. Meu próprio julgamento sobre mim era de inadequação, mas o espírito da árvore, a quem chamei de Mãe, parecia me aceitar exatamente como eu era."

Algumas mulheres com quem conversei tinham uma relação natural e duradoura com a Deusa. Uma delas me contou que, quando criança, costumava caçar com o pai e o irmão e invocava Diana como Senhora da Caça. Isso me fez lembrar das minhas próprias preces a Ártemis e Atena quando tinha doze anos.

---

246 Gravações: Alix Dobkin, Kay Gardner e outras, *Her Precious Love*, no álbum *Lavender Jane Loves Women* (1975), Alix Dobkin Project 1, 210 W. 10th St., New York, N.Y. 10014; Cassie Culver, Good Old Dora, no álbum *3 Gypsies* (1976), Urana Records – ST-WWE-81; Kay Gardner, Mooncircles (1975), Urana Records, uma divisão da Wise Women Enterprises, Inc., P.O. Box 297, Village Station, New York, NY 10014 – ST-WWE-80.

247 Fran Winnant, "Our Religious Heritage", *WomanSpirit*, Vol. 1, Nº 3 (Equinócio da Primavera, 1975), p. 51.

Outras mulheres tinham dificuldades com a ideia de uma "Deusa". "É incrível", escreveu uma delas, "como grande parte da minha vida agora está ligada a coisas nas quais fui ensinada a não acreditar e, de certa forma, ainda não acredito... Esse negócio de Deusa também me deixa inquieta. Gostaria de entender melhor como a espiritualidade se relaciona (ou não) com o que chamo de 'vida real' – trabalhar, ter relacionamentos, adoecer, envolver-se ou não com política."[248]

Em outro exemplo, as editoras da *WomanSpirit* descreveram os resultados de uma discussão entre um grupo de mulheres:

> Muitas de nós tivemos dificuldade com o conceito de uma "Deusa". Quem era essa Deusa e por que ela foi criada? Sentíamos que ela representava diferentes formas de energia e luz para pessoas diferentes. Embora tivéssemos dificuldades com as palavras, sentimos que a força da deusa era inevitável, ela fluía por todas nós, independentemente do nome, ela era a sensação da presença da vida. Deusa era um novo nome para nossa jornada espiritual, a experiência da vida.[249]

A crítica óbvia é que a ideia de uma única Deusa, concebida como transcendente e separada, gera tantos problemas quanto o "Deus" masculino. Trocar o "Papai" por "Mamãe" não é uma libertação. Uma mulher levanta essa questão.

> Tenho pensado por dias e semanas sobre a Deusa. A palavra, o conceito, a ideia, a projeção, a experiência. Por muitos meses, tenho experimentado a palavra, usando-a livremente, com reverência, com desejo. Essa é minha experiência mais forte em relação a ela, um sentimento de desejo – oh, que houvesse uma Deusa para orar, em que confiar, em que acreditar. Mas eu não acredito em uma Deusa.
>
> Não em uma Deusa que exista como um ser ou pessoa. Mas a Deusa que é cada uma de nós, a que está dentro de nós... Ela é a força interior, a luz, a mulher consciente que conhece sua própria perfeição, sua própria harmonia perfeita com o cosmos...
>
> Essa existência comum de todas as coisas é santidade para mim... Entendo que a palavra "Deusa" é usada para expressar essa realidade de unidade de maneira simbólica. Da mesma forma, "Deus" é usado. Não há ninguém chamada "Deusa" para procurar fora de nós ou para entrar em nós. Há apenas, em cada um, nosso próprio centro de energia unitária, conectado a tudo...
>
> Mas não acredito que mudar o sexo desse conceito elimine seus problemas. De jeito nenhum. Dizer Deusa em vez de Deus ainda mantém a separação do poder, a divisão entre a pessoa e o poder "lá fora!"...[250]

---

248 Monica, carta para *WomanSpirit*, Vol. 2, Nº 7 (Equinócio da Primavera, 1976), p. 62.

249 *WomanSpirit*, Vol. 2, Nº 6 (Equinócio de Outono, 1975), p. 64.

250 Fran Rominsky, "goddess with a small g", *WomanSpirit*, Vol. 1, Nº 1 (Equinócio de Outono, 1974), p. 48.

Duvido que esse dilema exista de forma tão forçada para as mulheres na Arte, talvez porque algumas nunca tenham considerado essas ideias. Porém, o mais importante é que, como Sacerdotisas, elas são ensinadas a acreditar que, dentro do círculo, são a Deusa encarnada. E foram instruídas a canalizar esse poder para si mesmas através do ritual de Invocar a Lua. Mulheres que chegaram à Deusa fora dos caminhos do Neopaganismo e da Arte estão começando a encontrar rituais e conceitos que permitem a mesma ideia. Elas estão descobrindo a Deusa dentro de si mesmas e dentro de todas as mulheres. E, como era de se esperar, aquelas feministas que encontraram alegria no ritual, e que descobriram que o conceito de "Deusa" faz sentido dentro delas, frequentemente se sentem atraídas pela Arte.

"Covens Feministas" e "Covens Tradicionais"

Hoje, a Arte foi adotada como "a religião" por uma grande parte da comunidade espiritual feminista. Em alguns casos, feministas se uniram a outras mulheres (e muito ocasionalmente a alguns homens) na Arte mais "tradicional". Em outros casos, feministas formaram seus próprios Covens. A palavra "tradicional" é usada aqui como uma maneira conveniente de distinguir entre Bruxas feministas e aquelas que chegaram à Arte e ao Neopaganismo por caminhos previamente descritos. Para entender as diferenças entre as Bruxas "feministas" e as "tradicionais", é interessante revisar os folhetos divulgados em 1968 pelo grupo feminista WITCH.

Quase todas as qualidades que distinguem as Bruxas feministas dos membros da Arte "tradicional" aparecem nos folhetos. Uma das premissas do WITCH era que qualquer grupo de mulheres poderia formar seu próprio Coven e se declarar Bruxas simplesmente tomando a decisão de fazê-lo e impondo-a magicamente.

> Se você é uma mulher e ousa olhar para dentro de si mesma, você é uma Bruxa. Você cria suas próprias regras. Você é livre e bonita. Pode ser invisível ou evidente, da maneira que escolher para fazer sua Bruxa-interior ser conhecida. Pode formar seu próprio Coven de irmãs Bruxas (treze é um número acolhedor para um grupo) e realizar suas próprias ações...
> Seu poder vem de si mesma, como mulher, e é ativado ao trabalhar em conjunto com suas irmãs...
> Você é uma Bruxa ao dizer em voz alta: "Eu sou uma Bruxa" três vezes, e refletir sobre isso. Você é uma Bruxa ao ser feminina, indomada, furiosa, alegre e imortal.

É óbvio que essas ideias entram facilmente em conflito com noções de treinamento formal, sacerdócios e estruturas hierárquicas. A segunda premissa do WITCH era que a Bruxaria é inseparável da política.

> A Bruxaria foi a religião Pagã de toda a Europa por séculos antes da ascensão do Cristianismo e permaneceu como a religião do campesinato por centenas de anos após o Catolicismo prevalecer entre as classes dominantes da sociedade ocidental. Os expurgos de Bruxaria foram a supressão política de uma cultura alternativa e de uma estrutura social e econômica...
> Mesmo quando a religião da Bruxaria foi reprimida, as mulheres lutaram arduamente para manter sua liberdade anterior... Assim, a Bruxa foi escolhida como uma imagem revolucionária para as mulheres porque elas realmente lutaram, e, em sua luta, recusaram-se a aceitar o nível de resistência que a sociedade considerava aceitável para seu sexo.

A terceira premissa que o WITCH apresentou em seus folhetos foi a de que era necessário criar novos rituais, "festivais da vida, em vez de morte." Essas três premissas continuam sendo as fontes da Bruxaria feminista, mas elas – especialmente as duas primeiras – muitas vezes entram em conflito com as premissas da Arte convencional.[251]

Acabamos com uma espécie de paradoxo. Milhares de mulheres de repente descobriram a Arte. Elas chegaram até ela, como a maioria das pessoas, não por conversão, mas por um tipo de retorno ao lar. Como uma mulher me disse na palestra: "Sempre soube que tinha uma religião, só não sabia que ela tinha um nome." Mas com frequência essas mesmas mulheres encontram uma Arte um pouco diferente daquela sobre a qual falamos. Elas a definiram de maneira diferente para atender às suas próprias necessidades. E, tendo encontrado a Arte por meio de inspiração, poesia, leitura, sonhos, política feminista e discussão, muitas estão prontas para deixar de lado todas as "tradições", estruturas e iniciações. A Arte "tradicional" frequentemente reagiu com choque e horror, mas depois foi forçada a mudar de dentro para fora. O impacto do feminismo na Arte nos Estados Unidos tem sido enorme. Já o impacto da Arte convencional no feminismo é mais difícil de perceber. Mas ambos têm sido afetados um pelo outro.

O Neopaganismo em geral e a Arte em particular têm sido benéficos para as mulheres. As mulheres ocupam posições de destaque em quase todas as religiões Neopagãs discutidas neste livro, não apenas na Bruxaria. Este capítulo se concentra na Bruxaria porque a maioria das feministas não parece se interessar por outras religiões Neopagãs. A Bruxaria é uma das poucas religiões "nova era" onde as mulheres podem participar em pé de igualdade com os homens. Fora do Neopaganismo em geral, e da Bruxaria em particular, as novas religiões da "Era de Aquário" não têm sido particularmente confortáveis com a ideia de mulheres como pessoas fortes, independentes, poderosas e autodefinidas. Basta folhear as páginas de revistas "nova era" como East West Journal ou Buddhist Maitreya para concluir que a maioria das novas organizações espirituais ainda está

251 Documentos do WITCH, em Morgan, *Sisterhood Is Powerful*, p. 546. Outras citações estão nas pp. 541–43 e 540.

na Idade das Trevas quando se trata das mulheres. O Neopaganismo, desde seu início, tem sido menos autoritário, menos dogmático, menos institucionalizado, menos preenchido com figuras paternas e menos atrelado a instituições e ideias dominadas por homens. Os conceitos religiosos e as premissas históricas por trás do Neopaganismo e da Bruxaria conferem às mulheres um papel igual ou superior ao dos homens. É importante expor esses pontos antes de qualificá-los. Pois, embora sejam verdadeiros, não são sempre ou totalmente verdadeiros. É essencial compreender como o papel das mulheres é definido na Arte, como a Arte "tradicional" é vista pelas feministas e como essas feministas são percebidas pela Arte "tradicional".

A questão das atitudes em relação às mulheres na Arte, e em grande parte do Neopaganismo, é complexa. Por exemplo, Robert Graves, cujo livro *The White Goddess* teve uma enorme influência sobre as mulheres, o renascimento da Bruxaria e a criação de grupos como a Feraferia, muitas vezes foi visto como sexista. No entanto, *Deusa Branca* é um dos poucos livros de um autor masculino que pode ser facilmente encontrado na maioria das livrarias feministas. Publicado em 1948, contém passagens extraordinárias sobre a Grande Deusa, e Graves frequentemente afirmou que o retorno ao culto da Deusa é a única salvação para a civilização ocidental. Ele escreve:

> A era da revelação religiosa parece ter chegado ao fim, e a segurança social está tão intimamente ligada ao casamento e à família... que a Deusa Branca, em seu caráter orgiástico, parece não ter chance de retornar - a menos que as próprias mulheres se cansem do patriarcalismo decadente e voltem a ser Bassaridas.[252]

Apesar disso, Betty e Theodore Roszak, em seu livro *Masculine, Feminine*, colocam Graves entre autores notavelmente sexistas como Nietzsche e Freud. Acusam Graves de colocar as mulheres em um pedestal, um dos truques mais antigos na luta contra os direitos das mulheres. Eles afirmam que Graves, embora pareça apoiar a liberdade das mulheres, na verdade as vê como estando fora do mundo real e mantém uma posição não muito distante da ortodoxia. Em *Real Women* (*Mulheres Reais*), a seleção escolhida pelos Roszaks, Graves escreve: "A principal preocupação de uma mulher real é sua beleza, que ela cultiva para seu próprio prazer - não para enredar homens." A mulher real, ele diz, "não é feminista; o feminismo, como todos os 'ismos', implica uma abordagem intelectual de um assunto, e a realidade só pode ser entendida ao transcender o intelecto." Ele

252 Graves, The White Goddess, p. 458

acrescenta ainda: "A função biológica do homem é agir; a da mulher é ser", e que "a feminilidade permanece incompleta sem um filho."[253] A maioria das feministas consideraria essas afirmações altamente objetáveis.

Para pegar um exemplo menos conhecido: o teólogo Pagão W. Holman Keith escreveu em 1960, que o erro religioso fundamental de nosso tempo foi "substituir a força como o princípio divino e dominante no lugar da beleza e do amor, fazendo da destruição, na qual a destreza do homem se sobressai, algo mais importante na vida do que a criatividade da mulher."[254] Keith busca um renascimento Neopagão no qual a natureza seja vista como divinamente feminina, onde a Mãe Divina seja novamente adorada como a Deusa do amor e da beleza. O teólogo também escreveu, em artigos para a imprensa Neopagã, que a libertação feminista está ligada ao sexo carnal e que "somente o sexo belo pode enobrecer o erotismo." Ele afirmou que "Beleza e graça são os atributos ideais da mulher; força viril, do homem"[255] e que, portanto, os homens devem reconhecer a liderança das mulheres no movimento do espírito humano.

Embora Keith, assim como Graves, seja um fervoroso defensor do matriarcado e apoie o direito das mulheres de serem lésbicas, a maioria das feministas argumentaria que sua visão não contempla a mulher idosa, a feiticeira, a anciã, a mulher considerada "feia" segundo os padrões clássicos, a intelectual, aquela que deseja ser celibatária ou que simplesmente não tem interesse em sexo. Bruxas feministas argumentariam que a posição de Keith nega certos aspectos da Deusa Tríplice – particularmente a Deusa da lua minguante, da lua negra, a Anciã – e que tal posição condena as mulheres a serem donzelas, mães e criaturas de prazer sensual. Elas diriam que os arquétipos são bons até se tornarem estereótipos, momento em que se tornam repressivos e destrutivos. Uma Sacerdotisa Neopagã colocou isso da seguinte forma:

> Aqueles que insistem em ver a Deusa como um estereótipo em vez de um arquétipo têm ao seu lado muita "Tradição". Por exemplo, aposto que você não consegue pensar em uma única Deusa mitológica cujos atributos incluam ser música, poeta, pintora, escultora ou qualquer outro exemplo do que chamaríamos de uma artista fina. A exceção é Ísis/Hathor, que às vezes é representada com um sistro. A Deusa aparece como uma Musa, mas nunca como uma artista. E essa é a tal "Tradição" Pagã... Eu não me deixarei prender pelo albatroz do Paganismo patriarcal, por mais sangrento e tradicional que seja. Tradições são meras raízes e raízes são apenas uma parte da árvore inteira.[256]

253 Robert Graves, "Real Women", em *Masculine/Feminine*, eds. Betty Roszak e Theodore Roszak (New York: Harper Colophon Books, 1969), pp. 35-36.

254 Keith, *Divinity as Eternal Feminine*, p. 4

255 W. Holman Keith, "The Garden of Venus", *Green Egg*, Vol. IV, No. 38 (7 de maio de 1971); *Divinity as Eternal Feminine*, p. 192. Veja também "The Priestess", *Green Egg*, Vol. VI, No. 60 (1º de fevereiro de 1974), 28, e "Venus Proserpina", *Green Egg*, Vol. VI, No. 55 (21 de junho de 1978), 8.

256 Morning Glory Zell, em *Green Egg*, Vol. VII, No. 68 (1º de fevereiro de 1975), 43.

Não é surpresa que as páginas de revistas Neopagãs reflitam um amplo espectro de posições sobre as mulheres. Apesar do que alguns psicólogos dizem, ninguém realmente tem a menor ideia do que é uma mulher (ou, aliás, do que é um homem). O que sabemos é que, seja o que for, está oculto sob milhares de anos de opressão. Será necessário pelo menos um século vivendo em uma sociedade sem divisões de papéis pré-estabelecidos para começar a responder a essa questão. Como todos estão tateando no escuro, as duas visões predominantes entre feministas, assim como as de outros, são apenas opiniões - ou talvez intuições.

A opinião de muitas mulheres hoje é que não existem diferenças importantes entre homens e mulheres, com exceção da anatomia; todo o resto é simplesmente condicionamento. Em muitas sociedades que conhecemos, a criação dos filhos e as tarefas domésticas são feitas pelas mulheres, mas há algumas sociedades nas quais isso não é verdade; a antropologia nos mostrou sociedades onde as mulheres exibem aquelas características que tendemos a associar aos "homens": preocupação e envolvimento com a guerra, com a política, e assim por diante. E há sociedades onde os homens exibem características que tendemos a rotular como "femininas". A vantagem dessa visão é que ela gera uma grande liberdade em relação aos estereótipos de papéis. Ela nos deixa livres para nos tornarmos o que realmente queremos ser. Devlin, por exemplo, uma vez me disse que havia sido estuprada por uma mulher, uma das experiências mais horríveis de sua vida. Para repetir suas palavras: "Eu acho que o grande mistério de nossa sociedade é que homens e mulheres são exatamente iguais, e essa verdade nos é escondida sob um incrível monte de besteiras."

Outra visão, aceita por muitas feministas, é que existe, de fato, uma natureza especificamente feminina. Freud, sabemos, dizia que a biologia é destino. E, embora a maioria das feministas se oponha às suas interpretações, nem todas se opõem à sua ideia. A escritora feminista Sally Gearhart tem repetidamente dito que as mulheres são receptivas; elas são cuidadoras; elas são a fonte da vida, o símbolo da criatividade; são mais intuitivas e mais mágicas do que os homens. "Nós não somos apenas essas coisas", escreve ela, "mas também não é preciso dizer que 'somos também agressoras, penetradoras, atacantes, etc.'"[257] A vantagem dessa visão é que ela oferece uma explicação convincente para o atual estupro da terra, os abusos da tecnologia e a necessidade desesperada de retornar a um mundo centrado na mulher e na ideia de uma Deusa. Um mundo governado por mulheres seria um mundo melhor, segundo o argumento; eliminando a dominação masculina, os seres humanos voltarão a viver em harmonia com a natureza.

As mulheres têm discutido essas questões de maneira séria. Quando homens como Graves ou Keith começam a definir a "mulher real", as mulheres reais ficam irritadas. E então, quando escritores masculinos de menor estatura começam a ecoar esses argumentos em artigos definindo o que uma mulher "é" e qual deveria ser seu

257 Gearhart, "Womanpower", p. 20

"papel adequado" na religião e na magia, a raiva aumenta. Até recentemente, as revistas Neopagãs estavam cheias de artigos autossuficientes escritos por homens sobre como as mulheres na Arte não precisam de "libertação feminina". Aqui está um exemplo do periódico *Waxing Moon* (*Lua Crescente*), que pela primeira vez fala sobre a importante posição que as mulheres ocupam na Arte. O autor observa:

> Isso não significa que as Bruxas sejam criaturas autoritárias ou masculinizadas... nada poderia estar mais distante da verdade.
> Da mesma forma, elas não se identificam com o movimento de Libertação das Mulheres. A maioria das Bruxas enxerga esse movimento como algo que masculiniza as mulheres, lembrando a "Liga Anti-Sexo" de *1984*, de Orwell. Há direitos que a sociedade deve garantir às mulheres, pois são seus por mérito, mas não à custa de abrir mão de suas forças mais profundas e de seus poderes mais extraordinários.[258]

Como Alison Harlow me disse uma vez, "Até alguns anos atrás, a maioria das pessoas da Arte havia comprado a imagem da mídia das feministas. Para essas pessoas, o estereótipo popular da feminista radical e lésbica é mais assustador do que o estereótipo tradicional da Bruxa é para pessoas de fora da Arte."

Assim, por um período de tempo, várias cartas e artigos apareceram na imprensa Neopagã denunciando as Bruxas feministas como "sexistas" e "preconceituosas", e expressando um medo geral de qualquer aliança entre o feminismo e a Arte. Começou uma reação sutil contra a ênfase total na Deusa. Vários artigos pediram mais ênfase nos Deuses masculinos e no princípio masculino, um retorno ao equilíbrio entre o masculino e o feminino. Alguns desses artigos foram escritos por mulheres. Além disso, várias mulheres e homens expressaram preocupação com a opressão dos homens, "emaranhados na sombra da imagem paralisante de Yahweh."[259]

Em resposta, algumas feministas chamaram o movimento Neopagão de "contaminado". Uma mulher escreveu para Earth Religion News que o jornal era simplesmente "uma extensão do patriarcado"[260] e zombou da Deusa. Z foi mais reflexiva. "Green Egg estava apenas poluída com os medos dos homens", ela disse, "mas depois se limpou." Entre todos esses artigos e cartas, surgiu uma crítica verdadeiramente séria à Bruxaria feminista, embora frequentemente encoberta por uma pilha de lixo chauvinista: o medo de que a adoração exclusiva à Deusa possa levar a um Monoteísmo transcendente, enquanto a visão diversa e politeísta

---

258 "Woman, Priestess, Witch", *The Waxing Moon*, Vol. 7, No. 2 (Solstício de Verão de 1971), 3. Essa revista Neopagã logo mudou seu nome para *The Crystal Well* e foi publicada por muitos anos na Filadélfia. *The Crystal Well* foi posteriormente publicada (em um formato diferente) na Califórnia.

259 Ravenwolf, "In Defense of Men and Gods", *Earth Religion News*, Vol. 3, Issues 1, 2, 3 combinados (1976), 140.

260 Carta de Julie Jay, *ibid.*, p. 11.

do Neopaganismo é a principal razão por sua liberdade, flexibilidade e falta de dogma. "Mãe Hertha", escreve Morning Glory Zell-Ravenheart, "nos livre de Jahveh disfarçado!"[261]

Com toda a justiça, vários homens Neopagãos tomaram fortes posições públicas de apoio à libertação das mulheres – nomeadamente Leo Martello, Gwydion Pendderwen e Isaac Bonewits. Durante seu breve, mas brilhante período como editor da *Gnostica*, Bonewits recusava qualquer manuscrito que contivesse ideias racistas ou sexistas. Em um editorial, ele observou a tendência dos artigos Neopagãos de sugerir que qualquer mulher que não tenha interesse em tarefas domésticas, atividades religiosas e criação de filhos "de alguma forma é uma inválida psíquica; uma imagem incompleta e inferior da Deusa." Essa noção, disse Bonewits, não estava muito distante da concepção nazista sobre as mulheres: *Kirche, Küche und Kinder* (Igreja, Cozinha e Filhos). Ele escreveu que os homens Neopagãos têm a tendência de elogiar as mulheres "pelas qualidades que muitas mulheres consideram armadilhas sexistas, projetadas para impedi-las de se desenvolver plenamente como seres humanos", uma atitude que reflete a esquizofrenia cristã dominante, que trata as mulheres como Virgens, Mães ou prostitutas. "A Sacerdotisa de Ártemis", escreveu ele, ou Morrigu, ou Kali não vai ser uma incapaz sorridente ou uma mulher do tipo *Kirche-Küche-Kinder*. É mais provável que ela seja uma intelectual forte, dominadora e combativa. Se você acha isso assustador, vá em frente, admita. Mas não a acuse de ser "pouco feminina" ou de tentar castrar todos os homens que encontra... Da mesma forma, é muito provável que um Sacerdote de Apolo, ou Oberon, ou Balder seja gentil, intuitivo, receptivo e muito criativo. Isso você também pode achar assustador. Mas novamente, é mais honesto admitir seu medo do que chamá-lo de "não natural", "queer", "não masculino", etc.

"Por que", perguntou ele a um autor não identificado, cujo manuscrito rejeitou, "você esquece as mulheres nórdicas e mongóis, que empunharam espadas e lutaram ao lado de seus homens? Por que ignora as muitas sociedades Pagãs em que os homens cozinhavam, teciam e produziam arte, enquanto as mulheres aravam os campos e lidavam com o comércio?" Bonewits concluiu que esses artigos continuam a surgir porque milhões de homens ainda enfrentam a questão da libertação e porque é mais fácil parecer progressista do que passar pelas mudanças psicológicas necessárias para se libertar dos estereótipos de gênero.[262]

Leo Martello, autor, grafólogo e Bruxo, defendeu o movimento feminista desde o início, assim como defendeu todos os movimentos pelos direitos civis. Martello escreveu certa vez que na época medieval "a única mulher livre era a Bruxa".

261 Morning Glory Zell, *Green Egg*, Vol. VIII, No. 72 (1º de agosto de 1975), 43.

262 Isaac Bonewits, *Gnostica*, Vol. 4, No. 5 (janeiro de 1975), pp. 2, 34, 38.

> Todas as outras eram condicionadas a assumir os papéis de esposa, mãe, amante ou freira. A Bruxa era totalmente independente. Ela dormia com quem bem entendesse. Representava uma ameaça ao sistema e à Igreja. [...] De todas as religiões, especialmente as ocidentais, a Bruxaria foi a única que não discriminou as mulheres.

Martello foi mais longe e atingiu a raiz do problema em vários artigos ao observar que as mulheres dentro da Arte ainda são oprimidas e não livres. Ele destacou que muitas mulheres buscaram a Bruxaria porque ela lhes oferecia um senso de autoestima, abalada pelo machismo e sexismo predominantes na sociedade. Estas mulheres compensaram então o seu sentimento de inadequação pessoal ou inferioridade, tornando-se peixes grandes num pequeno lago (o Coven). Elas podiam ser forçadas a desempenhar os papéis de dona de casa-mãe-amante em suas vidas diárias, mas dentro de um grupo de cinco a treze pessoas, exerciam grande influência. Em vez de se tornarem feministas, viam o feminismo como uma ameaça à sua posição no Coven.[263]

Esse é um problema comum. Muitas Sacerdotisas que conheci levam vidas insatisfatórias no que diz respeito ao trabalho e outras atividades fora da Arte. Com frequência, permanecem submissas e silenciosas, deixando que maridos, muitas vezes menos inteligentes, assumam a palavra. Mas magicamente, quando as velas são acesas e o círculo é lançado, essas mulheres se tornam, ainda que por um breve período, Sacerdotisas dignas das lendas antigas. Duas Bruxas, Margo e Lee, abordam essa questão em *The New Broom*.

> Quando uma Bruxa entra no Círculo consagrado, ela ultrapassa os limites do tempo. Dentro desse espaço sagrado, a Alta Sacerdotisa assume o papel legítimo da Mulher que lhe é de direito, como líder, com um poder igual ou, por vezes, superior ao do homem. As mulheres da Wicca, assim como aquelas dos antigos matriarcados, são orgulhosas, livres, confiantes e plenas... dentro do Círculo.

As duas mulheres observam que, em sua maioria, são os homens que falam pela Arte: eles escrevem a maior parte dos livros sobre Bruxaria, fundam museus dedicados ao tema e dão seus nomes às Tradições, como a Gardneriana e a Alexandrina. "A verdade é que, hoje, nenhuma mulher da Wicca fala com autoridade ao público fora de seu Círculo."[264] Isso não é exatamente verdade. A exceção mais notável, é claro, é Sybil Leek. Mas basta folhear as páginas deste livro para perceber como essa afirmação se confirma na maioria das vezes.

263 Leo Martello, "Witchcraft: A Way of Life", *Witchcraft Digest*, nº 1 (1971), p. 3. Publicação da Witches International Craft Associates (WICA), Suite 1B, 153 W. 80 St., New York, N.Y. 10024.

264 Margo e Lee, "The Liberated Witch", *The New Broom*, Vol. 1, nº 2 (Candlemas 1973), p. 10.

Pode-se dizer que, em certos momentos, a Arte funciona como uma espécie de "válvula de escape" para o sistema, oferecendo às mulheres oprimidas um espaço de expressão, mas sem alcançar uma verdadeira libertação. Nessas situações, a Arte acaba se tornando uma força conservadora, tornando a mudança real ainda mais difícil.

I. M. Lewis, em seu estudo sobre religiões extáticas, defende um ponto relacionado: que o culto de Dionísio e outros que induziam estados de êxtase muitas vezes atuavam como forças de mudança real, servindo como centros de desafio e rebelião. Ele observa, no entanto, que os cultos de possessão femininos na África costumavam surgir em sociedades onde as mulheres não tinham meios mais diretos para alcançar seus objetivos. Essas mulheres utilizavam os cultos como forma de protesto contra os homens, mas sempre dentro de limites controlados por mecanismos criados para impedir uma verdadeira insubordinação.[265]

A Arte é uma religião que utiliza estados extáticos e tem sido uma força de transformação. Ela permitiu que as mulheres se reconectassem com energias poderosas dentro de si mesmas e proporcionou uma autoimagem que as associa ao divino. No entanto, em nossa sociedade, opera dentro dos mesmos limites mencionados por Lewis. Por isso, não surpreende que muitos temam a união entre o feminismo e a Arte. Juntas, poderiam se tornar uma força verdadeiramente revolucionária.

De qualquer forma, algumas mulheres dentro da Arte que também se identificam como feministas têm explorado essas questões. Elas escreveram artigos para *Nemeton* e *The New Broom,* duas revistas Neopagãs que mantinham uma coluna regular dedicada especificamente ao feminismo.

Margo e Lee, em seu artigo em *The New Broom*, observam que muitos dentro da Arte ficaram inquietos com o surgimento de Bruxas feministas fora da "Bruxaria tradicional", assim como com a formação de Covens exclusivamente femininos.

> Uma feminista se autodenomina Bruxa e diz: "A Bruxaria é totalmente nossa." A Arte se agita, desconfortavelmente. Ela nunca foi iniciada em um Coven. Sabe pouco sobre suas Leis e mitos, mas declara com orgulho: "Eu adoro a Mãe, sou uma seguidora da Antiga Religião, trabalho pela restauração do matriarcado sob a Deusa". A Wicca se inquieta. Bruxa é nosso nome, nossa identidade, nossa vida. Como, questionamos, essas mulheres políticas podem drenar a nossa identidade de seu significado mais profundo, tanto emocional quanto religioso? Elas têm algum direito ao nosso nome?

Sim, dizem os escritores.

265 I. M. Lewis, *Ecstatic Religion* (Harmondsworth, UK: Penguin Books, 1971), pp. 31, 117.

> As "Bruxas" feministas procuram a sua própria herança como mulheres. Elas remontam a mais de cinco mil anos de patriarcado. Sem qualquer auxílio da Arte, elas encontraram a Deusa. Descobriram-na no passado, testemunharam sua violação na terra devastada pelo homem e a reconheceram dentro de si mesmas.
> O que essas Bruxas feministas carregam é uma essência nova, mas ancestral, de adoração pura. Elas carregam o futuro.
> E elas chegam como o Vento Norte: com o frio da mudança e o frescor do renascimento.[266]

Outro artigo sugere que as mulheres na Arte, em vez de criticar o feminismo, deveriam reconhecer que ainda são oprimidas nesta sociedade.

> Apesar das críticas, acreditamos que as mulheres da Wicca precisam admitir uma coisa: como mulheres, estamos rodeadas pelo contato diário com o Mundo Exterior, por um chauvinismo aberto e amplamente aceito em uma sociedade comandada, dominada e moldada pelos homens. O poder temporal e a influência espiritual da maioria ainda são voltados para o masculino. Não importa quando chegamos à Bruxaria nesta vida, qual posição ocupamos dentro dela ou o quão seguras, autodefinidas e confiantes somos como Bruxas, nenhuma de nós está isolada da realidade contemporânea. A mulher do século 20 é o resultado de dois mil anos de repressão e opressão. A Arte também sofreu drasticamente nesse período. A deliberada eliminação da verdade e da história, tanto sobre as mulheres quanto sobre a Wicca, parece andar de mãos dadas. Em nossa opinião, de pouco adianta que a Bruxaria esteja mais aberta e tolerada se as mulheres não estiverem mais próximas de ocupar sua posição justa e igualitária na sociedade do que estão agora.

Escritores observam que muitas mulheres no movimento feminista estão "sentindo um lampejo de reconhecimento, um chamado de um passado distante" e reavaliando tanto suas crenças religiosas quanto políticas. "De alguma forma, para nós, o encontro entre feministas e Bruxas acontece em vários pontos essenciais... esses dois grupos estão entrelaçados de forma profunda e irrevogável."[267]

Alison Harlow expressou uma visão semelhante ao escrever em *Nemeton* que a Arte e o movimento feminista eram "dois afluentes que fluem para formar um único rio"[268] – com a Antiga Religião fornecendo a interação psíquica, e o movimento das mulheres trazendo o contexto político, ambos buscando transformar a sociedade e oferecer uma vida mais aberta para todos.

266 *The New Broom*, Vol. 1, nº 3 (Lammas 1973), pp. 21, 28.

267 *The New Broom*, Vol. 1, nº 1 (Samhain 1972), pp. 10–11.

268 *Nemeton*, Vol. 1, nº 1 (Samhain 1972), p. 12.

Contudo, é importante destacar que reações positivas ao feminismo não foram predominantes na Arte. Alison Harlow trabalhou com um Coven composto majoritariamente por mulheres, embora estivesse longe de ser separatista. O *The New Broom* (A Nova Vassoura) representava a Tradição Diânica da Arte, que concebe a Deusa de forma quase monoteísta. Outros artigos manifestaram oposição a qualquer influência feminista na Arte como um todo, argumentando que essa abordagem carece de equilíbrio.

Mas as mulheres que aceitaram o feminismo como parte essencial da Arte começaram a comparar a Bruxaria feminista com aquela na qual nasceram, foram introduzidas ou treinadas. Algumas passaram a experimentar Covens exclusivamente femininos e, em meados da década de 1980, esse modelo já era reconhecido como uma forma válida por algumas das maiores organizações da Arte, como o Covenant of the Goddess (Aliança da Deusa) na Califórnia. (Também houve algumas experiências com Covens exclusivamente masculinos.)

No passado, a ideia de um Coven só de mulheres era considerada impossível por grande parte da Arte. A Bruxaria tradicional baseia-se fortemente na polaridade entre masculino e feminino, considerada essencial para grande parte dos trabalhos mágicos e da simbologia ritual. As Leis da Arte dentro das tradições revivalistas afirmam que a Bruxaria deve ser ensinada de homem para mulher e de mulher para homem, e muitos livros e artigos sobre Magia Pagã e da Arte defendem que o uso da polaridade masculina-feminina é absolutamente necessário para gerar energia psíquica, por ser "mais natural", "melhor", "mais forte" e assim por diante. Os novos Covens feministas, porém, não trabalham com essas polaridades.

Por exemplo, um Coven de oito mulheres Diânicas, muitas delas com experiência prévia em grupos mistos, contou em entrevista a *The New Broom* que decidiram trabalhar apenas entre mulheres porque se sentiam "livres o suficiente juntas para conhecer plenamente nossas forças e fraquezas e confiar umas nas outras e em nós mesmas por causa desse conhecimento." Em resposta ao argumento de que estavam indo contra "o fluxo natural", responderam: "Se o fluxo natural não está dentro de cada pessoa, então onde está?"[269] O artigo destacou que a história e a lenda oferecem muitos exemplos de religiões mistéricas exclusivamente femininas e colégios de Sacerdotisas.

Algumas feministas também desafiaram a ideia de que a energia deve fluir do masculino para o feminino. Deborah Bender, escrevendo em *The Witches Trine* sobre seu Coven, Ursa Maior, afirmou que o "princípio masculino" não havia demonstrado qualquer utilidade em seus trabalhos.

---

269 *The New Broom*, Vol. 1, nº 4 (sem data), p. 9.

> O grupo de estudo original, Woman, Goddesses, and Homemade Religion (Mulheres, Deusas e Religião Caseira), a partir do qual surgiu o Coven Ursa Maior, foi organizado por meio de ùma universidade feminista gratuita. As mulheres que compareceram à primeira reunião receberam com extremo ceticismo a afirmação "Você não pode fazer isso sem um homem". A maioria das integrantes do grupo de estudo já havia participado de vários empreendimentos dirigidos e operados por mulheres (livrarias, clínicas de saúde, grupos de teatro, jornais, grupos de convivência) e esperava que trabalhar exclusivamente entre mulheres fosse uma fonte de força e criatividade, não de fraqueza. Isso se confirmou na prática. [...]
>
> Nossos rituais são a expressão das energias de sete personalidades muito diferentes, energias que mudam a cada ritual e continuam se transformando à medida que respondemos ao próprio ritual e umas às outras. Se há uma polaridade, ela não é dupla, mas setenária.
>
> Tomamos como hipótese trabalhos que exigem energia especificamente feminina. No entanto, não seguimos um modelo pré-definido dessa energia que tentamos alcançar. Em vez disso, buscamos criar condições em que cada uma de nós se sinta encorajada e aceita, independentemente de como escolha se expressar. Para nós, qualquer energia positiva liberada nesse contexto é energia feminina. As ideias que qualquer uma de nós já possa ter sobre a energia feminina serão provavelmente distorcidas pelas repressões e mentiras às quais fomos submetidas ao longo de nossa criação em uma sociedade patriarcal.
>
> Somente através do crescimento e da experimentação podemos descobrir nossos verdadeiros poderes. Impor polaridades masculinas e femininas sobre nós mesmas não só seria irrelevante para nosso trabalho, mas também prejudicaria nossa capacidade de perceber os tipos de trocas energéticas que ocorrem entre nós.[270]

Outra diferença entre Covens estritamente feministas e os tradicionais está no uso de símbolos. A Arte, de maneira geral, utiliza um conjunto relativamente fixo de símbolos derivados das tradições mágicas ocidentais. O Deus é representado pelo Sol, enquanto a Deusa é a Lua em seus três aspectos e fases. O Deus Cornífero é frequentemente retratado como Senhor dos animais, da caça e da morte. A Deusa, por sua vez, é a Senhora das plantas selvagens e do crescimento, além de doadora do renascimento. Na Arte, assim como na maior parte do ocultismo ocidental, símbolos e elementos tradicionalmente associados ao "masculino", como o elemento Ar e Fogo, a Espada e o Bastão, mantêm essa correspondência. Da mesma forma, o "feminino" costuma estar ligado ao elemento Água e Terra e ao Cálice e Pentáculo.

270 Deborah Bender, "Raising Power in a Single-Sex Coven", *The Witches' Trine*, Vol. 5, nº 2 (Litha 1976), pp. 5–6.

Esses opostos polares têm bem menos aplicação em Covens feministas. Embora símbolos tradicionalmente associados ao "feminino" ainda sejam utilizados: a lua, o cálice, o búzio, a tartaruga, o ovo, etc. As feministas também celebram Deusas solares, como Sunna e Lucina. Elas exploram mitos de ao redor do mundo e muitas vezes adotam a visão de que foram certas culturas que determinaram o que é "masculino" e o que é "feminino". Afinal, a palavra "lua" é masculina em idiomas como alemão, celta e japonês, e há inúmeros mitos que apresentam Deuses lunares e Deusas solares. Em outras palavras, feministas rejeitam grande parte dos conceitos polarizantes comuns nos círculos ocultistas ocidentais, como masculino-feminino, ativo-passivo, luz-escuridão e assim por diante.

Em um artigo intitulado *I Dream in Female: The Metaphors of Evolution* (Eu sonho no feminino: As metáforas da evolução), Barbara Starrett, uma poetisa feminista, escreve que as estruturas "masculinas" dependem desses pares de opostos. Ela observa que as mulheres há muito são associadas ao "desconhecido, ao irracional, à 'metade má' do binário bem/mal". Os homens, por outro lado, são sempre vinculados ao "lógico, claro, luminoso, sistemático, a metade racional desse mesmo binário". Starrett defende que as mulheres deveriam abraçar ambos os conjuntos de símbolos. Elas precisam reconhecer os símbolos tradicionalmente femininos equiparados ao escuro, ao inconsciente, ao receptivo, e assim por diante, como positivos. Mas ela acrescenta: "Não precisamos renunciar aos seus opostos. Ao abraçar os símbolos femininos, basta incorporar dentro deles os significados dos símbolos masculinos, anulando os binários."

> Quando as mulheres substituem o símbolo do pai pelo da Mãe, também estão realizando um ato político. A imagem da Mãe não perde suas antigas associações com a terra, a intuição, a natureza, o corpo, as emoções e o inconsciente. Mas também reivindica muitos dos significados antes atribuídos ao símbolo paterno: beleza, luz, bondade, autoridade, atividade, entre outros. O que importa aqui é que a dualidade, independentemente de qual oposto seja escolhido, limita-nos a apenas duas opções. Podemos optar pelo ego racional, observador e dominante, ou pela aniquilação da personalidade. Mas se aprendermos a pensar além desse binário, além das escolhas impostas, poderemos honrar igualmente a mente consciente e a inconsciente.[271]

As mulheres em Covens feministas parecem concordar com Starrett, por isso, seus rituais diferem muito daqueles praticados na Bruxaria "tradicional".

Bender relatou um caso em que o grupo trabalhou para apoiar uma de suas integrantes, que estava angustiada e sob ameaça de perder o emprego. O objetivo era restaurar suas energias e fortalecer sua confiança. Após respirarem e entoarem cânticos juntas, uma das mulheres começou a cantar o nome da

271 Barbara Starrett, "I Dream in Female: The Metaphors of Evolution", *Amazon Quarterly*, Vol. 3, nº 1 (novembro de 1974), pp. 24–25. Outra citação na p. 20.

integrante – que chamaremos de "C" – repetindo: "C, mulher forte, C, mulher forte." Outras participantes se juntaram, acrescentando versos espontaneamente: "Forte como uma sequoia; forte como uma ursa; forte como uma montanha, mulher forte." Bender relatou: "Passamos pelo menos meia hora cantando e exaltando C, evocando imagens de força e enviando-lhe energia através de nossas mãos entrelaçadas." A mulher afirmou ter se sentido muito mais confiante – e manteve seu emprego.[272]

É importante ressaltar que os Covens feministas, assim como a maioria dos Covens de Bruxas mencionados, são diversos, autônomos e difíceis de generalizar. Como a maioria dos Covens bem-sucedidos prioriza o crescimento pessoal e não segue dogmas rígidos, estão em constante transformação. Essa fluidez tem sido observada por acadêmicos que apontam, com razão, que o cenário Neopagão é ainda mais dinâmico do que o contexto geral dos chamados "cultos". Como valorizam a estabilidade, esses estudiosos consideram essa fluidez uma fraqueza, argumentando que apenas uma religião institucionalizada pode ser considerada "bem-sucedida". No entanto, muitos Neopagãos e Bruxas veem essa flexibilidade como uma força, pois grupos mais institucionalizados tendem a ter menos capacidade de focar no desenvolvimento pessoal de seus membros.

Ocasionalmente, um Coven feminista se forma a partir da energia e liderança de uma mulher particularmente dinâmica. Foi o caso do Susan B. Anthony Coven e de Z Budapest. No entanto, a maioria dos Covens feministas não possui, e em alguns casos nem deseja, uma Sacerdotisa dominante. Esses grupos apresentam vantagens e desafios próprios. Muitas feministas já tiveram experiências significativas com decisões coletivas, começando em grupos de conscientização e seguindo por outras organizações feministas. Por isso, não é surpreendente que a maioria das mulheres que chegam à Arte a partir do movimento feminista prefira uma estrutura não hierárquica e informal. De modo geral, elas desconfiam de regras e rituais formalizados – pelo menos no início. Bender expressou essa ideia da seguinte forma:

> Adotamos uma atitude questionadora, até cética, em relação a todas as Tradições, fórmulas, formas de falar sobre a Deusa, Covens, Magia e Bruxas. Temos dois critérios finais para utilizar qualquer coisa: isso parece certo? Faz sentido para mim? Se uma integrante se sente desconfortável com algo que estamos fazendo ou dizendo, abandonamos e buscamos outra forma que seja adequada para todas.

As Bruxas feministas parecem preferir modelos flexíveis de tomada de decisão, semelhantes aos desenvolvidos em outros grupos feministas radicais. Isso inclui a rotação de responsabilidades e liderança. No Coven Ursa Maior, por exemplo,

272. Bender, "Raising Power", *The Witches' Trine*, Vol. 5, nº 2 (Litha 1976), pp. 5–6.

a liderança era baseada na iniciativa e no conhecimento, em vez de graus ou tempo de experiência. Além disso, qualquer compromisso, vínculo ou juramento era totalmente voluntário.

Bender me apresentou uma série de características que parecem distinguir muitos Covens feministas:

1. Não há inclusão de homens.
2. Não seguem um Livro das Sombras herdado. Bender afirmou acreditar que esses livros foram uma inovação do século 19, acrescentando: "As tradições medievais e pré-medievais certamente eram orais." O Coven Ursa Maior adapta livremente conteúdos de Livros das Sombras publicados, assim como da poesia e dos rituais de povos tribais.

   A principal fonte dos rituais, porém, são as próprias mulheres do Coven. Se uma cerimônia ritualística, uma canção, uma dança ou uma nova forma de organização for criada e considerada valiosa, pode ser publicada em uma revista ou jornal feminista.
3. Embora os Covens feministas geralmente sigam as Leis básicas da Arte relacionadas à ética, dinheiro e autodefesa, costumam ignorar aquelas que dizem respeito à estrutura e às regras dos Covens. Bender explicou: "Como consideramos nosso círculo uma instituição com raízes anteriores às perseguições e à adoção da estrutura de um Coven em células secretas, não nos sentimos obrigadas a seguir as leis sobre iniciação e governança dos Covens."
4. Covens feministas frequentemente buscam recuperar ideias e instituições matriarcais por meio de pesquisa, arte, brincadeiras, exploração psíquica e devaneios. Em contraste com os Covens heterogêneos, esses grupos estão mais sintonizados com as experiências, corpos e necessidades das mulheres.
5. Covens feministas, ao contrário da maioria dos Covens mistos que conheço, realmente servem a uma comunidade ativa: a comunidade feminista. Bender me disse que o Coven Ursa Maior dedicava cerca de 10% do seu tempo a trabalhos dentro da comunidade, e esse era um dos motivos para a existência do Coven.[273]

Em 1976, o Ursa Maior era um grupo pequeno, intenso e ativo de mulheres que trabalhavam bem juntas. Sua abordagem experimental e espontânea aparentemente gerou grande criatividade e crescimento. Mas esse não foi o caso de todos os grupos semelhantes. Em alguns Covens, onde o grupo não se consolidou ou é grande

273 Deborah Bender, carta, verão de 1976, Oakland, CA.

demais, a desconfiança em relação à estrutura e ao ritual formal pode resultar na ausência total de ambos, além de uma relutância em assumir a responsabilidade de fazer as coisas acontecerem. Como uma mulher me escreveu: "Esses Covens e Groves parecem derreter como neve na primavera." Em contraste, os Covens mistos dentro da Wicca mais "tradicionalista" têm um vasto repertório de rituais e práticas formais, regras, cânticos, exercícios psíquicos e ensinamentos orais. Mas muitas vezes carecem da energia e da espontaneidade presentes em alguns grupos feministas.

No inverno de 1977, as integrantes do Ursa Maior decidiram, de comum acordo, dissolver o Coven. Duas delas queriam se aprofundar na Arte "tradicional", enquanto as demais desejavam continuar explorando a espiritualidade feminista e as práticas de cura holística. Em 1978, uma ex-integrante me escreveu:

> No momento, estou dedicando minha energia a aprender mais sobre o lado hierárquico e semissecreto da Arte (Diânica, quando possível, embora seja difícil sem Sacerdotisas Diânicas treinadas por perto). Estou trabalhando, em certa medida, com homens. Não vejo isso como uma negação do que fazia antes. Estou sempre buscando soluções para certas fragilidades da Arte feminista. Além disso, sempre quis aprender a Arte em sua totalidade, e não apenas algumas partes dela. Talvez, depois de alguns anos, eu consiga encontrar uma síntese.

Enquanto isso, Deborah Bender e outra Bruxa feminista iniciaram o *Women's Coven Newsletter* (Boletim do Coven Feminino)[274] "para oferecer algum tipo de instituição acessível fora dos pequenos grupos que surgem e desaparecem" e também "para ajudar a construir um repertório mais amplo de rituais e práticas formais, regras, cânticos, exercícios psíquicos e ensinamentos orais – algo que parece ser uma das fortalezas dos Covens mistos."

Os Fluxos Convergem

Em uma noite de sexta-feira, 23 de abril de 1976, cerca de mil mulheres se reuniram nos bancos e arquibancadas da antiga Arlington Street Church (Igreja da Rua Arlington), em Boston. Quando os assentos se encheram, muitas se acomodaram no chão e nos corredores, silenciando conforme a música de flauta de Kay Gardner criava uma atmosfera de paz. As luzes foram suavemente diminuídas, e Morgan McFarland, Alta Sacerdotisa Diânica, avançou até a frente, vestindo uma longa túnica branca, acompanhada por quatro integrantes de seu Coven feminino – o mesmo Coven que vimos mencionado em *The New Broom*. O momento marcava um ritual intitulado *Declaring and Affirming Our Birth* (Declarando

274 Women's Coven Newsletter. Disponível para Bruxas feministas em 5756 Vicente St., Oakland, CA 94609.

e Afirmando Nosso Nascimento), que abriu uma conferência de três dias sobre espiritualidade feminina, com o nome incomum de *Through the Looking Glass: A Gynergenetic Experience* (Através do Espelho: Uma Experiência Ginegenética). O evento reuniu mais de mil e trezentas mulheres e, além de uma palestra da teóloga feminista Mary Daly, destacou-se pela presença expressiva de Sacerdotisas Bruxas vindas de lugares tão distantes quanto Texas e Califórnia.

A relação entre a espiritualidade feminista e a Arte é complexa. Talvez, se precisássemos escolher um único instante que capturasse todas as qualidades, tensões, desafios e imensas possibilidades dessa relação instável, esse ritual fosse o prisma perfeito. Ali estavam Morgan e as mulheres do Coven, paradas na igreja, parecendo um tanto deslocadas – vestidas de maneira elegante demais, talvez femininas demais no sentido estereotipado. Lembrei-me de como pareciam mais à vontade conduzindo um ritual em uma sala de estar em Dallas, onde nenhuma de nós vestia nada além de um colar de contas. Mas ali estavam elas, diante do altar de uma igreja, segurando velas, enquanto mil mulheres as observavam em silêncio, aguardando. Morgan deu um passo à frente e começou a falar.

"No instante infinito antes do início de todo o Tempo, a Deusa surgiu do Caos e deu à luz a Si Mesma... antes que qualquer outra coisa tivesse nascido... antes mesmo de Ela própria existir. E quando separou os Céus das Águas e dançou sobre elas, a Deusa, em Seu êxtase, criou tudo o que existe. Seus movimentos geraram o vento, e assim nasceu o Elemento Ar, que respirou."

Uma vela é acesa no Leste. Morgan fala:

"E a Deusa nomeou a Si Mesma: Arianrhod – Cardea – Astarte. E de Seus pés dançantes saltaram faíscas, fazendo com que Ela brilhasse como o Sol. As estrelas se prenderam em Seus cabelos, e os cometas correram ao Seu redor, e assim nasceu o Elemento Fogo."

Uma vela é acesa no Sul.

"E a Deusa nomeou a Si Mesma: Sunna – Vesta – Pele. Ao redor de Seus pés, as águas se agitaram em ondas, rios e marés fluindo sem cessar, e assim nasceu o Elemento Água."

Uma vela é acesa no Oeste.

"E Deusa nomeou a Si Mesma: Binah – Mari – Morgaine –Lakshmi. E, buscando repousar Seus pés da dança, trouxe à existência a Terra, de modo que as margens foram Seu escabelo, as terras férteis, Seu ventre, as montanhas, Seus seios plenos, e Seus cabelos fluentes, todas as coisas que crescem."

Uma vela é acesa no Norte.

E a Deusa nomeou a Si Mesma: Cerridwen – Deméter – Mãe do Milho. Ela viu tudo o que era, é e será, nascido de Sua dança sagrada, Seu deleite cósmico e Sua alegria infinita. Então, riu, e a Deusa criou a Mulher à Sua própria imagem... para ser a Sacerdotisa da Grande Mãe. E a Deusa falou às Suas filhas, dizendo: 'Eu sou a Lua que ilumina o teu caminho e fala aos teus ritmos. Sou o Sol que te aquece para que possas crescer e te expandir. Sou o Vento que sopra ao teu chamado e o Ar cintilante que te traz alegria. Concedo a todas as minhas Sacerdotisas três aspectos que são Meus: sou Ártemis, a Donzela dos Animais, a Virgem da Caça. Sou Ísis, a Grande Mãe. Sou Ngame, a Anciã que tece a mortalha. E serei chamada por um milhão de nomes. Clamai por Mim, filhas, e sabei que sou Nêmesis."

Mais tarde, o caldeirão é preenchido com fogo, e o cântico começa, a princípio, em tom suave: "A Deusa está viva, a magia está no ar. A Deusa está viva, a magia está no ar." Então o cântico fica cada vez mais alto até se transformar em gritos, clamores e sons primordiais. Morgan fala pela última vez.

Somos Donzelas, Mães, Anciãs – Todas. Oferecemos nossa energia criada: ao Espírito das Mulheres que vieram antes, ao Espírito das Mulheres que ainda virão, ao espírito feminino presente e em crescimento. E assim, avançamos juntas.

No fim do ritual, as mulheres na igreja começam a dançar e entoar cânticos. Suas vozes se elevam, cada vez mais, até fazerem tremer o teto.

Mais tarde, algumas mulheres afirmaram que não queriam Sacerdotisas isoladas em pedestais e altares; elas não queriam ver a energia enviada "para cima"; eles queriam que fosse direcionado "ao opressor". Apesar disso, e reconhecendo essa tensão, a aliança instável, explosiva e potencialmente poderosa entre o feminismo e a Arte era algo que todas podiam sentir durante a conferência. Muitas mulheres disseram que, pela primeira vez, sentiam que uma nova "cultura feminina" era real.

Morgan e suas Sacerdotisas estão em uma encruzilhada. Esse Coven Diânico talvez fosse o mais feminista entre os grupos "tradicionais". Mas naquela noite em Boston, muitas mulheres o consideraram formal e estruturado demais. Essas mulheres estavam decididas a estabelecer seus próprios caminhos e começar do zero.

Alison Harlow também está na encruzilhada. Ela me disse que sua maior missão é servir de ponte entre o feminismo e a Arte. Ainda assim, tem dúvidas. Ela perguntou em voz alta o que, afinal, as feministas querem ou precisam da Bruxaria "tradicional". Falou abertamente sobre a intolerância que sentiu por parte de algumas separatistas em relação à sua bissexualidade e sobre o prazer pessoal que encontra ao se relacionar com homens Neopagãos. Ambas nos questionamos se o separatismo seria, de fato, a resposta definitiva para essas mulheres ou apenas um período necessário de cura e fortalecimento. Concordamos que algo valioso que a Arte pode oferecer ao feminismo, além de seu conhecimento ritualístico e tradicional, é sua perspectiva politeísta, que valoriza a diversidade e a flexibilidade. Também compartilhei com ela minha impressão de que alguns grupos feministas demonstram uma surpreendente falta de curiosidade sobre outras formas de prática além das suas próprias.

O que as duas vertentes da Arte podem oferecer uma à outra? Talvez o maior presente que a Bruxaria feminista pode dar à Bruxaria "tradicional" seja a compreensão de que a Arte é uma religião e uma prática enraizada na rebeldia. As feministas veem a Arte como uma ferramenta de sobrevivência popular, uma fonte de poder afirmativo e força, uma maneira de viver e trabalhar criativamente com energias vitais. Para elas, é uma sabedoria empírica, nascida do povo, mas que nunca se afasta da vida cotidiana, das necessidades humanas, dos desafios diários e das preocupações "mundanas". "O Paganismo", Z me disse certa vez, relembrando sua juventude na Hungria, "cabe como pão para as pessoas comuns". Muitas Bruxas feministas enxergam a Arte como uma sabedoria feminina comunitária, um conhecimento herdado das parteiras e curandeiras das aldeias. Essa noção de sabedoria popular é muitas vezes negada por grupos mais "tradicionais", que ainda tendem a se impressionar com ideias de realeza e com títulos como "Senhora fulana" e com "ascendências" e "linhagens sanguíneas". Esses grupos também se iludem ao acreditar que podem existir e praticar confortavelmente dentro da sociedade apenas fechando as cortinas e dançando em segredo em salas escuras. Integrantes da Arte "tradicional" frequentemente dividem suas vidas em duas, mantendo círculos de amizades distintos e interesses separados. Esse tipo de cisão facilita a ideia de que algo chamado "política" é separado de algo chamado "vida espiritual".

A Bruxaria feminista é ousadamente política e espiritual ao mesmo tempo. Muitas Bruxas feministas argumentariam que dividir a vida dessa maneira acaba levando ao autoaprisionamento, ao afastamento das próprias raízes e à alienação. Estas mulheres poderão argumentar que viver uma vida assim é perpetuar uma fantasia, em última análise, estéril, em vez de fazer uma tentativa real de criar uma vida integrada.

Essa abordagem encontra sustentação na vitalidade e espontaneidade da Bruxaria feminista. Além disso, sua desconfiança em relação à hierarquia e à estrutura funciona como um remédio necessário para o restante da Arte. No entanto, sua postura política incomodou muitos da Bruxaria "tradicional", que acusam as feministas de "usar a Deusa para seus próprios propósitos". As feministas, por outro lado, respondem: "A Deusa está usando o movimento feminista para levar os princípios da Arte a um número maior de mulheres do que jamais teria sido possível."

A Bruxaria "tradicional" pode oferecer à Bruxaria feminista a abertura característica do Politeísmo. Grupos feministas frequentemente demonstram uma tendência ao dogmatismo, substituindo o "Grande Pai" pela "Grande Mãe". O problema do Monoteísmo da Deusa precisará ser resolvido se a Arte feminista não quiser se tornar apenas mais uma doutrina do tipo "A Única Verdadeira e Correta Maneira". Os grupos feministas muitas vezes descartam a Bruxaria "tradicional" como "irremediavelmente contaminada pelo patriarcado". No entanto, por existirem há mais tempo, esses grupos acumulam um conhecimento valioso sobre o funcionamento dos rituais e da estrutura dos Covens. A desconfiança saudável em relação à hierarquia frequentemente leva os grupos feministas a rejeitarem qualquer estrutura, o que resultou na dissolução de muitos deles. Da mesma forma, o receio de que o ritual se torne "formalizado demais" às vezes levou à estagnação. Ironicamente, muitas mulheres dentro da Arte "tradicional" visitaram Covens e Groves feministas, adquiriram novos conhecimentos baseados em novas experiências e, a partir disso, realizaram mudanças significativas em seus próprios grupos ou formaram novos. O contrário, porém, raramente aconteceu. Por fim, o movimento Neopagão como um todo é rico em humor e leveza – qualidades que muitas vezes faltam à Bruxaria feminista.

Uma diferença entre as duas vertentes da Arte pode ser observada na vida de duas mulheres que permanecerão anônimas. A primeira é Sacerdotisa de um Coven Gardneriano no Oeste. Durante o expediente, ela atua como uma cientista de alto nível em uma grande corporação. Nenhum de seus colegas de trabalho tem conhecimento de sua religião. Apesar de seu prestígio, sucesso e integração à sociedade "normal", ela teme que sua carreira seja prejudicada caso suas práticas religiosas se tornem públicas. A segunda mulher é mais conhecida. No passado, foi uma fugitiva política procurada pelo FBI. Com o tempo, aprofundou seu compromisso com o feminismo e, durante o período em que se entregou e foi levada a julgamento, foi iniciada em uma Tradição Diânica do Sudoeste.

De modo geral, pode-se dizer que a maioria das integrantes da Bruxaria "tradicional" se apresenta externamente como membros "comuns" da sociedade, enquanto integrantes da Bruxaria feminista vivem à margem dela. A Bruxaria feminista funciona, ao menos em parte, como uma fonte de fortalecimento para mulheres que estão entre as desprovidas e oprimidas – uma função da Arte que pode ser, ironicamente, a mais "tradicional" de todas.

> E tu serás a primeira das Bruxas conhecidas;
> E tu serás a primeira de todas no mundo;
> E tu ensinarás a arte do envenenamento,
> De envenenar aqueles que são os grandes senhores de tudo;
> Sim, tu os farás morrer em seus palácios;
> E tu prenderás a alma do opressor com teu poder [...]
> E todas vós sereis libertas da escravidão,
> E assim sereis livres em tudo;
> E como sinal de que sois verdadeiramente livres,
> Estareis nuas em vossos ritos, tanto os homens
> Quanto as mulheres: isso durará até
> Que o último de vossos opressores esteja morto [...][275]
>
> — Aradia, ou o Evangelho das Bruxas (1899)

275 Leland, *Aradia*, pp. 4, 6–7

FEMINISMO E PAGANISMO NO SÉCULO 21

Em 2005, ao reler a passagem sobre criar novas Amazonas - sobre uivar com os ursos, lobos e coiotes, unir-se a tudo que é feminino e travar uma guerra pela Mãe Natureza -, Tenho que admitir, estremeci. Como mencionei no início, esse trecho foi escrito antes de Reagan, Bush e tantas outras mudanças nos Estados Unidos e no mundo. Naquele momento, parecia realmente que as mulheres estavam criando uma revolução. Hoje, apesar de avanços impressionantes, essa revolução parece estagnada. Onde estão aquelas Amazonas? O que aconteceu com aquela transformação? Por um lado, a espiritualidade feminina está por toda parte - livros, workshops, rituais e música. Parte disso sequer tem relação com o Paganismo ou a Wicca. Como observou Patricia Monaghan, autora de mais de vinte livros, muitos deles sobre a Deusa:

> A espiritualidade feminina é muito ampla e abrange mulheres em círculos de tambores, mulheres dos povos originários, muitas freiras, mulheres cristãs que honram Sofia ou Maria, psicólogas junguianas, professoras de literatura - um grande número de pessoas que não ritualizam o Sagrado Feminino, mas rejeitam construções estritamente patriarcais da espiritualidade. Eu estimaria que noventa por cento dessas pessoas hesitariam em se definir como Pagãs; algumas fugiriam desse termo. E um número ainda menor, acredito, se identificaria como Wiccanianas.[276]

A espiritualidade feminina conquistou um espaço significativo dentro do Judaísmo e do Cristianismo. Alguns exemplos: o *Seder de May'an*, uma celebração feminista da Páscoa judaica voltada para mulheres, reúne anualmente mais de mil participantes em Nova York. *Cakes for the Queen of Heaven* (Bolos para a Rainha do Céu) e sua continuação, *Rise Up and Call Her Name* (Levante-se e Clame Seu Nome), são dois cursos de estudo sobre a espiritualidade da Deusa, criados por e para mulheres dentro da Igreja Unitarista Universalista. O programa de ensino "Bolos para a Rainha do Céu" já tem quase vinte e cinco anos e tem sido adotado em centenas de igrejas e cursos de educação religiosa, impactando milhares de mulheres. Em algumas congregações unitaristas, trouxe mudanças profundas, chegando a transformar completamente a liturgia.

A ideia da Deusa entrou na literatura dominante e houve inúmeras reinterpretações não sexistas de vários mitos (*As Brumas de Avalon*, por exemplo, para a lenda arturiana). A espiritualidade feminista também impulsionou novas leituras do Tarô, da Cabala e do I Ching, livres de interpretações patriarcais. Na Wicca, *The Spiral Dance* (*Dança Cósmica da Feiticeira*), de Starhawk, e os inúmeros

---

276 E-mail: 1º de dezembro de 2005

Witchcamps organizados anualmente pela Reclaiming resultaram na criação de centenas de Covens, muitos deles exclusivamente femininos. Além disso, inspiraram um intenso ativismo político, grande parte com uma forte influência feminista.

Atualmente, as tensões entre grupos feministas e a Bruxaria "tradicional" parecem menos evidentes. Em meados da década de 1980, círculos femininos e masculinos passaram a ocorrer regularmente em Festivais Pagãos. Bruxas Diânicas começaram a frequentar festivais mistos, e mulheres da Arte tradicional tiveram experiências com rituais exclusivamente femininos. Durante muitos anos, o contato entre mulheres feministas e homens Neopagãos pareceu crescer. Ainda assim, dentro da Wicca Tradicional Britânica, muitos ainda não reconhecem as Bruxas feministas como Wiccanianas. Dentro das Tradições mistas da Wicca e nos Festivais Pagãos, houve uma redução significativa do sexismo. Embora alguns argumentem que isso depende da sua perspectiva, e que o pêndulo simplesmente oscila entre extremos. Todd Allen, do santuário natural Wysteria, recentemente me disse que considera a maior mudança no Paganismo nos últimos quinze anos a incorporação de homens e famílias ao movimento. Ele lembra que, no passado, a ênfase na Deusa era tão forte que: "Se você fosse homem, tinha que se manter discreto. Havia muitos espaços onde não era permitido entrar."

Mas o que parece mais evidente, pelo menos dentro do Paganismo e da Wicca, é que a energia hoje é muito diferente. Jean Mountaingrove, uma das fundadoras da revista *WomanSpirit*, muito citada neste capítulo, completou oitenta anos em 2005. Ao relembrar o período em que esse capítulo foi escrito, ela observa que grande parte da espiritualidade feminina naquela época era uma forma de desafio, uma transgressão de limites: Z Budapest sendo presa, Mary Daly confrontando o meio acadêmico. Hoje, existem "muitos professores, livros sobre rituais e lojas repletas de itens relacionados às Deusas, além de instrumentos para cerimônias", diz ela. Morando no Oregon, ela sente que a espiritualidade feminina se tornou algo natural em sua comunidade, com rituais sazonais frequentes e encontros sociais. "A espiritualidade feminina não parece ser um tema controverso", comenta. "Mas também não parece mais tão central para a identidade pessoal como foi nas décadas de 1970 e 1980." E acrescenta:

> Neste tempo de "pão e circo" – TV, fast food, múltiplos empregos, publicidade massiva voltada para consumidores (e não cidadãos) –, nosso compromisso ativo com o crescimento das experiências e do conhecimento espiritual não está acontecendo.[277]

Ela e outras observam que uma nova geração de mulheres têm pouco conhecimento sobre as precursoras da segunda onda do feminismo. Na verdade, a história do feminismo é algo distante para elas.

277 E-mail: 15 de novembro de 2005

Morgan McFarland – agora matriarca das Diânicas McFarland – olha para trás e diz:

> Éramos otimistas, ingênuas, sérias e exuberantes. Quando você veio a Dallas em 1976, parecia que éramos apenas um punhado, e certamente havia muito poucas feministas entre nós. Que controvérsia causamos! Agora, acesso lugares como o *Witch Vox* e fico constantemente impressionada com o quanto o Neopaganismo se espalhou.
>
> Em 1979, tudo parecia novo, havia entusiasmo e uma crença firme de que poderíamos abrir portas, expandir mentes e promover mudanças. Essa certeza não existe mais. A nova geração de mulheres Neopagãs, para ser franca, parece confusa quando o assunto é feminismo e Arte. Algumas acreditam que todas as barreiras já foram superadas, enquanto outras sequer sabem o que o feminismo significa, muito menos sua relação com a espiritualidade. Elas não compreendem que nós, as avós desse movimento, protestamos, agitamos e arriscamos nossos meios de vida ao sair do armário de vassouras.
>
> Em algum momento, minha geração deu à luz um grupo de conservadores, e isso eu realmente não entendo! No processo, também surgiu uma leva de Neopagãos que parecem carecer de espontaneidade. Recentemente, passei semanas tentando convencer uma das Diânicas McFarland mais talentosas de que incluir momentos de partilha dentro do Círculo, como uma extensão do Ritual da Lua, ampliaria o significado do ritual. E por que ela hesitava? Porque tinha medo de fazer a partilha "errado". Mas não existe um jeito errado de compartilhar! Afinal, o que importa não é tanto a forma como o mistério é apresentado, mas como ele é recebido. Então, o que significa quando toda uma nova geração não conhece partilhas, não entende o feminismo ou não faz ideia do que significou ter seu rosto estampado no *Dallas Morning News*? Sempre sentimos que podíamos pegar o tradicional e apresentá-lo de formas não convencionais. Sentíamos liberdade para criar. Acho que esse foi o maior legado do feminismo para a Arte. Não importava se éramos Diânicas de Dallas ou mulheres de Z, por exemplo. A cada círculo traçado, algo novo era inventado. Eu achava que Z era excessivamente exclusivista, e tenho certeza de que ela me via como permissiva demais por aceitar homens em alguns dos meus Covens. Mas éramos tolerantes uma com a outra, dispostas a compartilhar o termo "Diânica" e felizes em dividir rituais. Fico frequentemente surpresa com a rigidez de algumas McFarland ao se apegarem ao que está escrito. E me pergunto se Z também se surpreende com os rumos que os círculos de seu próprio grupo tomaram. Embora eu tenha a impressão de que eles podem ser os últimos bastiões da Arte revolucionária![278]

278 E-mail: 20 de setembro de 2005.

E talvez realmente sejam. Enquanto Z observa as nove Sacerdotisas que ordenou, incluindo sua primeira filha espiritual, a cantora e musicista Ruth Barrett, que continua seu ministério em Wisconsin, ela afirma que a maioria de suas Sacerdotisas são feministas fervorosas. Essas nove mulheres, por sua vez, formaram uma nova geração de Sacerdotisas Diânicas - cerca de vinte e cinco até agora. Esse grupo é muito mais diverso do que no passado, incluindo mulheres afro-americanas, havaianas e filipinas. Com exceção de um único grupo, todos permanecem exclusivamente femininos. Como Z me disse:

> Nunca houve qualquer benefício em permitir homens nos círculos de mulheres, exceto para inflar os egos masculinos. Minha objeção mais fervorosa é: as mulheres precisam aprender a TER algo que seja exclusivamente delas neste universo. Se nem mesmo as Diânicas forem apenas para mulheres, o que restará?[279]

Z menciona a variedade de cursos de estudos femininos disponíveis nas universidades, cita algumas instituições que oferecem currículos voltados à espiritualidade feminina e destaca o grande número de sites dedicados à Deusa na internet. Para ela, a espiritualidade feminina continua alcançando um público cada vez maior.

Mas além de Z, suas filhas espirituais e de eventos anuais como o Michigan Womyn's Music Festival, não parece haver muita energia por trás do separatismo. A escritora feminista Sally Gearhart, autora de *Wanderground*, que já defendeu a criação de um estado intermediário para que mulheres separatistas pudessem ganhar força e estabelecer uma nova sociedade, agora acredita que grande parte do feminismo cultural foi assimilada. Ela afirma que "muito do que acontece nos movimentos ambientalista, da Deusa, na Teoria Queer e na metafísica da Nova Era é, na verdade, o bom e velho feminismo cultural, só que em uma nova (e até mais elaborada) roupagem."

> O que se encontra na internet me parece prova de que a cultura dominante foi, de fato, impregnada por teorias e práticas feministas. Com exceção da exigência separatista do feminismo cultural, a consciência que surge em resposta à escalada da violência patriarcal está repleta das ideias, valores, práticas, estruturas e figuras do feminismo cultural dos anos 1970.[280]

Gearhart argumenta que muitos grupos passaram a acreditar que a Terra, com sua biosfera, é "em última instância, a Mãe de todos nós, constituindo a Fonte (evolutiva) da qual toda a vida surge e para a qual, no fim, retorna." Ela observa que muitos valores que a nossa sociedade associa ao "feminino" –

279 E-mail: 29 de novembro de 2005.

280 E-mail: 20 de setembro de 2005.

compaixão e cooperação, valorização das emoções e da inclusão – foram adotados por esses grupos. Além disso, os homens que integram essas organizações são frequentemente "elogiados e respeitados pela sua corajosa aceitação desses valores" sociais adormecidos há muito tempo". Gearhart afirma acreditar que a ascensão do fundamentalismo representa o último suspiro de uma ideologia agonizante. "O futuro", diz ela, "é e continuará sendo feminino, independentemente de como venha a ser rotulado."

> Sinto, de verdade, que essas mudanças, tão presentes no mundo todo e em contraste tão marcante com a violência que muitas vezes nos absorve, são os melhores frutos de todo o trabalho que realizamos nas Primeiras e Segundas Ondas do feminismo. Em resumo, o mundo está inundado com o que de melhor o feminismo significou para tantas de nós.[281]

Mesmo que a cultura tenha absorvido muitas dessas ideias, parece justo dizer que, no momento, há menos energia e vitalidade em torno delas, pelo menos dentro do Paganismo. Depois de uma década em que rituais separados para homens e mulheres eram comuns em festivais conhecidos, essa prática se tornou menos frequente. Isso pode simplesmente indicar que os grupos separatistas, que ainda existem, não estão mais tão conectados com o movimento Neopagão. Ao conversar com mulheres que passaram anos em grupos exclusivamente femininos, percebi que muitas delas não estão mais atuando nesses espaços.

É importante enfatizar que a corrente separatista dentro da espiritualidade feminina foi essencial – e pode ainda ser para algumas mulheres hoje. Para muitas, foi o único refúgio seguro, um espaço onde puderam se fortalecer e florescer em uma cultura que as mantinha silenciadas e invisíveis.

Willow LaMonte, editora do *Goddessing*, um jornal internacional que acompanha o movimento de espiritualidade da Deusa ao redor do mundo, afirma que houve uma perda de vitalidade e energia – ou de "caldo", por assim dizer. Ela aponta vários fatores. O primeiro é a perda das organizações femininas de base: livrarias, restaurantes, programas de rádio e boletins comunitários. Pense bem! No início dos anos 1980, existiam centenas de livrarias femininas, e muitas delas desapareceram. Embora muitas dessas iniciativas tenham sido lideradas por lésbicas, eram espaços abertos para todas as mulheres. Os programas de rádio femininos em emissoras públicas também praticamente desapareceram. Para LaMonte, a internet não substitui um boletim comunitário, assim como a Amazon.com não substitui uma livraria local. Ela argumenta que a internet não cria comunidades reais e ainda apresenta barreiras de acesso e classe – muitas pessoas ainda não têm fácil acesso a computadores. E quanto às mulheres encarceradas, por exemplo? A perda dessas organizações de base significa, também, a perda da consciência política.

281 E-mail: 20 de setembro de 2005.

LaMonte também acredita que o movimento tem se tornado cada vez mais "superficial e vago", afastando-se de uma linguagem que confronte a questão do poder. Ela atribui isso, em parte, ao fato de muitos grupos terem deixado de usar a palavra "Deusa", adotando descrições mais junguianas e, no fim das contas, enfraquecedoras, como "Feminino Divino".

O movimento de espiritualidade feminina ainda conta com líderes atuantes. Os estilos de liderança variam. Tanto o Covenant of the Goddess quanto a Reclaiming basearam seu estilo de liderança no consenso. Muitos dos grupos mistos da Wicca tendem a ser mais hierárquicos. A Wicca Tradicionalista Britânica se vê como uma religião de mistério, na qual o conhecimento é adquirido gradualmente, com o estudo junto a um líder de Coven e a ascensão por vários graus. Em contraste, como vimos, muitos dos primeiros grupos feministas da Arte eram bastante anárquicos. Rejeitavam o modelo de liderança da Bruxaria tradicional e, por isso, enfrentavam desafios na outra ponta: a desorganização. Mas hoje, muitos dos Covens feministas herdaram seu estilo de mulheres Sacerdotisas poderosas e carismáticas - como Z Budapeste e Morgan McFarland, e algumas das líderes atuais seguem essa tradição. Claro, essa é uma simplificação excessiva. Há muitas Sacerdotisas que compartilham bem o poder, permitindo que diferentes mulheres e suas habilidades floresçam. Mas durante a pesquisa para esta edição, deparei-me com uma ironia: encontrei vários grupos Pagãos germânicos que cultuam Deuses nórdicos (que algumas feministas poderiam considerar extremamente "machistas"), mas que operam de forma verdadeiramente igualitária. Ao mesmo tempo, encontrei alguns grupos feministas liderados por figuras carismáticas e com estruturas mais hierárquicas.

Aqui estão algumas questões para se considerar ao comparar a espiritualidade feminista de ontem e de hoje. Sempre houve tensões entre estudiosas feministas e acadêmicos tradicionais sobre temas como o matriarcado e o papel das mulheres nas sociedades antigas. Mas atualmente, os acadêmicos tradicionais incluem também estudiosos dos estudos pagãos, já que essa área tem ganhado reconhecimento (ver capítulo 13). A maioria dos estudiosos do Paganismo já não aceita a teoria de Margaret Murray sobre um culto das Bruxas. Além disso, passaram a reconhecer que a perseguição, tortura e execução de pessoas acusadas de Bruxaria na Europa envolveu um número relativamente menor do que se alegava antes: entre quarenta e cinquenta mil vítimas ao longo de aproximadamente cento e cinquenta anos, e não um holocausto de nove milhões, como muitas Bruxas e feministas sustentaram por décadas.[282]

Muitas escritoras feministas ainda veem as perseguições às Bruxas como uma prova incontestável da opressão patriarcal — a eliminação de parteiras e curandeiras, a repressão dos pobres e marginalizados. Essas teorias aparecem em dezenas de livros, muitos deles belamente escritos, com uma prosa poderosa.

282 Jenny Gibbons, "Recent Developments in the Study of the Great European Witch Hunt", *The Pomegranate*, nº 5 (agosto de 1998), pp. 3-16.
Também ver: Geoffrey Scarre e John Callow, *Witchcraft and Magic in Sixteenth-and Seventeenth-Century Europe*, 2ª edição (Hampshire, UK: Palgrave, 2001).

O que torna isso tão difícil é que fazem parte dos mitos fundadores mais importantes e fortalecedores da Wicca, do Paganismo e do renascimento das religiões da Terra. Tomemos, por exemplo, a obra inovadora de Barbara Ehrenreich e Dierdre English, *Witches, Midwives, and Nurses* (Bruxas, Parteiras e Enfermeiras), que argumenta que as perseguições foram usadas para destruir o poder das parteiras e curandeiras, fortalecendo a ascensão da medicina masculina. Ou o ensaio de Starhawk no apêndice de *Dreaming the Dark: Magic, Sex, and Politics* (Sonhando a Escuridão: Magia, Sexo e Política), *The Burning Times* (Os Tempos da Queima), que afirma que a perseguição às Bruxas foi um meio de destruir o poder comunitário e as terras comunais. Nos últimos quinze anos, a maioria dos estudiosos Pagãos passou a acreditar que há poucas evidências concretas para essas teorias. Às vezes, ler os estudos atuais dá a sensação de estar diante do título daquele antigo álbum do *Firesign Theatre: Everything You Know Is Wrong* (Tudo o Que Você Sabe Está Errado). Por exemplo, Jenny Gibbons, em seu artigo *Recent Developments in the Study of the Great European Witch Hunt* (Desenvolvimentos Recentes no Estudo da Grande Caçada às Bruxas na Europa), publicado em *The Pomegranate* (A Romã), argumenta que houve cerca de cinquenta mil mortes. O maior número de execuções ocorreu durante a Reforma, em regiões onde tanto a igreja quanto o estado eram fracos. Além disso, a maioria das condenações foi decidida por tribunais não religiosos - na verdade, a melhor chance de absolvição era ser julgado por um tribunal eclesiástico. Poucos dos executados eram Pagãos no sentido que um Pagão moderno reconheceria. (Ver capítulo 4 para mais detalhes sobre essa questão.)

Por outro lado, algumas escritoras feministas e acadêmicas agora argumentam que, embora o número de nove milhões seja claramente um mito, as estimativas mais baixas apresentadas por estudiosos também têm suas falhas. Por exemplo, Max Dashu aponta que muitos registros não foram preservados em diversas comunidades, enquanto outros foram destruídos. Em resposta a Gibbons, ela escreve:

> Minha própria contagem teria que incluir aquelas que foram afogadas, marcadas, espancadas, multadas, aprisionadas, torturadas, exiladas, impedidas, expropriadas e privadas de seus meios de subsistência. Uma coisa é certa: ninguém sabe quantas foram mortas.[283]

Diante dessa controvérsia, algumas pessoas envolvidas na espiritualidade feministaquestionam: por que deveríamos ser diferentes de todas as outras religiões? Patricia Monaghan, autora de diversos livros sobre mulheres e Deusas, observa que já ouviu o seguinte argumento em alguns círculos feministas:

> Por que somos a ÚNICA religião no mundo que precisa ser baseada em verdade histórica? Existe alguma evidência real para o nascimento virginal? A acadêmica em mim estremece; parte de mim quer dizer que sim, deveríamos

283 Max Dashu, "Another View of the Witch Hunts", *The Pomegranate*, nº 9 (agosto de 1999), pp. 30–43.

> nos basear em fatos verificáveis, e não nos mesmos tipos de mentiras que tornaram minha infância católica miserável. Mas ao fazer isso, estaríamos cobrando do Paganismo um padrão mais alto do que qualquer outra religião já enfrentou[284]

Quando perguntei a Z Budapest sobre a questão acadêmica, ela respondeu: "Isso é realmente um ponto importante a se resolver? Para mim, não faz diferença. Nove milhões ou cinquenta mil. Ruim é ruim." No entanto, como essa ideia de um holocausto de nove milhões se espalhou por músicas populares Pagãs e pelo filme *The Burning Times* (Os Tempos da Queima) frequentemente exibido na PBS durante campanhas de arrecadação de fundos, a precisão – e não números descontroladamente inflacionados – parece importante. Afinal, para muitas pessoas, o filme *The Burning Times* é a única referência que o público tem sobre o Paganismo e a Wicca.

Mas a precisão histórica não é o único ponto em questão. Sabina Magliocco, em seu excelente livro *Witching Culture* (Cultura da Bruxaria), observa que esses mitos ajudaram a construir a cultura de resistência, algo essencial para o Paganismo. Ela escreve:

> Embora as narrativas sagradas sobre as Burning Times e as Origens Paleolíticas do Matriarcado não sejam literalmente verdadeiras, como todos os mitos, elas contêm um núcleo de verdade metafórica: experiências e formas de conhecimento que pertenciam a uma visão de mundo interconectada, anterior ao Iluminismo, foram banidas da consciência ocidental moderna. Ao construir uma cultura de resistência, os pagãos contemporâneos buscam resgatar essa visão de mundo.[285]

Foi esse paradigma alternativo e ecológico que levou muitas de nós a abraçar os movimentos Pagãos modernos e da Deusa. É fundamental preservar a cultura de resistência, mesmo enquanto corrigimos conceitos equivocados e números imprecisos.

Olhando para este capítulo, é importante dizer mais uma palavra sobre o matriarcado. Uma estudiosa feminista de grande relevância, que foi pouco mencionada nas edições anteriores deste livro, trouxe um peso significativo à ideia de culturas antigas centradas na Deusa: a falecida Marija Gimbutas. Gimbutas foi uma arqueóloga séria, com amplo conhecimento das línguas e culturas da Grécia, dos Bálcãs e da Europa Oriental. Em seus livros *The Language of the Goddess* (A Linguagem da Deusa) e *The Civilization of the Goddess* (A Civilização da Deusa), argumentou que o que chamou de "Velha Europa" havia sido habitado por culturas pacíficas e centradas nas mulheres, que veneravam a Deusa. Ela também sustentava que essas civilizações eram matrilineares e igualitárias até a chegada

284 E-mail: 1º de dezembro de 2005.

285 Sabina Magliocco, *Witching Culture* (Filadélfia: University of Pennsylvania Press, 2004), p. 204.

dos indo-europeus. Muitos arqueólogos contestaram suas teorias, mas, como Hutton escreve em *The Triumph of the Moon*, (O Triunfo da Lua), nenhuma delas foi refutada e "talvez nunca sejam. A controvérsia gira em torno do fato de que as evidências permitem interpretações alternativas."[286]

À medida que chego ao fim deste capítulo, também reflito sobre uma crítica que ocasionalmente ouço de alguns estudiosos: a de que o movimento de espiritualidade feminina não seria realmente uma religião, mas sim um movimento de desenvolvimento do potencial humano. Uma vez que tanto a religião quanto as abordagens terapêuticas lidam com questões profundas sobre o ser, a consciência e o sentido da vida, parece razoável supor que, em alguns momentos, suas fronteiras se confundam. Mencionei no início deste capítulo que os grupos de conscientização (RC) ensinaram às mulheres que seus sentimentos pessoais podiam ser confiáveis e levados em consideração, e que o "pessoal era político". Como alguém que passou anos em um desses grupos nos anos 1970, posso dizer que a experiência foi mais transformadora do que qualquer terapia ou educação formal. Além disso, serviu como um catalisador poderoso para a mudança política, à medida que as mulheres percebiam que suas questões não eram apenas individuais, mas podiam ser exploradas, questionadas e transformadas por meio da ação política. Dito isso, a espiritualidade feminina não é terapia. Lembro-me de ter visto, anos atrás, um panfleto anunciando um círculo da Deusa liderado por uma terapeuta que cobrava o preço de uma sessão de grupo de terapia para seus rituais. Na época, achei chocante – e ainda acho. Por outro lado, a espiritualidade feminina proporcionou a inúmeras mulheres um senso de bem-estar e empoderamento, e esse processo claramente continua para uma nova geração. Patricia Monaghan conta que, ao realizar apresentações sobre Deusas em pequenas cidades, adquiriu uma compreensão mais profunda sobre o que a ideia da Deusa representa para as mulheres.

> Suspeito que as mulheres, especialmente – embora alguns homens também –, estão, literalmente, sonhando com a Deusa de volta à vida. Não consigo contar quantas vezes uma mulher veio até mim, em alguma pequena cidade de Indiana ou Nebraska, e disse que estava na palestra porque teve um sonho em que uma figura feminina se identificava como uma Deusa. (Humm, não consigo pensar em um único homem me contando algo assim.) Portanto, parece haver algum canal para o inconsciente coletivo, ou o espírito, ou como você quiser chamá-lo, que está tentando restaurar o equilíbrio nestes tempos tão desajustados.[287]

Anos depois, olhando para trás, percebo um lado negativo na ideia de sempre confiar nas próprias experiências pessoais: a possibilidade da autoilusão. Assumir experiências individuais como "verdade" pode levar à confusão entre a realidade material e psíquica de sonhos e devaneios. Essa confusão teve um impacto

286 Ronald Hutton, *The Triumph of the Moon* (Oxford, Reino Unido: Oxford University Press, 1999), p. 356.

287 E-mail: 1º de dezembro de 2005.

significativo em certas partes do movimento feminista e da comunidade lésbica nos anos 1980, levando algumas pessoas a sustentarem histórias falsas de abuso ritual. Vale destacar que Jenny Gibbons, em seu artigo sobre as perseguições às Bruxas, observa que a comunidade Pagã poderia ter sido mais cética em relação a essas alegações e reconhecido o quanto elas se assemelhavam às antigas falsas acusações de bruxaria. Isso teria sido mais evidente se houvesse uma visão mais realista e historicamente precisa sobre a verdadeira dimensão das perseguições às Bruxas na Europa.[288]

Hoje, uma nova geração de mulheres está redefinindo a espiritualidade feminista. Muitas delas não têm um conhecimento real do passado, mas também não carregam os mesmos fardos de opressão que pesavam sobre as feministas nos anos 1970. Como resultado, podem surgir novas ideias e diferentes formas de organização. Muitas mulheres rejeitaram o pensamento essencialista que influenciou grande parte do feminismo espiritual inicial; simplesmente acreditam na igualdade de direitos para todas as pessoas. Elas compartilham a visão que Lisa Jervis expressa em um ensaio publicado na revista LiP: "O funcionamento real do poder não mudará apenas porque há mais diversidade cromossômica entre os poderosos."[289] Elas têm menos esperança do que nós tínhamos de que um mundo liderado por mulheres seria mais acolhedor, pacífico e cooperativo. No fim das contas, essa visão pode levar a uma política mais eficaz, mas não era algo que pudéssemos aceitar facilmente quando sentíamos nossa opressão tão profundamente que agir a partir de um lugar não oprimido parecia impossível. Fica a pergunta: que tipo de espiritualidade feminista essa nova geração criará? Como seria uma espiritualidade feminista que não surgisse, ao menos em parte, como uma resposta à opressão?

As Deusas antigas são modelos extraordinários; independentemente de serem vistas como reais, arquétipos ou simplesmente imagens a serem emuladas, elas podem servir para explorar conceitos de poder e possibilidades no mundo, além de aprofundar o conhecimento sobre culturas ancestrais e seus legados. Nas edições anteriores de *Drawing Down the Moon,* mencionei que o movimento de espiritualidade feminina ainda não havia se definido como um movimento monoteísta da Deusa ou como uma vertente politeísta, mais alinhada com o restante do Neopaganismo. A afirmação de que existe uma Deusa Mãe universal, amplamente adorada em todo o mundo antigo, é uma espécie de Monoteísmo que só difere em gênero das religiões que a maioria dos Pagãos modernos rejeitou. Pode também ser uma espécie de universalismo em desacordo com os conceitos Pagãos de diversidade e biorregionalismo. A maior força da perspectiva Pagã está justamente na valorização da multiplicidade de Deusas e Deuses, e não na centralização em uma única divindade.

---

288 *The Pomegranate*, nº 10 (novembro de 1999), pp. 55–56.

289 Lisa Jervis, "If Women Ruled the World, Nothing Would Be Different", *LiP magazine,* 15 de setembro de 2005 (www.lipmagazine.org).

III
Outros Neopagãos

Capítulo 9

Religiões do Passado

Os Reconstrucionistas Pagãos

Fora das diversas Tradições de Bruxaria, as formas mais comuns de Neopaganismo são grupos que buscam recriar as antigas religiões europeias pré-cristãs.

Igreja de Afrodite

Nos Estados Unidos, a primeira organização Neopagã reconstrucionista foi a Igreja de Afrodite de Long Island, fundada em West Hempstead, em 6 de maio de 1938.

Gleb Botkin, fundador e Sacerdote da Igreja, era filho de um médico da corte do último czar russo. Após se mudar para os Estados Unidos, escreveu vários romances sobre a Rússia antes e durante a Revolução. Alguns, como *The Real Romanovs* (Os Verdadeiros Romanovs), abordam os últimos dias da família real; outros retratam a vida de estudantes, Sacerdotes e pessoas comuns. No entanto, o tema da adoração à Deusa permeia muitas de suas obras. Os próprios títulos são reveladores: *The Woman Who Rose Again* (A Mulher Que Ressurgiu - sobre Anastasia), *Immortal Woman* (Mulher Imortal), *The God Who Didn't Laugh* (O Deus Que Não Riu) e Her Wanton Majesty (Sua Majestade Devassa).[290]

Todos os romances, escritos entre 1929 e 1937, giram em torno de mulheres que inspiram os homens a adorá-las e de homens que são tentados e atraídos pelo "Sagrado Feminino". Em dois deles, o ideal religioso Pagão é expresso de forma direta: o protagonista torna-se um devoto de Afrodite. *Mulher Imortal* (1933) conta a história de Nikolai Dirin, filho de um Sacerdote russo, que foge para os Estados Unidos logo após a Revolução Russa e se torna um maestro de renome mundial. Seu talento musical é inspirado por uma visão de Afrodite e pela lembrança de uma mulher real, uma amiga de infância. Seus sonhos e devaneios o levam a rejeitar sua educação na Igreja Ortodoxa Russa e a adotar a religião afrodisiana;

290 Gleb Botkin, *The Woman Who Rose Again* (New York: Fleming H. Revell, 1937); *Immortal Woman* (New York: The Macaulay Co., 1933); *The God Who Didn't Laugh* (New York: Payson & Clarke, 1929); *Her Wanton Majesty* (New York: The Macaulay Co., 1933).

> Quanto mais estudava, mais se convencia de que sua Deusa não era um mito, de que milhões e milhões de pessoas a haviam adorado por milhares de anos e de que muitos ainda a veneravam no presente.[291]

Outro romance, *O Deus Que Não Riu*, é o mais autobiográfico entre as obras de Botkin. A história acompanha um russo que se prepara para se tornar monge, mas que, ainda jovem, tem uma visão de Afrodite e, mais tarde, encontra mulheres reais que parecem materializar essa visão. Em certo momento, o protagonista imagina um mundo repleto de Templos gregos de mármore branco, onde adoradores nus cantam hinos, queimam incenso e adormecem sobre a relva após depositarem coroas de rosas aos pés de Afrodite.

Durante o treinamento para o sacerdócio, ele é repetidamente instruído de que as mulheres são os "Vasos do Demônio" e que deve rejeitar todas as experiências com elas como impuras, repulsivas e pecaminosas.[292] Pouco antes de sua ordenação, ele percebe que seus sentimentos em relação às mulheres eram os mais puros e sagrados que já havia experimentado. Passa a considerar que Cristo errou ao olhar para as mulheres com repulsa. No final do livro, ele deixa o mosteiro com sentimentos ambíguos.

Gleb Botkin transformou sua visão em realidade ao fundar a Igreja de Afrodite de Long Island, em 1938. Ele contava com cerca de cinquenta seguidores. Criou três liturgias diferentes e realizava cultos quatro vezes por semana diante de um altar com uma réplica da *Vênus de Medici*. Atrás da estátua, havia uma tapeçaria roxa. O ambiente era perfumado com incenso de olíbano e mirra. No altar, nove velas eram dispostas ao lado do símbolo da igreja, o signo planetário de Vênus.

Em 1939, Botkin disse a um repórter do *New York World-Telegram* que o propósito da religião afrodisiana era "buscar e desenvolver o Amor, a Beleza e a Harmonia e suprimir a feiura e a discórdia". Segundo ele, o princípio do Cristianismo era reprimir o desejo para desenvolver o espírito, enquanto a religião de Afrodite buscava elevá-lo por meio de princípios opostos. Botkin via a natureza como algo bom e considerava o ódio, o egoísmo e o ciúme como "antinaturais". Embora, em teoria, idealizasse o sexo como uma "função divina", na prática adotava uma postura conservadora, preocupado com a possibilidade de a igreja atrair neuróticos e pessoas emocionalmente instáveis.[293]

---

291 Botkin, *Immortal Woman*, p. 184.

292 Botkin, *The God Who Didn't Laugh*, p. 250. O próprio Botkin, em certo momento, estudou para o sacerdócio na Igreja Católica Grega na Rússia: veja William Seabrook, Witchcraft: Its Power in the World Today (New York: Harcourt, Brace and Company, 1940), p. 343, e a edição de 15 de novembro de 1939 do New York World-Telegram. Quando The God Who Didn't Laugh e Immortal Woman foram publicados, os críticos não destacaram os aspectos afrodisianos dos livros: veja a 25ª e a 29ª compilações anuais de The Book Review Digest (New York: H. W. Wilson Co., 1930 e 1934), pp. 105 e 102, respectivamente.

293 Citado por Seabrook em *Witchcraft*, pp. 343–44. Veja também *Newsweek*, 27 de novembro de 1939, p. 32; Life, 4 de dezembro de 1939, p. 101.

Botkin idealizou a religião afrodisiana como uma estrutura formal, com igreja, clero e liturgia. Diferente da maioria dos Neopagãos de hoje, ele acreditava no Monoteísmo, em credos e dogmas. A crença era considerada essencial para a salvação; era necessário estabelecer uma "relação correta" com a Deusa. Durante os cultos, os fiéis recitavam seu credo diante do altar:

> Bendita és, ó bela Deusa, e nosso amor por Ti é como o céu, sem limites; como a eternidade, sem fim; como Tua própria beleza, que nenhuma palavra pode descrever. Pois Te amamos com cada átomo de nossas almas e corpos, ó Afrodite: a mais sagrada, a mais doce, a mais encantadora, a mais bendita, a mais gloriosa, a mais bela Deusa da Beleza.[294]

Botkin faleceu em 1969, e nenhum de seus cinco filhos deu continuidade à fé.[295] No entanto, W. Holman Keith, ex-ministro batista que frequentou os cultos da igreja de Botkin no início dos anos 1940 e se tornou adepto da religião, foi quem fez isso. Em 1960, Keith escreveu *Divinity as the Eternal Feminine* (Divindade como o Eterno Feminino) e continuou publicando artigos em revistas Neopagãs. Ele é considerado um dos verdadeiros Elders do movimento Neopagão, embora suas opiniões, assim como as de outros anciões em muitas religiões, não sejam muito semelhantes às dos Neopagãos mais jovens. Keith faleceu em 1995.

Keith descreveu Botkin como um homem que parecia não gostar nem do comunismo nem da democracia, defendendo "algum tipo de governo teocrático por meio da religião afrodisiana". Em um artigo na *Green Egg*, observou que muitas das ideias de Botkin não coincidiriam com as da maioria dos Neopagãos de hoje.

> Para ele, a liberdade de consciência vinha em segundo lugar em relação a uma consciência corretamente formada desde a infância. (...) Não acreditava na imortalidade natural, mas sim na imortalidade condicional. A alma precisava estabelecer a relação correta com a Deusa para escapar da extinção. (...) O reverendo Botkin era monoteísta em sua doutrina sobre a Divindade. (...) Botkin não era cooperativo com outras seitas pagãs. Acreditava possuir a verdade da Deusa em sua forma mais pura.[296]

Em muitas dessas crenças, escreveu Keith, Botkin estava mais alinhado com as antigas Tradições de mistério do que a maioria dos Neopagãos admitiria. Keith acabou deixando a Igreja de Botkin devido a divergências sobre seu dogmatismo e, mais tarde, tornou-se um dos elders do grupo Neopagão Feraferia.

---

294 Seabrook, *Witchcraft*, p. 342. O início do credo é o seguinte:
"Creio em Afrodite, a de rosto florido, de doce fragrância, a Deusa do Amor e da Beleza que ama o riso; a autossuficiente, eterna e única Deidade Suprema; criadora e mãe do Cosmos; a Causa Universal; a Mente Universal; a fonte de toda vida e de todas as forças criativas positivas da natureza; a origem de toda felicidade e alegria..."

295 W. Holman Keith, "Obituary for a Neo-Pagan Pioneer", *Green Egg*, Vol. IV, N°45 (3 de fevereiro de 1972), 9. Veja também o obituário de Botkin no The New York Times, 30 de dezembro de 1969, p. 33.

296 Keith, "Obituary."

Feraferia: A Bela Joia que Permanece em Sua Caixa

"O que você acha da Nova Creta?"

Corei e respondi devagar: "Por que me pergunta isso, mãe?"

"As mães costumam fazer perguntas aos filhos para as quais eles já sabem as respostas."

"Ah, bem... não está isenta de críticas. Embora o pão seja bom e a manteiga também, parece que falta sal em ambos."

— Robert Graves, *Watch the North Wind Rise*[297]

Em 1949, Robert Graves criou uma utopia fictícia chamada "Nova Creta" em um livro intitulado *Watch the North Wind Rise* (Observe o Vento Norte Se Levantar). Segundo ele, a Nova Creta surgiu em um período marcado por guerras e revoluções, que culminaram em um conflito nuclear. Um filósofo israelense, preocupado com a sobrevivência da humanidade, sugeriu a criação de enclaves antropológicos, cada um representando uma etapa do desenvolvimento da civilização.[298] Cada enclave deveria permanecer isolado do mundo por gerações, mantendo comunicação apenas com um conselho antropológico que analisaria os relatos dessas sociedades para determinar quais eram viáveis e em que ponto a civilização, afinal, havia falhado.

Os enclaves dedicados à Idade do Bronze e ao início da Idade do Ferro tiveram tanto sucesso que foram reassentados em Creta. Desses assentamentos surgiu uma nova sociedade e, com ela, uma nova religião voltada à Deusa Mãe, Mari, semelhante ao Paganismo europeu pré-cristão, com festivais agrícolas e de mistérios. A nova sociedade em Creta passou a ser vista como "o berço de uma Idade de Ouro".[299]

Mas a sociedade de Nova Creta não era perfeita. Embora muito diferente da burocracia à qual estamos acostumados, não era menos autoritária. Nada fora dos ditames da poesia podia ser produzido, nada que fosse puramente utilitário. Padrões rígidos de costumes governavam as cinco classes do país. O protagonista, um inglês da década de 1940, é chamado pela Deusa para abalar a estrutura da sociedade, colocar um pouco de sal no pão e na manteiga, como sugere a citação acima, e trazer os ventos da mudança e da liberdade.

Graves estava escrevendo ficção, claro, mas a ideia de uma religião da Deusa emergindo após um cataclismo não é exclusiva dele. Muitos Neopagãos me disseram que imaginam um desfecho semelhante, e vários mencionaram as

297 Robert Graves, *Watch the North Wind Rise* (New York: Creative Age Press, 1949), p. 155.

298 Alvin Toffler utiliza essa mesma ideia em *Future Shock* (New York: Bantam, 1971), pp. 390–92. Ele sugere que enclaves como as comunidades amish e locais preservados, como Williamsburg, na Virgínia, têm dois propósitos: oferecer um ambiente onde a taxa de mudanças seja mais lenta, permitindo escapar do "choque do futuro", e servir como refúgio caso ocorra uma catástrofe tecnológica na sociedade em geral.

299 Graves, *Watch the North Wind Rise*, p. 43.

profecias Hopi sobre uma Grande Purificação. Muitos pareciam acreditar que apenas uma grande catástrofe poderia semear as mudanças necessárias para a criação de uma nova sociedade. "Olhe para os fenômenos climáticos extremos ao nosso redor", foi um comentário que ouvi com frequência. "A Mãe Natureza está começando a tomar as rédeas." De fato, a visão utópica presente em diversas religiões Neopagãs só faz sentido em um mundo muito diferente do atual. E há pelo menos um grupo que poderia se encaixar na descrição de Graves sobre uma nova religião da Deusa aguardando o abençoado cataclismo: essa religião é Feraferia, fundada por Frederick Adams.

> O que Fred Adams tem em mente é uma magnífica reconstrução de uma religião muito antiga da Deusa, um produto finalizado – polido e encapsulado como uma joia em uma prateleira superior.
>
> Após o cataclismo, quem ainda terá fé no Cristianismo? Então simplesmente pegamos a joia da prateleira e dizemos: "Vejam, Feraferia! Passamos pelo Inferno; então vamos celebrar o retorno de Kore, a Deusa Donzela do Inferno que retorna do Submundo!"
>
> — Ed Fitch, Sacerdote Gardneriano

Dos muitos grupos que encontrei, Feraferia é um dos mais difíceis de descrever. O nome vem de palavras latinas que significam "festival da natureza"[300] – e representa uma das religiões Neopagãs mais elaboradas dos Estados Unidos. Como sugere a citação de Fitch, é uma joia, uma criação artística, a visão particular de um homem, que permanece como um cristal admirado a distância. Nunca é contaminada por ramificações, cismas ou mudanças, nem mesmo por um grande número de seguidores que poderia diluí-la. Como o próprio nome sugere, é uma religião que combina selvageria e delicadeza. Considerada por seu pequeno grupo de adeptos a aristocracia do Neopaganismo, carrega todas as vantagens e desvantagens que a palavra "aristocracia" implica.

Frederick Adams é um homem amável e gentil que dedicou grande parte de sua criatividade à arte, astrologia e pesquisa sobre arqueologia e saberes geocósmicos, como as linhas ley e a construção de círculos de pedra. Quando o conheci, ele vivia em Los Angeles com sua companheira, Svetlana Butyrin, em uma pequena casa repleta de suas obras de arte. Ao visitá-los, fui recebida com um breve ritual em inglês e grego. Ofereceram-me uma bebida com sabor de canela e hortelã, acompanhada de um prato com framboesas frescas. A casa irradiava paz e beleza. Havia certa fragilidade em Adams, que, descalço e vestido com um manto azul, parecia marcado por um mundo duro que não aceitava sua sensibilidade.

300 A literatura feraferiana também afirma que o nome significa "sacramento da natureza", "festival selvagem" e a união entre a Natureza Selvagem e o Sonho, resultando em uma Vida de Celebração Eterna. *Feraferia* (jornal), Vol. 1, No. 1 (Outono de 1967), p. 1.

Eles foram despejados de sua antiga residência alguns anos antes, depois que vizinhos informaram ao proprietário sobre suas atividades religiosas incomuns. Robert Ellwood descreveu essa casa da seguinte forma:

> Um visitante na casa de Frederick Adams percebe imediatamente que não se trata de uma residência suburbana comum. A varanda da frente está repleta de sinais e símbolos do passado – grinaldas, gravetos cruzados, pedras pintadas. No quintal, árvores foram plantadas e receberam nomes. Há um henge – um círculo de galhos bifurcados orientado para a estrela polar e o sol nascente. O grupo mantém outro henge maior nas montanhas ao norte. Dentro da casa, há altares dedicados ao sol e à lua, além de um quarto santuário cujo piso é uma grande roda onde os dias, as estações e os movimentos dos planetas são marcados com pedras. Ali, as notícias importantes não são as do jornal, mas sim o que a natureza está fazendo.[301]

Fred Adams descreveu Feraferia na *Earth Religion News:*

> A Feraferia é uma Fraternidade Paradisíaca para a celebração amorosa dos Mistérios da Natureza Selvagem, com estilo feérico, elegância cortês, refinamento e graça. O Grande Trabalho da Feraferia é a unificação lírica da Ecologia, Arte, Mitologia e Liturgia. Nesse Jogo-Trabalho de Amor, muitas Mulheres e Homens alcançam a reunião com a Grande Natureza, uns com os outros e com suas próprias Almas, antes e depois da Transição que chamamos de 'Morte'. A Natureza Selvagem é o Valor Supremo da Religião e da Vida! A Feraferia oferece, talvez pela primeira vez na história conhecida, uma Liturgia Poética e uma Teurgia Altruísta da Sagrada Natureza Selvagem.[302]

Muito da filosofia feraferiana está ligada a um conjunto de ideias utópicas. Ela não surgiu completamente formada da cabeça de Zeus, nem mesmo de Fred Adams. Adams foi o artista, mas sua visão reflete a influência de diversas fontes: os romances utópicos de William Morris (*News from Nowhere* – Notícias de Lugar Nenhum), Robert Graves (*Watch the North Wind Rise* – Observe o Vento Norte Se Levantar), William Hudson (*A Crystal Age* – Uma Era de Cristal) e outros;[303]; escritores sobre a natureza e a vida selvagem, especialmente John Muir e Henry David Thoreau; psicólogos arquetípicos como C. G. Jung, Erich Neumann, J. J. Bachofen e Karl Kerényi; artistas e filósofos surrealistas; movimentos naturalistas e nudistas; The White Goddess – A Deusa

---

301 Robert S. Ellwood, Jr., *Religious and Spiritual Groups in Modern America* (Englewood Cliffs, NJ: Prentice-Hall, 1973), pp. 196–97.

302 *Earth Religion* News, Vol. 1, No. 5, p. 49.

303 William Morris, *News from Nowhere, or An Epoch of Rest* (New York: Monthly Review Press, 1966), publicado pela primeira vez na Grã-Bretanha em 1890; Robert Graves, ver nota 8; William Hudson, A Crystal Age (New York: Dutton, 1906).

Branca; e, talvez acima de tudo, a obra de Henry Bailey Stevens, cujo *The Recovery of Culture - A Recuperação da Cultura* forneceu a Adams a base filosófica para a visão paradisíaca da Feraferia.

De forma simples, a ideia central de *The Recovery of Culture* é que os seres humanos esqueceram suas origens primitivas e que esse passado primata, longe de ser um tempo de violência, foi, na verdade, o paraíso de que falam todos os mitos. Stevens, horticultor, argumenta que os ancestrais da humanidade viveram pacificamente nas árvores por milhões de anos. Não foi por acaso, diz ele, que as lendas narram o Buda alcançando a iluminação sob uma árvore. O Éden, Avalon, o Jardim das Hespérides - todas essas visões de paraíso remetem a um tempo anterior à última Era do Gelo, um período pacífico, antes do surgimento da pecuária, do consumo de carne e dos sacrifícios de sangue. Esse paraíso não era um mito, mas um período real de paz e abundância. O mito da Queda seria apenas o relato do fim dessa era. A história de Caim e Abel simbolizaria o conflito entre o agricultor e o pastor, o momento em que a humanidade se endureceu diante da necessidade de derramamento de sangue.

Segundo Stevens, o pastoreio de animais havia causado a infertilidade do solo, transformando jardins em desertos. "A civilização Neolítica só pode ser compreendida através dos jardins", escreveu. Ele acrescentou:

> As plantas verdes formam uma parceria maravilhosa com a vida animal... Elas purificam o ar para nós, fornecendo o oxigênio vital e utilizando o dióxido de carbono que exalamos. Assim, existe literalmente um círculo mágico entre as plantas e os seres humanos. Essa relação atingiu sua forma mais íntima nas árvores frutíferas, que alimentaram a família primata ao longo de sua evolução física e se tornaram a principal inspiração de sua cultura.[304]

Para Stevens, a história começou no momento em que tudo saiu do curso. E todos os grandes reformadores ao longo do tempo, de certa forma, tentaram corrigir esse desvio da civilização. Pitágoras, Tolstói, Wagner, Shelley e Shaw buscaram restaurar uma existência vegetariana e frugívora. O fim desse estilo de vida foi, segundo ele, o principal fator responsável pelo desvio da civilização e a causa fundamental de guerras, fome e outras catástrofes.

Stevens defendia que a humanidade "retomasse seu lugar na família primata", pois, com uma relação equilibrada entre plantas e seres humanos, o mundo poderia se tornar "um novo e ainda mais maravilhoso Jardim do Éden".[305] Ele sugeriu que um dos meios para alcançar esse objetivo poderia ser uma nova religião mundial. Frederick Adams claramente concebeu Feraferia como essa religião.

---

304 Henry Bailey Stevens, *The Recovery of Culture* (New York: Harper & Brothers, 1953), p. 168. Publicado originalmente em 1949. Outras citações estão na p. 86; a história de Caim e Abel está nas pp. 66–67 e 176; a história de Adão e Eva, nas pp. 82–87.

305 *Ibid.*, pp. 206–8

A primeira experiência direta de Adams com a Deusa ocorreu em 1956, enquanto cursava pós-graduação no Los Angeles State College. Antes disso, ele já havia explorado as obras de Robert Graves e C. G. Jung, mergulhado no ocultismo e na Magia Cerimonial, além de nutrir uma profunda admiração pela Grécia Antiga e pelos mitos das divindades. Também era apaixonado pela natureza selvagem e havia começado a desenhar e pintar figuras femininas de caráter religioso.

Em um dia de primavera, enquanto relia Robert Graves e estudava antropologia e as obras de Mircea Eliade, Adams caminhava pelo campus da faculdade quando, segundo me contou, "de repente, tudo ficou claro! O aspecto feminino da divindade, a feminilidade do sagrado. Naquele momento, percebi que o Sagrado Feminino é a verdade mais importante, mais válida, mais transformadora que podemos conceber. Veio do nada, e eu simplesmente comecei a andar em círculos, repetindo para mim mesmo: 'É isso, é isso, Ela é a resposta.'"

Depois disso, Adams iniciou uma série de cadernos dedicados a uma nova teologia. O tema central era a ideia de que a Deusa era a única força espiritual e arquétipo junguiano capaz de reconciliar os instintos humanos com a biosfera, a natureza e o cosmos. Esse processo precisava acontecer por meio da modalidade feminina. Isso não significava a exclusão do masculino, mas sim que o equilíbrio só poderia ser restaurado pelo feminino.

Um ano depois, em 1957, Adams e alguns amigos fundaram o grupo Hespérides, precursor da Feraferia. Adams escreveu um panfleto intitulado *Hesperian Life and the Maiden Way* (Vida Hesperiana e o Caminho da Donzela), que passou por várias revisões ao longo dos anos. A edição de 1970 descreve a filosofia da Feraferia da seguinte maneira:

> Existe um modo de vida para o ser humano que lhe permite continuar sendo humano e, ao mesmo tempo, integrar-se plenamente à Natureza. Esse modo de vida não foi abandonado ontem, nem mesmo ao longo de alguns séculos. Ele foi interrompido e deixado para trás há milhares de anos...
>
> Mas esse Caminho já existiu no mundo. Mal havia passado da infância quando as culminações urbanas, hierárquicas e militaristas das diferentes fases neolíticas da História humana encerraram abruptamente sua trajetória. No entanto, o Caminho sobrevive e continua latente, de forma imaginária, nas profundezas coletivas da Psique Humana. Quem acessa essas profundezas, resgata as imagens perdidas do Caminho e as leva a sério, geralmente é rotulado como um romântico sem esperança — ou algo ainda pior.

Adams argumentava que a visão da vida Hesperiana ainda existia, em certa medida, dentro de diversos movimentos de reforma - nudistas, naturalistas, vegetarianos, utópicos e outros. No entanto, esses movimentos sempre fracassavam porque atuavam de forma isolada e, além disso, careciam de um "centro religioso forte".

Os elementos necessários para criar a vida Hesperiana incluíam o cultivo orgânico, com ênfase em árvores frutíferas; a promoção do reflorestamento e a reverência pela Árvore como Guardiã da Vida; uma alimentação baseada em frutas, nozes, bagas e vegetais folhosos; o respeito por toda forma de vida animal, vegetal e mineral; o fim do uso de animais como propriedade e pets; a promoção do regionalismo, com pequenas aldeias e palacetes, em oposição às cidades; a vida ao ar livre, preferencialmente em climas quentes, onde apenas o mínimo de vestimenta seja necessário; a valorização da saúde e da medicina natural; o fim de todas as divisões entre "trabalho mental" e "trabalho físico"; o fim de cronogramas rígidos e da regimentação, da coerção arbitrária, das leis codificadas e da penalização; a eliminação das condições artificiais que geram competitividade, insensibilidade e indiferença; a eliminação dahierarquia, do autoritarismo e da desigualdade no trabalho; a implementação de salvaguardas contra a superpopulação e a hiperorganização; a maximização do "jogo criativo livre e do desenvolvimento erótico"; e, por fim, a eliminação de"todos os dispositivos e atividades puramente utilitários, instrumentais e automáticos, por serem desprovidos de amor e perturbadores do Cosmos vivo".[306]

Adams deixava claro seu desprezo pela maior parte da tecnologia moderna e sua convicção de que o apocalipse só poderia ser evitado com o fim intencional do industrialismo. "A única tarefa que resta", escreveu, "para nossa engenharia superestimada e dolorosamente inflada, é limpar a Terra dos próprios destroços e excessos, de forma sistemática e gradual, ao longo dos próximos séculos. Caso contrário, a limpeza da Terra será violenta, pois, de um jeito ou de outro, ela acontecerá."

Fred Adams e Lady Svetlana me descreveram sua visão de futuro. Ela está muito distante do mundo atual e da vida que levavam em Los Angeles. Eles imaginavam um planeta que sustentaria uma população humana entre dez e vinte milhões de pessoas, vivendo da horticultura, semelhante ao paraíso descrito por Stevens. Seria "uma aristocracia igualitária, baseada na cultura arbórea", já que, segundo argumentavam, as árvores produzem mais alimento por hectare com menos trabalho do que o milho, o trigo ou a criação de gado. Essa nova aristocracia seria mais viável em climas quentes e férteis, como Java ou Califórnia. Lady Svetlana me disse: "Acreditamos que as comunidades não deveriam ter mais de mil pessoas, todas autossuficientes, pois as árvores, uma vez estabelecidas, não exigem muitos cuidados. Você poderia cantar e dançar enquanto colhe frutas e nozes. É um modo de vida totalmente não violento." Fred Adams acrescentou que, em sua fantasia de futuro, os Estados-nação desapareceriam, dando lugar a domínios de templos-palácios. Esses templos estariam situados entre bosques cultivados que

306 Frederick C. Adams, *Hesperian Life and the Maiden Way*. Este texto foi originalmente publicado em 1957 e revisado em 1970. É uma publicação privada e está disponível por meio da Feraferia (veja Recursos). Citações extraídas das pp. 1-7.

se fundiriam gradualmente à natureza selvagem. Cada templo seria conectado aos demais por linhas ley[307], como os antigos sítios sagrados da Grã-Bretanha. Grandes extensões de terra seriam devolvidas ao seu estado natural. A população diminuiria drasticamente, seja por medidas sensatas adotadas pelos próprios humanos, seja pela ação da Deusa, que, segundo ele, já havia começado a agir por meio de terremotos e fenômenos climáticos. "Ela vai revidar", disse. "Ela não vai permitir que toda a biosfera seja destruída por maníacos nucleares."

A visão da Feraferia é a de um mundo paganizado, mas longe de ser primitivo. Adams me disse que acreditava firmemente que, se um número relativamente pequeno de pessoas vivesse em climas adequados e evitasse práticas destrutivas como "pecuária e guerra", uma cultura elevada poderia florescer, exemplificando o melhor das civilizações antigas, como Creta.

Perguntei a Adams e Lady Svetlana sobre sua visão para o futuro das cidades. Eles esperavam que as cidades permanentes deixassem de existir, sendo substituídas por grandes centros culturais e sagrados, onde as pessoas se reuniriam para festivais sazonais e eventos de cultura. "Então, por que o Neopaganismo surge nas cidades?", questionei. Eu havia notado que o movimento Neopagão, assim como o movimento ecológico, era em grande parte um fenômeno urbano.

"Vou lhe dizer por quê", respondeu Adams. "A maioria das pessoas que vivem no campo está sempre lutando contra a natureza. Elas não têm o distanciamento estético necessário para enxergar outras formas de se relacionar com ela. Afinal, quem começou a escrever literatura sensual nas primeiras décadas deste século? Quem falou sobre libertar a natureza sensorial? D. H. Lawrence, um inglês, vindo de um país onde as pessoas eram mais reprimidas e menos sensuais do que em qualquer outro lugar. Às vezes, as mudanças precisam vir de seus opostos completos; o yin dá origem ao yang, e o yang dá origem ao yin. Conheci muitas pessoas do campo que não conseguem compreender o amor de Thoreau pela natureza selvagem; eles não se identificam com isso porque estão sempre em conflito com a natureza, devido ao que consideramos uma abordagem agrícola equivocada."

E Lady Svetlana acrescentou: "Chamamos essa abordagem equivocada de síndrome do milho-gado-batalha."

Morando em Los Angeles, uma cidade distante da visão feraferiana, a vida e as ações de Frederick Adams exemplificam as contradições que às vezes afligem um Neopagão. Ele é um homem que se realiza como Sacerdote Pagão, Mago, Professor e Artista em um mundo que não tem espaço para essas vocações. Gentil,

307 A teoria de que importantes sítios antigos britânicos estão alinhados, ligados por trilhas pré-históricas (linhas ley), foi formulada por Alfred Watkins em seu livro *The Old Straight Track* (Londres, Methuen and Co., 1925). Mais recentemente, a teoria se tornou bem conhecida através das obras de John Michell. Em *The View Over Atlantis* (Londres: Sago Press, 1969), um livro que goza da mesma fama entre ocultistas que *Morning of the Magicians* de Louis Pauwels e Jacques Bergier, Michell argumenta que o Planeta inteiro está marcado por vestígios de engenharia pré-histórica, e que as trilhas retas, ou linhas ley, da Grã-Bretanha são uma dessas formas. Uma revista britânica, *The Ley Hunter*, tem se dedicado ao estudo das linhas ley, megalitos, folclore e cosmologia. O livro *Mysterious Britain* de Janet e Colin Bord (Londres: Garnstone Press, 1963, pp. 175–206) também aborda a questão das linhas ley.

pacífico, quase ingênuo, Adams sustentou-se por muitos anos como assistente social no Departamento de Assistência Social do Condado de Los Angeles. Ele me contou que o dilema de levar uma vida dividida, tentando realizar um trabalho significativo e não alienante, o acompanhava desde 1957. "Passei minha vida toda me sensibilizando para ser um artista visionário dentro de um círculo mágico", disse. "Eu costumava passar todo o meu tempo pensando na Deusa e nos Deuses. Depois, tive que entrar no mundo das rodovias." Adams disse que frequentemente sofria assédio no trabalho por causa de suas crenças religiosas não convencionais. Na época, seu objetivo ainda era encontrar um emprego que não fosse psicologicamente prejudicial e deixar Los Angeles. Nenhuma dessas metas parecia estar próxima de se concretizar.

* * *

Adams frequentemente escreve de forma poética, às vezes em uma linguagem que poucos conseguem compreender. Grande parte de seus textos pressupõe um conhecimento de esoterismo e ocultismo e, ocasionalmente, recorre a um jargão das ciências sociais.[308] Certa vez, uma mulher lhe escreveu: "Você precisa trazer algumas dessas ideias para o nível do ensino fundamental... ou será que não pretende que as pessoas comuns jamais as entendam?" A resposta para essa pergunta é complexa. Fred Adams acreditava que a filosofia e a teologia da Feraferia formavam um todo indivisível e não podiam ser separadas ou diluídas. Ainda assim, publicou um texto chamado "Feraferia para Iniciantes" em uma edição da *Earth Religion News*. Nele, escreveu que a religião celebrava "os processos da Natureza como um todo" e os adorava como "uma família de Deuses originada de um círculo de Deusas".

> Feraferia é uma religião de mistério no sentido mais antigo, pois ensina que a Vida na Natureza não pode ser reduzida a fórmulas lógicas, e que tentar fazer isso é um erro.
> As Divindades da Feraferia podem se manifestar como espíritos poderosos que as pessoas sentem pulsando dentro de si, unindo-as à Terra e ao Céu; ou como corpos radiantes de beleza, como nos mitos e sonhos; ou ainda como inteligências grandiosas que habitam as diversas forças da Natureza.
> As principais fontes da Realeza das Deusas que chegaram a Feraferia estão associadas à antiga Britânia, à Grécia e à Creta minoica, embora todas as Tradições Pagãs saudáveis, como as dos povos originários das Américas, do antigo Egito e do Oriente, também exerçam influência...
> Dos Templos da Mãe Terra e da Filha da Alma, como Elêusis, um senso maravilhosamente refinado de Mistério fluiu secretamente ao longo dos séculos, da Grécia Antiga até nós. E, a partir das escavações de locais como

308 Sobre o uso de jargão, veja, por exemplo, *Earth Religion News*, Vol. 3, edições 1, 2 e 3 combinadas, p. 186: "O Pessoal Individual: Encontro Psicanalítico; o processo de individuação e toda produção de fantasia interior", etc.

> o Palácio de Minos, na ilha de Creta, as belas devoções à Terra dos pacíficos minoicos podem agora nos inspirar e ensinar. Em nossa época de crise ecológica, precisamos mais do que nunca dessas raízes originais da Religião da Natureza.[309]

Depois que o texto foi publicado, várias pessoas escreveram para Adams dizendo que estavam ainda mais confusas. Ele riu ao me contar isso e disse: "Depois disso, desisti. Disse a mim mesmo: 'Você tem uma mente confusa e esquizofrênica, e precisa aceitar isso.'" Devemos ter isso em mente ao ler seus escritos.

Segundo a tealogia Feraferiana, o centro do Universo – ou de todos os universos, talvez – é a *Arretos Koura*, uma antiga expressão grega que significa a Noiva Inefável, a Donzela Sem Nome. A *Arretos Koura* conduz uma dança cósmica da qual todas as coisas surgem, cada uma única e singular. A Donzela Sem Nome não é o "Uno" do qual tudo parte e ao qual tudo retorna; ela é, em vez disso, a "única transcendente", a criadora de toda singularidade. Todas as entidades que ela cria se relacionam com ela, mas sem perder sua essência individual. Assim, representa a totalidade politeísta em contraste com a unidade monoteísta. Uma analogia para isso seria uma sinfonia, onde cada nota é distinta, mas o todo vai além de uma simples "unidade".

Sob a *Arretos Koura* estão o que Adams chamou de "os Deuses dados pela Deusa". São seres arquetípicos – Mãe, Pai, Filho, Filha. Feraferia se diferencia de muitos outros movimentos Neopagãos ao dar ênfase à Jovem Donzela em vez da Deusa Mãe. A Tradição minimiza os aspectos paterno e materno da vida, pois estes sugerem relações baseadas em uma noção de autoridade. Lady Svetlana afirmou: "Não queremos pensar que o autoritarismo é a essência primordial do Universo."

Korê – a Deusa Donzela – está no centro da visão paradisíaca da Feraferia. Para Adams, apenas uma nova religião que venere a Deusa Donzela – beleza, criatividade e desejo – e que "extraia força de todos os mistérios da Natureza Imanente e da carne" pode tornar essa visão realidade. Ela é "a imagem suprema da delicadeza e da não violência, da ludicidade, da sensibilidade e da infância. A partir de um arquétipo assim, poderia surgir uma sociedade sem matriarcas ou patriarcas, onde as pessoas não criariam hierarquias rígidas e inflexíveis."

Adams apresentou essa ideia em um ensaio intitulado *A Korê.*

> Para iluminar o alvorecer da Era Eco-Psíquica de Aquário, onde a celebração determinará a subsistência, uma imagem há muito reprimida da divindade está ressurgindo: a Donzela Alegre. Madimi, Rima, Alice no País das Maravilhas, Princesa Ozma, Julia, Lolita, Candy, Zazie do Metrô, Brigitte, Barbarella e Wendy — uma assembleia grotesca e incongruente à primeira vista - são as precursoras dessa Ninfa Celestial. Somente ela pode mediar a interação livre entre as três divindades antropomórficas da Sagrada Família: a Grande Mãe,

309 Frederick Adams, "Feraferia for Beginners", *Earth Religion News*, Vol. 1, No. 5 (Véspera de Agosto de 1974), p. 51.

> que dominou as Eras do Velho e do Novo Paleolítico; o Grande Pai, que deu início à Primeira Era Patriarcal; e o Filho, que cristalizou a mentalidade megalopolitana da Era Patriarcal Tardia. É a Delicada Filha do Crescente de Prata quem transmutará as obras saturadas do Pai e do Filho em totalidade no Solo Materno da Existência, sem sacrificar as realizações legítimas da expressão masculina. E ela faz isso sem impor imagens paralisantes de autoridade parental ou heroica. Como é maravilhoso vê-la provocar e instigar Pai e Filho até que se tornem novamente Deuses Pagãos respeitáveis, naturais e afirmadores da vida.[310]

Adams argumentava que o grande desafio de nossa era é reconciliar os "pais primordiais" – a Mãe e o Pai, o yin e o yang. A supremacia do Pai exclui a Mãe, mas, segundo Adams, o princípio materno inclui o paterno e deve ter primazia.

A ênfase no yin feminino representava liberdade tanto para yin quanto para yang em sua fusão. "No Yin", escreveu ele, "Yin e Yang encontram plena expressão para a expansão da Vida entre eles. Isso significa que Yin, de uma forma transcendente-imanente, é o TAO."

Dentro da Sagrada Família composta por quatro figuras, é a Filha quem traz harmonia entre elas.

> A Mãe é a Fonte e o Centro. O Filho representa a separação criativa, abertura e a expansão. O Pai simboliza a exteriorização completa, o afastamento e a particula-rização. A Filha, ou Donzela Sagrada, personifica o Retorno Criativo, a configuração, a forma. Mas a Filha, como a Noiva Sem Nome da antiga Elêusis, também representa a Totalidade Misteriosa dos Quatro, uma totalidade que existe em sua separação dinâmica. Estamos iniciando a Era da Filha, a Era da Korê. (Korê ou Kore é outro nome para Perséfone, a Deusa da Primavera e dos Mortos, Filha de Deméter, a Grande Mãe nos Mistérios Eleusinos.) A Era da Korê trará a ressíntese da Totalidade Materna da Família Sagrada.

Adams argumentava que apenas por meio da Donzela o equilíbrio poderia ser restaurado de forma a elevar a liberdade, a ludicidade, a sensualidade e a imaginação. O erro do Cristianismo – e da maioria das religiões orientais – foi tentar criar esse equilíbrio a partir do princípio paterno, o que os levou ao ascetismo e à exaltação de uma imagem masculina pura e castrada. Tal imagem, escreveu ele, apenas perpetuaria a "Era da Análise". Em contraste, o Caminho da Donzela proporcionaria a coesão espiritual necessária para iniciar uma mudança histórica capaz de pôr fim "às prisões da hierarquia e aos lixões do industrialismo". Esse "Grande Deslocamento" ou "Grande Retorno" ao feminino poderia ser percebido

310 Frederick Adams, *The Korê*, publicado de forma independente por Feraferia em 1969. Também aparece em Robert Ellwood, *Notes on a Neopagan Religious Group*, em *History of Religions*, Vol. XI, No. 1 (Chicago: University of Chicago Press, agosto de 1971), p. 134.

por qualquer pessoa que observasse atentamente as notícias do dia, os filmes recentes, os romances, ensaios ou poesias – mas sempre "com um olhar interno aguçado pela psicologia profunda de C. G. Jung".

Em *Hesperian Life and the Maiden Way,* Adams escreveu que todas as tentativas anteriores de revolução buscavam, de alguma forma, retornar a um aspecto contemporâneo da Deusa, mas fracassaram por não conseguirem se livrar da "mecanização, da hierarquia, da exploração dos animais e da repressão sexual". Ele argumentava que esse impulso esteve presente quando Marx falou sobre o "definhamento do Estado" e também nos estandartes que retratavam a Virgem de Guadalupe durante a Revolução Mexicana. No entanto, a Deusa Donzela nunca foi reconhecida como o espírito orientador dessas reformas. Nenhuma forma de educação liberal, propaganda totalitária, instrução de uma vanguarda elitista ou avanço da ciência e tecnologia poderia realizar essa revolução. "Somente uma grande Revolução Religiosa, nascida da base mais ampla da Alma Humana, pode se espalhar com rapidez suficiente e penetrar profundamente sem consequências catastróficas, de modo a reconduzir toda a Raça Humana ao seu Sentido Raiz do Equilíbrio Feminino Orgânico e ao seu destino natural de Vida Hesperiana."[311]

> Toda a vida na Terra participa da dança da Lua e do Sol.
> Gerados nos oceanos, sentimos em nosso sangue
> o chamado da lua sobre as marés.
> Somos a luz do sol transformada pelas árvores
> em frutos e plasma,
> Pertencemos tão profundamente à Terra
> que nosso sonho coletivo é o paraíso.
> Por isso, impulsionamo-nos a celebrar
> o jogo incessante das estações
> e a preencher de alma a nós mesmos,
> a paisagem e o céu.[312]
>
> — FREDERICK ADAMS

Frederick Adams viveu na natureza selvagem e a Feraferia participou de trabalhos de reflorestamento, considerando a natureza selvagem como "o valor supremo da religião e da vida".[313] A Feraferia enfatiza sua conexão espiritual com a ecologia, afirmando que a unificação lírica entre ecologia e religião é sua principal missão.

---

311 Adams, *Hesperian Life,* pp. 11, 13-16.

312 Frederick Adams, poema publicado em *The Pagan,* No. 1 (1º de novembro de 1970), p. 7. The Pagan teve duas edições e foi publicado em St. Louis, Missouri. O poema de Adams apareceu originalmente em um artigo publicado de forma independente por Feraferia: Topocosmic Mandala of the Sacred Land Sky Love Year (1969).

313 Trecho da declaração da Feraferia, que aparece na contracapa de seu jornal, Korythalia.

Adams escreveu: "A única maneira de reunificar a Humanidade é reunificá-la com a Natureza. O ser humano só será humano com seus semelhantes quando for humano com toda a natureza."[314]

O primeiro princípio de fé da Feraferia é a crença de que da natureza selvagem brotam o amor, o encantamento e a alegria, reafirmando a célebre citação de Thoreau: "Na natureza selvagem está a preservação do mundo." Adams escreveu que a causa primordial da alienação e da maioria dos distúrbios psicológicos é o rompimento da humanidade com a natureza selvagem. Poesia, ritual, dança e canto unem o interior e o exterior, conectando a "natureza visionária dentro e a natureza ecológica fora", microcosmo e macrocosmo. Adams enfatiza técnicas que despertam uma sensação de conexão com o mundo natural. Isso inclui não apenas rituais para gerar êxtase, mas também práticas que religam a pessoa ao cosmos vivo – conhecimento sobre a natureza selvagem, ecologia, astronomia, astrologia e a construção de círculos sagrados (*henges*). Como toda a natureza é um espaço sagrado, o Planeta e o céu são o Templo da Feraferia. Adams dedicou vários artigos à construção de Templos na natureza, alinhando-os aos quatro pontos cardeais e às posições dos astros. "O Sentir da Terra", escreveu Adams, "é absolutamente essencial para a Reintegração Espiritual do Homem à Natureza em sua hora de crise", e erguer um *henge* ou uma "mandala topocósmica" fortalece o sentimento de "Terra-Céu-Amor".[315]

Os rituais Feraferianos são voltados para o ciclo das estações e as transformações da Deusa Donzela e de seu amante e filho ao longo do ano. Adams escreve:

> Nossa Terra, uma Deusa grandiosa em comunhão artística com a Korê Cósmica, exibe o esplendoroso espetáculo das estações.
> O ano é um cortejo contínuo entre a Lua e o Sol. No Dia de Maio, a Lua e o Sol se comprometem: as flores estão em plena floração. No primeiro dia do verão, eles secasam: os frutos começam a se formar. No meio do verão, em Lammas, a Deusa e o Deusvivem sua lua de mel: os frutos estão amadurecendo.
> No início do outono, a Deusa Lua e o Deus Sol retornam para casa: os frutos caem e as colheitas são recolhidas. No meio do outono, *Halloween*, os Amantes Divinos se preparam para o longo sono invernal da natureza: folhas e sementes assentam-se na terra.
> Em Yule, no primeiro dia do inverno, a Deusa desperta repentinamente. Ela percebe que o Deus partiu misteriosamente, mas descobre que está grávida do Deus do ano quevirá – na verdade, o mesmo Deus, o próprio Senhor Sol. Yule é o momento em que o Sol começa sua jornada de volta ao Norte, prometendo que a primavera seguirá o longo período de descanso do inverno.

314 Feraferia (periódico), Vol. 1, No. 1 (Outono de 1967), p. 1.

315 Frederick Adams, The Henge: Land Sky Love Temple, Earth Religion News, Vol. 3, Edições 1, 2, 3 (publicadas em conjunto, 1976), p. 182.

> No meio do Inverno, em Candlemas, a Deusa emerge de Seu Quarto Real, a Grande Esfera Terrestre, e se prepara para dar à luz novamente o Deus Sol como um bebê: brotos revestidos surgem nos galhos nus.
> Então, no primeiro dia da primavera, em Ostara, Ela dá à luz o bebê Sol: frágeis botões emergem de suas escamas no orvalhado Nascer do Sol do ano. A Deusa se banha em Sua fonte mágica e volta a ser menina. Ela e o Deus crescem juntos, muito rapi-damente. Mais uma vez, Eles se comprometem no Dia de Maio, quando os botões se abrem em flores.[316]

Feraferia dá grande importância à sensualidade e ao erotismo, mas, para Adams, esses termos não se referem especificamente ao sexo genital. Em vez disso, a Tradição enfatiza que as pessoas devem se abrir para sua própria natureza sensorial, conectando-se com a paisagem, a terra, o céu e todos os seres. Assim como outros grupos Neopagãos, Feraferia trata a sensualidade como um sacramento, um "banquete da Deusa e dos Deuses dados pela Deusa."

Feraferia desconfia da tecnologia moderna mais do que qualquer outro grupo Neopagão. Adams e Lady Svetlana acreditam que a mecanização interrompeu o fluxo natural da vida humana, afastando a humanidade dos ritmos da natureza – os ciclos solar, lunar e circadiano do próprio corpo. Adams mencionou que espera o surgimento de uma nova ciência – uma tecnologia pequena e altamente refinada, baseada em energia solar, tecnologia a laser e uma fusão de conhecimentos antigos e novos. Parte desse saber já era conhecido pelos construtores megalíticos, enquanto outra parte viria de avanços contemporâneos. Num voo de imaginação, Adams compartilhou sua fantasia de Sacerdotes e Sacerdotisas gerando energia orgônica em grandes centros templários alinhados às linhas ley, utilizando técnicas avançadas de magia sexual.

Alguns Neopagãos consideraram a visão feraferiana irrealista, e excessivamente antitecnológica. Outros a criticam por apresentar uma imagem "antinatural" da natureza, aceitando apenas seus aspectos calmos, refinados, elegantes, pacíficos e românticos. Esses Pagãos argumentam que a natureza também tem um lado destrutivo, onde tempestades, predação e a luta entre espécies fazem parte de suas leis e são essenciais para a vida. Adams comentou: "A evolução neste planeta é mantida atualmente pela predação e competição. Pode haver outros princípios que regulem a evolução em outros mundos, menos cruéis do que os da Terra."

As Neopagãs feministas criticam Feraferia por enfatizar uma Deusa glamourosa, sedutora e lúdica. Tanto Fred quanto Svetlana afirmam que as mulheres não deveriam reduzir seu brilho; em vez disso, os homens é que deveriam se tornar mais infantis, mais delicados. Svetlana comentou: "A natureza selvagem é altamente ornamental. Devemos imitar sua beleza."

316 Adams, *Feraferia* for Beginners, p. 51.

Mas a principal crítica dos Neopagãos é que a Feraferia é principalmente uma criação artística e não uma religião funcional. Na prática, ela sempre teve poucos seguidores. Surgiu a partir das Hespérides durante os anos 1960, foi incorporada em 1967 e atingiu seu auge no início da década de 1970. Mesmo nesse período, seu grupo ativo contava com apenas cerca de cinquenta pessoas (embora grandes festivais atraíssem um número maior), das quais apenas vinte ou trinta eram iniciadas. A Feraferia sempre foi muito seletiva na aceitação de iniciadas.

Em 1971, Robert Ellwood escreveu sobre a Feraferia:

> Os membros mais dedicados da Feraferia costumam ser pessoas envolvidas em movimentos pacifistas, ecológicos e utópicos. Parece que, na Tradição, encontram uma expressão religiosa condizente com suas preocupações espirituais de longa data. O papel de liderança exercido por Adams ilustra os desafios inerentes a essa vocação. A visão é predominantemente sua, e foi ele quem escreveu a maior parte dos textos, criou a maior parte da arte e concebeu a maioria dos rituais. Em certos aspectos, ele se aproxima do que se poderia chamar de um gênio religioso, e sem seu trabalho incansável, o movimento provavelmente não existiria. A Feraferia, essencialmente, gira em torno de um líder carismático e carece de uma estrutura sólida. Não está claro se nesse ponto teria potencial para sobreviver a ele enquanto entidade sociológica. Algumas pessoas sentem que sua personalidade, embora gentil e encantadora, acaba limitando a criatividade de outras no desenvolvimento da Tradição. Seu ideal é tão pessoal e detalhado que nem sempre se comunica de forma acessível. Alguns acham que sua visão é tão pessoal e complexa que não se comunica tão facilmente quanto deveria. Outros passaram pela Feraferia e partiram para estabelecer os seus próprios henges e formas de Neopaganismo, embora nenhuma ramificação tenha ainda alcançado uma estrutura significativa.[317]

Pelo menos uma pessoa me disse que deixou a Feraferia quando Adams começou a insistir na crença em sua tealogia. Um casal, os Stanwicks, saiu para formar um grupo autônomo inspirado na Feraferia, chamado *Dancers of the Sacred Circle* (Dançarinos do Círculo Sagrado). Embora o círculo em torno de Adams fosse pequeno, ele continuou desenvolvendo sua arte e sua visão. Ele e Lady Svetlana sempre enfatizaram a importância de manter a pureza dessa visão. Eram abertamente elitistas. Lady Svetlana afirmou: "Queremos manter isso pequeno porque é algo precioso, como um diamante; não se pode simplesmente jogar pedras preciosas ao vento. Tudo foi trabalhado com tanto detalhe que qualquer mudança ideológica seria muito perturbadora." De fato, a Feraferia se assemelha a um colar de pedras preciosas, elaborado minuciosamente. Sua estrutura é detalhada e completa, com rituais, calendário, tealogia e uma visão bem definida.

317 Ellwood, *Notes on a Neopagan Religious Group in America*, p. 137.

Adams afirmou que não acredita que sua visão começará a se concretizar durante sua vida. Para ele, o primeiro objetivo da Feraferia deveria ser encontrar um território, um santuário onde a visão Hesperiana pudesse se tornar realidade. Somente depois disso deveria começar a formação de Sacerdotisas.

Segundo Adams, o propósito da Feraferia é salvar a Terra e restaurar a harmonia entre a humanidade e a natureza, iniciando uma transformação que culminaria no surgimento de uma nova cultura em toda a galáxia, centrada na Korê. Nas palavras de Ellwood, seu objetivo é claramente "recuperar uma visão extática de totalidade e unidade que respeite profundamente a realidade do particular. Ela reúne não apenas a humanidade e a natureza, mas também o ser humano com cada aspecto sazonal e geográfico da natureza, assim como com cada faceta de sua própria consciência - o masculino e o feminino, o analítico e o onírico, a visão e a fantasia."[318] Contudo, Adams diz, a visão deve ser aceita livremente; nunca imposta. "Se a impusermos, fracassaremos. E então nos tornaremos monstros e perderemos nossa missão histórica de salvar o Planeta do desastre e de convencer a Deusa a nos permitir reentrar em Seu Reino."

No final dos anos 1980, Fred e Svetlana não estavam muito ativos. Separaram-se por um período, mas depois voltaram a ficar juntos. Embora Fred Adams ainda realizasse rituais ocasionais e conduzisse discussões, e Svetlana Butyrin tenha liderado alguns serviços públicos por um tempo, as atividades da Feraferia nas décadas de 1980 e 1990 foram bastante reduzidas. No entanto, uma nova geração começa a se mostrar receptiva à visão da Feraferia.

Fred Adams continua sendo o principal ancião e visionário. Em 2005, ele se encontrou com Harold Moss, Sacerdote da *Church of the Eternal Source*, para falar sobre as origens de sua visão. Moss tem gravado entrevistas com diversos elders Pagãos para garantir que seus ensinamentos não se percam. Quando perguntado sobre o que diria aos jovens de hoje, Adams respondeu que os aconselharia a "conseguir algumas terras e estabelecer um santuário paradisíaco". Moss comentou: "Você poderia ter fundado um Coven de Bruxas". Adams respondeu que isso lhe parecia "muito limitado". Ele disse que adorava os livros de Gerald Gardner, mas que, muito antes de conhecer a Wicca, já queria criar uma instituição que enfatizasse um estilo de vida paradisíaco, repleto de pomares e jardins, livre de violência e conflitos - um modo de vida que promovesse o naturismo, o vegetarianismo e a sensualidade:

> Eu já imaginava e sonhava com um santuário paradisíaco muito antes de ouvir falar em Bruxaria - um lugar onde eu e meus amigos viveríamos em paz e harmonia, desfrutando de uma vida bela e sensorial, onde o espiritual e o sensual não estariam separados.

---

318 Ellwood, *Religious and Spiritual Groups in Modern America*, p. 198.

Ao criar o nome *Feraferia*, Adams buscava uma palavra que combinasse a essência feérica com o serviço à natureza. Feraferia parecia reunir essa combinação ideal – unindo a ideia do mundo feérico com os conceitos de celebração e natureza selvagem.

Quando conheceu Svetlana, conversaram sobre a criação de uma nova religião baseada "essencialmente na bem-aventurança entre amantes". Essa visão deveria enfatizar a importância do feminino e dar destaque à ecologia. Também deveria incorporar novos conceitos de amor, sensíveis e criativos.

Hoje, na metade da primeira década do século 21, a internet revitalizou a Feraferia. Até recentemente, era quase impossível ter acesso a seus rituais, ensaios e obras de arte. Em 1999, um artista que vivia em Amsterdã encontrou referências à Feraferia durante uma conferência Wiccaniana na Alemanha e iniciou correspondência com Fred Adams. Peter Tromp (Phaedrus) já tinha seu próprio grupo Wiccaniano e passou a incorporar elementos da Feraferia em sua prática. Atualmente, ele é um dos dois contatos globais da Feraferia (ver Recursos). Phaedrus se ofereceu para criar uma presença on-line para Feraferia e produzir versões oficiais de seus rituais fundamentais. Os Nove Festivais Anuais da Feraferia foram disponibilizados em holandês e inglês. Ele afirma: "Por meio da internet, agora temos a possibilidade de preservar o legado da Feraferia para que não se perca." Phaedrus acredita que, com pontos de contato na Europa e nos Estados Unidos, a Feraferia está pronta para recuperar seu lugar na comunidade Pagã. Ele escreve:

> Acredito que a mensagem da Feraferia continua sendo essencial para conscientizar as pessoas no mundo moderno sobre a unidade que existe entre elas e a paisagem natural. Não basta apenas preservar o legado daqueles que vieram antes de nós, é preciso usá-lo ativamente para alcançar o máximo impacto. Religião deve ser uma forma de viver com poesia, arte e magia, em vez de simplesmente copiar e seguir regras e tradições que, no fim, sufocam a inspiração e a energia de que tanto precisamos para redescobrir, por nós mesmos, nossa conexão com este frágil Planeta.

Na minha visão, para que uma Tradição permaneça viva e fértil, cada nova geração precisa reinventá-la continuamente. A Feraferia sempre será a criação de Fred e Svetlana, e seguiremos ampliando esse legado, inspiradas por seu exemplo. Depois de alguns anos de silêncio, agora podemos usar os meios modernos de comunicação para nos conectar. Em vez das Tradições artificiais e fechadas de muitos movimentos Pagãos, a Feraferia está pronta para orientar e ajudar as pessoas a recuperarem sua conexão perdida com a natureza em seu aspecto selvagem.

A Ordem Religiosa Sabaean: O Rito como Arte

Certa noite, durante um festival do Solstício de Verão realizado em um parque da cidade, uma amiga minha observou pela primeira vez o fenômeno Neopagão. Depois, comentou: "Foi encantador. Doce. Quase eduardiano."

Essas palavras me irritaram, porque eu concordei. Sempre senti que uma celebração Pagã deveria ser intensa, revigorante, extasiante – nunca apenas "doce". Os festivais sazonais deveriam suspender as imposições da convenção e dissolver, ainda que por um instante, as amarras do tempo e do espaço. Lembro-me de ter ficado hipnotizada, anos atrás, por um festival do milho Zuni no Colorado, que durou do amanhecer ao anoitecer. Durante todas aquelas horas, minha atenção não se desviou dos dançarinos. Poucas vezes senti essa mesma absorção nos ritos Neopagãos e Bruxos.

Não é nenhuma surpresa que isso possa acontecer. É o dilema da vida moderna. Um dilema que surgiu com a destruição das tradições folclóricas Pagãs da Europa Ocidental. A ascensão do Neopaganismo nos Estados Unidos deve ser entendida, em parte, como uma busca dos ocidentais desenraizados por suas próprias origens. Uma busca por uma cultura rica e vibrante igual às culturas dos povos tribais e das grandes civilizações antigas. O movimento Neopagão está ligado, em atmosfera senão em fatos, a outros movimentos que buscam preservar e fortalecer culturas tradicionais na Europa – como o movimento pan-céltico, por exemplo. Não é por acaso que alguns grupos de Bruxaria não Gardneriana se autodenominam "Tradicionalistas Irlandeses" ou "Tradicionalistas Galeses".

Muitos Neopagãos são atraídos pelas Tradições nativas americanas, pelo Voudoun e pela Santeria: tradições Pagãs que envolvem culturas, comunidades e até países inteiros. As pessoas que são atraídas pelo Neopaganismo geralmente não têm uma Tradição indígena viva e buscam recuperar suas raízes, redescobrindo contos folclóricos, histórias, canções e danças que, em grande parte, desapareceram no último século.

O Neopaganismo nos Estados Unidos é, sobretudo, um fenômeno ligado à população branca, pois se trata principalmente de um ressurgimento do Paganismo da Europa Ocidental. Muitas pessoas negras e latinas, envolvidas no mesmo processo de busca por raízes, acabam se conectando ao Voudoun, à Santeria e ao Candomblé – Tradições que combinam práticas religiosas e mágicas africanas com elementos do catolicismo romano. (No Haiti, a religião dos colonizadores franceses e dos senhores dos povos escravizados se misturou às Tradições dos Daomeanos, Ibos e Congos, dando origem ao Voudoun. Em outras partes da América Latina, a religião Iorubá se integrou às crenças dos colonizadores espanhóis e portugueses, resultando na Santeria e, no Brasil, no Candomblé.

Essas tradições costumam ser mais vivas do que os grupos que temos discutido, justamente porque se desenvolveram dentro de culturas e comunidades inteiras. Por outro lado, a maioria dos norte-americanos brancos não possui uma cultura ainda conectada à terra e às estações. Os Neopagãos estão tentando reconstruir uma nova cultura totalmente a partir de fragmentos antigos e recentes. Quando são honestos consigo mesmos, reconhecem essa carência; pois, mesmo que os seus Groves e Covens prosperem, levará gerações para que se estabeleçam de fato.

Atualmente, alguns dos rituais mais intensos nos Estados Unidos acontecem no teatro, em apresentações de dança moderna, eventos esportivos e shows de rock.

Nas décadas de 1970 e 1980, rituais Neopagãos verdadeiramente intensos eram raros. Isso não é surpreendente, já que o sacerdócio Neopagão ainda estava em sua fase inicial, reunindo fragmentos e fazendo descobertas muitas vezes por acaso.

Devlin, a Bruxa da Califórnia, certa vez comentou comigo: "Infelizmente, a elevação de poder entre nós acontece mais por acaso do que por intenção. Na antiga Irlanda, a música de flautas, tambores e harpas era essencial para o sucesso dos ritos. E, devo dizer, também eram o transe ritual e o sexo ritual. Não respeito muitas Bruxas 'públicas' porque percebo entre elas uma falta de experiência extática, o que para mim indica que suas Tradições são incompletas. Espero que com o tempo essas formas inacabadas deem lugar a Tradições plenas."

Durante minhas viagens pelos Estados Unidos, participei de muitos rituais, desde cerimônias de lua cheia em pequenos Covens de Bruxas e visitas a altares privados e pessoais até grandes festivais sazonais públicos com centenas de pessoas. Alguns foram completamente envolventes. Muitas vezes, os mais simples eram os mais poderosos. Mas com frequência eu sentia que algo estava faltando.

Uma das exceções mais marcantes foi um ritual de casamento em Chicago, realizado no Templo da Lua da Sabaean Religious Order, uma ordem religiosa inspirada em fontes antigas bascas, iorubás, sumérias e babilônicas. Assim como Feraferia, a Ordem Religiosa Sabaean nasceu da visão de um único homem, Frederic M. de Arechaga, conhecido como Odun. No entanto, sua visão é bem diferente da de Frederick Adams.

Quando fui a Chicago no outono de 1975, encontrei tantos rumores sobre a Sabaean que era impossível distingui-los com clareza. Tudo o que eu havia lido sobre a ordem era confuso, quase como se Odun quisesse envolvê-la em mistério. Meu primeiro encontro foi simbólico.

Eu havia acabado de chegar a Chicago e fui visitar um velho amigo, ex-editor de um jornal *underground* – agora extinto – e veterano de muitas experiências incomuns. Esse homem não tinha um interesse particular pelo "oculto", e imaginei que não se deixaria impressionar facilmente pelo desconhecido. Enquanto caminhávamos pelo Lado Norte de Chicago, meu amigo decidiu atravessar a rua para evitar passar em frente a uma pequena loja de magia. No concreto da calçada diante da loja, havia vários símbolos mágicos desenhados. Perguntei por que estávamos desviando o caminho. Ele respondeu que o dono da loja era uma figura muito estranha e que diziam que havia colocado cacos de vidro no telhado para impedir crianças de subir. Descreveu-o como "esquisito e desagradável". Ele ficou esperando do outro lado da rua enquanto eu entrava na El-Sabarum, a loja de artigos ocultistas da Ordem Sabaean e um dos cinco ou seis lugares em Chicago que eu estava determinada a visitar.

Nos dias seguintes, vários ocultistas também me alertaram para ter cautela com Odun. Disseram que ele praticava magia negativa e realizava sacrifícios animais. Não encontrei nada que confirmasse a primeira acusação; a segunda, no entanto, era verdadeira – toda a comida de origem animal consumida no Templo precisava ser abatida ritualmente. Como eu não era vegetariana, achei que não cabia a mim criticar essa prática, assim como não criticaria as leis *kosher* dos judeus.

Meu encontro com Odun (pronunciado *Ordun*) esteve envolto em mistério. Houve uma série de telefonemas nos quais nunca ficava claro se ele estava disponível ou não. Fiquei esperando em uma sala nos fundos do edifício do Templo, repleta de estátuas e pinturas. Enquanto esperava, uma jovem de meias roxas praticava árias de ópera ao piano. Uma hora depois, Odun chegou acompanhado de seis ou sete membros da Ordem, todos carregando grandes sacolas de compras cheias de alimentos – uma preparação para um casamento. Ele vestia jeans, camisa e suéter, todos brancos, como se fosse uma exigência para um iniciado na Santeria, o que de fato ele era.

Finalmente, nossa entrevista começou. Eu me sentia um pouco perdida, tendo muito menos informações concretas sobre esse grupo do que sobre qualquer outro que havia encontrado. Tudo o que eu tinha eram alguns artigos, algumas páginas confusas de Hans Holzer e uma série de rumores – alguns talvez verdadeiros, outros possivelmente fruto de inveja. Minha confusão era reforçada pelo evidente prazer de Odun em envolver-se em mistério. Saí com uma riqueza de impressões, uma sensação de grande criatividade e diversidade, mas também com a impressão de que o grupo era difícil de definir, como se eu estivesse deixando escapar sinais importantes.

Odun descreveu o Sabaeanismo como uma filosofia de ação que afirma que os seres humanos devem viver no presente, identificando-se com princípios que permanecem inalteráveis, mesmo diante da morte. Um desses princípios seria a busca pelo conhecimento, pois, como ele me observou, o conhecimento é a única coisa com a qual não nascemos, mas que levamos conosco quando partimos. Ele afirmou que o Sabaeanismo é um sistema de pensamento que pode ser aplicado a todos os aspectos da vida.

Segundo um artigo publicado na *Iris*, revista ocasional da Ordem, o Sabaeanismo é "uma filosofia única" que "remonta a 6.000 anos ou mais e, como princípio vivo e não dogmático, torna-se evasiva quando expressa em palavras escritas de forma impessoal." Originalmente, o Sabaeanismo fazia parte de um esforço para "preservar uma filosofia antediluviana por meio de hieróglifos deliberadamente sobrepostos à ilusão de agrupamentos estelares no céu."[319] Segundo Beroso, historiador babilônico, os últimos reis antediluvianos receberam a ordem de registrar toda a história e depositá-la em Sippar, a cidade do Deus solar Utu. No entanto, essa não seria uma cidade terrena, pois escritos armazenados em locais físicos estariam sujeitos à destruição por desastres naturais ou provocados pelo homem. Assim, a verdadeira cidade do Deus Sol era o céu, e a história foi registrada nas estrelas. Dessa forma, a astronomia tornou-se um dos pilares do Sabaeanismo, acompanhada da astrologia, da construção de Templos e do estudo da relação entre lugar, tempo e celebração com os planetas e as estrelas. O termo Sabaeanismo significa adoração das estrelas ou conhecimento estelar. No entanto, a Sabaean se envolveu em diversas atividades que não estão diretamente ligadas à astrologia ou astronomia. Odun me contou que o Sabaeanismo chegou ao Egito na época de Menés (1ª dinastia) e que, posteriormente, emissários o levaram para o Ocidente. Ele também afirmou que, durante o século 17, no período do tráfico de escravizados, a Tradição chegou ao Novo Mundo, razão pela qual possui laços profundos com a Santeria.

O histórico de Odun nas artes parece ser a chave para a riqueza e o mistério da Ordem. Ele já trabalhou como coreógrafo e designer. Contou-me que colaborou com a *Lyric Opera of Chicago* e projetou o *Alhambra*, o clube de jazz do pianista Ahmad Jamal. Certa vez, observei enquanto ele ensaiava uma dançarina para um casamento no Templo. Ele corria, saltava e a orientava até que seus movimentos fluíssem com leveza ao som da pequena orquestra. Pelo pouco que vi, os rituais Sabaeanos são os mais complexos e artisticamente organizados entre todos os grupos Neopagaos que visitei. O uso de música e dança era verdadeiramente inspirador. A ordem encena peças de mistério e alcançou uma síntese entre arte, dança, canto e ritual como nunca vi em outro lugar. Além disso, oferece aulas de herbalismo, magia e astrologia. O sacerdócio parece pequeno, com certamente menos de uma dúzia de membros, mas percebi que muitos Neopagãos de Chicago passaram um tempo trabalhando com Odun. A maioria das pessoas com quem conversei na cidade teve contato com a Ordem – algumas de forma positiva, outras nem tanto –, mas muitas foram influenciadas por ele.

Frederic de Arechaga veio da Espanha para os Estados Unidos e, após sua iniciação nos mistérios do Deus Obatalá, mudou seu nome para Odun Arechaga. Ele me contou que herdou a Tradição Sabaeana de sua mãe, mas, quaisquer que sejam suas origens, a Ordem carrega a marca de sua própria expressão artística. A estrutura da Ordem inclui uma pequena loja de suprimentos, El-Sabarum, que abre no final da tarde e parece atender mais aos membros do que ao público em geral. A loja também opera um serviço de encomendas por correspondência e publica um boletim ocasional. Nos fundos da loja, ficam o Templo, um espaço para aulas e os aposentos

319 *Iris*, Vol. 3, No. 1 (18 de agosto de 1974), pp. 1, 3.

do sacerdócio. O Templo, completamente projetado e construído por membros da Ordem, é o centro das reuniões religiosas, tanto para pequenos encontros quanto para grandes celebrações.

A teologia Sabaeana descreve Deus ou os Deuses como *Am'n,* um termo que, segundo a Tradição, significa o ponto oculto e inumerável. Diferente da palavra *Deus, Am'n* pode ser singular ou plural, sem sugerir masculinidade ou feminilidade. Os Am'n são vistos como uma Fonte, mas oculta, como o vento - perceptível ao toque, mas invisível aos olhos. Um artigo da revista Iris afirmou que os *Am'n* "purificam a imagem da divindade até sua premissa original de autometamorfose: a responsabilidade última do ser humano para consigo mesmo."[320]

Os *Am'n* são vistos como o conhecimento absoluto; são "indiferentes, amorais e uma fonte pura." Estão "acima da adoração." Eles "não existem para a preocupação mórbida de um fanático, mas sim como caminhos que podem levar o indivíduo ao autoconhecimento e à consciência do Universo, algo que até então permaneceu inexplorado."

Para facilitar a compreensão, os *Am'n* podem ser divididos. Odun me disse que a Ordem os representa simbolicamente como cinco deusas diferentes. "Poeticamente, usamos o termo Deusa. Afinal, a mulher é um símbolo formidável da criação. "Sempre sabemos quem é a mãe, e nem mesmo a mãe precisa saber quem é o pai. Ainda assim, a ideia de criação não deve ser mal interpretada. Não somos feministas. O universo não se baseia inteiramente no princípio feminino. O fato de uma encarnação ocorrer em um determinado sexo ou gênero é apenas uma necessidade da evolução. A divindade é assexuada. As descrições mais antigas dos Deuses os apresentam como andróginos. Mas é muito difícil para as pessoas se concentrarem no abstrato. Esse é o propósito da mitologia: permitir que se compreenda certos mistérios de maneira acessível, por meio da narrativa."

A Ordem também divide os *Am'n* para representar diferentes raças, estações, filosofias e teologias. A Deusa Vermelha simboliza o outono e os povos nativos deste continente. A Deusa Branca representa o inverno e os caucasianos. A Deusa Negra corresponde à primavera e aos negros. A Deusa Amarela representa o verão e os asiáticos. A Deusa Azul está associada ao ano bissexto, ao dia entre os anos e às raças e povos além da Terra.

Os *Am'n* também são usados para representar cinco aspectos da filosofia - lógica, estética, ética, política e metafísica - e cinco aspectos da teologia - Ateísmo, Panteísmo, Politeísmo, Monoteísmo e Henoteísmo. A Sabaean adota o henoteísmo como a abordagem mais inclusiva. Um henoteísta é alguém que adora uma divindade sem negar a existência de outras. "O henoteísta", disse Odun, "é alguém que se relaciona com a divindade de maneira pessoal. Em determinado momento, pode estar sintonizado com Vênus; em outro, com Saturno." Um artigo na revista *Iris* explicou mais detalhadamente:

320 "The Am'n", *Iris*, Vol. 3, No. 3 (fevereiro de 1975), pp. 1–2.

> Como henoteísta, um Sabaeano pode se conectar a uma imagem individual que reflita particularmente a si mesmo... No entanto, nunca esquece que existem outras imagens às quais pode recorrer caso mude e já não se identifique com aquela imagem que tanto admirava[321]

Odun descreveu o henoteísmo como a "roda suprema da estrela de cinco pontas, que começaria com o ateísmo, passaria pelo Panteísmo, Politeísmo, Monoteísmo e, por fim, chegaria ao henoteísmo antes de recomeçar o ciclo". Ele observou que esses cinco teísmos se relacionam com todo o conhecimento humano e com os cinco aspectos da filosofia.

"O ateísmo parece estar relacionado à lógica (a ideia de que isto é isto e aquilo é aquilo). Quando alguém percebe que as coisas possuem forma e movimento, surge uma noção de estética, levando ao Panteísmo (a experiência de uma árvore, uma flor, o vento). Ao reconhecer que esses sentimentos, esses 'espíritos', possuem certa personalidade, a pessoa se inclina ao Politeísmo, e a percepção dessas diferentes perspectivas e individualidades desperta um senso de ética. Nesse estágio, as pessoas costumam começar a manipular a realidade e a seguir determinados caminhos, chegando à política e ao Monoteísmo. Quando percebem que há algo além de tudo isso, desenvolvem um senso de metafísica e tornam-se henoteístas."

Odun afirmou que alguém poderia ser ateu e ainda assim ser um Sabaeano. No entanto, mais tarde, uma mulher ateia me disse que havia deixado a Ordem porque sentia que suas visões estavam distantes demais das concepções gerais do sacerdócio.

A Ordem Religiosa Sabaean é descrita por Odun como uma espécie de escola de aperfeiçoamento e afirma que aprender sobre as filosofias antigas e tradições de mistério equivale a aprender a ser civilizado. "Não acreditamos em professores", disse-me. "O propósito de um sacerdócio é ser um catalisador, sustentar uma força para aqueles que o procuram, para que possam se revitalizar." Segundo ele, a maioria das pessoas não consegue ler corretamente os textos antigos nem se abrir para os mitos ancestrais. Mas apesar de sua ênfase no conhecimento antigo, Odun ressalta que a Ordem não é anacrônica. Não há propósito em viver no passado ou em tentar imitar tempos antigos; a maioria das religiões falhou justamente por não considerar a metamorfose das pessoas, das nações, da mente. "O objetivo da vida", ele me disse, "é conhecer a si mesmo, aprender, tornar-se, crescer; é o devir divino, o princípio do mistério da deificação. "Sabaeanos é apenas um nome dado ao nosso povo. Mas são pessoas que seguem suas próprias convicções. Não estão presas a um texto ou a um profeta. Não são idólatras de livros. Eles sabem que existem muitos caminhos diferentes dentro do Sabaeanismo."

321 *Ibid.*, p. 2.

A sensação que se tem ao visitar a Ordem é a de um fluxo constante de atividades diversas. Odun me disse que a única coisa que não permitida era desperdiçar tempo. "Estamos constantemente ocupados. Nós construímos. Ensinamos. Fazemos pesquisas. Escrevemos peças de mistério. Coreografamos. Formamos dançarinos. Somos uma fonte."

Minha visita à Ordem Religiosa Sabaeana culminou em uma magnífica cerimônia de casamento, ou "eclipse", como os Sabaeanos a chamam – literalmente, o movimento de um planeta em frente de outro. A duração de um "eclipse" é inicialmente escolhida pelo casal, mas confirmada por adivinhação. Se um casal decide se unir por um período de anos, é chamado de eclipse solar; se por um período de meses, eclipse lunar.

A cerimônia que presenciei no fim do outono de 1975 foi o eclipse solar de uma Sacerdotisa da Ordem Sabaean. Ela estava se casando com um homem sem qualquer ligação com a religião. Ritualmente falando, foi o casamento mais lindo que já vi, superando até mesmo uma magnífica cerimônia tradicional no interior da Inglaterra, da qual participei certa vez.

O eclipse aconteceu no início da noite, no Templo da Lua, localizado atrás da pequena loja de suprimentos ocultistas administrada pela Ordem. Uma porta na loja levava a um amplo salão de teto alto, ladeado por duas filas de colunas cinza altas, cada uma encimada por uma estátua de elefante branco. As colunas estavam adornadas com guirlandas de samambaias e margaridas. Uma cortina dourado-acastanhada dividia o espaço interno do Templo ao meio.

Antes de entrar no templo, tiramos os sapatos. No interior, de um lado da cortina, a noiva estava sentada em uma cadeira dourada coberta com uma pele macia. Sua cabeça estava coberta por um véu de seda amarelo-claro que caía em dobras soltas, semelhante a um *burnous* árabe. Uma coroa de samambaias e gardênias o mantinha no lugar. Seu vestido, que ela mesma havia confeccionado, era translúcido, em tom amarelo-claro, com longos pingentes de seda. Ela estava descalça e segurava uma única gardênia branca na mão. Ao seu lado, sentavam-se todas as mulheres – amigas, mãe e a mãe do noivo. Do outro lado da cortina, sentado em uma cadeira prateada, estava o noivo, cercado por todos os homens. Segundo a tradição Sabaeana, a mulher é simbolizada pelo sol, e o homem, pela lua, o que difere da maioria das tradições Neopagãs.

Depois de um tempo, Odun Arechaga apareceu, vestido com trajes sacerdotais de cetim branco e um grande gorro também branco. Em uma das mãos, segurava uma longa pena branca; na outra, um belo sistro, um antigo instrumento musical. Odun falou sobre o *Am'n* e, em seguida, contou uma história. Era um mito pré-helenístico que compõe grande parte da base dos mistérios órficos, frequentemente chamado de "Mito da Criação Pelasga". A história era mais ou menos assim:

"No princípio, a Deusa Eurínome, mãe de todas as coisas, emergiu nua do caos, sem encontrar um lugar onde pudesse se apoiar. Movendo-se pelo espaço, agarrou o vento norte e, ao capturar a rajada que soprava atrás dela enquanto girava, friccionou os ventos entre as mãos, dando origem à grande serpente cósmica, Ofíon.

"Assim que a vida foi soprada em suas narinas e ele contemplou aqueles membros divinos, um desejo irresistível de se unir a ela o invadiu. Mas o tempo agia de forma diferente para ele do que para Eurínome. Enquanto Ofíon ainda via sua forma divina e nua, ela já havia se metamorfoseado em uma pomba e posto um grande ovo prateado que resplandecia com uma luz divina.

"Ofíon, desejando satisfazer sua luxúria, envolveu-se em volta desse ovo sete vezes. Mas ele se enrolou tão apertado que o ovo se partiu em dois!

"De seu interior despencaram os céus, mil sóis e luas incontáveis. Planetas e cometas, nebulosas e galáxias repletas de estrelas!

"Atordoado e tomado pelo orgulhoso, Ofíon se vangloriou diante da vastidão de sua criação. Embriagado com sua própria adoração da *genitrix*, reivindicou para si a autoria exclusiva da criação. Passou a enxergar Eurínome apenas como uma mera auxiliar de sua grande obra.

"Em vez disso, Eurínome esmagou sua cabeça com o calcanhar e arrancou seus dentes por essa presunção. Ela dividiu seu sexo em masculino e feminino e o colocou nos muitos milhares de mundos que ele criou, para que, com o tempo, ele possa justificar e merecer a posição que outrora teve.

"Em resposta, Eurínome esmagou sua cabeça com o calcanhar e arrancou-lhe os dentes por sua presunção. Então dividiu seu sexo em masculino e feminino e o espalhou pelos milhares de mundos que ele havia criado, para que, com o tempo, pudesse justificar e merecer a posição que um dia teve.

"Desde então, parece que todo masculino busca o feminino para recuperar um fragmento de sua outra metade. E, com nostalgia, olhamos para a vastidão do céu noturno, contemplando o desconhecido, sem saber de onde viemos."[322]

O significado do casamento é a reunião dessas duas metades. Para alcançar essa unificação, ambos os parceiros devem morrer simbolicamente, abandonando suas individualidades para se tornarem um só. Essa morte e renascimento eram, portanto, o ritual que testemunharíamos. Mas não seríamos apenas espectadores, pois, como Odun explicou, não poderia haver "observadores" presentes – apenas aqueles dispostos a participar plenamente do rito. Quem não quisesse participar seria convidado a se retirar. Ninguém saiu.

Odun começou a sacudir o sistro enquanto se movia entre as colunas. Ele entregou uma vela à noiva e outra ao noivo, dizendo que se levantassem caso ainda desejassem se unir. As mães ficaram ao lado da noiva, os pais junto ao noivo. A sala foi escurecida. A orquestra do Templo tocava melodias intensas e rítmicas do Oriente Médio, com forte presença de sinos e tambores. De repente, Odun puxou

322 Para outra versão desse mito, consulte Robert Graves, *The Greek Myths* (Baltimore: Penguin, 1955), vol. I, p. 27.

a cortina de seda que dividia o espaço. Ela caiu sobre o casal, cobrindo-os. Em seguida, ele os envolveu com o tecido e os conduziu ao redor das colunas em uma dança lenta. Depois, desceram uma escadaria até uma câmara cerimonial, onde realizariam rituais que não podíamos ver. Enquanto isso, dançávamos em círculo.

Em seguida, os Sacerdotes do Templo espalharam cevada e arroz pelo chão em padrões simbólicos. Enquanto a música continuava, o casal, ainda envolto na cortina, foi conduzido escada acima, passando entre as colunas. Depois, foram levados a outra câmara para divinações e, por fim, a um terceiro aposento, onde um leito os aguardava, coberto com tecidos elaborados. Eles foram deixados a sós para consumar o casamento, enquanto, do lado de fora, todos dançavam, as mulheres para enviar energia à noiva e os homens ao noivo. Em seguida, aguardamos enquanto uma dançarina do Templo, a mesma que eu havia visto trabalhar com Odun dias antes, dançava para nós com movimentos graciosos e sensuais. Após algum tempo, o casal abriu a porta e saiu. Então, todas as mulheres dançaram com o noivo e todos os homens com a noiva.

O banquete começou, e que banquete! A noiva e o noivo se sentaram em extremos opostos de uma longa mesa coberta com uma toalha. Jovens Sacerdotes, vestidos de branco, trouxeram um grande caldeirão apoiado sobre um tripé. Com grande cerimônia, jogaram espinafre e alface-romana no caldeirão, retirando-os de grandes cestos de palha. Ao som de címbalos e tambores, limões foram espremidos ritualmente, ovos descascados e lançados na mistura com anchovas e sal. Os Sacerdotes derramaram vinagre e azeite de grandes garrafas. Por fim, um dos jovens Sacerdotes arregaçou as mangas, mergulhou os braços no caldeirão e misturou a imensa salada. Odun pegou uma folha de alface e a entregou à noiva, que a aprovou. Então, todos os convidados se serviram com as mãos.

Isso foi apenas o começo. Em seguida, veio uma sucessão de pratos – vegetais, peixes, carnes e aves. Havia camarões em molhos, ovos recheados, mariscos gratinados, folhas de uva recheadas, bananas-da-terra fritas, pão pita com diversas pastas, tomates e pimentões, além de travessas com pombos, ostras, frangos e gansos. Cada conjunto de pratos havia sido preparado pelos Sacerdotes, que os traziam com o toque vibrante de címbalos e tambores. Cada iguaria era acompanhada por um ponche forte e espumante. No meio do banquete, aconteceu a refeição ritual da noiva e do noivo, que, em contraste com a opulência da festa, era simples. Dois peixes foram grelhados e servidos com salsa. A sobremesa incluía bolos de cenoura, bolos de casamento, pudins, favos de mel pingando mel, fileiras de mamões, caquis, romãs, figos e tâmaras.

Durante o banquete, deparei-me com uma tigela cheia de enormes ovos de ganso. Peguei um e o observei, querendo guardar na memória a sensação de estar em uma festa digna de um conto de fantasia. Por fim, não consegui mais me conter. Aproximei-me de Odun e disse: “Este é o festim mais incrível que já vi, exceto pela cena do banquete em Satyricon, de Fellini.”

Odun me lançou um sorriso irônico e, com um toque de humor afetado, disse: "Lembre-se de que *Satyricon* era apenas um filme."

A Ordem Religiosa Sabaean mudou-se para Nova Orleans em 2000. Na época desta última edição, Odun havia sofrido um grave derrame, do qual ainda não se recuperou. Bill Koeppen, um Sabaeano que esteve ao lado de Odun por muitos anos, declarou: "Há um vazio em nossas vidas sem sua presença, e todos oramos ao *Am'n* por seu bem-estar." Após o furacão Katrina, a equipe da Ordem Religiosa Sabaean decidiu se mudar para Denver, no Colorado. O Sabaeanismo continuará. O sacerdócio pretende finalizar os livros em que Odun trabalhava e publicá-los em seu nome. Também planeja reabrir o Templo e a loja.

The Church of the Eternal Source

A Igreja da Fonte Eterna

Tanto a Feraferia como a Ordem Religiosa Sabaean surgiram da visão de uma única pessoa. A força desses dois grupos reflete a energia, o carisma e o talento de seus fundadores.

A Igreja da Fonte Eterna (Church of the Eternal Source – CES), uma federação de cultos egípcios, contrasta com os outros grupos por não depender de uma liderança carismática. Em vez disso, concentra-se na força, na arte e na beleza de uma cultura: o Antigo Egito. O envolvimento na CES ocorre por meio de um encontro pessoal, intelectual e emocional com a essência do Egito, seus Deuses e a estética de sua arte. A maioria de seus membros teve essa experiência ainda na infância, talvez em uma biblioteca, museu, livro ou filme. Como poucas pessoas em nossa cultura vivenciaram algo semelhante, a Igreja da Fonte Eterna permanece pequena.

Muitos dos fundadores e membros do sacerdócio da CES compartilham histórias semelhantes: uma identificação precoce com culturas antigas e clássicas – grega, romana, egípcia – e uma inclinação religiosa desde cedo. Um exemplo é o falecido Donald Harrison, um dos fundadores da Igreja da Fonte Eterna. Artista comercial, sua casa era decorada com réplicas esculpidas à mão, provenientes de obras de arte egípcias. Desde criança, Harrison esculpia estátuas de Deuses e modelos de templos. Mais tarde, converteu-se ao Catolicismo e ingressou em um mosteiro beneditino. Porém, rebelou-se e declarou o Cristianismo como "antivida" e deixou o mosteiro como um Pagão convicto, decidido a restaurar as religiões antigas. Influenciado pelo romance *Juliano*, de Gore Vidal, Harrison fundou, em 1967, a *Julian Review*, uma das primeiras publicações do movimento Neopagão. Acreditando que a religião egípcia era excessivamente esotérica para a maioria das pessoas, uniu-se a Michael Kinghorn na fundação da Fraternidade Délfica, um grupo voltado ao Paganismo grego. Nesse período, dedicou-se a um projeto de seis anos para criar uma réplica em tamanho real do trono de Tutemés III, esculpido à mão em duas mil peças de marfim e madeiras raras. Quando a Igreja da Fonte Eterna foi oficialmente estabelecida em 1970, após extensos estudos, Harrison declarou-se Sacerdote do Deus egípcio Thoth e iniciou a restauração do culto a essa divindade.

Jim Kemble inicialmente planejava seguir carreira como Sacerdote episcopal, mas acabou se encantando pelas religiões clássicas da Grécia e de Roma. Ainda no ensino médio, realizava cerimônias secretas em homenagem aos Deuses antigos. Caminhava até a praia na Califórnia, onde lançava vinho e pão ao mar, invocando Zeus, Poseidon, Baco e Plutão. Após 1970, conheceu a Igreja da Fonte Eterna (CES) e passou a associar as divindades que venerava à figura de Osíris. Kemble se dedicou ao estudo da história e da religião egípcia e tornou-se Sacerdote de Osíris, restaurando seu culto.

Elaine Amiro, uma Sacerdotisa de Neith, desde criança era fascinada pelas culturas dos povos originários da América do Norte (indígenas) e pela cultura egípcia. Sentia-se atraída pelo deserto e, em diferentes momentos, criou diversos animais incomuns, como iguanas, linces, macacos, jaguatiricas e jacarés. Ensinou crianças Navajo no Novo México e estudou a religião desse povo, embora, como me contou, "sendo anglo-americana, tive acesso limitado aos rituais."

Ao retornar para sua casa em Massachusetts, Amiro contou que descobriu a Deusa após um período em que sua vida parecia ter desmoronado. Um dia, enquanto folheava uma enciclopédia com nomes de Deuses e Deusas egípcias, um nome chamou sua atenção. "Eu voltava a ele repetidamente", escreveu-me. "Nunca tinha ouvido falar da Deusa Neith antes. Fiquei me perguntando por que me sentia tão atraída."

Amiro escreve que Neith era a grande senhora, mãe e filha de Rá, o Deus do Sol, que "trouxe a si mesma à existência nos tempos primordiais, sem jamais ter sido criada." Foi a "primeira a dar à luz a qualquer coisa, quando nada mais havia nascido, nem mesmo ela própria."

Amiro descobriu que seu nome correspondia numerologicamente ao de Neith, e várias experiências incomuns a convenceram de que ela era sua guia espiritual. Ela escreveu que, após essa revelação, suas energias criativas foram liberadas. Passou a pintar, escrever poesias e até esculpir estátuas. "A vida nunca fez tanto sentido para mim quanto depois de redescobrir o Egito Antigo e a Deusa. Todos os meus talentos começaram a emergir. Fiquei impressionada com a quantidade de coisas que conseguia fazer – e fazer bem." Amiro também começou a realizar curas. Mãe de três filhos, trabalhava como professora do ensino fundamental e dizia que fazia o Egito e outras culturas antigas ganharem vida para as crianças.

Mais tarde, conheceu a Igreja da Fonte Eterna e estabeleceu o culto de Neith em sua casa, em West Wareham, Massachusetts. "Finalmente descobri quem eu era e qual era minha missão na Terra: ser serva e Sacerdotisa de Neith." Foi apenas depois disso, afirmou, que realmente começou a viver.

Harold Moss foi um dos principais responsáveis pela fundação da Igreja. Pode-se dizer que a CES começou de maneira descontraída, com uma série de festas à fantasia inspiradas no Egito, organizadas por um grupo de estudantes chamado "Fundação Chesley Donovan de Ficção Científica e Fantasia" (CD - Chesley Donovan Science Fantasy Foundation). Esse grupo foi criado em 1953, quando Moss ainda estava no ensino médio, na Califórnia. Um panfleto da CES descrevia a Fundação Chesley Donovan como "um clube elitista de ficção científica e uma organização ateísta". Seus membros "citavam Thomas Paine, Willy Ley e Robert Heinlein, liam histórias em quadrinhos de terror, usavam capacetes militares com cutelos cravados neles em eventos sociais e na escola, e consideravam 'normal', 'médio' e 'cristão' como palavrões"."[323]

Harold Moss é um homem caloroso e compassivo. Quando o conheci, ele trabalhava como engenheiro durante o dia e, à noite, vivia em uma casa cujas paredes eram cobertas por prateleiras repletas de discos de música clássica. Passamos uma longa noite conversando, ouvindo cantatas de Bach e olhando fotos do deserto da Califórnia. Harold me contou que sempre foi fascinado pelas culturas sofisticadas do Egito Antigo, da Grécia e de Roma.

"Exatamente como tomei conhecimento do Egito é bastante claro para mim. Li muito quando criança e adorava ir ao cinema. Conhecia as histórias das *Mil e Uma Noites* e filmes como *O Ladrão de Bagdá*, além da antiga versão de Cleópatra – por mais brega que fosse. Os épicos romanos sempre me fascinaram."

"Lembro-me de que gostava especialmente da ideia de que os povos antigos usavam poucas roupas. Achava as roupas algo bobo e ridículo e, mesmo quando criança, vivia tentando me livrar delas. Os hebreus sempre pareciam cobertos por camadas excessivas, enquanto romanos e egípcios andavam praticamente nus, o que, para mim, fazia muito mais sentido."

"Acima de tudo, a verdade é que fui cativado pelo senso de beleza dos egípcios. Percebo que tenho usado muito essa expressão ultimamente. Fui completamente cativado por esse senso de beleza magnificamente desenvolvido. Sentia que não havia como algo estar errado em um povo capaz de expressar tamanha beleza."

Em 1954, após assistir ao filme O Egípcio, Moss foi à biblioteca e leu History of Egypt (História do Egito), de James Breasted. Filho de teosofistas, Moss cresceu como um livre-pensador e, naquele momento, foi natural para ele se identificar com Akhenaton e a religião de Aton, que via como uma forma de racionalismo

323 As histórias de Jim Kemble, Don Harrison e Harold Moss foram publicadas no boletim informativo dos membros da Igreja da Fonte Eterna, edição nº 2 (5 de setembro de 1973), páginas 7-12. Endereço da CES: P.O. Box 7091, Burbank, CA.

Pagão. "Fui cativo por Breasted", disse Moss, "com todas as suas narrativas altamente romantizadas de Akhenaton como um progressista solitário em um mundo de gente rígida, que adorava cegamente por puro hábito. Akhenaton era aquele que ousava pensar, fazer algo diferente, ser incomum. Então, é claro, ele era o herói perfeito para um jovem de dezoito anos."[324]

Membros da Fundação Chesley Donovan adotaram Akhenaton como seu herói e começaram a usar *ankhs*. Moss prosseguiu o seu interesse pelo Egito com os seus amigos, embora nem todos levassem o tema tão a sério quanto ele. Com o passar dos anos, percebeu que sua fascinação não se restringia a Akhenaton, mas a toda a religião egípcia. Em 1967, então rejeitou o Monoteísmo de Akhenaton, declarou-se politeísta e mergulhou no culto clássico de Hórus, o Deus da Luz.

Moss e alguns amigos começaram, em 1964, a tradição de festas à fantasia com tema egípcio durante o verão. Com o tempo, as festas passaram a ocorrer na mesma época da celebração do Ano-Novo egípcio, em meados de julho. Em 1970, Moss entrou em contato com outros Pagãos, incluindo Fred Adams, da Feraferia, e diversos grupos Wiccanianos. Conheceu Don Harrison e Sara Cunningham, Sacerdotisa Wicca, e juntos fundaram oficialmente a Igreja da Fonte Eterna em 30 de agosto de 1970, que foi incorporada legalmente em janeiro do ano seguinte. Mais tarde, Sara Cunningham deixou a CES e retornou à Wicca.

A Igreja da Fonte Eterna se considera a restauração da religião do Egito Antigo, autêntica em espírito, embasada em estudos e profundamente comprometida. Um dos primeiros panfletos da CES declara:

> A Igreja da Fonte Eterna é a restauração da antiga religião do Egito. Cultuamos os Deuses originais da humanidade, com seus nomes e ritos autênticos, da forma mais fiel possível. Essa religião proporcionou ao Egito Antigo uma era dourada de paz, felicidade, tranquilidade e realizações, jamais igualada desde então...
>
> Nada permanece estático... Nosso trabalho é estabelecer uma síntese em constante evolução entre o conhecimento antigo e moderno, sob a orientação direta e em contato contínuo com os Deuses Eternos...
>
> Como podemos conciliar uma fé politeísta com as ideias "modernas" sobre religião? É verdade que a experiência religiosa central é a unidade com o Universo... No entanto, a individualidade dos Deuses é uma realidade da nossa revelação. Assim como as facetas de uma joia preciosa, cada uma deve ser abordada separadamente... O espírito humano só é verdadeiramente belo quando é livre. A diversidade dos Deuses exige um compromisso profundo com a diversidade humana.[325]

324 Harold Moss, carta gravada, primavera de 1977.

325 *Green Egg*, Vol. VI, nº 55 (21 de junho de 1973), p. 17.

Mas o que significa ser autenticamente egípcio nos dias de hoje? A Igreja da Fonte Eterna (CES) entende que essa resposta é complexa e pode ser facilmente mal interpretada por aqueles que veem o Egito Antigo apenas por meio de pirâmides, rituais funerários, burocracias e faraós poderosos.

Para o sacerdócio da CES, o Egito foi a primeira cultura verdadeiramente religiosa. Para eles, ser "egípcio" significa permanecer fiel ao espírito da religião antiga, um espírito representado por três princípios: ecumenismo, Politeísmo e uma visão mitopoética do mundo.

A CES incentiva seus estudantes a manterem qualquer prática religiosa que tenham considerado significativa no passado. "Acreditamos que nossa visão geral é mais significativa, mais poderosa e mais satisfatória, mas tudo o que você encontrou de valor, encorajamos que mantenha. Nosso propósito – o propósito da verdadeira religião – é ajudar a pessoa a se tornar mais, não impor uma lista de coisas que deve abandonar, nem insultar ou tentar amedrontar ninguém."[326]

"Qual é, então, esse ponto de vista mais significativo e abrangente? Em primeiro lugar, eles sustentam que os Deuses egípcios não são "egípcios" em nenhum sentido nacional da palavra. A CES não tem laços com o mundo árabe atual. Ela vê o Egito hoje como um lugar que foi devastado e violado por descrentes e infiéis." Os santuários foram profanados; os Templos, reduzidos a ruínas. Os Deuses egípcios são vistos como forças eternas, e as religiões modernas seriam apenas aspectos limitados dessa visão egípcia original. Por exemplo, o Judaísmo pode ser visto como um culto a Rá, o Cristianismo como um culto a Amon-Rá-Harakhte com influências de Ísis, e o Budismo como um culto a Amon. "Isso", escreveu Moss a um pastor protestante, "faz todo o sentido. Explica por que os homens discordam e ainda nos dá a resposta definitiva para o ecumenismo: liberdade."[327]

Os Sacerdotes da Igreja da Fonte Eterna costumam dizer que há mais do verdadeiro espírito egípcio no Nepal ou em um *pueblo* Hopi do que nos textos tardios do Egito, contaminados por influências estrangeiras. A CES incentiva o uso de vestimentas egípcias, o estudo dos hieróglifos e a adoção de datas e nomes egípcios, mas, ao mesmo tempo, sustenta que "a cultura egípcia que imitamos foi ancestral da cultura atual de todas as nações ocidentais", e, portanto, a compreensão e o respeito por todas as práticas religiosas são benéficos.[328]

Perguntei a Harold Moss como ele via os Deuses. "Sou um introspeccionista junguiano", respondeu. "Os Deuses e Deusas egípcios representam construções – personificações... Os Deuses existem? Sim. A conceitualização das divindades politeístas é uma forma útil de explicar o tipo de contato que temos com as forças transpessoais e transinfinitas da vida. Essas forças estão além da compreensão

326 Panfleto introdutório da Igreja da Fonte Eterna.

327 Carta de Harold Moss ao Reverendo Gordon Melton, 18 de setembro de 1972.

328 "Nossa Prática Moderna da Religião Egípcia Antiga", panfleto da CES publicado em 1974, p. 4.

humana, mas podemos estabelecer um caminho de comunicação para que elas reajam a nós, aos seres humanos, como se fossem Deuses." E acrescentou: "Ainda assim, os Deuses são reais."[329]

A CES é firmemente politeísta. Um panfleto da organização afirma: "O Politeísmo aceita um conceito de divindade baseado na pluralidade dos Deuses na percepção humana." O que um cristão chamaria de Deus, um Sacerdote da CES poderia chamar de "os Deuses", mas ambos representam a totalidade da divindade.

> Certamente existe uma única fonte de Divindade, mas essa abstração, quando traduzida em instituições humanas, muitas vezes leva à adoração do Ego ou a uma enantiodromia, uma divisão dualista em que "Deus" é colocado em uma posição exaltada, em oposição ao Homem e a tudo que é humano. O conceito politeísta, por outro lado, pode abranger também as experiências religiosas do Monoteísmo e do Panteísmo, pois vemos a Divindade como um equilíbrio de vetores divinos distintos.[330]

Nessa visão fortemente junguiana, as partes que compõem um ser humano são infinitas, assim como as dos "Deuses". Quando estão em harmonia, há saúde; quando estão em desordem, surge a enfermidade. Nesse contexto, o objetivo da vida seria alinhar a própria individualidade com essas forças, buscando a harmonia com *Ma'at,* termo usado pelos antigos egípcios para descrever a ordem primordial do Universo.

Diferentemente de muitas das "novas" religiões, a CES não publica seus próprios livros religiosos. Há alguns panfletos ocasionais, e ainda é possível encontrar edições anteriores da revista *Khepera*. No entanto, de modo geral, a CES baseia-se nos principais estudos acadêmicos sobre o Egito e nas melhores traduções dos textos antigos.

Se há uma obra básica recomendada pela CES para o estudo do Egito, é a *Ancient Egyptian Religion* (Antiga Religião Egípcia), do Dr. Henri Frankfort. Frankfort enfatiza que, para compreender o Egito, é necessário adotar a visão mitopoética - uma forma totalmente distinta de perceber a realidade - e abandonar o viés evolucionista. Enquanto a maioria dos ocidentais está acostumada à ideia de revelações provenientes de um único Deus, transmitindo uma verdade central, os antigos "admitiam, lado a lado, certas percepções limitadas, cada uma válida em seu próprio contexto". Não havia uma única verdade, um dogma central, uma teoria unificada para explicar a realidade, nem um livro sagrado único. Frankfort escreveu que esse modo de pensar, tão diferente do nosso, "está de acordo com

---

329 Harold Moss, carta gravada, primavera de 1977.

330 *Modern Practice of Ancient Egyptian Religion,* p. 3.

a experiência fundamental do Politeísmo". O Universo é habitado por múltiplas forças, e a questão de sua "unidade" simplesmente não se coloca. Existem muitos Deuses, e eles são imanentes à natureza.[331]

Além disso, Frankfort afirma que muitas das suposições sobre o Egito estão equivocadas. Não é correto dizer que a religião egípcia surgiu a partir de formas mais primitivas, nem que as religiões modernas evoluíram de versões arcaicas do culto egípcio. Também não se pode considerar a adoração de animais e Deuses zoomórficos como uma fase de transição para o culto a forças humanas. Frankfort argumenta que os egípcios viam o Universo "como um movimento rítmico dentro de um todo imutável" e acreditavam que apenas o que era permanente participava da divindade. Como os animais, ao contrário dos humanos, não possuem história e suas vidas sofrem poucas mudanças em comparação às humanas, eles estavam mais próximos da divindade e da eternidade do que os próprios seres humanos.

Assim como Frankfort, os membros da CES têm uma visão do Egito muito diferente da concepção popular, que, segundo eles, foi distorcida pelos conquistadores. Por exemplo, costuma-se acreditar que no Egito todo o poder religioso estava concentrado no sacerdócio e que os Sacerdotes sempre atuavam como intermediários entre os devotos e o divino. Mas Harold Moss argumenta que essa é uma visão equivocada. Os egípcios possuíam santuários pessoais e realizavam cultos individuais. Um dos princípios da CES é que as pessoas devem entrar em contato com os Deuses diariamente, recorrendo aos Sacerdotes apenas em circunstâncias excepcionais. Moss me disse: "É controverso afirmar que os egípcios eram realmente tão sacerdotais. Acredito que eram menos do que os católicos hoje. A religião era política, mas não no sentido de um instrumento do Estado para opressão. O sacerdócio tinha a função de aconselhar em empreendimentos importantes, supervisionar rituais de fertilidade e acompanhar o nascer e o pôr do sol. A religião egípcia tinha a mesma base ética da religião Hopi – as grandes festividades nacionais existiam para garantir a abundância da natureza."

Moss também me disse que a CES não segue os costumes e práticas funerárias egípcias. Em suas viagens ao Egito, concluiu que esses rituais estavam profundamente condicionados pelo ambiente do Vale do Nilo e continuaram a ser praticados muito depois de a religião ter se dissipado. A maioria dos membros da CES prefere a cremação e o retorno de suas cinzas à terra. "A verdadeira questão", disse Harold, "é o quanto a antiga religião egípcia é verdadeira para todo o mundo e não apenas para o Vale do Nilo? Que partes dessa religião se encaixam na vida nos Estados Unidos?" Ele concluiu que essas respostas devem ser encontradas na prática, não

331 Henri Frankfort, *Ancient Egyptian Religion* (New York: Columbia University Press, 1948), p. 4. A outra citação está na p. 13. Um bom resumo da obra de Frankfort pode ser encontrado no panfleto da CES, *Modern Practice of Ancient Egyptian Religion*, p. 8.

por meio de dogmas. "Estamos tentando evitar o erro dos cristãos. Eles começaram com uma grande quantidade de escritos e passaram o resto da existência tentando defendê-los e viver de acordo com eles."

Na prática, a Igreja da Fonte Eterna funciona como uma federação de cultos independentes, cada um liderado por um Sacerdote ou Sacerdotisa responsável pelos serviços dedicados a uma divindade específica – como Hórus, Ptah, Sekhmet, Hathor e Anúbis. Cada líder supervisiona os procedimentos iniciáticos de seu culto e mantém contato, por correspondência ou pessoalmente, com estudantes interessados. Cada culto é autônomo. Os rituais são realizados separadamente. A maioria dos alunos chega à CES por meio de correspondências com um de seus Sacerdotes ou Iniciados, que orientam um curso de estudo. Livros e, posteriormente, rituais são recomendados. Caso o aluno, em determinado momento, assuma um compromisso com uma divindade específica, o programa de estudos passa a ser direcionado para esse caminho.

Em 2006, a Igreja contava com cerca de seis Sacerdotes e Sacerdotisas em atividade, três santuários principais, três salas de templo totalmente dedicadas e congregações significativas na Califórnia, Oregon e Idaho. Além disso, mantinha correspondência com estudantes nos Estados Unidos, Reino Unido, Canadá e África. A celebração do Ano-Novo Egípcio continuava a ser realizada e havia se transformado em um encontro ecumênico panpagão, reunindo muitos Neopagãos na Califórnia.

A prática religiosa na CES é centrada no santuário pessoal, criado por cada indivíduo e que pode ou não ser dedicado a uma divindade específica. Além do estudo do Egito e da adoração no santuário, os membros da CES são incentivados a desenvolver habilidades psíquicas e divinatórias ("A adivinhação nos lembra diariamente que o macrocosmo e o microcosmo – o Universo e o ser humano – estão interligados em sua função"). Eles também são estimulados a produzir obras de arte com simbolismo egípcio, a explorar a natureza e a se engajar em ações comunitárias.

Um panfleto da Igreja, "Nossa Prática Moderna da Religião Egípcia Antiga", declara:

> Diga-nos o que pretende, o que busca, e forneceremos o máximo de assistência pos-sível. Nosso propósito é ajudar cada pessoa a se tornar sua própria Sacerdotisa ou seu próprio Sacerdote, auxiliando na realização e no aprofundamento de sua própria visão e experiência com a Deusa ou o Deus.

O panfleto afirma que a Igreja oferece informações e instruções sobre "coisas egípcias" e diversas técnicas ocultas, mas sempre a partir do seguinte princípio geral: a Igreja não manipula nem coage seus membros. "Poder" é compreendido como um senso de completude que surge ao viver em harmonia com o fluxo do Universo (*Ma'at*). A Igreja não vê o compartilhamento de poder como uma perda, mas sim como um meio de ampliar o conhecimento. Não há segredos. A CES não afirma ensinar a "Verdade Suprema", pois, segundo o panfleto, "ela é continuamente descoberta por e para cada pessoa, ao longo de sua existência e encarnações."[332] Moss reforçou esse ponto ao afirmar: "Quando alguém presume que sua revelação é a única verdadeira, isso apenas indica que essa pessoa teve poucas experiências religiosas e não percebeu quantas existem." O panfleto acrescenta:

> Apreciamos as diferenças entre os povos e não ensinamos uniformidade, conformismo ou um sistema rigidamente estruturado, antes incentivamos a diversidade e as "variedades da experiência religiosa".
> Buscamos ajudar cada pessoa a se abrir para o aprendizado e a curar os danos causados por vários sistemas religiosos e políticos que tentam degradar e explorar as pessoas...

Harold Moss certa vez observou que a Igreja da Fonte Eterna enfrentava um grande obstáculo como organização religiosa: a falta de indivíduos carismáticos. Seu apelo sempre foi direcionado a intelectuais que apreciam o estudo acadêmico. "Minha abordagem da religião é intelectual", disse-me Moss, "e, como sou eu quem escreve a maioria das cartas introdutórias para as pessoas, na função de secretário da Igreja, isso se torna um obstáculo. As únicas pessoas que a Igreja atrai são aquelas que foram cativadas por essa força que atravessa os séculos por meio da arte egípcia e que seduz quem a contempla. Depois, é preciso que a pessoa tenha o impulso de querer compreender qual tipo de força intelectual foi capaz de produzir uma cultura assim."

"Nossa pequenez é uma fonte de decepção para alguns de nós. O número de pessoas interessadas na religião do Egito Antigo é bastante limitado. Mas demos o primeiro passo." Moss ficou pensativo e começou a falar sobre por que nunca perdeu sua fascinação pelo Egito Antigo. "Sempre estive envolvido com a ideia de permanência e compromisso. E o Egito era uma sociedade extremamente conservadora, onde as obrigações frequentemente duravam toda a vida e onde a permanência e o compromisso eram enfatizados. Em nossa sociedade, muitas vezes colidimos uns com os outros como moléculas em um gás; interagimos brevemente para formar estruturas instáveis e depois seguimos caminhos distintos. Isso faz

332 "Modern Practice of Ancient Egyptian Religion", pp. 2–5

parte do desdobramento da força vital universal em busca de autocompreensão, e eu entendo isso intelectualmente, mas me incomoda. Talvez o Egito seja, para mim, uma espécie de utopia, onde as coisas nunca mudam."[333]

Se a Igreja da Fonte Eterna permanece pequena, sua importância para o Neopaganismo é desproporcionalmente grande, pois enfatiza, mais do que qualquer outro grupo Neopagão, o compromisso com a diversidade, a multiplicidade e a liberdade. Escrevendo para a *Green Egg* alguns anos atrás, Moss resumiu a essência da CES:

> "Muitas pessoas, creio eu, se decepcionam conosco porque não somos o mais misterioso dos mistérios. Elas pensam que o Egito era assim, baseando-se no testemunho de seus conquistadores. Mas o Egito, na verdade, foi um dos lugares mais descomplicados que já existiram, e sua religião não foi exceção... O poder do Egito estava na proximidade com a terra. Seus símbolos religiosos eram todos ligados à terra. Seus ritos eram celebrações dos ciclos da terra. É isso que queremos dizer quando afirmamos: 'Somos todos egípcios.' Os verdadeiros 'egípcios' vivos hoje são os indígenas americanos...
> Muitos, hoje, buscam os verdadeiros Deuses, a sabedoria egípcia, em salas escuras, em estudos obscuros, segredos ferozes. Se atingirem seu objetivo, vão se encontrar de pé sob o sol, sob um céu azul límpido, às margens de um rio - 5000 anos atrás - cantando e dançando de alegria, com o coração transbordando de amor e a mente incendiada pela certeza da harmonia entre os Deuses e a humanidade, da irmandade entre todas as formas de vida."[334]

Em uma recente série de filmes sobre Elders Pagãos, em novembro de 2005, Harold Moss afirmou: "As religiões politeístas, em geral, exigem uma reverência pela diversidade. A diversidade humana é um sacramento. Essa é a principal lição que temos a ensinar." Em 2005, Moss me contou que agora vive em uma fazenda e trabalha como crítico musical e produtor de áudio. O Reverendo Donald Harrison faleceu em 2004. A Igreja da Fonte Eterna conta com novos Sacerdotes e Sacerdotisas, além de vários novos sites (ver *Recursos*).

---

333 Moss, carta gravada, primavera de 1977.

334 O primeiro parágrafo desta citação é de uma carta de Harold Moss publicada em *Green Egg*, Vol. V, nº 52 (fevereiro de 1973), seção *Forum*, pp. 4–7. O segundo parágrafo vem de *Khepera*, nº 1, em *Green Egg*, Vol. VI, nº 56 (1º de agosto de 1973), p. 24.

Heathenismo – Neopaganismo Germânico/Nórdico

Quando *Drawing Down the Moon* foi lançado em 1979, uma de suas omissões mais flagrantes foi a exclusão do Heathenismo ou "Neopaganismo Germânico/Nórdico". Embora eu tenha recebido muitas publicações relacionadas ao Odinismo – *The Runestone* (A Pedra Rúnica), *The Raven Banner* (A Bandeira do Corvo) e outras –, eu me encontrava em um dilema. Parte das informações vinha de grupos que buscavam genuinamente um caminho Pagão Nórdico, mas havia outros que claramente usavam símbolos e mitologias odinistas como fachada para atividades de extrema direita, incluindo movimentos nazistas. Cheguei a ter um vizinho, a poucos quarteirões de onde eu morava em Nova York, que era um dos principais membros de um partido político nazista e divulgava suas ideias religiosas no fórum da *Green Egg*. Seu pequeno apartamento na Rua 93 estava abarrotado de livros – uma parede tomada por insígnias e literatura nazista, enquanto a outra era preenchida por livros sobre ocultismo, com ênfase especial em mitologia nórdica, germânica e védica.

Além disso, dentro de grande parte do movimento Pagão na época, havia a ideia comum de que o Neopaganismo Nórdico estava repleto "desse tipo de pessoa". Como a comunidade Heathen tendia a ser mais conservadora em seus valores e crenças, enfatizando conceitos como família, coragem e virtudes guerreiras, era fácil haver confusão. No fim, simplesmente desisti, decidindo que era um vespeiro no qual eu não queria mexer.

Mas os Pagãos interessados na mitologia nórdica não iriam desistir. Havia buscadores sérios, organizações em crescimento e estudos bem fundamentados. Em algumas regiões, o Paganismo Nórdico tradicional ainda se mantém vivo. Na Islândia, por exemplo, o culto público Pagão foi proibido há mais de novecentos anos, mas as restrições antigas foram revogadas em 1874. Em 1972, o Paganismo Nórdico foi oficialmente reconhecido como uma religião legítima e legal, e grupos Pagãos islandeses seguem ativos até hoje.

O problema de ser confundido com o nazismo é algo que praticamente todos os Heathens tiveram que enfrentar. Como disse Alice Karlsdóttir, ex-editora da *Boreas*, uma revista sobre Paganismo do Norte da Europa: "Sempre haverá pessoas extremistas atraídas pelo Paganismo. Assim como as Bruxas precisam lidar com reportagens ocasionais sobre estranhos torturando animais e se autodenominando Bruxos, nós, no Paganismo Nórdico, também temos nossos tipos problemáticos. Há uma suposição geral de que a religião nórdica está ligada aos nazistas porque eles usaram símbolos nórdicos. E os neonazistas às vezes se sentem atraídos pelo Odinismo, porque os elementos simbólicos são os mesmos." Prudence Priest, editora da *Yggdrasil*, escreveu-me: "Como poderemos recuperar a suástica – símbolo tanto do martelo de Thor quanto da roda do sol (e que remonta a milhares de anos antes da perversão de Hitler)." Karlsdóttir me contou que realizou um ritual nórdico em um grande Festival Pagão e descobriu que muitos que compareceram estavam preocupados com a possibilidade de que "seria negativo", uma impressão que só foi dissipada pelo próprio ritual.

Assim como acontece com Pagãos de diversas culturas, as pessoas atraídas pelas formas escandinavas e germânicas de Paganismo muitas vezes chegam a ele como parte de uma busca pelas suas próprias raízes ancestrais. Alice Karlsdóttir me contou: "Minha família é escandinava. Enquanto eu crescia, minha mãe lia para mim os mitos nórdicos; eles continuaram sendo meus favoritos". Depois de frequentar uma faculdade cristã extremamente conservadora no Texas, Karlsdóttir concluiu que não era cristã. Ela pesquisou diversas religiões, interessou-se pelo Ocultismo e, por conta de uma professora de poesia, começou a aprender sobre o Paganismo. "No momento em que percebi que o Paganismo era a religião certa para mim, que era algo legítimo e não estranho, voltei imediatamente aos Deuses nórdicos, que estavam guardados na minha memória o tempo todo. Nunca tive dúvidas. Eu simplesmente sabia. Pensei: 'Posso realmente acreditar neles de novo!' "Talvez tenha sido a maneira como fui criada, ou talvez eu apenas tivesse essas imagens na cabeça."

Quando revisei *Drawing Down the Moon* em 1986, a maior e mais bem-sucedida organização promovendo o Paganismo Nórdico nos Estados Unidos era a Ásatrú Free Assembly (AFA), fundada por Stephen McNallen em 1971. Mais tarde, o grupo passou a se chamar Ásatrú Folk Assembly. "Eu saí do ensino médio na zona rural do Texas", disse-me McNallen, "e deixei o catolicismo para trás porque ele entrava em conflito com meus instintos mais profundos. Explorei várias religiões, li sobre Wicca, pesquisei Crowley, mas nada fazia sentido para mim. Então me deparei com um romance sobre os vikings. Em retrospecto, não era um grande livro, mas os vikings, em contraste com os monges, eram reais; estavam vivos. Tinham intensidade e coragem. Aquilo ressoava com algo que eu já acreditava, mas ainda levaria um tempo até que eu percebesse que era possível escolher meus deuses."

McNallen disse que muitos dos principais grupos Odinistas (a Odinist Fellowship, o Odinist Committee na Inglaterra, o Ásatrúarfolks na Islândia e a AFA) começaram com poucos meses de diferença, sem nenhum conhecimento da existência um do outro. Talvez tenha sido "um vento soprando através da Árvore do Mundo", como ele disse. A AFA publicou The Runestone, um jornal trimestral, bem como diversos livros e fitas sobre religião, mitologia, rituais e valores do Ásatrú. Todo ano, eles realizavam um festival de três dias chamado Althing, que acontecia em um ambiente rural e incluía rituais, confraternização, música e banquetes. A AFA também criou um sistema de guildas para incentivar a convivência e a troca de habilidades, incluindo a guilda de artistas, de cervejeiros, de guerreiros, de escritores, de costura, além de uma dedicada à tecnologia aeroespacial e outra que unia computação e Xamanismo.

Muitas pessoas envolvidas no Paganismo Nórdico usam o termo Ásatrú para se descrever. Em nórdico antigo, Ásatrú significa "crença nos Deuses" ou, mais precisamente, lealdade aos Aesir – um dos dois grupos de divindades da mitologia nórdica. O outro grupo é conhecido como Vanir. Os Aesir Deuses que muitas pessoas acharão familiares: Odin, que muitas vezes é visto como o Deus supremo, uma espécie de princípio do Pai de Todos; sua esposa, Frigga; seu filho Thor; além de Tyr, Balder e vários outros. Na mitologia escandinava, os Aesir são Deuses do céu, geralmente retratados como mais ativos, expansivos e guerreiros. Já os Vanir são ligados à terra, à agricultura, à fertilidade e à morte. Entre os mais conhecidos estão Frey e Freya, embora alguns Pagãos nórdicos concentrem seu culto exclusivamente nos Vanir. Esse grupo também inclui Nerthus e Njord. Os mitos falam de um tempo remoto em que os Aesir e os Vanir travaram uma guerra. Posteriormente, os dois panteões se uniram. A maioria dos praticantes do Heathenismo é fortemente politeísta, preferindo honrar todas as divindades, tanto Aesir quanto Vanir.

Em certo nível, os Deuses são exemplos e modelos – fontes de inspiração e personificações conscientes das forças da natureza. Em outro, McNallen afirma que "são uma realidade numinosa que desafia a lógica, algo que só pode ser apreendido por meio de símbolos e que nos fala em camadas mais profundas, onde as palavras são insuficientes. Ao estudar as divindades, podemos acrescentar riqueza e força à nossa vida religiosa ao acessar essa sabedoria ancestral e não verbal."

Em um panfleto intitulado *O que é Ásatrú, McNallen* descreve as crenças espirituais do Ásatrú da seguinte forma:

> Acreditamos em uma energia ou essência divina subjacente e onipresente, geralmente oculta para nós, pois transcende nossa compreensão direta. Além disso, entendemos que essa realidade espiritual está interligada conosco nós a influenciamos, e ela nos influencia.
> Também acreditamos que essa divindade primordial se manifesta na forma dos Deuses e Deusas. As histórias sobre essas divindades funcionam como um código, uma espécie de linguagem misteriosa por meio da qual a realidade divina se comunica conosco.[335]

Os Deuses são honrados em rituais diários, e há celebrações sazonais nos solstícios e equinócios e em outros dias de festivais ancestrais. Alguns me disseram que os rituais costumam ser mais esparsos do que os da Wicca. Alguns grupos realizam rituais circulares, mas com símbolos diferentes para os elementos – como uma foice ou bolos para o Norte, uma lança ou um bastão rúnico para o Leste, uma espada para o Sul e um chifre para o Oeste. No entanto, muitos não consideram

335 Do panfleto *O que é Ásatrú*, publicado pela Ásatrú Free Assembly, p. 3.

o formato circular adequado para seus rituais. Algumas tradições celebram seis dos oito Sabbats Pagãos, adotando uma Roda do Ano com seis divisões, em vez das oito presentes em muitas Tradições Pagãs.

Quando revisei *Drawing Down the Moon* em 1986, a maioria das pessoas envolvidas com o Heathenismo fazia questão de se diferenciar de outras formas de Neopaganismo. Poucas interagiam com a comunidade Pagã mais ampla, frequentavam festivais ou participavam de atividades ecumênicas. Em parte, isso acontecia porque não se viam inseridas um movimento universal; na verdade, a maioria dos Heathens não acredita em religiões universais. Stephen McNallen escreveu que os vários ramos da humanidade têm diferentes formas de ver o mundo, e que isso é natural. McNallen escreveu para mim:

> Não somos ecléticos. Você não encontrará tarô, astrologia ou I Ching incorporados ao Ásatrú - não porque não sejam válidos ou poderosos, mas porque não pertencem à nossa Tradição. Isso não quer dizer, é claro, que um Odinista não possa utilizar esses sistemas como indivíduo, mas eles não fazem parte do Ásatrú.
> Uma segunda diferença é que estamos tão intimamente envolvidos com a ideia de ancestralidade que somos quase um "xintoísmo nórdico".

Foi aqui que tudo ficou complicado e problemático. Muitos Pagãos com quem conversei nos anos 1980 e grande parte da literatura que li enfatizavam não apenas a ancestralidade, mas também a crença na primazia da genética. Havia a ideia de que certos aspectos da alma são transmitidos ao longo da linhagem familiar e que a reencarnação ocorre dentro da raça, tribo e família. Ao examinar a ideia junguiana de arquétipos, vários artigos na *The Runestone* observaram que a ideia original de Jung era que esses arquétipos não eram transmitidos culturalmente, mas herdados geneticamente. Hoje, o pensamento Pagão sobre essas questões é muito mais diversificado, mas naquela época, um membro da AFA me disse: "Não somos racistas, mas temos consciência racial. Olho para os cabelos ruivos e sardas dos meus filhos e penso em quantas gerações levaram para que ficassem assim. Quero que sejam da mesma cor que eu." Preferi não responder: "E se isso fosse apenas uma mutação aleatória?" Uma mulher da AFA comentou que nunca tinha recebido a inscrição de uma pessoa negra em seu grupo, mas se perguntava por que não estavam interessadas em suas próprias raízes religiosas. Isso contrastava totalmente, por exemplo, com o grupo Druida de Isaac Bonewits. "A maioria das pessoas negras no grupo tem mais sangue celta do que eu", ele observou. Falando por mim, se impulsos religiosos e arquétipos fossem transmitidos geneticamente, eu nunca teria sido influenciada por Atena e Ártemis, e este livro nunca teria sido escrito. Como David James, também membro da AFA, uma vez me disse: "É engraçado, há um monte de judeus nos grupos celtas e um monte de nós, celtas, nos grupos nórdicos."

Apesar de observações como essas, membros da AFA me disseram que o dever para com os ancestrais e parentes é uma obrigação sagrada e vem em primeiro lugar. Sangue é mais espesso que água. "Essa forma de ver as coisas vai contra o dogma atual", observou McNallen, mas argumentou: "Mas sabemos em nossos corações... A ancestralidade é melhor do que esquemas que negariam essas verdades e que propõem um universalismo disforme, alienado e artificial."[336]

Ao falar sobre o Ásatrú como uma religião profundamente ancestral, com laços genéticos e "até paragenéticos", McNallen admitiu que "isso pode ser facilmente mal interpretado". "Como você evita interpretações erradas?", perguntei. Em parte, explicando repetidamente, disse ele. "No passado, apareciam pessoas que achavam que estávamos tentando salvar a raça branca. Mas não estamos aqui para rebaixar ninguém. Apenas valorizamos a espiritualidade do nosso próprio povo. Esta é uma religião de verdade, não uma fachada para qualquer grupo político." McNallen afirmou que, embora muitos Pagãos no passado tenham se interessado pelo Ásatrú por razões políticas e culturais, um verdadeiro desenvolvimento religioso estava ocorrendo, com crescente interesse por magia, rituais e runas.

Embora a AFA enfatizasse os aspectos religiosos do Paganismo Nórdico e minimizasse o político, quando comecei a escrever sobre Heathenismo, vi que algumas organizações Odinistas adotavam uma abordagem diferente. A Odinist Fellowship (Irmandade Odinista), por exemplo, dedicou grande parte da sua revista, *The Odinist*, a artigos políticos e filosóficos abordando assuntos que vão desde ataques ao liberalismo até a defesa dos objetivos originais do apartheid. Em vez de evitar essas discussões políticas, a Irmandade Odinista as enfrentou diretamente. Assumidamente racista, embora provavelmente preferissem o termo "racialista", um de seus artigos afirmava: "A característica mais distintiva do Odinismo é que, pela primeira vez, uma religião se declara fundada no conceito de raça, com sua correlação com a cultura e a civilização. Sem raça, não há nada; portanto, nosso primeiro dever é estudar a raça e a importância do povo ariano na história mundial."[337] Como se pode ver, esse tipo de linguagem está longe de ser representativa da maioria dos grupos de Heathenismo atualmente.

---

336 "Ancestry Is Better Than Universalism", *The Runestone*, nº 50 (Inverno de 1984), p. 11.

337 *The Odinist*, nº 92, p. 2.
Existem outros grupos Pagãos Odinistas ainda mais extremistas. Aqui estão algumas citações de uma publicação chamada *Quarterstaff*, editada pelo canadense Jack Leavy:
"Se não tivéssemos que nos preocupar com o Judaico-Cristianismo e ver nossa Raça sendo miscigenada, nossa cultura celta se dissipando, ainda assim teríamos que lidar com os Maçons e aqueles que buscam um Governo Mundial Único."
"Quando os 'índios' norte-americanos começam a fazer reivindicações territoriais absurdas, exigindo compensação e o direito à autogovernança — incluindo seus próprios tribunais — dizemos: 'Esperem um minuto!' Como se não bastasse um 'judeu' ser creditado com a (re)descoberta da América, nosso Povo está neste continente há pelo menos tanto tempo quanto qualquer um dos povos indígenas. E um corpo celta coeso deveria ter o mesmo direito de exigir reconhecimento dos governos dos EUA e do Canadá."
Essas citações foram extraídas de uma análise do *Quarterstaff* publicada no *The Magickal Unicorn Messenger*, vol. 5, edição 2.

Mas ainda existem diferenças entre Neopagãos e os Heathens, em relação às crenças sobre ancestralidade, política e raça, além de algumas distinções em seus valores. Um panfleto da AFA descreve seus valores da seguinte forma:

> Força é melhor que fraqueza.1
> Coragem é melhor que covardia.
> Alegria é melhor que culpa.
> Honra é melhor que desonra.
> Liberdade é melhor que escravidão.
> Laços de sangue são melhores que alienação.
> Realismo é melhor que dogmatismo.
> Vigor é melhor que letargia.
> Ancestralidade é melhor que universalismo.

Na época em que escrevi este capítulo, o Paganismo Germânico atraía pessoas com uma inclinação política mais conservadora do que a maioria dos Neopagãos. Havia um certo desconforto com o feminismo, o anarquismo e a diversidade em sexualidade e estilo de vida. Claro, também existiam conservadores na comunidade Neopagã em geral, mas, de modo geral, via-se menos vegetarianismo e mais consumo de álcool, em contraste com outros métodos de alteração da consciência. Havia também um foco nas artes marciais e nos valores guerreiros. (Os vikings eram vistos como combatentes da liberdade, não como saqueadores.) A AFA chegou a anunciar na revista *Soldier of Fortune*. McNallen discordava do rótulo de "conservadorismo" que usei, argumentando que a sociedade moderna já não tinha muito a conservar. "Estamos vendo o declínio do Ocidente", disse ele. "Estamos vivendo entre as ruínas." Ainda assim, como me disse Ariel Bentley, uma mulher da AFA: "Não sou mais uma liberal sentimental." E Alice Karlsdóttir acrescentou: "Damos ênfase à independência, à coragem, a não ser pacifistas. A ideia de que a vida é uma luta e isso é divertido, então vá lá e lute. Definitivamente, essa não é uma religião meditativa." Perguntei se ela concordava com essas ideias, e sua resposta foi direta: "Se alguém viesse para cima de mim num beco, eu preferiria acabar com essa pessoa a tentar reabilitá-la. Nos anos 60, pensar assim não era bem-visto, então reprimi isso. Mas percebi que estava mentindo para mim mesma."

Sobre os encontros Pagãos Germânicos, Ariel Bentley descreveu oficinas, apresentações das guildas, rituais, banquetes, canções ao redor da fogueira e um *sumbel* – um ritual germânico em que um chifre cheio de hidromel é passado de mão em mão, enquanto cada pessoa faz um brinde, recita um poema ou canta uma canção. Segundo ela, é um momento em que o acervo psíquico de um grupo pode ser trazido para o presente. "Havia músicas, histórias, preces, bravatas e ostentações." "Bravatas e ostentações?", perguntei. "Sim", respondeu. "Bragi é o Deus da poesia. Durante toda a minha vida, fui ensinada a não me gabar. Mas no Ásatrú, isso é visto como algo positivo, uma forma de se conectar com os próprios ancestrais."

Assim como a maioria dos Neopagãos, a maioria dos Pagãos Germânicos não acredita em pecado e considera a culpa um conceito mais destrutivo do que útil. Em um artigo intitulado "Alegria é melhor que culpa", McNallen escreve que a culpa é uma ferramenta para moldar um novo mundo "bravo", cheio de unidades dóceis e intercambiáveis. No Ásatrú, os Deuses inspiram uma perspectiva diferente.

> Odin, quebrando as regras de forma pragmática para proteger os mundos dos deuses e dos humanos; Thor, entregando-se aos seus desejos sem vergonha ou medo; Frey e Freya, celebrando uma sexualidade saudável—são modelos poderosos e libertadores, que rejeitam as correntes da repressão. Ao invocá-los em nossas vidas, podemos experimentar a alegria da existência em um mundo onde força, ambição, competência e prazeres não são limitados por amarras estranhas e contrárias à vida.[338]

Embora os Pagãos Germânicos tendam a ser mais conservadores do que a maioria dos Neopagãos, sua religião os coloca em conflito com a cultura conservadora dominante. Stephen McNallen escreveu que o Ásatrú está sob ataque dos fundamentalistas cristãos. "Depois de um período de tolerância religiosa que nos deixou acomodados por algumas décadas - uma tolerância que protegeu tanto o melhor quanto o pior do comportamento americano - fica claro que estamos entrando em uma época em que nós, do Ásatrú, enfrentaremos uma resistência cada vez maior por parte das forças que governam este país." McNallen observa certa ironia nessa situação, pois "muitos dos valores defendidos por aqueles que nos oprimiriam são valores com os quais nos identificamos facilmente, como o fortalecimento da família, menos intervenção burocrática na vida do indivíduo e outros". No entanto, acrescenta: "Foram os seguidores do pálido galileu que cooptaram o movimento de retorno aos valores tradicionais, que estão muito mais alinhados com os de nosso povo - e nós, que seguimos os Deuses que consagraram esses valores, seremos esmagados, caso os novos inquisidores tenham sucesso."[339]

Outra diferença entre grande parte do Neopaganismo e o Paganismo Germânico está na posição relativa dos Deuses e Deusas. Na verdade, alguns Pagãos chegam a descartar o Paganismo Nórdico como "patriarcal". "As pessoas me perguntam: 'Como você pode ser mulher no Ásatrú?'", contou-me Alice Karlsdóttir. "É verdade que há aspectos mais patriarcais - afinal, o Deus principal é Odin. Mas eu chamaria de 'equilibrado', com uma certa inclinação para os Deuses masculinos. De fato, mais homens se interessaram por ele do que mulheres, mas isso parece estar mudando.

338 "Joy Is Better Than Guilt", *The Runestone*, No. 51 (primavera de 1985), 11.

339 "O estandarte de Jesus", *The Runestone*, nº 50 (inverno de 1984), p. 9.

E, embora algumas pessoas no Ásatrú tenham modelos de papéis tradicionais em mente, nunca senti hostilidade dos homens por ser mulher. Pelo contrário, sempre recebi incentivo, e eu olha que eu não sou uma mulher tradicional. Sou independente, solteira, atriz. Lembre-se de que, na cultura nórdica antiga, as mulheres tinham muito mais liberdade do que na Grécia ou em Roma. Podiam possuir propriedades, se divorciar e recuperar o dote. É verdade que os Deuses mais visíveis são Odin e Thor, e que eles representam valores guerreiros. São Deuses muito masculinos – o que atrai os homens, aumentando a presença masculina no grupo –, então as pessoas dizem que é uma religião masculina. Mas espero que mais mulheres se tornem visíveis."

As mulheres Pagãs Germânicas também me lembraram que as Deusas nórdicas são figuras poderosas. Freya, por exemplo, pode ser uma Deusa do amor e da procriação, mas também é uma guerreira, uma Deusa da paixão e da transformação. Stephen McNallen escreveu em *The Runestone*:

> "Para que não caiamos na armadilha de pensar na Senhora dos Vanir apenas nos papéis femininos previsíveis de Deusa do sexo ou promotora da gravidez perpétua, devemos nos lembrar do seu lado mais feroz... Quando recordamos que ela escolhe metade dos guerreiros caídos em batalha, quando refletimos sobre seus laços com as valquírias, quando consideramos seus muitos paralelos com Odin, chegamos à conclusão de que as habilidades marciais de Freya devem ser formidáveis..."[340]

Alice Karlsdóttir e Maddy McNallen, esposa de Stephen, disseram-me que está começando um esforço determinado para fortalecer o papel das Deusas no Paganismo Nórdico, a fim de "restaurar o equilíbrio".

Uma bela descrição do Paganismo do Norte da Europa aparece no jornal *Yggdrasil*, publicado pela *American Vineland Association*. Ele descreve o Paganismo Germânico como uma religião com um vínculo espiritual profundo com a terra, as florestas, os mares, os ancestrais, os descendentes e a celebração da experiência da vida. Seus princípios incluem honestidade, honra, valor da palavra, preservação de um ambiente saudável, a primazia dos princípios sobre o lucro e a busca por uma vida digna.

340 "How to Live", *The Runestone*, nº 50 (inverno de 1984), p. 1.

Paganismo Germânico no Século 21

Parece haver um florescimento notável do Heathenismo nos dias de hoje. Os grupos Neopagãos Germânicos agora abrangem uma ampla variedade de Tradições Pagãs do Norte da Europa. Volkhvy, membro dos Minnesota Heathens, comentou: "O Heathenismo cresceu em diversidade".

> Embora o foco mítico e cultural principal ainda esteja nos Aesir e na tradição escandinava e germânica, novos grupos Heathens se formaram em torno dos Deuses e Deusas Vanir, assim como das culturas anglo-saxã, sami, báltica e eslava. Atualmente, são considerados Heathens aqueles que seguem algum dos costumes tradicionais do Norte da Europa - basicamente, qualquer cultura ao norte de uma linha formada pelos rios Reno e Danúbio, ou seja, aquelas que não foram assimiladas pelos romanos.

Os grupos Neopagãos germânicos também apresentam uma diversidade filosófica, variando conforme se identificam como *folkish*, universalistas ou tribalistas. Aqueles que se consideram *folkish* tendem a acreditar que a herança genética proporciona um acesso mais fácil às divindades. Heather Demarest, do grupo Eldhrinir Kindred, afirma que muitas pessoas *folkish* não são racistas – não se consideram superiores, mas acreditam que "todas as pessoas devem seguir os Deuses e Deusas de seus ancestrais de sangue, sem que nenhum seja 'melhor' que o outro. No entanto, geralmente defendem que apenas descendentes de europeus do norte devem seguir o Ásatrú." Alguns Heathens se identificam como tribalistas. Demarest acredita que a maioria dos seguidores do Ásatrú se encaixa nessa categoria:

> Eles honram os costumes e práticas dos povos germânicos, seguindo as sagas e tradições como inspiração, mas permitindo que a gnose pessoal os guie quando for razoável e, se possível, sustentada por evidências culturais ou históricas. Acreditam que a religião pode ser praticada por qualquer pessoa, independentemente de ancestralidade ou raça. No tribalismo, há uma tendência a buscar um equilíbrio entre o reconstrucionismo cultural completo e a revelação pessoal, além de uma abertura para todos que sentem o chamado dos Deuses/Deusas.

Há também os universalistas, que incorporam práticas de outras tradições junto às práticas Heathens em seus rituais. Eles podem enfatizar mais a cultura compartilhada de uma determinada região geográfica ou período histórico, como a Escandinávia, a cultura germânica ou a era viking. Volkhvy explica da seguinte forma:

> Os universalistas reconhecem que não existe uma cultura "pura"; todas influenciaram e foram influenciadas por seus vizinhos. Dada a tendência à expansão e à miscigenação, quase todas as culturas incluem membros cujos ancestrais não pertenciam originalmente a elas. Para os universalistas, não é necessário que seus antepassados tenham sido Pagãos Germânicos, apenas que haja uma conexão profunda com alguma das Tradições do Norte.

Outros Heathens afirmam que o termo *folkish* adquiriu diferentes significados para diferentes pessoas. Como Ben Waggoner, da *Troth*, explica:

> Alguns adeptos *folkish* afirmam que o Heathenismo só pode ser praticado por pessoas de descendência nórdica ou europeia. Outros dizem que essa Tradição é mais natural para aqueles de origem europeia, mas que não europeus também podem segui-la, se assim escolherem. Há quem use folkish no sentido de "religiosamente conservador e anti-eclético", sem necessariamente implicar algo sobre raça. Outros utilizam o termo como "restrito a uma tribo de pessoas", sem necessariamente definir essa "tribo" em termos étnicos. Também há muitos *folkuniversalistas*, que reconhecem a ancestralidade e a origem étnica como razões válidas e legítimas para alguém se sentir atraído pelo *Heathenismo*, sem necessariamente descartar outras motivações.

Por trás do debate sobre *folkish*, diz Waggoner, há algo mais profundo. "Muitos Heathens são Heathens porque buscam algo mais integral", afirma. "Algo que ofereça uma visão de mundo completa, que se distancie do que os estudiosos do pós-modernismo chamam de 'pastiche'. A maioria acredita que o Heathenismo não é e não deve ser "apenas mais uma opção" no mercado espiritual, algo que qualquer pessoa possa experimentar num dia e abandonar no outro."[341]

Muitas organizações Heathens são chamadas de *kindreds* (comunidades) e, na maioria dos casos, não possuem hierarquia. Existem diversos rituais, mas os mais comuns são o *Blót* e o *Sumbel*. Em sua forma mais simples, o Blót, é uma oferenda aos Deuses. Por exemplo, o hidromel pode ser consagrado, uma libação derramada e a bebida compartilhada entre os participantes. O *Sumbel* é uma cerimônia ritualizada de brindes, na qual histórias são compartilhadas e, às vezes, juramentos são feitos. Pode assumir várias formas.

Heather Demarest afirma que, além de ter se tornado muito mais diversificado, a maior mudança no Heathenismo foi a quantidade de informações agora disponíveis por meio de publicações e da internet.

341 Waggoner sugere que existem categorias mais adequadas do que *folkish*, *tribalista* e *universalista*, e menciona um artigo escrito por Jarnsaxa Thorskona, "*Scale of Racial and Cultural Tolerances in Ásatrú*", disponível na Web em http://marklander.ravenbanner.com/jarnsaxa%20scale.html. Outro artigo interessante sobre *Folkish Universalism* é de Dave Haxton: http://www.haxton.org/weblog/Asatru/folkishUniversalism.html.

> Acho que muitas pessoas começaram em outros caminhos simplesmente porque não conheciam o Ásatrú ou a religião. Quando a informação começou a se tornar mais acessível, muitas passaram a adotá-la. Além disso, há uma disposição crescente para compartilhar esse conhecimento. Esse compartilhamento tem ajudado o Ásatrú a evoluir mais rapidamente e a se tornar uma prática relativamente coesa, mais acessível para iniciantes e menos desafiadora de forma excessiva. Também estamos obtendo informações por meio de jornadas xamânicas para preencher algumas lacunas onde as fontes escritas são limitadas. Isso tem sido de grande ajuda, pois nos permite conhecer melhor nossas divindades e perceber que elas parecem muito menos preocupadas com disputas internas do que os humanos. Isso nos dá uma perspectiva mais ampla e nos ajuda a aceitar uns aos outros com mais facilidade.

Um dos desenvolvimentos mais interessantes da última década tem sido a pesquisa sobre práticas xamânicas dentro do Heathenismo do norte da Europa, em especial o uso e a evolução de uma forma específica de transe conhecida como *seidh* ou, em alguns casos, *seidh oracular.*

Seidh era um termo usado para descrever diversas práticas xamânicas, desde a invocação de tempestades até profecias. Há uma descrição de *seidh* na *Saga de Erik, o Vermelho*. Mas a reconstrução moderna do *seidh* realmente só começou quando a escritora Diana Paxson passou a explorar o Xamanismo. Segundo Paxson, ela praticava o neoxamanismo baseado nos ensinamentos de Michael Harner há vários anos e, em 1987, teve finalmente a oportunidade de participar de um de seus workshops.

> No workshop, durante a jornada para o mundo superior", acabei encontrando Odin de maneira inesperada, e ele se tornou meu professor. Depois de um ano imersa na cultura nórdica através do estudo das runas, comecei a analisar tudo o que pude encontrar sobre seidh nas tradições, especialmente o relato na *Saga de Erik, o Vermelho* e os poemas das *Eddas* em que Odin conversa com a *Völva*. Na reconstrução que fiz, começamos purificando o espaço e honrando os anões que sustentam a terra, além de Freya, Odin, Hella, as Nornas e os ancestrais. Em seguida, realizamos uma jornada até o reino de Hella, onde um vidente ou uma vidente entra em um transe mais profundo para responder às perguntas.

O grupo de Diana Paxson, Seidhjallr, apresentou publicamente o ritual oracular pela primeira vez em 1990. Desde então, ela tem ministrado diversos workshops de *seidh* em outras partes do país e na Europa. Após um ano de prática com o *seidh*, seu outro grupo, o Hrafnar, passou a realizá-lo em diferentes contextos, incluindo Festivais Pagãos como o PantheaCon.

No *seidh oracular*, como praticado pelo Hrafnar, costuma-se iniciar com uma purificação usando água e ervas sagradas. Pode haver a invocação das direções e dos espíritos da natureza locais, além da saudação aos deuses. A transição para o mundo mítico nórdico ocorre por meio de tambores, outros tipos de música, exercícios de relaxamento e jornadas espirituais. Após a jornada, um cântico indutor de transe é entoado, permitindo que os praticantes entrem em um nível mais profundo de consciência. Paxson escreve que,no *seidh* "como realizado pelo Hrafnar, o canto é usado para alterar a consciência e elevar a energia, a jornada ao Submundo serve para levar todos à fonte do conhecimento, e o questionamento estruturado mantém o estado visionário sob controle."

Vários Heathens desenvolveram diferentes abordagens para o *seidh*, algumas baseadas no trabalho de Paxson e outras de forma independente. Na verdade, existem muitas formas de adivinhação utilizadas entre os Heathens. Alguns falam sobre *spae*, que muitos descrevem como uma forma de adivinhação mais passiva em comparação ao *seidh*.

Jennifer Culver é a fundadora do Widsith, um grupo de *seidh* em Dallas, Texas. Seu grupo adota uma abordagem diferente do Hrafnar e participa de diversos outros rituais, como aqueles voltados para o fortalecimento da sorte, a comunicação com os espíritos da terra (*wights*) e a conexão com diferentes aspectos da alma Heathen para propósitos como desenvolver força e fortalecer a vontade. Ela diferencia *spae* e *seidh* da seguinte maneira:

> Se o *wyrd* (visto por alguns como destino, uma dinâmica em que o passado molda o presente e o que está por vir) for entendido como uma teia, o trabalho de *spae* consiste em observar os fios do consulente que faz as perguntas, analisando onde e como eles se cruzam. Nada é feito com esses fios; o vidente apenas "vê" as informações e as transmite, seja por meio de imagens, pessoas, runas ou formas abstratas. Coloco "vê" entre aspas porque algumas pessoas também ouvem ou sentem as informações. Historicamente, os praticantes de *seidh* atuavam em um contexto muito mais ativo. Esses indivíduos realizavam rituais para influenciar o clima, retirar a sorte de alguém, enviar pesadelos, influenciar batalhas, criar neblinas ou até mesmo cantar nos telhados para que aqueles que saíssem caíssem mortos. A abordagem do *Widsith* em relação ao *seidh* reconhece que, se existem aspectos negativos, também existem positivos. Criamos rituais, por exemplo, para fortalecer (e não tirar) a sorte de uma pessoa.

Há muitos Heathens que não praticam *seidh* e alguns são até céticos em relação a ele. Por exemplo, Stephen McNallen, da *Ásatrú Folk Assembly*, afirmou que o *seidh* não fazia realmente parte da AFA.

Atualmente, o *seidh oracular* é uma prática limitada, mas aceita dentro da tradição Pagã Germânica. Paxson afirma que há praticantes ativos de *seidh* na Califórnia, Wisconsin, Kentucky, Texas, Nova Inglaterra e no estado de Washington, com novos grupos sendo formados na Flórida e na Carolina do Norte. A realização do *seidh* em Festivais Pagãos levou a forma contemporânea do Heathenismo a um cenário muito mais amplo.

Volkhvy afirma que esse é apenas um dos aspectos que tornaram o Heathenismo mais visível para o público. Grupos como a *The Troth* têm realizado palestras públicas. Além disso, a presença Heathen em conferências e encontros Pagãos – tanto nos Estados Unidos quanto na Europa – é significativamente maior em comparação com a última atualização de *Drawing Down the Moon.* Ben Waggoner, membro da *Troth*, afirma que Heathens têm realizado apresentações e rituais em eventos como *Starwood, PantheaCon* e também em encontros locais, como o *Pagan Pride Day* (Dia do Orgulho Pagão). "Embora os rituais Blóts e Sumbels, praticados em pequenos círculos familiares, ainda sejam a forma predominante de ritual em grupo", diz Volkhvy, "a conexão entre Heathens está crescendo – em grande parte porque a internet permite que indivíduos isolados e pequenos *kindreds* se encontrem."

Volkhvy observa que também houve uma mudança na atitude dos Heathens em relação aos Pagãos que não seguem o Heathenismo. "Embora ainda critiquem os *fluffy bunnies* (coelhinhos fofinhos)", diz ele, "muitos começaram a reconhecer que existem grupos na Wicca e no Neopaganismo tão comprometidos com a pesquisa e a compreensão de suas tradições quanto nós estamos com as nossas." Ele nota uma postura mais aberta, em que prevalece a ideia de que "o que você faz não é para mim, mas ainda assim posso respeitá-lo como uma pessoa de honra e integridade". Essa visão tem se expandido para incluir religiões e culturas não europeias. Além disso, há uma receptividade maior a estilos de vida alternativos e à participação de pessoas gays e transgênero, algo que não parecia comum há quinze anos.

Por outro lado, Ben Waggoner afirma que há um debate dentro do Heathenismo: "Qual deveria ser, exatamente, a relação entre o Heathenismo e a comunidade Neopagã mais ampla?" Ele explica que, do ponto de vista Heathen, "a Wicca, ou o Neopaganismo inspirado na Wicca, é como o proverbial gorila de 360 quilos." Muitos Heathens sentem-se sufocados pela suposição de que são apenas uma parte do Neopaganismo. Além disso, Waggoner afirma que vários deles ficam "perplexos, senão ofendidos, com muito do que observam na comunidade Neopagã."

No artigo *The Pentagram and the Hammer* (O Pentagrama e o Martelo), escrito em 1994 por Devyn Gillette e Lewis Stead, mas ainda considerado relevante por muitos, os autores afirmam que Wicca e Ásatrú compartilham alguns pontos em comum: respeito e reverência pela Terra (*Nerthus* para os seguidores do Ásatrú, *Gaia* para os Wiccanianos). No entanto, *Nerthus* tem um papel menos central no Ásatrú do que a Mãe Terra tem na Wicca e no Paganismo. Ambas as tradições também se baseiam em um passado romantizado e compartilham uma crença no uso da Magia. Mas segundo Gillette e Stead, as semelhanças terminam aí. Eles argumentam que, embora a Wicca se apresente como politeísta, sua visão é mais próxima do Panteísmo, enxergando o divino em tudo, em harmonia e equilíbrio. Já o Ásatrú é estritamente politeísta, vendo os deuses como entidades separadas e distintas, que às vezes entram em conflito. Eles escrevem: Eles escrevem: "A mensagem teológica geral da Wicca é essencialmente a de estar em sintonia com os ciclos naturais, enquanto no Ásatrú o foco é a vigilância constante e a luta pelo desenvolvimento espiritual." Por isso, eles escrevem que muitos Heathens desaprovam quando Pagãos tratam os Deuses nórdicos como arquétipos, pois os veem como entidades distintas, com mentes e vontades próprias. Gillette e Stead também argumentam que a Wicca se vê como uma religião de mistério, dando tanta ênfase à prática mágica quanto à devoção religiosa. No Ásatrú, ocorre o oposto: é uma religião votiva, baseada na veneração dos Deuses, com a Magia sendo algo secundário. Além disso, não há crença em Ásatrú de linhagem direta aos tempos antigos. Vimos que a maioria das reivindicações de tal linhagem na Wicca são questionáveis, e hoje muitos Wiccanianos entendem isso, mas Gillette e Stead argumentam que os Pagãos têm sido francos sobre isso desde o início - que Ásatrú é a recriação de uma religião que existiu na história, mas foi "recriado através da pesquisa moderna". Além disso, no Ásatrú não há crença em uma linhagem direta com os tempos antigos. Vimos que a maioria das alegações de continuidade na Wicca são questionáveis, e hoje muitos Wiccanianos reconhecem isso. No entanto, Gillette e Stead argumentam que os Heathens foram claros sobre esse ponto desde o início – que o Ásatrú é a recriação de uma religião que existiu historicamente, mas que foi "recriada por meio de pesquisas modernas."[342]

Atualmente, Heathens estão estabelecendo laços com diversas outras Tradições, incluindo tribos nativas americanas e reconstrucionistas helênicos, celtas e keméticos (egípcios antigos). Volkhvy escreve:

> Estamos todos trabalhando para reconstruir as expressões modernas dos caminhos tribais dos nossos ancestrais e temos muito a compartilhar. Aos poucos, estamos descobrindo que podemos colaborar como uma aliança sem comprometer as identidades individuais de nossos grupos.

342 Devyn Gillette e Lewis Stead, "The Pentagram and the Hammer", escrito em 1994, disponível na Web em: www.webcom.com/~lstead/wicatru.html.

Grupos Pagãos do Norte da Europa também enfrentam desafios para garantir o direito de realizar cerimônias em prisões, e muitas delas possuem grupos Heathens que se reúnem para o *Blót*. Um prisioneiro tem me escrito há anos de uma prisão federal no Meio-Oeste. Em certo momento, ele me enviou uma fotografia de um ritual - dezoito Heathens na prisão realizando um *Blót* em um pequeno bosque, com apenas três árvores, bem ao lado da tenda de suor dos nativos americanos.

Não há dúvida de que o Heathenismo é uma das partes mais importantes e dinâmicas do Paganismo contemporâneo.

Uma Nota Final Sobre a História do Reconstrucionismo Pagão

Muitas das organizações mencionadas neste capítulo tiveram um papel influente na formação da consciência Neopagã. A *Feraferia* e a *Church of the Eternal Source*, assim como a *Church of All Worlds* e os *Reformed Druids*, estabeleceram as bases para grande parte dos primeiros debates e impulsionaram as discussões que se desenvolveram nas publicações Neopagãs. Os líderes dessas organizações elaboraram conceitos e teorias fundamentais que hoje são amplamente aceitos dentro do Paganismo. Embora muitas pessoas assumam que Neopaganismo e Wicca são sinônimos, com exceção de grupos Wiccanianos incomuns como a NROOGD e a *Nemeton*, muitas das ideias mais inovadoras do Paganismo contemporâneo surgiram desses reconstrucionistas Pagãos, bem como dos criadores de religiões futuristas, como a *Church of All Worlds.*

Capítulo 10

Uma Religião do Futuro

A *Church of All Worlds* (*Igreja de Todos os Mundos*)

Um dia, talvez as pessoas se refiram aos últimos dois mil anos como "O Interlúdio Cristão."

— Tom Williams, Sacerdote, Igreja de Todos os Mundos

Meu primeiro encontro com a Church of All Worlds (Igreja de Todos os Mundos) aconteceu em um dia frio no final de outubro de 1975, em uma pequena casa situada em um subúrbio majoritariamente negro de St. Louis. Oito ou nove pessoas estavam reunidas ao redor de uma longa mesa baixa, coberta por pilhas de páginas recém-impressas. A casa tinha uma decoração simples – camas e sofás forrados com tecidos estampados indianos, almofadas no chão e pôsteres nas paredes.

Em um grande recinto de madeira e vidro esculpidos à mão, quatro répteis (pítons-das-rochas e jiboias) repousavam tranquilamente. Sobre a jaula, uma bandeira amarela estava estendida, trazendo a inscrição "Não pise em mim", com uma serpente enroscada abaixo. Em uma prateleira, dinossauros de brinquedo estavam dispostos entre uma coleção de fósseis, conchas, pedras e ossos.

O som de conversas animadas se misturava ao farfalhar das páginas, ao ritmo constante do grampeador e ao estalo ocasional da pipoca sendo mastigada, enquanto uma grande tigela passava de mão em mão. No interior das portas da casa, a poucos passos de prateleiras abarrotadas de livros e discos, um cartaz perguntava: "Você lembrou de se vestir?"

O cartaz era bem apropriado. Apenas uma pessoa na sala estava vestida, algo que, depois de alguns minutos, parecia passar despercebido. A casa estava muito quente e tirar a roupa parecia uma maneira natural de se sentir confortável. Mas todos – vestidos ou não – estavam concentrados na tarefa do dia: organizar, reunir, grampear e enviar a septuagésima quarta edição do *Green Egg*. Essa revista peculiar havia se tornado uma das principais fontes de informação sobre o Neopaganismo e, até recentemente, desempenhava um papel essencial na comunicação entre grupos Neopagãos.

A Festa de Envio da *Green Egg* era um evento que acontecia oito vezes por ano na Church of All Worlds. Essa edição específica durou dois dias, com pessoas entrando e saindo ao longo das horas.

Descrever uma religião fundada por um profeta ou sob a liderança de uma figura carismática é fácil. As palavras do fundador e os elogios dos seguidores contam a história. Mas como a maioria das religiões Neopagãs – especialmente as mais interessantes – são grupos sem liderança e com múltiplas vozes, muitas vezes contraditórias, é difícil apresentá-las sem levar o leitor a interpretações precipitadas baseadas em suas próprias suposições. Ao começar com a descrição de um encontro onde as pessoas estavam nuas, mesmo que fosse um evento prático, talvez eu já tenha levado você a uma conclusão equivocada.

Quase sempre (com uma notável exceção), quando alguém de fora tenta escrever sobre a Church of All Worlds (CAW), acaba interpretando e representando o grupo de forma equivocada. Isso provavelmente acontece porque a CAW não se encaixa facilmente em categorias convencionais. Mircea Eliade menciona a CAW brevemente em seu ensaio *O Oculto e o Mundo Moderno:*

> Uma seita bastante incomum, mesmo pelos padrões contemporâneos do ocultismo, é Church of All Worlds, fundada em 1961 por dois estudantes do Westminster College, no Missouri, depois de lerem *Stranger in a Strange Land*, do renomado escritor de ficção científica Robert A. Heinlein. Seus membros se cumprimentam com a frase "Tu és Deus."[343]

Hans Holzer, um popular escritor sobre o Ocultismo, sugeriu que havia um nível preocupante de polêmica e discussões no *Green Egg*. Ele também criticou o grupo por basear sua visão "no trabalho de um escritor prolífico e popular de ficção científica" em vez de "em alguma tradição antiga."[344] Um grupo Neopagão que busca seus mitos no passado parece algo óbvio. Já um que olha para o futuro é algo completamente diferente. Mas a crítica de Holzer simplesmente não se sustenta. Na verdade, a ficção científica e a fantasia provavelmente são os gêneros literários que mais se aproximam de uma exploração sistemática das preocupações centrais de Neopagãos e Bruxas. Escritores desses gêneros estão menos presos do que qualquer outro às normas políticas, sexuais e raciais de sua sociedade. Nos últimos anos, alguns escritores de ficção científica (principalmente mulheres, como

343 Mircea Eliade, *The Occult and the Modern World*, artigo apresentado na 21ª Palestra Anual em Memória de Freud, realizada na Filadélfia em 24 de maio de 1974. Publicado em *Occultism, Witchcraft and Cultural Fashions* (Chicago: University of Chicago Press, 1976), p. 62.

344 Hans Holzer, *The Witchcraft Report* (New York: Ace Books, 1973), p. 179. Ver também Holzer, *The New Pagans* (New York: Doubleday & Co., 1972), p. 120, e *The Directory of the Occult* (Chicago: Henry Regnery Co., 1974), p. 176. Muitas das pessoas citadas neste livro não consideram Hans Holzer um aliado do Neopaganismo. Talvez ele tivesse compreendido melhor a Church of All Worlds se percebesse que quase todos os grupos Neopagãos se baseiam nos esforços criativos e artísticos de seus membros, em vez de em uma "Tradição antiga". As Tradições são fragmentos, a criatividade é o que as une, e a CAW tem sido tão inventiva quanto qualquer outro grupo.

Ursula K. Le Guin, Joanna Russ, Pamela Sargent, Vonda McIntyre)[345] foram além do sexismo tradicional do gênero e passaram a reexaminar as relações entre homens e mulheres. A ficção científica sempre foi a literatura dos visionários, desafiando ideias preconcebidas sobre praticamente tudo, enquanto aborda questões fundamentais de sua época. Não é de se admirar, então, que muitos Pagãos e Bruxas não somente leiam ficção científica, como também escrevam. Em minhas viagens, encontrei quatro escritores renomados de ficção científica e fantasia que eram membros de grupos Neopagãos. Desses quatro, apenas Robert Anton Wilson era publicamente assumido. Os outros três preferiram manter suas identidades em sigilo.

Sempre existiu uma relação entre a ficção científica e o ocultismo, embora isso muitas vezes tenha intrigado estudiosos sérios. Mircea Eliade escreve: "A literatura de fantasia e do fantástico, especialmente na ficção científica, é muito procurada, mas ainda não conhecemos sua íntima relação com as diferentes tradições ocultistas."[346] Neopagãos frequentemente mencionavam a ficção científica. "Leitores de ficção científica e fantasia tendem a enxergar as coisas em termos da galáxia como um todo", escreveu alguém para mim, "em vez de pensar de forma local ou nacional." Outro comentou: "Leitores geralmente têm uma percepção mais aguçada sobre questões como ecologia, utopia (e distopia) e as mudanças provocadas pelo avanço tecnológico."

"Ficção científica", disse-me Isaac Bonewits, "é o principal fator responsável na minha vida por eu não ser racista ou preconceituoso em termos culturais." Aidan Kelly acrescentou: "A ficção científica é a principal literatura das pessoas mais inteligentes deste país no momento. Os únicos escritores que realmente lidam com a complexidade da realidade moderna são aqueles que mudam a forma como as pessoas a percebem, e esses escritores estão ligados à ficção científica."

Digamos que a ficção científica pode até ser considerada uma forma de adivinhação. A história certamente oferece muitos exemplos disso – como H. G. Wells e Jules Verne – em que tais previsões se mostraram acertadas. Em seus ensaios sobre ficção científica, *Structural Fabulation*, Robert Scholes escreve: "Para viver bem no presente, para viver com dignidade e humanidade, precisamos enxergar

345 Ver Ursula K. Le Guin, *The Left Hand of Darkness* (New York: Walker & Co., 1969); *The Dispossessed* (New York: Harper & Row, 1974); *A Wizard of Earthsea* (Berkeley: Parnassus Press, 1968); *Planet of Exile* (New York: Ace Books, 1966); Joanna Russ, *The Female Man* (New York: Bantam, 1975); *We Who Are About To...* (New York: Dell, 1975); *The Two of Them* (New York: Berkley Publishing Corp., 1978); *Vonda McIntyre, Dreamsnake* (Boston: Houghton Mifflin Co., 1978). Sobre Le Guin, Robert Scholes escreve em *Structural Fabulation* (Notre Dame, IN: University of Notre Dame Press, 1975), p. 82, que sua perspectiva "é mais ampla do que a perspectiva cristã – porque, no fim das contas, leva o mundo mais a sério do que a tradição judaico-cristã jamais permitiu que fosse levado." O que *Earthsea* representa, através de seu mundo de ilhas e vias navegáveis, é o Universo como um sistema dinâmico e equilibrado, não sujeito aos caprichosos milagres de qualquer divindade, mas apenas às leis naturais de seu próprio funcionamento. Essas leis incluem um papel para a magia e poderes além dos humanos, no entanto, esses elementos são vistos apenas como aspectos do grande Equilíbrio, que é a ordem do cosmos. Ursula Le Guin não trabalha com uma teologia, mas com uma ecologia, uma cosmologia e uma reverência pelo Universo como uma estrutura autorreguladora. É uma visão mais profunda, mais próxima das grandes mitologias pré-cristãs deste mundo e também mais próxima do que três séculos de ciência conseguiram descobrir sobre a natureza do Universo.

346 Eliade, "The Occult and the Modern World", pp. 67–68.

o futuro." Ele observa que a boa ficção científica nos permite saltar de mundos que conhecemos para outros completamente diferentes, iluminando, assim, nossa própria realidade. Isso é feito por meio das técnicas de desfamiliarização e estranhamento, que nos permitem ver o Universo de uma nova maneira. Scholes, falando a partir dos círculos acadêmicos, expressa sentimentos que ressoam profundamente no Neopaganismo:

> Estamos agora tão conscientes de como nossas vidas fazem parte de um universo estruturado que somos livres para especular como nunca antes. Onde qualquer coisa pode ser verdadeira - em algum momento, em algum lugar - não pode haver heresia. E quando os próprios padrões do cosmos guiam nossos pensamentos com tanta força e beleza, nada temos a temer além da nossa própria falta de coragem. Há campos de força ao nosso redor que até mesmo nossos mais avançados instrumentos de pensamento e percepção estão apenas começando a detectar. A função da ficção é explorar esses campos...[347]

A Church of All Worlds chamou a ficção científica de "a nova mitologia da nossa era" e a considerou uma literatura religiosa adequada. Tom Williams, ex-editor do *Green Egg* e sacerdote da igreja, escreveu que a ficção científica poderia evocar uma nova era ao gerar novas metáforas e uma infinidade de possibilidades. A realidade é "uma construção", um produto de crenças e suposições implícitas que parecem imutáveis simplesmente porque nunca são questionadas. "É da opressão dessas construções de realidade consensual esmagadora que a mitologia da ficção científica e da fantasia nos liberta. E faz isso de duas formas: primeiro, da maneira mais óbvia, ao nos oferecer construções alternativas de realidade; e segundo, ao nos revelar como as realidades são criadas." A verdadeira função do mito, segundo Williams, não é simplesmente explicar o mundo de forma simplista para que um "primitivo" possa entendê-lo, mas, assim como a arte, a música e a poesia, criar o mundo. Ele argumentava que tanto o Neopaganismo quanto a ficção especulativa se baseavam na expansão da consciência humana e surgiram no mesmo período. Hoje, escreveu ele, temos um privilégio raro - o de escolher conscientemente os mitos pelos quais queremos viver e compreender "que o mundo que evocamos depende da estrutura mítica de um povo e pode literalmente ser qualquer coisa, desde o petróleo, os bombardeiros e a poluição do Pentágono e do Kremlin até a Floresta Encantada de Galadriel."[348]

347 Scholes, *Structural Fabulation*, p. 75, 38.

348 Tom Williams, "Science-Fiction/Fantasy: A Contemporary Mythology", *Green Egg*, Vol. VIII, Nº 69 (21 de março de 1975), pp. 5-6.

Fato é que a Church of All Worlds já foi chamada de tudo, desde um "rebanho subcultural de ficção científica que *groka*"[349] até um "bando de hippies malucos". Mas suas verdadeiras origens remontam a um pequeno grupo de amigos que, assim como inúmeros estudantes do ensino médio e universitários de classe média no final dos anos 1950 e início dos anos 1960, encantaram-se com as ideias românticas, heroicas e intensamente direitistas de Ayn Rand. É um reflexo peculiar da consciência norte-americana que milhares de jovens estudantes, em algum momento, tenham sido arrebatados por seus romances – *Atlas Shrugged, The Fountainhead* e *Anthem.* (*A Revolta de Atlas, A Nascente* e *Anthem*).

Jerome Tucille, em seu espirituoso e irônico passeio pela direita libertária, *It Usually Begins with Ayn Rand* (*Geralmente começa com Ayn Rand*), não poderia ter escolhido um título mais preciso. Ele observou que as obras de Rand eram especialmente atraentes "para aqueles que estavam no processo de escapar de um passado religioso rígido." Apesar da filosofia inflexível do Objetivismo defendida pela autora, sua ficção despertava um impulso libertário, e *A Revolta de Atlas* acabou se tornando um "Novo Marxismo da Direita".

> Se o Marxismo, com sua promessa de uma utopia proletária, atendia perfeitamente às aspirações dos militantes da classe trabalhadora, o Objetivismo, com sua ética de autossuficiência e realização, era intoxicante para os filhos e filhas da classe média que se formavam na faculdade ao final da era Eisenhower.[350]

Era fácil se deixar levar pelas intensas lutas dos artistas e criadores de Rand, figuras grandiosas que enfrentavam o governo e a burocracia. O falecido Karl Hess, ex-redator de discursos de Barry Goldwater, que mais tarde se tornou anarquista de esquerda, certa vez me disse: "Numa época em que ninguém fazia argumentos, em que a inteligência era subestimada e crianças inteligentes eram menosprezadas, Ayn Rand parecia dizer a elas: 'Vocês são importantes'. Ela parecia ter um sistema filosófico com uma estrutura rigorosa, numa época em que ninguém queria conversar de forma sensata. Ela atingia aquela veia peculiarmente americana – ironicamente, a mesma que Emma Goldman atingia. Era cativante, mesmo que sua filosofia fosse expressa melhor por outros, como Max Stirner, por exemplo, e seu estilo de escrita lembrasse diretamente o de Jack London."

Os romances de Rand foram sementes que germinaram e deram frutos peculiares, muitos dos quais provavelmente a teriam horrorizado. A CAW é um exemplo disso. Trata-se de uma religião, enquanto Rand sempre foi intensamente ateia. Há muito tempo, essa vertente considera a ecologia a mais elevada atividade

---

349 Essa declaração foi atribuída a Hans Holzer por Carroll Runyon Jr., líder da OTA, em uma carta enviada a Tim e Julie Zell em 26 de abril de 1972. Essa carta foi publicada no *Open Communiqué* de Zell para todos os membros do Conselho de Themis em 27 de maio de 1972.

350 Jerome Tuccille, *It Usually Begins with Ayn Rand* (New York: Stein and Day, 1972), pp. 14–17.

e estudo religioso, tendo como prioridade máxima a harmonia entre os seres humanos e a biosfera. Ayn Rand, por outro lado, exaltava a poluição como um sinal de progresso humano. Suas heroínas choravam de alegria ao ver *outdoors* e saudavam chaminés industriais como símbolos da luta humana contra a natureza. Ela classificava aqueles preocupados com ecologia como "antivida" e "antimente" e condenava os povos indígenas como "selvagens". Chegou até a considerar o ato de fumar cigarros um dever moral que fortalece o sistema capitalista.[351]

As ironias da vida são muitas, pensei após conversar com Karl Hess, um dissidente tanto de Rand quanto de Goldwater. Ele estava construindo, com as próprias mãos, uma casa aquecida por energia solar, na Virgínia Ocidental. Fiquei me perguntando sobre os fundadores da CAW, alguns dos quais votaram em Goldwater em 1964, o mesmo ano em que fui presa nos degraus do Sproul Hall, em Berkeley. A CAW só pode ser compreendida dentro de um amplo contexto libertário, mas que escapa às nossas noções tradicionais de "esquerda" e "direita".

Vimos que a CAW teve início em 1961, quando um grupo de jovens amigos do ensino médio, incluindo Lance Christie, que mais tarde se tornou sacerdote da CAW, começou a discutir os romances de Ayn Rand. Seis meses depois, já na faculdade, passaram a explorar os conceitos de autorrealização de Abraham Maslow. No início, como Christie descreveu, essas discussões eram "diálogos/fantasias sobre os males do mundo" e, assim como na trama de *A Revolta de Atlas*, esses amigos imaginavam "um afastamento de pessoas criativas e não condicionadas culturalmente para um local remoto, onde aguardariam o Armagedom". Christie escreveu: "Depois que a Babilônia caiu novamente, vimos que estávamos surgindo para reconstruir o mundo ao longo de linhas racionais".[352]

Após ingressar no Westminster College, em Fulton, Missouri, Christie começou a realizar experimentos de ESP com um novo conhecido, Tim Zell, que mais tarde desempenhou um papel fundamental na formação da CAW.[353]

A atração por Maslow vinha de suas teorias sobre as características daqueles que ele chamava de "autorrealizados" - pessoas que percebiam a realidade com mais clareza do que as outras. Aceitavam a si mesmas sem culpa ou vergonha desnecessárias e toleravam - ou até buscavam - o novo, o ambíguo e o desconhecido. Eram espontâneas e naturais, com um senso de humor que não era nem hostil nem doentio. Tendiam a ser independentes, confortáveis na solidão; eram éticas, possuíam um senso social, uma visão ampla, um sentimento de admiração e um

---

351 Ver ibid., pp. 32, 175; também a transmissão da National Public Radio de 18 de abril de 1976, conforme relatado em *Akwesasne Notes* (início do verão de 1976), p. 44. As atitudes de Rand em relação à tecnologia e ao meio ambiente também são claramente expressas em *Atlas Shrugged* (*A Revolta de Atlas*) (New York: New American Library, 1959).

352 Lance Christie, "The Origin of Atl", Atlan Logbook, p. 23.

353 Tim Zell mais tarde adotou o nome Otter Zell e, atualmente, é conhecido como Oberon Zell-Ravenheart.

apreço pelo mistério. No entanto, Maslow observou que esses "autorrealizados" se sentiam alienados das convenções comuns, distantes dos valores culturais ao seu redor. Ele os descrevia como "estrangeiros em terra alheia",[354] expressão que

Ao combinar Maslow com Rand (uma junção que alguns poderiam considerar improvável), Christie idealizou uma instituição educacional que formaria "heróis de Ayn Rand, também conhecidos como 'autorrealizados maslonianos'."[355] Na utopia capitalista de Rand em *A Revolta de Atlas,* industriais brilhantes, artistas criativos e piratas que se opunham aos pobres aguardavam até que a escória da civilização se autodestruísse ou, mais precisamente, enfraquecesse o suficiente para permitir uma tomada de poder. Mas no Westminster College, com a introdução das ideias de Maslow, a utopia direitista de Rand foi invertida: mudar o sistema, educar para a inteligência e transformar heróis e heroínas randianos na norma.

No ano seguinte, o grupo leu *Stranger in a Strange Land* (*Estranho em uma Terra Estranha*), de Robert Heinlein. Christie escreveu mais tarde que, ao ler o romance, foi "tomado por uma sensação extática de reconhecimento. Era como se eu tivesse encontrado, já em sua forma completa, as ideias que tentava consolidar por conta própria."[356]

O romance narra a história de Valentine Michael Smith, nascido de pais terrestres em Marte e criado lá por alienígenas. Ao retornar à Terra como um estranho em seu próprio planeta, Smith observa tudo com assombro. Ele, por exemplo, questiona se a grama se incomoda ao ser pisoteada, afinal, "ela vive". De modo geral, ele expressa a filosofia de alguém em sintonia com o Universo.[357]

Apenas um autor, Robert Ellwood Jr., escreveu com profundidade sobre as sutilezas da Church of All Worlds. Seu livro *Religious and Spiritual Groups in Modern America* (*Grupos Religiosos e Espirituais na América Moderna*) dedica um capítulo, "The Edenic Bower", aos grupos neopagãos revivalistas modernos. Ele é, aliás, a única fonte de Eliade. Ellwood escreve sobre o romance de Heinlein:

> Quando Smith foi trazido à Terra, parecia, a princípio, deslocado. Não compreendia coisas básicas, mas era capaz de intuir com precisão, em um instante, as verdades profundas do caráter e da sabedoria terrena. Ele se movia pelo mundo ao mesmo tempo ingênuo e sábio...
> Eventualmente, Smith criou uma religião, a "Church of All Worlds", para seus companheiros. Ela tomou a forma de comunidades paradisíacas chamadas "Ninhos", onde o melhor de ambos os planetas era reunido. Nos Ninhos,

354 Abraham H. Maslow, *Motivation and Personality,* 2ª ed. (New York: Harper & Row, 1970), pp. 149–180. A citação aparece na p. 166. Também está incluída como uma seleção no *Atlan Logbook,* p. 64.

355 Christie, "The Origin of Atl."

356 Ibid., pp. 23–24.

357 Robert A. Heinlein, *Stranger in a Strange Land* (New York: G. P. Putnam's Sons, 1961; Avon Books, 1962).

> podiam aprender a língua marciana e ser iniciados nos conhecimentos e habilidades psíquicas do planeta. Também praticavam com alegria o amor sexual dentro da família do Ninho.

Ellwood escreveu que *Estranho em uma Terra Estranha* foi uma das bíblias da juventude dos anos 1960, pois, de certa forma, eles se sentiam como marcianos na Terra...

> Infantis e místicos, amantes da beleza, da harmonia e da magia, impacientes com os valores materialistas e os códigos morais, também pareciam não se encaixar, como se tivessem vindo de outro mundo. Muitos, assim como os amigos de Smith, buscavam com uma ânsia desesperada um estilo de vida alternativo, outras formas de relação entre humanidade e natureza, e diferentes maneiras de compreender a conexão entre consciência e cosmos.[358]

Em *Estranho em uma Terra Estranha*, a cerimônia mais profunda é a Irmandade da Água, o ato de compartilhar água, no qual cada pessoa "*groka*" a divindade da outra, formando um vínculo empático entre elas. Em abril de 1962, Zell e Christie compartilharam água, e no outono seguinte surgiu, entre esse grupo de amigos que então vivia em Fulton, Missouri, o conceito de uma irmandade da água, chamada "Atl".

De certa forma, as Irmandades da Água pareciam dar origem aos autorrealizados de Maslow, e a frase "Tu és Deus", usada no romance de Heinlein, expressava o que Christie e seus amigos haviam intuído nas obras de Ayn Rand. Eles começaram a criticar a filosofia de Rand nos muitos pontos em que entrava em conflito com Maslow e decidiram que a inteligência era mais importante do que a doutrina.

O nome *Atl* teria origem em uma palavra asteca para "água", que também possuía o significado esotérico de "lar de nossos ancestrais". Também foi observada a semelhança de Atl com palavras como Atlas, Atlântico e Atlântida. A água era vista como um símbolo apropriado para a vida, já que os primeiros organismos surgiram nela e sua presença é essencial à existência. Atl possuía seu próprio emblema, o *tiki*, inspirado no deus das águas caribenho Ruba-tiki. Um integrante Atl chamou o *tiki* de "um aviso de não está à venda" para se carregar pela vida. Logo, Atl tinha um diário de bordo, um diário interno chamado *The Atlan Annals* e um jornal estudantil chamado *Atlan Torch*.

Mas a Atl nunca foi uma organização formal ou rígida. Lance Christie comparava a relação entre os Atlanos aos "laços entre irmãos" em uma grande família. Eram "um grupo de amigos espalhados pelo país que compartilhavam o desejo de explorar o potencial humano e a estrutura social, oferecendo apoio emocional uns aos outros" - uma família estendida em um mundo de famílias nucleares.

358 Robert S. Ellwood Jr., *Grupos Religiosos e Espirituais na América Moderna* (Englewood Cliffs, NJ: Prentice-Hall, 1973), pp. 200–204.

"Quando as coisas apertam", escreveu Lance, "a família protege e acolhe os seus", mas acrescentou: "não há 'pais' em Atl. O próprio julgamento de cada um ocupa esse lugar." Atl foi concebida sem líderes nem seguidores. Além de uma família, era também um sonho, e Zell escreveu: "Não 'pertencemos' a ela... Atl pertence a nós, os sonhadores."[359]

O pequeno grupo de Atlanos, que nunca ultrapassou cem integrantes, via-se como promotor de alternativas que levariam à criação de seres humanos com potencialidades divinas. Os Atlanos tentaram se infiltrar na Mensa e se interessavam por experimentos educacionais, estudando o sistema Montessori e as obras de A. S. Neill. Eles demonstravam uma estranha fascinação por testes de QI e personalidade. Enquanto esses testes começavam a ser alvo de críticas por parte de pensadores radicais, os Atlanos os utilizavam de forma experimental na busca por novos integrantes. Ainda assim, os testes não eram o fator principal; a pessoa se tornava Atlanos da mesma maneira que, em geral, ocorre com Pagãos – um processo de reencontro, uma intuição.

Os Atlanos eram, acima de tudo, sobrevivencialistas. Eles encorajaram seus "membros" a aprenderem habilidades diversas como "leitura dinâmica, treinamento de memória, caratê, ioga, autossugestão, teoria dos conjuntos, lógica, treinamento de sobrevivência e telepatia."[360] Os Atlans se viam como mais inteligentes, ativos e criativos, com maior necessidade de estímulo e interação, além de mais capazes de estabelecer suas próprias regras do que as demais pessoas. Muitas vezes, consideravam-se excluídos, uma espécie de "colônia de leprosos", perigosos por serem intransigentes e se recusarem a se encaixar na "matriz sociológica" dominante.

Politicamente, eram difíceis de definir. Certa vez um Atlano se descreveu como "democrata de esquerda"; outro afirmou que preferia uma "ditadura sem opressão"; uma terceira disse odiar "a NAACP, os pacifistas antinucleares, os subsídios agrícolas e as 'ciências' sociais". Zell escreveu que suas aversões incluíam o exército, missionários, ismos, rótulos, comerciais, aniquilação atômica e o "pecado original". Seu maior desejo para o mundo era o "uso pleno e controlado de todos os poderes de ESP e PK por toda a raça humana."[361]

A Atl não era revolucionária no sentido comum da palavra; não fazia proselitismo e um de seus integrantes escreveu que "a felicidade deste grupo pode ser garantida sem prejudicar o resto do mundo". Ainda assim, sua lista de leituras era repleta de visionários de correntes diversas e até contraditórias: Neill, Maslow, Fromm, Leary, Huxley, Heinlein, Rand, *The Realist*. Alguns Atlanos, como Zell e Christie, tinham objetivos ambiciosos. Entre as metas de curto prazo, planejavam estabelecer uma editora, uma escola, uma colônia naturista e uma cafeteria. A longo prazo,

359 Todas as citações são de *Atlan Logbook*, pp. 1, 14, 17–18 e 23–24.

360 *Atlan Annals*, Vol. 1, Nº 1, p. 5.

361 Declarações políticas de Dagny, Prometheus, Thor e Adonai na seção de declarações individuais do *Atlan Logbook*,

como Lance escreveu, queriam "trabalhar para construir um mundo nos moldes daqueles livros, um mundo onde os filhos da humanidade possam caminhar pelas colinas como deuses."

Outros discordavam e acreditavam que a Atl não deveria ter um propósito definido, "exceto manter a comunicação" entre amigos. Como Lance observou:

> A Atl não é um movimento unitário com um dogma rígido e uma Causa específica e estreita. É um agrupamento vasto e heterogêneo de humanos teimosos, indomáveis, inteligentes, independentes e não condicionados cultu-ralmente, que compartilham algo indefinível que os distingue e, ao mesmo tempo, os une. Esperar que todos Atlanos concordem em qualquer momento sobre qualquer coisa é um exemplo clássico de otimismo delirante.[362]

Portanto, a Church of All Worlds surgiu a partir da Atl, em 1967. Segundo Christie, ela foi concebida como um "laboratório vivo" para experimentar soluções para os desafios da vida comunitária, da filosofia e da comunicação. Assim como no romance de Heinlein, a Igreja adotou uma estrutura de nove círculos, cada um nomeado em referência a um planeta. A Igreja era "o bebê de Tim Zell".[363] Christie escreveu certa vez que grande parte de tudo que se concretizou foi a evolução da visão do próprio Zell, com a qual nem todos os Atlanos se identificavam. Tampouco a simpatia por essa visão era considerada obrigatória.

Desde o início, Zell descreveu a Atl como "uma sociedade dedicada à máxima realização do potencial humano e à concretização da liberdade individual suprema e da responsabilidade pessoal". Em poucos anos, a Church of All Worlds reformularia essa ideia apenas ligeiramente para se declarar uma religião Neopagã "dedicada à celebração da Vida, à máxima realização do potencial humano e à concretização da liberdade individual suprema e da responsabilidade pessoal, em uma relação eco-psíquica harmoniosa com a Biosfera total da Sagrada Mãe Terra".[364]

A verdadeira história da CAW está na maneira como o contato com o movimento ecológico, outros grupos e pesquisas sobre a história de povos antigos e "primitivos" (como o culto à Deusa Mãe) transformaram em uma religião Neopagã uma organização originalmente baseada nas visões de um escritor de ficção científica, um psicólogo e uma filósofa direitista que desprezava profundamente todas as formas de reverência à natureza e qualquer tipo de religião. E essa transformação girou em torno da palavra "Pagão".

---

362 Lance Christie, *Atlan Annals*, Vol. IV, Nº 2, p. 6.

363 *Ibid.*, Vol. IV, Nº 1, pp. 4, 7. Também, Vol. III, Nº 10, p. 23.

364 Primeira declaração: Tim Zell, "Ideals and Principles of Atl", *Atlan Logbook*, p. 11; também publicada em *Green Egg*, Vol. 1, Nº 2 (março de 1968). Segunda declaração: propósito da *Church of All Worlds*, presente em todas as edições do *Green Egg*.

Em 1967, Tim Zell já utilizava o termo "Pagão" para descrever a ideia da CAW. Em 1968, o Paganismo, conforme expresso no *Green Egg* (então um boletim de uma única página), era descrito como "uma religião afirmadora da vida, sem elementos sobrenaturais, assim como foram os dionisianos, os epicuristas, os estoicos, os druidas, os transcendentalistas e os existencialistas".[365]

Podemos nos perguntar como a palavra Pagão passou a incluir as novas religiões ligadas à natureza. Até o final dos anos 1960, o termo era utilizado para se referir tanto a uma religião ancestral ou tribal indígena quanto a uma abordagem irreligiosa e imoral da vida.[366]

A mudança pode ter ocorrido em grande parte devido a Kerry Thornley, um homem que aparece no próximo capítulo em um papel bastante divertido. Thornley, sob o improvável nome de Omar Ravenhurst, ajudou a fundar um complexo de grupos Neopagãos deliciosamente bizarros e surrealistas – entre eles os Erisianos, a Sociedade Discordiana, o POEE, o Front de Libertação Erisiano – todos dedicados à Deusa grega do Caos e da Discórdia, a Lady Eris. Em 1966, Thornley, chamando-se "Jovem Omar", escreveu um artigo para um grupo comunitário chamado "Kerista". Ele observou que B. Z. Goldberg, em seu livro *The Sacred Fire* (*O Fogo Sagrado*), havia notado que uma das funções das religiões primitivas era fornecer refúgio e alívio e levantar temporariamente os tabus da sociedade. Goldberg, segundo Omar, escreveu: "O que era proibido na mata não só era permitido, como de fato se tornava um dever no templo dos Deuses."

Partindo de Goldberg, Omar afirmou que, já que as tradições judaica e cristã não eram mais credíveis nesta era da ciência, deveriam ser abandonadas. Ele escreveu:

> Esqueçamos elas. Em vez disso, olhemos para os trabalhos das religiões antigas, muito menos intelectuais, mas muito mais funcionalmente construtivas. Essas eram as religiões "Pagãs" – as religiões que sobrevivem até hoje na Inglaterra e nos Estados Unidos como "Bruxaria".

As religiões Pagãs "tanto estabilizavam quanto derrubavam a estrutura social." A psicoterapia moderna, os workshops de conscientização sensorial e os jogos existenciais estavam tentando fazer a mesma coisa e, provavelmente, haviam sido reintroduzidos na sociedade com um propósito semelhante. Para Omar, a ciência fornecia a confirmação do Paganismo como "uma contratendência cultural institucionalizada" e preparava o caminho para o retorno do Paganismo como uma força social legítima.

365 *Green Egg*, Vol. 1, Nº 1 (20 de março de 1968). Zell também se descreveu como Pagão no *Atlan Logbook*, afirmando: "Sou Pagão, considerando Atl na vanguarda do novo ressurgimento pagão" (seção de declarações individuais).

366 Ronald Hutton, em sua obra monumental *The Triumph of the Moon* (1999), dedica várias páginas à palavra "pagão" e ao seu uso por escritores e poetas românticos ingleses e europeus do século 19. Hutton afirma que a primeira utilização do termo "Neopagã" ocorreu em 1891, por W. F. Barry, um crítico cristão que menosprezava o Neopaganismo, descrevendo-o como uma doutrina corruptora, preocupada com "um grande e incessante festival de flores, luzes e amor sensual fácil".

Quanto ao Kerista, esse grupo defendia a espontaneidade, a comunidade, o erotismo e a liberdade. Omar escreveu que os objetivos do Kerista e do Paganismo, em geral, estavam fortemente opostos ao dogma e à doutrina:

> Kerista é uma religião e o espírito Kerista é de santidade. Não procure, no entanto, uma profusão de rituais, dogmas, doutrinas e escrituras. Kerista é sagrado demais para isso. É mais semelhante às religiões do Oriente e, também, às chamadas religiões Pagãs do Oeste pré-cristão. Sua fonte de existência é a experiência religiosa, e qualquer ação, palavra ou pensamento que não esteja imbuído de êxtase não é Kerista. E Kerista, como aquelas religiões dos tempos antigos, é uma afirmação da vida.[367]

O grupo Kerista desapareceu e Young Omar se envolveu com as idiossincrasias e complexidades da Lady Eris, mas talvez tenha sido ele a primeira pessoa, pelo menos nos Estados Unidos, a usar a palavra *Pagão* para descrever as religiões naturais do passado e do presente. Alguns até alegam que todo o movimento Neopagão é uma Conspiração Erisiana (veja o próximo capítulo e *Illuminatus*, de Robert Wilson e Robert Shea). Nessa época, a palavra *Pagão* também estava sendo usada por Covens de Bruxaria no Reino Unido e nos Estados Unidos. Ela encontrou seu caminho nas publicações da Witchcraft Research Association em 1964 e 1965. Porém, a maioria das Bruxas usava o termo para descrever as religiões antigas das Ilhas Britânicas e da Europa Continental, além de sua própria prática religiosa como Bruxas, e não o fenômeno Neopagão fora da renovação da Arte.[368] Foi necessário um catalisador para criar um senso de coletividade em torno da palavra *Pagão*, e nos Estados Unidos, a Church of All Worlds e seu *Green Egg* cumpriram esse papel. Foi Tim (Oberon) Zell quem adotou o termo do artigo de Young Omar.

Por essa razão a Church of All Worlds merece um grande destaque nesta história. A CAW não foi o primeiro grupo Neopagão nos Estados Unidos. Como vimos, a Long Island Church of Aphrodite (Igreja de Afrodite de Long Island), de Gleb Botkin, pode muito bem ter sido a primeira, e a Feraferia provavelmente foi o primeiro grupo a adotar abertamente o politeísmo. Mas a CAW ajudou um grande número de grupos distintos a perceberem que compartilhavam um propósito comum, o que deu ao fenômeno um novo significado. Até então, cada grupo existia por conta própria, entrando em contato com outros apenas em eventos raros, como as feiras renascentistas na Califórnia ou as convenções de ficção científica. A CAW e Zell, ao usarem termos como *Pagão* e *Neopagão* para se referirem à coletividade emergente das novas religiões da Terra, conectaram esses grupos, e o *Green Egg* criou uma rede de comunicação entre eles.

367 Young Omar, "Kerista's Erotic Ethic."

368 Veja o discurso de Doreen Valiente, *Pentagram*, Nº 2 (novembro de 1964), p. 5.

A Church of All Worlds foi formalmente fundada em março de 1968. Um prédio para as reuniões foi alugado e o Green Egg começou a ser publicado. Nesse período, a CAW entrou em contato com a Feraferia e diversos Covens de Bruxaria, além de se envolver com o crescente movimento ambiental. Nas primeiras edições do Green Egg, o Paganismo era visto englobando meditação transcendental e o Unitarismo liberal. Porém, o contato com esses grupos mudou a concepção de Paganismo da CAW.

No início, a Church of All Worlds foi bastante inspirada pela visão da Feraferia. Em 1969, a CAW utilizava o calendário da Feraferia e a saudação "Evoé Korê!", celebrando a Deusa Menina. Foi Fred Adams, da Feraferia, quem cunhou o termo *eco-psíquico* para explicar a ecologia religiosa do Neopaganismo. Zell escreveu que a Feraferia havia desenvolvido praticamente todos os aspectos de uma religião Pagã – mitos, rituais, cerimônias, celebrações e uma visão eco-psíquica de proporções verdadeiramente gigantescas – enquanto a Church of All Worlds se concentrava mais em ética, psicologia, sociologia, desenvolvimento humano e moralidade. Uma aliança parecia a Zell a coisa mais natural.

O *Green Egg* tornou-se mais sério em tom, como convinha ao boletim de uma Igreja com uma missão. A Church of All Worlds começou a olhar com seriedade para a questão do rito, ritualística e mito. Fred Adams escreveu:

> É o Destino dos Neopagãos fornecer as fundações de "Culto-Cultura-Cultivo" para o(s) Movimento(s) de Ação Conservacionista, agora em ascensão, mas psicologicamente sem raízes. Não apenas devemos replantar o Solo da Terra Sagrada. Devemos também replantar a Alma e o Corpo Humanos! Assim, o reflorestamento deve ser visto como uma celebração – uma celebração Pagã. A distância entre o trabalho e o lazer precisa ser superada. Esses dois movimentos de Turtle-Back (Casco de Tartaruga) devem ser unidos: 1) Liberdade Panerótica e 2) Conservação da Natureza.[369]

A CAW e a Feraferia fundaram juntas o Conselho de Themis, uma aliança ecumênica Neopagã, e convidaram todos os grupos que trabalhassem pela "realização do potencial eco-psíquico" dos seres humanos e da natureza a se juntarem. O conselho teve vida curta, sendo dissolvido após uma disputa envolvendo questões de filosofia, organização e liderança.

Tom Williams, um sacerdote da CAW, descreveu para mim a lenta transformação da Igreja. Ele se juntou em 1968, depois de se deparar com um cartaz anunciando uma reunião que dizia: "Você pode ser um Pagão e não saber disso." Tendo se considerado um "Pagão" (em oposição a "Cristão") por muitos anos e tendo um profundo amor pela mitologia grega, Williams ficou interessado. "Descobri que

369 *Green Egg*, Vol. III, Nº 20 (29 de dezembro de 1969), p. 1.

havia outras pessoas que se chamavam de Pagãs, mas demorou um pouco, porque a CAW não destacava sua conexão com as religiões da Terra no começo. Como a Igreja surgiu de uma combinação de Heinlein e Rand, ela teve que evoluir."

Williams se lembrava de que a atitude original da CAW em relação aos ocultistas era uniformemente negativa; ele até se recordava de pregar algumas pegadinhas inofensivas em ocultistas locais e magistas cerimoniais da região. "No começo", disse ele, "alguém poderia ter razão em chamar a CAW de rebanho *Grok* de ficção científica, mas as coisas começaram a mudar. Começamos a trabalhar com a Coalizão pelo Meio Ambiente na comunidade. Passamos a conhecer pessoas envolvidas com a Bruxaria, a Arte moderna." A princípio eu não entendia do que se tratava a Arte. Eu tinha mais ou menos agrupado isso com o conceito de Espiritismo e Magia Cerimonial. Mas então, gradualmente, começamos a perceber que havia alguma coisa mais ali, algo que nos envolvia e nos conectava às antigas e modernas religiões da Terra. Acho que a exposição a essas coisas despertou algo dentro de nós que aparentemente já existia há algum tempo sem que soubéssemos. Acredito que foi um processo de descoberta. Sempre nos sentimos os excluídos, os despossuídos. Claro, tivemos um pouco dessa sensação no início, como o *Estranho em uma Terra Estranha* sugere. Mas quando reconhecemos que nossos sentimentos emocionais estavam com o Planeta; que havia uma verdadeira distinção entre o caminho das coisas e o caminho do coração, esses sentimentos se aprofundaram muito mais do que no começo.

Em 1970, Williams escreveu que a Igreja estava colocando maior ênfase na ecologia e na ideia de uma identificação reverente à natureza. "Somos basicamente afirmadores da vida e orientados para a natureza, em oposição às religiões antivida, voltadas para o espírito e antinatureza da tradição judaico-cristã... Portanto, o único termo para nós é "Pagãos" – os amantes das árvores, as dançarinas enlouquecidas nos bosques iluminados pela lua, os reverentes de nossa amada Terra pela simples razão de sua existência imediata e inebriante."

A ideia de unir vários grupos Neopagãos não era apenas "fugir das chaminés, dos gases sufocantes e da imundície com as quais o homem se cercou em sua 'busca pela felicidade'", mas construir de forma positiva, "criar o sonho de eco-psíquico-terra-céu-amor-corpo-Reino Selvagem", um tempo em que todos "andariam pelas Colinas Verdes da Terra [uma referência a outro romance de Heinlein] como Deuses no jardim paradisíaco da Grande Natureza!"[370]

Outro sacerdote da CAW, o falecido John McClimans, do ninho de Chicago, também falou comigo sobre o crescimento e a evolução da Igreja. Ele disse: "Quando a CAW foi fundada, usávamos a palavra 'Pagão' para significar 'não cristão', até

370 *Green Egg*, Vol. III, Nº 23 (18 de março de 1970), p. 1. A frase "as Colinas Verdes da Terra" vem de uma história de C. L. Moore (Sra. Henry Kuttner), e Heinlein a usou com sua permissão em The Green Hills of Earth (Chicago: Shasta, 1951).

mesmo 'anticristão'." Mas à medida que o grupo se espalhou e entrou em contato com outros grupos, isso mudou. "A próxima coisa que soube, é que eu era um verdadeiro Pagão, em vez de um tipo de Pagão anticristão... Houve uma mudança de atitude, uma mudança de valor. Lembro que senti isso dentro da minha cabeça. De repente, senti que estávamos no meio da criação de algo completamente novo, algo que nos oferecia uma saída de toda a sujeira ao nosso redor."

Essas transformações encerraram o relacionamento da CAW com a Atl. Muitos Atlanos não tinham interesse em se envolver com a Igreja, objetando a relação da CAW com o ocultismo – por mais tênue que fosse – assim como suas tendências não convencionais. Embora a Church of All Worlds nunca tenha tido um interesse formal em conversão, alguns membros da Atl se incomodavam com o que viam como um excesso de zelo missionário. Enquanto isso, o cabelo e a barba de Zell foram crescendo, e, em algumas ocasiões, ele aparecia em público com sua bela jiboia de estimação, Histah, enrolada nos ombros. Em 1972, Zell, Histah e Julie, a mulher com quem ele vivia, interpretaram Cerridwen e Cernunnos e ganharam um prêmio no Baile de Fantasias da Convenção Mundial de Ficção Científica em Los Angeles. Dois anos depois, Zell e sua atual parceira, Morning Glory, ganharam outro prêmio na Convenção Mundial de Ficção Científica, agora em Washington (Discon) pela interpretação de dois personagens do romance *Flesh*, de Philip José Farmer. Tanto Morning Glory quanto Zell estavam com suas serpentes de estimação e ambos estavam deslumbrantes. Foram episódios como esses que levaram vários Atlanos a se dissociar da Igreja, com o argumento de que não queriam se envolver em um "espetáculo público." Como McClimans observou: "A maioria das pessoas na Atl era agnóstica convicta e não tinha interesse por aqueles que sequer concebiam a ideia de um universo teísta." Ele se lembrou de uma vez em que tentou explicar a filosofia Neopagã a um ex-membro de Atl, que tinha doutorado em filosofia. McClimans contou que seu amigo não quis nem ouvir. "Se não fosse Kant, se não tivesse alcançado grande notoriedade, de nada valia. Ele ainda se perguntava como eu podia ser tão estúpido."

Perguntei se a Atl ainda existia. "Sim", disse ele, "em pequena escala". McClimans ainda me contou que nos últimos dois anos ele foi aceito por estranhos em outro estado simplesmente porque tinha um tiki da Atl. Alguns membros do grupo original da Atl deixaram o Missouri e se estabeleceram em outros lugares. Escolheram propositadamente um Estado com baixa densidade populacional, que poderia reverter em um terreno fértil para mudanças políticas e sociais inovadoras. Ainda existem ninhos da Atl, mas eles não desejam ser conhecidos publicamente. Aparentemente, os objetivos permanecem os mesmos.

Quanto à Church of All Worlds, durante os anos seguintes ela começou a desenvolver sua própria filosofia, que é bastante distinta das filosofias da Feraferia e de outros grupos Neopagãos. Zell começou a escrever sobre o planeta Terra como uma divindade, como um único organismo vivo, e isso se tornou o mito central da Church of All Worlds. Desde 1971, o mito tem sido constantemente revisado e se transformou em uma percepção eco-religiosa única.

No primeiro artigo, *Theagenesis:*[371] *The Birth of the Goddess* (*O Nascimento da Deusa*)", Zell escreveu que todas as religiões deveriam ser consideradas subjetivamente "verdadeiras", assim como todas as opiniões. A realidade pessoal era necessariamente subjetiva, portanto uma crença era "verdadeira" por definição. Ele observou:

> Uma maldição de morte do Voudou é tão real para sua vítima, e tão eficaz, quanto estar "salvo" é para um cristão fundamentalista, ou as leis *kosher* são para um judeu ortodoxo. Uma Terra plana, com as estrelas e planetas girando ao seu redor, era tão real para a mente medieval quanto nosso globo e sistema solar são para nós. A paralisia histérica e a cegueira são tão reais para quem as sofre quanto suas contrapartes orgânicas. As serpentes e insetos dos delírios alcoólicos e narcóticos são reais para o viciado, assim como o mundo aterrorizante do paranoico. Do ponto de vista da consciência humana, não há outra realidade além daquela que experimentamos, e tudo o que experimentamos é, portanto, a realidade - portanto, "verdadeiro."

Somente quando comparamos nossas experiências subjetivas com as experiências de outras pessoas e chegamos a um consenso sobre a realidade, escreveu Zell, é que chegamos a uma verdade mais objetiva, embora até o consenso de uma comunidade seja frequentemente subjetivo. Enquanto todas as religiões são subjetivamente "verdadeiras", sua verdade objetiva depende de quanto elas mesmas dependem da fé cega, do dogma, da tradição e da autoridade. Uma religião que pudesse se adaptar a novas descobertas e mudanças, manter o dogma e a doutrina ao mínimo e incentivar a curiosidade e o questionamento teria boas chances de resistir à análise objetiva. Com essa ideia como base, Zell descreveu as antigas religiões Pagãs:

> Os Paleopagãos, embora diversos, compartilhavam entre si certos pontos de vista comuns. Entre estes estavam: a veneração de uma Deusa Mãe Terra; animismo e panteísmo; identificação com uma região sagrada; celebração sazonal; amor, respeito, admiração e veneração pela Natureza e Seus mistérios; sensualidade e sexualidade no culto; magia e mito; e o senso de que o Homem é um microcosmo correspondente ao macrocosmo de toda a Natureza. No entanto, essas percepções eram em grande parte intuitivas, já que a ciência ainda não havia avançado o suficiente para fornecer uma validação objetiva para o que, para os de fora, poderia parecer mera superstição.

371 Originalmente *Theogenesis*, mas foi alterado nas edições posteriores por razões óbvias.

Essas atitudes, escreveu Zell, assumem implicações completamente novas no século 20. Ele levou o leitor a um longo passeio pela biologia, divisão celular, reprodução e teoria da evolução. A ideia central desse passeio era que toda a vida aparentemente havia se desenvolvido a partir de uma célula única que se dividiu e subdividiu, transmitindo seu material celular de forma contínua. Toda a vida estava interconectada, fazendo parte de um único organismo vivo.

"Literalmente", escreveu Zell, "somos todos 'Um.' A baleia azul e a sequoia não são os maiores organismos vivos na Terra; a biosfera planetária inteira é." Zell chamou esse organismo de "Terrebia" (mais tarde mudado para Gaia). E então começou a fazer analogias com os outros organismos vivos. Como todos os organismos, Terrebia, ou Gaia, era composta por muitos órgãos; ela tinha suas próprias formas de especialização. Cada animal e planta era "o equivalente a uma única célula no vasto corpo de Terrebia." E "cada bioma, como a floresta de pinheiros, o recife de corais, o deserto, as pradarias, os pântanos, etc., completos com todas as suas plantas e animais", era o equivalente a um órgão. E, assim como em um ser humano, cada órgão contribui para a coerência total do ser, de maneira semelhante, em Gaia, não se pode "matar todos os bisões da América do Norte, importar coelhos para a Austrália, cortar ou queimar florestas inteiras" sem prejudicar a integridade do todo. Para quem vê a Terra como um ser vivo, os princípios ecológicos tornam-se óbvios.

Ao contrário das visões de muitos evolucionistas, a de Zell não era aberta, mas progressiva. Inicialmente, ele via os seres humanos como o sistema nervoso do Planeta, entre os últimos a evoluir e os mais complexos. Os seres humanos seriam os responsáveis pela ecologia planetária de Gaia. Mas Zell logo mudou essa visão. Concluiu que toda a vida senciente funciona coletivamente como o sistema nervoso do Planeta, e que a principal função do "cérebro" pode muito bem pertencer aos cetáceos, e não aos seres humanos. Zell via os humanos modernos como um câncer no Planeta, células se multiplicando descontroladamente. Em determinado momento, ele até postulou a guerra nuclear como uma espécie de tratamento de radiação horrível que ele esperava poder ser evitado.

O potencial máximo de Gaia era a unidade telepática da consciência entre todas as partes do sistema nervoso, entre todos os seres humanos e, finalmente, entre todos os seres vivos. A evolução até esse ponto seria semelhante à consciência planetária emergente de Pierre Teilhard de Chardin, o "Ponto Ômega", embora sem os elementos cristãos de Teilhard. O objetivo evolutivo era uma união telepática total, um destino como o descrito por Arthur C. Clarke em *Childhood's End* (*O Fim da Infância*), mas sem a perda da consciência individual e do senso de si. Quando o Ponto Ômega ou Apoteose fosse alcançado, o organismo planetário Gaia realmente despertaria.

Nesse contexto, Zell redefiniu a divindade como o cumprimento do potencial, como "o nível mais alto de consciência consciente acessível a cada ser vivo, manifestando-se na autorrealização desse ser." Assim, a célula era Deus para seus componentes; o tecido era Deus para as células, e assim por diante. E um ser humano manifestava um nível completamente novo de consciência, organização e "totalidade emergente." Sobre esse nível de organização, Zell escreveu: "Achamos apropriado expressar o reconhecimento dessa Unidade na frase: Tu és Deus."[372] E, como todos os seres estavam conectados biologicamente, todos os ecossistemas expressavam um novo nível de consciência. A própria Mãe Terra poderia ser vista como Deus. Zell escreveu:

> De fato, embora ainda não desperta, a mente subconsciente embrionária adormecida de Terrebia é experimentada intuitivamente por todos nós, e tem sido referida instintivamente como Mãe Terra, Mãe Natureza (A Deusa, A Senhora).[373]

Deus se tornou Deusa, como havia sido tão intuitivamente compreendido por séculos. Em um artigo posterior, Zell observou:

> Incontáveis místicas, poetas, xamãs e crianças ao redor do mundo, através de todas as Eras, tiveram suas vidas elevadas e transformadas pela aparição ou visão Daquela a quem chamaram de Ísis, Ceres, Rhea, Dana Gaia, Eostre e, nas terras cristãs, Mãe Maria. Aquela que conhecemos como a Mãe de Todos; A Deusa Branca; A Grande Deusa; Mãe Natureza, Mãe Terra. Ela é um Ser vivo real, e como todos os Seres vivos, Ela também possui uma Essência-Alma que podemos perceber, embora "traduzida" em imagens familiares para nossas imaginações limitadas...
>
> E assim como cada célula em nossos próprios corpos contém a essência do Todo no código genético impresso nas complexidades da molécula de DNA em dupla hélice, e como de fato cada célula em meu próprio corpo é Tim Zell, também cada planta e criatura viva compartilha da essência do Todo da Mãe Terra. A cada uma podemos justamente dizer, "Tu És Deusa."[374]

A publicação de *Theagenesis* foi seguida por uma série de outros artigos. Em *Biotheology*, Zell escreveu que, já que todos nós somos a Deusa, a divindade deve ser concebida como "imanente", não transcendente; a divindade está dentro. Ele escreveu:

372 Tim Zell, *The Gods of Nature, the Nature of Gods* (Part I), *Green Egg*, Vol. VII, Nº 66 (1 de novembro de 1974), p. 12.

373 Zell, *Theagenesis*, p. 10.

374 Zell, *The Gods of Nature*, p. 14.

> Vemos que os Humanistas estão certos; Deus é a Humanidade. Também estão corretos os Panteístas em seu reconhecimento de que Deus é toda a Natureza. Até os Cristãos tocam a verdade quando percebem que Deus é "revelado nas florestas, nos vales, nos prados...". A "experiência religiosa" dos místicos, que parece mostrar-lhes "o rosto nu de Deus", é, na verdade, uma experiência de entrar em completa sintonia com esse mais alto nível de consciência consciente...

Uma experiência como essa poderia ser provocada por jejum, êxtase religioso ou sexual, ou alucinógenos. Em todos os casos, "a própria experiência parece ser idêntica, uma experiência de total existência, de revelação extática." Para qualquer pessoa que tivesse tal experiência, Zell escreveu, a frase "Tu és Deus" se tornaria óbvia. A ideia de Heinlein sobre "*Grok*" era "um tipo de entendimento empático total no qual a identidade do sujeito e do objeto se fundem em Um." Assim, "grokar algo", escreveu, "seria relacionar-se com isso com todo o seu potencial." Isso, ele disse, era algo que acontecia naturalmente com plantas e animais. Apenas os seres humanos pareciam não saber quem eram e agiam de acordo com isso, e essa falha humana estava talvez na raiz de todo o sofrimento humano. É por isso, escreveu ele, que há tão pouca consciência da espécie, consciência da vida e consciência ambiental entre os seres humanos hoje.

Essa consciência era conhecida por diversos celebrantes antigos, os Pagãos, os "dançarinos nus nos bosques iluminados pela lua" que foram mortos pelos monoteístas. "O Monoteísmo", escreveu Zell, "é um sinônimo de genocídio", e, ainda assim, os novos Pagãos surgiram "no meio do estado monoteísta mais monolítico já erguido", rejeitando divindades transcendentes e encontrando a divindade onde ela sempre esteve, dentro de cada pessoa.[375] O propósito cósmico do Neopaganismo era facilitar essa maior consciência – trabalhar por ela apoiando todos os movimentos orientados ecologicamente, estabelecendo comunidades alternativas, demonstrando possibilidades de sobrevivência no Planeta e, por fim, despertando Gaia, a Deusa, a mente planetária.

Os artigos de Zell tiveram uma forte influência no desenvolvimento da Church of All Worlds. Lance Christie escreveu sobre eles:

> Você começou a criação de um mito, e um dos mais habitáveis, por sinal. É um mito que define um papel para a humanidade e responde a muitas questões místicas. Parece se encaixar muito bem dentro da tradição total dos símbolos e mitos humanos, expressando de forma mais clara e expandida um tema tão antigo quanto a consciência pode lembrar.

375 Tim Zell, *Biotheology: The Neo-Pagan Mission*, *Green Egg*, Vol. IV, Nº 41 (4 de agosto de 1971), pp. 7–8.

Christie via o mito como um começo, acrescentando: "Ainda acho que precisamos explorar Jung e outros para entender o conceito completo dentro de uma perspectiva psicológica/antropológica... Seja como for, a visão de mundo que você está criando é compatível com a consciência objetiva e a ciência de uma maneira que nenhum outro mito religioso é..."[376]

Vários anos depois da publicação dos artigos, a revista *Newsweek* e outras publicações menos conhecidas mencionaram o trabalho do cientista britânico James Lovelock, que propôs a "Hipótese de Gaia". Segundo essa ideia, a matéria viva da Terra – incluindo o ar, os oceanos e a terra – fazia parte de um sistema que Lovelock nomeou em homenagem à Deusa Mãe-Terra, Gaia. Ele disse que todo esse sistema parecia "exibir o comportamento de um único organismo – até mesmo uma criatura viva", e argumentou que a biosfera era capaz de exercer controle sobre a temperatura da superfície da Terra e a composição da atmosfera. A *Newsweek* afirmou que a "Hipótese de Gaia" era, em essência, "uma elaboração das noções ecológicas gerais sobre a estreita relação entre os seres vivos e seu ambiente". No entanto, Lovelock foi além ao declarar: "Na humanidade, Gaia possui o equivalente a um sistema nervoso central. Perturbá-la ou destruí-la é um risco para nós. Devemos fazer as pazes com Gaia em seus termos e retornar à coexistência pacífica com as demais criaturas."[377] Zell manteve uma breve correspondência com Lovelock, comparando suas visões de mundo.

O conceito de Gaia nunca foi oficialmente um dogma da CAW. Não havia, e ainda não há, dogmas. Mas o efeito da "Theagenesis; A Hipótese de Gaia" em sua história e nos pensamentos e objetivos dos sacerdotes, sacerdotisas e membros da Igreja foi extraordinário. Todos os membros da CAW que entrevistei sentiram que os objetivos do Neopaganismo eram imensos, envolvendo uma transformação total da sociedade ocidental. Em contraste, apenas metade dos outros Neopagãos que entrevistei pensavam de forma tão abrangente.

Tom Williams me disse uma vez que o objetivo da CAW era mudar o mundo. "Afinal", ele disse, rindo, "por que pensar pequeno?" Em outra ocasião, ele afirmou que um dos objetivos do Neopaganismo era aprender a nos ver "como uma entidade total – racional e irracional ao mesmo tempo, dentro de um ambiente total, e com uma identificação total com toda a vida."

Carolyn Clark, uma sacerdotisa da CAW, me disse: "Se há um objetivo ou propósito último, tem que ser o propósito de alcançar o Ponto Ômega de Chardin, a união da consciência com todos os seres vivos." E Zell, como era de se esperar, disse que o objetivo final era "transformar total e completamente a consciência humana e a consciência planetária." Quando perguntei se ele tinha algo menos ambicioso em mente, ele sorriu e disse: "Qualquer coisa menos não é o suficiente." "É uma escolha entre Apocalipse ou Apoteose", Morning Glory me disse.

376 Lance Christie, *Green Egg*, Vol. IV, Nº 42 (27 de setembro de 1971), seção Forum, p. 9.

377 *Newsweek*, 10 de março de 1975, p. 49.

"O propósito do Neopaganismo é nos colocar de volta no caminho; erramos a direção em algum ponto há cerca de três mil e quinhentos anos. Mas nosso propósito não é comprometer, reformular, ou nos integrar de volta à cultura, mas sim ser uma alternativa viável a ela. Agora, isso é um desafio que muitos de nós não vamos conseguir enfrentar. Eu mesma tenho pesadelos sobre isso. Ainda assim, esse é o desafio. É aí que está, porque não há como reformar o sistema."

"Para mim", John McClimans me disse, "a ideia de theagenesis é isso! Mas eu não quero que a CAW fique enclausurada por ela. Enquanto realmente permanecermos abertos para que outras pessoas entrem e nos mostrem outros caminhos, a ideia de theagenesis certamente será modificada, ou alguém nos mostrará algo que pareça totalmente melhor."

Enquanto muitos membros da CAW veem sua Igreja como "uma alternativa cultural total e holística a toda a estrutura da Civilização Ocidental,"[378] a hipótese de Gaia continua sendo uma hipótese. A Church of All Worlds tem apenas um dogma verdadeiro – sua crença de que não tem crenças.

A maioria das pessoas acha a ideia de uma religião sem crenças difícil de entender. Muitos dentro da Church of All Worlds pensaram sobre uma nova definição de religião. Eles enfrentaram o problema desde o início, especialmente ao descrever o Neopaganismo para pessoas que consideravam ser do seu tipo, mas que eram hostis à ideia de todas as religiões. Como Zell explicou, "A maioria das pessoas que pensa de maneira semelhante à nossa, foi afastada pelas religiões convencionais. Esse é o maior problema que temos. Dez anos atrás, se alguém tivesse me apresentado o Neopaganismo e colocado isso em termos de uma 'nova religião,' eu não teria nada a ver com isso. E, no entanto, aqui estou. Tivemos que encontrar uma nova definição de religião." Porque em todos os outros lugares a religião é definida em termos judaico-cristãos; significa crença em um ser supremo, céu, inferno e assim por diante. E nenhum de nós acredita em nada disso, mas nós nos consideramos profundamente religiosos. Aos poucos, começamos a entender que a religião é uma forma de reconexão, de aumento da consciência e comunicação. A adoração é uma forma de comunicação, de comunhão. E a comunicação só pode ser entre iguais. Não pode ser humilhação, um ato de se prostrar diante de algo maior. Quando faço amor com uma mulher, quando durmo sob as árvores, quando faço compostagem com meu lixo, todas essas coisas podem ser atos de adoração." Os membros da CAW viam-se como uma família, uma espécie de tribo. As antigas religiões Pagãs eram vistas como religiões tribais, baseadas no costume e na tradição, em vez de dogma e crença, fundamentadas no que se fazia, e não no que se acreditava. Zell fez uma distinção entre o que ele chamava de religiões filosóficas (ensinadas por profetas e formuladas em credos) e religiões naturais

378 De um panfleto da CAW, *Neo-Paganism and the Church of All Worlds*, sem data.

(as religiões populares ou Pagãs evolutivas e indígenas de determinados povos). As primeiras, escreveu ele, eram artificialmente construídas; as últimas surgiram dos processos da vida e da natureza, e continuaram a evoluir organicamente.

As religiões filosóficas são como edifícios: um arquiteto (profeta) recebe uma inspiração (revelação) e estabelece sua visão em projetos (profecia; escrituras). Então empreiteiros, carpinteiros, pedreiros, etc. (discípulos e seguidores) constroem o edifício mais ou menos de acordo com suas especificações. Aquilo é feito de materiais inanimados e não cresce naturalmente; é montado. Quando está pronto, não pode mais crescer e começa a se deteriorar, até que eventualmente se torna tão ultrapassado e degradado que é demolido para dar lugar a novos edifícios. Um mundo de religiões filosóficas é como uma cidade, com todos os problemas (fome, guerra, ódios, crime, poluição, doenças) de uma metrópole, e muito pelo mesmo motivo: a falta de naturalidade.

Uma religião Pagã, por outro lado, é como uma árvore: ela emerge viva da Terra, cresce, muda (tanto ciclicamente nas estações, quanto continuamente no crescimento para cima e para fora), dá flores, frutos, compartilha sua vida com outros seres vivos. Não é feita, nem projetada de acordo com qualquer planta além da genética. E quando, após milhares de anos, talvez (pois muitas árvores são potencialmente imortais, nunca morrendo de velhice), ela chegar ao fim de seu tempo, não passa completamente do mundo, pois sua própria prole, no intervalo, começou a brotar ao redor, novamente da Terra, e igualmente, similar, mas cada uma única. Um mundo de religiões Pagãs é como uma floresta.

Incluídos nas religiões naturais estariam o animismo, o totemismo, o panteísmo, grande parte da Bruxaria, todas as religiões indígenas da África, Austrália e América e as antigas religiões dos celtas, gauleses, nórdicos e a fé nas fadas na Irlanda. Zell escreveu:

> As antigas religiões Pagãs nunca foram "criadas."... O pouco que conseguimos rastrear indica uma descendência dos cultos de fertilidade paleolíticos e neolíticos, daí os símbolos comuns da Deusa Mãe Terra e do Deus Cornudo, representando, respectivamente, a vida vegetal e animal da Terra. Encontramos, portanto, uma unanimidade na veneração à Natureza e na celebração sensual da vida, nascimento e morte, como expressos sazonalmente nos aspectos da sexualidade.
> Todos os Grandes Festivais do Paganismo, onde quer que sejam encontrados, correspondem em comum aos Solstícios, Equinócios e outros ciclos naturais anuais da vida (estações de acasalamento dos animais, plantio, colheita). A maioria deles permanece conosco hoje em forma mais ou menos disfarçada, como os chamados "feriados cristãos" de Natal (Yule), Páscoa (Ostara), Dia de Maio (Beltane), Ação de Graças (Colheita), Halloween (Samhain) e até

> o Dia da Marmota (Oimelc). Além desses seis, existem outros dois, o Solstício de Verão e Lughnasadh, totalizando oito Festivais (ou Sabbats, como são conhecidos, sob diferentes nomes, na Bruxaria).[379]

Outro membro da CAW que procurou descrever a natureza do Neopaganismo foi Lewis Shieber, que dividiu as religiões em duas categorias – aquelas que funcionavam a partir de uma base "Tribal/Tradição" e aquelas que funcionavam a partir de "Dogmas/Crenças." As últimas, disse Shieber, eram, na maioria das vezes, baseadas em uma ideia "universal". Tais religiões eram frequentemente grandes, evangelísticas e fundamentadas em um sistema poderoso, mas fechado. As religiões com base "Tribal/Tradição" eram geralmente pequenas, funcionando dentro de uma "matriz cultural" local. Nessas religiões era enfatizada a participação em ações tribais; nunca foi tão importante acreditar nos mitos e lendas da tribo. No Judaísmo, por exemplo, Shieber observou que alguém poderia duvidar de Deus, desde que seguisse a tradição. "Todas as religiões Pagãs primitivas têm essa base [Tribal/Tradição]", escreveu Shieber, acrescentando: "Assim, muitas crenças às vezes contraditórias podem ser mantidas pelos indivíduos sem prejudicar a religião, desde que a identificação com a Tribo e as práticas tribais seja forte."

As religiões Tribais/Tradicionais enfatizavam a interação social e pessoal. Os governos nessas sociedades eram muitas vezes "basicamente anarquistas", sendo a ordem tribal mantida por "convenções e discussões que levavam a um consenso". A Church of All Worlds se enquadrava na categoria Tribal/Tradição. Embora "haja algumas práticas e ideias que foram associadas à CAW", escreveu ele, "todas essas coisas associadas não são oficiais e nem mesmo recebem o nome de tradição."

A antipatia da CAW em relação ao dogma é típica de muitos, mas de modo algum de todos os grupos Neopagãos. A Feraferia, por exemplo, tem, como vimos, crenças e credos definidos, e até mesmo na CAW havia a tentação de "exigir crença na visão poética e útil da teoria 'Theagenesis' de Tim Zell." Shieber concluiu que a CAW, como "religião tribal", nunca poderia reivindicar universalidade, e, portanto, sempre seria pequena. "Devemos assumir", disse ele, "que somos um povo convidado em uma nação possivelmente hostil e agir em conformidade com isso".[380]

Muitas pessoas na CAW comentavam sobre a posição peculiar de ser sacerdote ou sacerdotisa em uma Igreja que enfatizava a ausência de dogmas. John McClimans me disse que aqueles que permaneciam na CAW geralmente não queriam ninguém no meio – entre eles e a descoberta de sua própria Deusa ou Deus interior. "Tu és a Deusa. Eu sou a Deusa. Quando alguém se dá conta dessa ideia, quando começa a considerar que isso pode ser uma possibilidade, ainda que remota, já está cativado." Eles não precisam de alguém para lhes dizer como tocar a Deusa ou

379 De um panfleto da CAW, *An Old Religion for a New Age, Neo-Paganism*, sem data.

380 Lewis Shieber, *The CAW and Tribalism*, *Green Egg*, Vol. VIII, Nº 75 (21 de dezembro de 1975), pp. 5–6.

o Deus. Podem precisar de um incentivo para colocar a mão no pulso, mas, uma vez que o sentem, não querem mais ninguém ali. Toda pessoa que encontrar essa conexão vai dizer: "Afastem-se, quero sentir por mim mesma, sem interferências!"

Além da base tribal ou tradicional e da ausência de dogmas, a maioria dos membros da CAW acreditava que todas as novas religiões Pagãs, desde a Feraferia e a CAW até os Covens de Bruxaria, compartilhavam certos valores. Para descrever esse elo comum, Zell adotou o termo "eco-psíquico" de Fred Adams. Como vimos, foi a Feraferia que primeiro apresentou a ideia de uma vida baseada na ecologia religiosa, e Fred Adams desenvolveu rituais elaborados para complementar esse modo de vida. Uma declaração inicial do Conselho de Têmis expressava essa ideia da seguinte maneira:

> Tudo o que encontramos na Biosfera faz parte da Natureza, e a ecologia revela o padrão dessa existência, as relações naturais entre todas essas coisas e a unidade orgânica que as conecta como um Todo Biosférico...
> De todos os estudos seculares do homem, a ecologia é o que mais se aproxima de levá-lo ao limiar de uma relação religiosa com o mundo. A ecologia não apenas confirma as maravilhas da forma e da função que outros estudos seculares revelaram, como também as integra organicamente em um Todo dinâmico e vivo, apontando as condições necessárias para o bem-estar tanto dessa Unidade maior quanto das partes que a compõem.
> Uma compreensão profunda dessas condições e do próprio papel imediato na sua manutenção e desenvolvimento conduz ao limiar do êxtase religioso.[381]

A Church of All Worlds, assim como a Feraferia, via o Neopaganismo como uma resposta a um planeta em crise. Se a ficção científica fornecia os mitos e a visão para a CAW, a ecologia era seu estudo religioso supremo. Para os Pagãos, a religião significava uma vida em harmonia com a Terra, não um conjunto de rituais. O ritual era, na verdade, a expressão de uma vida verdadeiramente integrada.

Carolyn Clark colocou desta forma: "Tem que se tornar algo natural. Quando levar o lixo para a pilha de compostagem, deve haver um instante de consciência e sintonia entre você e o inconsciente coletivo da Terra. Ao jogá-lo na pilha, você pensa: 'Aqui está, Mãe, estou te alimentando.'" Diferente da Feraferia, porém, o apoio da CAW à ecologia vinha acompanhado de uma valorização das tecnologias avançadas, desde que fossem desenvolvidas com compreensão e respeito pelos ecossistemas. Como era de se esperar, a CAW também defendia, de forma consistente, a exploração espacial.

Seguindo a famosa observação de Arthur C. Clarke de que qualquer tecnologia suficientemente avançada é indistinguível da magia, ouvi frequentemente membros da Igreja citarem uma frase de Tom Williams: "Você tem que admitir, qualquer

381 Declaração do Conselho de Têmis sobre os "Temas Comuns da Orientação Religiosa Neopagã", *Green Egg*, Vol. IV, Nº 43 (3 de dezembro de 1971), p. 11.

Magia capaz de apagar uma cidade inteira da face da Terra num único instante é um baita de um Ju-Ju, B'wana!"[382] Da mesma forma, Zell me disse: "Magia é a ciência que você não, a ciência que não se toma como algo comum." Ciência e Magia são abordagens para compreender o Universo. Se há uma teoria para explicar algo, chamam de ciência. Se as pessoas não entendem ou não têm uma teoria para aquilo, rotulam como 'Magia.'" De modo geral, os membros da CAW viam o Neopaganismo como uma filosofia religiosa que combinava pensamento intuitivo e racional.

Lance Christie escreveu no *Green Egg* que o problema da tecnologia moderna não eram as invenções em si, mas a visão mecanicista do Universo, um "modelo de mundo mecânico". Ele observou que, em oposição a essa visão, muitos pensadores, como Mumford e Dubos, defendiam um "modelo de mundo orgânico". Segundo Christie, a CAW tinha uma capacidade única de unir "ceticismo científico e racionalidade com a aceitação daquilo que é não analítico e não racional na experiência humana".[383]

Como a maioria dos membros da CAW era composta por visionários, anarquistas e ecologistas religiosos, era natural que se inclinassem para formas "alternativas" de energia – solar, eólica e outras. No entanto, eles sempre apoiaram a investigação científica como um meio de ampliar e enriquecer nossas formas de pensamento, e não de eliminá-las. A ciência nunca foi vista como oposta ao desenvolvimento psíquico ou à magia. Os povos Pagãos da Antiguidade eram considerados fontes de conhecimento, cujas habilidades poderiam ser aproveitadas pelos Neopagãs modernos. A CAW sempre manteve seu olhar tanto nos antigos *dólmens* quanto em civilizações a anos-luz de distância. Ellwood observou que a Igreja havia se tornado "um encontro vibrante entre uma antiga visão de mundo Pagã, as imagens provocativas de alguns romances modernos, a reflexão biofilosófica e um grupo de jovens adultos diligentes e socialmente experimentais."[384] A Church of All Worlds tem um histórico de tentativas de comunas, casamentos coletivos, experimentações sexuais inspiradas em Heinlein e até votos de pobreza, tudo em uma atmosfera onde o único pecado é a hipocrisia (o pecado é um ato contra Deus, e Tu és Deus) e o único crime é "aquilo que infringe contra outra pessoa".[385]

A maioria dos membros da CAW não se considerava "políticos"; muitos se definiram como "apolíticos" ou mesmo "antipolíticos". Zell costumava afirmar que todas as revoluções "verdadeiras" estão ligadas à transformação da consciência, e não a meras mudanças de poder.

---

382 Tom Williams, "Science: A Mutable Metaphor", *Green Egg*, Vol. VIII, Nº 73 (21 de setembro de 1975), p. 9.

383 Lance Christie, *Green Egg*, Vol. VI, Nº 58 (1º de novembro de 1973), p. 50.

384 Ellwood, *Religious Groups in Modern America*, p. 203.

385 Tim Zell, "Neo-Paganism and the Church of All Worlds: Some Questions and Answers", um panfleto da CAW, sem data.

Contudo, a Church of All Worlds foi estruturada em nove círculos. O avanço pelos níveis ocorria por meio do envolvimento progressivo, participação ativa e estudo, além da leitura de uma extensa lista de obras da CAW – tão interessante quanto repleta de contradições. Por exemplo, para passar do quarto para o quinto círculo, era necessário ler sete livros da bibliografia básica, incluindo um sobre percepção, um sobre a religião dos povos indígenas da América do Norte e um da seção chamada "Homo Novus". Além disso, a pessoa precisava iniciar algum tipo de treinamento psíquico (qualquer prática, de Arica a Aikido, era aceitável) e escrever um extenso trabalho comparando três religiões diferentes, sendo uma delas o Neopaganismo. O processo de avanço era visto como contínuo e interminável. Ninguém, nem mesmo Tim Zell, havia alcançado o nono círculo.

Os grupos dentro da Igreja eram chamados de "Ninhos" – outra prática inspirada em *Estranho em uma Terra Estranha.* Cada Ninho era autônomo, e a maioria das decisões era tomada por consenso. No outono de 1975, visitei reuniões de dois Ninhos em St. Louis. Em cada um deles, havia entre doze e quinze pessoas. O Ninho Dog Star se reunia nu. Na reunião que participei, o foco foi o Xamanismo. Participei de um belo ritual indígena norte-americano, seguido pelo ritual simples de compartilhamento da água da CAW, a lembrança mais evidente de suas origens heileinianas. Um cálice de água era passado de mão em mão, com cada participante bebendo e trocando frases como: "Que nunca tenhas sede", "Bebe profundamente", "Tu és Deus" e "Tu és Deusa".

O outro Ninho, liderado por Don Wildgrube, reunia-se vestido e experimentava técnicas de sensibilização e percepção. A maioria das membros da CAW estava entre os vinte e trinta e poucos anos, mas também havia jovens no final da adolescência e pelo menos um membro na casa dos sessenta. O grupo era composto por psicólogos, engenheiros, motoristas de ônibus, vendedores e estudantes. A maioria era branca, de classe média e com ensino superior. E, ao contrário de muitos Neopagãos, a grande maioria veio de origens protestantes.

Um estudioso do Neopaganismo, o reverendo J. Gordon Melton, ministro metodista de Chicago que estudava novas religiões Pagãs há muitos anos, disse que a maioria dos Neopagãos são ex-católicos, seguidos por ex-judeus. Segundo ele, a abundância de rituais em grupos Neopagãos poderia atrair católicos e judeus, cujas religiões incluíam muitos rituais. Os protestantes, porém, têm pouca experiência com rituais, segundo Melton, e não os procuram. Ele descreveu a CAW como o grupo Neopagão com o maior número de ex-protestantes, menos rituais e a maior inclinação ao proselitismo, chegando a distribuir panfletos religiosos. Sua percepção sobre esse grupo parece precisa, mas com base na minha experiência no movimento Neopagão, observei um número equilibrado de ex-católicos e protestantes, com um número menor de ex-judeus. Também encontrei muitos que foram privados de qualquer ritual religioso quando crianças.

Ficou claro, portanto, que um dos principais motivos para a existência da CAW era responder a uma necessidade, uma falta, um anseio. O elo que unia as visões do passado e do futuro dentro da igreja era o desejo por uma cultura autêntica. "Um traço comum no Neopaganismo", disse a sacerdotisa Carolyn Clark, "é a nostalgia, um desejo de voltar a uma época em que as pessoas pareciam ter mais controlo sobre as suas próprias vidas, e as sociedades, embora complexas, seguiam um padrão cultural definido – diferente desse caleidoscópio instável que chamam de cultura americana."

Morning Glory Zell expressou isso da seguinte forma: "Somos órfãos, somos filhos bastardos mestiços em uma linda terra que não é realmente nossa. Fomos enxertados e transplantados, sobrecarregados com uma tremenda culpa por tudo, desde minas exploradas e lixões da cidade até a morte das pessoas que viviam aqui antes de nós. Um dos motivos do sucesso da CAW é que todos se identificam com a sensação de ser um *Estranho em uma Terra Estranha.* As únicas pessoas que possuem uma tradição verdadeira aqui são os povos indígenas nativos americanos. Há muito com o que nos identificarmos com eles. Mas essa não é a nossa tradição. Nunca nos embalaram ao som de cânticos, nunca nos ensinaram os ritmos e rimas do trabalho. A maioria de nós cresceu cercada por concreto e aço, completamente afastada das estações do anos ao nosso redor. Alguns de nós sorriam quando o ar ganhava um certo cheiro de folhas queimadas e sentíamos algo despertar dentro da gente. Mas ninguém mais percebia; apenas passavam direto. Alguns de nós estão sintonizados com os mesmos ritmos dos povos indígenas, mas não temos tradições. Vivemos em uma cultura empobrecida. Precisamos criar nossa própria cultura do zero."

Em 1978, muita coisa havia mudado na Church of All Worlds. Havia Ninhos da CAW em Chicago, St. Louis, Atlanta e Milwaukee, além de outros em Indiana e Illinois. Novos sacerdotes e sacerdotisas haviam sido ordenadas. Mas o papel da CAW como catalisadora do movimento Neopagão diminuiu após a interrupção da publicação do *Green Egg* em 1976. O jornal foi retomado em 1988 e permaneceu uma publicação atuante até 2001.

A importância do *Green Egg* para a comunidade Neopagã é uma questão controversa. Algumas pessoas receberam seu fim com um suspiro de alívio. Outras, incluindo eu, acreditavam que ele era essencial para a vitalidade do movimento.

Em cada edição, pelo menos um terço de suas páginas era dedicado a cartas de diferentes tipos de Pagãos, Neopagãos, Bruxas, ocultistas, ativistas ecológicos, anarquistas e libertários – entre outros. A autoria das cartas iam desde James Madole, líder do Partido Nacional do Renascimento e simpatizante do neonazismo, até defensoras das teorias de Timothy Leary sobre migração espacial e extensão da vida.

Diferente da maioria dos periódicos intelectuais convencionais, onde os temas costumam ser moldados por uma ideologia dominante, o *Green Egg*, tanto em seu Fórum quanto em seus artigos, mantinha uma abordagem livre, sem imposições,

Os debates eram acalorados e abrangiam desde os méritos das teorias de Velikovsky e o papel da tecnologia, até os ensinamentos de Aleister Crowley, as evidências de antigos matriarcados e centenas de outros assuntos. Havia um foco especial em ecologia, ética, tribalismo, magia, ficção científica e a relação da humanidade com o planeta. O *Green Egg* ajudou a criar a sensação de que centenas de grupos diversos, e até contraditórios entre si, faziam parte de um movimento eclético com certos objetivos em comum.

Hoje, é comum falar em "sinergia" – a ideia de que a combinação de elementos pode ter um impacto maior do que a simples soma de suas partes. Talvez essa seja a melhor forma de descrever o efeito do *Green Egg*. A publicação uniu as religiões emergentes e em transformação, voltadas à Deusa e à Natureza, formando um único fenômeno: o movimento Neopagão.

Mas os objetivos desses grupos eram diversos e, por vezes, contraditórios. Para aqueles com um estilo de vida mais conservador, a CAW parecia um bando de anarquistas desvairados. A política de não intervenção do *Green Egg* gerava controvérsias, e o aumento do contato entre grupos, em alguns momentos, intensificava disputas internas. Quando o *Green Egg* deixou de ser publicado no final de 1976, alguns Neopagãos e Bruxas me disseram que ficaram aliviados, acreditando que isso traria mais tranquilidade ao movimento. E talvez tenha trazido. Muitos grupos passaram a se fechar entre si e a se conectar apenas com aqueles com quem se identificavam, simplesmente ignorando o restante do movimento.

Tom Williams e os Zells partiram para a Costa Oeste. Os que permaneceram em St. Louis, ao menos a maioria, permaneceram leais aos seus Ninhos e aos amigos da CAW. Muitos sentiam que o *Green Egg* nunca havia servido tão bem à comunidade da CAW quanto ao movimento Neopagão como um todo. Nenhuma outra publicação Pagã desempenhou exatamente o mesmo papel. Hoje, talvez o *Witches' Voice* na internet (*witchvox.com*) seja o que mais se aproxima dessa função.

Enquanto isso, Tim (Oberon) e Morning Glory Zell transformaram um ônibus escolar em sua casa, onde viviam com duas cobras, um gambá, uma tarântula e uma colônia de ratos – alimentação para as cobras e a aranha. Eles passaram um ano no Oregon escrevendo, dando palestras e ensinando. Lá, formaram um Coven chamado Ithil Duath. Morning Glory foi citada por um jornal local do Oregon dizendo: "Sabemos que não temos 'O Caminho'. Afinal, isso já foi feito... Queremos restaurar o papel da Xamã (ou Bruxa) em nossa cultura... Precisamos realmente trazer a Deusa de volta à Terra, se quisermos manter o equilíbrio e evitar um colapso ecológico..."[386] Tom Williams mudou-se para Palo Alto. Don Wildgrube fundou vários Covens e tornou-se sacerdote Wicciano.

386 Springfield (Oregon) News (27 de outubro de 1976), p. 3A. Ver também Eugene Register-Guard (30 de outubro de 1976), p. 3B.

Em 1977, Oberon e Morning Glory se estabeleceram no norte da Califórnia. Na primavera de 1978, escreveram para mim: "Estamos vivendo em uma comunidade pioneira que abrange doze milhas quadradas de Terra Selvagem Sagrada em algum lugar nas montanhas de Ecotopia." Eles continuavam morando em seu ônibus escolar reformado acompanhados de Tanith, uma jiboia de quase dois metros, Ananta, uma píton birmanesa de mais de três metros, e duas tarântulas - Charlotte e Kallisti. Ministravam seminários para a comunidade local e começaram a ganhar dinheiro produzindo figuras de cerâmica. Descreviam sua vida como simples, com quase nenhuma despesa além de comida e combustível.

Eles continuaram a compartilhar seu sonho, um desejo de expandir possibilidades e potenciais, ou como Oberon me disse certa vez, era o desejo de "comer o fruto de ambas as árvores, de recuperar o sentido do Lar."

Notas Recentes

A saga dos Zells teve reviravoltas surpreendentes desde a primeira publicação de *Drawing Down the Moon*. Sua trajetória incluiu a criação e patenteamento de um processo para gerar unicórnios - os mesmos exibidos no circo Ringling Brothers Barnum & Bailey -, uma busca por sereias que os levou ao Pacífico Sul e a fundação de uma escola de magia, a Grey School of Wizardry.

No final da década de 1970, os Zells encontraram o trabalho de W. Franklin Dove. A partir de 1935, Dove, biólogo da Universidade do Maine, publicou diversos artigos em revistas científicas descrevendo tentativas de criar animais com um único chifre e documentando suas próprias experiências. Pouco se sabe que, na primeira semana de vida de um animal com chifres, os botões córneos estão apenas presos à pele, ainda sem conexão com o crânio. Dove observou que todos os unicórnios foram desenvolvidos por meio de um procedimento cirúrgico simples, que envolve apenas as camadas da pele, deslocando os botões córneos para uma posição central.

Os Zells começaram a estudar antigas representações de unicórnios e notaram que as primeiras aparições eram mais parecidas com bodes do que com cavalos. Eles teorizaram que unicórnios podem ter sido criados por um processo ancestral, outrora conhecido e depois perdido, e especularam que pastores da Antiguidade poderiam ter considerado útil um animal de um só chifre para proteger seus rebanhos. Também acreditavam que criar um unicórnio seria um poderoso símbolo mágico, capaz de transmitir a milhões de pessoas a ideia de que, se um unicórnio pode existir, então tudo é possível - até transformar a própria vida.

Os Zells criaram vários unicórnios a partir de diferentes raças de cabras brancas. Por anos, Otter e Morning Glory viajaram por feiras renascentistas e medievais com algumas de suas adoráveis criaturas. Crianças tiravam fotos com os unicórnios, que recebiam mais carinho do que 99% dos bodes machos deste planeta. No inverno, os unicórnios vagavam por Coeden Brith, aquela mesma terra mágica de Mendocino onde Nemeton foi fundado, ao lado de Annwfn, onde Gwydion viveu até sua morte e onde Forever Forests ainda tem seu lar. Ver os unicórnios andando por ali parecia algo miraculoso, ainda que, em momentos mais descontraídos, alguém pudesse chamá-los de "unicabras". Mas, em uma manhã mágica naquelas terras, pareciam realmente ter vindo do reino das fadas.

As reações entre Pagãos variavam. A maioria acolheu com carinho os unicórnios Lancelot, Bedevere e os outros cinco ou seis que apareceram. Enquanto isso, os Zells mal conseguiam se sustentar, apesar dos cartões postais de unicórnio, do *Living Unicorn Calendar* (Calendário do Unicórnio Vivo) e das diversas aparições públicas.

Alguns Pagãos se sentiram incomodados com os unicórnios. Alguns questionaram se tornar um unicórnio "real" não enfraqueceria o poder e o encanto do mito. Outros refletiram sobre a ética de membros de uma religião Pagã modificarem cirurgicamente um animal, mesmo que o procedimento envolvesse apenas cortar pequenas abas de pele e reposicionar os chifres para o centro.

Em 1984, os Zells assinaram um acordo com o circo Ringling Brothers Barnum & Bailey, que comprou quatro de seus unicórnios. Pelo contrato, Otter e Morning Glory ficaram proibidos de falar com a imprensa por três anos. Os Zells receberam $150.000, mas após o pagamento de advogados, agentes, treinadores e dívidas, restou-lhes menos de um terço do valor.

Assim que o circo adquiriu os unicórnios, envolveu-os em mistério. Nunca admitiram que havia mais de um, alegando que o unicórnio havia surgido misteriosamente no Texas. Exibiam-no com pompa, brilho e cerimônia, mas se recusavam a revelar sua verdadeira origem. Durante uma coletiva de imprensa em Nova York, quando um repórter mencionou evidências da existência dos Zells, a pergunta foi ignorada. Quase nenhuma das inúmeras matérias publicadas – muitas impulsionadas pelos protestos da ASPCA – conseguiu relatar a história corretamente.

Em abril de 1985, Alison Harlow veio a Nova York e decidimos ir ao circo para rever um velho amigo animal. Enquanto borboletas humanas reluzentes balançavam nos trapézios, o unicórnio Lancelot apareceu em uma plataforma móvel, com uma mulher de vestido rosa ao seu lado. Atrás dele, crianças entusiasmadas seguiam em carrinhos brancos. Seu pelo estava oleado e mantido comprido, o que o fazia parecer ainda mais com uma cabra. Não sei o motivo, mas suspeito que quisessem ocultar sua genitália. À medida que a procissão avançava, Alison começou a rir e cochichou para mim: "Pensar que esse é o mesmo pequeno sujeito que uma vez fez xixi em mim", e caímos na gargalhada. Porém, uma fileira abaixo, um menino de cinco anos disse à mãe: "É um unicórnio de verdade! É sim!". Talvez a magia dos Zells estivesse funcionando.

Os Zells fundaram uma nova organização chamada Associação de Pesquisa Ecosófica (Ecosophical Research Association – ERA). Segundo eles, a ERA se dedicaria a estudar e explorar o território dos arquétipos, a base das lendas e os limites entre o sagrado e o secular. Uma das principais áreas de pesquisa seria a criptozoologia, voltada à identificação de animais desconhecidos, como o Monstro do Lago Ness, Unicórnios, Pé Grande e Sereias.

Usando parte do dinheiro de sua primeira aventura criptozoológica e convencendo outros investidores a contribuir com o restante, os Zells planejaram uma expedição à Nova Irlanda, em Papua-Nova Guiné, em busca de relatos sobre possíveis avistamentos de sereias. Alugaram um barco e reuniram um grupo de quatorze aventureiros para procurar a misteriosa criatura chamada "ri". "Você duvida?" escreveu Otter em um diário Pagão: "Ó homens de pouca fé... lembre-se da lição do Unicórnio."

Mas ao chegarem a Papua-Nova Guiné, rapidamente descobriram que a palavra indígena ri, usada para sereia, era a mesma empregada para descrever o dugongo, um mamífero aquático. A suposta sereia era, na verdade, um dugongo.

Depois de 1985, os Zells, em parceria com Anodea Judith e outros, dedicaram-se à revitalização da Church of All Worlds. A Igreja expandiu-se, estabelecendo novos núcleos e alcançando presença internacional na Austrália, Canadá, Inglaterra, Alemanha, Japão, Israel, França, Grécia, África do Sul e Nova Zelândia. O *Green Egg* retornou em 1988, sob a edição de Diane Darling, e logo se tornou novamente um importante jornal Pagão. Os Zells viajaram extensivamente para Festivais Pagãos e recriaram diversas cerimônias inspiradas nos antigos Mistérios de Elêusis e na Panateneia.

À medida que o século se aproximava do fim, a Church of All Worlds e a *Green Egg* foram tomadas por conflitos internos e disputas de poder. Diane deixou a publicação, e Oberon Zell-Ravenheart foi afastado do controle da Green Egg. Quatro anos depois, o periódico foi descontinuado. Zell foi excomungado da Igreja que fundara, sofreu um processo formal de destituição e o conselho diretor foi transferido para Ohio.

Em 2004, após a renúncia da maior parte do clero mais antigo, o conselho de Ohio se dissolveu. No ano seguinte, Oberon retomou o controle do que chamou de "as cinzas da CAW", transferindo novamente seu status legal para a Califórnia e assumindo a presidência. Desde então, tem se dedicado a reconstruir a organização, chamando esse processo de "a terceira ressurreição da Fênix".

Com essa nova fase de renascimento, alguns dos antigos membros da Atl acabaram retornando. A Atl ainda existe, tendo sido incorporada há vinte e cinco anos à Association of the Tree of Life. Lance Christie afirma que tanto a Church of All Worlds quanto Atl sempre estiveram unidas em seu esforço para substituir o paradigma reducionista, que sustenta a cultura de crescimento industrial, por uma visão ecológica holística. Segundo Christie, enquanto a Church of All Worlds usava rituais e espetáculos, os membros da Atl eram mais voltados para a ciência e a tecnologia, com perfis de nerds e entusiastas da computação. O objetivo da Atl era explorar técnicas renováveis de produção de energia, agricultura e gestão hídrica, entre outras áreas. Enquanto a CAW buscava despertar valores ecoespirituais, a Atl se dedicava à engenharia necessária para permitir que aqueles que desejassem pudessem viver de forma sustentável dentro de um paradigma ecológico.

Christie conta que permaneceu à margem durante as duas primeiras fases da Church of All Worlds e admite que tanto ele quanto Oberon "se perderam em alguns becos sem saída". Ainda assim, acredita que ambos mantiveram seu compromisso com a ação correta e com a compreensão do paradigma ecológico. Ele espera participar da terceira geração da CAW, desejando que a organização se posicione sobre questões públicas e seus aspectos éticos. Além disso, vê na Atl a possibilidade de auxiliar na criação de comunidades que viabilizem a concretização desse novo modelo de renovação.

Enquanto isso, Oberon e Morning Glory estiveram envolvidos em uma série de outras atividades. Junto a amigos e parceiros, fundaram a Ravenheart Family (Família Ravenheart), que alguns chamam de "primeira família do poliamor" (termo cunhado por Morning Glory). Eles também continuaram seu negócio de "Imagens Míticas", que produz e comercializa uma linha de estátuas e arte Pagã. Uma das peças mais emblemáticas vem diretamente da visão de Oberon em *TheaGenesis* (1970): a estátua *The Millennial Gaia* (A Gaia Milenar).

Em 2003, Oberon iniciou um novo e ambicioso projeto: a *Grey School of Wizardry*, uma escola de Magia on-line com cursos sobre assuntos que vão desde cura e trabalhos artesanais até adivinhação e estudos sobre a natureza. Oberon escreveu um livro didático para a escola, *Grimoire for the Apprentice Wizard* (Grimório para o Mago Aprendiz), que descreve como um manual (algo semelhante ao Manual dos Escoteiros) e também como material pedagógico. Como um dos professores da escola me disse: "Somos, de certa forma, uma Hogwarts da vida real." Quem sabe qual será a próxima aventura de Oberon e Morning Glory.

Capítulo 11

Religiões do Paradoxo e do Jogo

"Grande Parte do movimento Neopagão começou como piadas, sabia?", disse-me certo dia Robert Anton Wilson, autor, Bruxo e ex-editor da Playboy. "Alguns dos fundadores da NROOGD dirão que sua ordem começou como uma brincadeira; outros negarão. Há um grupo em Chicago que cultua Mitra e que começou como uma piada. Muitas dessas pessoas perceberam que estavam tirando proveito daquilo que faziam e, aos poucos, passaram a levar a prática mais a sério."

Sempre houve paródias sobre religião, mas religiões que combinam humor, jogo e seriedade são raras. Uma característica peculiar dos grupos Neopagãos é que muitos têm uma origem bem-humorada. Como vimos, a Church of the Eternal Source (Igreja da Fonte Eterna), em uma tentativa séria de reviver a antiga religião egípcia, começou como uma série de festas anuais com trajes egípcios. Os Reformed Druids of North America (Druidas Reformados da América do Norte) surgiram como um protesto bem-humorado contra uma norma do Carleton College que exigia a presença obrigatória na capela. As Elf Queen's Daughters (Filhas da Rainha Élfica), uma rede de "elfas" localizada principalmente no Extremo Oeste, enviavam semanalmente três páginas de uma prosa poética belíssima, em sua maior parte composta por escrita automática. "Muito disso é bobagem", eles me disseram. "Não dá para levar muito a sério." Em Minneapolis, um grupo que se autodenominava a "Primeira Igreja Aracnídea" começou a publicar folhetos hilários conclamando a adoração à Grande Aranha e à Verdadeira Teia.[387] Era pura sátira, uma grande paródia dos panfletos cristãos fundamentalistas. Mas também era puro Neopaganismo. E, o mais inusitado de tudo, havia o culto a Éris, Deusa do Caos e da Confusão, popularizada na trilogia de ficção científica *Illuminatus*.[388]

Vivemos em uma cultura que faz uma grande distinção entre "seriedade" e "brincadeira". Diante disso, como encarar grupos religiosos "sérios" que, ao mesmo tempo, são lúdicos, bem-humorados e até, em certas ocasiões, paródicos? Até que ponto podemos levá-los a sério?

387 "Presos!" (um panfleto da Primeira Igreja Aracnídea), *Green Egg*, Vol. VII, nº 66 (1º de novembro de 1974), pp. 21–22.

388 Robert Shea e Robert Anton Wilson, *Illuminatus:* Parte I (*O Olho na Pirâmide*); Parte II (*A Maçã Dourada*); Parte III (*Leviatã*) (New York: Dell, 1975).

A relação entre ritual e brincadeira é observada há muito tempo. Em *Feast of Fools* (*Festa dos Tolos*), Harvey Cox desenvolve uma teoria sobre o lúdico, argumentando, assim como outros antes dele fizeram, que nossa sociedade perdeu ou distorceu a capacidade de vivenciar a verdadeira festividade, a fantasia criativa e a celebração. Em 1970, ao ser questionado por um entrevistador sobre a "ascensão do ocultismo", Cox respondeu que a astrologia, o zen e o uso de drogas eram "formas de brincadeira, de testar novas percepções da realidade sem precisar se comprometer com sua validade antecipadamente ou em definitivo". Quando o entrevistador mencionou que o sociólogo Marcello Truzzi havia chamado o ocultismo de "trivial" porque as pessoas não o levavam a sério, Cox rebateu: "É exatamente por isso que ele é importante. As pessoas estão brincando com novas percepções."[389]

Um estudo clássico sobre o brincar foi escrito em 1944 por Johan Huizinga. "A civilização humana", afirma ele, "não acrescentou nenhuma característica essencial à ideia geral de brincadeira." Tanto animais quanto humanos brincam, e essa atividade é irracional, desafiando interpretações lógicas. No entanto, "as grandes atividades arquetípicas da sociedade humana são permeadas pelo lúdico desde o início." Além disso:

> Pode-se negar, se quiser, quase todas as abstrações: justiça, beleza, verdade, bondade, mente, Deus. Você pode negar a seriedade, mas não o brincar... O jogo só se torna possível, concebível e compreensível quando um influxo da mente quebra a determinação absoluta do cosmos.

Huizinga afirma que o lúdico e o ritual são, na essência, a mesma coisa e que todos os ritos sagrados, mistérios e sacrifícios são realizados com o espírito do jogo. A poesia, segundo ele, é uma função lúdica, e tudo isso pode ser levado a sério, pois "o contraste entre jogo e seriedade não se mostra nem conclusivo nem fixo... afinal, certos jogos podem ser extremamente sérios." Além disso, "o fora da lei, o revolucionário, o cabalista ou membro de uma sociedade secreta, assim como hereges de todos os tipos, possuem um espírito altamente associativo, senão sociável, e um certo elemento lúdico se destaca em todas as suas ações."[390]

À luz dessas palavras, podemos observar dois grupos Neopagãos que combinaram seriedade e brincadeira: os Druidas Reformados da América do Norte e os devotos de Éris. Embora sejam radicalmente distintos em quase todos os

389 Harvey Cox, *The Feast of Fools* (Cambridge: Harvard University Press, 1969); "Religion in the Age of Aquarius: A Conversation with Harvey Cox and T. George Harris" *Psychology Today*, Vol. 3, nº 11 (abril de 1970), p. 63.

390 Johan Huizinga, *Homo Ludens* (Boston: Beacon Press, 1968), p. 12. Outras citações nas pp. 1, 3, 4 e 5.

aspectos, ambos exemplificam a ideia de que, ao iniciar uma jornada de mudança na percepção, mesmo que essa jornada comece como um "jogo", é possível acabar navegando por águas muito diferentes das que se pretendia alcançar no início.

Os Reformed Druids of North America (RDNA) começaram em 1963, no Carleton College, como um movimento de protesto bem-humorado contra a exigência da instituição de que todos os estudantes comparecessem a um número determinado de serviços religiosos. Como uma das formas de cumprir essa exigência era "participar dos serviços da própria religião"[391], para cumprir esse requisito, um grupo de alunos formou o RDNA para testar essa regra. O grupo nunca teve a intenção de se tornar uma religião alternativa de fato, pois seus membros eram cristãos, judeus, agnósticos e outros, e pareciam satisfeitos com suas crenças.

Em 1964, o regulamento foi abolido, mas, para grande surpresa - e, dizem, até horror - dos fundadores originais, o RDNA continuou a realizar cerimônias e a espalhar a sua organização muito além do campus universitário. Um dos fundadores, David Fisher, que escreveu muitos dos rituais iniciais, é agora sacerdote episcopal e professor de teologia em uma faculdade cristã no Sul, tendo aparentemente "lavado as mãos" em relação ao RDNA. Muitos dos fundadores viam o Druidismo Reformado menos como uma religião e mais como uma filosofia compatível com qualquer crença, um método de investigação. Certamente, nunca o consideraram parte do movimento Neopagão.

Os princípios básicos originais do Druidismo Reformado eram:

1. O objeto da busca pela verdade religiosa, que é uma busca universal e incessante, pode ser encontrado através da Mãe Terra; que é a Natureza. Mas este é apenas um caminho, um entre muitos.
2. E grande é essa importância. Uma importância espiritual, da Natureza, que é a Mãe Terra; pois é ela um dos propósitos da Criação, e com ela as pessoas vivem, sim, mesmo enquanto enfrentam as dificuldades da vida, acabam por se deparar com ela.

Esses princípios eram frequentemente resumidos da seguinte forma:

1. A Natureza é boa!
2. A Natureza é boa![392]

Os fundadores originais pareciam sustentar a ideia fundamental de que a religião deveria ser analisada a partir de "um estado de rebeldia", sem abraçar nem rejeitar as crenças tradicionais. Eles pretendiam que os RDNA evitassem qualquer

391 *The Druid Chronicles (Evolved)*, ed. Isaac Bonewits (Berkeley: Berkeley Drunemeton Press, 1976), Introdução, p. 1.

392 *Ibid.*, "The Book of the Law", p. 4.

dogma ou ortodoxia, ao mesmo tempo em que afirmavam que a vida era tanto espiritual (Be'al) quanto material (a Mãe Terra) e que os seres humanos precisavam alcançar um estado de "consciência" por meio da unidade entre espírito e natureza. Os fundadores também pareciam desconfiar do ritual e da Magia, partilhando os preconceitos e suposições da maior parte da população.

Os RDNA sempre tiveram um forte senso de humor. As *Early Chronicles of the Druids* (*Crônicas Iniciais dos Druidas*), assim como muitos escritos posteriores, foram redigidas em um estilo que imita a linguagem bíblica. Aqui está um exemplo de como descreveram a abolição das regulamentações em Carleton:

1. E aconteceu que, naqueles últimos dias, saiu um decreto das autoridades;
2. e eles declararam abolidas as regulamentações que haviam sido impostas sobre o culto daqueles em Carleton.
3. E eis que grande júbilo se elevou por toda a Terra pelas maravilhas que haviam se realizado.
4. E toda a Terra rompeu em cânticos na hora da salvação.
5. E no tempo da exaltação, no cumprimento de suas esperanças, os Druidas entoaram louvores à Mãe Terra.[393]

Da mesma forma, a "Ordem de Culto" original apresentava muitas semelhanças com um serviço religioso protestante, incluindo invocações e bênçãos. Os Druidas Reformados não são obrigados a seguir esses rituais e, como ocorre em muitos grupos Neopagãos, os participantes criaram novos ritos para substituí-los. Estive em um ritual dos RDNA em Stanford, Califórnia, que, apesar de realizado em um belo bosque de carvalhos, não soava muito diferente de diversos cultos cristãos liberais que já presenciei. Mas ao descrever esse ritual para outro líder de um Grove Druida Reformado, ele apenas riu e comentou: "Tudo depende de quem está conduzindo o ritual. Um serviço realizado por Robert Larson [Arquidruida de um clã irlandês em São Francisco e ex-cientista Cristão] muitas vezes soa como Ciência Cristã. Meus rituais são influenciados pelo meu próprio treinamento no catolicismo romano. Além disso, a maioria das cerimônias religiosas segue padrões semelhantes. É natural encontrar semelhanças." O movimento dos Druidas Reformados é, no mínimo, extremamente eclético.

Os festivais dos Druidas Reformados são os oito Sabbats Pagãos já mencionados: Samhain; o Solstício de Inverno; Oimelc (1º de fevereiro); o Equinócio da Primavera; Beltane; o Meio do Verão; Lughnasadh (1º de agosto) e o Equinócio de Outono. Sempre que possível, os rituais são realizados ao ar livre, em um bosque de

393 *Ibid.*, "Later Chronicles – Chapter the Tenth", p. 12.

carvalhos, em uma praia ou no topo de uma colina. Os Druidas que oficiam a cerimônia costumam usar túnicas – o branco é a cor tradicional, mas outras também são aceitas. Os rituais podem incluir leituras, cânticos e celebrações sazonais. Durante a cerimônia, as "águas da vida" são compartilhadas entre os participantes, simbolizando a conexão entre todas as coisas e a natureza. (No ritual que presenciei em Stanford, Califórnia, a água da vida era um bom uísque irlandês. Uísque, em gaélico, significa "água da vida.") Toda a adoração é direcionada à natureza, e diversos aspectos naturais mantêm os nomes das divindades celtas e gaulesas:

Dalon Ap Landu, Senhor dos Bosques
Grannos, Deus das Fontes Curativas
Braciaca, Deus do Malte e da Cerveja
Belenos, Deus do Sol
Sirona, Deusa dos Rios
Taranis, Deus do Trovão e do Relâmpago
Llyr, Deus do Mar
Danu, Deusa da Fertilidade

A "paganização" dos Druidas Reformados surpreendeu muitos, e alguns dos fundadores a consideram um retrocesso. No entanto, desde o início, havia elementos Neopagãos no RDNA. Sua "Ordem de Culto" inclui hinos à Mãe Terra, a Be'al e a Dalon Ap Landu, Senhor dos Bosques, além de antigos poemas galeses e irlandeses. Esse é um terreno fértil para qualquer pessoa com amor pela natureza, interesse na tradição e mitologia célticas e aprecia poesia, música e beleza.

Após o fim do protesto inicial, o aspecto mais importante do Druidismo Reformado passou a ser a conexão que proporcionava com um vasto acervo de história, mitos e tradições. Isaac Bonewits, que foi Arquidruida do Grove-Mãe da NRDNA em Berkeley (ver a seguir) e um declarado Neopagão, disse-me: "Ao longo dos anos, o grupo cresceu e se transformou, para o horror dos fundadores originais, em uma religião Neopagã genuína. Havia pessoas que realmente adoravam a Mãe Terra e os antigos Deuses e Deusas, que se envolviam profundamente com isso e encontravam ali um substituto completo para sua religião tradicional." Bonewits, Larson e mais um ou dois outros tiveram um papel decisivo nessa mudança de direção.

Em 2006, os Druidas Reformados da América do Norte contavam com cerca de cinquenta Groves e proto-Groves nos Estados Unidos, Canadá e Europa. Além dos membros organizados em Groves, havia aproximadamente três mil membros solitários da RDNA. O Grove em Carleton tem existido de forma intermitente até os dias atuais, mantendo-se como um caminho filosófico aberto a pessoas de diversas religiões. Ao longo dos anos, surgiram vários desdobramentos, como os Druidas Nórdicos em San Diego, os Druidas Zen em Olympia, os Druidas

Wiccanianos em Minneapolis, os Druidas Irlandeses (com rituais em gaélico) em São Francisco, os Druidas Hassídicos em St. Louis e diversos Druidas Ecléticos em Oakland, Berkeley e Los Angeles. Esses grupos surgem e desaparecem com o tempo. Por exemplo, os Druidas Hassídicos foram formados em 1976. O grupo era composto principalmente por ex-judeus que desejavam preservar certos aspectos da cultura hebraica e iídiche, mas evitar o que consideravam uma teologia patriarcal. Criaram também um conjunto adicional de escrituras chamado *Mishmash* e *Te-Mara*, que, seguindo a tradição dos Druidas Reformados, satirizavam de maneira bem-humorada as escrituras - neste caso, o Talmude. A maior parte do material era ao mesmo tempo cômica e, de certa forma, profunda. Em 2005, não consegui localizar o grupo, presumo que tenha deixado de existir.[394]

Alguns grupos Druídicos são Pagãos; outros, não. Isaac Bonewits frequentemente afirmava publicamente que o Druidismo Reformado só poderia sobreviver se reconhecesse sua própria natureza, que era a de uma religião Neopagã.[395]

Como o RDNA não era, por si só Neopagão, Bonewits deu início aos New Reformed Druids of North America (NRDNA), que eram declaradamente Pagãos. Ele descreveu seu Grove da seguinte maneira:

> ... um Sacerdócio Neopagão Reconstrucionista Eclético, baseado principalmente em fontes gaulesas e celtas, mas aberto a ideias, divindades e rituais de muitos outros sistemas de crença Neopagãos. Adoramos a Mãe Terra como a personificação feminina da Manifestação, Be'al como a personificação masculina da Essência, e inúmeros Deuses e Deusas como personificações de vários aspectos de nossa experiência. Não oferecemos dogmas ou respostas definitivas, apenas questionamentos constantes. Nosso objetivo é alcançar maior harmonia dentro de nós mesmos e com toda a Natureza.[396]

Nos últimos quinze anos, o Druidismo contemporâneo passou por uma surpreendente renovação. Em 1985, quando ocorreu a última revisão significativa de *Drawing Down the Moon*, a maioria dos grupos de Druidas Reformados estava praticamente extinta. Havia um grupo druídico em Seattle e um bastante ativo em Berkeley, Califórnia - o Live Oak Grove, que publicava A *Druid Missal-any*. Então, após um longo afastamento da cena Pagã, Isaac Bonewits fundou o Ár nDraíocht Féin (Nosso Próprio Druidismo), além de uma nova publicação, *The Druid's Progress* (*O Progresso do Druidismo*). Na época, Bonewits me disse: "Começou como uma simples rede para algumas dezenas de pessoas que queriam coordenar

394 Parte V: Os Grandes Livros Druídicos, *Crônicas Druídicas*."

395 "A Primeira Epístola de Isaac", 2:12, *Druid Chronicles (Evolved)*.

396 Isaac Bonewits, "What & Why Is Reformed Druidism in the 1970's", *Green Egg*, Vol. VII, nº 75 (21 de dezembro de 1975), pp. 15–17.

pesquisas sobre as religiões antigas da Europa. Depois, cada vez mais pessoas passaram a buscar rituais e treinamento clerical. Agora, tornou-se um ato coletivo de criação. Com a ajuda de 200 pessoas, estamos criando uma nova religião."

Bonewits percebeu que os Druidas Reformados não eram o caminho adequado para ele. "A maioria das pessoas no RDNA eram anarquistas zen", disse ele. "Eles tinham uma abordagem filosófica, aplicável a qualquer religião. Mas a maioria dos membros do RDNA não era Pagã. Por isso ressentiam minha presença e sentiam que eu estava infiltrado no grupo."

Em *The Druid's Progress*, Bonewits apresentou sua visão para Ár nDraíocht Féin. Seu objetivo era reconstruir, com base na melhor pesquisa acadêmica disponível, as práticas dos Druidas Paleopagãos e aplicar esse conhecimento na criação de uma religião Neopagã adequada ao mundo moderno. Para isso, utilizaria os estudos de autores como Georges Dumézil, Stuart Piggott, Anne Ross e Mircea Eliade. A ideia era desenvolver rituais, liturgias e um programa de treinamento estruturado para alcançar excelência. "Vamos manter o *nonsense*, as tolices e o romantismo em um nível aceitável", disse-me. "Afinal, os Druidas tinham alguns costumes bem desagradáveis, que não tenho a menor intenção de perpetuar. Eles eram *headhunters* (caçadores de cabeças), por exemplo. Mas o que importa é saber de onde se vem se você pretende reivindicar uma conexão com certos ancestrais ou tradições. Se você se diz 'Druida', deve saber que tipo de pessoas eles eram e quais eram suas ideias. Só então pode escolher o que faz sentido para a América moderna."

A visão de Druidismo de Bonewits não era inteiramente Celta, nem mesmo Pancelta, mas Pan-Europeia. Ela abrangia todas as ramificações da cultura e da língua indo-europeia – Celta, Germânica, Eslava, Báltica e até mesmo o grego arcaico pré-clássico e o romano. Embora a maioria das pessoas saiba que fragmentos do Druidismo parecem ter sobrevivido em partes do País de Gales e da Irlanda, disfarçados em instituições da Igreja Celta e entre bardos e poetas, Bonewits escreve que pesquisas conduzidas por folcloristas, antropólogos e musicólogos russos e do Leste Europeu "indicam que tradições Paleopagãs podem ter sobrevivido em pequenas aldeias, ocultas em bosques e pântanos, até o século atual! Em algumas dessas aldeias, ainda havia pessoas vestindo longas túnicas brancas e realizando cerimônias em bosques sagrados até a Primeira Guerra Mundial!"[397] Grande parte dessa pesquisa foi publicada em literatura acadêmica soviética e nunca havia sido traduzida. Atualmente, muitas dessas descobertas estão vindo à tona. Bonewits acredita que esse material, combinado com fontes védicas e irlandesas antigas, ajudará a preencher muitas das lacunas na reconstrução do Druidismo Paleopagão europeu.

Um dos aspectos mais importantes do Ár nDraíocht Féin era seu sistema de treinamento, baseado em uma série de níveis ou círculos, semelhante à organização da antiga Church of All Worlds. Você pode avançar e (se perder conhecimentos

397 *The Druid's Progress*, nº 1, p. 10.

ou habilidades) retroceder! Como o clero indo-europeu era considerado a elite intelectual de sua cultura – incluindo poetas, músicos, historiadores e astrônomos –, o treinamento em cada nível abrangia teatro, música, artes psíquicas, ciências físicas, biológicas e sociais, além de aconselhamento, comunicação e habilidades relacionadas à saúde. O estudo de línguas também era altamente valorizado.

Bonewits sempre foi uma figura de opiniões fortes e, muitas vezes, difícil, até mesmo egocêntrico, mas continua sendo um dos Pagãos mais interessantes já visto. Ao falar sobre o Druidismo, ele afirma categoricamente que não há qualquer indício de que os Druidas usassem altares de pedra. Eles não construíram Stonehenge, os círculos e alinhamentos megalíticos do noroeste da Europa, as Pirâmides, nem tiveram qualquer ligação com os continentes míticos de Atlântida ou Mu. Além disso, ele rejeita completamente o que considera uma erudição duvidosa, recusando-se a aceitar os trabalhos de Louis Spence, Margaret Murray, Robert Graves, H. P. Blavatsky e outros.

Embora os Groves druídicos locais tivessem bastante autonomia, Bonewits nunca escondeu que o grupo teria uma hierarquia estruturada e que ele ocuparia a posição de Arquidruida. Ele me disse: "Estou sendo completamente transparente ao administrar isso como uma ditadura benevolente. Recebo muitas opiniões, mas a decisão final é minha. Essas são as regras do jogo. Você pode criticá-las, mas as regras do jogo são as regras do jogo. Se não quiser segui-las, provavelmente deveria fundar seu próprio grupo druídico, e espero que tenha sucesso. Algumas pessoas vão achar que isso me torna autocrático", riu, "e provavelmente estão certas."

A reação a essa abordagem nas publicações Pagãs variou de críticas severas a elogios entusiasmados. O *Pegasus Express* atacou: "Bonewits surgiu com seu clamor no deserto. 'Apoiem-me e serei seu Guru.' Dá um tempo, Isaac." Já a *Panegyria* elogiou: "Essa é, na verdade, uma boa abordagem para uma organização jovem cujo fundador deseja que ela se expanda e prospere." Nos principais Festivais Pagãos, Isaac recebia uma resposta calorosa. Ao seu redor, em uma noite qualquer, podia-se encontrar desde discussões acaloradas até três harpistas celtas tocando juntos e trocando conhecimentos. Seu programa de treinamento gerou muitas conversas e interesse.

Em 2006, o Ár nDraíocht Féin estava em plena expansão. Muitos outros grupos Druídicos haviam surgido, alguns seguindo caminhos um pouco diferentes dos ADF ou RDNA. Entre eles estavam o *Henge of Keltria* (Círculo de Keltria), que tem uma abordagem mais voltada para a tradição Celta do que o Ár nDraíocht Féin, a Order of the

White Oak (Ordem do Carvalho Branco) e diversas outras organizações (pelo menos uma dúzia listada no guia de recursos deste livro). Quanto aos Reformed Druids of North America, eles continuam ativos e exemplificam algo importante: quando se combina um processo de investigação com um conteúdo de beleza e ancestralidade, quando, mesmo que por brincadeira, abre-se o fluxo de imagens arquetípicas contidas na história e nas lendas de povos há muito negligenciados por esta cultura, muitas das pessoas que se deparam com essas imagens acabam se conectando a elas e iniciando uma jornada que sequer poderia ter sido imaginada por quem deu início ao processo.

Se muitos grupos Neopagãos começaram com um espírito lúdico e, sem perder essa essência, tornaram-se mais sérios, há um fenômeno Neopagão que nunca se levará *demais* a sério: o movimento Erisiano e os grupos a ele associados, que há anos realizam atividades absurdistas e surrealistas.

De certo modo, é até ridículo falar seriamente sobre os Erisianos, um grupo – ou conjunto de grupos – que se autodenomina uma "Desorganização Irreligiosa Não profética", dedicada a uma "compreensão avançada das manifestações parafísicas do Caos Cotidiano."[398] e, em outras ocasiões, também afirmou: "A revelação Erisiana não é uma farsa complicada disfarçada de nova religião, mas uma nova religião disfarçada de farsa complicada."[399]

A Sociedade Discordiana foi fundada (se é que se pode chamar assim) em 1957 (ou 1958 – até essa confusão inicial nunca foi resolvida) por Greg Hill (Malaclypse, o Jovem) e Kerry Thornley (Omar Ravenhurst). Após a "Revelação Erisiana" inicial (veja a seguir), Malaclypse, o Jovem, iniciou um Culto do Paradoxo Neopagão Erisiano chamado Paratheoanametamystikhood of Eris Esoteric (POEE)[400]. Em 1970, o POEE publicou o Principia Discordia, ou Como Encontrei a Deusa e o Que Fiz com Ela Quando a Encontrei. A primeira edição – de um total de cinco – consistia em apenas cinco cópias fotocopiadas; a segunda foi rapidamente reproduzida por impressão offset em Nova Orleans, e a terceira foi impressa em Tampa. Desde então, pelo menos alguns milhares de exemplares já foram distribuídos. Omar Ravenhurst, por sua vez, fundou sua própria organização Erisiana, a Frente de Libertação Erisiana (Erisian Liberation Front ELF). O Principia Discordia descreve a origem do movimento Erisiano da seguinte maneira:

O Nascimento do Movimento Erisiano

> A Terra treme e os Céus estremecem; as feras da natureza se reúnem, enquanto as nações humanas se dividem; vulcões expelem calor, enquanto em outros lugares a água se torna gelo e derrete; e, em certos dias, simplesmente chove.
>
> De fato, muitas coisas acontecem.
>
> — HBT; *O Livro das Profecias*, Capítulo 19

398 Essas duas citações vêm da contracapa das terceira e quarta edições de *Principia Discordia*, or *How I Found Goddess and What I Did to Her When I Found Her*, publicação privada.

399 Robert Anton Wilson, "All Hail the Goddess Eris", *Gnostica*, Vol. 3, nº 12 (21 de julho de 1974), p. 19.

400 N.T.: em tradução livre: Parateoanametamisticismo Esotérico de Éris.

A Revelação

Pouco antes da década de 1960, quando o Sputnik era algo solitário e novo, e por volta da época em que Ken Kesey tomou seu primeiro ácido como voluntário em um experimento médico; antes dos jornais alternativos, do Vietnã e das conversas sobre uma segunda Revolução Americana; no silêncio comparativo do final dos anos 1950, pouco antes de a ideia de RENASCIMENTO se tornar relevante...

Dois jovens californianos, mais tarde conhecidos como Omar Ravenhurst e Malaclypse, o Jovem, entregavam-se ao hábito de tomar café em um boliche aberto a noite toda, enquanto resolviam os problemas do mundo. Naquela noite em particular, eles estavam reclamando um com o outro da confusão pessoal que sentiam em suas respectivas vidas. "Resolva o problema da discórdia", disse um deles, "e todos os outros problemas desaparecerão".

"De fato", respondeu o outro, "o caos e a discórdia são as raízes de toda confusão."

Primeiro, Preciso Polvilhar Você com Pó de Fada

De repente, o lugar ficou sem luz. Um silêncio absoluto os envolveu, e uma grande quietude tomou conta do ambiente. Então, um clarão ofuscante de luz intensa explodiu diante deles, como se suas próprias psiques tivessem se tornado supernovas. E então, a visão retornou.

Os dois ficaram atordoados, sem se mover ou dizer uma palavra por vários minutos. Olharam ao redor e viram que os jogadores de boliche estavam congelados como estátuas, presos em uma variedade de poses cômicas. Uma bola de boliche permanecia imóvel no chão, a poucos centímetros dos pinos que deveria derrubar. Eles se entreolham, incapazes de explicar o que acontecia. Tudo parecia suspenso no tempo, e um deles percebeu que o relógio havia parado.

Então, um chimpanzé entrou na sala. Seu focinho era grisalho e desgrenhado, mas ele caminhava ereto, com seus imponentes um metro e meio de altura, exibindo uma postura naturalmente majestosa. Carregando um pergaminho, ele se dirigiu aos dois jovens.

"Senhores", disse ele, "por que a Lua de Pickering gira em órbita reversa? Senhores, há mamilos em seus peitos; por acaso produzem leite? E, digam-me, o que fazer com a Lei de Heisenberg?" Ele fez uma pausa. "Alguém Precisava Colocar Toda Essa Confusão Aqui!"

E, com isso, ele desenrolou seu pergaminho. Nele havia um diagrama, semelhante a um yin-yang, com um pentágono de um lado e uma maçã do outro. Então, o chimpanzé explodiu. E os dois perderam a consciência.

Éris – Deusa do Caos, da Discórdia e da Confusão

Eles despertaram ao som dos pinos caindo e perceberam que os jogadores de boliche haviam retomado sua partida, enquanto a garçonete seguia ocupada preparando café. Era evidente que a experiência fora apenas deles.

Eles discutiram aquele estranho encontro e reconstruíram de memória o diagrama do chimpanzé. Nos cinco dias seguintes, vasculharam bibliotecas em busca de seu significado, mas ficaram desapontados ao encontrar apenas referências ao Taoísmo, à bandeira coreana e à Tecnocracia. Somente ao decifrarem a inscrição em grego na maçã descobriram a antiga Deusa, conhecida pelos gregos como Éris e pelos romanos como Discórdia. Isso aconteceu na quinta noite. E, ao dormirem, ambos tiveram um sonho vívido com uma mulher esplêndida, cujos olhos eram tão suaves quanto uma pluma e tão profundos quanto a eternidade, e cujo corpo era a dança espetacular dos átomos e dos universos. Seus cabelos fluíam como pirotecnia de pura energia, enquanto arco-íris surgiam e se desfaziam ao seu redor. Então, ela falou com uma voz quente e suave:

"Vim dizer que vocês são livres. Há muitos anos, Minha consciência se afastou da humanidade para que ela pudesse evoluir. Agora retorno e vejo esse desenvolvimento quase completo, mas travado pelo medo e pela incompreensão.

"Vocês criaram para armaduras psíquicas si mesmos e, presas nelas, sua visão fica limitada, seus movimentos se tornam desajeitados e dolorosos, sua pele se machuca e seu espírito queima ao sol.

"Eu sou o Caos. Sou a matéria com a qual seus artistas e cientistas criam ritmos. Sou o espírito que faz suas crianças e palhaços rirem em alegre anarquia. Eu sou o Caos. Estou viva e digo: vocês são livres."

Nos meses seguintes, eles estudaram filosofias e teologias e descobriram que Éris, ou Discórdia, era vista principalmente com temor pelos antigos, considerada uma força de ruptura. De fato, o próprio conceito de caos ainda era associado ao conflito e tratado como algo negativo. "Não é de se admirar que tudo esteja tão bagunçado", concluíram. "Eles entenderam tudo ao contrário." Perceberam que o princípio da desordem era tão significativo quanto o princípio da ordem.

Com isso em mente, passaram a estudar o enigmático yin-yang. Durante uma meditação, em uma tarde qualquer, ouviram uma voz que lhes disse:

"Chame-o de *The Sacred Chao*[401]. E eu os nomeio seus Guardiões. Nele, encontrarão o que quiserem. Falem de mim como Discórdia, para contrastar com o pentágono. Digam à humanidade reprimida que não existem regras, a menos

401 N.T.: em português a tradução seria "Sagrado Chao": termo do Discordianismo, uma filosofia satírica que celebra o caos e a contradição. "Chao" é uma brincadeira com "Chaos" (Caos, em inglês), preservando o espírito lúdico e subversivo do movimento. Diferente de "Sagrado Caos", que seria uma tradução literal, a grafia original mantém a intenção humorística dos Discordianos.

que escolham inventá-las. Guardem bem as palavras de Syadasti: 'É UM VENTO RUIM AQUELE QUE NÃO EXPANDE MENTES.' E lembrem-se: não há tirania no Estado de Confusão. Para mais informações, consultem suas glândulas pineais."

"O que é isso?", murmurou um para o outro. "Uma religião baseada na Deusa da Confusão? Isso é pura loucura!"... E entre gritos de alegria e com lágrimas escorrendo pelo rosto, cada um nomeou o outro como Sumo Sacerdote de sua própria loucura. Juntos, declararam-se uma Sociedade de Discórdia - seja lá o que isso viesse a significar.[402]

O *Principia Discordia* foi composto a partir de artigos e ideias que Greg Hill (Mal) reuniu ao longo de suas comunicações com co-conspiradores. Em 1969, Mal fundou a Joshua Norton Cabal (Sociedade de Joshua Norton). (O Imperador Joshua Norton viveu no final de 1800, em São Francisco. Ele se autoproclamou Imperador do mundo e passou a emitir sua própria moeda. E, provando que muitas vezes é possível criar sua própria realidade, grande parte da cidade entrou na brincadeira - aceitando seu dinheiro em bares e outros locais. Dizem que milhares de pessoas compareceram ao seu funeral.) Outros grupos Erisianos começaram a surgir. Em determinado momento, dizia-se que existiam mais de vinte "cabais", embora alguns pudessem ter apenas um único membro. Como a radical descentralização é um princípio Discordiano, é impossível saber quantos Discordianos existiram ou existem, ou o que estão fazendo. A maioria desses cabais realizava atividades diversas - não violentas, absurdistas, revolucionárias, mágicas e surrealistas. Muitas dessas "ações" eram atribuídas ao suposto *Illuminati da Baviera*, uma organização enigmática fundada por Adam Weishaupt em 1776. Os "*Illuminati*" Erisianos foram, em grande parte, inspirados por alguém conhecido como Thomas Gnostic. Ações semelhantes também foram promovidas pelo *ELF*. Omar Ravenhurst, por exemplo, criou um "Kit de Conspiração Faça-Você-Mesmo", que incluía um conjunto de papéis timbrados com cabeçalhos duvidosos. Robert Anton Wilson, uma das principais figuras do Discordianismo (às vezes chamado de *Mordecai, o Impuro*), descreveu uma dessas ações.

> Omar enviaria uma carta à Cruzada Cristã Anticomunista em papel timbrado dos *Illuminati* da Baviera, dizendo: "Achamos engraçado que vocês tenham descoberto que assumimos o controle da indústria da música Rock. Mas vocês ainda são tão ingênuos. Nós tomamos o controle desse negócio nos anos 1800. Beethoven foi nosso primeiro convertido."

Muitas dessas ações Discordianas acabaram aparecendo na imprensa *underground* entre o final dos anos 1960 e o início dos anos 1970. Elas não eram, segundo Wilson me disse, "farsas", pois "uma farsa sugere algo feito por pura perversidade adolescente. Eu as vejo mais como projetos educacionais. Estamos ensinando as pessoas que existem realidades alternativas."

402 *Principia Discordia*, 4ª ed., pp. 7–10.

O Discordianismo é o paraíso dos anarquistas. Um de seus lemas é "Nós, Discordianos, Permaneceremos Separados". E tudo o que você precisa fazer para se tornar membro da Sociedade Discordiana é: (1) decidir que ela existe e (2) incluir-se nela. Greg Hill se autodenominava um "Ateu Transcendental" e sempre teve interesse por religiões absurdistas. Ao descobrir que os antigos gregos tinham uma deusa do Caos, achou que era a coisa mais engraçada que já tinha ouvido. Mas POEE é, de certa forma, um sacerdócio, e você pode se tornar sacerdote simplesmente se declarando um. Como era de se esperar, o POEE distribuiu milhares de "Cartões de Papa"[403], do tamanho de um cartão de bolso.

Wilson (Mordecai) se autodenominava um "Agnóstico Transcendental", embora tenha acrescentado, com um toque de humor: "Existem muitos 'eus' dentro de mim." Certa vez, disse a um entrevistador de uma revista de ficção científica:

> Sou um Bruxo iniciado, um ministro ordenado em quatro Igrejas (ou cultos) e tenho várias outras "credenciais" para impressionar os desavisados. Minha filosofia continua sendo o Agnosticismo Transcendental. Existem realidades e inteligências maiores do que a consciência normal condicionada consegue reconhecer, mas é cedo demais para dogmatizar sobre elas neste estágio primitivo de nossa evolução. Mal começamos a engatinhar para fora da superfície do planeta-berço."[404]

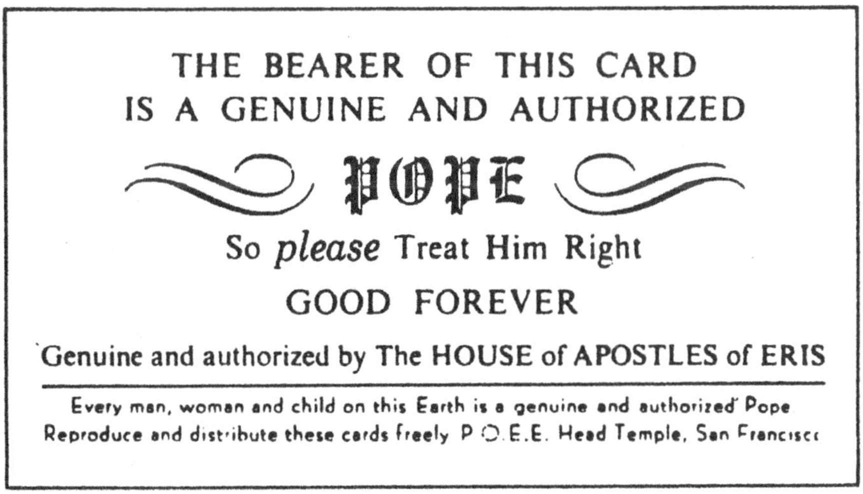
THE BEARER OF THIS CARD
IS A GENUINE AND AUTHORIZED
POPE
So *please* Treat Him Right
GOOD FOREVER
Genuine and authorized by The HOUSE of APOSTLES of ERIS
Every man, woman and child on this Earth is a genuine and authorized Pope
Reproduce and distribute these cards freely P.O.E.E. Head Temple, San Francisco

403 N.T.: os Discordianos criaram, de forma satírica, os chamados "Cartões de Papa": pequenos cartões distribuídos para certificar qualquer pessoa como Papa, conferindo-lhe autoridade espiritual absoluta e ridicularizando hierarquias religiosas.

404 "An Interview with Robert Anton Wilson", por Neal Wilgus, *Science Fiction Review*, Vol. 5, nº 2 (maio de 1976), p. 32.

Wilson, e outro Erisiano chamado Robert Shea, foi coautor de *Illuminatus*, uma trilogia de ficção científica/ocultismo/conspiração ambientada dentro de uma perspectiva Erisiana. Seu sucesso tanto no meio da ficção científica quanto nos círculos ocultistas pode servir de trampolim para mais atividades Erisianas – embora o oposto também possa acontecer. De fato, uma revista Erisiana de Nova Jersey publicou um comunicado anunciando a dissolução do cabal Erisiano local. O motivo: "Já que os segredos foram revelados da maneira proverbial (ver *Illuminatus*), é necessário recuar para uma posição mais esotérica."[405] Enquanto isso, Malaclypse declarou que a Éris do *Principia Discordia* e a Éris de *Illuminatus* não são a mesma.

Independentemente de qual Éris se escolha, ela sempre parece assumir a forma de paradoxo. Um aviso deles próprios publicado no *Green Egg* dizia que o caminho Erisiano geralmente atrai aqueles que têm "afinidade com o taoísmo, a anarquia e a brincadeira; que se sentem à vontade em um contexto Neopagão; e que provavelmente têm uma inclinação para o iconoclasmo."[406]

E o Discordianismo pretende continuar bem-humorado. Wilson afirma: "Grande parte do movimento Pagão começou como uma brincadeira, e, com o tempo, à medida que as pessoas percebiam que estavam tirando algo dali, passaram a levar a sério. O Discordianismo tem um mecanismo interno que impede que as coisas fiquem sérias demais. As escrituras sagradas são tão absurdas que, assim que você as consulta novamente, começa a rir. A teologia Discordiana é semelhante ao Crowleyanismo. Se você levar qualquer uma dessas ideias longe o suficiente, acaba revelando a absurdidade de todas as ideias. Elas mostram que ideias são apenas ferramentas e que nenhuma ideia deve ser sagrada." Assim, o Discordianismo funciona como um equilíbrio necessário. É um sistema à prova de falhas. Permanece uma piada e fornece perspectiva. É uma sátira da inteligência humana, baseada na ideia de que, qualquer que seja o seu mapa da realidade, noventa por cento dele é criação sua. As pessoas deveriam aceitar isso e se orgulhar de sua própria arte. As pessoas deveriam aceitar isso e se orgulhar de seu próprio talento artístico. O Discordianismo não pode se tornar dogmático. Para que as pessoas perdessem a noção de que tudo começou como uma piada, toda a linguagem teria que mudar. Isso levaria mil anos."

A posição Erisiana sobre o humor sempre foi clara e, para provar isso, aqui está mais um trecho das escrituras sagradas, o *Principia Discordia*.[407]

---

405 Thomas J. Walsh, *Beyond the Barrier*, Edição 1, p. 1. Publicado de forma irregular em Irvington, Nova Jersey. Uma publicação anterior foi *Patterns of Form*, lançada pelo cabal *Morgan Delt*.

406 "Erisianism: A Neo-Pagan Path", *Green Egg*, Vol. IX, nº 78 (1º de maio de 1976), p. 10.

407 *Principia Discordia*, 4ª ed., pp. 42, 63.

A Sociedade Discordiana

Joshua Norton Cabal - São Francisco

Greyface

No ano de 1166 a.C., um rabugento de mente estreita chamado Greyface (cara cinzenta) convenceu-se de que o Universo era tão sem humor quanto ele próprio. Assim, começou a ensinar que a brincadeira era pecaminosa, pois contrariava os caminhos de uma Ordem Séria. "Olhem para toda a ordem ao seu redor", dizia ele. E, a partir disso, iludiu homens honestos, fazendo-os acreditar que a realidade era uma questão de camisa de força e não o romance feliz como os homens o conheciam.

Não se sabe ao certo por que as pessoas eram tão ingênuas naquela época, pois ninguém sequer pensou em observar toda a desordem ao seu redor e concluir exatamente o contrário. De qualquer forma, Greyface e seus seguidores levavam o jogo de brincar com a vida mais a sério do que a própria vida. E passaram a ser conhecidos por destruir outros seres vivos, cujos modos de vida diferiam dos seus.

O resultado infeliz disso foi que a humanidade passou a sofrer de um desequilíbrio psicológico e espiritual. O desequilíbrio gera frustração, a frustração gera medo. E o medo estraga a experiência. O homem está em uma viagem ruim há muito tempo.

Isso ficou conhecido como A Maldição De Greyface.

A maldição de Greyface e a introdução do negativismo

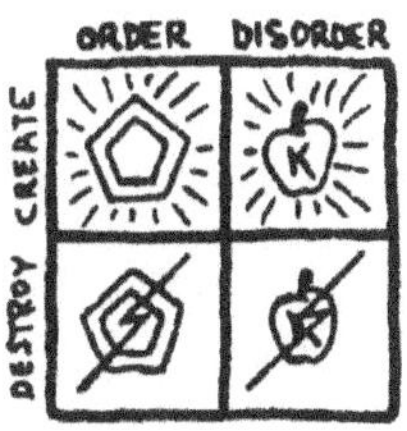

Escolher a ordem em vez da desordem, ou a desordem em vez da ordem, significa aceitar uma jornada que contém tanto o criativo quanto o destrutivo.

Mas escolher o criativo em vez do destrutivo leva a uma experiência inteiramente criativa, que abrange tanto a ordem quanto a desordem. Para alcançar isso, basta aceitar a desordem criativa da mesma forma que a ordem criativa, e também estar disposto a rejeitar a ordem destrutiva, assim como a desordem destrutiva.

A Maldição de Greyface introduziu a divisão da vida entre ordem e desordem como a polaridade essencial de positivo e negativo, em vez de estabelecer um fundamento baseado na criatividade e na destruição como os verdadeiros opostos. Com isso, ele fez com que a humanidade suportasse os aspectos destrutivos da ordem e a impediu de participar de forma eficaz nos usos criativos da desordem. A civilização reflete essa divisão infeliz.

O POEE proclama que a outra divisão é preferível e trabalhamos com a ideia de que a desordem criativa, assim como a ordem criativa, é possível e desejável; e que a ordem destrutiva, assim como a desordem destrutiva, é desnecessária e indesejável.

Busque o *Sacred Chao* – nele encontrarás a tolice de toda ORDEM/DESORDEM. Que são a mesma coisa!

PRINCIPIA DISCORDIA OU COMO ENCONTREI A DEUSA E O QUE FIZ COM ELA QUANDO A ENCONTREI

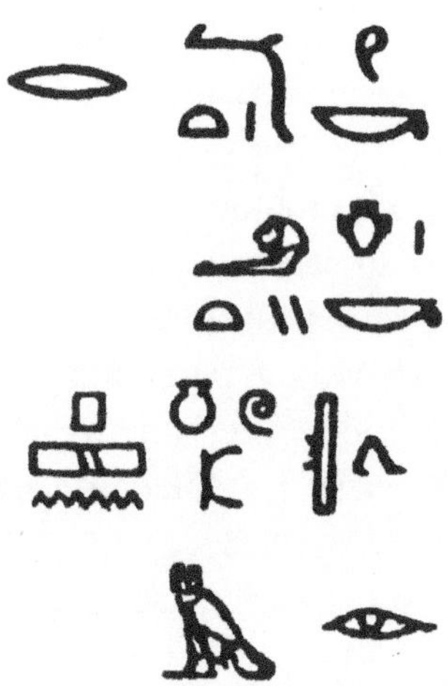

E, ainda assim, o Erisianismo não deve ser tratado com leviandade. Greg Hill me contou que suas experiências com Éris foram bastante profundas. Embora tenha começado como uma piada ateísta, suas percepções começaram a mudar.

"Éris é uma Deusa autêntica. Além disso, ela é antiga. No início eu me via como um palhaço cósmico. Eu me caracterizei como Malaclypse, o Jovem. Mas se você fizer esse tipo de coisa bem o suficiente, começará a funcionar. No devido tempo, as polaridades entre ateísmo e teísmo tornaram-se absurdas. O envolvimento foi transcendente. E quando você transcende um, tem que transcender o outro. Comecei com a ideia de que todos os Deuses são uma ilusão. No fim, aprendi que cabe a você decidir se os Deuses existem. E, se decidir levar a sério uma Deusa do Caos, isso pode levar a uma jornada metafísica tão profunda e válida quanto levar a sério um Deus como Yahweh. As experiências serão diferentes, mas ambas serão transcendentais. Éris é uma Deusa válida na medida em que os Deuses são válidos; e os Deuses são válidos quando escolhemos que sejam. A tradição cristã se tornou tão completamente alienada da realidade no mundo ocidental que as pessoas tiveram que começar a inventar os seus próprios malditos Deuses. Alguns estão fazendo isso com seriedade, e está funcionando de forma legítima. O fenômeno Neopagão é um exemplo. Outro caminho seria o ateísmo transcendental: usar o ateísmo como uma jornada espiritual. O fenômeno de Éris é um híbrido entre os dois. Ela é uma divindade absurdista que demonstra que o *nonsense* é tão válido quanto o senso, já que Éris é, possivelmente, a Deusa mais absurda já inventada. E, ainda assim, se você a seguir, isso pode se tornar uma experiência espiritual autêntica – e pode levar você ao ponto em que deixará de enxergar as coisas em termos de divindades e não divindades."

Para Wilson, o Discordianismo é também um jogo perceptivo, uma ferramenta para expandir a visão da realidade. Ele escreveu que a posição Discordiana "exige, então, movimento contínuo. Parar em qualquer metáfora e estabelecê-la como dogma é aprisionar a mente." Ele acrescenta: "Embora os Discordianos viajem constantemente pelo país e pelo mundo, sob muitas formas, sempre há um grande *ashram* Discordiano na região da Baía de São Francisco, 'no local do futuro e belo Canyon de San Andreas.' A única maneira de permanecer são é saber que o solo sob seus pés é puro Vazio."[408]

Perguntei a Malaclypse: "O que Omar Ravenhurst anda fazendo hoje em dia?" Ele respondeu: "Ravenhurst tem estado em um estado de extrema discórdia. Estávamos conversando sobre Éris e a confusão, e ele disse: 'Sabe, se eu soubesse que tudo isso ia se tornar realidade, eu teria escolhido Vênus.'"

O Movimento Erisiano Hoje

Discordianos e Erisianos ainda marcam presença em encontros Pagãos e nas páginas de boletins informativos. Além disso, há muitos sites Erisianos na Web (ver Recursos). Dennis Moskowitz (Brother Max Flax Beeblewax), que fez parte da Five-College Discordian Society of Saint Rufus (Sociedade Discordiana dos Cinco Colégios de São Rufus) há alguns anos, escreve que o mais perceptível hoje é a influência de Éris na cultura em geral. "A maioria dos Pagãos e praticantes de Magia parece estar familiarizada com o Discordianismo", afirma. Moskowitz observa que Éris foi uma das personagens principais - embora como vilã - em um recente filme animado de Simbad, e que referências Discordianas podem ser encontradas na série de quadrinhos *The Invisibles*, de Grant Morrison, publicada entre 1994 e 2000. Há um jogo de RPG criado pelo designer John Wick chamado *Discordia!* Ele é gratuito e acessível ao público. Houve alguns protestos Discordianos contra o filme *Troia* porque a obra contou a história da Guerra de Troia sem mencionar os Deuses, negando assim o papel da Deusa Éris no início do conflito. Moskowitz observa que o Discordianismo "sempre será um movimento que começa com estudantes do ensino médio e universitários que o descobrem, talvez o levem a sério demais e, com o tempo, suavizem essa visão", mas, ocasionalmente, elementos Erisianos acabam aparecendo em seus futuros trabalhos artísticos.

Outra Discordiana, que se autodenomina Elfwreck, observa que Éris é uma vilã recorrente no programa do Cartoon Network, *As Terríveis Aventuras de Billy e Mandy*. Ela também menciona a existência de uma convenção Discordiana anual chamada *KallistiCon - A Discordian (Un)Convention*, geralmente realizada na Califórnia. Além disso, no *PantheaCon*, uma convenção Pagã anual no norte da Califórnia, costuma haver um ritual discordiano com a presença de algumas centenas de pessoas. Também ocorrem, ocasionalmente, peregrinações ao túmulo do Imperador Norton. Um membro da Avatar Jones Memorial Cabal (AJMC) está em processo de iniciar uma Igreja Erisiana, a Fifth Trinity Church (Quinta Igreja da Trindade). Elfwreck disse que o movimento Discordiano/Erisiano continua tão forte quanto sempre foi, "o que significa que existem pequenos grupos aqui e ali

408 Robert Anton Wilson, "All Hail the Goddess Eris!" *Gnostica*, Vol. 4, nº 9 (julho de 1975), p. 27.

com delírios de grandeza e a ilusão de uma teia muito maior conectando todos os pontos". Ela também comenta que o fato de o Paganismo público ter desenvolvido uma tolerância aos Discordianos "me surpreende bastante" e sugere que isso pode evidenciar a superficialidade de boa parte do Paganismo.

Alguns Pagãos argumentam que, por ser em grande parte uma brincadeira sem muita seriedade, o Erisianismo é deixado de lado quando as pessoas se aprofundam no Paganismo. Em uma lista de estudiosos Pagãos, alguém escreveu: "As piadas ficam cansativas... talvez o movimento tenha perdido força." O autor acrescenta que uma leitura atenta de escritores gregos como Hesíodo mostra Éris como a mãe de todos os males – e não uma Deusa a ser seguida como exemplo.

Por outro lado, alguns argumentam que a comunidade Pagã é uma das poucas tradições espirituais que exploram o humor, a alegria, o abandono e até mesmo a irreverência e o absurdo como partes legítimas da experiência espiritual. Oz, uma Sacerdotisa da Arte do Novo México, escreveu essas palavras para mim poucos dias antes da edição de 1986 de *Drawing Down the Moon* ser finalizada.

> O movimento Pagão está explorando a mudança social de um jeito que não vejo acontecer em nenhum outro lugar. Convivemos com nudez, liberdade sexual, espaço para experimentação, liberdade de pensamento e uma alegria solta e divertida que é única. Não vejo outros grupos "mágicos" desenvolvendo uma cultura de alegria expansiva. Encontrá-la na expressão, na irreverência, no exagero, em ultrapassar limites - e perceber que, nisso tudo, há espírito. Se pensar por um momento no duplo significado da palavra "espírito", acho que entenderá. Hoje, grande parte do meu estímulo intelectual e até espiritual vem de pessoas que não são Bruxas ou Pagãs, mas, quando quero estar com pessoas com quem me sinto à vontade para viver minha vida como gosto, que são extremamente abertas sobre tudo, que não acham você louca por expressar um desejo absurdo e o colocar em prática, eu me junto aos Pagãos. Hoje existem muitos espaços que oferecem alternativas à cultura cristã patriarcal, lugares abertos ao místico e ao feminino. O que o Paganismo proporciona é o convívio com pessoas que não têm medo de sonhar algo diferente e tentar viver esse sonho. Não seguimos ninguém. De certa forma, somos como exploradoras em um novo mundo. E, como dizem os Discordianos, "Não façam planos."

Agora, quase vinte anos depois, o movimento Pagão amadureceu, e alguns desses aspectos estão um pouco mais discretos. Com o Paganismo se tornando um movimento mais presente na sociedade, muitos Festivais Pagãos passaram a ser voltados para famílias, deixando em segundo plano formas alternativas de sexualidade e outras ideias mais transgressoras. As Erisianas ainda mantêm aquele espírito irreverente de vinte e cinco anos atrás, e seria uma perda lamentável ver isso desaparecer conforme o Paganismo se consolida.

Capítulo 12

Radical Faeries e o Crescimento da Espiritualidade Masculina

A partir do final da década de 1970, junto ao grande e contínuo crescimento da espiritualidade feminina, surgiu, de maneira quase paralela, um pequeno movimento espiritual entre os homens. Esse movimento estava ligado à crítica feminista às noções patriarcais de religião e autoridade, assim como à tentativa de homens, tanto gays quanto heterossexuais, de redefinir a masculinidade.

Muitos homens dentro do Neopaganismo têm se perguntado: "Qual deve ser o nosso papel?" Essa questão não é tão levantada nas tradições britânicas da Wicca. Na verdade, alguns homens dentro das Tradições dualistas da Arte, onde a Deusa e o Deus têm papéis iguais, embora polarizados, sentem que o pêndulo oscilou demais e que os aspectos masculinos, os aspectos do "Deus" na Arte, foram negligenciados.

A partir da década de 1980, muitos grupos Pagãos começaram a adicionar versos masculinos ou referências ao "Deus" em cantos dedicados à "Deusa". Além disso, vários Festivais Pagãos passaram a incluir rituais voltados para homens. Algumas publicações Pagãs trouxeram artigos defendendo a necessidade de reconhecer o sofrimento de muitos homens em relação aos seus próprios papéis. Na edição de Yule de 1983 do *Brothers of the Earth Newsletter* (*Boletim dos Irmãos da Terra*), o editor Gary Lingen escreveu que ouvia "a dor dos Irmãos que buscam alternativas sem rumo, cujas naturezas confusas e oprimidas ainda precisam ser desafiadas e curadas".[409]

Lingen escreveu que os homens devem assumir a responsabilidade por sua própria transformação e se conectar uns com os outros para alcançar esse objetivo. *Brothers of the Earth* foi criado como uma rede – um espaço separado para homens e meninos se fortalecerem e celebrarem, um lugar para examinar e honrar os ciclos da vida e os ritos de passagem masculinos.

No passado, intelectuais como Jean-Paul Sartre e Simone de Beauvoir analisaram profundamente os papéis masculinos, mas essas ideias raramente se espalham pela cultura de forma ampla. Durante anos, a voz mais proeminente nessas discussões foi a do poeta Robert Bly. Robert percorreu o país ministrando palestras sobre o papel dos homens e artigos com suas ideias chegaram a revistas como *New*

409 "A Light in the Darkness", *Brothers of the Earth Newsletter*, Nº 3 (Yule 1983), pp. 7–9.

Age. Ele argumentava que, nas últimas três décadas, muitos homens passaram a reconhecer seu lado feminino, tornando-se frequentemente mais cuidadosos e gentis. No entanto, muitos pareciam incompletos, sem energia.

Em suas palestras, Bly frequentemente usava um conto de fadas conhecido como *Iron John* (João de Ferro). Na história, há um reino distante onde homens desaparecem constantemente na floresta, sem que ninguém saiba o motivo. Até que um estranho chega ao reino e decide investigar. Ele descobre um homem selvagem, coberto de pelos, escondido em uma poça profunda, e o retira de lá. O homem é então colocado em uma jaula. Para Bly, esse homem selvagem representa a parte profunda e sombria da psique masculina, um aspecto de sua natureza com o qual os homens precisam se reconectar para se tornarem completos. Ele argumenta que entrar em contato com o feminino dá aos homens uma chave para sua identidade, mas o Homem Selvagem guarda a outra chave.

Na segunda parte da história, uma criança perde uma bola dourada, que acaba rolando para dentro da jaula do Homem Selvagem. Para recuperá-la, a criança pega a chave da jaula debaixo do travesseiro da mãe e liberta o Homem Selvagem. Para Bly, a bola dourada representa a unidade de nossas naturezas, algo que geralmente só experimentamos na infância. Ele sugere que, para os homens, a bola dourada se encontra no campo profundo, sombrio e primal do Homem Selvagem. E que os homens, para se tornarem inteiros, devem se aprofundar nesse lugar do verdadeiro masculino. Isso exige confrontar as mitologias antigas, romper de certa forma com as forças da civilização ocidental, sair tanto da influência materna quanto da sociedade masculina coletiva e, como iniciados, encarar o Homem Selvagem sozinhos. Dessa maneira, segundo Bly, os homens podem recuperar sua verdadeira energia feroz – mas não uma força baseada em conceitos chauvinistas de dominação e controle.[410]

Diversas perspectivas na busca por novos papéis masculinos se apresentaram, mas, em um artigo publicado na *Utne Reader* de abril/maio de 1986, o escritor Shepard Bliss observou que duas abordagens estavam se destacando: a feminista e a mitopoética. A abordagem feminista, representada por organizações como a *National Organization of Changing Men* (Organização Nacional dos Homens em Mudança), enfatizava os problemas do sexismo e do patriarcado. Já a tradição mitopoética, liderada por Robert Bly, questionava certos aspectos da crítica feminista. Bly argumentava que, embora a sociedade seja sexista e até dominada por homens, o patriarcado, em seu significado literal, seria o "governo dos pais", e o que realmente caracteriza a sociedade contemporânea é a ausência dos pais.[411]

---

410 Veja "What Men Really Want", uma entrevista com Robert Bly por Keith Thompson, New Age (maio de 1982). Veja também *Brothers of the Earth Newsletter,* Ciclo 2, Edição 5 (Solstício de Verão de 1984), pp. 9–19.

411 Shepard Bliss, "Bound for Glory", *UTNE Reader,* Nº 15 (abril–maio de 1986).

Dentro do Paganismo, foram os homens gays que lideraram um exame corajoso dos papéis masculinos, assim como as mulheres lésbicas impulsionaram as adeptas ao Paganismo a refletirem sobre sua própria condição. Da mesma forma que as mulheres nas vertentes mistas do Paganismo tiveram que lidar com um movimento enérgico da espiritualidade feminina – e foram transformadas por ele – nos anos 1980 e além, muitos homens (e mulheres) foram impactados pelo encontro com os *Radical Faeries* (Movimento Fadas Radicais).

Desde os tea dances ("bailes do chá") com lingerie até sessões explosivas de confronto entre homens gays e heterossexuais, os *Radical Faeries* provocaram mudanças na comunidade Pagã.

Radical Faeries

O movimento Radical Faeries começou por volta de 1978, com seu marco oficial sendo o encontro de 1979, a *Spiritual Conference for Radical Faeries* (Conferência Espiritual para Fadas Radicais), realizada em um santuário no deserto próximo a Tucson, Arizona. Alguns meses antes, Arthur Evans – autor de *Witchcraft and the Gay Counterculture* (*Bruxaria e a Contracultura Gay*), livro que defendia a ideia de que homens gays deveriam explorar as conexões entre a espiritualidade gay e as antigas religiões Pagãs da natureza – organizou um faerie circle (círculo de fadas) em uma floresta de sequoias. Esse encontro levou à conferência *A Call to Gay Brothers* (Um Chamado aos Irmãos Gays), no Arizona. Como escreveu um autor na RFD – revista que tem documentado consistentemente o crescimento da espiritualidade *faery* – "o chamado foi feito no sentido sufi." Aqueles que estavam prontos para ouvi-lo viriam.[412]

O encontro e o crescimento subsequente da espiritualidade Radical Faery surgiram de uma necessidade espiritual profunda. Como um homem me disse: "Todos queríamos algo que não tínhamos e desejávamos desesperadamente, mas não sabíamos o que era." Jody, que há anos está envolvido com formas xamânicas da Bruxaria, contou que, antes de conhecer o Radical Faeries, sua experiência na cultura gay o deixou frustrado, irritado e desiludido. "Quando me assumi, senti uma explosão – 'Finalmente posso amar, finalmente posso fazer sexo, finalmente posso me expressar'. Mas, de muitas maneiras, a cultura gay não atendia às minhas necessidades." Senti que, de muitas formas, era uma paródia opressiva da cultura heterossexual. Tudo girava em torno de bares, onde a música era alta e as pessoas não eram incentivadas a conversar, criar laços ou cuidar umas das outras. Era uma

412 *RFD*, Nº 22 (Solstício de Inverno de 1979), p. 59.

imitação do que havia de pior na cultura heterossexual. Percebi que precisava me tornar outra pessoa para conseguir transar, e isso me incomodava profundamente. Senti vergonha e me perguntei: 'É isso o melhor que temos a oferecer?'"

Jody participou do segundo encontro *faerie*, realizado nas montanhas do Colorado. "Quando cheguei", contou-me, "soube que estava em casa. Esta é a minha cultura. Estas são pessoas que não precisam se transformar em alguém diferente para fazer amor. Elas vivem sua sexualidade de um jeito profundamente conectado à terra."

No primeiro encontro *faerie* no Arizona, os rituais muitas vezes aconteciam de forma totalmente espontânea e sem planejamento. Em certo momento, um dos participantes expressou o desejo de ir ao deserto com baldes de água e cobrir-se de areia molhada. No fim, quarenta homens o acompanharam em uma manhã de domingo. "O que começou como uma brincadeira leve", escreveu um deles, "acabou se transformando em um evento tribal sério. Algo na nudez, na primitividade dos cânticos e na atmosfera do encontro despertou um impulso primordial em todos, e os cânticos tornaram-se mais autênticos." Um espectador, tomado pelo espírito da reunião, tirou a roupa e começou a descer a margem.

> Imediatamente, surgiu um senso de iniciação. Eles o ergueram nos ombros - um corpocompletamente branco em meio aos homens de barro. Baixaram-no na lama e o cobriram. Depois o levantaram novamente e começaram a cantar. Quando o colocaram no chão,uma dança espontânea surgiu. Era como assistir a um ritual tribal. Até mesmo as fotografias que vi depois são impressionantes - como se saídas diretamente da *National Geographic*. Os homens nas fotos não são contadores, professores, cinegrafistas, advogados, estudantes, radicais de esquerda, médicos, escriturários ou funcionários dos correios. Eles são membros da mesma tribo. Ninguém deixou de perceber o quanto a lama nivelava a todos. Todos eram iguais, e todos sentiram uma eletricidade de unidade e poder a partir disso.[413]

Outro homem, descrevendo os curiosos, escreveu: "Vi turistas com Nikons parados em um penhasco acima de nós, roubando nossas imagens para vender, então senti o que talvez os aborígenes sentem quando encontram os seus rostos na National Geographic.[414] Um terceiro participante observou: "Alegremente coberto de lama e com várias dezenas de meus irmãos - cantando, dançando, gritando - evoquei uma sensação de atemporalidade que às vezes sinto durante um ato de

413 *RFD*, Nº 22, p. 61.

414 *RFD*, Nº 22, p. 50.

amor especialmente satisfatório, como se estivesse em contato com algo que tem milhares e milhares de anos. Este marxista-budista-unitário cético, tornou-se um verdadeiro crente no Espírito *Faery*."[415]

Houve um grande ritual estruturado – o Grande Círculo Faery. Começou com uma procissão à luz de tochas, desfilando pelo deserto do Arizona, ao som de flautas. "A lua fica cheia; dançamos à sua luz"[416], escreveu um. Outro disse: "No crepúsculo, o encontro... foi extraordinário. Não houve constrangimento, todos pareciam antecipar a realização de um grande trabalho e começaram a bater palmas e a cantar enquanto os músicos começavam tocar... Assim que saíram do acampamento e entraram no deserto sob a lua, ficaram em silêncio, e assim que entraram no leito do rio com suas árvores retorcidas e arbustos baixos de algaroba, parecia que o poder os invadia."

Uma pequena jaula de arame foi trazida. "Havia coisas que trouxemos – pensamentos, ideias, ansiedades, medos, qualquer coisa que nos prendia ou nos acorrentava – que não levaríamos de volta para o nosso outro mundo. Tudo aquilo foi sussurrado, falado, gritado para dentro da jaula e nunca mais saiu. À medida que a jaula começou a percorrer o círculo, começaram os cantos espontâneos... Um zumbido baixo começou, mas logo se transformou em gritos mais agitados, grosseiros, cheios de emoção. Sibilos e gritos isolados – e então veio o mais assustador de todos os ruídos dos animais. Aparentemente do nada, uivos, latidos, rosnados, rugidos começaram suavemente e cresceram até proporções aterradoras... Aquilo morreu tão rapidamente quanto começou e foi substituído por um lamento suave. Nunca experimentei tantas pessoas em harmonia, nem tive tanto arrepio.

"Quando a jaula percorreu todo o círculo, o líder a levou ao centro e a ergueu sobre sua cabeça. Lentamente, ele caminhou ao redor do fogo para que todos pudessem ver o que estavam deixando para trás e então, com um grande grito, lançou a jaula e tudo o que ela continha para longe, na escuridão do deserto."[417]

"No início", Peter Soderberg, um *radical faerie* de Iowa, disse-me, "não tínhamos respostas, chorávamos muito, ríamos muito, e às vezes éramos cruéis uns com os outros. Vivendo em uma cultura que tem a ideia de que o físico e o espiritual são separados, nem sequer tínhamos um vocabulário para falar sobre o que precisávamos. Quando dizemos 'espiritual' em nossa sociedade, geralmente não inclui minha carne, a comida que eu como, a arte que faço e o prazer que obtenho dos meus amigos. Mas o que rapidamente passei a entender foi que estar com os *faeries* foi o primeiro lugar seguro para mim."

415 *RFD*, Nº 22, p. 29.

416 *RFD*, Nº 22, p. 38.

417 *RFD*, Nº 22, pp. 62-63.

E Don, outro homem *faerie*, acrescentou: "Queríamos uma família, não um clube, não uma organização." Peter completou: "Um lugar onde pudéssemos ser realmente honestos uns com os outros de uma maneira bem direta, que assusta as pessoas."

Um impulso importante por trás da ideia dos *radical faeries* era a noção de que deveria haver algo além da assimilação. Assim como as feministas radicais queriam ir além da conquista dos direitos iguais das mulheres em um mundo masculino, buscando uma realidade totalmente diferente, uma linguagem diferente, uma atitude diferente em relação ao poder e à autoridade, esse grupo de homens gays via seu movimento como implicando uma visão completamente diferente do mundo, com objetivos e valores espirituais distintos do mundo "heterossexual". Diz-se que Harry Hays, certa vez, expressou algo assim: "Pessoas que tentam ser aceitas pelo mundo 'hetero' bajulam os heterossexuais, dizendo: 'Nós realmente somos iguais a vocês, a única coisa que fazemos de diferente *é* o que fazemos na cama.'" "Não", diz Hays, "a única coisa que fazemos de igual é na cama."

Em um artigo na RFD chamado *A Sprinkling of Radical Faerie Dust* (*Um Toque de Poeira Mágica das Fadas Radicais*), Don Kilhefner escreveu que o dilema enfrentado pelos homens gays é "a nossa assimilação pela corrente dominante versus o nosso espírito como povo... Existe uma realidade em ser gay que é radicalmente diferente de ser heterossexual... É real. Podemos sentir isso no nosso coração e em nossas entranhas.[418] Mas onde encontrar modelos para uma pessoa assim? Um artigo na RFD sugeriu:

> Nós, gays, lançamos nossas redes no mar mítico, em busca de nossos próprios arquétipos perdidos, nossos modelos espirituais... aqueles símbolos da psique humana que podemos reivindicar como emblemáticos do nosso modo particular de ser.[419]

Homens gays começaram a olhar para o papel do Xamã, do berdache e do bardajo. Escrevendo na *RFD*, J. Michael Clark descreveu o papel mágico e espiritual do "berdache" em certas culturas tribais. Berdache era um termo, popularizado primeiro entre os exploradores franceses, que passou a significar uma pessoa de um sexo que assume o papel e o status do sexo oposto. Essa pessoa era socialmente aceita nessas culturas e frequentemente considerada como possuindo uma espiritualidade aprimorada. Da mesma forma, outros escritores na *RFD* e em outros lugares notaram o papel da homossexualidade, do travestismo, da mudança de papéis e da androginia nas culturas xamânicas, além do fato de ser muitas vezes mais fácil para alguém que não está preso a papéis de gênero específicos caminhar entre os mundos.[420]

418 Don Kilhefner, "A Sprinkling of Radical Faerie Dust", RFD, Nº 24 (Verão de 1980), pp. 25-27.

419 Stanley Johnson, "On the Banks of the River Time Looking Inland", *RFD*, Nº 43 (Verão de 1985), p. 63.

420 J. Michael Clark, "The Native American Berdache", *RFD*, Nº 40 (Outono de 1984), pp. 22-30.

"Somos o equivalente aos Xamãs na cultura moderna", disse Peter Soderberg, durante uma entrevista no festival *Pagan Spirit Gathering* (Encontro do Espírito Pagão) de 1985. "Muitos homens gays querem ser americanos de classe média. Querem ser respeitados como seres humanos e querem que a sua sexualidade seja ignorada. Mas os *radical faeries* estão dispostos a viver à margem. Sentimos que há um poder em nossa sexualidade. Sabemos que há poder ali porque nossa cultura tem medo de nós. E há muita energia *queer* nos homens e mulheres, o que a maioria das culturas considera mágicos. Isso é praticamente um requisito para certos tipos de medicina e magia. O movimento Pagão não reconhece isso, ou nem sabe sobre isso, mas, então, há muito heterossexismo na cultura Neopagã moderna."

Ideias semelhantes foram expressas a mim por Jody, quando estávamos sentados em uma floresta em Berkshires, no *COG Grand Council* (Grande Conselho) de 1985. "Veja", ele me disse, "se a maioria das Tradições da Wicca foi destruída, a espiritualidade gay foi totalmente erradicada. Afinal, pense na origem da palavra 'bicha', fomos queimados com as Bruxas. Nossa Magia foi destruída. Não foi preservada como a Magia Cerimonial interna."

Jody citou Visionary Love (Amor Visionário), de Mitch Walker[421], ele disse que uma porta pode ser aberta quando você tem o conhecimento psíquico da união do masculino e do feminino dentro de si mesmo. Você então forma uma unidade que é um portal que o conecta com a sexualidade da criação da natureza. Jody acredita que os elementos de brincadeira e mudança de forma, tão necessários para a Magia, surgem mais facilmente quando você é um corpo ao invés de dois, quando a ideia de gênero não se interpõe entre você e os vários papéis que pode desempenhar. "Simplesmente é mais fácil", ele me disse, "fundir-se com um espírito da natureza, ou com o espírito de uma planta ou animal, se você não está preocupado com um papel específico de gênero."

Muitos *radical faeries* estavam preocupados com questões de processo e forma. Assim como as mulheres feministas haviam lutado com questões sobre autoridade, formas de liderança, tomada de decisões, linguagem e controle, esses homens gays pareciam passar grande parte de seu tempo lutando com as mesmas questões. "O Processo é o conteúdo", Peter me disse. Como uma pessoa que sempre sentiu que o conteúdo era mais importante que a forma, fiquei desapontada. Mas na visão de Peter, a violência da sociedade começa no ponto onde a criatividade e a autoexpressão são controladas. "Em nosso sistema de dominação masculina", ele continuou, "existe um contrato não declarado que diz: 'É mais seguro controlar a energia do que experimentá-la'. Em nossa sociedade, os homens são os referenciais do 'controle', e as mulheres, os referenciais da 'experiência'." No nível mais superficial, isso significaria: "Mulheres são seres emocionais. Mulheres devem ser controladas."

421 Mitch Walker and Friends, *Visionary Love: A Spirit Book of Gay Mythology and Trans-Mutational Faerie* (São Francisco: Treeroots Press, 1980).

Mas, em um nível mais sutil, Peter acredita que esse sistema existe dentro de cada ser humano. Tendemos a controlar nossas experiências em vez de vivenciá-las plenamente e agir a partir delas.

Em contraste, a realidade *faerie* diz: "É mais prazeroso experienciar energia do que controlá-la", e que a necessidade de violência desaparecerá à medida que a criatividade e a verdadeira autoexpressão aumentarem. Os encontros *faerie*, na melhor das hipóteses, seriam lugares onde as experimentações com novas formas sociais poderiam ocorrer. Não seriam lugares para rituais definidos ou workshops conduzidos por "líderes". Um homem escreveu: "A espiritualidade tem que ser descoberta... por cada indivíduo. Mesmo nas culturas nativas americanas, com uma visão de mundo altamente espiritual, isso não era explicitamente ensinado. Em sua iniciação, os jovens da tribo realizavam uma busca de visão para vivenciar sua própria experiência pessoal com o reino espiritual."[422]

Quando participavam de conferências sobre masculinidade ou Festivais Pagãos, os *radical faeries* frequentemente promoviam o que poderia ser chamado de "energia Discordiana ou Erisiana" (ver capítulo 11). Eles eram os anarquistas públicos. Durante um grande encontro Pagão nos anos 1980, enquanto o ritual principal estava prestes a começar, um grupo de homens *faerie* ficou na entrada do círculo e anunciou em voz alta: "Atenção! Nada de espontaneidade! Nós somos a polícia da espontaneidade!" De modo geral, sentiam-se desconfortáveis com workshops formais, discussões conduzidas por "líderes" ou qualquer estrutura hierárquica. Rejeitavam a ideia de "elders" ou figuras de autoridade paternalistas. Acima de tudo, buscavam elevar o poder transformador da brincadeira.

No Pagan Spirit Gathering, Peter me disse: "Se você quiser vir para o acampamento *faerie*, traga muitas roupas, muitos brinquedos. Se trouxer coisas divertidas, vai descobrir do que o processo se trata. É o outro lado da nossa cultura. Parece absurdo, mas faz todo o sentido." "Em poucas palavras", disse Don, "patriarcado é sobre assumir o controle. Ele permeia tudo em nossa cultura, incluindo o Paganismo." Se o problema é o controle, os *faeries* veem a espontaneidade e a brincadeira como antídoto. "Há muita risada e fofoca entre os *faeries*", disse Don. "Adoramos compartilhar e odiamos segredos."

O primeiro encontro Pagão onde houve uma presença significativa de homens gays foi o *Pan-Pagan Festival* (Festival Panpagão), em 1980. A presença de mulheres feministas como Z Budapeste, combinada com os homens, criou divisões e mudanças explosivas. Certa tarde, durante a reunião, Z Budapest liderou um círculo de cerca de sessenta mulheres. Para muitas delas, no acampamento em Indiana, foi a primeira experiência em um ritual exclusivamente feminino. Z contou com a ajuda de um grupo de homens, muitos deles gays, para proteger o perímetro do círculo, já que o acampamento era adjacente a uma área de acampamento pública, e muitos no ritual iam vestidos de céu (nus).

422 Will Roscoe, "A Call for Dialogue", *RFD*, Nº 34 (Primavera de 1983), p. 14.

O ritual começou com uma procissão ao redor de um lago. Mulheres segurando ramos de flores caminhavam pelo acampamento cantando. Muitos Pagãos ouviram pela primeira vez as palavras que logo se tornariam um dos cânticos mais conhecidos dos festivais:

> Todos nós viemos da Deusa, e a Ela vamos voltar, como uma gota de chuva, fluindo em direção ao mar.

As mulheres se reuniram em círculo, cantaram, dançaram e teceram teias de fios coloridos para simbolizar sua conexão umas com as outras. Sem o conhecimento das mulheres do círculo, um dos organizadores do festival ficou tão irritado e chateado com o ritual de mulheres vestidas de céu que tentou romper o círculo de homens que protegia o rito, a fim de retirar sua esposa e filho de lá. A controvérsia foi uma das várias – todas envolvendo confrontos sobre política ou estilo de vida – que levaram à dissolução do conselho ecumênico que organizava esse encontro há quatro anos. Três facções distintas organizaram festivais no verão seguinte.

Desde 1981, no *Pagan Spirit Gathering*, e em muitos outros festivais – da Geórgia a Ontário, de Massachusetts ao Novo México – ocorreram workshops e rituais para homens. Houve círculos *faerie*, mas também rituais e workshops onde homens de diferentes orientações sexuais se reuniram, às vezes de forma explosiva, muitas vezes com alegria, e frequentemente com algum desconforto.

Uma nova atração nos festivais foi o *tea dance* ("dança do chá"). Quando apareceu pela primeira vez em um festival organizado pela Athanor Fellowship, parecia estranhamente deslocado – música disco, bebidas alcoólicas e a ideia de se vestir com lingerie e roupas extravagantes. Parecia mais adequado à comunidade gay de Fire Island, e não a um ambiente florestal repleto de Bruxas, vegetarianos e entusiastas da ecologia, que raramente bebiam algo mais forte que vinho. A Athanor Fellowship – um grupo com poucos gays – achou a dança tão bem-sucedida que começou a levá-la de encontro a encontro, até que um enorme número de Pagãos soltou os cabelos, vestiu-se com fantasias, colocou perucas e maquiagem, e simplesmente se soltou.

"Eu me lembro de alguém dizer outra noite", Jody refletiu, "que quando entrou pela primeira vez na comunidade Pagã, não podia nem tocar em outro homem. E havia verificações regulares de polaridade nos círculos – sabe, menino, menina, menino, menina. Houve um maravilhoso afrouxamento e florescimento nos últimos anos, mas também há muita resistência.

"Lembro-me de uma reunião de homens, em um desses encontros, onde decidi que usaria um vestido. Fui convidado a dar 'a perspectiva gay'. Falei sobre os males da agressão competitiva, como ela aliena os homens uns dos outros. Quando terminei, um homem se levantou para falar. 'Eu amo as mulheres e me dou bem com outros homens,' ele disse, 'mas eu sou um homem, entende?' E eu disse, 'Olha, camarada, eu sou um homem. Um homem forte. Um homem que sabe como conseguir o que quer, e eu não preciso pisar nos outros para conseguir isso. E ninguém me faz recuar'."

Mas refletindo sobre suas experiências na década de 1980, Jody observou: "Eu realmente acho que temos um lugar aqui, uma voz aqui, e acho que é a voz do espírito faery vindo através desses homens." E, escrevendo após um festival de uma semana em 1982, outro homem observou: "Este é um trabalho difícil e delicado que estamos fazendo. Existem muitas mudanças que precisamos fazer, muita violência que precisamos transformar e muitas mágoas antigas que precisamos enfrentar. É uma brincadeira robusta e facilmente encontrada para a qual estamos indo... Mas essa jornada que está sendo feita por homens de todas as orientações (além de alguns que ainda não conseguimos persuadir) está apenas começando."[423]

"Pense na dança do chá", disse Jody no final da nossa entrevista. "Todos aqueles homens e mulheres em lingerie maluca, dançando estranhamente e adorando! Cinco anos atrás, isso nunca teria acontecido. É maravilhoso! Pense em todas as novas ideias que eles podem ter agora, agora que encontraram uma maneira de ir além das suas percepções limitadas de papel e lugar."

Radical Faerie e a Espiritualidade Gay Pagã Hoje

Desde que esta seção foi escrita por volta de 1985, o movimento de espiritualidade gay, ou o que muitos agora chamam de movimento de espiritualidade GLBT, cresceu e se diversificou. Existem dezenas de grupos únicos, sendo os radical faeries apenas um elemento na mistura. No entanto, na época em que este capítulo foi escrito, os únicos grupos que ofereciam um espaço para a espiritualidade Pagã gay eram os *radical faeries*, a *Minoan Brotherhood*, uma tradição iniciática de mistério da Bruxaria que atende homens gays e bissexuais (veja as Tradições Wicca, capítulo 5), e, para mulheres, a Wicca Diânica, a *Minoan Sisterhood* e vários grupos ecléticos de espiritualidade lésbica. A história inicial tanto do movimento de espiritualidade feminina quanto masculina foi documentada em duas revistas – *WomanSpirit*, que começou em 1974, e *RFD Magazine*, que começou alguns anos depois (veja Recursos).

Sempre houve homens e mulheres gays em outros grupos Wicca e Pagãos. Mas na década de 1970, muitos Pagãos gays se encontraram em uma posição delicada. Alguns homens gays foram iniciados na Tradição Gardneriana, e eles tinham parceiras mulheres em Covens que enfatizavam a crença na polaridade sexual masculina-feminina. Muitos deles funcionaram muito bem, e muitos continuam assim. Contudo, como observou Michael Lloyd (Garan du), um membro fundador do *Green Faerie Grove*, grupo de adoração

423 *Pagan Spirit Journal*, Nº 2 (1983), p. 41.

para homens Pagãos *queer* em Columbus, Ohio, havia algo irônico no fato de pessoas gays escaparem da intolerância de suas religiões infantis e "entrar em um caminho que pregava 'todos os atos de amor e prazer são meus rituais,' apenas para se depararem com condenações de que alguns atos de amor ainda eram considerados perversões." Lloyd também é um Alto Sacerdote na *Minoan Brotherhood* e atualmente está trabalhando em uma biografia do fundador dessa tradição, Eddie Buczynski.

Outro observador de longa data do cenário gay Pagão é Sparky T. Rabbit (Peter Soderberg), que escreveu alguns dos cânticos Pagãos mais belos e utilizados em rituais e festivais em todo o país. Ele observa que homens e mulheres gays que entraram no Paganismo nas décadas de 1970 e 1980 tiveram que "se enfiar nas comunidades locais onde não havia espaço para eles até que eles mesmos fizessem um espaço." Eles entraram em grupos Pagãos heterossexuais, foram tolerados e, eventualmente, aceitos, mas Sparky acrescenta: "somente enquanto seguissem as regras e não ficassem muito arrogantes." Lembre-se, ele observa, que muitas pessoas *queer* podem passar por parte do *mainstream*:

> Assim, aprendemos a usar a rede de segurança para nos camuflar com bastante frequência, até mesmo uns dos outros. Algumas pessoas *queer* fazem isso sublimando sua sexualidade e concentrando-se nas pessoas heterossexuais. A mensagem internalizada é: "Devo prestar mais atenção àqueles que têm poder sobre mim do que a mim mesmo, para sobreviver", uma mensagem que se transforma em "Eles são importantes, eu não sou". A maneira como isso se manifesta na Arte e em outras religiões Pagãs é o fato de que pessoas *queer* ainda são, na maior parte, invisíveis nas cerimônias religiosas.
>
> Já estive em inúmeros rituais planejados por pessoas heterossexuais que celebravam o Deus e a Deusa como o Grande Casal Hetero Cujo Amor Cria o Universo. E já participei de muitos rituais planejados por pessoas *queer* que faziam a mesma coisa. Também já participei de alguns rituais planejados por Pagãos *queer* que celebravam Deuses gays e Deusas lésbicas. Mas quantas vezes algum de nós já esteve em um ritual Pagão planejado por pessoas heterossexuais que se concentrava nos poderes de Deuses *queer* e nos dons de pessoas *queer*?

Sparky observa que as mulheres Pagãs muitas vezes contam uma história convincente de como se sentiam inferiores nas religiões de suas famílias e como era importante encontrar uma religião que celebrasse as mulheres com imagens poderosas de Deusas. Ver-se refletido em sua própria religião foi uma grande atração, diz Sparky, "e uma grande parte da cura que todos precisamos fazer para criar comunidades poderosas e vivas de fé Pagã."

> Ouvimos vozes que dizem: "Ser tolerado está bom. Pelo menos eles não querem me matar aqui." E, "Concentrar-se em lésbicas e gays em cerimônias religiosas faz parte de uma agenda radical". E "Ei, eu gosto dessas pessoas e não as oprimo. Então, não há nada sobre o que falar." E "Eu realmente não quero esse tipo de atenção". E, "Deuses gays? Isso é ridículo Essas vozes são tanto internas quanto externas, e elas vêm tanto de Pagãos *queer* quanto de heterossexuais. São os vestígios da nossa homofobia coletiva, uma pele que é hora de abandonar. Isso não nos ajuda e não precisamos mais disso.

Mas outros observam que houve uma quantidade considerável de mudanças dentro da comunidade Pagã. Michael Lloyd diz que muitos Gardnerianos, Alexandrinos, Heathens, Druidas e Santeros *queer* podem ser encontrados, "e onde as organizações ou ideias existentes não oferecem exatamente a mistura certa de filosofia e mitologia que acalma a alma de alguém, as pessoas são livres para criar uma que o faça."

Outra mudança que ele notou é a crescente aceitação da prática solitária. Hoje, é mais fácil e aceitável seguir o próprio caminho. Pagãos Solitários e pequenos grupos podem ser encontrados nas menores comunidades, e o número de livros, sites e revistas que abordam as necessidades específicas da subcultura GLBT e da espiritualidade *queer* continua a crescer. Ele escreve:

> A *Witches' Voice* sozinha tem 66 registros de grupos Pagãos GLBT, e isso é apenas a ponta do iceberg. E embora as tradições com linhagem continuem a desempenhar um papel importante na comunidade Pagã, avançamos, para sempre, da época em que elas ocupavam o centro do palco. Estamos na era do Paganismo influenciado pela cultura pop; uma época caracterizada por um crescimento fluido e rápido e uma multiplicidade e diversidade de ideias. Pode-se argumentar que existem mais praticantes solitários do que membros de grupos formais neste momento. Ninguém detém as chaves do reino; ou, melhor dizendo, todos as têm.

Claro, existem aspectos negativos e positivos para o crescimento do que ele chama de "Paganismo influenciado pela cultura pop", mas Lloyd afirma que tem sido mais positivo do que negativo para a comunidade gay. Lloyd divide a espiritualidade queer contemporânea em várias categorias:

- Wicca Diânica (abordada extensivamente no capítulo 8 deste livro e na seção sobre Tradições Wiccanianas no capítulo 5). Grande parte dos Covens é aberta às mulheres de todas as orientações, embora muitos tenham uma forte presença lésbica – e muitos têm suas origens em Z Budapeste e nos Covens feministas da década de 1970. Outros traçam suas origens até Starhawk, Reclaiming ou Morgan McFarland.

- A Minoan Brotherhood (Irmandade Minoica) (veja a seção sobre tradições da Arte no capítulo 5). Uma Tradição da Bruxaria baseada em fontes cretenses, iniciada por Eddie Buczynski como um refúgio seguro para homens gays e bissexuais. Agora existem grupos nos Estados Unidos e no Canadá. Há também uma Irmandade Minoica feminina, a Minoan Sisterhood.
- O movimento *Radical Faerie* continua a crescer, caracterizado pela espontaneidade e antiautoritarismo. Michael Lloyd o descreve como "uma visão do mundo pró-humanista, pró-ambientalista, pró-sexo, que contrasta fortemente com as tradições religiosas ocidentais dominantes." Ele acrescenta que, embora alguns grupos incluam homens e mulheres heterossexuais, e até crianças, "a flexibilidade de gênero é uma característica marcante do movimento *radical faerie.*"
- Tradição Feri (veja a seção sobre Tradições Wicca no capítulo 5 e citações de Victor Anderson). O poeta cego e Xamã Victor Anderson, autor de *Thorns of the Blood Rose* (*Espinhos da Rosa de Sangue*), sua esposa, Cora Anderson, Gwydion Pendderwen e vários outros fundaram a Tradição Feri. Tudo começou na área da Baía de São Francisco e certamente não é uma Tradição "gay", mas Michael Lloyd (Garan du) insiste que "sua ênfase no movimento de energias que são ao mesmo tempo sensuais e sexuais, extáticas e místicas, criativas e ecléticas, invocatórias e possessivas de transe, e seu respeito pela sabedoria da Natureza e um amor pela beleza", tornaram a Tradição mais aberta a pessoas gays, bissexuais e transgêneras.
- Two-Spirit (Dois Espíritos). Esta "fase moderna", escreve Garan du, refere-se aos videntes, visionários e pacificadores de muitas tribos nativas americanas antes da chegada dos exploradores europeus. Muitas vezes, eles se vestiam com roupas femininas e eram o que hoje chamamos de "gays." Garan du diz que muitos gays estão aprendendo a reconectar-se com seus dons e que uma nova tradição "Two-Spirit" está surgindo.

Hoje, existem outros grupos dentro do movimento Pagão que são abertos a indivíduos gays e transgêneros – Heathen, Wicca, Druidas, Yoruba , Xamânicos.

Quando perguntado sobre quais dons o Paganismo *queer* traz para o movimento Pagão mais amplo, Sparky T. Rabbit diz que os Pagãos *queer* podem ajudar os outros a ultrapassarem a suposição de que "masculino" equivale a "masculino" e "feminino" equivale a "feminino." Ele diz que muitas pessoas veem esses conceitos como absolutos imutáveis e universais:

Nossa cultura é absolutamente obcecada por esse conceito de gênero. Estamos tão obcecados com isso que até atribuímos gênero às características humanas. Assim, coragem, ousadia e força tornam-se masculinas — e, portanto, associadas aos homens, enquanto delicadeza, cuidado e empatia são rotuladas como femininas — e, consequentemente, ligadas às mulheres. Muitos, senão a maioria, dos Wiccanianos e Bruxos deram um passo além ao usar a imagem mítica do Deus e da Deusa para espiritualizar a masculinidade e a feminilidade no próprio coração de suas Tradições. Assim, ironicamente, uma religião que muitas vezes é vista por seus adeptos como uma alternativa radical à sociedade dominante pode, na verdade, reforçar os estereótipos de gênero prejudiciais que nossa cultura nos impõe.

Pessoas *queer*, diz Sparky, são chamadas de "não masculinas" e "não femininas" porque não se encaixam nas categorias rígidas da história das culturas dominantes:

Mas o segredo que sabemos é que todos os seres humanos, independentemente de seu gênero ou sexualidade, têm o potencial de expressar todas as características que a sociedade rotula como masculinas e femininas. A verdade é que feminilidade e masculinidade não são absolutos universais, mas sim construções sociais que podem e de fato mudam de cultura para cultura. Coragem não tem pênis, e compaixão não tem vulva. No entanto, falamos sobre "homens entrando em contato com seu lado feminino", como se os homens fossem exploradores abrindo caminho por uma selva densa em busca do Ouro Perdido dos Incas. Sabemos que está lá, mas é realmente difícil de encontrar. Como se a ternura fosse uma substância estranha que precisa ser injetada nos homens de fora para dentro para poder ser absorvida. O perigo de falar sobre características ou emoções humanas como se elas tivessem gênero é que tornamos muito difícil para as pessoas possuírem qualidades que foram atribuídas a outro grupo. Sei que não sou uma mulher, e se ouço falar constantemente de gentileza como se pertencesse apenas às mulheres, então terei dificuldade em ser um homem genuinamente gentil.

Michael Lloyd disse acreditar que a espiritualidade *queer* traz uma sensação de mistério, de "alteridade" para a humanidade. Os Deuses antigos estão longe de morrer, ele afirma:

Se você for a um clube gay em uma noite de sábado, sentirá Dionísio pulsando no ar suado e quente ao seu redor na pista de dança. Sabemos que os Deuses continuam a viver em nós, porque os sentimos em um nível pessoal e visceral, mesmo quando não entendemos o "porquê" disso. Fés extáticas quase nunca surgem nas camadas mais altas da sociedade, onde todo o vigor da vida já foi sugado no processo de passar a perna nos mais fracos enquanto fazem

> pose para os Joneses[424]. Elas se manifestam entre aqueles que estão sendo pisoteados. Os que falam em línguas, os *shakers*[425] e os frequentadores de clubes gays causam calafrios nos poderosos de hoje, assim como os Galli e as Bacantes[426] provocavam inquietação no *establishment*[427] romano na virada de outro milênio. Temos mais em comum com um pentecostal balbuciante e trêmulo do que com qualquer batista moralista e presunçoso, com um cabo de vassoura firmemente enfiado em seu traseiro.

Lloyd diz que a espiritualidade queer traz para o movimento Pagão em geral uma sensibilidade que fala ao íntimo e oferece uma visão de uma maneira diferente de fazer as coisas:

> Sacode tudo, solta o que prende, seja esperto, adapte-se, reaja, questione, desafie, pense fora da caixa, olhe sob as vestes da Deusa, explore o desconhecido, vá além do que esperam, respire fundo, lute pelo que importa, aproveite o momento, encare os desafios, extravase e viva! Toda magia é um ato de rebeldia contra o sistema.

Ele diz que Pagãos *queer* também oferecem experiência como curandeiros, educadores, artistas e músicos, talvez porque muitas vezes são capazes de ver as coisas do ponto de vista masculino e feminino. Assim como em algumas sociedades tribais, onde pessoas transgênero transitavam entre os mundos das casas dos homens e das mulheres, ele acredita que possam desempenhar uma função semelhante na sociedade moderna.

Em seu *Resource Guide for Queer Pagans* (*Guia de Recursos para Pagãos Queer*) Lloyd argumenta que muitas culturas Pagãs antigas proporcionavam um ambiente próspero para pessoas gays e transgênero, onde atividades homoeróticas faziam parte do sacerdócio. Ele cita como exemplos os Sacerdotes e Sacerdotisas Assinu de Inanna e Ishtar na Mesopotâmia, os Sacerdotes Galli e as Sacerdotisas Amazonas de Cibele na Ásia Menor, além dos Sacerdotes *seidh* de Freyja no Norte da Europa.

Sparky T. Rabbit apresenta outra perspectiva. Ele diz que a opressão é uma condição comum para muitas pessoas *queer*. A sua própria "ferida" muitas vezes os leva a uma iniciação xamânica "que pode ter um grande impacto,

424 N.T.: "*Keeping up with the Joneses*" é uma expressão idiomática em inglês que se refere à pressão social para manter um determinado padrão de vida e status, tentando igualar-se ou superar os vizinhos ou pares sociais. Os *Joneses* simbolizam essa elite que ostenta moralidade enquanto explora os menos favorecidos.

425 N.T.: os *Shakers* foram membros de um movimento religioso cristão chamado "Sociedade Unida dos Crentes na Segunda Aparição de Cristo", conhecido por sua prática de danças e tremores extáticos nos cultos.

426 N.T.: os *Galli* eram sacerdotes da Deusa Cibele na Roma Antiga, conhecidos por suas práticas de castração ritual e êxtase religioso. Os *Bacantes* eram seguidoras do culto a Dionísio (Baco), frequentemente retratadas em estados de êxtase e possessão divina.

427 N.T.: o termo *establishment* refere-se à estrutura de poder dominante ou às elites que controlam a sociedade. No contexto da Roma Antiga, designa a classe política e religiosa que via com desconfiança e hostilidade os cultos extáticos e marginais, como os dos *Galli* e das *Bacantes*.

resultando em depressão, vícios, sentimentos extremos de indignidade e outros comportamentos autodestrutivos". Ele argumenta que muitas das pessoas que formaram os primeiros grupos de espiritualidade gay estavam em diferentes processos de recuperação e desenvolveram uma sensibilidade aguçada para padrões de abuso e disfunção na sociedade. Além de praticar uma Bruxaria extática, erótica e *queer*, ele destaca que esses grupos trabalharam na criação de comunidades baseadas na comunicação clara e na honestidade emocional, prevenindo comportamentos abusivos e manipuladores e ensinando as pessoas a cuidarem de si mesmas. Ele observa que sociedades indígenas frequentemente reconheceram certos dons da espiritualidade *queer*, mas acredita que esses dons precisam ser reconhecidos e celebrados também na comunidade Pagã em geral, para que esta possa compartilhar deles.

"Então, o que a comunidade Pagã mais ampla oferece aos Pagãos GLBT?" perguntei. Garan du respondeu com as seguintes palavras: "Espaço para respirar. Refúgio. Um lugar para pertencer. Comunidade. Aceitação. E uma forma de se conectar com todo tipo de pessoa - gay, bissexual, heterossexual, celibatária, transgênero - de um jeito que ainda é difícil na sociedade em geral."

Sparky T. Rabbit acrescenta que a comunidade heterossexual pode oferecer a seus irmãos e irmãs gays o presente da celebração.

Capítulo 13

Vivendo na Terra

Quando escrevi este capítulo no final dos anos 1970, as duas citações no início eram, creio, bastante precisas. Atualmente, elas já não se encaixam tão bem. Hoje, muito mais Pagãos refletem seriamente sobre questões ambientais e muitos estão ativamente envolvidos na política ou em suas comunidades. Reduzi significativamente este capítulo, mantendo boa parte dessa história inicial e acrescentando algumas reflexões sobre as mudanças na visão Pagã em relação à política e à ecologia neste século. A seção sobre Festivais Pagãos e seu impacto na criação de comunidade foi ampliada consideravelmente.

> O círculo é um bom mecanismo de defesa para fugir do século 20 e, em tempos como estes, você precisa de um ponto de fuga. Mas também precisamos responder ao restante da nossa vida fora dele. Se não formos uma alternativa, não estamos vivendo nossa religião. É simples assim. Não somos uma religião transcendental, não buscamos transcender a natureza. Nossa religião é a realidade.
>
> — Mark Roberts, Sacerdote Diânico

> A maioria dos Neopagãos e praticantes da Arte nunca refletiu profundamente sobre as implicações de seu sistema de crenças. Assim como grande parte dos americanos, tendem a ser superficiais em relação à religião. Vejamos algumas das questões fundamentais que têm abalado o cristianismo nos Estados Unidos - aborto, eutanásia, moralidade da guerra - a maioria dos Pagãos não analisou de forma lógica o que seus princípios realmente significam na tomada de decisões no dia a dia.
>
> — Isaac Bonewits, ocultista e escritor

Muitos Neopagãos dirão que a religião deles é um "modo de vida". Não há separação entre o espiritual e o terreno, nem fuga do mundo material. Uma Bruxa britânica certa vez me disse com entusiasmo: "A cabeça nas nuvens, os pés no chão - esse é o lugar certo para um ocultista."

Os Neopagãos não vivem em *ashrams*[428]. A maioria mora em apartamentos urbanos ou em casas nos subúrbios. Um número menor, mas crescente, vive em fazendas e áreas rurais. Embora haja um movimento em expansão para adquirir terras e criar santuários naturais Pagãos, em geral, trata-se de um grupo que ainda está profundamente inserido no mundo moderno. O templo de uma Sacerdotisa Wicca costuma ser sua própria casa, um quintal reservado ou um parque próximo. Diferente daqueles que ingressam em grupos religiosos altamente organizados e financiados, os Neopagãos, em sua maioria, não vivem em comunidades religiosas estruturadas. Não estão isolados nem em um mundo exclusivamente Neopagão. Muitos têm empregos considerados "comuns", criam suas famílias e levam vidas bastante normais.

O que significa, então, chamar a si mesmo de Pagão, ou Neopagão, ou Bruxa/ Bruxo em nossa sociedade? Como é esse "modo de vida"? Quão diferente ele é? Isso faz alguma diferença? Para nós? Para os outros? Para o mundo? Se o principal vínculo entre os Pagãos é a imaginação, esse laço tem algum impacto no mundo "real"? Influencia a vida cotidiana das pessoas Pagãs?

Além disso, como os Pagãos enfrentam as lutas diárias de trabalhar e viver nos Estados Unidos? Como são suas vidas? São pessoas ricas? Pobres? Encontram contradições entre seus valores espirituais e suas realidades materiais? Entre suas vidas profissionais e suas vidas religiosas? Precisam dividir suas personalidades e levar vidas duplas? Se sim, isso os incomoda?

Por exemplo, o que esses participantes de religiões naturais recém-criadas ou resgatadas pensam sobre a civilização e a tecnologia modernas? Serão eles anticiência, como tantos estudiosos presumem? Será que abandonaram as cidades para viver no campo? Qual é sua visão sobre ecologia? Como respondem à acusação comum de que o ocultismo é uma fuga da realidade, uma forma de evitar as questões essenciais da atualidade? Eles se preocupam com política ou acreditam que é uma perda de tempo? Será que estão interessados na transformação da sociedade tanto quanto na transformação de si mesmos?

Todas essas perguntas pareciam apropriadas a serem feitas a um Pagão moderno que vivia na Mãe Terra. E foi estranho perceber, em 1976, que a maioria destas questões nunca tinha sido feita ou respondida, apesar dos muitos livros sobre Bruxas modernas e dos poucos textos sobre o Neopaganismo. A maior parte das obras se concentrava nas "crenças" Pagãs, em relatos e anedotas sobre experiências psíquicas, descrições de ritos de iniciação e festivais sazonais, além da história do culto a divindades antigas. Mas nenhuma questionava o quão à vontade esses Pagãos se sentiam no mundo ao seu redor.

428 N.T.: Ashrams são comunidades espirituais tradicionais da Índia, geralmente ligadas ao hinduísmo, onde mestres e discípulos vivem em retiro para práticas de meditação, estudo religioso e disciplina espiritual.

Em busca de respostas para algumas dessas questões, elaborei um questionário com mais de setenta perguntas. Ele foi publicado no *Green Egg*[429] e serviu de base para as entrevistas que realizei pelo país. Vários grupos Pagãos usaram o questionário como ponto de partida para discussões. Ao todo, recebi cerca de cem respostas.

Em 1985, distribuí outro questionário, desta vez bem mais curto. Ele foi publicado no Panegyria e quatrocentas cópias foram distribuídas em três Festivais Pagãos. Recebi cento e noventa e cinco de volta.

Chegando a um Acordo com os Próprios Preconceitos

Cheguei ao Neopaganismo em busca de uma religião natural celebratória e ecológica, que saciasse minha fome pela beleza dos mitos e visões antigas sem sufocar minha mente com dogmas ou interromper o fluxo constante das muitas dúvidas. Cresci em uma família de agnósticos, ateus e humanistas marxistas, mas, em segredo, adorava os Deuses e Deusas gregas na infância. Mais tarde, fui profundamente influenciada pela política das décadas de 1960 e 1970. Fui presa e condenada em Berkeley, atingida por gás lacrimogêneo em Chicago e quase morta no Mississippi. Depois, como jornalista, testemunhei julgamentos políticos, cobri manifestações e visitei Cuba e a Alemanha Oriental duas vezes. Passei a entender que todas as coisas estão interligadas. Não renego nada desse passado - nem as prisões, nem as Deusas, nem os rituais ao luar, nem o ativismo e a análise política.

Minhas opiniões mudaram ao longo dos últimos trinta anos. Seria justo dizer que agora me inclino para um aspecto mais amplo e "cósmico" do mundo, e que minha política se tornou mais descentralizadora, embora não menos radical. Ainda assim, não cheguei ao Neopaganismo por rejeição ou fuga do político. Em vez disso, o Paganismo me pareceu uma filosofia capaz de curar a divisão entre o espiritual e o material. Se a ecologia estudava a inter-relação de todos os seres vivos e do seu ambiente, o Neopaganismo me parecia ser uma religião que celebraria essas interconexões, unindo em síntese todas as oposições: primitivo e civilizado, ciência e magia, masculino e feminino, espírito e matéria.

Diante dessa perspectiva, fui atraída por escritores que perceberam uma divisão na consciência humana e buscaram curá-la. Por exemplo, interessei-me pelas obras do antropólogo Stanley Diamond, especialmente seu livro de 1974, *In Search of the Primitive* (Em Busca do Primitivo).

Diamond argumenta que a expansão da civilização moderna não apenas conquistou e imperializou os povos primitivos, mas que, em última instância, "é o próprio ser humano, sua essência enquanto espécie, que foi imperializada".

429 *Green Egg*, Vol. VIII, Nº 76 (2 de fevereiro de 1976), pp. 32–36.

A humanidade civilizada, ao perder contato com o primitivo, com o essencial, acabou subjugando e reprimindo aquilo que era genuinamente humano dentro de si. A questão central, escreve Diamond, é: "Que parte de nossa humanidade perdemos? Como e por que isso aconteceu? E de que forma podemos recuperá-la." É claro que as sociedades primitivas tinham as suas desvantagens, mas é evidente, também, que muitas delas permitiam maior participação na vida comunitária, e que muitas religiões primitivas estavam mais alinhadas com a existência humana. Segundo Diamond, "a doença da civilização" reside em sua "incapacidade de incorporar (e só então superar os limites do) primitivo."[430]

Centenas de outros escritores discutiram a separação entre mente e corpo, aquela divisão que o historiador E. R. Dodds chamou de a mais profunda e, talvez, a mais questionável de todas as heranças que recebemos da cultura clássica.[431] Lynn White atribuiu a culpa ao Cristianismo. Theodore Roszak escreveu de forma eloquente sobre os perigos de objetificar a natureza em detrimento do êxtase, e B. Z. Goldberg descreveu esse êxtase em *The Sacred Fire*. O Neopaganismo parecia ser uma filosofia capaz de unir valores antigos e modernos. Como observou o escritor Pagão Allen Greenfield: "O futuro deve ser construído com o melhor material do passado e do presente, e sobre o túmulo daqueles elementos em ambos que foram/são adversos à vida humana e ao viver.". O Neopaganismo também parecia uma religião e um modo de vida que permitia restabelecer o vínculo com a natureza sem abrir mão da individualidade ou da independência.

Essas influências, entre tantas outras, levaram-me a certas conclusões. Parecia-me que os Neopagãos haviam recorrido às religiões naturais, tanto antigas quanto novas, em busca de alimento espiritual e inspiração numa época em que a degradação da natureza e a artificialidade do ambiente eram algumas das maiores realidades da vida, especialmente em áreas urbanas e suburbanas, onde vivia a maior parte dos Neopagãos – e da população dos Estados Unidos.

Como os Pagãos frequentemente buscavam inspiração no passado, presumi que, assim como eu, teriam uma atitude ambivalente e inquieta em relação à civilização moderna e desconfiariam de conceitos lineares de progresso. Imaginei que a maioria seria fervorosamente ecologista, que muitos – dado o destaque das divindades femininas – simpatizariam com o feminismo e favoreceriam formas de governança descentralizadas e regionais. Também supus que os Neopagãos, sendo críticos da sociedade ao seu redor, viveriam em meio a contradições que tentariam resolver. Para eles, o Neopaganismo representaria uma alternativa ao status quo e até mesmo um meio de transformação profunda. Por fim, presumi que os excessos dos Neopagãos refletiriam os meus próprios: uma inclinação ao ludismo e à idealização do passado.

430 Stanley Diamond, *In Search of the Primitive* (New Brunswick, NJ: Transaction, 1974), pp. xv, 10, 122, 129.

431 E. R. Dodds, *Pagan and Christian in an Age of Anxiety* (New York: W. W. Norton, 1970), p. 29.

Muitas dessas suposições se revelaram falsas, mas eram compreensíveis - não apenas devido às influências filosóficas que moldaram minha própria trajetória, mas também porque essas visões costumam estar no cerne dos movimentos políticos dos povos indígenas. Um jornal como o *Akwesasne Notes*, por exemplo, publicação da Nação Mohawk em Akwesasne, no norte do estado de Nova York, sempre adotou essa perspectiva crítica.

Akwesasne Notes: Uma Voz para Povos Originários

No início, o Akwesasne Notes era um jornal que noticiava a efervescência nas comunidades indígenas. A partir de 1969, com a ocupação de Alcatraz por um grupo de nativos norte-americanos, passou a documentar o desenvolvimento do Movimento Indígena Americano. Informava a situação nas reservas em toda a América do Norte e descrevia, com excelência e precisão inigualáveis, ocupações, prisões, julgamentos e tiroteios - todos os aspectos das lutas políticas dos povos indígenas no continente. Além disso, combinava de maneira singular o tradicionalismo religioso com o radicalismo político.

Com o tempo, como um dos editores disse em uma entrevista, "percebemos que não bastava tirar um opressor de nossas costas. Precisávamos descobrir algo positivo. Tivemos que recriar um modo de vida que havia sido destruído."[432] Logo o Notes passou a adotar uma perspectiva mais universal do que o tradicionalismo dos indígenas. O jornal se apresentava como a voz de todos os povos "Naturais", além dos povos nativos - a voz daqueles que buscavam viver em harmonia com o mundo natural e as "Leis da Criação". Muitos de seus artigos destacavam que tanto nativos quanto não nativos na América do Norte estavam imersos em processos sociais complexos que não compreendiam, processos que os destruíam física e espiritualmente. O jornal defendia que a cultura ocidental era empobrecida, artificial e doentia - "um câncer." Embora oferecesse facilidades e comodidades visíveis, o preço pago por elas era indireto e invisível, exceto para aqueles que haviam se purificado ao retornar a um modo de vida menos artificial. O acionamento de uma descarga era algo visível e direto; a redução do lençol freático e a poluição das águas, por outro lado, eram frequentemente invisíveis e indiretas.

Muitos artigos em Notes enfatizavam um tema central: a crescente penetração da artificialidade na vida cotidiana, acompanhada pela perda de diversidade e liberdade. Como observou um dos editores do *Notes*, após viajar pelo país com o grupo indígena *White Roots of Peace*:

432 Entrevista com Rarihokwats, conduzida por Natasha A. Friar, 30 de julho de 1975.

> Encontramos as mesmas coisas em Nova York e na Califórnia. Assim como encontramos as mesmas coisas no norte do Canadá e no sul da Flórida. Tudo se tornou padronizado. Por que as pessoas no Oceano Pacífico deveriam ouvir a mesma música e os mesmos comentaristas que as pessoas no Atlântico?... Agora, se as pessoas querem colocar todos os ovos em uma única cesta, isso é problema delas. Mas ao lembrar que existiam centenas de nações nativas, línguas nativas e sistemas de governo nativos, percebe-se a imensa diversidade que havia na cultura humana. E, claro, na natureza, onde há diversidade, há uma grande riqueza de vida. Já onde há conformidade - como no plantio de uma única cultura, que pode ser destruída por um único inseto, um incêndio ou um fungo - isso não é um caminho para a vida, mas algo que, no fim, leva à morte.[433]

A tarefa em questão era definir e começar a se libertar da cultura de consumo. O jornal se via "em guerra com as forças mais destrutivas já reunidas na história da humanidade", mas em "uma posição única para levantar as questões mais críticas" e dar voz a preocupações sobre a sobrevivência que, em geral, não eram expressas.[434]

O *Notes* não romantizou a situação dos povos originários, como muitos brancos tendem a fazer. Muitas vezes ele retratava as tradições antigas como fragmentadas, muito parecidas com as das Bruxas modernas. A maioria dos "índios" era tão vítima da cultura ocidental quanto a maioria dos brancos. No entanto, as tradições indígenas eram vistas como portadoras de muitas respostas para a questão de como viver uma vida humana no continente norte-americano. O mais importante era que essas condições e problemas eram universais, questões de sobrevivência, de "ser seres-humanos", que outros movimentos políticos não haviam conseguido abordar.

> As "pessoas naturais" precisavam lutar para recuperar esses "modos de vida reais, não em palavras ou cerimônias, mas na prática."[435]

Mas como "recuperar esses modos de vida reais"? Muitos artigos reconheciam que isso era quase impossível, uma tarefa para a vida toda, já que a maioria das pessoas estava presa em uma teia de contradições que obscurecia a percepção da realidade. Para dar um exemplo, um artigo descreve a situação de um fazendeiro nativo norte-americano cujo gado está morrendo de envenenamento químico na fábrica de alumínio da Reynolds, nas proximidades. Quando o seu gado começa a adoecer, o agricultor é forçado a procurar trabalho fora da fazenda. E onde ele encontra emprego? Ora, na própria fábrica da Reynolds, é claro, a empresa que está destruindo seu modo de vida. Sua compreensão fica turva quando ele fica grato por conseguir o trabalho. "Como você pode lutar contra algo pelo qual

---

433 *Ibid*

434 *Akwesasne Notes*, Vol. IX, Nº 3 (Verão de 1977), p. 3. (c/o Mohawk Nation, via Rooseveltown, NY 13683.)

435 Editorial do Cinquentenário, *Akwesasne Notes*, Vol. VIII, Nº 2 (Início do verão de 1976), p. 4.

trabalha?" O artigo acrescenta: "O monstro não lhe dá escolha. Ele o cutuca nos olhos ao mesmo tempo que enche sua carteira, e destrói sua horta e seu gado ao mesmo tempo que lhe oferece empregos."[436]

Outro escritor relata a trajetória de sua família e vizinhos durante uma greve de aluguel em uma grande cidade do Leste. Após uma longa luta que consome quase todas as suas energias, eles vencem um difícil processo judicial e talvez em breve passem a ser os proprietários do prédio. Mas isso é uma vitória? O escritor começa a perceber a erva-daninha que ameaça os alicerces de seu prédio. Com o tempo, essas casas irão se deteriorar. Sua família deixou de plantar alface no jardim da frente porque o chumbo dos escapamentos dos carros que passam se deposita nas folhas e se acumula no corpo da criança. Ele então questiona: o que realmente significa lutar por uma realidade artificial? E continua:

> As pessoas com quem convivo já abandonaram as formas mais grosseiras de ganância e consumismo. Mas fomos educados desde o nascimento a acreditar que propriedade e controle são as únicas alternativas à fraqueza e ao fracasso, e essas lições permanecem profundamente gravadas nas nossas mentes. O que nos assusta ao conquistar esta casa do proprietário é que nosso desejo interno de possuir pode nos impedir de perceber quando chegar, enfim, o momento de deixá-la para trás.

O escritor observa que sua percepção começou a mudar. Embora continue sendo um ativista político, já não vê a luta como um simples embate entre classes em conflito. Agora, acredita que a questão é a sobrevivência (todos bebem a mesma água). Ele reconhece seu medo e ignorância em relação "ao mundo natural, para o qual precisamos nos voltar para sobreviver" e se questiona: "Será que ficarei tão preso às lutas pela sobrevivência no mundo artificial a ponto de esquecer quais são as verdadeiras questões?[437] A ideia de que é necessário buscar constantemente clareza sobre essas questões era um tema recorrente no *Akwesasne Notes*. Rarihokwats, editor do jornal até 1977, disse em uma entrevista:

> Uma pessoa na nossa cultura pode ser solidária e moralmente correta, nunca machucaria conscientemente outro ser humano, pode sentir compaixão pelos povos indígenas, no entanto, com um simples gesto - ao ligar o ar-condicionado - pode contribuir para que povos indígenas em James Bay ou Black Mesa sejam removidos de suas terras para gerar a energia que alimenta o aparelho...[438]

436 José Barreiro, "The Damage Close to Us", *Akwesasne Notes*, Vol. IX, Nº 3 (Verão de 1977), p. 8.

437 Jonny Lerner, "A Patch of Poison Cabbage", *Akwesasne Notes*, Vol. IX, Nº 3 (Verão de 1977), p. 11.

438 Entrevista com Rarihokwats conduzida por Friar. Em 1977, Rarihokwats deixou Akwesasne Notes após uma complicada disputa política. Posteriormente, trabalhou com *Four Arrows: A Communications Group of Native People of the Americas*, PO Box 496, Tesuque, NM 87574.

Embora deva ficar claro para os leitores deste livro que as Bruxas modernas estão criando suas tradições a partir de fragmentos, usando fontes do passado como inspiração, mas misturando-as com a criatividade contemporânea, muitos brancos tendem a supor que os povos indígenas, por outro lado, possuem tradições completas. O *Notes* mostrava que os indígenas também enfrentavam uma luta semelhante para reviver religiões naturais que foram reprimidas ao longo dos séculos. A posição de muitos indígenas não parecia tão distante da dos descendentes modernos dos antigos celtas na Europa, embora se possa argumentar que mais tradições antigas sobreviveram no continente americano, já que a chegada do Cristianismo aqui foi um evento mais recente.

Vários artigos no *Notes* destacavam a ideia de que havia uma herança europeia não exploratória, representada, como observava um deles, na "antiga herança tribal/camponesa da Europa (ainda não absolutamente corrompida, mesmo hoje)".[439] Muitos Neopagãos buscavam nessa "antiga herança tribal/camponesa" suas raízes culturais. Nesse sentido, assemelhavam-se aos indígenas que passaram a adotar valores tradicionalistas. Afinal, como Leo Martello comentou em diversas ocasiões: "Se voltarmos o suficiente no tempo, todos os nossos ancestrais pré-judaico-cristãos ou muçulmanos eram Pagãos."

É impressionante como muitos dos valores religiosos expressos no *Akwesasne Notes* eram semelhantes às ideias de muitos Neopagãos. Por exemplo, em um artigo intitulado "O Grande Espírito Não Progressista", um autor observou:

> Nossa existência inteira é de reverência. Nossos rituais renovam a harmonia sagrada dentro de nós. Cada ato - comer, dormir, respirar, fazer amor - é uma cerimônia que reafirma nossa dependência da Mãe Terra e nosso parentesco com cada um de seus filhos. Ao contrário dos cristãos, que dicotomizam o espiritual e o físico, confinam a religião a um compartimento e chamam o mundo físico de mau ou apenas uma preparação para um mundo por vir, nós reconhecemos o "espiritual" e o "físico" como um só. Sem as dicotomias ocidentais entre Deus e a humanidade, Deus e a natureza, natureza e humanidade, somos próximos, íntimos e calorosos com a Mãe Terra e o Grande Espírito. Diferente da crença cristã, que afirma que a nossa espécie é inerentemente má e o governante da Terra divinamente ordenado, sabemos que, sendo parte de nossa sagrada Mãe Terra, somos sagrados.[440]

Essa declaração se assemelha muito às palavras que ouvi repetidas vezes dos Neopagãos.

No entanto, em questões não relacionadas a valores religiosos, a maioria dos Neopagãos tinha diferenças fundamentais em relação às posições defendidas no *Akwesasne Notes*. Muitos artigos no jornal rejeitavam grande parte da tecnologia

---

439 Dr. Jack D. Forbes, "Americanism Is the Answer", *Akwesasne Notes*, Vol. VI, Nº 1 (Início da Primavera de 1974), p. 37.

440 Gayle High Pine, "The Non-Progressive Great Spirit", *Akwesasne Notes*, Vol. V, Nº 6 (Início do inverno de 1973), p. 38.

ocidental, considerando-a "extrativa" e, portanto, exploratória e desarmoniosa. Os Neopagãos, por outro lado, muitas vezes expressavam sentimentos positivos em relação à tecnologia moderna, e quase todas as pessoas com quem conversei tinham atitudes surpreendentemente positivas em relação à ciência, ao método científico e aos modos de pensar ocidentais.

Trabalhando e Vivendo no Mundo

Susan Roberts, em seu livro *Witches USA* (*Bruxas dos EUA*), afirmou que as Bruxas "são, em sua maioria, americanas de classe média que, na superfície, vivem de forma discreta e sem chamar atenção no cotidiano da vida americana." No entanto, segundo ela, no íntimo elas são inconformistas. Desafiam classificações e "nunca podem ser medidas com precisão." Publicamente, "a maioria das Bruxas... parece, para o mundo, ser composta de homens e mulheres convencionais. Elas se ajustam à sociedade da melhor forma possível." Roberts também afirmou que todas as Bruxas compartilham uma característica em comum: nunca perderam o senso de maravilha e curiosidade das crianças pequenas. Além disso, concluiu que a maioria delas não era formada por rebeldes religiosas, ou seja, não chegaram à Arte como forma de rejeição a uma criação religiosa anterior.[441]

Em minhas entrevistas com diversos tipos de Neopagãos, incluindo Bruxas, duas afirmações de Roberts se mostraram completamente verdadeiras: elas desafiam qualquer categorização e mantêm um senso de maravilhamento infantil em relação ao mundo. Encontrei muitos rebeldes religiosos, assim como outros que haviam feito as pazes com seu passado religioso. Alguns ex-católicos ainda tomavam a comunhão, enquanto outros tinham críticas severas a todas as religiões organizadas. Vi os mais variados estilos de vida, ocupações e situações financeiras, além de uma surpreendente diversidade de perspectivas políticas.

Mas quando questionados, os Neopagãos foram inflexíveis em insistir que eram "diferentes", embora muitas vezes essas diferenças fossem sutis e difíceis de expressar. "Quais são as características comuns dos Pagãos?", perguntei. As respostas que recebi incluíram, mais uma vez, aquele sentimento de admiração infantil, aceitação da vida e da morte, sintonia com os ritmos da natureza, senso de humor, falta de sentimento de culpa sobre si mesmo e sobre o corpo e a sexualidade, honestidade genuína e falta de vontade ou incapacidade de participar dos jogos sociais.

"Temos tendência a incluir pessoas que parecem estar em contacto com a essência da vida", disse-me Alta Kelly enquanto descansava num sofá na sua casa em Oakland. "As Bruxas podem ser superficiais em alguns aspectos. Certamente

441 Susan Roberts, *Witches, U.S.A.* (New York: Dell, 1971), pp. 5, 7, 17, 18.

têm seus problemas no dia a dia, mas elas possuem uma qualidade de eternidade. Elas se sentem à vontade com a vida e a morte, e isso é algo que falta nas pessoas que não seguem a Arte."

Outros me disseram que ser Pagão era simplesmente uma maneira mais confortável, mais livre e mais amigável de ser. "Consigo lidar com a solidão e o isolamento, enquanto a maioria dos meus vizinhos precisa se cercar de barulho", disse uma mulher que vivia em uma pequena cidade. "E os fenômenos psíquicos não parecem mais sobrenaturais", acrescentou. A Bruxa feminista Z Budapeste me disse: "As árvores falam comigo. Minhas plantas estão me dizendo agora que precisam de mais água. Estou cercada pelos meus ancestrais e por amigos espirituais. O céu me beija. Posso falar com pedras e, às vezes, as nuvens se abrem se eu pedir."

Esse sentimento de que os Pagãos têm uma relação amigável com o Universo, que sentem um contato vital com as forças da natureza, atingiu-me com mais força quando recebi uma carta de uma amiga que havia visitado a pequena loja de Z em Los Angeles, *The Feminist Wicca* (*A Wicca Feminista*). Essa amiga não era Pagã. No verão de 1977, ela entrou na loja várias vezes por curiosidade. Ela escreveu:

> Minha reação àquele lugar, àquelas pessoas, é o que me deixa confusa. Por um lado, os ensinamentos parecem um pouco tolos e os rituais parecem apenas palavras, sem significado por si mesmas. Minha mente racional argumenta dessa forma por horas. Mas então sinto uma corrente quando estou lá, uma força que nos envolve. Ela está viva, pulsa, sobe e desce como a lua crescente e minguante... Não sei o que é, não sei de que forma devo usá-la. É como estar perto de uma corrente elétrica; bem perto, tão perto que se pode ouvir o zumbido e o crepitar, mas sem conseguir alcançá-la.
>
> Sei que seria algo maravilhoso ser capaz de usar essa energia ou me abrir completamente a ela, pois apenas estar ciente de sua presença já me faz sentir selvagem, excitada e intensamente viva, mais viva do que em qualquer outro momento da minha vida.
>
> E então me lembrei de vários momentos da minha vida em que senti exatamente a mesma coisa - como se estivesse à beira de algo imenso, mas sem nunca saber ao certo o que era, de onde vinha ou o que fazer com aquilo. Sem um vocabulário adequado para descrever esse sentimento, por assim dizer, ele me escapava repetidamente, até que passei a considerá-lo algo da infância, algo que havia deixado para trás para sempre. Foi uma surpresa agradável descobrir que aquilo não apenas ainda estava vivo em mim, mas que outros também o sentiam! Saber que há pessoas que, mesmo falando sobre isso em termos que minha mente racional rejeita, já experimentaram esse fluxo como eu, foi reconfortante.

Outros expressaram isso de forma mais simples. A falecida Alison Harlow, uma consultora de informática, disse: "Acho que somos muito mais divertidas. Usamos melhor a nós mesmas. Somos claras sobre como queremos viver. Jogamos menos jogos impostos por outras pessoas. Somos livres para escolher nossos papéis e encontrar maneiras de viver de acordo com os próprios sentimentos." Ela pensou por um momento, riu e acrescentou: "O Paganismo diz que estou viva e, portanto, sou boa, e a Deusa se regozija com a minha alegria. Quanto mais celebro a vida, mais feliz Ela fica, mais feliz eu fico." Outros ainda disseram que tornar-se Pagão permitiu que sua imaginação florescesse. Um cientista bem-sucedido me contou: "Algumas semanas depois de entrar na Arte, estava dirigindo para casa, olhando para as montanhas. Disse a um amigo: 'Aquelas montanhas estão vivas. Você quase pode ver os índios marchando por elas.' Meu amigo disse: 'Uau, há dois meses você nunca teria dito algo assim para mim.'"

Quando *Drawing Down the Moon* foi publicado em 1979, a maioria dos Neopagãos era composta por brancos de classe média. Isso ainda é verdade hoje, mas há uma enorme variedade de profissões e estilos de vida.

Na década de 1970, havia uma grande divisão entre aqueles que tinham uma identidade integrada e eram relativamente abertos sobre suas crenças enquanto estavam no trabalho, e aqueles que levavam vidas separadas, com dois conjuntos diferentes de pessoas com as quais se associavam. Enquanto alguns encontraram discrepâncias desagradáveis entre sua vida profissional e sua identidade Pagã/Arte, outros não sentiram contradição alguma, e em alguns casos, aceitaram e até desfrutaram da vida dupla. A diferença é que hoje há muito mais Pagãos públicos.

Vinte e cinco anos atrás, um número impressionante de Neopagãos trabalhava em campos científicos e técnicos, e todos sentiam que não havia absolutamente nenhum conflito entre seu trabalho e sua crença ou uso da Magia. Uma doutora em química e física, que trabalhava em uma grande corporação em uma posição elevada, disse-me: "A ciência é o estudo dos fenômenos naturais. Bruxaria é aprender a viver neste mundo com base na natureza. Há muito em comum. É tudo um só mundo. As energias que estudamos na ciência são as mesmas com as quais trabalhamos na Bruxaria."

Essa química era a Sacerdotisa de um dos Covens Gardnerianos mais ativos dos Estados Unidos. Ela é um bom exemplo de alguém cujas vidas profissional e religiosa eram totalmente distintas. Como ela descreveu, sua vida estava igualmente dividida entre as duas ocupações. Ela gostava da sua vida profissional e gostava da sua vida na Arte. "Não encontrei uma maneira de integrar as duas neste estágio da minha vida", disse ela em determinado momento. "Eu absolutamente me recuso a misturá-las", disse em outro. Mas outra Sacerdotisa, referindo-se a essa mulher, foi mais direta: "Apesar de seu doutorado e de sua posição bem-sucedida, ela vive com um medo mortal de que seus empregadores descubram que ela é uma Bruxa."

Perguntei a essa cientista como seus dois conjuntos de associados diferiam. Ela respondeu: "A Arte é um modo de vida. É uma forma de ser você mesma, de se sentir confortável. Você não precisa lutar contra tendências naturais. As pessoas na Arte apreciam você pelo que você é. Elas não impõem diretrizes ou restrições sobre você. Fico constantemente impressionada com o quão abertas e honestas as pessoas na Arte são sobre quem são e o que sentem a respeito disso. Enquanto, na minha vida comum como cientista, mostrar sua individualidade não é realmente aceito."

Alison Harlow, em contraste, era aberta e pública sobre suas crenças. Perguntei a ela se encontrava alguma contradição entre seu trabalho e sua vida religiosa.

"Não", ela disse. "Sou analista de sistemas, o que, por um lado, parece contraditório. Mas sinto que o trabalho que faço é basicamente intelectual. Isso não esgota meus recursos de empatia, sensibilidade e percepção mágica. Tenho tudo isso disponível para mim quando sigo, de certa forma, minha vida "real" de me relacionar com as pessoas como uma Bruxa e uma Sacerdotisa." Ela acrescentou que ciência e magia eram simplesmente ciências "subjetivas" e "objetivas", e que conjuntos diferentes de ferramentas eram necessários para cada uma.

Ed Fitch, que escreveu alguns dos rituais Pagãos mais belos já publicados – os rituais do Caminho Pagão – compôs a maioria deles em um ônibus que o levava ao trabalho em uma base militar. "Você não achou isso uma contradição?", perguntei a ele.

"De jeito algum", ele respondeu. Ele me disse que, em sua experiência, alguns dos melhores Neopagãos eram, por profissão, tecnocratas ou militares. E hoje, no século 21, existem organizações Pagãs que atendem especificamente pessoas no setor militar.

Por outro lado, o falecido bardo da Arte e Sacerdote Gwydion Pendderwen passou muitos anos trabalhando para o Serviço de Receita Interna e para o Departamento de Saúde, Educação e Bem-Estar. Achando esse trabalho problemático e cheio de contradições, ele finalmente deixou esses empregos para viver uma vida rural no Condado de Mendocino. Ele uma vez me disse: "Você se levanta de manhã e vai trabalhar oito horas por dia, desligando sua psique. A parte mais difícil para a maioria das pessoas Bruxas e Pagãs é que elas têm que levar duas vidas separadas. São duplamente vítimas, porque têm o desejo de ser livres, mas a maioria delas não tem confiança suficiente em si mesmas, ou nos Deuses, se preferir, para sair disso."

Aidan Kelly, da NROOGD, observou-me que a questão das contradições frequentemente era evitada pelos Pagãos, e isso é compreensível. "Muitos empregos nesta sociedade são contrários à vida. E qualquer pessoa que tenha um forte senso de ética vai se deparar com problemas pessoais difíceis sobre trabalhar em muitos empregos nessa sociedade. Não é justo ser excessivamente idealista sobre isso. O que as pessoas geralmente fazem é compartimentalizar. Elas constroem uma parede mental e se recusam a olhar para o problema, porque dói e parece insolúvel."

Outros membros do movimento foram menos generosos. O Bruxo nova-iorquino Leo Martello, já falecido, declarou publicamente que qualquer Pagão que trabalhasse para o governo ou para os militares era hipócrita. "Não havia Bruxas em Watergate", ele me escreveu uma vez, anos atrás.

Uma questão frequentemente debatida pelos Pagãos é se ganhar dinheiro no "mercado mágico" é, em última instância, corruptor. Um maquinista em St. Paul, Minnesota, escreveu o seguinte:

> Como muitos anarquistas e comunistas antigos, sou um trabalhador qualificado que se relaciona quase inteiramente com o trabalho que faço, em vez de com o empregador para quem trabalho, e sempre recuso promoções que me forçariam a me relacionar com a estrutura de poder.[442] Se um número significativo de meus colegas de trabalho for de esquerda política, vou trabalhar com eles abertamente em vários projetos políticos, como radicalizar um sindicato local existente ou fundar um do zero. Se não, fico calado no trabalho. (Na verdade, não é algo difícil de fazer, já que meu trabalho exige que eu me curve sobre uma máquina pelo menos três quartos do tempo.)
>
> Fui originalmente treinado nas ciências biológicas e trabalhei na área por alguns anos, mas não consegui lidar com a frustração de ser forçado a ser um participante ativo no "Estupro da Natureza", sabendo o tempo todo que as melhorias, quando surgissem, não viriam de dentro da área, mas seriam totalmente políticas. (Além disso, nenhuma melhoria significativa virá até que a necessidade ecológica e econômica as force, provavelmente não em minha vida.)
>
> Então, trabalho em empregos da classe trabalhadora razoavelmente bem remunerados, do tipo em que ninguém questiona muito meu histórico quando me inscrevo para trabalhar (ou você tem a habilidade ou não tem, e se desconfiarem que você está inventando seu histórico, assumem que você acabou de sair de um divórcio conturbado ou de uma temporada no presídio por alguma briga de bar, como praticamente todo mundo).
>
> Recebi muitas críticas por isso de meus amigos, mas ainda acho que meu método de ganhar a vida é o melhor para mim. Claro, eu poderia ganhar meu sustento através do "mercado mágico" se quisesse, mas vi o que isso fez com minha tia e tio, e não acho que seja uma boa ideia. Isso também vale ao tentar ganhar a vida como escritor profissional - a maioria dos escritores que conheço não ganha muito dinheiro com isso, trabalha muito mais do que eu e, pior ainda, acaba se comprometendo. Se você ganha a vida com magia ou com as artes, precisa se esforçar para se relacionar e agradar as "pessoas normais." Quanto mais você faz isso, mais difícil se torna evitar que esses compromissos conscientes influenciem seu pensamento e o desenvolvimento de sua personalidade. Prefiro manter minha vida compartimentalizada, fazendo um trabalho que não pode facilmente contaminar minha personalidade, porque é essencialmente neutro e sem significado, nem positivo nem negativo.

Mas hoje, muitos mais Pagãos e Wiccanianos ganham a vida como clérigos.

442 Em várias entrevistas, me disseram que a pessoa havia recusado uma promoção por razões semelhantes.

Urbano ou Rural?

A maioria dos Neopagãos vive em áreas urbanas, e grande parte, mas não todos, planeja continuar lá. “Por que o Paganismo cresce nas cidades?”, perguntei. “Porque a maioria das pessoas vive nas cidades”, foi a resposta mais comum. “Porque ideias estranhas surgem nas cidades”, foi outra. “Porque livros são impressos lá”, foi uma terceira. Muitas das pessoas que eu perguntei acreditavam que novas ideias entram pelas cidades. O editor Carl Weschcke colocou isso da seguinte forma: “A maioria dos Covens são urbanos. Enquanto estivermos falando de um fenômeno religioso vivo, ele vai ocorrer principalmente em áreas urbanas, simplesmente porque é lá que as pessoas estão e é lá que a necessidade existe. Não vamos todos deixar a cidade e voltar para o campo. As cidades terão um futuro saudável ou teremos que condenar noventa por cento da população à extinção.”

É claro que Weschcke discordava profundamente da visão Feraferiana de dez a vinte milhões de pessoas vivendo em um paraíso hortícola. Nem todos os Pagãos concordavam com Weschcke, mas sua visão era a mais comum. Hoje, existem mais Pagãos rurais, mas ainda são uma minoria.

Um ponto comum era a ideia de que as desvantagens da vida na cidade geravam certa reverência pela natureza (a mesma ideia foi expressa por Fred Adams em um capítulo anterior). Alison Harlow me disse: “Os Pagãos urbanos se sentem mais desenraizados, mais alienados da natureza. Aqueles no campo vivem tranquilamente. Eles não precisam falar sobre isso. Eles não sabem que estamos por aqui. Talvez nem precisem de nós.” Outra Sacerdotisa, Bobby Kennedy, de Ohio, expressou uma ideia semelhante. “Os habitantes das cidades”, ela me disse, “estão tão isolados da natureza que precisam venerá-la mais, porque a natureza está muito distante deles. Para mim, a maioria das religiões responde a uma necessidade de algo que está faltando.”

“É contraditório celebrar um festival da colheita na cidade?”, perguntei a ela.

“Não”, ela respondeu. “Ainda estamos comendo a colheita. Novembro é a única época em que as romãs aparecem. “Isso é algo para celebrar!”

Atitudes em Relação à Tecnologia e à Ciência

Ao contrário das visões expressas no Akwesasne Notes e, ao que parece, de minhas próprias expectativas e das suposições de vários estudiosos, a maioria dos Neopagãos é otimista quanto ao uso da ciência e da tecnologia moderna. Além disso, embora possam buscar inspiração no passado, não desejam voltar a ele. Muitos, na verdade, não veem o passado de forma positiva. Eles foram bastante enfáticos quanto a isso. Talvez tenham reagido fortemente porque eu expressei de forma incisiva minhas próprias ambivalências e minha surpresa diante da aparente complacência deles. Minha própria jornada Pagã foi profundamente influenciada pelos escritos de Theodore Roszak e Stanley Diamond e pela vasta literatura ecológica do início dos anos 1970. Para mim, cada "avanço" parecia ter um preço elevado.

Entre aqueles que pensavam de maneira diferente estava Leo Martello, que me escreveu de Nova York: "Uma vida Pagã, como é atualmente e de forma ampla definida, não é um retorno para a cabana de barro." E Lady Cybele, de Madison, disse-me: "Sou totalmente a favor da tecnologia, desde que não destrua a Terra no processo. Fico muito feliz com os avanços tecnológicos. Fico muito feliz de entrar no meu carro e dirigir duzentas milhas para ver amigos Pagãos." Ela começou a rir e acrescentou: "É um saco voar na minha vassoura no inverno. Além disso, as comodidades modernas eliminaram muita labuta. A tecnologia moderna liberou tempo para que as pessoas possam desenvolver atividades filosóficas."

Gwydion Pendderwen, o bardo da Arte, disse: "Há certa tendência entre alguns Pagãos de querer voltar para, digamos, o País de Gales do século 6, em vez de querer um mundo transformado. Voltar para o País de Gales do século 6 é uma fantasia que me é querida. Faz parte do sonho arquetípico. Mas isso é tudo o que é. Ninguém realmente quer voltar para o passado, exceto um bando de malucos espaciais. Não é a tecnologia moderna que é dessensibilizante. É o uso indevido dela que é. Eu não jogaria fora meu gravador para usar um alaúde. Eu posso usar ambos para fazer música."

A afirmação mais direta de todas veio do falecido Herman Slater, que era dono da *Magickal Childe*, uma loja ocultista de Nova York. Ele me escreveu:

> Apenas pegamos os nomes das religiões antigas e aplicamos formas e ideais modernos que não resistiriam ao culto bárbaro original que afirmamos rivalizar. Olho para o passado em busca de algumas das simplicidades da vida, mas olho para o futuro em busca da realização dos meus ideais. Não sinto que tenhamos perdido nada, exceto as armadilhas primitivas dos velhos tempos.

Algumas pessoas estavam preocupadas com a ideia de que a tecnologia moderna custa um preço alto na dessensibilização. "Estamos entorpecidos pela sobrecarga tecnológica", escreveu o escritor Pagão Allen Greenfield, que observou que a tecnologia tinha "muitos dons", mas que nossa "cultura de alta energia era desumanizante e alienante".

A Sacerdotisa Morgan McFarland, de Dallas refletiu: "Nossa civilização nos enganou, fazendo-nos aceitar como normal ou natural coisas que não são. Só temos lampejos de percepções, e não estamos mais produzindo indivíduos reais, mas estereótipos fabricados em série."

McFarland também falou de seu medo de que a televisão estivesse destruindo o "reino secreto" dos jogos de rua e rituais infantis, "o único lugar onde o verdadeiro ritual ainda existe". Ela me disse que muitas vezes sentia ser quase impossível alcançar uma perspectiva clara. "Eu sei que estou tão envolvida em um estilo de vida cheio de conveniências tecnológicas modernas que não sei o que eu realmente preciso e o que eu poderia viver sem, o que os Pagãos precisam de verdade, e o que poderíamos viver sem." Então, enquanto conversávamos até as horas avançadas da manhã, essa Sacerdotisa de três prósperos Covens de Dallas, uma mulher que me pareceu uma das líderes de Coven mais perspicazes que encontrei durante minhas viagens, disse-me o quão profundamente ciente estava das contradições em sua própria vida. "A Arte é um modo de vida", disse ela suavemente, "mas isso não significa que a vivamos, que eu a viva. É algo que eu busco alcançar."

A falecida Bonnie Sherlock expressou sentimentos semelhantes. Ela era uma mulher brilhante, adorável e solitária, na casa dos quarenta anos, que morava na pequena cidade de Lander, Wyoming. Em parceria com um pequeno grupo de amigos, Sherlock publicou *The Medicine Wheel* (*A Roda da Medicina*), um pequeno e sensível jornal Neopagão que nunca chegou a mais de cem pessoas. Ela também presidiu como Sacerdotisa em um Coven que combinava tradições Celtas e Nativas Americanas. Eles se autodenominavam "*Delphians*" (Delfos). Diabética, dependente de muita medicação, ela faleceu no outono de 1976. Suas cartas espirituosas para *Green Egg* cessaram ao tempo que o *The Medicine Wheel.*

Menos de um ano antes de sua morte, sentamos em sua pequena e aconchegante casa e conversamos. Ela falou sobre a Iniciação que havia recebido tempos atrás em uma Tradição Nativa Americana. Apesar de sua diabetes, ela havia feito um jejum de três dias em busca de uma visão que a levou ao hospital e quase à morte. Ao relembrar a experiência, ela disse que valeu a pena. Ela faria tudo de novo em um instante. "Eu nem sempre estou em sintonia com a vida que gostaria de levar", ela me disse, apontando para seus medicamentos. Ela contou que não havia histórico de diabetes em sua família e chamou sua doença de "uma doença da civilização", agravada por alimentos comerciais, açúcares e aditivos. "A Arte é um modo de vida. É uma religião que celebra a vida e o amor pela natureza. Mas há momentos em que eu não a estou vivendo, quando entro e saio dela."

Ela me contou sobre suas fantasias. Eram simples. Disse que gostaria de ser cuidadora de jardins, de templos com jardins onde flores desabrochassem e as águas fluíssem constantemente. Era fevereiro. O deserto de Wyoming estava coberto de neve.

Apesar da profunda divisão de opiniões sobre a tecnologia moderna, quase todos falaram da necessidade de um retorno ao "primal", ao inconsciente, ao "primitivo" –, mas um "primitivo" interior, não um "primitivo" ao qual se volta. Tony Andruzzi, um Bruxo de origem siciliana e ex-mágico de palco, disse-me: "Um Pagão é um crente no primitivo", mas para ele isso significava um retorno não ao mundo do primitivo, mas às raízes das coisas. Isso não necessariamente conflitaria com uma sociedade tecnologicamente avançada, ele disse. Sentado em uma sala decorada com veludo vermelho e preto, Andruzzi falou: "Um Pagão é um crente nos valores de sobrevivência pessoal, em literalmente sentar-se no pântano, com os joelhos mergulhados na lama, e se tornar parte disso, deixando que isso se torne parte de si mesmo; de se tornar terra, de se tornar estrelas, de se tornar uma parte de algo que abrange, além da compreensão, uma parte do espectro de tudo o que sabemos.

"Subjugamos isso. Precisamos arrancar, precisamos rasgar a parede de pedra, a cripta do nosso ser social e psicológico. Precisamos voltar a uma maneira mais elemental de ser, de viver com o nosso ambiente. Devemos proteger essa chama de todo vento ou ameaça. Devemos permitir o crescimento desse fragmento de deus dentro de nós.

"Temos que voltar a uma forma mais elementar de ser, não de sentir, de *ser*. Quero dizer viver com nossos elementos, viver com nosso ambiente, em vez de ser superior a ele."

Voltando à questão do pensamento "científico" *versus* "mágico", quase todos que eu perguntei acharam que não havia conflito entre os dois; e a maioria concordaria com a frase humorística de Robert Anton Wilson: "Publicidade, Magia e Behaviorismo dizem a mesma coisa – invocar com frequência!" Dois dos teóricos Pagãos mais importantes, no entanto, fizeram uma distinção cuidadosa entre a pesquisa científica realizada por cientistas e o que chamavam de "religião da ciência" ou "Cientificismo" ou "Cientolatria."

"Não há luta entre 'ciência' e 'magia'", disse Aidan Kelly. "Mas há uma luta entre dois tipos diferentes de religiões, uma das quais muitas vezes alega falsamente ser ciência." Ele continuou:

"Lembro-me de que comecei a pensar sobre isso há mais de um ano, quando a Associação Humanista Americana lançou seu manifesto contra a Astrologia. A verdadeira pista foi esta – os jornais reportaram o manifesto como se fosse uma declaração da Academia Americana de Ciências sobre a descoberta de um novo planeta, como se fosse a opinião científica de cientistas falando como cientistas. Mas na verdade, o manifesto era a opinião dogmática dos membros da Associação Humanista Americana, falando como membros de uma religião secular, a principal religião entre os intelectuais na América hoje.

"Essa religião da cientolatria geralmente é chamada de 'ciência'. Mas não é. Os dois primeiros dogmas dessa religião são, primeiro, que ela não é uma religião, mas uma filosofia puramente racional. Segundo que todas as outras religiões são pura superstição. E intelectuais que não aderem a essa religião são discriminados.

"Infelizmente, a rebelião contra a pobreza espiritual da cientolatria acaba, muitas vezes, tornando-se uma desconfiança da própria ciência e de qualquer tipo de desenvolvimento tecnológico. Isso é uma confusão. Há um grande arcaísmo melancólico acontecendo nesta sociedade, tentando voltar ao jeito que as coisas eram. O que é pura fantasia. A ciência é um método, uma técnica. E a tecnologia é muito útil. O problema não está nas ferramentas, mas nesta atitude idólatra em relação à ciência, essa religião secular que nega todos os outros aspectos de ser humano."[443]

Outro que expressou essa visão foi Isaac Bonewits, que se descrevia como um "materialista" além de ocultista, acrescentando: "Eu apenas tenho uma definição um pouco mais flexível de matéria do que a maioria das pessoas." Bonewits me disse que preferia adotar uma "abordagem prática" na análise de fenômenos psíquicos. "A realidade é consensual", disse ele. "As pessoas definem o que é a realidade. Na minha definição pessoal dela, incluo o fato de que você pode encontrar uma explicação moderadamente lógica para tudo o que acontece, desde que não esteja

E quanto à distinção de Aidan entre "ciência" e "cientolatria?", perguntei. Bonewits concordou: "O Cientificismo é a adoração da ciência do século 19. Também é a aceitação irrefletida de qualquer afirmação feita por qualquer pessoa vestindo um jaleco branco. Isso é cientificismo, e é uma religião muito forte na América, principalmente entre cientistas medíocres. Você vai encontrar muito poucos dos melhores que tenham esse tipo de pensamento cientificista. São os cientistas de segundo nível que têm medo do oculto."

Essa distinção foi enfatizada repetidamente pelos Neopagãos. Eles expressaram raiva não contra a "ciência", mas contra a "religião da ciência".

Apesar da atitude positiva da maioria dos Pagãos em relação à ciência e à tecnologia, diferenças reais surgiram de tempos em tempos, ocasionalmente levando a conflitos abertos entre grupos Neopagãos.

Um exemplo foi uma disputa inicial que ficou conhecida como o "Conselho de Themis de 1972", talvez o pior conflito a ocorrer dentro da comunidade Neopagã. Isso foi agravado pela cobertura imprecisa em vários livros sobre Bruxaria.[444]

Ostensivamente, as questões no conflito eram duplas. O Conselho de Themis era uma reunião ecumênica de cerca de vinte grupos Neopagãos que queriam emitir declarações de propósito comum. A disputa girava, por um lado, em torno das práticas sexuais e uso de drogas na Igreja Psychedelic Venus (Vênus Psicodélica) de Berkeley e das atitudes em relação ao sacrifício de animais em outro grupo, a Ordem Helênica; e, por outro lado, em torno girava em torno de ações unilaterais tomadas por dois membros do Conselho para expulsar esses dois grupos sem discussão e sem o consentimento de todos os grupos membros.

443 Veja *The New York Times*, 3 de setembro de 1975, p. 1; 11 de setembro de 1975, p. 40; 7 de setembro de 1975, IV, p. 7.

444 Em particular, Hans Holzer, *The Witchcraft Report* (New York: Ace Books, 1973), pp. 182–88.

Mas por trás dessas questões, estavam diferenças filosóficas sobre a questão da sexualidade, das drogas, do autoritarismo e da tecnologia.

Durante essa disputa, houve uma troca interessante de cartas entre a líder de Feraferia, Svetlana Butyrin, e a Sacerdotisa da CAW, Carolyn Clark. Svetlana observou:

> Tenho minhas dúvidas sobre a incorporação de tecnologia em qualquer sistema Pagão; é claro que a Feraferia rejeita totalmente a tecnologia moderna e o método experimental científico. A única ciência permitida é estritamente observacional - não manipulativa.

A isso, Carolyn Clark respondeu:

> ...mesmo quando o Australopithecus pegou um pedaço de pau e o usou para matar sua comida, ele estava usando tecnologia. Acredito que nossa discussão é sobre grau. Até que ponto podemos avançar com nossa tecnologia e ainda manter o equilíbrio eco-psíquico? ...Duvido que seja possível/provável sobreviver na Mãe Terra sem manipulá-La. Manipulação Ela não parece se importar. Ela está, na verdade, reagindo favoravelmente à minha manipulação do nosso quintal em uma horta orgânica. Machucá-La é outra coisa.[445]

Em retrospectiva, vejo que não deveria ter ficado tão surpresa com o fato de muitos Pagãos favorecem a tecnologia, já que a maioria das pessoas com quem conversei era altamente imaginativa. Muitos eram ávidos leitores de ficção científica e tendiam a colocar seus ideais e fantasias tanto em cenários futuros quanto no passado. Minhas próprias opiniões começaram a mudar e a se adaptar. Eu passei a ter uma atitude mais receptiva em relação à tecnologia, ciência e cidades após realizar essas entrevistas.

Ecologia

Como uma pessoa que ingressou na Arte em parte porque era "uma religião ecológica", quando comecei minha pesquisa na década de 1970, presumi que a preocupação ecológica estaria entre os dois ou três principais elos unificadores entre os Neopagãos, e que isso seria um dos pontos inquestionáveis. Confesso que tendia a acreditar que qualquer pessoa que não compartilhasse desse sentimento ou não era um "Pagão de verdade" ou ainda não havia começado a conectar sua crença à vida cotidiana.

445 Trechos dessas cartas apareceram em um comunicado aberto a todos os membros do Conselho de Themis, do CAW, em 27 de maio de 1972.

Verbalmente, a maioria das pessoas que entrevistei concordava que "a reverência pela Terra e pela natureza" era um vínculo comum entre os Pagãos. Leo Martello escreveu: "O Neopaganismo é uma religião pré-judaica-cristã de adoradores da natureza: ecologistas espirituais". Morgan McFarland afirmou: "Uma visão de mundo Pagã reconhece a Terra como a Grande Mãe, que foi violentada, saqueada e devastada, e que deve voltar a ser celebrada se quisermos sobreviver. O Paganismo representa o retorno a valores que enxergam a necessidade de equilíbrio ecológico para que a vida continue e a Grande Mãe seja novamente reverenciada. Se a natureza desaparecer, todos os meus esforços espirituais virarão fumaça. Tanto a ecologia como o Paganismo buscam a restauração do equilíbrio da natureza. Se você não gosta de ecologia, você realmente não pode se considerar Pagão." O parceiro de Morgan, na época, Mark Roberts, foi ainda mais enfático. "A ecologia não deveria ser um ponto discutível dentro da Arte", disse ele. Se nosso objetivo é buscar afinidade com a natureza, e essa natureza está sendo envenenada, então precisamos nos tornar militantes religiosos. Devemos ser, no mínimo, os capelães do movimento ecológico, se não os primeiros na linha de frente dessa luta."

Quase todos falaram um pouco nesse sentido. A química com doutorado me disse que, se houvesse um objetivo para o movimento, seria "salvar a Terra". Carl Weschcke, o editor, foi direto: "Uma Bruxa não pode pensar a natureza como algo a ser conquistado... O Paganismo é uma resposta ao Planeta como um todo... o Planeta está em crise, precisamos nos reconectar com o mundo natural. Devemos viver dentro da natureza." Por fim, perguntei a Bonewits se havia certas posições que a maioria dos Neopagãos e praticantes da Arte "teriam que assumir". "Sim", respondeu ele, "acho que todos acabam se preocupando muito com questões ambientais e ecológicas", embora tenha acrescentado com ironia: "A maioria dos Neopagãos é tão flexível e liberal que dificilmente se fanatiza por qualquer coisa, incluindo a própria sobrevivência!"

Este comentário pode ter sido o mais verdadeiro de todos, pois, apesar do amplo consenso verbal, havia uma divisão profunda entre os Pagãos cujo compromisso com os princípios ecológicos era forte e prático e aqueles cuja dedicação se restringia a uma visão religiosa. Os primeiros muitas vezes sentiam que os outros não estavam à altura dos seus próprios ideais, enquanto os últimos, em geral, acreditavam que medidas extremas não eram necessárias. A real diferença era política – entre aqueles que acreditavam que era necessário fazer uma mudança completa no estilo de vida, na economia ou na consciência, e aqueles que sentiam que tal mudança era desnecessária ou indesejável ou algo que evoluiria por si só, com o tempo.

Muitos se posicionaram contra qualquer tipo de ação militante para salvar o meio ambiente. "Os princípios da Arte", disse um Sacerdote do Meio-Oeste, "são mais universais do que ambientais. O mesmo ciclo de plantio, cultivo, maturação, colheita, armazenamento e repouso que a natureza atravessa também vivemos em nossas próprias vidas, mesmo na cidade. Talvez não sejam tão evidentes, mas esses ciclos estão presentes em quase tudo o que fazemos."

Esse Sacerdote de um Coven expressou uma opinião que ouvi ao longo dos anos de muitas pessoas nos Estados Unidos: "Estou me afastando um pouco da ecologia. O ambiente está em constante mudança. No minuto em que você planta uma semente no solo, você altera o ambiente. Não se trata realmente de o ser humano tentar violentar a Terra. Simplesmente ainda não sabemos as consequências das nossas ações e reações. Sim, a Arte está envolvida na ecologia, mas não creio que seja um grande problema da Arte."

Roberta Ann Kennedy, Sacerdotisa da Arte em Ohio, argumentou: "Vejo pessoas na Arte falando sobre ecologia, mas sem vivê-la. Acredito que há um problema, mas, até que piore muito, ninguém fará nada a respeito." E ainda acrescentou: "Estou me baseando no meu próprio comportamento", contando que apreciava seu conforto e teria dificuldade em mudar seu estilo de vida. Theos, Sacerdotisa Gardneriana de Long Island, disse-me que não conseguia "lembrar de ninguém buscando ingressar em seu Coven por meio da ecologia".

A maioria das declarações mais enfáticas em favor da militância ecológica veio de Neopagãos envolvidos em grupos fora da Bruxaria, como a Church of All Worlds e a Feraferia. As posições mais radicais vieram de Penny Novack, por muitos anos uma das líderes do Pagan Way na Filadélfia. Penny me disse que via uma grande diferença entre aqueles que ela chamava de "Pagãos" ou "celebrantes" e aqueles que ela rotulava como "ocultistas". "Muitos ocultistas não conseguem realmente se conectar com a Terra", afirmou. Para ela, o movimento deveria se envolver profundamente em atividades ecológicas, mas falhava nisso porque a maioria "não fazia as conexões" e continuava em uma "viagem bastante fantasiosa".

Em uma carta para a *Earth Religion News*, Penny observou que o mundo precisava menos de círculos de treinamento em Bruxaria e mais de celebrantes adoradores da natureza. E concluiu:

> Nossa Mãe está em perigo, pessoal. Embora a Terra e a Lua certamente sobrevivam, a vida que compõe a biosfera do nosso mundo está ameaçada pela humanidade, esse câncer devorador. Cabe a nós, que temos consciência disso, deixar de lado vaidades e pequenos egoísmos... Precisamos nos unir aos ecologistas e filósofos do universo holístico e aos nossos irmãos e irmãs indígenas em seus esforços desesperados para transformar a consciência de todas as pessoas, independentemente da "religião" que professam.[446]

446 Penny Novack, "Pagan Way – Where Now?", *Earth Religion News*, Vol. I, No. 4 (1974), pp. 35–36.

Penny e seu marido passaram a se autodenominar taoístas judaico-Pagãos. Ela disse estar desiludida, pois via pouca chance de o Neopaganismo se unir ao movimento ecológico. Penny converteu-se ao Judaísmo, a religião de seu marido, pois acreditava em religiões tribais. Sentia fome de pertencimento a uma tribo e esperava que o movimento Neopagão pudesse oferecer isso, mas, até então, não havia encontrado.

Então perguntei a Penny: "Como, então, fazer as pessoas se conectarem com a natureza?"

Ela respondeu: "Eu as enganaria para irem comigo ao meio da mata. E talvez nos perdêssemos. Talvez sentíssemos frio. Talvez tivéssemos que caçar, encontrar ervas e aprender coisas básicas, como onde enterrar nossas próprias fezes. E, quando voltassem, estariam tão irritadas que nunca mais aceitariam sair comigo de novo. Mas conheceriam a terra!"

Enquanto relaxávamos na casa dos Novack, Penny pegou uma pilha do *Akwesasne Notes* e me mostrou alguns artigos. Abri um deles que dizia:

> A ecologia não é continuar a exploração da Terra de "forma limpa", é o desenvolvimento de relações não exploratórias com a criação... A ecologia nunca acontecerá sem uma reorganização massiva da estrutura social e econômica dos Estados Unidos.[447]

Os Novack adotaram uma posição que pressupunha a necessidade de transformação política, econômica e religiosa, mas essa não era a postura típica dos Pagãos que encontrei.

Como vimos, a Church of All Worlds e a Feraferia assumiram consistentemente uma postura militante em relação à ecologia, embora divergissem quanto à tecnologia e à visão final. A Church of All Worlds publicou diversos artigos sobre o caráter religioso das ações ecológicas, e textos no *Green Egg* frequentemente mencionavam "o assassinato do Planeta" ou "Terracídio". Segundo um desses artigos, a CAW buscava interromper esse curso destrutivo dos acontecimentos, envolvendo-se em diversas atividades, procurando viver em maior proximidade com a natureza e enfatizando os valores do descentralismo e da vida em pequenas comunidades.[448]

Entre eles, destacavam-se as ideias de Murray Bookchin, escritor anarquista, cujo livro *Our Synthetic Environment* (Nosso Ambiente Sintético) foi publicado em 1962, bem antes do movimento ecológico ganhar força. Bookchin defendia uma sociedade descentralizada, composta por cidades de porte moderado e baseada

447 "Why the Indians Weren't Ecologists", *Akwesasne Notes*, Vol. III, No. 9 (dezembro de 1971); também republicado em Green Egg, Vol. V, No. 49 (11 de agosto de 1972), p. 19.

448 Os Novack defendiam que a transformação política, econômica e religiosa era essencial, mas essa visão não era comum entre as Pagãs que encontrei.

em um sistema avançado de tecnologias alternativas, como solar e eólica. Para ele, esse futuro não seria um simples retorno ao passado, nem uma adaptação suburbana ao presente.[449]

Outro livro que os Pagãos fizeram questão de me apresentar foi *Ecotopia*, de Ernest Callenbach, um romance utópico ambientado no noroeste do Pacífico em 1999, após a secessão do norte da Califórnia, Oregon e Washington para a criação de um sistema ecologicamente equilibrado. A nova sociedade é democrática, descentralista, repleta de valores separatistas e comunitários. Novas tecnologias (como plásticos biodegradáveis) coexistem com certos primitivismos encantadores, e uma religião Pagã centrada na adoração das árvores é sutilmente mencionada, mas nunca detalhada.[450]

Essas duas obras refletiam algumas das ideias que encontrei repetidamente em minhas entrevistas. No entanto, poucas pessoas com quem conversei consideravam esses modelos de forma séria. A maioria, de maneira consciente ou inconsciente, ainda seguia a visão predominante dos Estados Unidos sobre essas questões. O paraíso natural era apenas uma visão – nada além disso.

Vários estudiosos e escritores analisaram a relação entre ecologia e Paganismo Moderno desde a publicação de *Drawing Down the Moon*. Regina Smith Oboler escreveu o artigo *Nature Religion as a Cultural System?* (Religião da Natureza como Sistema Cultural?), publicado em uma edição do *The Pomegranate*.[451] Oboler participou de três grandes Encontros Pagãos em 2002 e 2003, Também conduziu entrevistas, gravou discussões em grupo e distribuiu um questionário. Seu objetivo era analisar se aqueles que descreviam a sua religião como uma "religião da natureza" estavam mais comprometidos com a política ambiental do que outros. Muitos falaram sobre a conexão entre identidade Pagã e preocupações ecológicas. De fato, 93,5% dos entrevistados afirmaram ser simpáticos aos "movimentos políticos ambientalistas", e 72% disseram ser fortemente simpatizantes.

Oboler comparou as respostas de seus entrevistados Pagãos com as de pessoas que responderam às mesmas perguntas em uma pesquisa *Gallup* e descobriu que, em muitos casos, as respostas não eram tão diferentes. A principal diferença estava na porcentagem maior de Pagãos filiados a organizações ambientalistas e que votavam ou trabalhavam por candidatos com histórico ambiental favorável. No entanto, ao analisar mais a fundo, Oboler concluiu que muitos tinham chegado a estas posições ambientalistas antes de se tornarem Pagãos, embora muitos vissem os seus ideais ecológicos "fluindo naturalmente da espiritualidade Pagã". Mas quer o Paganismo atraia ou não pessoas que já são ambientalistas, fica claro apenas pela observação dos eventos recentes do Pagan Pride (Orgulho Pagão) e do crescente

449 Murray Bookchin, *Our Synthetic Environment* (ed. rev.) (New York: Harper & Row, 1974), pp. xv, lxxii, 242. Publicado originalmente em 1962.

450 Ernest Callenbach, *Ecotopia* (Berkeley: Banyan Tree Books, 1975).

451 Regina Smith Oboler, "Nature Religion as a Cultural System: Sources of Environmental Rhetoric in a Contemporary Pagan Community", *The Pomegranate* 6:1 (maio de 2004), pp. 86–106.

número de santuários naturais Pagãos que há mais Wiccanianos e Pagãos hoje que acreditam que a ecologia é importante para uma visão de mundo Pagã do que do que havia nos anos 1970, embora ninguém tenha calculado esse aumento com precisão. Judy Harrow, em um ensaio intitulado *If You Love Her Why Not Serve Her* (Se você a ama, por que não servi-la), que será publicado na coletânea *Paganism and Ecology* (*Paganismo e Ecologia*) na primavera de 2007[452], entrevistou seis Pagãos que estão seriamente envolvidos em questões ambientais: um geólogo que trabalha na restauração ambiental, um agricultor orgânico, um advogado ambiental, um zelador de um espaço verde urbano, um jardineiro e um biólogo/escritor da natureza. Embora suas histórias sejam anedóticas, Harrow disse que foi fácil encontrar seis pessoas com um compromisso ecológico sério refletido em suas vidas diárias. Quando *Drawing Down the Moon* foi publicado pela primeira vez, eu não teria encontrado seis pessoas assim com tanta facilidade dentro da comunidade. Na década de 1970, muitos Pagãos falavam sobre sua relação com a natureza, e a natureza era importante no ritual; mas agora, na primeira década do século 21, um número considerável de Pagãos estão envolvidos em esforços de preservação, permacultura, jardinagem orgânica e ativismo ecológico. Além disso, diversos Festivais Pagãos deixaram de ocorrer em acampamentos alugados e passaram para santuários naturais de propriedade Pagã – alguns até fora da rede convencional. Ainda não está claro o impacto exato dessa mudança, mas é uma mudança marcante.

Política

As diferenças entre os Pagãos em relação à ecologia, no fim das contas, refletem diferenças em relação à "política", embora essa palavra possa parecer inadequada para muitos Neopagãos, uma má escolha, uma vez que muitos deles se descrevem como "apolíticos enquanto defendem ideias claramente políticas. Ed Fitch observou: "No Paganismo, você encontra a mistura mais inusitada de pessoas. Há desde revolucionários e radicais até ex-agentes da inteligência militar, talvez até integrantes ativas da CIA. Isso ocorre porque todos são orientados para a ação. Eles anseiam por algo novo, por dignidade e aventura. Querem descobrir o que há além da próxima colina, seja física, intelectual ou emocional. E, apesar de todas essas diferenças, trabalham juntos, aproveitam genuinamente a companhia uns dos outros e simplesmente ignoram a política de cada um."

Essa observação não se aplica apenas ao Neopaganismo, mas também a outros movimentos e grupos unidos principalmente pela imaginação. O mesmo acontece com fãs de ficção científica e integrantes da *Society for Creative Anachronism*

452 Judy Harrow, "If You Love Her, Why Not Serve Her? Nature Spirituality, Environmental Service and Pagan Religion", in *Paganism and Ecology* (Lanham, MD: AltaMira Press, 2007).

(Sociedade para o Anacronismo Criativo), a sociedade medievalista. Em grupos como esses, nada é considerado um ponto pacífico, seja politicamente ou filosoficamente. Nada é "dado" como certo, e nenhum princípio é assumido como comum. Tanto se pode encontrar um monarquista quanto um marxista. As opiniões expressas em diversas publicações Pagãs, especialmente no *Green Egg*, eram extremamente variadas e diversificadas. Ao mesmo tempo, raramente eram analíticas ou teóricas, pois não havia uma teoria unificadora. Uma edição do *Green Egg* podia conter um longo ensaio sobre as teorias de Velikovsky, um artigo sobre comunas tribais, um texto extenso sobre DNA, uma republicação de uma organização dedicada a salvar as baleias e um artigo do *Akwesasne Notes*. Dentre todas as publicações que já vi, o *Green Egg* assumia menos pontos em comum do que qualquer outra.

Nos anos 1970, quando pedi a cem Pagãs que listassem suas posições políticas, o resultado foi surpreendente. Havia conservadores e liberais à moda antiga, alguns democratas e republicanos, vinte diferentes tipos de anarquistas (variando de seguidores de Ayn Rand a revolucionários de esquerda), muitos libertários, alguns marxistas e até um fascista. Apesar dessa diversidade, a maioria não era muito autocrítica e muitos definiam a "política" de maneira bastante restrita.

A "Política" tem um significado muito diferente no centro da sociedade norte-americana em comparação com suas margens. As perguntas: você é político? Você acha que há um aspecto político no Paganismo? – foram, como vi mais tarde, mal formuladas. Muitos dos que se declararam apolíticos eram, por outra definição, altamente políticos.

Para a maioria das pessoas nos Estados Unidos, "política" significa votar, campanhas eleitorais, ações do Congresso e *lobby*. Os Pagãos que definiram a política desta forma – e muitos o fizeram – geralmente me disseram que o Neopaganismo foi totalmente removido da política e deveria permanecer assim. Os comentários de Theos eram típicos: "Acho que a maioria das pessoas no meu Coven não participa ativamente de nenhum movimento político. Suponho que votem, mas esse assunto nunca aparece em nossas conversas. Eu mesma não devo lealdade a nenhuma filosofia ou partido político, e às vezes me afasto completamente quando isso me desagrada."

Por outro lado, a maioria das feministas, ecologistas militantes e aquelas que viveram os anos 1960 entendiam "política" como algo próximo de "decisões que afetam nossa vida cotidiana". Essas pessoas frequentemente afirmavam que o Neopaganismo era intensamente político.

A maioria dos Neopagãos via sua religião como uma visão de mundo alternativa, mas divergiam sobre sua relação com a política. Alguns afirmavam que isso não tinha nada a ver com "política", enquanto outros consideravam que "política" e "visão de mundo" eram sinônimos, acreditando que mudar a forma de enxergar o mundo implicava uma mudança política. Alguns viam uma grande distinção entre transformação política e espiritual, enquanto outros consideravam as duas inseparáveis. Novamente, essas diferenças tinham pouco a ver com a Tradição à qual a pessoa pertencia. Mesmo dentro da Church of All Worlds, cujos membros se descreviam como uma espécie de anarquista e acreditavam que o Neopaganismo tinha uma missão transformadora, havia grandes variações na forma como essa missão era descrita. E a maioria sentiu que "não era política".

Para dar outro exemplo, muitos tinham opiniões fortes sobre os problemas ecológicos. Aqueles que sentiam que tais problemas eram o resultado da ignorância ou da apatia frequentemente me diziam que a ecologia era uma grande preocupação para os Pagãos, e depois diziam: "O Paganismo é apolítico". Por outro lado, aqueles que acreditavam que os problemas ecológicos eram causados pelo "patriarcado predatório" ou pelo "lucro acima de tudo" costumavam descrever o Paganismo como algo profundamente político.

Se houve alguma divisão clara, foi entre dois grupos: aqueles que viam o Neopaganismo como um veículo de transformação social - por meio de uma consciência ecológica ou feminista ampliada, por exemplo -, além de um caminho para o crescimento pessoal, e aquelas que viam apenas este último aspecto. Aqueles que viam o Paganismo como um veículo transformador geralmente tendiam para os extremos, tanto à esquerda quanto à direita. Podiam se identificar como "anarquistas racionais", "socialistas espirituais" ou, nos termos de Paul Goodman, "conservadores neolíticos". Já aqueles que viam o Neopaganismo apenas como um caminho para o desenvolvimento individual tendiam a ser "moderados".

De modo geral, era impossível ignorar o fato de que o Neopaganismo e a Arte eram adaptáveis a praticamente qualquer posição política. As diferenças eram muitas vezes extremas, mas os Pagãos se davam bem.

Aqui estão alguns exemplos da variedade de respostas dos muitos Pagãos que rejeitavam todas as conexões políticas:

> "Não me considero político. Vejo a política como crianças brincando com um revólver. Só espero que não se machuquem."
>
> — Tony Andruzzi, Mago e Bruxo de Chicago

> "Uma resposta adequada de uma Bruxa seria: O governo não nos reconhece? Ótimo, porque nós também não reconhecemos o governo."
>
> —Aidan Kelly, em uma carta ao Green Egg

"O Paganismo não é uma ameaça. Ele apenas pode oferecer, persuadir, chamar, seduzir, encantar."

—Tony Kelly Pagão residente no País de Gales

"A Arte é adaptável a todas as sociedades em que esteve."

— Lady Cybele

"A política não tem absolutamente nada a ver com o que está acontecendo. É uma distração. Qualquer revolução verdadeira é uma revolução religiosa e cultural, uma revolução de valores. A situação política é realmente irrelevante."

— Oberon Zell-Ravenheart, CAW

Entre aqueles que consideravam o Paganismo uma questão política, todos eram residentes da região da Baía de São Francisco, feministas fervorosas, ativistas ecológicos ou defensores dos direitos civis e dos direitos dos gays. No total, representavam cerca de um quarto das pessoas que entrevistei.

Caradoc, um Pagão que vivia em uma pequena casa em Berkeley, disse:

"Se alguém pratica a Arte de uma forma que me seja reconhecível, então está trabalhando com um conjunto de valores completamente opostos aos desta sociedade. Esta sociedade substituiu as antigas religiões estatais por uma construção de realidade apoiada pelo Estado. Se a Arte é tão pouco diferente a ponto de não oferecer atitudes, perspectivas e respostas distintas das desta cultura, então de que serve?

"Os valores da Arte dizem que você é, em essência, bom. O mundo é sagrado. Seu corpo é sagrado. Não é algo impuro. O mal não surge de alguma 'força' maligna, mas de uma interpretação equivocada daquilo que é bom. A única maneira de a Arte ser apolítica é se os praticantes não desafiarem, em suas próprias vidas, os pressupostos fundamentais do sistema de valores americano. E, na minha visão, se não fazem isso, então não são Bruxos, independentemente de quem os tenha iniciado."

Outras pessoas que viam o Paganismo como intensamente "político" vieram de um universo intelectual onde se supunha que todas as coisas estão interligadas, que tudo é "político". A declaração mais contundente veio de Devlin, uma Bruxa hereditária de ascendência irlandesa, mãe, musicista e tecelã. Sua fala já foi mencionada em um capítulo anterior.

Outra pessoa que, embora não usasse a palavra "política", expressou ideias semelhantes às de Devlin foi Gwydion Pendderwen, que me disse: "A Arte é um movimento espiritual, um movimento de desenvolvimento psíquico e um movimento baseado no valor absoluto do indivíduo, em oposição aos princípios corporativos. Os princípios da Arte não parecem permitir acomodação com o sistema estabelecido. De certa forma, estamos buscando os mesmos direitos que as pessoas negras reivindicaram: que 'Bruxa', assim como 'negro', deixe de ser um termo pejorativo."

E não posso esquecer a resposta mais direta que recebi no questionário: "Celebrar a vida é sempre uma ameaça para aquelas que estão empenhadas na destruição."

Essas respostas mostram que a política dos Pagãos não dependia da sua "Tradição", mas da comunidade e do universo a que pertenciam, de seus estilos de vida e da história de suas interações com o mundo. Uma Sacerdotisa Gardneriana na região da Baía de São Francisco poderia ter muito menos em comum com sua equivalente em Nova Jersey do que com uma Bruxa feminista em Los Angeles. As diferenças dentro de suas Tradições eram muito menos significativas do que aquelas moldadas por suas experiências no mundo.

Política e Ecologia

No final dos anos 1980, muitas das posturas descritas anteriormente neste capítulo haviam mudado.

Em especial, houve um aumento no ativismo político entre os Pagãos e uma preocupação muito maior com questões ecológicas do que quando *Drawing Down the Moon* foi publicado pela primeira vez.

Antes de entrar em um tema tão sensível, é essencial reforçar, mais uma vez, que os Pagãos são um grupo diverso e individualista. Há aqueles que acampam em trailers carregando sacos de batatas fritas, assim como há os que parecem se alimentar apenas de nozes e brotos. Da mesma forma, há Pagãos que votaram em Ronald Reagan e George W. Bush, assim como há aqueles que se colocaram fisicamente diante de caminhões militares. Embora a maioria das atividades políticas dos Pagãos tenha girado em torno da paz e das questões ecológicas, é fundamental repetir que os grupos e indivíduos descritos a seguir não representam o movimento Pagão como um todo. Algumas pessoas - incluindo eu mesma - podem até desejar que representassem, mas são apenas uma parte dele. Em um editorial de 1984 no *Red Garters,* o boletim oficial da New Wiccan Church (Nova Igreja Wiccaniana), uma organização de Bruxas da Tradição Inglesa, Allyn Wolfe escreveu:

> Um rápido exame das publicações pagãs atuais dá a impressão de que as Bruxas são politicamente liberais ou libertárias, feministas, anti-hierárquicas, defensoras da preservação das baleias e tolerantes com a homossexualidade. A verdade é que Bruxas de direita, que apoiam bombas nucleares contra as baleias e o bombardeio dos russos de volta à Idade da Pedra, não assinam esse tipo de publicação "comunista", "viado", "neo-bruxa" e "descartável que só serve para forrar gaiola de anarquistas". Aqui estão apenas algumas das questões sobre as quais as Bruxas NÃO concordam: aborto e controle de natalidade, direitos dos animais, astrologia, ambientalismo, política externa, armamento nuclear, energia nuclear, sexo antes do casamento, política, o presidente Reagan, uso recreativo de drogas e vegetarianismo. Acredite ou não, alguns dos ramos mais antigos da Wicca não cultuam uma Deusa! É claro que você é livre para argumentar que seus colegas Bruxos DEVEM ter certos pontos de vista, mas é ridículo afirmar que eles TODOS têm os mesmos pontos de vista. As Bruxas são tão diversas em suas opiniões quanto os cristãos.[453]

Alguns Neopagãos ficaram bastante indignados com esse editorial, publicado em pelo menos quatro revistas em 1985. Ann Forfreedom o classificou como "preconceituoso" e "cheio de ódio". Para ela, ser antifeminista, anti-LGBT, contra a ecologia e politicamente de direita era simplesmente incompatível com uma perspectiva Pagã ou Wiccaniana. Um grupo de Pagãos politicamente engajados, o Thomas Morton Alliance (Aliança Thomas Morton), chegou a organizar uma petição expressando forte oposição às opiniões de Wolfe, afirmando: "A própria essência do Paganismo é respeitar todos os seres vivos da Deusa", e que não poderia haver espaço para racistas, sexistas, nacionalistas ou defensores da energia nuclear entre aqueles que fossem "verdadeiramente Pagãos". No entanto, acredito que Wolfe não estava necessariamente defendendo esses valores – pelo menos não todos –, mas sim apresentando um retrato essencialmente fiel da verdadeira diversidade política dentro do Neopaganismo.

Levando isso em consideração, os anos 1980 viram um crescimento da atividade política entre os Pagãos, grande parte voltada para causas alternativas, feministas, ecológicas, ambientalistas ou pacifistas. Em 1974, no festival Gnosticon em Minneapolis, Carl Weschcke, chefe da *Llewellyn Publications*, conduziu uma meditação coletiva pela paz e pela cura da Terra. Talvez tenha sido o evento Pagão mais politizado que presenciei naquele ano. Mas nos anos 1980, esse cenário mudou. Surgiram diversas publicações Pagãs com enfoque político, entre elas *Pagans for Peace Newsletter* (*Boletim Pagãos pela Paz*); *The Pipes of P.A.N. – Pagans Against Nukes* (*As Flautas de P.A.N. – Pagãos Contra as Armas Nucleares*); *Faerie Fire* (*Fogo das Fadas*); *Heretics Journal Forum* (*Fórum do Jornal dos Hereges*) e *Reclaiming* (*Reivindicação*).

453 *Red Garters*, abril de 1985, p. 4.

Rituais da Deusa aconteceram em meio a manifestações em bases militares e usinas nucleares. Símbolos da Deusa foram colocados, rituais foram dançados e teias foram tecidas em Greenham Common, no Seneca Encampment for a Future of Peace and Justice (Acampamento de Seneca por um Futuro de Paz e Justiça) e em outros acampamentos semelhantes ao redor do mundo. Grupos de afinidade ligados à Deusa foram presos repetidamente por bloquear os Laboratórios Lawrence Livermore. Starhawk, cujos livros *The Spiral Dance* (*A Dança Espiral - A Dança Cósmica das Feiticeiras*) e *Dreaming the Dark* (*Sonhando a Escuridão*) talvez tenham alcançado mais mulheres e homens do que qualquer outro livro escrito por Pagãos, foi presa mais de vinte vezes. Em *Dreaming the Dark*, Starhawk une os ensinamentos do trabalho em Coven às lições aprendidas com grupos anarquistas antinucleares. Além disso, ela e outras líderes do *Reclaiming* ensinaram técnicas de ritual e liderança por todos os Estados Unidos e Europa. Starhawk, porém, não foi a única pessoa adepta ao Paganismo conhecida a se envolver em ações políticas e enfrentar prisões. Alguns meses antes de sua morte, Gwydion Pendderwen me escreveu estas palavras em uma carta, após sua própria prisão em Livermore:

> Passei três dias na prisão por causa do bloqueio dos Laboratórios Lawrence Livermore. Foi uma experiência profundamente fortalecedora, na qual percebi que meu maior poder pessoal e minha maior capacidade de cura e conexão com as pessoas estão na música. No caminho para a audiência, os irmãos começaram a cantar We Won't Wait Any Longer (Não vamos esperar mais), que eu havia cantado na prisão. Pediram que eu liderasse o coro e cantasse essa música como minha declaração no tribunal. Está registrado nos autos, com um coro masculino de 25 vozes.

Em 1985, quando perguntei aos Pagãos quais eram as questões mais importantes, as principais respostas foram ecologia, pacifismo e fundamentalismo religioso. Nos anos 1970, os temas da paz e da ecologia não eram uma grande preocupação. Já nos anos 1980 e 1990, muitos Pagãos passaram a se concentrar na luta pela liberdade religiosa. No outono de 1985, Pagãos se mobilizaram contra várias tentativas no Congresso de negar a legitimidade de sua religião. Essas investidas surgiram depois que a ABC exibiu um especial de TV sobre satanismo e assassinatos ligados a cultos. O programa *20/20* não mencionou a palavra "Bruxaria" sequer uma vez, mas alguns congressistas usaram a transmissão como pretexto para atacar tanto a Wicca quanto o satanismo. O senador Jesse Helms tentou anexar uma emenda (Emenda 705) ao projeto de lei de orçamento do Departamento do Tesouro, dos Correios e do Governo Geral para 1986. Uma versão do projeto, com a emenda, chegou a ser aprovada no Senado. Após uma intensa campanha de envio de cartas - provavelmente o maior esforço político já realizado pelos Pagãos -, um comitê de conferência entre a Câmara e o Senado rejeitou a emenda, impedindo sua implementação.

Essa foi a primeira vez que os fundamentalistas lançaram um ataque contra a legitimidade das organizações Wiccanianas.: O então Secretário do Tesouro, James Baker III, respondeu a Helms em uma carta: "Várias organizações foram reconhecidas como isentas de impostos por promoverem um sistema de crenças, rituais e práticas derivadas, em parte, de tradições célticas e galesas pré-cristãs, que elas próprias denominam 'Bruxaria'. Não temos nenhuma evidência de que essas organizações tenham se envolvido ou incentivado qualquer atividade ilegal."[454] Há muitas leis em vigor para lidar com crimes – e assassinos devem ser processados. Mas é importante lembrar que alguns dos piores abusos de cultos – *Children of God* (Crianças de Deus), *Jim Jones* e *Sun Myung Moon* – foram excessos cometidos por pessoas que se consideravam cristãs, não Bruxas.

A emenda de Helms tentou definir os termos "Bruxaria" e "Satanismo", e uma das definições de "Bruxaria" era simplesmente "a prática da feitiçaria". Como muitos definem feitiçaria como "a prática da Magia", uma lei que negasse status religioso legítimo a grupos que praticam feitiçaria poderia abranger a maioria das religiões tradicionais e tribais, além do Vodu e da Santeria. Grupos de cura estariam praticando feitiçaria? Mesmo os cristãos? Isso se tornaria um verdadeiro abismo jurídico, e rapidamente se percebe a sabedoria dos fundadores deste país ao retirar essas questões das mãos do Estado.

Os Pagãos também estavam preocupados por razões práticas. O estatuto de isenção fiscal concedido aos grupos religiosos permitiu tarifas reduzidas, o que facilita a circulação dos periódicos Pagãos – embora a maioria já operasse com prejuízo. O reconhecimento legal também possibilita que Sacerdotes e Sacerdotisas Wiccanianos ou Pagãos realizem casamentos com validade jurídica e sejam aceitos como conselheiros espirituais em muitos estados. Além disso, essas leis tornam mais viável a criação de santuários naturais.

Santuários, Reconhecimento Legal e Institucionalização

Uma das tendências mais significativas dos últimos vinte e cinco anos foi o crescimento de grupos religiosos Pagãos com reconhecimento legal, garantindo-lhes os mesmos privilégios fiscais e direitos de outras organizações religiosas. Basta consultar a seção de recursos deste livro, na parte sobre "grupos", para confirmar isso. Seja falando sobre a COG (Aliança da Deusa), o Circle (Círculo) ou a Aquarian Tabernacle Church (Igreja do Tabernáculo Aquariano), geralmente estamos nos referindo a grupos que decidiram se incorporar como entidades religiosas isentas de impostos. Embora a maioria das organizações Pagãs

454 Registro do Congresso – Senado, 26 de setembro de 1985, p. S12174.

seja pequena e conte com orçamentos bastante limitados, o status de isenção fiscal facilita a luta pelo reconhecimento legal de casamentos Pagãos, permite tarifas postais reduzidas e torna mais viável a criação de santuários naturais.

O movimento para estabelecer santuários Pagãos e da Arte surgiu de várias necessidades: o desejo de ter um espaço onde rituais possam ser realizados com privacidade, o acesso a áreas selvagens e a preservação de ambientes naturais. Alguns dos santuários Pagãos mais conhecidos incluem Circle Sanctuary, Wysteria, Lothlorien, Annwfn, Camelot of the Wood e Diana's Grove.

A maioria dos grupos Pagãos e Wiccanianos ainda se reúne em salas de estar ou em parques públicos, e, na maioria dos Covens, as pessoas costumam levar comida ou vinho em vez de fazer doações. No entanto, o número de cursos por correspondência, negócios Wiccanianos, iniciativas para aquisição de terras e esforços para estabelecer templos ou seminários cresceu exponencialmente. Embora esse avanço represente uma conquista importante – garantindo aos Pagãos os mesmos direitos concedidos a outras religiões reconhecidas –, alguns aspectos levantam preocupações.

Uma das características que sempre diferenciou o Neopaganismo de muitos cultos religiosos foi a rígida separação entre religião e lucro. De fato, o que atrai muitas pessoas ao Neopaganismo é o fato de não ser, essencialmente, uma religião de templos ou clero remunerado. "O dinheiro raramente passa de mão em mão", escrevi num dos primeiros parágrafos deste livro. No entanto, no final dos anos 1980, surgiu um intenso debate dentro do Paganismo sobre a "questão do dinheiro" e, hoje, muitos grupos Pagãos funcionam tanto como organizações religiosas quanto como negócios.

Em muitas Tradições da Wicca, ensinar a Arte por dinheiro sempre foi estritamente proibido – uma violação da Lei da Arte. Mas sempre houve exceções a isso, desde os grupos rituais de Maxine Sanders na Inglaterra até os muitos cursos por correspondência sobre Bruxaria anunciados ao longo dos anos. No entanto, essas práticas nunca foram vistas como a norma, e muitas pessoas as encaravam com desconfiança. Hoje, porém, o número de pessoas que ensinam e cobram por workshops sobre rituais e magia aumentou dez vezes. Há uma piada comum no movimento Pagão: "A diferença entre Pagão e 'nova era' é um ponto decimal." Em outras palavras, um curso de dois dias sobre meditação ministrado por um praticante da "nova era" pode custar $500, enquanto um Pagão cobraria $50 pelo mesmo conteúdo. Embora os valores dos workshops Pagãos ainda sejam uma fração do que é cobrado em seminários "nova era", não há como prever o que aconteceria se, Deusa nos livre, o Paganismo se tornasse realmente popular.

Embora as chamadas "Leis da Arte" – textos que alguns argumentam ter apenas cerca de sessenta anos – proíbam a cobrança por ensinamentos, outras religiões Pagãs mais tradicionais, como a Santeria e o Vodu, cobram altas taxas por iniciações. No Neopaganismo, começaram a surgir Sacerdotes e Sacerdotisas que acreditavam firmemente que o clero deve ser sustentado. O argumento é que, se o Paganismo deseja desenvolver um corpo sacerdotal realmente qualificado, será necessário que algumas pessoas se dediquem integralmente à religião, sem precisar gastar a maior parte do tempo programando computadores, servindo mesas ou vendendo livros. Z Budapest pede um dízimo das mulheres para financiar seu trabalho. Isaac Bonewits também defende que um clero só pode funcionar com apoio e financiamento da comunidade. Muitas vezes, o debate sobre essa questão opõe aqueles que se dedicam integralmente à Arte e precisam de sustento àqueles que, como eu, trabalham em outras profissões no chamado "mundo real".

O maior desafio nos próximos anos será definir como percorrer essa linha muito tênue e problemática entre os aspectos benéficos e negativos da institucionalização. A questão se resume a: é possível se sustentar pela Arte sem ser corrompido? A história das religiões nesta sociedade não oferece muitos bons exemplos. A crescente institucionalização do Paganismo é, neste momento, um fato, e há muitas bênçãos que acompanham isso. Mas é importante lembrar que muitas pessoas vêm para o Paganismo precisamente porque ele é fundamentalmente anárquico e desinstitucionalizado, e porque a maioria das celebrações é gratuita – assim como seria se estivessem ocorrendo dentro de sua própria família ou tribo.

Entretanto, muitos Neopagãos não estão refletindo profundamente sobre essas questões. Estão travando batalhas mais práticas para conquistar legitimidade, sem explorar o que isso pode significar a longo prazo.

Paganismo no Século 21

Embora o guia de recursos de *Drawing Down the Moon* tenha sido revisado pela última vez em 1996-97, não houve uma revisão significativa do conteúdo do livro nos últimos vinte anos. Durante esse período, o movimento Pagão explodiu nos Estados Unidos, no mundo todo e na Internet. Ainda é impossível fornecer números "reais" sobre o tamanho dos movimentos Pagãos e Wiccanianos nos Estados Unidos. Isso se deve, em parte, ao fato de que o Neopaganismo é um movimento ou subcultura descentralizada, e não há uma autoridade central que reúna esses dados. Além disso, o censo dos Estados Unidos não pergunta sobre a religião das pessoas, como acontece, por exemplo, no censo canadense, o que significa que não existem dados governamentais disponíveis para análise.

Houve várias tentativas de estimar o tamanho do movimento, observando assinaturas de revistas Pagãs, a participação em festivais e tentativas de censos feitas por diversos grupos Pagãos; também houve diversas estimativas feitas por estudiosos e escritores. Danny e Lin Jorgensen e Scott Russell estimaram que havia 200.000 Neopagãos em 1999. Helen Berger e Sarah Pike fizeram estimativas semelhantes em 1999 e 2001. O COG - Covenant of the Goddess (Aliança da Deusa) realizou uma pesquisa na Internet e obteve mais de 32.000 respostas. Supondo uma taxa de retorno de 4%, o COG estimou que havia 768.400 Neopagãos.

Algumas pessoas argumentam (veja, por exemplo, *The Encyclopedia of Modern Witchcraft and Neo-Paganism - A Enciclopédia da Bruxaria Moderna e do Neopaganismo* - editada por Shelley Rabinovich e James Lewis, 2002) que as diferenças nesses números podem ser explicadas por um novo fenômeno: os "Pagãos da Internet". São pessoas que não têm afiliação com um grupo ou Coven específico, mas se tornaram Pagãs on-line e se conectam por meio de salas de bate-papo e organizações de grupos na Internet. James Lewis, ao escrever um apêndice naquela enciclopédia, afirma que, na época (março de 2002), havia cinco mil sites Pagãos. Tendo passado tempo demais na Internet durante os meses que antecederam a publicação deste livro, no inverno de 2005, posso dizer que agora existem tantos sites Pagãos que não há uma maneira simples de analisá-los. Lewis tem um gráfico em seu apêndice que lista as visitas e visitantes únicos do site *The Witches' Voice* (veja em Recursos) entre 1997 e 2001. O aumento foi constante e acentuado. Em 2001, quase quatro milhões de visitantes únicos acessaram o site, o que levou Lewis a acreditar que os números do COG podem até ser conservadores, e que a maioria dos Neopagãos hoje são solitários. Se você acessar o site www.adherents.com, que fornece números sobre milhares de grupos religiosos, o Paganismo é listado como a décima nona maior religião, com um milhão de adeptos no mundo todo. Independentemente da precisão dos números, o movimento está crescendo.

Entre 1982 e 1999, Larry Cornett publicou um Calendário Internacional de Eventos Pagãos. Entre 1982 e 1996, Cornett manteve gráficos precisos do número de festivais Neopagãos nos Estados Unidos, registrando-os em uma planilha. Por exemplo, ele listou 23 eventos Neopagãos com mais de dois dias de duração em 1983; e 347 desses eventos em 1995, com uma tendência constante de aumento, dobrando a cada 4,5 anos aproximadamente. Não são apenas mais festivais; muitas das reuniões são realmente maiores. O Pagan Spirit Gathering teve cerca de quinhentas pessoas participando de alguns de seus festivais no início dos anos 1980. Quando participei pela última vez, em 2005, havia quase mil pessoas inscritas. Uma situação semelhante se aplica a vários outros festivais.

Mas por que os números importam? Importam porque oferecem uma resposta parcial à questão se o movimento religioso Neopagão deve ou não ser levado a sério pelo mundo. Na minha opinião, o Paganismo é importante por causa de suas ideias, mas se estamos falando de uma religião que tem mais membros nos Estados Unidos do que os Unitários Universalistas, os Quakers ou os Baha'is, isso é algo que merece ser observado e estudado.

Antes de analisarmos algumas das outras mudanças que estão ocorrendo no Paganismo, na Wicca, no Heathenismo e na Espiritualidade da Deusa, gostaria de voltar um pouco no tempo.

Em 1985, cerca de seis anos após a publicação de *Drawing Down the Moon*, realizei uma pesquisa em três festivais e publiquei o questionário em uma revista Pagã. Quatrocentos e cinquenta questionários foram distribuídos e cento e noventa e cinco retornaram em resposta. Dessa vez não foi um questionário extenso nos moldes que eu havia usado no início da minha pesquisa; ele foi principalmente elaborado para fazer com que Pagãos e Wiccanianos respondessem a uma série de perguntas sobre as mudanças no movimento que estavam ocorrendo, e para se manifestarem sobre várias controvérsias que estavam em alta na época. Você pode ler a pesquisa completa nas duas últimas edições de Drawing Down the Moon, mas gostaria de resumir os resultados aqui, como uma linha de base antes de falar sobre o que mudou nos últimos vinte anos.

Entre os resultados: o histórico religioso dos Pagãos e Wiccanianos refletia bastante o de outros americanos, com cerca de 23% católicos, 48% protestantes, 9% judeus (um pouco acima da média americana), 14% não religiosos, e o restante dividido entre outras categorias. A pesquisa de 1985 também perguntou o que os havia levado à religião. As principais respostas, em ordem, foram: feminismo, ocultismo e magia, leitura de livros interessantes, interesse por ficção científica ou fantasia, afinidade com a natureza, a SCA – Society for Creative Anachronism (Sociedade para a Anacronia Criativa), resultado de uma busca religiosa ou filosófica, interesse em psicologia e em mitologia.

A pesquisa perguntou sobre ocupação. Em minha primeira pesquisa, na década de 1970, as principais profissões eram, sem distinção de gênero, donas de casa, agricultores, vendedores, enfermeiros, escritores, estudantes e psicólogos. Em 1985, as principais profissões eram, em ordem: (1) algum tipo de programador de computador, analistas de sistemas ou desenvolvedores de software; (2) estudantes; (3) secretários assistentes administrativos; (4) psicoterapeutas ou conselheiros; (5) professores ou docentes universitários; (6) escritores; (7) donas de casa.

Devido ao grande número de profissionais de informática no Paganismo contemporâneo da época (16% dos respondentes), a pesquisa perguntou qual a relação, se houvesse, entre uma filosofia Pagã ou Wiccaniana e o interesse por computadores. E como as respostas foram tão fascinantes, estou incluindo essa parte nesta nova edição na íntegra.

1. OS COMPUTADORES SÃO COMO MÁGICA.
   "Pensamento simbólico e formação de padrões são essenciais ao pensamento mágico. Como a magia, os computadores trabalham de maneiras invisíveis para realizar tarefas."; "Assim como a magia, os computadores exigem um pensamento estruturado e lógico, mas às vezes desafiam a lógica."; "Um computador é como um sigilo."; "Computadores frequentemente parecem entidades vivas."; "Computadores são elementais disfarçados."; "Essa é a nova magia da nossa cultura."; "Os Pagãos estão começando a ver os produtos da mente humana como sagrados, o que mais poderia ser sagrado para um povo largamente urbano?"; "Combinados com *modems*, os computadores são os oráculos do futuro."; "A magia é metafórica, como a programação." E a minha favorita: "Se você aprender as palavras mágicas obscuras e arcanas, pode forçar uma entidade poderosa, que muitas pessoas temem, a fazer o que você quiser."

2. O PAGANISMO É UMA RELIGIÃO PRAGMÁTICA E PRÁTICA.
   "Pessoas científicas, sensatas e racionais se atraem por computadores, faz sentido que elas também se atraiam por uma religião científica, racional e sensata."; "As Bruxas acreditam que, se funciona, deve ser usado. Elas são pragmáticas, não dinossauros. Salve o antigo, use o novo. Computadores são práticos."; "Pessoas lógicas não toleram uma religião ilógica como o Cristianismo, mas aceitarão uma fé pré-lógica ou alógica."

3. OS COMPUTADORES SÃO SIMPLESMENTE ONDE ESTÃO OS EMPREGOS HOJE EM DIA.
   "Uma série de pessoas notou que muitos daqueles que adiaram suas carreiras devido ao ativismo dos anos 1960 ou atividades contraculturais descobriram que, quando decidiram trabalhar, os computadores eram uma das poucas possibilidades."; "Computadores foram desenvolvidos para que pessoas como nós pudéssemos ganhar a vida", diz Bonewits.; "É apenas um trabalho."; "Computadores são a maneira mais fácil para uma pessoa educada ganhar a vida."

4. OS COMPUTADORES SÃO SIMPLESMENTE A MELHOR MANEIRA DE COMUNICAÇÃO; SÃO FERRAMENTAS PRÁTICAS.
   "Eles são as redes para a nova era."; "Computadores nos dão mais tempo para crescer, estudar, ser criativos."; "Ajudam a distribuir boletins, que são a principal forma de comunicação do Paganismo."; "É uma ferramenta para descentralização e disseminação de informações."

5. O Paganismo oferece um equilíbrio às pessoas que estão fortemente envolvidas em formas lineares de realidade e vice-versa.
   "É o equilíbrio entre o cérebro esquerdo e o cérebro direito."; "Os computadores estão se afastando da Terra, e o Paganismo está se aproximando dela."; "As pessoas da área de computação querem uma religião que lhes permita ter um contato direto com suas almas e 'corrigir falhas' em si mesmas por meio de seus próprios esforços. Nada de *software* pronto para esses 'autoprogramadores'. O Paganismo oferece uma espiritualidade que utiliza ferramentas (ritual) sob o controle do próprio indivíduo."; "Pessoas que trabalham com computadores geralmente estão afastadas da natureza em seu trabalho, elas recorrem ao Paganismo como uma reação à esterilidade de seu mundo."; "Depois de trabalhar com a mente e o intelecto, é necessário uma religião dos sentidos, das emoções, do mundo."

6. Pessoas excêntricas são atraídas por ambos.
   "Ambos atraem pensadores criativos, ligeiramente desvinculados da cultura e solitários."; "Os dois tipos gostam de jogos mentais."; "Nos adaptamos mais rapidamente a novas ideias."; "Ambos desconfiam da autoridade."; "Ambos estão na vanguarda."; "Os Pagãos são brincalhões por natureza, e o computador é o brinquedo mais fascinante já inventado."; "Pessoas voltadas ao computador e Pagãos frequentemente carecem de habilidades sociais e tiveram experiências dolorosas com relacionamentos familiares, o que as leva a buscar alternativas para a sociedade 'normal'."

Algumas pessoas discordaram de qualquer tentativa de encontrar uma relação. Elas escreveram coisas como: "Um mundo verdadeiramente Pagão não teria computadores, mas, se somos oprimidos por eles, temos o direito de lutar contra eles fazendo uso deles próprios." Outras disseram: "O Neopaganismo tende a ser modismo, e os computadores também."; "Não seja ridículo; a maioria dos Pagãos são terapeutas ou jardineiros."; "Pessoas educadas e inteligentes têm computadores – elas também têm carros."; "A única correlação é a inteligência."

A pesquisa de 1985 também perguntou aos Pagãos se suas identidades eram públicas enquanto Pagãos ou Bruxos. A divisão estava praticamente equilibrada. Dos que responderam, cinquenta e nove disseram ser públicos, cinquenta e oito estavam entre os dois extremos: "Sou público, exceto no trabalho", por exemplo. Trinta e nove disseram ser muito secretos. Nos anos 1970, tinha mais Bruxos e Pagãos secretos, muitas vezes por necessidade. Alguns, como Carl Weschcke, eram totalmente abertos sobre suas crenças religiosas. Outros, como Bran e Moria, tiveram suas casas apedrejadas, ou como Z, suas consultas psíquicas consideradas ilegais. Os Frosts, da School of Wicca, eram militantes em sua exposição pública. Em um determinado momento, moravam em uma cidade pequena em Salem, Missouri, e ainda assim vendiam porcos em nome da School of Wicca. "As pessoas que realmente se metem em problemas são as que são semissecretas; é assim que os rumores começam. Seja público", disseram. "O governo defenderá seu direito até o fim, porque é assim que estamos estruturados nos EUA. Mas se você for privado e secreto, as pessoas vão aparecer e incendiar o seu celeiro no meio da noite. E então quem irá defendê-lo?" Hoje, há muito mais Bruxos públicos do que nunca antes.

A pesquisa perguntou sobre o uso de drogas. A maioria disse que era uma escolha individual, mas também considerou que era inadequado e desnecessário. Uma minoria falou sobre a importância das "substâncias sagradas" quando utilizadas de maneira adequada.

A pesquisa pediu às pessoas que definissem "Pagão" e "Bruxa". Todos, exceto sete, consideravam-se Pagãos. Várias pessoas simplesmente definiram o Paganismo como qualquer religião fora do Judaísmo, do Cristianismo e do Islamismo. Vários outros definiram um Pagão como qualquer pessoa que adora os antigos Deuses de qualquer cultura, mas a maioria expressou a noção de que o Paganismo envolve múltiplas divindades e um conceito de que a Terra é sagrada. Vários disseram que os Pagãos baseavam a sua religião nas leis da natureza, em vez dos ensinamentos de um indivíduo ou grupo "divinamente" inspirado. Outros disseram que o Neopaganismo Moderno incorporava o respeito pela terra e pelas leis da natureza e uma concepção da divindade como imanente. Muitos enfatizaram a senciência e a vivacidade de toda a natureza, a importância do alinhamento com a terra e com os ciclos lunares, solares e sazonais, bem como a necessidade de que as comunidades humanas, mais uma vez, tenham a experiência de celebração extática, ritos de passagem e tradições de Mistério. Outros mencionaram a ideia da Terra como um organismo vivo, como Gaia, e ainda outros citaram qualidades como afirmativa da vida, amante da diversão, não dogmática, flexível, pragmática e extática.

Em *Drawing Down the Moon,* usei o termo Neo-Pagão para descrever o amplo renascimento, recriação e nova criação das religiões da terra nos Estados Unidos. Ao longo dos anos, vi muitas variações ligeiramente diferentes desse termo: neopagão, neo-Pagão e Pagão contemporâneo, um termo que ouvi pela primeira vez há cerca de vinte anos de membros da Covenant of Unitarian Universalist Pagans (Aliança de Pagãos Unitários Universalistas). Vou manter Neo-Pagão e Pagão porque é mais fácil ser consistente, embora reconheça alguns argumentos a favor de neopagão.

Dois terços dos que responderam à pesquisa se consideraram Bruxos/Bruxas. Alguns achavam que a palavra nunca seria resgatada e deveria até ser abandonada. Outros a consideravam essencial. Vimos em uma parte anterior do livro que a palavra "bruxa" é um vocábulo difícil, com conotações negativas não apenas entre os cristãos, mas também entre antropólogos e a maioria dos povos tribais.

As Bruxas modernas são chamadas de Bruxas porque Margaret Murray disse isso? Ou são chamadas assim porque aqueles que as perseguiram as chamaram assim? Ou existem razões profundas e arquetípicas para as Bruxas modernas usarem essa palavra, com suas noções de poder, sabedoria, cura, independência e força feminina? Aqueles que defenderam o uso da palavra mencionaram a Inquisição e outras perseguições. "A palavra carrega uma parte do nosso passado", disse uma pessoa. "Seria perigoso esquecê-la e deixá-la para trás." Outros disseram que a própria questão que tornava a palavra desconfortável é o que lhe dava importância. "As palavras de conforto geralmente não são as palavras de poder." Ou ainda: "Por anos eu lutei contra o termo bruxa", escreveu um estudante de pós-graduação em estudos religiosos. "Eu queria o poder sem o termo. Agora eu acho que Starhawk está certa – o 'poder' vem com o termo."

Alguns gostavam da palavra por sua associação com as pessoas inconformistas, excluídas e não convencionais. Outros gostavam dela pela conexão com curandeiras antigas em sintonia com forças ocultas na natureza. Uma mulher escreveu: "Eu gosto da palavra... Ela está à margem." Muitas mulheres disseram que a palavra simplesmente as reivindicou e que não existia outra palavra que unisse os conceitos de mulher, sabedoria solitária, isolamento, cura e poder. "Sinto que é certo dizer 'Bruxa', bem do fundo da alma, desde a planta dos meus pés!"; "Ela enfatiza meu eu feminino, selvagem, livre e forte."; "É essencial para o que sou", disseram outras.

Entre as pessoas que manifestaram reservas quanto ao termo, o argumento central, expresso de várias formas, era que havia tantos estereótipos em torno da palavra que, geralmente, eram necessárias horas – talvez uma tarde de discussão – para desfazê-los. Certamente, não era algo que pudesse ser resolvido em uma declaração rápida de vinte e cinco segundos. "Chamo-me de 'Bruxa' em particular", escreveu alguém, "mas fazê-lo em público gera confusão." Outras disseram que o termo simplesmente não transmitia a realidade da experiência Pagã para a maioria das pessoas. Haragano, um Elder da New Wiccan Church, disse-me: "Eu não me vejo como um apologista, passando minha vida resgatando a palavra. Eu vivo minha religião. Dentro da New Wiccan Church nos identificamos uns aos outros como Bruxos, mas para o público em geral somos elders (anciãos) em nossa igreja." Laurie Cabot, frequentemente chamada de "Bruxa oficial de Salem", tinha um ponto de vista bem diferente. Ela e outras Bruxas de Salem costumam dizer: "Você pode andar pelas ruas de Salem com um manto preto e pentagrama e se sentir totalmente seguro. Isso porque, por anos, estivemos na linha de frente todos os dias como Bruxas públicas."

Há outro problema. Para a maioria das pessoas, a palavra Bruxa significa alguém com poderes mágicos – e não o tipo de "poder interior" de que pessoas como Starhawk estão falando. Há também o dilema de que nem todos na Arte querem dizer a mesma coisa com o termo Bruxa. Para algumas pessoas, é uma religião iniciática específica, para outras, como Marion Weinstein, por exemplo, é algo que conheciam desde criança. Para outras ainda, é algo que aconteceu com elas no momento mágico em que alguém as olhou nos olhos e disse: "Tu és Deusa, querida... É isso!" Há também uma controvérsia sobre se a palavra Bruxa significa algo diferente da palavra Wiccaniana. Algumas Bruxas tradicionalistas britânicas afirmam que a Wicca só pode referir-se às suas Tradições. Alguns escritores, incluindo M. Macha NightMare, adotaram o termo *Witchen* (uma forma alternativa de distinguir *Witches* – Bruxas – de *Wiccans* – Wiccanas ou Wiccanianas, sugerindo que nem todas as Bruxas seguem a Wicca), para as crenças das Bruxas em oposição às crenças dos Wiccanianos". Continuarei a usar ambos os termos de forma intercambiável.

Muitas pessoas que se sentem desconfortáveis com a palavra Bruxa preferem termos como Pagã, Wiccaniana, Xamã, religiosa da natureza, centrada na terra, espiritualidade da natureza, entre vários outros. Mas é difícil contornar o sentido de Bruxa em seu sentido junguiano, arquetípico; há tantas pessoas que sentem a conexão da palavra com as forças ocultas e primitivas da natureza que, muitas vezes, os argumentos contra seu uso são táticos, e os argumentos a favor são espirituais, mesmo que se possa argumentar serem historicamente problemáticos. Os argumentos contra nunca conseguem realmente refutar os sentimentos profundos expressos por aqueles que consideram a palavra parte de sua essência. Uma mulher chamada Oreithyia me escreveu esta carta após uma discussão sobre o tema em um Festival Pagão:

> Eu não sou uma Pagã; sou uma Bruxa. E para muitas, muitas de nós, tio Gerald e tia Doreen não têm nada a ver com como ou por que somos Bruxas. Nos últimos dez anos, houve mulheres que lançaram o círculo, uivaram para a lua, dançaram a Espiral, invocaram a Deusa em suas inúmeras formas; mulheres que se reuniram em grupos de três ou trezentas para celebrar a mudança das estações; para derramar punhados de terra rica e marrom sobre um mapa de depósitos de resíduos nucleares, silos de mísseis e usinas de energia.
>
> Mulheres que se sentaram juntas, machucadas e intensas, chamaram o vento pedindo a ajuda Dela, varrendo em grandes espirais gentis a sujeira, a degradação e o medo que se agarrava à mulher no centro daquele círculo, a mulher que, três dias antes, havia sido atacada na estrada do campo, no meio da tarde, enquanto corria... as mulheres cantaram a canção do vento para aumentar sua força. Era um uivo de dor, um uivo de luto. Ele se movia e crescia. Tornou-se uma canção de fúria, um grito de batalha amazônico, o som do machado sagrado balançando para lá e para cá para mudar

o rumo... Juntas, chamaram a mulher que estava no centro disso, juntas forjaram a fúria e o amor que percorriam a dor, transformando o que havia sido entorpecido de volta em integridade e respeito próprio. O que havia sido quebrado começava a se curar. O poder para a cura descansava onde deveria estar, na pessoa de quem precisava ser curada.

Então, Oreithyia descreveu o restante do ritual. As mulheres pediram que aquilo que ele fez retornasse a ele três vezes. "Não pedimos nada além do que é justo", disseram. "Apenas que ele compreenda, em algum momento, de alguma forma, que suas ações não podem ser dissociadas de suas consequências."

O ritual continuou por mais algum tempo. Havia chá para a mulher no centro e braços macios e fortes para segurá-la, mais de um seio para descansar. Mais de um par de mãos para esfregar suas costas, massagear seus ombros, enxugar suas lágrimas e vê-la adormecer em segurança.
Nenhuma dessas mulheres jamais considerou o que fizeram como algo além da sabedoria que encontram na alma de sua própria mulher. Elas, nós, encontramos nossas raízes na Grande Árvore da Mãe, olhando para trás através da nossa própria herança feminina. Olhamos para as Amazonas da Cítia e Dahamey, olhamos para os nomes que encontramos enterrados nas florestas, desertos e oceanos; nomes encontrados nas cinzas. Às vezes, são os nomes de Deusas; às vezes, esses nomes se tornam nomes de Deusas. Às vezes, os nomes são nossos. Olhamos, mais importante de tudo, para a vida umas das outras. Perguntamos: "...como o mundo se parece quando canto a Deusa no meu coração...?" e agimos, sempre que podemos, a partir desse lugar. E é desse lugar que nos definimos como Bruxas. Pagã é uma palavra que alguns de nossos parentes, por uma variedade de excelentes razões, escolheram usar. Não é a palavra que escolhemos. Para muitas de nós, a palavra "Bruxa" fala menos sobre como fazemos o que fazemos, e mais sobre o fogo dentro de nós.

A discussão sobre a linguagem ainda está conosco hoje. Mas olhando para trás, naquela carta, vinte anos depois, eu argumentaria que a palavra Pagão é tão importante, talvez até mais importante de algumas maneiras, do que a palavra Bruxa. As palavras Pagão e Neopagão nos permitem ver as religiões da terra modernas, em toda sua diversidade, como um movimento crescente – com certos valores e ideias sobre o mundo. São esses valores e ideias que *Drawing Down the Moon* sempre enfatizou.

Estudos Pagãos

Uma das maiores mudanças desde a última grande revisão de *Drawing Down the Moon*, em 1986, foi o surgimento dos estudos Pagãos como uma disciplina acadêmica séria. Ronald Hutton, historiador da Universidade de Bristol, na Inglaterra, e autor do influente *Triumph of the Moon* (*Triunfo da Lua*), sobre Paganismo e Bruxaria modernos, afirma: "Os estudos Pagãos agora são uma parte reconhecida da pesquisa acadêmica tanto nos EUA quanto no Reino Unido." E, vale acrescentar, no Canadá também. Nos Estados Unidos, três publicações tiveram um papel fundamental nesse avanço. *Iron Mountain: A Journal of Magical Religion* (*Montanha de Ferro: Um Jornal de Religião Mágica*) foi um dos primeiros periódicos a publicar artigos acadêmicos escritos por Pagãos. Fundado em 1984 por Chas Clifton, contou com contribuições de Aidan Kelly, Doreen Valiente e diversos estudantes de pós-graduação em religião e antropologia. *Iron Mountain* teve apenas dois anos de existência e foi incorporado à *Gnosis: A Journal of the Western Inner Traditions* (*Gnose: Um Jornal das Tradições Ocidentais Interiores*), uma revista belamente produzida que circulou até 2000. *Gnosis* abordava seriamente caminhos transformadores dentro das tradições religiosas ocidentais, desde a psicologia junguiana até filosofia e religião comparada. Clifton continuou escrevendo diversos artigos e, em 1997, Fritz Muntean fundou o *The Pomegranate: The International Journal of Pagan Studies* (*A Romã: O Jornal Internacional de Estudos Pagãos*). Atualmente editada por Chas Clifton, professor da Universidade Estadual do Colorado, essa é a primeira revista acadêmica *peer-reviewed* (revisada por pares), dedicada exclusivamente aos estudos Pagãos.

Como definir os estudos Pagãos? Fritz Muntean, atualmente editor emérito e responsável pelas resenhas do *The Pomegranate,* descreve os estudos Pagãos como o campo que investiga o Paganismo moderno (com "P" maiúsculo), em contraste com os estudos clássicos, que abordam o paganismo histórico (com "p" minúsculo). Ele considera que os estudos Pagãos são uma subcategoria da pesquisa sobre Novos Movimentos Religiosos, abrangendo a sociologia da religião, a análise de textos e o estudo da evolução dos mitos.

Clifton afirma que, nos anos 1980, muitos estudiosos que pesquisavam o Paganismo eram de fora da comunidade e tendiam a adotar uma postura condescendente. Ele cita *Persuasions of the Witch's Craft* (Persuasões da Arte da Bruxa), de Tanya Luhrmann, e artigos de George Kirkpatrick, da San Diego State University (Universidade Estadual de San Diego), como exemplos dessa abordagem.

Fritz Muntean observa que, em meados da década de 1990, muitos estudiosos da religião passaram a se interessar pelo Paganismo e reconheceram a importância desse campo de estudo. Ele explica: "Os estudiosos da religião se interessam pelos Novos Movimentos Religiosos pelo mesmo motivo que os físicos estudam o Big Bang. Todos sabem que, independentemente da religião que sigam hoje, em algum momento ela também foi um Novo Movimento Religioso. O que os estudiosos podem aprender sobre religiões que estão surgindo agora pode ser útil para compreender os processos pelos quais as religiões mais antigas começaram." Muntean acrescenta outro motivo para o interesse acadêmico no Neopaganismo: poucas religiões sobrevivem à morte de seu fundador. No entanto, tanto a Wicca quanto o Paganismo seguem florescendo décadas após a morte de Gerald Gardner. O mesmo ocorre, por exemplo, com o Mormonismo e a Ciência Cristã.

As religiões Pagãs sempre foram tema de discussão nos encontros anuais da AAR – American Academy of Religion (Academia Americana de Religião), especialmente em painéis sobre Novos Movimentos Religiosos; Religião e Meio Ambiente; Mulheres e Religião e outras áreas afins. No entanto, a partir de 1995, pesquisadores interessados nos estudos Pagãos começaram a se reunir de forma não oficial antes da convenção anual da AAR. No ano seguinte, Chas Clifton concordou em criar uma lista de discussão, a *Natrel – Nature Religion* (Religião da Natureza), que, segundo ele, foi fundamental para a formação de uma comunidade internacional de estudiosos ao longo da década seguinte. Os encontros informais antes da convenção oficial da AAR continuaram por vários anos, até que, em 2001, um dia inteiro de programação não oficial foi dedicado ao Paganismo.

Em 1997, esse pequeno grupo de estudiosos decidiu solicitar o reconhecimento como uma unidade de programa formal na AAR, no nível de "consulta", a categoria mais básica, que tem duração de três anos e passa por avaliação para determinar sua relevância. A proposta foi rejeitada e os encontros não oficiais continuaram. Isso mudou em 2005, quando a *Consultation on Contemporary Pagan Studies* (Consulta sobre Estudos Pagãos Contemporâneos) foi realizada na convenção da AAR daquele ano. O campo dos estudos Pagãos começava a ganhar força.

Pagãos também têm se envolvido mais ativamente em iniciativas inter-religiosas, o que tem contribuído para um maior respeito tanto aos praticantes quanto aos estudiosos do Paganismo. Selena Fox, do Circle Sanctuary, afirma: "O Paganismo tem recebido uma cobertura positiva não só nos Estados Unidos, mas também internacionalmente. Parte dessa mudança se deve à participação Pagã em conferências inter-religiosas globais, incluindo o Parliament of the World's Religions (Parlamento das Religiões do Mundo)." Segundo ela, isso tem levado o Paganismo a ser cada vez mais compreendido e reconhecido como uma religião global. Muntean observa que um dos fatores que facilitaram sua inserção na academia foi ter retomado os estudos no ano seguinte ao Parlamento das Religiões do Mundo em Chicago. Quase todos os professores de seu departamento haviam participado do evento e ficaram entusiasmados ao encontrar um representante autêntico do Paganismo moderno entre os alunos. A partir de então, ele conta, palestrantes Pagãos passaram a ser bem recebidos em espaços antes improváveis, como faculdades e seminários católicos.

Além da inserção na academia, outro desenvolvimento significativo e relacionado é a entrada de muitos Pagãos em programas ministeriais e seminários. Embora seja difícil determinar quantos seguiram esse caminho, ao longo dos anos, muitas mulheres interessadas na espiritualidade feminina ingressaram em institutos teológicos, como a Harvard Divinity School (Escola de Divindades de Harvard), a Graduate Theological Union (União Teológica de Pós-Graduação) em Berkeley e diversos seminários Unitaristas Universalistas, como o Starr King School for the Ministry (Escola Starr King para o Ministério) na Califórnia. Embora alguns desses programas sejam mais voltados para a formação ministerial do que acadêmica, esse movimento representa uma forma clara de buscar e obter credenciais oficiais.

Os seminários Pagãos também têm crescido e, embora variem em qualidade e poucos sejam oficialmente credenciados, esse cenário está mudando. Um exemplo é o Cherry Hill Seminary (Seminário Cherry Hill), em Massachusetts, que iniciou programas de formação profissional para líderes Pagãos, oferecendo cursos em áreas como aconselhamento pastoral e assistência religiosa em presídios.

Voltando aos cursos puramente acadêmicos, em contraste com a formação profissional, Fritz Muntean observa que muitos dos escritores independentes que começaram enviando ensaios para o *The Pomegranate* agora estão avançando na pós-graduação. Atualmente, a revista conta com uma editora acadêmica e é totalmente revisada por pares, com todos os autores e avaliadores sendo acadêmicos em exercício. Muntean acredita que os Pagãos na academia – e vale lembrar que nem todos os envolvidos nos estudos Pagãos são praticantes – estão indo muito bem. Ele destaca a juventude da maioria desses pesquisadores e a crescente quantidade de livros publicados como sinais desse progresso.

Hutton escreve que, no Reino Unido, os acadêmicos que estudam Paganismo são "poucos e encontrados principalmente em instituições menos prestigiadas e com menos financiamento, muitas vezes ocupando cargos temporários de duração limitada." Ele afirma que os estudos Pagãos "não conseguiram se firmar como nada além de um aspecto marginal e dispensável da teologia e dos estudos religiosos." Segundo ele, a situação é ainda pior na Austrália.

Chas Clifton afirma que não há empregos acadêmicos específicos para os estudos Pagãos, e que a situação nos Estados Unidos é ainda pior do que no Reino Unido. Para começar, o ensino de religião é dominado pelo Cristianismo, Judaísmo e Islamismo, seguido pelo estudo das religiões asiáticas. Além disso, há a dificuldade de determinar quantos Pagãos realmente existem, já que o censo dos

EUA não coleta informações sobre afiliação religiosa, ao contrário dos censos do Canadá e da Austrália. Outro problema é que, embora os cursos sobre Paganismo sejam populares em faculdades, não há uma percepção de que sejam essenciais. Além disso, muitos estudiosos que escrevem sobre Paganismo se destacaram primeiro em outras áreas – Ron Hutton, por exemplo, especializou-se em história do século 17. Clifton observa que já existe uma revista acadêmica, conferências e um número crescente de livros, incluindo um manual introdutório sobre estudos Pagãos. No entanto, ele acredita que o campo ainda não é visto como algo de grande importância. Com ironia, comenta: "O 11 de Setembro fez maravilhas pelos estudos islâmicos, mas eu não gostaria que algumas Bruxas pilotassem um avião contra um prédio. Então, acho que teremos de ser pacientes e continuar avançando aos poucos." Muntean, por sua vez, argumenta que muitos desses desafios se devem à recente novidade do campo, à juventude da maioria dos acadêmicos envolvidos e às dificuldades gerais do sistema educacional nos Estados Unidos em formar uma população bem instruída.

Xamanismo

Quando a segunda edição de *Drawing Down the Moon* foi publicada em 1986, uma nova seção sobre Xamanismo foi incluída. Na época, havia um interesse crescente por técnicas de êxtase e alguns grupos começaram a se autodenominar "Xamanismo Wiccano" ou "Wicca Xamânica". Coletivos como o EarthSpirit (Espírito da Terra), o Circle (O Círculo) e outros adotaram o termo para descrever algumas de suas práticas. Ao longo dos anos, algumas pessoas dentro do Paganismo estudaram com Michael Harner, que cunhou a expressão "Xamanismo Essencial" para descrever técnicas de jornada a outros mundos que poderiam ser identificadas em diversas culturas.

A palavra "xamã" é uma daquelas que, assim como "bruxa", tem significados diferentes para cada pessoa. O termo vem originalmente de uma palavra usada pelo povo Tungus, no leste da Sibéria. No entanto, como Michael Harner explicou certa vez, pode ser definido como um método para abrir uma porta e entrar em uma realidade diferente. Um Xamã é alguém que acessa um estado alterado de consciência e embarca em uma jornada para obter conhecimento de outra realidade. Esse conhecimento está profundamente ligado à conexão com a natureza e aos espíritos de plantas e animais. As técnicas utilizadas para entrar nesse estado variam de acordo com a cultura. Alguns recorrem ao uso de substâncias, enquanto outros preferem tambores e danças extáticas. O que muitas Tradições Wiccanianas chamam de "Os Oito Caminhos do Poder" – canto, dança, transe, vinho, sexualidade, meditação, provação e encantamento – são, essencialmente, formas de alcançar estados alterados. Como será abordado na seção Festivais Pagãos Hoje, os Pagãos modernos frequentemente utilizam tambores, dança e, em alguns casos, exaustão física para alcançar estados de êxtase.

Desde a publicação da segunda edição de *Drawing Down the Moon*, Chas Clifton escreveu um livro bastante útil que explora as conexões entre Bruxaria e Xamanismo, *Witchcraft Today: Witchcraft and Shamanism* (*Bruxaria Hoje: Bruxaria e Xamanismo*).[455] Ele observa que Mircea Eliade, em sua obra clássica *Shamanism: Archaic Techniques of Ecstasy* (*Xamanismo: Técnicas Arcaicas do Êxtase*), utilizou o termo "êxtase" em seu sentido grego original: ser levado para fora dos próprios sentidos. Eliade concluiu que a experiência extática é uma parte fundamental da condição humana. Clifton escreve:

> Ao analisar diversas culturas do passado e do presente, Eliade desenvolveu uma definição de Xamanismo que ainda se mantém significativa. Antes de tudo, o Xamanismo não é uma religião, mas uma técnica. Xamãs não são o mesmo que Sacerdotes; podem coexistir com eles ou até desempenhar funções sacerdotais além das xamânicas. No entanto, um Xamã se aproxima mais de um místico do que de um Sacerdote ou ministro.
>
> Xamãs também não são simplesmente curandeiros, mágicos ou feiticeiros. Não são "possuídos" nem atuam como médiuns ou canalizadores em transe. Embora possam parecer inconscientes durante seu trabalho, ao retornar, são capazes de descrever onde estiveram. O Xamã não é um mero instrumento dos espíritos. Tradicionalmente, Xamãs curam pessoas por meio de seus transes, acompanham as almas dos mortos ao Outromundo e se comunicam com os Deuses.[456]

Em nossa sociedade, a experiência mais comum de êxtase para milhões de americanos ocorre em shows de rock. Nos anos 1960, muitos tiveram esse contato por meio do movimento psicodélico. Nas décadas de 1970 e 1980, algumas pessoas vivenciaram estados extáticos em encontros do *Rainbow Gathering* (*Encontro do Arco-Íris*) ou em cerimônias da *Bear Tribe* (*Tribo do Urso*), composta majoritariamente por brancos. Isso leva a uma questão que Clifton e outros já levantaram: os Xamãs tradicionais estavam profundamente ligados às suas comunidades, então, a pergunta que permanece é: a que comunidade os Xamãs modernos estão servindo? No caso do Paganismo, em alguns contextos, essa conexão é mais evidente. Há Pagãos que combinam simbolismo Pagão europeu – como a Roda do Ano, os elementos e as divindades – com animismo e técnicas extáticas. Há muitos anos, em um artigo no *Circle Network News*, Selena Fox escreveu sobre seu próprio caminho, que na época chamava de "Xamanismo Wiccano", mas que hoje denomina *Circle Craft*.

---

455 Chas Clifton, *Witchcraft Today: Witchcraft and Shamanism* (St. Paul, MN: Llewellyn, 1994).

456 *Ibid.*, p. 3

> Sou uma viajante entre o mundo da Vida Cotidiana e o Outromundo, a Terra dos Sonhos, visões e espíritos. Minha jornada ao Outromundo tem um propósito: trazer cura e conhecimento para aplicar na Vida Cotidiana, auxiliando outras pessoas, a mim mesma e ao Planeta. Vejo o Divino em todas as coisas. Meus amigos e aliados não são apenas humanos, mas também plantas, animais, rochas, ventos, águas, fogo, estrelas e outras formas de vida. Comungo com a Fonte que algumas pessoas chamam de "Deus", reconhecendo-a tanto como Deusa Mãe quanto como Deus Pai, pois ambos os aspectos são essenciais para a Unidade.
>
> O principal foco do meu trabalho Xamânico é a cura. Fui chamada para esse caminho ainda criança, por meio de Sonhos e experiências fora do corpo, mas só comecei minha jornada na vida adulta, quando iniciei minha própria cura. Para isso, mergulhei sozinha no Abismo do meu Eu Sombrio, confrontando meus problemas e limitações: dúvidas, medos, desilusões, rejeições, raivas e feridas, junto a todas as falsas imagens que criei sobre mim mesma.
>
> Palavras não conseguem descrever o sofrimento, a sensação de desamparo absoluto, a impotência que experimentei nesse período. No entanto, esse desmantelamento era necessário. Ele me permitiu romper as barreiras que eu mesma havia construído - e que permiti que outros criassem - dentro da minha psique, afastando-me do meu verdadeiro Eu. No mais profundo da Escuridão, senti a Luz do meu Ser Interior começar a brilhar. Foquei nessa Luz e, aos poucos, emergi do Abismo, mais forte, mais inteira do que nunca, e com o poder de curar tanto a mim quanto aos outros.[457]

Muitos acabaram desacreditando nos romances de Carlos Castaneda sobre "Dom Juan", que popularizaram o Xamanismo para milhões de pessoas. Também se observa que, ao longo do movimento Nova Era, surgiram inúmeras pessoas se autoproclamando Xamãs sem qualquer treinamento e, certamente, sem uma comunidade. Outros apontam que tudo isso se trata de exploração cultural de povos nativos. Há mais de vinte anos, Brandy Williams escreveu um artigo no *Georgian Newsletter*, uma publicação da Tradição Wicca Georgiana, alertando que muitos Pagãos estavam se isolando nas montanhas durante um fim de semana e depois fazendo declarações solenes sobre suas visões:

> Não somos Nativos. Não nos parecemos com os Nativos. Nenhum de nós está preparado para ser Xamã. Como poderíamos estar? Americanos modernos, incluindo Neopagãos, não possuem o contexto necessário para que o Xamanismo funcione. Não vivemos em um mesmo lugar por muitas gerações. Estamos distantes da rede de interações com o mundo natural; os ritmos de nossos movimentos diários não nos conectam à terra e ao céu, ao clima, às mudanças sazonais, às fontes de nosso alimento. Nossa linguagem não organiza o mundo natural como um espaço sagrado, nem no vocabulário, nem nas categorias de pensamento. Nossos avós não se conheciam

457 *Circle Network News*, inverno de 1984

e não nos transmitiram uma tradição oral que reforçasse esses conceitos do sagrado ou nos preparasse para a experiência Xamânica. Nossas formas de arte não expressam esses conceitos nem representam essas vivências. Não temos modelos de referência Xamânicos.[458]

Alguns Pagãos foram ainda mais longe, sugerindo que qualquer pessoa que não pertença a uma cultura tribal genuína carece do treinamento e do contexto necessários. No entanto, um dos problemas desse argumento é que muitas culturas indígenas já não estão intactas. Michael Harner ministrou workshops para pessoas de comunidades tribais que sentiam ter perdido grande parte de suas tradições e ensinamentos e viam no conhecimento acadêmico recente uma oportunidade para recuperar parte desse saber.

Como Eliade observou, o Xamanismo é um fenômeno presente em diversas partes do mundo. Michael Harner destacou que muitas das técnicas usadas por Xamãs são surpreendentemente semelhantes em diferentes culturas, sejam praticadas por povos indígenas da Austrália, da Lapônia, da Floresta Amazônica ou do Leste Europeu. Harner argumenta que a razão pela qual culturas separadas por milhares de quilômetros, com diferentes estruturas de parentesco, crenças religiosas e necessidades ecológicas, desenvolveram técnicas Xamânicas tão semelhantes é que, ao longo de milênios, por meio de tentativa e erro empíricos, essas técnicas funcionaram de cultura para cultura. Elas foram utilizadas como meio de cura, para encontrar crianças desaparecidas, rastrear animais e localizar fontes de alimento.

Aqui está um exemplo mundano. Sendo descendente, em parte, de judeus russos, vivenciar uma cerimônia de *sweat lodge* (tenda do suor) foi uma experiência profunda e extraordinária, mas não totalmente estranha. Ir aos banhos a vapor russos e passar pelo tradicional *platzkas* (ser atingida com ramos de carvalho enquanto se experimenta o vapor quente e depois ser mergulhada em água gelada) faz parte do mesmo *continuum*. Existem muitas formas para os Pagãos modernos utilizarem técnicas Xamânicas sem "apropriar-se" das tradições dos povos indígenas.

Embora Wiccanianos e Pagãos que exploram caminhos Xamânicos precisem respeitar e aprender com as tradições de outros povos, evitando as armadilhas da arrogância ocidental, essa busca global é, na verdade, uma jornada para redescobrir nossas próprias tradições perdidas. Pelo que podemos perceber, há muito tempo essas tradições não eram tão diferentes de algumas práticas das culturas tradicionais atuais. E ainda mais importante, à medida que a comunidade Pagã evolui lentamente para uma comunidade real e multigeracional, surge uma base mais sólida para o trabalho Xamânico.

458 *Georgian Newsletter*, agosto de 1985, p. 28.

Contatos Entre Pagãos e Outros Grupos Espirituais

Pagãos têm se dedicado com entusiasmo ao trabalho inter-religioso. A presença Pagã no Parlamento das Religiões do Mundo tem crescido a cada encontro internacional, e Pagãos têm participado de diversas outras iniciativas inter-religiosas. Pagãos e Bruxas estão buscando reconhecimento como uma religião global e, ao mesmo tempo, estabelecendo conexões com grupos animistas e outras tradições politeístas ao redor do mundo.

Pessoas Pagãs também estabeleceram conexões com diversas denominações cristãs e judaicas. A Associação Unitarista Universalista tem sido um importante ponto de contato, sendo uma das poucas organizações religiosas "convencionais" onde mulheres envolvidas com a religião da Deusa podem ingressar no ministério organizado. Sacerdotisas Wiccanianas se matricularam em seminários Unitaristas, e várias delas se formaram com credenciais ministeriais. A *Beacon Press*, uma editora vinculada à UUA, publicou diversos livros sobre espiritualidade feminina, incluindo obras de Starhawk e Mary Daly.

Em um ensaio escrito em 1985, quatro meses antes de ser eleito presidente da Associação Unitarista Universalista (UUA), William F. Schulz - que mais tarde dirigiria a Anistia Internacional - afirmou que havia ocorrido uma "revolução religiosa" dentro da UUA. Segundo ele, "para colocar em termos simbólicos, Ashtar, a Deusa, recebeu um convite para um espaço onde antes apenas o Senhor Jeová ousava pisar." Schulz destacou que as resoluções *Mulheres e Religião*, aprovadas pelas Assembleias Gerais da UUA em 1977, 1979 e 1980, deveriam ser apreciadas *tealogicamente*. Ele argumentou que essas resoluções estabeleceram as bases para um novo tipo de Unitarismo Universalista, com pelo menos cinco implicações: a religião deve ser vivenciada, em vez de ser compreendida em termos de crenças certas ou erradas; a experiência religiosa é pessoal e encontrada no cotidiano; essa experiência pode ser compartilhada em comunidade; a criação é um todo; os seres humanos não são governantes nem "administradores" da natureza, mas cocriadores com todas as formas de vida; e, dessa espiritualidade, nasce um compromisso com a paz e a justiça. Entre as sugestões mais interessantes feitas por William Schulz estava a criação de um novo hinário que refletisse a espiritualidade feminista por meio de palavras, canções e liturgias.[459]

Desde 1985, a UUA afirma que suas tradições são baseadas em diversas fontes. Em 1995, após anos de debate, a UUA reconheceu oficialmente as tradições Pagãs da natureza ao adotar uma sexta fonte: "Ensinamentos espirituais de tradições centradas na Terra, que celebram o círculo sagrado da vida e nos orientam a viver em harmonia com os ritmos da natureza." Embora muitas congregações tenham

459 William F. Schulz, "What the Women and Religion Resolutions Mean to Me", documento publicado em fevereiro de 1985.

passado por uma verdadeira transformação litúrgica ao longo dos últimos vinte e cinco anos, influenciadas pelo currículo de espiritualidade feminista *Cakes for the Queen of Heaven* (Bolos para a Rainha do Céu), que se espalhou rapidamente entre diversas congregações, e pela presença da CUUPS – *Covenant of Unitarian Universalist Pagans* (Pacto dos Pagãos Unitários Universalistas) em várias igrejas da UUA, a aprovação da sexta fonte marcou um momento decisivo. Com essa decisão, o Unitarismo Universalista tornou-se oficialmente um espaço acolhedor para Pagãos. E embora muitos Pagãos não vejam necessidade de uma base oficial dentro da Associação Unitarista Universalista, para muitas comunidades Pagãs tem sido fundamental contar com um espaço reconhecido no *mainstream* para culto e convivência.

Um efeito colateral disso é que, embora existam muitos grupos da CUUPS ativos nos Estados Unidos, a organização tem demonstrado um pouco menos de dinamismo, possivelmente porque ela não é mais tão necessária.

Festivais Pagãos – A Busca por uma Cultura

A edição de 1986 de *Drawing Down the Moon* destacou o crescimento dos Festivais Pagãos e afirmou que esses encontros ajudaram a criar uma cultura Pagã nacional. No entanto, é essencial apresentar essa história antes de falar sobre os Festivais Pagãos na atualidade.

Quando *Drawing Down the Moon* foi publicado no Samhain de 1979, o principal meio de comunicação eram os boletins informativos. Encontrar Pagãos não era fácil; exigia determinação e sorte. Havia uma percepção, frequentemente transmitida por Covens e Groves, de que essa busca longa e difícil fazia parte do processo de crescimento. Quando e se estivesse pronto, o professor ou grupo certo se manifestaria. O lado positivo disso era que, ao encontrar um grupo, mesmo que não fosse exatamente o ideal, havia um comprometimento genuíno. O lado negativo era que muitas pessoas permaneciam sozinhas e completamente isoladas em sua busca por anos. E, se acabassem entrando em um grupo inadequado, excessivamente hierárquico ou liderado por pessoas movidas pelo desejo de poder, muitas vezes acabavam sem alternativa ou recurso.

Acredito que minha própria busca não tenha sido incomum. Encontrei, por acaso, um jornal Pagão inglês, *The Waxing Moon* (*Lua Crescente*), e acabei trocando correspondências com um Coven inglês. Mas ao procurar em minha própria comunidade me vi reduzida a vasculhar anúncios no *Village Voice* (*A Voz da Vila*). Entrei em uma loja de ocultismo, apenas para descobrir que era uma fachada para a Church of Satan (Igreja de Satã), de LaVey. Finalmente, vi um anúncio de uma série de palestras sobre Bruxaria em uma igreja no Brooklyn e visitei outra loja de ocultismo, até encontrar um grupo de estudos Pagão ligado a um Coven de

Tradição Galesa. No início da minha jornada, eu não sabia que existiam dúzias de excelentes boletins Pagãos. Na verdade, um membro desse Coven, insinuando grande mistério, disse-me que o boletim *Green Egg* era um "jornal para iniciados", acessível apenas a estudantes avançados. Eu não fazia ideia de que os Estados Unidos estavam repletos de grupos Pagãos ativos e criativos.

Ainda não é fácil encontrar um grupo adequado, mas hoje é muito mais simples entrar na comunidade Pagã, participar de rituais e workshops e conhecer uma grande variedade de Tradições Pagãs. Algumas pessoas fazem isso sem jamais pertencer a um Coven, Grove ou Clã. Seu caminho para a comunidade Pagã se dá por meio de festivais ou da internet. Como alguém me disse certa vez: "Há pessoas que buscaram por anos. Eu fui a um festival e conheci dez pessoas que ainda são minhas amigas cinco anos depois. Levei quatro anos para ser convidada para um ritual. No meu primeiro festival, vi quatro rituais em cinco dias."

Os festivais transformaram completamente o movimento Pagão. Foi a mudança mais marcante que ocorreu entre a publicação de *Drawing Down the Moon* em 1979 e sua segunda edição em 1986. Esses eventos criaram uma comunidade Pagã nacional, com cânticos, danças, histórias e técnicas rituais compartilhadas em todo o país. Também levaram ao desenvolvimento de um novo tipo de processo ritual, capaz de permitir que grandes grupos vivenciem estados extáticos e uma intensa comunhão religiosa. Embora talvez menos de 10% da comunidade Pagã tenha participado de festivais naquela época – e ainda hoje –, a relevância das experiências e do conhecimento levados de volta para centenas de pequenos grupos nos Estados Unidos, Canadá e além superou em muito o número de pessoas que realmente frequentaram um ou mais desses grandes eventos ao longo do ano.

Antes do final da década de 1970, já havia encontros de grande porte, mas, com exceção da Califórnia, quase todos ocorriam em ambientes fechados, geralmente em hotéis. Muitos eram patrocinados por grandes organizações, como a editora Llewellyn, que por anos organizou a Gnosticon e várias conferências menores. Esses eventos, realizados em Minnesota, atraíam um público diversificado – ocultistas, astrólogos, magos, Pagãos e Wiccanianos. Carl Weschcke, diretor da Llewellyn, sempre teve um interesse pessoal na Arte, mas sua editora prosperava principalmente com publicações sobre ocultismo e temas da chamada "Nova Era". A maioria dos participantes desses encontros tinha uma base mais cristã do que Pagã, mas muitos Pagãos – como Oberon e Morning Glory Zell, Isaac Bonewits e Alison Harlow – encontravam-se nesses eventos promovidos pela Llewellyn.

Um dos rituais mais belos que já presenciei foi a união de mãos de Oberon (então Tim) e Morning Glory Zell, realizada em um desses festivais em Minneapolis, na primavera de 1974. Também guardo a lembrança de uma experiência marcante em um encontro no outono, quando vinte Pagãos decidiram, espontaneamente, nadar nus na piscina do hotel, já bem depois da meia-noite. Foi um momento de êxtase. A piscina estava vazia, e não havia funcionários do hotel por perto. Uma decisão repentina – tiramos as roupas e mergulhamos. A água era fresca, revigorante. Parecia algo saído do Jardim do Éden quando Oberon e Morning Glory soltaram seus dois répteis de estimação – uma píton e uma jiboia – para aproveitarem a piscina conosco. Poucas pessoas nos viram, exceto um turista indiano que, sem hesitar, entrou na água, aceitando aquilo como parte natural da cultura americana. (Embora eu suspeite que tenha ficado um tanto desapontado quando uma orgia não se seguiu.) O Hyatt House Lodge, no entanto, não pareceu achar graça, e o festival seguinte da Llewellyn aconteceu em outro local. Carl Weschcke provavelmente também não ficou satisfeito – tal cena talvez tenha parecido hippie demais para seu gosto. Difícil dizer se algo assim ainda aconteceria nos dias de hoje.

Outra organização com tradição em encontros realizados em espaços fechados era a Church and School of Wicca (Igreja e Escola de Wicca). A partir do final da década de 1970, por muitos anos, eles realizaram anualmente o Seminário de Samhain, com workshops, rituais e palestrantes convidados. Esses encontros eram voltados principalmente para os estudantes de sua escola por correspondência.

Na Califórnia, a metade da década de 1970 foi marcada por inúmeros encontros. A organização Pagã Nemeton foi fundada em 1972 e, no ano seguinte, realizou uma celebração do Solstício de Verão durante a noite nas terras de Coeden Brith. Cerca de 150 pessoas participaram, incluindo muitas da Tradição NROOGD. No deserto próximo a Los Angeles, rituais noturnos vinham sendo realizados desde 1970, começando com um pequeno grupo e crescendo para centenas de participantes. Na região da Baía, a NROOGD foi pioneira em celebrações sazonais públicas e semipúblicas. A partir de 1968, a cada outono, apresentavam sua recriação dos Mistérios de Elêusis. Para as cerca de cem pessoas que tinham o privilégio de participar, era possível reviver a jornada de Perséfone – sua captura, sua descida ao Submundo como uma experiência iniciática, tateando no escuro, lutando para encontrar o caminho e finalmente provando a semente da romã. A NROOGD não realiza mais esse evento anual, mas outros grupos, como os ZellRavenhearts e a Aquarian Tabernacle Church, continuaram promovendo cerimônias baseadas nos Mistérios de Elêusis.

Mas nenhum desses encontros, por si só, levou ao fenômeno dos Festivais Pagãos. Os eventos realizados em espaços fechados se assemelhavam demais a convenções comuns para gerar um verdadeiro senso de comunidade, enquanto muitos dos festivais ao ar livre eram voltados para um único grupo, Tradição ou escola, contribuindo pouco para a criação de um ecumenismo mais amplo.

Fora da Califórnia, uma das primeiras organizações a considerar a realização de um festival ao ar livre foi o Midwest Pagan Council (Conselho Pagão do Meio-Oeste). Fundado em 1976 por grupos da região de Chicago, a maioria deles tinha origem em uma mesma Tradição Wiccaniana de base inglesa, mas muitos haviam seguido caminhos próprios, gerando certa tensão entre eles. "Nosso objetivo não era muito claro", contou-me Ginny Brubaker, organizadora de vários festivais do Midwest. "Mas sentíamos que havia conflitos entre nós e que, no mínimo, deveríamos estar nos comunicando."

Inicialmente, a ideia parecia ser celebrar juntos um dos dois Sabbats de verão – Lammas ou o Solstício de Verão. Christa Heiden, Sacerdotisa Pagã e líder de longa data da CUUPS, lembra-se de ter sugerido a criação de um festival especial que não interferisse nas celebrações individuais dos Covens – um Festival Panpagão que promovesse a unidade na diversidade. Ginny Brubaker recorda que Dick Clark, outro membro do conselho, disse: "Por que não vamos todos acampar?" Então, ela conta, "publicamos alguns anúncios em algumas revistas, usamos algumas de nossas listas de correspondência e, para nossa surpresa, 80 pessoas apareceram."

"Em retrospecto, não estávamos muito organizados. Nosso local de acampamento não estava reservado e acabamos com frango para 300 pessoas. Decidimos que, se fôssemos fazer isso novamente, faríamos direito e, em 1978, tivemos 150 participantes."

Já no primeiro Festival Pan-Pagan, em 1977, muitos elementos estavam em vigor. A programação incluía palestras, workshops, um grande ritual ecumênico, uma peça de mistério e muita música. Por um tempo, o número de participantes parecia dobrar a cada ano. Em 1980, quase seiscentas pessoas participaram do Pan Pagan 1980, que, até então, foi o maior Festival Pagão e Wiccaniano ao ar livre já realizado nos Estados Unidos. O evento foi patrocinado pelo Midwest Pagan Council e pelo Covenant of the Goddess.

Outros grupos começaram a se organizar nessa mesma época. A Tradição Georgiana iniciou encontros anuais em Bakersfield, Califórnia. Em 1978, Pagãos do sul, ligados à Church of Y Tylwyth Teg (Igreja do Povo Belo, em referência ao povo feérico do folclore galês), organizaram um festival em um retiro privado nas montanhas da Geórgia, chamado *Gathering of the Tribes* (Encontro das Tribos). Até 1979, festivais ecumênicos estavam surgindo em várias partes do país, mas ninguém imaginava que esses encontros transformariam a comunidade Pagã.

A reação aos festivais foi explosiva. Em 1985, havia pelo menos cinquenta encontros anuais, regionais ou nacionais, com enfoque Pagão ou Wiccaniano. Em 1995, esse número havia saltado para quase 350. Grupos como o Covenant of the Goddess chegaram a publicar um guia com instruções sobre como organizar um festival bem-sucedido. Mas por que os festivais se tornaram tão populares? O fator mais decisivo foi, provavelmente, o fato de que esses encontros ao ar livre criavam um espaço e um tempo sagrados – um ambiente separado do mundo cotidiano, onde Pagãos podiam ser eles mesmos e conhecer outras pessoas que, apesar de pertencerem a diferentes Tradições, compartilhavam muitos dos mesmos valores. Muitos organizadores me disseram que o comentário mais frequente que recebem dos participantes é: "Eu nunca soube que havia outras pessoas que acreditavam no que eu acredito, muito menos centenas reunidas em um só lugar. Nunca imaginei que poderia sair completamente do armário e ser quem sou abertamente." Esse sentimento de pertencimento, de finalmente estar entre os seus, foi, sem dúvida, a principal razão para a disseminação dos festivais pelo país. Como me disse um organizador: "É como uma viagem à terra das fadas, onde, por alguns dias, você pode existir sem se preocupar com o 'mundo real'. Parece absolutamente natural que alguém vá a um festival, veja tudo isso e pense: 'Vamos voltar para casa e programar o nosso'."

Algumas coisas são mais possíveis em pequenos grupos, outras em grupos maiores. Um Coven pequeno tem uma intimidade que nenhuma grande aldeia tribal pode compartilhar. Mas os grandes encontros possuem energia própria. Certas experiências só acontecem em festivais. Lembro-me do Pan-Pagan 1980, quando testemunhei pela primeira vez – embora me dissessem que já havia ocorrido no ano anterior – o surgimento espontâneo de processos rituais coletivos: pessoas saltando sobre fogueiras, cânticos e danças extáticas que subiam e desciam em intensidade, prolongando-se até o amanhecer. Para aqueles de nós cuja experiência ritual anterior se resumia a correr ao redor de um pequeno círculo enquanto *Carmina Burana* tocava no aparelho de som da sala, aquilo era algo poderoso.

"Lembro-me", contou-me Ginny Brubaker, "de quando eu fazia parte de um grupo Wiccaniano onde nem sequer podíamos conversar com pessoas de outros grupos. Ir a festivais mudou tudo. Esse tipo de 'guruzismo' que tenta controlar o acesso à informação é completamente desmontado por esses eventos. Depois de ver todas as possibilidades, ninguém vai querer ficar preso à sua pequena bolha. Mesmo que você ria de 80% dos workshops e rituais, sempre haverá aqueles 20% que fazem você pensar: 'Por que não fazemos isso também?'"

Em poucos anos, um repertório de cânticos, músicas e técnicas para rituais em grandes grupos tornou-se conhecido por milhares de pessoas em todo o país. Esse conhecimento influenciou a prática dos pequenos grupos. "Nosso Coven mudou", contou-me Ginny Brubaker. "Começamos a usar mais músicas e cânticos nos rituais. Antes fazíamos apenas alguns, e eram muito entediantes. De repente, tínhamos toda essa música." Com a presença cada vez maior dos Erisianos e Discordianos nos festivais (ver capítulo 11), o humor também se tornou mais presente. "Os encontros ficaram mais divertidos, havia mais descontração. Nosso grupo teve contato com novas técnicas psíquicas, como os remédios florais de Bach. Nosso estilo ritualístico ficou mais flexível. Até nossas vestimentas rituais mudaram."

Os organizadores dos festivais precisaram aprender novas abordagens. Quando dez pessoas estão entoando cânticos na sala de estar e se deseja um momento de silêncio, é fácil fazer esse pedido. Mas diante de duzentas pessoas dançando ao ar livre a utilidade dos tambores se torna evidente. Com o tempo, os organizadores aprimoraram suas habilidades na condução de grandes rituais e encontros comunitários, adaptando técnicas de reuniões tribais. Os festivais passaram a ganhar uma identidade própria. No início, as pessoas levavam apenas um pequeno cartaz ou desenhavam um pentagrama na barraca. Com o tempo, os acampamentos começaram a lembrar feiras ao ar livre, com mastros, bandeiras e estandartes personalizados. Houve também uma explosão de artesanato e música, impulsionada pelo público cada vez maior. Nos primeiros festivais, apenas a livraria esotérica local vendia produtos. Poucos anos depois, dezenas de joalheiros, artesãos de vestes rituais, vendedores de incensos, camisetas, ervas, *bottons* e adesivos Pagãos passaram a marcar presença, trazendo uma grande variedade de arte e artesanato. As gravações de músicas originais, primeiro em fitas cassete e depois em CDs, multiplicaram-se. Os concertos e apresentações nos festivais foram se aprimorando, tornando-se cada vez melhores.

Muitas pessoas não estavam realmente preparadas para os efeitos do ecumenismo Pagão e da construção de uma comunidade. No Pan-Pagan '80, grupos que nunca imaginaram a possibilidade de trabalhar ou conviver juntos se encontraram frente a frente. Às vezes havia tensões políticas. Por exemplo, na época, o movimento dos Radical Faeries estava apenas começando, e alguns homens gays compareceram ao evento para compartilhar suas perspectivas. Pela primeira vez, o festival contou com vários workshops voltados para o público gay, algo impensável dois anos antes, quando sequer aceitavam mencionar um workshop desse tipo na programação oficial.

Além disso, membros do Midwest Pagan Council se sentiam desconfortáveis com o crescimento do segmento feminista dentro da Arte e defendiam que eventos públicos não deveriam ter atividades separadas para homens e mulheres. No entanto, no Pan-Pagan '80, Z Budapest conduziu um ritual *skyclad* (vestidas de céu) com mais de sessenta mulheres. Muitas delas vinham de Tradições mais conservadoras, que enfatizavam a dualidade das divindades e a polaridade entre as energias masculina e feminina. A experiência transformou a visão de muitas dessas participantes. Z Budapeste também mudou. Ela não apenas usou homens para proteger o perímetro do círculo (a primeira vez que os homens tiveram um papel em seus rituais), como também observou mais tarde que ela falou com mais homens naquele fim de semana do que em toda a sua vida. Nos anos seguintes, mais Bruxas feministas e Diânicas passaram a frequentar grandes encontros Pagãos ecumênicos, enquanto mulheres vindas de Tradições Britânicas começaram a marcar presença em eventos exclusivamente femininos. Durante as décadas de 1980 e 1990, houve um florescimento dos mistérios separados para mulheres e homens.

Algumas pessoas não conseguiram aceitar essas mudanças na comunidade Pagã. Diferenças profundas em filosofia, política, visões sobre sexualidade, estilo de vida e até questões de classe vieram à tona no final do festival, levando vários grupos a se desligarem do Midwest Pagan Council. No ano seguinte, surgiram três festivais distintos na região: um organizado pelo Circle, outro pelos que permaneceram no Midwest Pagan Council e um terceiro, promovido por um grupo chamado *Epiphanes*. O Pan-Pagan Festival continua até hoje, e muitos outros grandes encontros foram estabelecidos. O Pagan Spirit Gathering, organizado pelo Circle e realizado em Wisconsin na semana do Solstício de Verão, reúne cerca de mil pessoas. Eventos como Starwood, Heartland e PantheaCon cresceram tanto quanto ou até mais.

Após os Pagan Spirit Gathering de 1980 e 1982, o Circle publicou um livreto reunindo reflexões, ensaios e poemas escritos por algumas das centenas de participantes. Muitas das impressões registradas poderiam facilmente se aplicar aos festivais atuais, tornando esses livretos uma verdadeira janela para o universo único desses encontros.

Os organizadores falavam em criar uma vila mágica, um espaço especial onde músicas, sonhos, meditações, rituais, comida, ideias, trabalho, diversão e visões de futuro pudessem ser compartilhados. Muitos participantes descreveram esses dias como viver dentro de um sonho. "Cada um atravessou um portal e foi transformado", escreveu uma mulher de Milwaukee. "Cada um deu um nome à sua busca e, nas fogueiras, noite após noite, procurou respostas. Como a relva, fomos nutridos ali. Como as árvores, aprendendo a dança do vento, buscamos nossa plenitude na terra, enraizadas e ao mesmo tempo alcançando o alto, absorvendo a doce chuva."[460]

Outra mulher escreveu: "Sair para caminhar sem o medo de olhares famintos, assobios, insinuações e outras abordagens indesejadas. Sentir o sol, o vento, o fogo e a água sobre meu corpo nu sem me sentir vulnerável a agressões físicas ou psicológicas. Poder entoar cânticos e cantar alto com toda a força dos meus pulmões. Dançar e me mover com a energia de cada músculo do meu corpo. Sentir que posso ser quem sou, plenamente aceita e sem autoconsciência excessiva – que isso seja tão natural quanto respirar."[461]

Um homem de Chicago escreveu: "Era o crepúsculo, e o ar tinha uma suavidade especial. Ao ouvir ao longe o som de flautas e tambores, senti um arrepio de reconhecimento, como se algo que eu havia experimentado brevemente em raros momentos da vida, algo indescritivelmente belo, algo que sempre busquei, estivesse me chamando... Senti a música percorrer meu corpo e me conectar com a terra... Mas não era apenas a música, era uma sensação ou energia por trás dela, uma comunhão de consciências que a impregnava. A mesma sensação que tinha sempre que me sentia mais próximo de uma visão de plenitude espiritual e social."[462]

Esses festivais, como muitos outros, seguem certas diretrizes. Todos os participantes são esperados a contribuir com turnos de trabalho em áreas como cuidado infantil, coleta de lenha, segurança, portaria e assistência à saúde. Muitos dos rituais são planejados cooperativamente. "Quem poderia imaginar", escreveu Dierdre Arthen, do EarthSpirit, "que um grupo de 250 desconhecidos acampando

460 Pagan Spirit Journal #1 (Madison, WI: Circle Publications, 1982).

461 *Ibid.*, p. 8.

462 *Ibid.*, p. 33.

juntos por um longo fim de semana na natureza selvagem de Wisconsin poderia formar uma comunidade com um senso tão forte de identidade coletiva? Parecia um ideal distante. Você pensa: 'As pessoas não podem se reunir por tão pouco tempo e realmente se tornar uma unidade.' O que aconteceu naquele fim de semana foi magia. Desde o momento em que chegamos, fomos absorvidos por esse sentimento."[463]

Muitas pessoas escreveram sobre a dificuldade de retornar à vida cotidiana. "Foi difícil me ajustar... ao voltar para casa. Ainda me sentia tão aberta e livre. O festival tem o efeito de abrir portas dentro de mim que costumo manter fechadas."[464] Outra pessoa escreveu: "Levo aquela Vila Mágica comigo no coração. Com os índios Cree, eu canto: 'Há apenas beleza atrás de mim. Apenas beleza diante de mim.' Carregar essa visão de beleza no coração transforma minha vida. Há uma nova profundidade no meu ser, uma dimensão primitiva do espírito que me permite deixar para trás a sofisticação do americano do século 20 e olhar para as raízes."[465]

No questionário de 1985, perguntei aos Neopagãos sobre o impacto dos festivais na comunidade. Vale ressaltar que as 195 pessoas que responderam constituem uma amostra tendenciosa, já que a maioria dos questionários foi distribuída em grandes festivais. Talvez apenas 10% da comunidade participe desses eventos, contudo, mais de 85% dos que responderam já haviam comparecido a pelo menos um grande encontro. Ainda assim, surgiram diversas críticas. Algumas pessoas consideravam os festivais elitistas, apontando que muitos trabalhadores com horários fixos encontravam dificuldades para participar. Para quem tem família ou precisa viajar longas distâncias, os custos podem ser elevados. O tempo também é um fator limitante, pois a maioria das pessoas com empregos regulares não pode simplesmente tirar cinco dias para se recolher na natureza.

Uma pessoa argumentou que os festivais proporcionam uma falsa sensação de segurança e aceitação. Outra apontou que esses eventos incentivam um certo comercialismo, com foco excessivo em vestes elaboradas e joias. "Eles favorecem os mais extrovertidos socialmente", reclamou alguém. "Há luxúria demais na poeira", comentou outra pessoa. As dificuldades também foram mencionadas. "É difícil para idosos e pessoas com deficiência acamparem", observou uma participante. Com o envelhecimento da população Pagã, alguns festivais passaram a ser realizados em hotéis e centros de retiro.

Mas há vinte anos a crítica mais séria ao fenômeno dos festivais era que eles estavam mudando a estrutura fundamental dos grupos Pagãos e da Arte. "O Coven está perdendo sua magia", escreveu-me uma Sacerdotisa. Os Covens e Grove deixaram de ser o centro da comunidade, sendo substituídos pelos festivais e grandes redes de contato. Como era possível ingressar na comunidade Pagã por

463 *Ibid.*, p. 32. Circle Network News, Vol. 6, No. 4 (inverno de 1984).

464 Pagan Spirit Journal #2 (Madison, WI: Circle Publications, 1983), p. 54

465 *Ibid.*, p. 55

meio desses eventos sem a necessidade de compromisso com um grupo, os festivais acabaram enfraquecendo a autoridade das lideranças dos Covens. Em certos aspectos, isso trouxe benefícios, mas também teve um custo. "Antes, os Covens tinham tempo e espaço para desenvolver sua própria identidade, podiam crescer com calma. Agora, com grupos organizados sempre prontos para receber novos membros, qualquer estudante temporariamente insatisfeito não se dá ao trabalho de resolver suas questões. Simplesmente vai embora. A facilidade de fazer novos contatos impede que a pessoa permaneça e trabalhe seus desafios." Além disso, essa Sacerdotisa observou que "há uma tendência de substituir uma hierarquia por outra. Os novos líderes são os autores, músicos e organizadores das grandes redes de contato."

"Sabe", disse-me Ginny Brubaker pensativa, "a longo prazo, o movimento dos festivais será responsabilizado por destruir a singularidade das Tradições. Ninguém é tão isolado ou 'puro' como há dez anos. Todos estão pegando elementos uns dos outros. Isso é ótimo para a sobrevivência da nossa religião como um todo, mas, dentro de mais dez anos, ninguém saberá o que era um Gardneriano." Outros discordavam dessa previsão, argumentando que as Tradições Britânicas continuavam fortes e preservadas.

A maioria das pessoas que responderam ao questionário afirmou que os festivais eram importantes porque expunham os participantes a novas ideias, desafiavam crenças, quebravam o isolamento e a solidão, reduziam divisões entre Tradições e grupos, renovavam a energia das pessoas e demonstravam, de forma impressionante, que a unidade podia existir dentro da diversidade. Acima de tudo, provavam que uma cultura alternativa era possível – mesmo que apenas por um fim de semana ou uma semana. Como escreveu uma pessoa: "É absolutamente essencial para nossa identidade saber que podemos fazer parte de algo maior do que um Coven. Os festivais enfraquecem a ideia, sempre à espreita em nosso subconsciente, de que nós, nossos objetivos e nossas visões são de alguma forma desviantes."

Haragano, uma Sacerdotisa Wicca tradicional, expressou isso da seguinte maneira:

> Os Festivais Pagãos são o encontro das tribos. Pessoas vêm de diferentes partes do país, com formações e Tradições diversas. Talvez tenham lido alguns dos mesmos livros. Encontram gente de todos os caminhos espirituais e em diferentes estágios de crescimento espiritual. Em poucos dias, é possível ver todo o espectro de nossas crenças e práticas. Gardnerianos e Diânicos, Druidas e Feéricos, todos convivendo como vizinhos.
>
> Todos começam a descobrir o quanto realmente se sentem à vontade com suas próprias crenças. Você começa a descartar certas ideias porque percebe que elas atrapalham sua conexão com alguém espiritualmente valioso. Talvez você seja homofóbico, e, de repente, a pessoa que faz mais sentido em uma conversa, cujas palavras tocam seu coração, seja gay. Ou talvez chegue

ao festival com um medo, e ali encontre uma série de vivências e oficinas que ajudam a desfazer esse medo. Depois de dançar e celebrar, você deixa o festival sentindo que enfrentou e superou um demônio pessoal.

Esses grandes grupos se reúnem por um curto período, mas é nesse momento que os deuses dançam. Encontramos a Deusa e o Deus em cada pessoa e dentro de nós mesmas.

Festivais Pagãos Hoje e o Futuro do Paganismo

O número de Festivais Pagãos continua a crescer, assim como a quantidade de pessoas que participam deles. Como mencionei em um capítulo anterior, festivais que nos anos 1980 reuniam quinhentas ou seiscentas pessoas agora costumam atrair cerca de mil participantes. Esses números, por si só, transformaram o impacto desses encontros no movimento Pagão como um todo.

Nos primeiros festivais, havia poucos tambores. Mark Rudden, que conheci no Pagan Spirit Gathering em 2005, contou que foi ao seu primeiro Festival Pagão em 1988. Na época, lembra-se de ter visto apenas alguns tambores de moldura – e só. Alguns anos depois, os *doumbeks*[466] começaram a aparecer nos festivais e, pouco depois, algumas pessoas levaram tambores indígenas norte-americanos para os encontros. Então, de repente, os *djembês*[467] africanos passaram a predominar, como ainda acontece hoje. Atualmente, muitos festivais contam com fogueiras que duram a noite toda e círculos de percussão, frequentemente conduzidos por percussionistas experientes.

Morwen e Jimmy Two Feathers facilitam círculos de percussão no Rites of Spring há cerca de quinze anos. Segundo Morwen, no início era um grupo pequeno e até um pouco exclusivo. Então, em 1989, ela e seu marido procuraram Dierdre e Andras Arthen, líderes do EarthSpirit, e sugeriram: "Vamos organizar um encontro de fim de semana para explorar a percussão e criar algo que possamos levar de volta para a comunidade maior." Durante seis anos, os Two Feathers lideraram um círculo de oficinas de percussão mágica, explorando como os tambores e os círculos de fogo poderiam ser usados para elevar a energia mágica e fortalecer o espírito comunitário. "Qualquer pessoa podia participar e se sentir acolhida."

466 NT.: os *doumbeks* são tambores de mão tradicionais do Oriente Médio e do Norte da África, também conhecidos como *darbuka*, tabla ou derbake, dependendo da região. Eles possuem um formato de cálice e geralmente são feitos de cerâmica, metal ou madeira, com uma membrana de pele de peixe, cabra ou material sintético. O som característico do *doumbek* é produzido por uma combinação de batidas graves (dum) e agudas (tek), sendo amplamente utilizado na música árabe, turca e persa, especialmente em danças tradicionais como a dança do ventre.

467 N.T.: os *Djembês* são tambores africanos especificamente da região da África Ocidental. Eles são esculpidos em madeira com pele de cabra esticada por cordas.

> As pessoas começavam a ter experiências extáticas e se perguntavam sobre isso, e nós dizíamos: "Vá ao Rites of Spring e descubra." Assim, os círculos de percussão se tornaram uma porta de entrada. Quando começamos, praticamente não havia outros eventos de percussão e dança acontecendo na Nova Inglaterra. Agora, há encontros de percussão todo fim de semana.

Muitas pessoas vivem experiências intensas e extáticas nesses círculos de percussão. Algumas dançam a noite toda, enquanto outras vão e voltam. Comida e água são compartilhadas coletivamente, e, ocasionalmente, o álcool é passado entre os participantes, semelhante ao que ocorre em algumas cerimônias de Vodu. A energia oscila ao longo da noite e da madrugada. Em alguns desses encontros, o nível de conexão espiritual e prática Xamânica alcançado seria impensável há vinte anos.

Algumas pessoas vão aos Festivais Pagãos exclusivamente pelos círculos de percussão, o que alguns consideram uma desvantagem. Como alguns festivais cresceram e agora reúnem entre novecentas e mil e duzentas pessoas, é possível que alguém se conecte apenas com uma parte do evento. Dá para participar de um encontro sem jamais ir a um ritual comunitário, reunião ou workshop. Por outro lado, há quem participe dos rituais, mas nunca vá até o círculo da fogueira.

David Doersch lidera rituais no Pagan Spirit Gathering há cerca de quinze anos. Ele observa que há mais diversidade agora, mas isso teve um custo – o que ele chama de secularização do Movimento Pagão.

> Se você viesse a este festival há dezoito anos, haveria seis rituais principais ao longo da semana e nenhum show. Todas as noites, um grupo diferente, de várias partes do país, conduzia um grande ritual, proporcionando um verdadeiro estudo do Paganismo eclético. Os Druidas realizavam um ritual, a Covenant of the Goddess apresentava outro, a Church of All Worlds fazia um terceiro, e assim por diante. A maioria das pessoas que participava do encontro comparecia aos rituais e muitas ficavam para a dança extática, que às vezes durava a noite toda. Agora, o círculo da fogueira fica em um local diferente dos rituais principais, tornando-os eventos separados. Ao observar a paisagem, quase consigo ver e sentir os diferentes chakras espalhados pelo vale onde o encontro acontece – ali está a coroa, ali está a raiz. As pessoas acampam em áreas distintas. De um lado, quem participa dos rituais; do outro, quem se reúne em torno das fogueiras. Claro, há interseções, mas também uma divisão. Algumas pessoas não fazem ideia da vida comunitária aqui, não vão às reuniões matinais – estão aqui apenas pela fogueira. Esse é o propósito delas.

Orion Foxwood, Elder em várias Tradições da Arte e autor de *The Faery Teachings* (*Os Ensinamentos das Fadas*), lembra com certa tristeza dos encontros que costumava frequentar, aqueles com cinquenta a cem pessoas. Para ele, na época, esses encontros eram um verdadeiro refúgio, e o sentimento de pertencimento era mais forte e unido. "Talvez fôssemos mais próximos porque havia muito menos. Talvez agora, com tantos encontros, eles sejam vistos como algo garantido, e as pessoas não percebam o quanto eram valiosos nem as dificuldades enfrentadas para criá-los." Alguns argumentam que os festivais maiores perderam o senso de comunidade.

Shell Skau, que trabalhou por muitos anos no Circle, reconhece as preocupações de Doersch e Foxwood, mas vê isso como um desdobramento natural do crescimento do movimento e da expansão dos festivais. "Nem todo mundo lida bem com rituais grandes, com trezentas ou quinhentas pessoas", diz ela. "Simplesmente não é para todos. Então, as pessoas escolhem onde participar, e agora há muito mais opções – e isso não é algo incrível?"

Talvez estejamos apenas vendo o preço do crescimento do movimento. Aqui está outro exemplo: canções e cânticos já não são tão universais. Nos anos 1980, os festivais ajudaram a criar uma cultura Pagã nacional por meio da disseminação de cânticos e músicas. Um novo cântico se tornava popular e se espalhava rapidamente. Uma música ou cântico podia surgir na Costa Leste, na Costa Oeste ou no Meio-Oeste, mas, em um ano, já era conhecido em todo o país. Agora, há tantos cânticos, grupos vocais, bandas e CDs Pagãos que é impossível que dois ou três cânticos atinjam aquela mesma universalidade. Por um lado, isso representa um verdadeiro florescimento da arte e da música dentro do Paganismo e da Wicca. MotherTongue, um grupo vocal ligado ao EarthSpirit, está prestes a lançar um CD com seus próprios cânticos. "Hoje", diz Andras Corban Arthen, integrante do grupo, "muitas pessoas nos encontros não conhecem nossas músicas, e a música delas também é nova para nós." Sua esposa, Dierdre, acrescenta: "Talvez houvesse menos músicas naquela época, mas compartilhávamos tudo. Agora, com tantos Pagãos criando música, arte e dança, há um espectro muito mais amplo de possibilidades."

Outro argumento que ouvi em festivais recentes é que os rituais comunitários se tornaram muito mais teatrais. "Isso atrai as pessoas", disse-me um homem chamado Cygnus no Pagan Spirit Gathering de 2005, "mas, quando você prende a atenção delas com o espetáculo, acaba desviando do verdadeiro propósito do ritual. As pessoas veem o brilho, mas não enxergam o trabalho espiritual por trás disso. Somos uma sociedade muito superficial", acrescenta. David Doersch concorda. "Há um segmento inteiro da comunidade que está aqui para ser entretido, para assistir aos eventos em vez de participar deles."

Tony Taylor, um Druida da Henge of Keltria, apresenta uma perspectiva um pouco diferente, baseada em uma visão biorregional do Paganismo: os rituais variam conforme a região do país. Na Califórnia, há muito mais espetáculo e teatralidade. "Quando realizamos um ritual lá", conta ele, "as pessoas ficaram surpresas por pedirmos que participassem. Nunca tinham visto isso antes." Já na Nova Inglaterra, a participação era fundamental. "Era basicamente isso que importava." No Meio-Oeste, o ambiente era mais inclusivo, e cada um fazia as coisas à sua maneira. De certa forma, ele observa: "A Nova Inglaterra parece mais Gardneriana, o Meio-Oeste lembra mais o Circle, e a Califórnia tem um estilo mais próximo dos Zells e de Starhawk."

Isso pode ser uma simplificação exagerada, mas os festivais continuam crescendo e se transformando. Um exemplo é o fenômeno do "malabarismo com fogo", algo totalmente desconhecido quando escrevi sobre festivais em 1986. Hoje, muitos eventos contam com malabaristas de fogo, cuspidores de fogo, engolidores de chamas e outros praticantes de magia com fogo como parte regular dos rituais. Muitos jovens Pagãos também têm participado e aprendido essas técnicas.

Além da percussão e do malabarismo com fogo, novos rituais e práticas xamânicas também surgiram. O *seidh* oracular e outras formas de jornada em transe têm sido demonstradas e ensinadas em alguns Festivais Pagãos (ver capítulo 9). Um dos rituais mais recentes no Pagan Spirit Gathering, realizado nos últimos seis ou sete anos, é conhecido como The Spirit Hunt (A Caçada Espiritual). David Doersch, que vinha trabalhando em uma tradição guerreira, diz que iniciou "A Caçada" porque sentia que o encontro precisava de mais energia masculina, ou "yang".

A Caçada Espiritual é um rito xamânico que usa a exaustão como principal ferramenta para entrar em um estado de transe extático. Há três grupos principais no ritual: os Caçadores, que têm algum grande problema em suas vidas com o qual precisam lidar (saem para caçar, matar e remover esse obstáculo de suas vidas ou, em alguns casos, precisam absorver sua essência e incorporá-la em si mesmos). Esses Caçadores passam dias em jejum; eles criam um talismã, uma lança que usarão no ritual, e a decoram. Depois, há os Aldeões, que são o grupo de apoio. Eles confeccionam colares para os Caçadores, fornecem comida e bebida ao final e os conectam de volta à comunidade. O terceiro grupo é composto pelos percussionistas, que executam uma percussão xamânica rápida e intensa.

O ritual acontece em uma área especialmente consagrada. Doersch escreveu o seguinte sobre o The Hunt:

> O ritual parte da ideia de que cada pessoa carrega dentro de si algo que deseja eliminar de sua vida ou algo que sente falta e busca alcançar. Trata-se de uma experiência profundamente pessoal, por isso quase não há palavras durante sua execução. Apenas algumas palavras de encerramento são ditas em honra aos participantes. Ninguém pergunta a um Caçador o que ele caçou ou por quê. Parte-se do princípio de que o trabalho realizado é sagrado e deve ser respeitado.

Os Caçadores jejuam no dia da caçada, dedicam tempo à criação de seu talismã ou arma e delimitam uma área de cerca de quatro metros e meio de diâmetro, onde ocorrerá a caçada. Quando os tambores começam, correm, dançam, saltam e fazem o que for necessário para atingir um estado de exaustão, sempre perseguindo aquilo que estão caçando. E, quando alcançam esse limite, diz Doersch:

> Eles então atravessam para o outro lado, onde a magia acontece, e enfrentam seus demônios pessoais. Temos um fardo de feno - que representa nossa efígie sacrificial. Um a um, os Caçadores se aproximam, perseguem o fardo e despejam nele toda a sua energia. No momento em que atingem o estado necessário, o líder dos guardiões joga uma tigela de água salgada tingida de vermelho sobre eles e diz: "Prova o sangue da tua caça", lançando o "sangue" em seus rostos sem aviso. Geralmente, isso provoca uma catarse intensa, e muitos rompem em lágrimas. Depois disso, os Aldeões passam a cuidar deles, oferecendo água, laranjas e bebidas restauradoras, como Gatorade. No último festival, tivemos 17 Caçadores; o grupo todo era composto por cerca de 45 a 50 pessoas, incluindo os Aldeões e os Percussionistas. O ritual chega ao fim quando o último Caçador conclui sua caçada e realiza sua "morte" simbólica. No último festival, lembro-me muito bem da penúltima pessoa. Era uma mulher, e ela havia "matado" aquele fardo de feno com toda a sua força. Estava claramente lidando com questões intensas e, quando me aproximei, vi que ela estava totalmente pronta. Isso era evidente em seu olhar. Eu a encontrei porque cada pessoa fica ao lado de uma tocha *tiki*[468], e ela havia acabado de alcançar aquele estado interior — estava pronta para sua "morte" simbólica. É difícil descrever.

No primeiro ano em que A Caçada foi realizado no Pagan Spirit Gathering, houve alguma resistência. Pelo visto, as pessoas não sabiam bem como reagir. "Afinal", disse Doersch, "este é um grupo bastante pacifista." Mas no ano seguinte, as reações já estavam mais tranquilas. "Alguns dizem que esse é o principal motivo pelo qual vêm ao Pagan Spirit Gathering." Doersch descreve A Caçada como "um ritual transformador, um ritual de terapia, um ritual limiar e um portal sagrado."

Ao mesmo tempo em que alguns festivais experimentam rituais xamânicos profundos, muitos encontros seguiram na direção oposta, tornando-se cada vez mais voltados para famílias. Em muitos festivais, essas duas abordagens coexistem. Há serviços de creche, programas especiais para crianças e áreas dedicadas aos adolescentes. No Pagan Spirit Gathering mais recente, visitei um grupo de discussão para jovens que reuniu pelo menos vinte participantes. Laura Wildman-Hanlon, sacerdotisa Gardneriana e autora de vários livros sobre Wicca e Paganismo, também é mãe de três crianças. No último festival Rites of Spring, ela trabalhava na área destinada ao cuidado infantil. "Se conseguirmos manter as crianças", diz

468 N.T: tocha decorativa de bambu com um reservatório de óleo ou fluido inflamável, comum em eventos ao ar livre e rituais, originária da cultura polinésia.

ela, "podemos nos tornar uma religião capaz de transformar o mundo. Se não, teremos o mesmo destino dos *shakers* - seremos apenas uma moda passageira e desapareceremos."

Morwen Two Feathers disse que, em certo momento, via o Movimento Pagão como algo ligado à "exploração juvenil, aventura e diversão", mas com o passar dos anos, começou a pensar na importância de transmitir seus valores para a nova geração.

> Tornou-se mais sobre refletir sobre a cultura na qual estávamos criando nossos filhos. Que tipo de mundo queríamos deixar para eles? E, ao olhar ao redor, o mundo como estava não parecia algo que nos deixava confortáveis em passar adiante. A diferença entre hoje e quinze anos atrás é que agora isso parece mais do que um movimento; parece ter raízes profundas o suficiente para ser realmente uma "subcultura" com força para permanecer. Um lugar onde os jovens, ao chegarem à adolescência, não se afastam imediatamente. Eles querem estar aqui e assumir a responsabilidade de fazer parte da comunidade.

Laura Wildman-Hanlon começou a conduzir entrevistas para um estudo sobre Pagãos de segunda geração. Segundo ela, a maioria dos adolescentes entrevistados diz que aprecia a comunidade, os valores, o amor pelo Planeta e a conexão entre as pessoas, além de querer transmitir esses valores para seus próprios filhos. Por outro lado, muitos relatam não ter recebido uma educação religiosa estruturada e, com frequência, ressentem-se disso. "Às vezes, eram convidados para círculos e esperava-se que entendessem o que estava acontecendo por osmose. Muitas vezes, havia pouca instrução ou discussão em casa." Wildman-Hanlon menciona que ouviu repetidamente frases como: "Gostaria que, no Yule ou no Imbolc, minha família se reunisse e explicasse as coisas, assim como os pais dos meus amigos que celebram o Natal fazem." Claro, nem todas as famílias cristãs transmitem esse tipo de conhecimento. Wildman-Hanlon diz que os Pagãos agora têm tantos filhos (de acordo com um censo dentro da comunidade Pagã, mais de 40 por cento dos Pagãos têm filhos) que a comunidade precisa criar uma sensação de estabilidade para eles, e precisa alterar os rituais para incluí-los. Wildman-Hanlon afirma que há tantas crianças entre os Pagãos (segundo um censo dentro da comunidade, mais de 40% dos Pagãos têm filhos) que é necessário criar um senso de estabilidade para elas e adaptar os rituais para incluí-las. Ela observa o crescimento de dois tipos bastante distintos de comunidades Pagãs. Uma delas, a comunidade Pagã de festivais, é muito eclética e aberta à presença de crianças. A outra é o que ela chama de "seção adulta": as religiões de Mistério e as Tradições Wiccanianas, Xamânicas, Druídicas e familiares, nas quais a maioria das crianças não participa, "pois geralmente não são consideradas maduras o suficiente para compreender os mistérios."

David Doersch diz que se preocupa um pouco com o fato de que, à medida que os Pagãos "amadureceram" e os encontros se tornaram mais receptivos às famílias, os festivais acabaram ficando "mais contidos". Ele reconhece que há mais maturidade e menos excentricidade, e que muitas pessoas parecem estar psicologicamente mais equilibradas. Quando conto a ele que, em um festival recente, ouvi a expressão "Pagãos altamente funcionais" para descrever o fato de que há cada vez mais pessoas na comunidade levando vidas bem-sucedidas no mundo mundano, ele concorda que isso é verdade, mas ainda assim tem suas preocupações.

> Veja o Pagan Spirit Gathering de 2005. Há dez ou quinze anos, não era incomum encontrar workshop sobre ritos sexuais ou outros temas esotéricos e menos aceitos publicamente. Tudo isso desapareceu; agora é só paz, luz e harmonia, e uma preocupação constante com "o que a corrente dominante vai pensar?". Quando comecei, havia uns três livros disponíveis no mercado, e era preciso garimpar as verdadeiras joias – como em uma caça ao tesouro. Mas se você realmente queria, encontrava. Agora, as pessoas entram na Barnes & Noble e veem prateleiras cheias de livros – a maioria uma porcaria. Acho que, no fim das contas, o que me preocupa é perdermos o fogo que está no centro de tudo isso. Se perdermos esse fogo, essa centelha de rebeldia na raiz do que fazemos, estaremos diante da protestantização ou da secularização da Wicca. Não quero ofender ninguém, mas precisamos manter o fogo.

Outra pessoa que tem observado o "amadurecimento" do Paganismo é Kirk White, presidente e diretor da Cherry Hill Seminary, uma instituição da Nova Inglaterra que capacita Pagãos para o ministério. "Hoje há uma maior conscientização pública sobre o Paganismo", diz ele. "Esse é o lado positivo; por outro lado, há pessoas que já não compartilham os valores distintos que nos fazem Pagãos." White explica que, no início, muitas pessoas chegavam ao Paganismo como forma de rebeldia contra o sistema, mas as gerações seguintes "não carregam mais essas ideias consigo. Elas estão perguntando: como nos tornamos parte da estrutura de poder? Como conseguimos reconhecimento institucional?" Por outro lado, ele acredita que parte disso se deve simplesmente ao envelhecimento da comunidade.

> Quando o movimento começou, muitas pessoas estavam na casa dos vinte anos e, à medida que chegaram à idade de casar, muitos rituais passaram a girar em torno do casamento. Agora, estamos falando sobre ritos funerários. No início, a maioria dos Festivais Pagãos eram encontros rústicos em acampamentos. Hoje, muitos eventos na Costa Oeste acontecem em centros de conferência, porque as pessoas estão envelhecendo e já não querem mais sentar na grama.

Ellen Evert Hopman, cofundadora da Order of the White Oak, uma ordem Druídica, afirma que, além de o movimento ter crescido muito, "há um esforço real", segundo ela, "para se tornar uma religião madura" e abordar questões que sempre foram centrais em outras religiões, mas que, até agora, os Pagãos não haviam priorizado:

> Quando as pessoas chegavam à América sem um centavo no bolso, a primeira coisa que faziam era construir uma igreja ou templo. Isso era prioridade. Depois, criavam instituições de caridade, redes de apoio social e lares para idosos. Precisamos começar a pensar dessa forma. Afinal, a velhice é uma realidade - meus joelhos já estão sentindo.

Em festivais recentes, surgiram workshops para discutir ritos funerários Pagãos, lares de idosos e moradias assistidas -assuntos que, há dez ou vinte anos, jamais teriam sido abordados.

Hopman conta que um de seus alunos é um Druida que atualmente está em serviço ativo no Iraque. Ele e muitas outras pessoas têm trabalhado para que símbolos Pagãos, como o Pentáculo e o Awen - símbolo Druídico com três linhas - sejam reconhecidos oficialmente como símbolos religiosos e possam ser usados nas lápides de veteranos Pagãos. Recentemente, houve um esforço significativo por parte de grupos como Circle e a Aquarian Tabernacle Church, além das famílias de vários soldados que morreram no Iraque e no Afeganistão, para obter esse reconhecimento. As respostas às solicitações têm sido cordiais, mas até agora nada mudou. O problema é que a maioria das iniciativas para o reconhecimento do Paganismo acontece sem chamar a atenção da mídia. Por exemplo, após uma batalha de sete anos, Selena Fox, do Circle, conquistou o direito de que prisioneiros Wiccanianos em todas as sete prisões de Wisconsin possam usar o Pentáculo como símbolo religioso. Ele pode ser usado sob as roupas ou exposto durante as cerimônias.

Pagãos e Wiccanianos tornaram-se capelães em prisões e ajudaram pessoas nas forças armadas. Uma Tradição Wiccana, a Greencraft, conta com muitos militares entre seus membros, talvez a maioria. Outros Pagãos estão começando a criar instituições de caridade sérias. Esse movimento ainda está no início, mas já existe um abrigo para pessoas em situação de rua administrado por Pagãos, além de um programa voltado para crianças com dificuldades de aprendizagem. Há grupos Pagãos de Alcoólicos Anônimos, e várias organizações arrecadaram fundos para desastres recentes, como o furacão Katrina. Muitos Festivais Pagãos e eventos como o Pagan Pride agora incluem uma iniciativa beneficente, com arrecadação de alimentos e dinheiro como parte regular das atividades. Pagãos também participam de programas locais de preservação de rodovias. Esses esforços ainda estão em fase inicial, e alguns Pagãos questionam: "Onde está o nosso equivalente aos serviços sociais Luteranos? Os Unitários Universalistas têm seu programa OWL – Our Whole Lives (Nossas Vidas Inteiras) para educação sexual de jovens; onde está o nosso?"

Shell Skau vê esse "amadurecimento do movimento Pagão" como algo positivo. Envolvida com o Circle há cerca de sete anos e com o Paganismo há aproximadamente dez, ela divide as pessoas em duas categorias. Com uma risada, menciona os "Pagãos coelhinhos fofinhos, você sabe – aqueles com nomes como lua-brilhante-pena-da-nuvem-alegria e afins. Mas também", diz ela, "existe outro grupo que está realmente tentando conectar o mundo real ao nosso mundo espiritual." Esse segundo grupo está se envolvendo na Associação de Pais e Mestres, buscando cadeiras no conselho da cidade, trabalhando como capelães em hospitais e prisões e participando ativamente da comunidade:

> É importante dizer que: "Eu Sou Pagã e a liberdade religiosa é importante para mim", mas não é preciso ostentar isso o tempo todo. Não é "Eu sou Pagã e meu nome é Shell"; é "Meu nome é Shell, tenho uma vida ampla e ser Pagã é uma parte importante dela". As pessoas desse segundo grupo são as que fazem as coisas acontecerem, aquelas que lutam a boa luta e promovem as mudanças necessárias.

Mas Andras Corban Arthen, do EarthSpirit, diz que, embora existam muitas razões para integrar o Paganismo à sociedade dominante, ele acredita que seria melhor "paganizar" essa sociedade. "Veja", diz ele, "nas culturas indígenas, não existe uma palavra para religião. A religião não é algo separado da vida cotidiana. Se você tem uma religião, mas não tem uma cultura própria, acaba ficando com a cultura americana – uma cultura que, sejamos honestos, destruiu o Paganismo." Andras observa a tensão entre ser um movimento contracultural e se tornar parte da corrente dominante. Ele afirma que a cultura dominante é aquela que nos separou do mundo natural, e essa separação é tão profunda que "nos acostumamos a pensar que isso é normal." Para ele, o mais importante é criar "nossa própria cultura para sustentar nossa religião e crenças espirituais", e os Festivais Pagãos se tornam um laboratório para isso:

> Quando estamos em uma comunidade intencional, em meio à natureza, aprendemos que tudo afeta tudo ao redor. Mesmo na relação predatória entre espécies, há cooperação. Somos um dos poucos grupos espirituais no mundo que pode dizer, com sinceridade, que nossos fundadores originais ainda estão vivos, porque aqueles que ensinaram nossos ancestrais espirituais, desde tempos imemoriais, não eram seres humanos – eram montanhas, florestas, lagos e nascentes; eram a terra e os animais. E enquanto eles existirem, ainda teremos esse vínculo – desde que criemos uma cultura que saiba ouvi-los, em vez de reforçar a separação presente em nossa vida cotidiana. Vivemos

> em uma sociedade competitiva, mas os festivais são o ambiente ideal para enfrentar essas questões, para apresentar outro modelo, onde possamos aprender sobre cooperação e interdependência.

Avanços têm sido feitos nessa direção. Cada vez mais Festivais Pagãos possuem locais permanentes em santuários naturais, como Wysteria, Four Quarters Farm e Lothlorien. Larry Cornett observa que há um número crescente de acampamentos sazonais, onde as pessoas não ficam apenas um fim de semana ou uma semana, mas durante todo o verão ou em todos os fins de semana no decorrer das estações mais quentes. Alguns desses acampamentos acabam se tornando comunidades Pagãs permanentes, e alguns operam totalmente fora da rede convencional.

Como mencionei antes, o fenômeno dos festivais transformou muitos aspectos do Paganismo – trouxe a comunidade para o centro e reduziu a influência do Coven. No entanto, Dierdre Arthen, do EarthSpirit, observa que agora surgem novos desenvolvimentos. Há uma transição da predominância do Coven para uma estrutura comunitária mais local.

> Ainda existem pequenos grupos de trabalho, claro, mas também há muitos grupos que se reúnem mensalmente, talvez na lua cheia. São grupos comunitários, círculos de percussão ou grupos de cânticos que não seguem a estrutura de um Coven, que, na época em que você começou a escrever, era a base do Paganismo.

Em outras palavras, antes a Wicca era a porta de entrada para a comunidade Pagã mais ampla; agora, muitas vezes ocorre o oposto. A comunidade Pagã maior passou a ser a porta de entrada, e, a partir dela, algumas pessoas acabam migrando para grupos menores e mais focados, como um Coven que trabalha com uma Tradição de Mistério específica, um Grove Druídico ou um Clã Heathen. Embora muitas das Tradições mais seletivas e iniciáticas tenham se fortalecido, o Coven já não é, necessariamente, a primeira experiência de alguém com o Paganismo. Quando comecei, por exemplo, entrei para o grupo Pagan Way e um Coven de treinamento externo que ficava próximo de onde eu estava. Era uma Tradição Galesa. Na época, não havia festivais para frequentar nem a Internet para pesquisar. Se houvesse, talvez eu tivesse seguido um caminho diferente. Poderia ter encontrado um grupo que praticava o renascimento do Paganismo Grego Antigo, já que essa era a mitologia com a qual mais me identificava quando criança. Hoje, muitas pessoas chegam ao Paganismo e à Wicca por meio da leitura, da Internet ou dos festivais, e só depois escolhem aprofundar-se em um Grove, um Clã ou um Coven específico.

Aqui está outra grande diferença em relação a vinte ou trinta anos atrás. Antes, era comum dizer que a Wicca e grande parte do Paganismo eram religiões sem leigos. Na maioria das Tradições Wiccanianas iniciáticas, após um ano e um dia de treinamento, a pessoa se torna Sacerdotisa ou Sacerdote e Bruxa. Em muitas

Tradições, depois de três anos de treinamento, já se pode liderar um grupo próprio. De certa forma, é uma religião de iguais, pelo menos em potencial. Mas agora, com o surgimento de grupos comunitários maiores, há pessoas atuando como clérigos Pagãos em tempo integral, ministrando para uma comunidade mais ampla. Pessoas como Andras e Dierdre Arthen do EarthSpirit, Selena Fox e Dennis Carpenter do Circle, ou Starhawk, de fato exercem o papel do clero de uma maneira muito mais próxima do que ocorre em outras religiões – algo que raramente era visto na Arte. Além disso, hoje há Pagãos que não querem ser Sacerdotes ou Sacerdotisas e que, na prática, formam uma espécie de congregação. Seja isso algo positivo ou não, é uma realidade.

Isso também significa que algumas pessoas que ingressam no Paganismo estão sendo formadas por organizações comunitárias maiores, em vez de Covens. Jerrie Hildebrand, que atua no movimento Pagão há cerca de vinte anos, já trabalhou para o Circle, para a CUUPS, para o EarthSpirit e para vários outros grandes grupos ou organizações. Ela observa que sua formação Pagã, por assim dizer, nunca foi baseada em um Coven. Em vez disso, atuou nos conselhos de grandes organizações. Para ela, essas mudanças são positivas. "As pessoas costumavam falar sobre comunidade, mas não era realmente uma comunidade – eram cinco ou seis pessoas sentadas, conversando ou realizando rituais." Agora, diz ela, "há uma tendência de afastamento do individualismo em direção a aspectos mais comunitários. De certa forma, estamos finalmente nos aproximando da verdadeira ideia de tribalismo."

> Sempre dissemos que éramos tribais e que nossas raízes eram pré-cristãs. Falávamos sobre isso, mas não vivíamos de fato dessa maneira. Agora, estamos fazendo as duas coisas. As grandes organizações são, na verdade, comunidades formadas por pequenas tribos, e há muito mais diversidade também.

Muitas pessoas me disseram: "Vamos nos enxergar como um clã de tribos, em vez de uma nação Pagã unificada."

Orion Foxwood não fala em "tribalismo", mas em "cultura". "Há vinte anos não nos víamos como uma cultura", disse ele. "Éramos Pagãos e Druidas fazendo nossas práticas e sentindo certa camaradagem, porque todos éramos oprimidos, tínhamos medo de sermos públicos e podíamos ser esquisitos juntos. Agora, uma cultura Pagã de fato está surgindo, com gerações de crianças e pais que cresceram juntas, frequentando certos encontros." Foxwood vai além:

> Antes, havia uma separação mais clara entre os diferentes tipos de Pagãos. Os Gardnerianos ficavam de um lado, os Druidas de outro e os praticantes de tradições indígenas norte-americanas e de Vodu estavam em outro lugar. Agora, percebo que muito disso está se dissolvendo; há uma sensação maior de que todos fazemos parte das Religiões da Terra. E isso é algo positivo, algo saudável. Quando penso em Gerald Gardner e Alex Sanders, vejo que eles reuniram a Wicca, mas duvido que tivessem ideia de que estavam iniciando um movimento global - que, na verdade, estavam abrindo caminho para todo o movimento das Religiões da Terra.

Entre aqueles que celebram o amadurecimento do movimento, muitos expressaram preocupação com o forte antiautoritarismo e a desconfiança em relação à hierarquia, tão enraizados entre muitos Pagãos. Isso, segundo eles, levou a uma desconfiança generalizada em relação a professores e, consequentemente, a uma falta de respeito pelos mais velhos. Andras questiona:

> Como cuidamos dos nossos idosos? Vejo pessoas ficando esgotadas, renunciando e abandonando o envolvimento ativo. Muitas pessoas que conheci já faleceram, e a maioria dos Pagãos não tem ideia de quem foram. Acho que ainda não começamos a lidar com essa questão. Também acredito que precisamos retomar a pergunta que você fez no final da última edição do seu livro: este movimento tem continuidade? Ele vai sobreviver? Vai se estender por gerações ou é algo que as pessoas vivenciam por um período da vida e depois abandonam? Essa é a questão essencial que precisamos enfrentar.

Jerrie Hildebrand conta que dedicou grande parte de sua energia ao trabalho inter-religioso, lutando pela liberdade religiosa dos Pagãos. Ela reforça algo que ouvi de muitas pessoas: hoje há mais Pagãos do que Unitários Universalistas ou Quakers, e ainda assim esses grupos "são vistos como religiões tradicionais, enquanto nós não. Ainda somos considerados os estranhos, aqueles cujas liberdades são questionadas, que enfrentam batalhas por custódia de filhos e disputas sobre orações em reuniões municipais." Dado o crescimento do movimento Pagão, o problema já não é ser uma religião minoritária, mas, sim, a falta de organização. "Parte do problema", diz Hildebrand, "é essa ilusão de que somos anarquistas." "Bem", digo a ela, "confesso que foi isso, em parte, que me trouxe até aqui; eu queria uma religião anarquista, com poucos dogmas." Ela rebate: "Mas agora, nossa própria sobrevivência depende de sermos uma comunidade de verdade, de estarmos organizados – só assim garantiremos nossas liberdades." "Que tipo de estrutura organizacional você imagina?", pergunto. Ela responde: "Tudo o que estou dizendo é que já temos organizações fortes que têm feito esse trabalho – EarthSpirit, COG, Circle, Lady Liberty League. Não precisamos reinventar a roda, só precisamos apoiar aqueles que já estão fazendo esse trabalho e estruturaram essas bases."

Orion Foxwood afirma que há vários indícios de que o movimento das Religiões da Natureza está se aprofundando – e um desses sinais é a crescente preocupação com os ancestrais. "Temos ancestrais, temos idosos e estamos começando a criar raízes", diz ele. Uma mudança que ele percebeu é que as pessoas agora buscam mais suas próprias origens ancestrais e culturais, reduzindo a apropriação de outras culturas:

> Às vezes, acho que todo o movimento esteve no nível *Wicca 101*, quase como se os espíritos ou os Deuses dissessem: "Vamos introduzir essa cultura aos poucos." Por exemplo, agora há muito mais contato direto com o mundo espiritual, e o Paganismo está se tornando cada vez mais semelhante à Bruxaria Tradicional. Ontem à noite, por exemplo, todos estavam reunidos em volta do fogo, alcançando estados extáticos e chamando o mundo espiritual. As pessoas estavam sendo alimentadas, e ao observar a comida e o álcool circulando pelo grupo, parecia quase um Voudoun branco. E cada vez mais praticantes de Voudoun e indígenas norte-americanos estão começando a frequentar esses encontros, dizendo: "Essas pessoas estão começando a fazer algo." Conversei com um Wampanoag que estava no festival, e ele me disse: "Vocês não percebem, mas estão definindo sua tradição tribal para as próximas gerações. Daqui a cinquenta anos, o que vocês estão fazendo hoje será uma tradição."

Foxwood orienta suas alunas a se exporem a outras culturas – ao Voudoun ou às tradições indígenas norte-americanas – não pelo conteúdo, ele enfatiza, pois isso seria apropriação cultural, mas pela sensação. Como é vivenciar uma tradição dentro de sua própria cultura? Ele sugere trazer essa sensação para o próprio trabalho mágico:

> Trabalho espiritual verdadeiro não é coisa de "coelhinhos fofinhos", muitas vezes significa mudar a forma como você pensa, como vive, como se alimenta. E um dos nossos maiores desafios é reconhecer que temos pessoas idosas e ouvir o que elas têm a dizer. As culturas tribais de verdade nos observam, e vou contar a você o que um ancião tribal, um Sacerdote de *Voudoun*, disse-me certa vez. Ele falou: "Não estou interessado no movimento Pagão dos garotos brancos. Se eles não valorizam seus anciãos, então não deve haver nada de realmente importante ali, então por que eu perderia meu tempo." Mas agora estou começando a perceber que os nossos idosos estão sendo reconhecidos, e isso é um bom sinal - porque quando você cuida das raízes, você cuida da árvore.

Mas ao mesmo tempo que existe este sentimento crescente de enraizamento e maturidade dentro do Paganismo, o movimento está se expandindo rapidamente na Internet, trazendo com isso uma nova série de desafios.

Se você quer uma forma rápida de explorar a Wicca ou o Paganismo na Internet, existe um pequeno programa chamado *Stumble.com*. Nele, você escolhe um tema entre cerca de quinhentas categorias, clica e é levado aleatoriamente a um dos sites mais populares sobre o assunto. Você pode selecionar carros ou vinhos, mas também pode escolher Paganismo ou Wicca. Escolhi Wicca e visitei cerca de quarenta ou cinquenta sites diferentes em algumas horas. Nenhum site se repetiu durante esse processo, e apenas um deles me era familiar.

Mencionei anteriormente que, em 2002, James Lewis, em um apêndice da *Encyclopedia of Modern Witchcraft and Neo-Paganism,* afirmou que havia mais de cinco mil sites Pagãos na Internet e que a explosão do Paganismo no meio digital criou um grande grupo de "Pagãos da Internet". São indivíduos que chegaram ao Paganismo por meio da rede, participam de grupos de discussão e permanecem solitários, ou seja, não ingressam em Covens ou outros grupos Pagãos fora do ambiente virtual. Segundo Lewis, isso estava mudando a natureza do Paganismo.

Sempre houve Pagãos solitários. Não é preciso a Internet para isso. Nos últimos vinte anos, muitos livros foram publicados, tanto na Inglaterra quanto nos Estados Unidos, voltados para a Bruxa ou a Pagã solitária, desde *Wicca for the Solitary Practitioner* (*Wicca para a Praticante Solitária*), de Scott Cunningham, até *A Witch Alone* (*Uma Bruxa Sozinha*), de Marion Green. No entanto, a Internet ampliou esse fenômeno de maneira significativa, tornando o crescimento dos Pagãos solitários ainda mais expressivo.

Alguns aspectos do Paganismo na Internet são bastante empolgantes – como o aumento das conexões, a ampliação do conhecimento e o fim do isolamento para muitas pessoas. Além disso, surgiram novas formas de ritual no espaço virtual. Pode parecer estranho, ou até improvável, mas um dos rituais cibernéticos do qual participei foi profundamente comovente. Havia uma sensação de comunidade que transcendia tempo e espaço.

Ao mesmo tempo em que tantas pessoas estão descobrindo o Paganismo pela Internet, ele observa que muitos membros da comunidade Pagã, que estão envolvidos nela há trinta ou quarenta anos, criaram famílias – já existem Pagãos de terceira geração:

> Por um lado, há um novo senso de que os Pagãos estão se tornando multigeracionais, criando raízes sólidas e estabilidade. Ao mesmo tempo, um grande número de novos Pagãos está entrando no movimento por meio da Internet. Assim, há um aprofundamento e, simultaneamente, uma nova superficialidade.

A esposa de Andras, Dierdre Arthen, Sacerdotisa do EarthSpirit acrescentou:

> É tentador se conectar pela Internet, mas nunca sentar, dar as mãos, tocar e sentir o espírito de outra pessoa - nunca ver a linguagem corporal? As pessoas se conectam às listas de discussões e acreditam que é ali que vivem, mas a verdade é que elas não vivem ali de fato. Há muitos Pagãos que nunca participaram de um encontro, nunca viram um verdadeiro professor ensinar, nunca se sentaram com uma anciã ou ancião da comunidade para ouvir o que aprenderam ao longo de trinta ou quarenta anos. Existem pessoas entrando na comunidade que nunca viram uma Bruxa de cinquenta ou sessenta anos. E é esse compartilhamento de conhecimento que nos ajudará a nos aprofundar como comunidade.

No Solstício de Inverno de 2005, Selena Fox, do Circle, apresentou sua lista de desejos para o Paganismo no século 21. Aqui estão alguns deles:

- Crescimento do Paganismo como Religião Mundial – maior conscientização entre os Pagãos de que eles fazem parte de uma comunidade global multifacetada; aumento do reconhecimento do Paganismo no mundo e no campo dos estudos religiosos; maior contato entre animistas tradicionais e Pagãos contemporâneos.
- Estudos Pagãos – aumento do número de cursos e departamentos em instituições de Ensino Superior. Maior compreensão e respeito pelas visões de mundo Pagãs. Reconhecimento dessas perspectivas em áreas como saúde e aconselhamento.
- Capelães Pagãos – mais capelães Pagãos atuando em tempo integral, parcial ou como voluntários em hospitais, maternidades, hospícios, forças armadas, prisões, serviços de emergência e outras instituições. Expansão de programas de formação dentro do Paganismo para capacitar pessoas nesse tipo de trabalho.
- Pagãos na política – Pagãos como representantes eleitos, atuando tanto nos principais partidos dos Estados Unidos quanto em diversos partidos políticos ao redor do mundo; Pagãos podendo concorrer a cargos públicos sem que sua religião seja um obstáculo.
- Aumento do número de Pagãos atuando como autores, músicos, cientistas, esportistas ou em áreas como negócios, indústria e outras profissões, além do fortalecimento de redes de negócios e grupos profissionais para Pagãos.

- Igrejas e instituições Pagãs fundiárias – desenvolvimento de comunidades Pagãs multigeracionais que sustentem esses projetos; criação de bibliotecas, centros de retiro, seminários e escolas com locais físicos estabelecidos.
- Cemitérios Pagãos ecológicos.
- Solstício de Inverno – as celebrações ganham mais destaque dentro das festividades do Yule, com o Solstício sendo mencionado ao lado do Natal, Hanukkah e Kwanzaa.

E só para terminarmos com alguns pensamentos imaginativos para o futuro, Selena também acrescenta:

- Paganismo no espaço – desenvolvimento de novas tradições Pagãs à medida que a humanidade vive fora do Planeta; mudança na referência ao Paganismo como Religião da Terra para Religião da Natureza, a fim de ser mais inclusivo; adaptação das práticas Pagãs para a vida em estações espaciais, postos lunares, naves espaciais e assentamentos espaciais; aumento no uso de lançamento de esferas sagradas em vez de círculos; novas formas de celebrações sazonais e Sabbats desenvolvidas para trabalhar com diferentes ciclos lunares e solares.

Refletindo sobre os últimos quinze a vinte e cinco anos, houve tantas mudanças no Paganismo contemporâneo que – até o final do século – quase tudo é possível!

EPÍLOGO

> Guarde os Mistérios; revele-os constantemente.
>
> — DE UM POEMA DO FALECIDO LEW WELSH, AGORA UM DITADO POPULAR DA ARTE.

> É principalmente a atração por uma iniciação pessoal que explica a febre pelo ocultismo.
>
> — MIRCEA ELÍADE[469]

O EMINENTE ARQUEÓLOGO George Mylonas, diretor das escavações de Micenas, envolveu-se profundamente com as escavações finais de Elêusis, que foi o local dos Mistérios Eleusinos por dois mil anos. Durante esse período, multidões de mulheres e homens de todo o mundo grego antigo participaram dos Rituais de Elêusis e, se podemos acreditar nos poetas, dramaturgos e filósofos, tiraram grande força deles. Píndaro escreveu: "Bem-aventurado é aquele que viu essas coisas antes de descer à terra oca; pois ele compreende o fim da vida mortal, e o começo (de uma nova vida) dada por Deus."[470] Cícero, Sófocles e Aristóteles também enalteceram os Mistérios. Figuras políticas gregas e romanas, como Péricles, Adriano, Marco Aurélio e Juliano, consideraram suas experiências como comoventes e alegres. E algumas das passagens mais profundas nas peças de Ésquilo foram consideradas tão próximas da essência dos Mistérios que o dramaturgo foi submetido à análise da lei ateniense até que se provasse que ele nunca fora iniciado e, portanto, não poderia ter revelado os Mistérios em suas obras.

Mylonas, sendo um estudioso do século 20, foi forçado a estudar apenas os vestígios dos Mistérios. Ele conclui sua análise sobre Elêusis e os Mistérios Eleusinos com tristeza e saudade. Mylonas lamenta:

---

469 Mircea Eliade, "The Occult and the Modern World", in *Occultism, Witchcraft and Cultural Fashions* (Chicago: University of Chicago Press, 1976), p. 64.

470 The Odes of Pindar, trans. Sir John Sandys (Cambridge: Harvard University Press, 1968), Fragment 137, pp. 592–95.

> Por anos, desde minha juventude, tentei descobrir quais eram os fatos. A esperança, contra toda esperança, dissipou-se diante da falta de evidências monumentais; a crença de que seriam encontradas inscrições nas quais os Hierofantes teriam registrado seus rituais e seus significados desapareceu completamente. O sonho que me dominava na juventude - a descoberta de uma sala subterrânea repleta de arquivos do culto - revelou-se inalcançável, pois em Elêusis não existem nem salas subterrâneas nem arquivos do culto. O último Hierofante levou consigo para o túmulo os segredos que foram transmitidos oralmente por incontáveis gerações, de um Sumo Sacerdote ao seguinte. Um véu espesso e impenetrável ainda cobre com segurança os ritos de Deméter, protegendo-os dos olhares curiosos dos estudiosos modernos. Quantas noites e dias foram dedicados a livros, inscrições e obras de arte por eminentes estudiosos em seu esforço para erguer esse véu! Quantas teorias, tanto ousadas quanto engenhosas, foram propostas em um esforço sobre-humano para explicar os Mistérios! Quantas noites passei em pé nos degraus do Telesterion, banhado pela mágica luz prateada de uma lua mediterrânea, na esperança de captar o estado de espírito dos iniciados, na esperança de que a alma humana pudesse vislumbrar o que a mente racional não podia investigar! Tudo em vão - o mundo antigo guardou bem seu segredo, e os Mistérios de Elêusis permanecem não revelados.[471]

Elêusis tem intrigado os estudiosos há séculos. Muito foi descoberto sobre as celebrações preparatórias e públicas, as procissões preliminares e purificações, o ciclo mitológico de Deméter-Korê, e a natureza de certas procissões e ritos menores. Karl Kerényi, C. G. Jung, M. F. Nilsson, W. K. C. Guthrie, Mylonas e outros estudiosos criaram um grande repositório de intuições e especulações. Muitos estudiosos agora concordariam com Kerényi que uma experiência religiosa profunda deve ter ocorrido, repetida ano após ano, uma realidade psíquica que se concretizou repetidamente.[472]

A visão de Mylonas, de pé, vazio em espírito, entre as ruínas iluminadas pela lua em Elêusis, permaneceu comigo ao longo de todas as minhas explorações do Neopaganismo e da Arte. Isso não é surpreendente, uma vez que a Arte (e também uma série de outras religiões Neopagãs) sempre se apresentou como uma religião de Mistério, embora exatamente o que isso significa não seja muito claro, nem mesmo para os próprios participantes.

Num certo nível, penso eu, todas as tradições de Mistério envolvem processos de crescimento e regeneração, confrontos com o nascimento, a morte, a fonte da vida e a relação dos seres humanos com o cosmos. Em conexão com essas ideias, vários Neopagãos e Bruxas renunciaram às palavras "Pagão" e "Bruxa", dizendo que consideram sua religião como "o renascimento da tradição do Mistério". Um Coven de Nova York escreveu que os rituais são, na verdade, a reencenação de

471 George Mylonas, *Eleusis and the Eleusinian Mysteries* (Princeton: Princeton University Press, 1961), p. 281.

472 Karl Kerényi, *Eleusis*, trans. Ralph Manheim (New York: Bollingen Foundation, 1967), pp. 105–74.

um "drama cósmico", permitindo que o participante entre "no drama da própria vida, unindo-se aos Deuses em uma conquista de vantagem universal, para que o crescimento (que é a verdadeira magia) seja alcançado."[473]

Se, com Aidan Kelly, definirmos a Arte como "a herança europeia do culto à Deusa"[474], as conexões com os Mistérios de Deméter e Korê se tornam mais claras. Acima e além da nebulosa área das conexões históricas e geográficas, as conexões filosóficas são reais. O pouco que sabemos sobre os Mistérios parece indicar que esses ritos enfatizavam (assim como a Arte, em sua melhor forma, faz hoje) a experiência em oposição ao dogma, e a metáfora e o mito em oposição à doutrina. Tanto os Mistérios quanto a Arte enfatizam processos iniciáticos que levam a uma ampliação das percepções. Nenhum dos dois enfatiza teologia, crença ou a palavra escrita. Em ambos, os participantes esperam levar uma vida normal no mundo, assim como alcançar o enriquecimento espiritual.

Como explicar a situação de George Mylonas? Aidan observa que os atenienses faziam uma distinção entre os Mistérios Menores e os Mistérios Maiores.

> Os Grandes Mistérios de Elêusis foram, em grande parte, arquetípicos das religiões de Mistério. De acordo com Karl Kerényi, quando Atenas anexou Elêusis por volta de 600 a.C. e fez dos seus Mistérios a religião oficial da Ática, os atenienses aprovaram uma lei para proteger o segredo dos Mistérios. Essa lei, no entanto, distinguia dois tipos de segredos, os "Menores" e os "Maiores". Os "Segredos Menores" eram aqueles que poderiam ser contados a outra pessoa por palavra, gesto ou qualquer outra coisa; e eram chamados de *ta aporrheta*, "os proibidos", e a lei se aplicava apenas a eles - daí o nome. Por que a lei não se aplicava aos "Segredos Maiores"? Esses eram chamados de *ta arrheta*, "os inefáveis", e reconhecia-se na própria lei que esses segredos não poderiam ser comunicados, exceto pelos próprios Mistérios; portanto, não precisavam de proteção por uma simples lei.[475]

É o processo e a experiência, não os segredos, que constituem o mistério dos Mistérios. Mesmo que uma câmara secreta fosse encontrada nas profundezas de Elêusis, ou que os rituais básicos tivessem sido inscritos, os Mistérios continuariam a desafiar a descoberta. Isso explica por que, por mais de dois mil anos, mesmo durante os períodos de dominação cristã, não houve revelações por convertidos nem declarações de ex-iniciados.

"Os Mistérios", observam dois escritores Neopagãos, "são estágios de crescimento na consciência do universo sagrado, e não segredos".

473 Declaração para o início de um Coven por Lyr ab Govannon, primavera de 1976.

474 Aidan Kelly, "Palingenesia", *Gnostica*, Vol. 4, Nº 9 (July 1975), 40. Em *Nemeton*, Vol. 1, Nº 1 (Samhain 1972), 19, Aidan escreveu que pode se definir a "essência da Arte como o culto à Deusa."

475 Aidan Kelly, "Why a Craft Ritual Works", *Gnostica*, Vol. 4, Nº 7 (May 1975), 32. Aidan disse que estava realmente parafraseando Kerényi, *Eleusis*, pp. 24–25.

> Um mistério não pode ser contado nem facilmente mostrado a alguém, enquanto um segredo pode ser contado a praticamente qualquer pessoa, que, por sua vez, pode repassá-lo a outra. Ainda assim, ele continuará sendo o mesmo segredo. Mas parece haver um número surpreendente de pessoas que acreditam que os dois termos são sinônimos...
> O que é verdadeiramente frustrante sobre os Mistérios é que eles não podem ser ensinados, devem ser vivenciados. Na verdade, revelar à maioria das pessoas a substância aparente ou os "segredos" pode cegá-las para a profundidade dos verdadeiros Mistérios, o vasto oceano do indizível, do indescritível... Tal como um monge zen, o professor deve "enganar" o neófito para que ele desperte...
> Se introduzir alguém aos Mistérios fosse tão simples quanto contá-los, então aqueles que os perceberam simplesmente os contariam, e todas as pessoas se tornariam sábias e despertas... Mas quando as pessoas tentam contá-los, as coisas que são ditas são ou compreensíveis, mas não verdadeiras, ou verdadeiras, mas incompreensíveis. São ilusões de imagem, são cestos vazios.[476]

Mylonas é, então, um símbolo poderoso. Estamos todos buscando entre ruínas. Ele representa todos nós que admitimos nossa pobreza espiritual, na esperança de que objetos, palavras e inscrições nos forneçam pistas sobre algo que só pode ser aprendido por meio da experiência. O que foi negado a Mylonas (e à maioria de nós) é a experiência de ser "conduzido" de maneira sutil para esse processo iniciático. Somos forçados a confiar apenas em nossas ferramentas intelectuais, que não nos permitem acessar certas câmaras ocultas. O segredo que o Neopaganismo parece ter começado a aprender nos últimos trinta e cinco anos é este: se os métodos para criar tais experiências foram perdidos, a maneira de reencontrá-los é recriá-los.

476 Penny Novack e Michael Novack, *The New Broom*, Vol. 1, Nº 4, 25.

Apêndices

Apêndice

I

Acadêmicos, Escritores, Jornalistas e o Ocultismo

Quando *Drawing Down the Moon* foi publicado pela primeira vez, a maneira como as Bruxas e outros praticantes de magia eram retratados na mídia e na academia era, para dizer o mínimo, lamentável. Em 1986, com a segunda edição, alguns jornalistas haviam escrito artigos mais sensíveis sobre Paganismo e Wicca, mas a maioria dos jornais, agências de notícias e programas de televisão ainda se interessava apenas por certos tipos de histórias – descrições sensacionalistas de encontros de Bruxas, casos envolvendo acusações criminais, conflitos entre Bruxas e cristãos e, claro, algo fofo e geralmente tolo para a matéria de Halloween. Admito ter participado de alguns destes últimos, depois que meu livro foi lançado, incluindo uma aparição no *Today Show*. A primeira pergunta que me fizeram foi: "Você tem poderes psíquicos?" Minha resposta foi: "Provavelmente tanto quanto você." Ao relembrar as entrevistas que enfrentei quando o livro foi publicado entre 1979 e 1980, as perguntas incluíam coisas como "Por que você tem cabelo preto?" (Nasci assim) e "Essa cicatriz na sua perna é de um ritual?" (Não. Eu me cortei ao me depilar). Entre 1980 e 1985, analisei cerca de cinquenta reportagens de jornais, revistas e agências de notícias coletadas pelo *Nexus* e notei que havia basicamente cinco tipos de histórias: pessoas perturbadas que matavam animais e se diziam Bruxas; disputas de custódia entre casais, geralmente com um dos cônjuges sendo Bruxa e o outro cristão; encontros Wiccanianos sendo alvo de protestos de fundamentalistas; projetos de lei que tentavam retirar o status de isenção fiscal de grupos religiosos Wiccanianos; e julgamentos de acusados de assassinato que supostamente eram Bruxos.

Agora, vinte e cinco anos depois, muita coisa mudou tanto nos Estados Unidos quanto na Europa. As Bruxas aparecem na mídia em outras épocas além do Halloween. Selena Fox afirma que as representações na mídia definitivamente melhoraram, pois "o Paganismo contemporâneo cresceu em número e abrangência". O historiador Ronald Hutton observa que a cobertura da imprensa na mídia de massa britânica está muito melhor do que antes: "Os Pagãos geralmente não são mais considerados notícia por si mesmos e, quando são mencionados, costumam ser tratados com respeito e compreensão. Os ataques ocasionais, baseados na desinformação, estão restritos a jornais sensacionalistas e são raros o suficiente para causar surpresa." O Paganismo ainda aparece em debates sobre religião no espaço público, e organizações de defesa da liberdade religiosa Pagã, como a Lady Liberty League, a Alternative Religions Education Network (AREN) e a Earth Religions Assistance List (ERAL), continuam tendo muito trabalho a fazer. Mas aqui está uma história que Larry Cornett, um Pagão envolvido em muitas batalhas religiosas, que me contou:

Recentemente, houve um caso em Ohio em que alguém tentou usar a Wicca para obter a custódia de uma criança. O juiz fez uma pausa, acessou a Internet, fez uma rápida pesquisa no Google, voltou e disse: "Isso é obviamente uma religião, você não pode usar isso como base para retirar a custódia."

Ainda é quase impossível explicar a Wicca ou o Neopaganismo nos poucos minutos concedidos na maioria dos programas de televisão. No entanto, em 2005, por exemplo, excelentes artigos foram publicados tanto no *San Francisco Chronicle* quanto no *New York Times.*

Os estudos acadêmicos também avançaram significativamente, e há até um movimento emergente de estudos Pagãos (ver capítulo 13). *Drawing Down the Moon* já não é mais a única obra séria sobre Pagãos e Bruxas contemporâneos. O monumental *The Triumph of the Moon*, de Ronald Hutton, e trabalhos mais recentes, como Witching Culture, de Sabina Magliocco, transformaram esse cenário. Mas grande parte da história retratada neste capítulo merece ser lembrada, pois muitos dos erros cometidos por jornalistas e pesquisadores que estudam grupos ocultistas e mágicos ainda são comuns.

> Todas as afirmações são verdadeiras em algum sentido, alsas em algum sentido, sem sentido em algum sentido, verdadeiras e falsas em algum sentido, verdadeiras e semsentido em algum sentido, falsas e sem sentido em algum sentido, e verdadeiras e falsas e sem sentido em algum sentido.
>
> — PRINCIPIA DISCORDIA[477]

> Explicar o ressurgimento atual do Ocultismo na cultura popular dos Estados Unidos por meio de qualquer teoria psicológica ou sociológica monista é simplificar em excesso a realidade dos muitos movimentos.
>
> — MARCELLO TRUZZI[478]

477 *Principia Discordia, or How I Found Goddess and What I Did to Her When I Found Her*, 4ª ed., p. 40.

478 Marcello Truzzi, "Definition and Dimensions of the Occult: Toward a Sociological Perspective", em *On the Margin of the Visible: Sociology, the Esoteric, and the Occult*, ed. Edward A. Tiryakian (New York: John Wiley & Sons, 1974), p. 252. Publicado originalmente no *Journal of Popular Culture*, Vol. V, Nº 3 (Inverno de 1971), 635/7–646/18.

Há um velho ditado psiquiátrico que diz: pessoas que fazem análise freudiana têm sonhos freudianos, pessoas que fazem análise junguiana têm sonhos junguianos e pessoas que fazem terapia adleriana têm sonhos adlerianos. Nossa experiência do mundo muitas vezes reflete as influências sob as quais nos encontramos. As categorias que usamos para definir uma experiência muitas vezes a determinam.

Quando observamos o que a mídia pode chamar de "explosão do Ocultismo" – da qual o renascimento da Bruxaria e do Paganismo certamente faz parte – essa percepção se mostra particularmente verdadeira. Essa "explosão" ou "ressurgimento" é um tema confuso e ambíguo, e quase todo mundo tem uma explicação superficial que geralmente se alinha às suas experiências e crenças anteriores. Noções estereotipadas são comuns em quase todos os assuntos que se tornam modismos temporários, e o Ocultismo, a Magia, o Paganismo e a Bruxaria não são exceção.

Um psicólogo pode atribuir esse ressurgimento à necessidade de certos neuróticos de regredir a um estágio infantil beatífico. Um humanista profissional pode lamentar a "ascensão do irracional" e a "tendência ao anti-intelectualismo". Um fundamentalista cristão pode se preocupar com o "despertar demoníaco", enquanto um escritor marxista pode se angustiar com a tentativa de uma classe abastada e ociosa de dissipar as forças da dissidência ao promover ideias que obscurecem as "questões reais" e levam à decadência e ao narcisismo. Por outro lado, os ocultistas compartilham uma quantidade igualmente grande de sonhos paradisíacos e fantasias sobre a importância e os benefícios finais de seus esforços.

As distorções que circulam sobre grupos ocultistas geralmente se dividem em dois tipos. O primeiro, e mais fácil de refutar, pode ser chamado de a visão do *Exorcista-Bebê de Rosemary*, que já foi amplamente divulgada pela imprensa e ainda é propagada por grupos cristãos fundamentalistas. Embora livros, artigos e estudos acadêmicos tenham demonstrado que essa visão é pura ficção (com exceção de um ou outro indivíduo perturbado), persiste a ideia de que aqueles que praticam a Bruxaria ou o Ocultismo estão envolvidos em algo assustador, pernicioso, ilegal e imoral. Essa imagem tem raízes antigas e é alimentada pela mídia porque gera lucro. Mais do que isso, essa visão incentiva o medo do desconhecido, o que diminui a curiosidade e o espírito de aventura da maioria das pessoas.

Esses sentimentos negativos são amplamente compartilhados, mesmo por pessoas bem-educadas. Contei para centenas de pessoas sobre minhas viagens pelos Estados Unidos, visitando diversos Covens de Bruxaria e grupos Neopagãos, e a primeira reação geralmente era: "Você não teve medo? Não foi perigoso?" Essa suposição era tão comum e tão contrária aos fatos que parecia ser um indício de uma percepção equivocada generalizada. Os fatos eram simples: encontrei-me com representantes de mais de cem grupos, a maioria deles desconhecidos para mim até então. Minha única experiência negativa ocorreu quando um Coven de Bruxas se retirou após um desentendimento político – algo que poderia ter acontecido em qualquer outro ambiente e que certamente não era mais provável ocorrer entre Bruxas do que entre qualquer outro grupo de pessoas.

Outra visão, que circula principalmente entre intelectuais, merece uma análise mais cuidadosa. Trata-se da percepção de que os grupos ocultistas são triviais, escapistas, anti-intelectuais, apolíticos, narcisistas, amorais e decadentes. Essas críticas não vêm da imprensa sensacionalista, mas aparecem nos trabalhos de escritores e acadêmicos respeitados, bem como em publicações como *The New York Review of Books* (*A Revista de Livros de Nova York*), *Commentary* (*Comentário*) e *Partisan Review* (*Revisão Partidária*). Muitas das ideias contidas nestes artigos se transformam em conversas "educadas" comuns, tornando-se a base para as reações rígidas, defensivas e hostis que muitos exibem quando falam sobre o Ocultismo.

É claro que há outro grupo de escritores que tem elogiado consistentemente o renascimento do Ocultismo, vendo-o como um terreno fértil para a inovação. Além disso, há críticas feitas por antropólogos, sociólogos, historiadores e psicólogos que evitam estereótipos. Esses estudos revelam que o mundo ocultista é complexo, com múltiplos temas e camadas, muito mais rico e diferente da imagem apresentada pela imprensa, pela maioria dos livros, pelas conversas à mesa de jantar de certos intelectuais e, por outro lado, pelas posturas simplistas de alguns escritores ocultistas.

Este capítulo tem duas funções principais: resumir alguns dos argumentos mais comuns em torno do renascimento dos grupos ocultistas e mágicos e tornar acessíveis diversos artigos menos conhecidos, assim como ideias e percepções menos rígidas.

Uma coisa deve ficar clara desde o início: não há consenso sobre as razões do ressurgimento da Bruxaria e do Ocultismo, e alguns até duvidam que esse ressurgimento seja real. Existem inúmeras teorias e especulações fascinantes, muitas das quais se contradizem. Por exemplo, em 1971, foi publicado um estudo popular pouco notável sobre novas seitas religiosas, escrito por Egon Larsen. O livro *Strange Sects and Cults* (*Seitas e Cultos Estranhos*) adota uma abordagem pseudopsicológica e descreve o surgimento dessas seitas como "um protesto subconsciente contra a faculdade de pensar...". Larsen argumenta que esses novos grupos são compostos por "almas simples", cujas "personalidades nunca amadurecem" e que permanecem assustadas e confusas diante do pensamento rigoroso.[479] Alguns anos antes, Richard Cavendish havia observado exatamente o oposto em *The Black Arts* (*As Artes Negras*)[480] um estudo sobre práticas ocultistas e místicas. Cavendish escreveu que aqueles que entram em grupos místicos estão, em essência, buscando tomar

479 Egon Larsen, *Strange Sects and Cults* (Londres: Arthur Barker, 1971), p. 2.

480 Richard Cavendish, *The Black Arts* (New York: Capricorn Books, 1967), p. 3.

a Maçã da Serpente; querem comer do fruto da árvore do conhecimento e se tornar "como deuses". Ele argumentava que o típico mago ou místico, longe de ser uma pessoa simples, busca tornar-se "o homem completo". Segundo Cavendish, essas pessoas se lançam em todo tipo de experiência, tanto boas quanto más, e tendem a enxergar todas as vivências como potencialmente enriquecedoras.

Aqui estão mais alguns exemplos. O Reverendo J. Gordon Melton, cujo Instituto para o Estudo da Religião Americana acumulou talvez a maior coleção existente de publicações modernas da Arte e Neopagãs, escreveu que o controle e a manipulação são elementos absolutamente essenciais à visão mágica do mundo.[481] Uma opinião oposta foi expressa muitas vezes por Mircea Eliade, Theodore Roszak e outros, que acreditam que o renascimento do Ocultismo vê o universo como algo pessoal, vivo, numinoso, misterioso e além da manipulação.

O antropólogo Marvin Harris argumentou que as ideias ocultistas têm sido usadas como arma de sobrevivência pelas classes ricas para sufocar o crescimento racional do protesto e da dissidência. Em contraste, Eliade e Edward Tiryakian argumentaram que muitos artistas e escritores utilizaram o Ocultismo como uma ferramenta de combate à burguesia.

Em 1977, o cientista Carl Sagan disse em um simpósio no Instituto de Tecnologia de Massachusetts que parte da responsabilidade pelo crescimento do Ocultismo e da irracionalidade residia em um sistema educacional que falhou em mostrar aos estudantes os mistérios e maravilhas da ciência. Enquanto isso, o sociólogo Marcello Truzzi escrevia em uma série de artigos que a ascensão do Ocultismo era, paradoxalmente, uma validação da visão científica do mundo, e que a maioria dos ocultistas não havia rejeitado a ciência de forma alguma, ao contrário, estava promovendo o processo de secularização ao tornar aspectos antes temidos da vida (como o oculto e o paranormal) mais compreensíveis e benignos.

Ao examinarmos uma ampla variedade de pontos de vista teóricos nas próximas páginas, faríamos bem em prestar atenção às palavras de um editor de uma revista Neopagã que me escreveu sem rodeios: "Não creio que os Pagãos compartilhem quaisquer crenças! E nenhuma Bruxa pensa igual!" Devemos também nos lembrar de Susan Roberts, a jornalista que foi levada a erguer as mãos e exclamar: "As Bruxas desafiam qualquer categorização", mas depois prosseguiu dizendo que as Bruxas não gostavam de usar chapéus e sapatos, que eram inconformistas, que eram convencionais na aparência, que eram limpas, que não eram "hippies" e que não iam a psiquiatras. Existem, é claro, Bruxas que gostam de chapéus e sapatos, que

481 J. Gordon Melton, *A Dictionary of Religious Bodies in the United States* (New York: Garland, 1967), p. 267. "Manipulação e uma visão de mundo manipulativa são a essência da existência mágica."

vão a terapeutas, que são "hippies" (seja lá o que isso signifique), e, sem dúvida, algumas que levam vidas aparentemente não convencionais, mas que, no fundo, são conformistas.[482]

As teorias que tentam explicar o crescimento de novos grupos mágicos e religiosos enquadram-se em várias categorias:

- Teorias que veem esse crescimento como evidência de regressão, fuga ou retraimento.
- Teorias que interpretam esse crescimento como uma reação positiva ou uma rebelião contra as limitações do pensamento ocidental ou os excessos da tecnologia moderna, geralmente considerando as ideias ocultistas[483] como revitalizantes e inovadoras.
- Teorias que não se encaixam facilmente em nenhuma dessas categorias.

482 Susan Roberts, *Witches, U.S.A.* (New York: Dell, 1971), pp. 17–24.

483 A palavra "oculto" e a expressão "ressurgimento do Ocultismo" estão sendo usadas de forma ampla. Tecnicamente, o termo "oculto" surgiu em 1545 (*Oxford English Dictionary*) e significava aquilo que está escondido ou além do alcance da compreensão e do entendimento comuns. Mais tarde, passou a ser utilizado como um termo abrangente para descrever estudos como astrologia, alquimia e magia.
Uma definição sociológica recente (e amplamente citada) do Ocultismo foi formulada por Edward A. Tiryakian em seu ensaio *Toward the Sociology of Esoteric Culture*. Ele escreveu: Por "oculto", entendo práticas, técnicas ou procedimentos intencionais que: (a) recorrem a forças ocultas ou escondidas na natureza ou no cosmos, as quais não podem ser medidas ou reconhecidas pelos instrumentos da ciência moderna; e (b) têm como objetivo ou consequência desejada resultados empíricos, seja obtendo conhecimento sobre o curso dos eventos ou alterando-os em relação ao que teriam sido sem essa intervenção... [Edward A. Tiryakian, "Toward the Sociology of Esoteric Culture", *American Journal of Sociology*, Nº 78 (novembro de 1972), pp. 491–512. Também em *On the Margin of the Visible*, pp. 257–280. O termo "oculto" é definido na p. 265.]
Muitos dos artigos discutidos neste capítulo são direcionados especificamente a vários fenômenos recentes, incluindo o crescimento do Ocultismo, da Bruxaria, "o movimento da consciência", novas terapias e novas seitas religiosas. Muito poucos são direcionados especificamente a Bruxas, e os Neopagãos geralmente têm sido ignorados pelos estudiosos. Pode-se argumentar, por exemplo, que os comentários de Cavendish sobre aqueles que entram em grupos mágicos se aplicam aos magos em geral, mas não se aplicam aos membros das seitas religiosas discutidas por Larsen, e que os membros dessas seitas são confusos e imaturos, ao contrário da maioria dos magos. Eu tenderei a duvidar disso, mas um argumento plausível poderia ser feito. Também poderia ser argumentado que as Bruxas revivalistas e os Neopagãos diferem de tantas maneiras dos sujeitos desses artigos que essas críticas, tanto positivas quanto negativas, simplesmente não se aplicam.
Este pode ser um bom argumento para uma revista acadêmica, mas a maioria das pessoas – e isso inclui a maioria dos inteligentes não especialistas – agrupam todos esses fenômenos juntos. E muitos dos escritores fazem o mesmo. O artigo que fala sobre o "crescimento do irracional" geralmente está se referindo a vários tipos de grupos. Por essas razões, o termo renascimento ocultista é utilizado aqui de forma ampla.

Regressões e Retraimentos: Abordagens Psicológicas e Políticas

Alguns escritores que tentaram analisar o crescimento do Ocultismo o interpretam como um retraimento ou uma regressão, retratando o membro de uma seita ou o ocultista como um indivíduo neurótico, cuja conduta pode ser explicada melhor em termos psicanalíticos. No nível mais simples, essa abordagem psicológica pode ser observada em autores como Egon Larsen, que enxergam esses grupos como compostos por "almas simples", desprovidas de potencial para crescimento e maturidade. Conheci um renomado psiquiatra de Nova York que, sempre que o assunto das seitas religiosas surgia em uma conversa, murmurava: "Esquizofrênicos!". Andrew Greeley e William McCready descreveram uma reação semelhante:

> O reflexo condicionado de muitos cientistas sociais, quando alguém menciona o êxtase místico ou os confronta com uma pessoa que teve tal experiência, é recorrer imediatamente a interpretações psicanalíticas. O extático é visto como alguém perturbado, resolvendo um problema de personalidade adquirido na infância. Para a maioria, isso encerra a questão. Eles "sabem" que o episódio extático é, na verdade, algum tipo de interlúdio psicótico.[484]

Apesar da prevalência desse tipo de análise, uma série de interpretações psicológicas merecem séria consideração. Em 1966, Raymond Prince e Charles Savage escreveram que os estados místicos representavam uma regressão a um estágio anterior de adaptação, onde o sentimento de unidade seria uma revivência da experiência sentida pelo bebê amamentado no seio materno.

Essa análise serviu de base para muitas das críticas feitas ao movimento juvenil dos anos 1960.[485] Mas a visão de Prince sobre a experiência mística não é tão negativa quanto a ideia de "regressão" pode sugerir. Em *Cocoon Work: An Interpretation of the Concern of Contemporary Youth with the Mystical* (*Trabalho de Casulo: Uma Interpretação da Preocupação da Juventude Contemporânea com o Místico*), de 1974, Prince escreveu que o aumento do número de pessoas buscando experiências místicas poderia ser melhor explicado como um rito de passagem autoimposto, um "trabalho de casulo", no qual os jovens americanos contemporâneos criavam um espaço e um tempo para sua própria metamorfose, em uma sociedade que carecia de uma imagem clara e aceitável da vida adulta.

484 Andrew M. Greeley e William C. McCready, "Some Notes on the Sociological Study of Mysticism", em *On the Margin of the Visible*, p. 304.

485 Raymond Prince e Charles Savage, "Mystical States and the Concept of Regression", *Psychedelic Review*, Nº 8 (1966), pp. 59–75.

Prince observou que os psicólogos ofereceram duas principais interpretações para os estados místicos. A primeira (apresentada no artigo anterior de Prince e Savage) sugeria que esses estados eram uma regressão, na qual o ego retornava ao nível mais primitivo da experiência, onde o universo era percebido como simples e confiável. A segunda hipótese era a de que os estados místicos representavam uma forma de desautomatização: o místico restaurava um estado de nova consciência e sensibilidade para ações que haviam sido ignoradas e se tornado automáticas.

Ao analisar o crescimento de novos grupos religiosos, Prince deu ao movimento um nome: "Neotranscendentalismo". Muitas das características que ele lhe atribuiu se aplicam bem a alguns Neopagãos: a ausência de dogma, a exaltação do corpo como um templo, o interesse por novos tipos de relações sociais e econômicas e formas cooperativas de vida. Prince via esse movimento como um "rito de passagem" em uma sociedade que não possuía rituais para a transição da infância para a vida adulta. As pessoas se envolviam nesse "trabalho de casulo" e, depois de um tempo, assumiam suas responsabilidades normais na sociedade.[486] (Uma descrição menos generosa seria que a maioria dos jovens rebeldes acaba se rendendo ao sistema.)

Um dos problemas em aplicar esses argumentos aos Neopagãos é que, ao contrário da cultura jovem dos anos 1960 descrita por Prince, a maioria dos adeptos do Neopaganismo são adultos cujas vidas – com exceção de suas práticas religiosas – estão plenamente integradas à corrente social dominante.

Mas por que o Ocultismo deveria ser visto como uma regressão? Parte dessa tendência vem de uma tese antropológica já bastante antiga, originalmente proposta por A. L. Kroeber e George Devereux, que sugeria que espiritualistas e Xamãs eram psicóticos da comunidade, aos quais era atribuída uma função específica dentro das sociedades primitivas.[487] Essa ideia foi criticada por estudiosos de diversas áreas – incluindo Claude Lévi-Strauss, Mircea Eliade e Jerome Frank, entre muitos outros –, mas continua a existir de forma diluída no imaginário popular. Daí a noção amplamente difundida de que ocultistas e místicos são simplesmente "doentes mentais".

O Dr. E. Fuller Torrey escreveu que esse mito da "doença" teve origem no colonialismo dos séculos 18 e 19 e nas ideias reducionistas aplicadas às sociedades primitivas. Ele argumentou que muitos antropólogos renomados estavam em psicanálise quando formularam suas teorias ou, pelo menos, foram profundamente influenciados pela psicanálise. Eles estavam, observou Torrey, pouco dispostos a ver os seus próprios analistas como "análogos àquelas pessoas estranhas em

486 Raymond Prince, "Cocoon Work: An Interpretation of the Concern of Contemporary Youth with the Mystical", em *Religious Movements in Contemporary America*, ed. Irving Zaretsky e Mark Leone (Princeton: Princeton University Press, 1974), pp. 255–271.

487 A. L. Kroeber, "Psychosis or Social Sanction" (1940), em *The Nature of Culture* (Chicago: University of Chicago Press, 1952), pp. 309–310.

outras culturas que cantam e agitam um chocalho". Mas na verdade, segundo ele, os espiritualistas e Xamãs "fazem exatamente o mesmo que os psiquiatras e psicólogos, usando as mesmas técnicas e obtendo praticamente os mesmos resultados".[488]

Por que não, em vez disso, enxergar o Xamã como Eliade o faz ao escrever que a imitação dos sons dos animais pelo Xamã "indica o desejo de recuperar a amizade com os animais e, assim, entrar no Paraíso primordial?"[489] O desejo por esse paraíso pode realmente ser considerado uma regressão? Greeley e McCready discordavam:

> Nós, humanos, estamos inextricavelmente envolvidos nos processos físicos, químicos e biológicos do Universo. Nadamos em um oceano de ar, somos mantidos na Terra pela gravidade e sustentados pela vida através dos ciclos de oxigênio, carbono e nitrogênio. De fato, somos distintos de tudo o mais, mas apenas até certo ponto; e aqueles psiquiatras que parecem acreditar que uma experiência de profunda consciência sobre nossa conexão com os processos naturais é uma regressão à infância, aparentemente passaram a se enxergar como arcanjos que vivem de maneira totalmente independente dos ciclos da vida no Universo.[490]

A afirmação de que o crescimento do misticismo e do Ocultismo representa um retrocesso é, em grande parte, um argumento político, defendido com mais veemência por teóricos marxistas e outros progressistas. Resumidamente, essa crítica segue a seguinte linha de raciocínio: o Ocultismo, as novas religiões e o interesse pela Magia promovem a superstição e desvalorizam as ideias científicas e intelectuais. Pior ainda, essas crenças enfraquecem as lutas materiais no mundo real e favorecem forças reacionárias ao gerar confusão e uma visão distorcida da realidade. Segundo essa perspectiva, o Ocultismo, é uma ferramenta poderosa de mistificação.

Muitos escritores apresentaram argumentos semelhantes. O falecido antropólogo Marvin Harris escreveu um livro fascinante, *Cows, Pigs, Wars and Witches: The Riddles of Culture* (*Vacas, Porcos, Guerras e Bruxas: Os Enigmas da Cultura*), publicado em 1974. No último capítulo, "The Return of the Witch" (O Retorno da Bruxa), Harris fez um forte ataque aos mais proeminentes defensores da contracultura da época, em particular Theodore Roszak, Charles Reich e Carlos Castaneda.

---

488 E. Fuller Torrey, "Spiritualists and Shamans as Psychotherapists: An Account of Original Anthropological Sin", em *Religious Movements in Contemporary America*, pp. 330–337. Citações na p. 331.

489 Mircea Eliade, Myths, Dreams, and Mysteries (New York: Harper & Row, 1967), p. 71.

490 Andrew M. Greeley e William C. McCready, "Notes on Study of Mysticism", p. 310.

Harris escreveu que "a moda das Bruxas modernas enfraquece e confunde as forças da dissidência".

> Assim como o restante da contracultura, essa moda adia o desenvolvimento de um conjunto racional de compromissos políticos. E é por isso que é tão popular entre os segmentos mais abastados da nossa população. É por isso que a Bruxa retornou.

Harris foi eloquente na sua fúria contra os membros da contracultura que tentaram levitar o Pentágono por meio de Magia durante as manifestações antiguerra em Washington, cerca de trinta anos atrás. Ele parece ter levado o evento ao pé da letra, sem compreender o humor e o uso da metáfora por parte dos manifestantes. Harris argumentou que o desprezo deles pela racionalidade e objetividade estava perigosamente "despojando uma geração inteira" de ferramentas intelectuais. Nesse ponto, sua crítica se assemelhava à de Larsen. Além disso, acusou os defensores da contracultura de pensamento etnocêntrico e relativismo amoral.

> Sustento que é absolutamente impossível subverter o conhecimento objetivo sem também subverter a base dos julgamentos morais. Se não pudermos saber com razoável certeza quem fez o quê, quando e onde, dificilmente poderemos apresentar um relato moral de nós mesmos. Incapazes de distinguir entre criminoso e vítima, rico e pobre, explorador e explorado, devemos ou defender a suspensão total dos julgamentos morais ou adotar a posição inquisitorial, responsabilizando as pessoas pelo que fazem nos sonhos umas das outras.

Mas o principal argumento de Harris era que o Ocultismo e o Pensamento Místico promoviam a ideia de que se pode mudar o curso da história alterando a consciência, em vez de transformar as condições materiais que, segundo ele, são as verdadeiras criadoras da consciência. Para Harris, esses movimentos eram perigosos porque "impedem as pessoas de compreender as causas de sua existência social."[491] Tais doutrinas foram muito úteis para sistemas desiguais.

Outro escritor que fez um argumento semelhante foi Edwin Schur, em seu livro *The Awareness Trap: Self-Absorption Instead of Social Change* (*A Armadilha da Consciência: Autoabsorção em Vez de Mudança Social*). Schur afirmou que o "movimento da consciência" (outra expressão abrangente que incluía grupos da Nova Era, assim como a maioria dos grupos de que estamos falando) atendia aos problemas dos ricos e da classe média branca, desviando os pobres do avanço de seus verdadeiros interesses coletivos.[492]

---

491 Marvin Harris, *Cows, Pigs, Wars and Witches* (New York: Vintage, 1975), pp. 251, 255, 257–258, 263.

492 Edwin Schur, *The Awareness Trap: Self-Absorption Instead of Social Change* (New York: Quadrangle, 1976).

Mas a crítica mais séria desse tipo combinava uma perspectiva psicológica e política. Ela veio do falecido Christopher Lasch, que escreveu vários artigos sobre o "novo narcisismo" na América para *The New York Review of Books* e *Partisan Review.* Lasch argumentou que um "recuo para satisfações estritamente pessoais", um dos principais temas dos anos setenta, refletia em tudo, desde o Ocultismo à corrida recreativa, das novas terapias ao ressurgimento do Cristianismo fundamentalista. Segundo ele, esses novos movimentos, ao contrário dos movimentos milenaristas do fim da Idade Média, que estavam preocupados com a justiça social, compartilhavam um desejo de esquecer o passado e viver apenas o momento. Não iam além da busca por gratificação instantânea e de uma espécie de sobrevivencialismo.

O retrato que Lasch fez da cultura contemporânea era de uma sociedade em que as pessoas oscilavam "entre compromissos políticos irrefletidos e um culto ao eu, entre a rejeição total da política e a negação da vida pessoal como uma indulgência burguesa." Enquanto Schur caracterizava os membros desses movimentos como complacentes, Lasch os retratava como obcecados consigo mesmos e desesperados.

Lasch argumentava que cada época tem suas próprias formas de transtornos mentais, que simplesmente refletem, de forma exagerada, as características básicas dessa mesma época. No tempo de Freud, as doenças mentais dominantes eram a histeria e a neurose obsessiva. Essas condições, escreveu Lasch, "levavam ao extremo os traços de personalidade associados a um estágio anterior do desenvolvimento da ordem capitalista – a avidez por acumulação, a devoção fanática ao trabalho e a repressão feroz da sexualidade." Em nossa época, por outro lado, as doenças predominantes passaram a ser a esquizofrenia e os transtornos de personalidade "limítrofes" (*borderline*). Essas condições, escreveu Lasch, pareciam indicar uma mudança social da autodireção para o narcisismo. Segundo ele, o narcisismo e seus traços – pansexualidade, hipocondria, corrupção, superficialidade e incapacidade de viver o luto – eram simplesmente a melhor forma de lidar com um ambiente social hostil, onde amizades e a vida familiar eram difíceis de sustentar, os relacionamentos eram superficiais, não havia senso de continuidade histórica e o consumo e o glamour eram enfatizados.[493]

493 Christopher Lasch, "The Narcissist Society", *The New York Review of Books*, Vol. XXIII, Nº 15 (30 de setembro de 1976), pp. 5, 8, 12; também em "The Narcissistic Personality of Our Time", *Partisan Review*, Vol. XLIV, Nº 1 (1977), pp. 9–19.

Ocultistas como Rebeldes e Inovadores

As respostas a esses argumentos vieram de diversas fontes. Alguns escritores, como Roszak, viam o ressurgimento do Ocultismo em parte como um protesto contra uma ética tecnocrática estéril. A sociedade industrial havia gerado seu oposto: um anseio pelo sagrado, pelo comunitário, pelo espontâneo. Outros, como Edward Tiryakian e Mircea Eliade, enxergavam o Ocultismo como uma fonte de novas imagens tanto para movimentos artísticos quanto políticos, tanto no passado quanto no presente. Tiryakian escreveu que a "cultura esotérica, com sua riqueza fantástica de imagens e simbolismo, é multivalente em termos das expressões políticas que dela podem ser derivadas."[494] Ele observou que diversos grupos, desde o partido político irlandês *Sinn Féin* até os nazistas, fizeram amplo uso de imagens ocultistas. Essas ideias não pertenciam aos reacionários mais do que pertenciam aos progressistas.

Tanto Tiryakian quanto Eliade mencionaram poetas simbolistas e escritores surrealistas como André Breton, Louis Aragon e Paul Eluard, todos comprometidos tanto com a política radical quanto com o Ocultismo.[495] Todo o movimento surrealista parecia contradizer diretamente os argumentos de que o Ocultismo e a Magia eram, por natureza, apolíticos. Breton e os surrealistas se manifestaram fortemente contra o que consideravam os três principais males: o realismo, o racionalismo industrial e a ordem social burguesa.[496]

Outro escritor que comparou o crescimento do misticismo, especialmente entre os jovens, com os movimentos surrealistas e dadaístas foi Nathan Adler. Ele escreveu que, em ambos os casos, os sonhos, as alucinações e o acaso eram usados como "um antídoto para a crescente esterilidade da vida industrial e mercantil".[497] Ele fez uma distinção cuidadosa entre o movimento surrealista e o grupo sobre o qual estava escrevendo – a cultura jovem do início dos anos 1970 – acreditando que esta última era anti-intelectual. Em minhas próprias experiências com Bruxas e Pagãos, encontrei muito pouco anti-intelectualismo.

Tiryakian escreveu que o Ocultismo, agora, como no passado, parece funcionar como um "terreno fértil", uma fonte de mudança e inovação, que acaba afetando as artes, as ciências e a política. Ele observou que, embora fosse comum considerar

494 Edward A. Tiryakian, "Sociology of Esoteric Culture", p. 271.

495 Mircea Eliade, "The Occult and the Modern World", em *Occultism, Witchcraft, and Cultural Fashions* (Chicago: University of Chicago Press, 1976), pp. 52–53.

496 Enquanto visitava Neopagãos em Chicago, fui levada ao estúdio de Robert Green, um pintor surrealista que usa rituais mágicos para renovar suas energias criativas. Green fez uma distinção entre religião, "que depende da crença", e magia, "que é um processo para renovar o subconsciente." Ele me disse que tanto a magia quanto a arte surrealista buscam "liquefazer a mente", libertando-a de dogmas aprisionantes. E ainda afirmou que o problema com o modo racional era que ele impunha limites inaceitáveis. O propósito do surrealismo era "liberação", a liberação da mente, mas também, de toda a existência humana. Green me contou que os surrealistas sempre mantiveram uma análise crítica da sociedade. Eles sempre foram "políticos". Magia e Ocultismo de forma alguma contradizem isso, disse ele, contanto que sejam mantidos livres de dogma e crenças fixas.

497 Nathan Adler, "Ritual, Release, and Orientation: Maintenance of the Self in the Antinomian Personality", em *Religious Movements in Contemporary America*, p. 285.

o Ocultismo como marginal, atávico, uma estranha aberração do processo de modernização, outra forma de enxergar as tradições esotéricas era vê-las como a fonte de novos paradigmas, catalisadores da modernização que surgem tanto nos "crescimentos" quanto nos "declínios" da história – na Renascença, por exemplo, ou durante o declínio do Império Romano.[498]

Quanto à acusação de Harris de que o crescimento do Ocultismo leva à confusão, ao escapismo e à reação, Roszak respondeu com as seguintes palavras: "Não é a experiência transcendental que deve ser rejeitada, mas seu uso insidioso e a consequente obstrução da consciência." O verdadeiro mal, escreveu ele, está em "contrapor a transcendência à terra, ao corpo, à cidade dos homens, para proteger privilégios criminosos."[499] A boa magia, ele sustentava, é semelhante à boa arte. A magia ruim e a arte ruim apenas confundem; a boa magia e a boa arte revelam os mistérios para todos.

Ainda outra visão positiva via o ressurgimento do Ocultismo como uma recusa saudável em se contentar com o finito. Harriet Whitehead, como vimos, escreveu que essa recusa era o resultado da convicção de que há lacunas e deficiências na maneira ocidental de compreender a realidade. A busca e a exploração do oculto eram uma tentativa de alcançar a ordem que está no fundo das coisas, de descobrir o "verdadeiramente real".[500]

O Ocultismo é um refúgio do mundo? É preciso dizer que poucos Ocultistas, Neopagãos e Bruxas dedicam muito tempo a debater essa questão (ou, aliás, a ler esses artigos). Mas esse debate ocorreu no movimento feminista. Como vimos, várias mulheres descartaram completamente a ideia de uma divisão entre a realidade espiritual e material, simplesmente argumentando que se tratava de um equívoco originado do pensamento patriarcal. Elas viam o ritual e a magia como uma força de conexão, assim como a arte e a poesia. Se a arte era considerada necessária, por que não o ritual? Os artistas eram apenas um pouco mais respeitáveis, nos dias de hoje, do que os magos e criadores de rituais.

498 Edward A. Tiryakian, "Preliminary Considerations", em *On the Margin of the Visible*, p. 3.

499 Theodore Roszak, ed., *Sources* (New York: Harper & Row, 1972), p. 419.

500 Harriet Whitehead, "Reasonably Fantastic: Some Perspectives on Scientology, Science Fiction, and Occultism", em *Religious Movements in Contemporary America*, pp. 547–587.

Outras Teorias que Vão Além do Interesse Passageiro

Algumas das reflexões mais interessantes sobre os movimentos ocultistas contemporâneos vêm do historiador Mircea Eliade, autor de mais de vinte obras que abrangem desde mitografia até investigações sobre Xamanismo e Bruxaria. Em 1976, a University of Chicago Press publicou uma coletânea de ensaios de Eliade sob o título *Occultism, Witchcraft, and Cultural Fashions* (*Ocultismo, Bruxaria e Modas Culturais*), um dos livros mais lúcidos sobre esses temas a surgir em anos. Três ensaios abordam diretamente as questões discutidas nesta obra. Dois são analisados aqui; o terceiro foi tratado no capítulo 4.

No ensaio *Cultural Fashion and History of Religion* (*Moda Cultural e História da Religião*) Eliade analisou a extraordinária popularidade da revista *Planète* na França e a filosofia de Pierre Teilhard de Chardin. Os argumentos desse ensaio podem ser facilmente aplicados à maioria dos grupos ocultistas mais recentes. A *Planète* foi criada por Louis Pauwels e Jacques Bergier, autores que ganharam notoriedade em 1961 com a publicação de *Morning of the Magicians* (*O Despertar dos Mágicos*)[501], um livro que combinava política, Ocultismo, fatos científicos e ficção científica. A obra causou grande alvoroço na França e gerou intensos debates nos Estados Unidos, especialmente dentro da contracultura. A revista *Planète* foi fundada com os lucros obtidos pelo livro e também apresentava uma mistura de magia, ciência, política e especulação.

Eliade argumentou que, após a Guerra da Argélia, havia na França um "profundo mal-estar entre os intelectuais". Eles estavam cansados de viver naquele momento histórico "sombrio e tedioso", mas Sartre e outros escritores existencialistas os haviam ensinado que essa era a única postura responsável a se adotar. A *Planète* surgiu como um contraste total, oferecendo uma visão "otimista e holística", onde o Universo era misterioso e fascinante, e onde Ocultismo e Ciência combinavam entre si para criar possibilidades infinitas. O mundo já não estava condenado ao absurdo, e os seres humanos não eram mais forçados a uma existência alienada e inútil. Em vez de uma análise constante da própria condição existencial, o compromisso agora era com o processo infinito da evolução.

Eliade argumentou que a filosofia de Teilhard de Chardin se tornou popular na França por razões semelhantes. Teilhard via o mundo de uma perspectiva cósmica, onde a história humana era apenas uma pequena parte de uma evolução progressiva infinita.[502] Eliade argumentou que o Universo de Teilhard era "real,

501 Louis Pauwels e Jacques Bergier, *The Morning of the Magicians*, tradução de Rollo Myers (New York: Avon, 1968). Originalmente publicado na França em 1960 como *Le Matin des Magiciens* pela Éditions Gallimard.

502 Para entender como um grupo Neopagão, a Church of All Worlds, adaptou, modificou e expandiu as ideias de Teilhard, consulte o capítulo 10.

vivo, significativo, criativo, sagrado". Apesar do simbolismo cristão, Teilhard era essencialmente um panteísta que ignorava o pecado e o mal, enxergando a evolução humana e planetária como progressiva, otimista e infinita. Eliade escreveu:

> Não se pode sequer retornar a uma abordagem romântica ou bucólica da natureza. No entanto, a nostalgia por uma solidariedade mística perdida com a natureza ainda assombra o homem ocidental. E Teilhard lhe revelou uma perspectiva inesperada, na qual a natureza é imbuída de valores religiosos sem perder sua realidade completamente "objetiva".[503]

Eliade resumiu as ideias daqueles que liam a Planète com entusiasmo e se interessavam pelas concepções de Teilhard como uma rejeição ao existencialismo, uma indiferença à história, a exaltação da natureza física e uma visão essencialmente positiva da ciência e da tecnologia. Mais do que isso, seu anti-historicismo não era uma negação da história em si, mas "um protesto contra o pessimismo e o niilismo de alguns historicistas recentes", aliado a uma "nostalgia pelo que poderia ser chamado de macro-história – uma história planetária e, posteriormente, cósmica".

Eliade refletiu as ideias de Lasch, mas de uma perspectiva oposta. A indiferença à história gerava um otimismo absoluto, em contraste com o espírito de sobrevivência nascido do desespero descrito por Lasch.

O ensaio de Eliade, *The Occult and the Modern World* (*O Oculto e o Mundo Moderno*), abordou de forma mais específica a história do Ocultismo e sua popularidade contemporânea. Após discutir sobre o ocultista do século 19, Eliphas Levi, que foi em grande parte responsável pela ascensão do Ocultismo na França, Eliade escreveu que a geração de ocultistas franceses que o sucedeu buscava recuperar a perfeição espiritual da humanidade como era "antes da queda". Esse movimento ocultista "não atraiu a atenção dos historiadores competentes das ideias da época, mas fascinou um grande número de escritores importantes, de Baudelaire, Verlaine e Rimbaud a André Breton e alguns autores pós-surrealistas, como René Daumal".

O uso de temas ocultistas por esses escritores seguiu dois caminhos distintos. Aqueles que escreveram antes da segunda metade do século 19, como Balzac, Schiller e Goethe, "refletiam a esperança em uma *renovatio* (renovação) pessoal ou coletiva – uma restauração mística da dignidade e dos poderes originais do ser humano." O segundo e posterior caminho, trilhado por escritores como Rimbaud, Baudelaire e Breton, utilizava os temas ocultistas como "uma arma poderosa em sua rebelião contra a elite dominante burguesa e sua ideologia." Essa rebelião implicava a rejeição dos valores judaico-cristãos, bem como das sensibilidades sociais e estéticas da época.

503 Mircea Eliade, *Cultural Fashions and History of Religions*, em *Occultism, Witchcraft, and Cultural Fashions*, pp. 10, 13, 16.

Nas Tradições Ocultistas, esses artistas buscavam elementos anteriores ao judaico-cristianismo e ao mundo clássico (pré-grego), ou seja, métodos criativos e valores espirituais egípcios, persas, indianos ou chineses. Eles procuravam seus ideais estéticos nas artes mais arcaicas, na "revelação primordial" da beleza.

Para concluir, de Baudelaire a André Breton, o envolvimento com o Ocultismo representou, para a vanguarda literária e artística francesa, uma das críticas e rejeições mais eficazes aos valores religiosos e culturais do Ocidente - eficaz porque era considerada fundamentada em fatos históricos.

Eliade considerava que a cena ocultista contemporânea se distinguia dos renascimentos anteriores em aspectos importantes. A explosão atual do Ocultismo foi "antecipada" por uma nova onda de pesquisas e compreensões, realizadas não por escritores e artistas, como na era anterior, mas principalmente pelos historiadores das ideias. Essas contribuições incluíam a decodificação de manuscritos esotéricos encontrados nas cavernas do Mar Morto, novas monografias sobre o gnosticismo judaico, estudos recentes sobre alquimia chinesa, indiana e ocidental, investigações sobre as Tradições Herméticas e pesquisas sobre Xamanismo e Bruxaria. Segundo Eliade, essa produção acadêmica contemporânea "revelou o significado religioso constante e a função cultural de um grande número de práticas, crenças e teorias ocultistas, registradas em muitas civilizações, tanto europeias quanto não europeias, e em todos os níveis culturais."

O argumento de Eliade era que novos estudos haviam mudado a visão dos acadêmicos sobre diversas questões, incluindo as origens da Bruxaria na Europa Ocidental. Cem anos atrás, a maioria dos historiadores acreditava que a Bruxaria europeia era uma invenção da Inquisição. Os Covens, os relatos de orgias e todas as outras acusações eram vistos como meras invenções ou confissões obtidas sob tortura. Depois veio Margaret Murray, que defendeu a ideia de que a Bruxaria era uma religião de fertilidade pré-cristã. Hoje, as teorias de Murray foram amplamente desacreditadas, mas Eliade sustentava que sua suposição de que "existia um culto de fertilidade pré-cristão e que sobrevivências específicas desse culto pagão foram estigmatizadas durante a Idade Média como Bruxaria" estava correta – e havia sido confirmada por investigações mais recentes de materiais indo-tibetanos e romenos.

Eliade também escreveu que o renascimento do Ocultismo continuava a explorar dois temas antigos: a rebelião contra os valores religiosos ocidentais e a busca por renovação. No entanto, ele argumentava que o aspecto mais importante para todos os grupos, de astrólogos a satanistas, era a esperança de uma renovação individual e coletiva. "A principal explicação para o fascínio pelo Ocultismo está na atração por uma iniciação pessoal", afirmou. Além disso, todos esses grupos sugeriam, "conscientemente ou inconscientemente, o que eu chamaria de uma avaliação otimista do modo de ser humano".[504]

Um dos primeiros e mais importantes livros a mapear a ascensão dos novos movimentos religiosos nos Estados Unidos foi o estudo da Universidade de Princeton, *Religious Movements in Contemporary America* (*Movimentos Religiosos na América Contemporânea*) publicado em 1974. Entre os artigos mais incomuns desse extenso volume está o estudo do antropólogo Edward Moody sobre o satanismo, intitulado *Magical Therapy: An Anthropological Investigation of Contemporary Satanism* (*Terapia Mágica: Uma Investigação Antropológica do Satanismo Contemporâneo*).[505] Moody passou dois anos como observador participante na Church of the Trapezoid (Igreja do Trapézio), um ramo da Church of Satan (Igreja de Satanás) de Anton LaVey. Seu objetivo era responder à pergunta: "Por que as pessoas se tornam satanistas?" Ao final desse período, concluiu-se que os satanistas acreditam que algo que chamam de "magia" funciona para eles, permitindo que alcancem muitos de seus objetivos. No entanto, a forma como essa magia opera revelou-se um fenômeno bastante complexo.

Desde o início, Moody enfrentou diversas dificuldades. Ele não conseguiu enquadrar os satanistas em nenhuma "categoria sociológica tradicional". Entre os membros, ele encontrou tanto pessoas consideradas "bem-sucedidas" quanto aquelas vistas como "fracassadas". Havia indivíduos ricos e pobres, representantes de todas as classes sociais e diferentes orientações políticas. A única característica comum a todos que observou era um traço comportamental que os colocava à margem das normas culturais. Muitos demonstravam desconhecimento das "regras do jogo social" e frequentemente sentiam-se incapazes de "fazer o sistema responder".

Moody observou que o treinamento mágico para novos recrutas satanistas combinava diversas habilidades práticas destinadas a fortalecer o ego e reduzir os sentimentos de culpa e ansiedade. As técnicas e rituais envolviam uma mistura de psicodrama, dicas de etiqueta social, conselhos sobre como se tornar mais atraente e métodos para aumentar a autoconfiança.

Ele acompanhou um sujeito específico, "Billy G.", ao longo de vários meses, observando sua transformação. Inicialmente, Billy G. apresentava um nível de ansiedade tão alto que sequer conseguia falar com alguém do sexo oposto. Com o tempo, tornou-se um jovem mais "normal", capaz de interagir com homens

504 Mircea Eliade, *The Occult and the Modern World*, em *Occultism, Witchcraft, and Cultural Fashions*, pp. 52–53, 57–58, 64–65.

505 *Drawing Down the Moon* não inclui um estudo sobre o satanismo porque este não é, essencialmente, um fenômeno Neopagão. Satanistas (os "Bruxos Neogóticos" de Bonewits) retiram seus mitos do judaico-cristianismo, e a maioria deles cultua Satanás como uma figura simbólica de rebelião contra o cristianismo. O artigo de Moody é relevante aqui porque responde a uma questão mais ampla: por que os grupos ocultistas e mágicos exercem tanto fascínio?

e mulheres tanto dentro quanto fora da Igreja. Seu progresso ocorreu gradualmente, à medida que ele participava de diferentes rituais, muitos dos quais baseados em técnicas comportamentais para reduzir a ansiedade.

Como exemplo, Moody trouxe uma nova perspectiva para um dos aspectos do satanismo contemporâneo mais explorados pela imprensa: a mulher nua que serve como altar. No início, Billy G. acha esse cenário tão perturbador que permanece no fundo da sala. Nas semanas seguintes, vai se aproximando aos poucos. Por fim, Billy G., filho de missionários fundamentalistas, consegue ficar ao lado dessa mulher, conversar com ela, entregar-lhe um cálice ou participar do ritual de alguma forma, sem se sentir desconfortável. Ele recebe incentivo e é ensinado que seus impulsos sexuais são naturais e não devem ser reprimidos, ao contrário do que aprendeu em sua educação anterior. Com o tempo, consegue conhecer mulheres e sair com elas. Torna-se socialmente bem-sucedido. A magia funciona.

Ironicamente, Moody mostrou que a Church of Satan, certamente um dos grupos ocultistas dos menos "aceitáveis", na verdade atuava como uma força de normalização e socialização dentro da sociedade em geral. Sua função era semelhante à de uma terapia – e aparentemente, funcionava. Moody comentou sobre Billy G.:

> Se ele atribui esse novo poder e sucesso à magia, em vez de às percepções da sociologia, antropologia ou psicologia, é porque essa interpretação está mais de acordo com sua visão de mundo e com as categorias de compreensão que ele utiliza para dar estrutura e significado à sua realidade.
>
> Na verdade, às vezes é difícil argumentar contra essa interpretação. Se a psicologia explica as interações pessoais em termos de "forças" hipotéticas em ação – forças conhecidas e medidas apenas pela percepção de seus efeitos – então, o que diferencia isso da magia? É essa a pergunta que o satanista faz. E então os satanistas afirmam, com certa justificativa, que: "Quando a magia se torna um fato científico, passamos a chamá-la de medicina ou astronomia." (LaVey, 1969).

Moody encerrou seu estudo incentivando o crescimento da Church of the Trapezoid e argumentando que instituições como essa ajudavam a socializar indivíduos para os quais a terapia tradicional havia falhado e, paradoxalmente, serviam para aproximá-los das normas culturais. Por que há um crescimento dos grupos mágicos hoje? Moody perguntou. Sua conclusão foi que isso representa "uma tentativa de várias pessoas de recuperar um senso de controle sobre seu ambiente e suas vidas." É importante notar o que Moody não disse. Ele não recorreu ao clichê de que as pessoas se tornam ocultistas para obter poder sobre os outros – embora, claro, algumas possam ingressar por esse motivo. Também não afirmou que essas pessoas querem se retirar do mundo. Pelo contrário, ele disse que elas entram nesses grupos para alcançar um senso de autodeterminação, para ter controle sobre suas próprias vidas dentro do mundo. Moody concluiu:

> Este parece ser um tempo em que muitos dos deuses do mundo ocidental, assim como os antigos deuses tradicionais dos africanos em processo de urbanização, estão sendo desafiados. Deus está morto, mas isso não significa apenas o deus judaico-cristão; também inclui os deuses do progresso, da ciência e da tecnologia. Depositamos nossa fé "nele", mas agora o deus do progresso se revela um Jano de duas faces, prestes a cobrar um preço terrível por nosso conforto e avanços. O deus da ciência falhou conosco e não criou o paraíso que nos foi prometido, livre de doenças, ignorância e morte. Pelo contrário, ele nos ameaça com a destruição – seja pelo apocalipse de uma conflagração atômica ou por uma morte lenta causada pela poluição química. O deus da tecnologia revela seu "verdadeiro" rosto: nossos riachos morrem, nossos lagos secam e o próprio ar se transforma em um veneno sutil. Em tempos assim, as pessoas buscam novos deuses ou tentam restaurar os antigos...
>
> Agora que as fontes externas da verdade, os especialistas e os cientistas, falharam conosco, muitas pessoas começaram a buscar dentro de si a sua fonte de sabedoria e segurança. Alguns passaram a reafirmar a necessidade de encontrar soluções pessoais. Em certo sentido, a Bruxaria[506] é um produto dessas necessidades. Se o mundo do satanista for um critério, o satanista está treinando a si mesmo para ser assertivo e poderoso como indivíduo. Embora busque um senso de segurança em sua associação com forças poderosas, ele está, na verdade, encontrando fontes internas de força. Está descartando a necessidade de deuses poderosos para protegê-lo e cuidar dele, insistindo que é forte o suficiente para cuidar de si mesmo. Ele comanda os deuses e não lhes implora. Está se afastando de uma orientação etérea e do outro mundo para uma avaliação mais realista e uma preocupação com o mundo mundano e real.[507]

A afirmação de Moody de que o Ocultismo funciona como uma força racionalizadora é apresentada em outro artigo, *Urban Witches* (*Bruxas Urbanas*), no qual ele argumenta que muito do que é chamado de Magia é na verdade um processo de aprendizado de comportamento social e jogos interpessoais. A magia, ele escreveu, permite que seus praticantes lidem melhor "com os problemas cotidianos da vida, com o aqui e agora."[508]

506 Moody não faz distinção entre Bruxaria e Satanismo, o que é uma falha neste ensaio, que, de resto, é excelente.

507 Edward J. Moody, "Magical Therapy: An Anthropological Investigation of Contemporary Satanism", em *Religious Movements in Contemporary America*, pp. 380–82.

508 Edward J. Moody, "Urban Witches", em *On the Margin of the Visible*, p. 233.

O sociólogo Marcello Truzzi adotou uma posição semelhante. Em 1972, em um artigo The Occult Revival as Popular Culture (O Renascimento do Ocultismo como Cultura Popular), Truzzi escreveu que o renascimento do Ocultismo envolvia um amplo espectro de indivíduos, muitos dos quais "não eram simplesmente do tipo que busca identidade, como alguns os retratam." Truzzi argumentou que os ocultistas tendem a brincar com ideias que antes eram muito temidas e que, portanto, o surgimento do Ocultismo é uma evidência de uma vitória sobre o sobrenatural. Ele escreveu: "O que estamos vendo é, em grande parte, um processo de desmistificação do que antes eram elementos culturais temidos e ameaçadores."[509]

Em outro artigo, *Toward a Sociology of the Occult: Notes on Modern Witchcraft* (*Rumo a uma Sociologia do Oculto: Notas sobre a Bruxaria Moderna*), Truzzi escreveu que os grupos de Bruxaria, em geral, possuem muito pouco de sobrenaturalismo. Ele constatou que a maior parte do Ocultismo é naturalista e pragmática, "uma espécie de ciência desviada". E observou que a maioria dos ocultistas busca validação científica de suas afirmações e as considera científica em um sentido filosófico, trabalhando dentro de uma "visão final de compreensão científica".

> Nesse sentido, parece que houve uma espécie de secularização da magia em adaptação à visão de mundo científica e naturalista moderna. Assim, o que antes era descrito na literatura ocultista como forças psíquicas sobrenaturais agora são exemplos de percepção extrassensorial de um tipo basicamente passível de ser examinado e potencialmente compreendido no laboratório do psicólogo.[510]

Tomados em conjunto, esses artigos apresentam uma riqueza de pontos de vista diversos. Esses escritores desmentem os simples estereótipos sobre o "Ocultismo" que muitas pessoas aceitam inconscientemente - que é irracional, escapista, retracionista e assim por diante. Esses artigos mostram que o que quer que esteja acontecendo aqui é, e sempre foi, muito mais complicado do que a maioria das pessoas costuma admitir.

509 Marcello Truzzi, "The Occult Revival as Popular Culture: Some Random Observations on the Old and Nouveau Witch", *Sociological Quarterly*, Nº 13 (inverno de 1972), 29.

510 Marcello Truzzi, "Toward a Sociology of the Occult: Notes on Modern Witchcraft", em *Religious Movements in Contemporary America*, pp. 629, 635–36.

Apêndice II

Rituais

As limitações de espaço me impedem de reimprimir muitos dos belos e variados rituais e poemas que os modernos Pagãos escreveram. Incluí cinco aqui. Eles podem fornecer uma pequena ideia dessa literatura.

Encantos de Mulher: Uma Ladainha[511]

por Morgan McFarland

Eu Sou a Corça Branca que Foge Sete Vezes.
Sou pura e rápida, pois sei que a captura é a Morte para minha Alma.

Eu Sou Uma Torrente Cinzenta Sobre a Qual o Barco é Lançado.
Refluo e inundo; minhas águas estão inquietas.

Eu Sou Um Vento Violento Que Agita As Profundezas.
Levanto-me com raiva do meu sono inquieto.

Eu Sou Um Ponto de Sol Através das Nuvens.
Emitirei o raio puro da realidade.

Eu Sou Uma Ave de Rapina Que Protege sua Ninhada.
Sou astuta e esperta; dou abrigo aos meus filhos.

Eu Invoco o Terror Como o Corvo Da Noite.
Guardo as fronteiras e busco o inimigo em seus recantos.

Eu Sou a Fumaça Densa e o Fogo Pesado.
Turvo a razão do Homem e elevo aquele que ousar enfrentar minha chama.

Eu Sou a Espada Forjada Pelo Fogo Cuja Lâmina é Temperada em Sangue.
Sou a Amazona que nunca fere, mas destrói o usurpador, fileira após fileira.

Eu Sou Mais Sábia Que o Salmão Que Nada Dentro do Poço Sagrado.
Sou a avelã que alimenta a Bruxa e sussurra o conhecimento em seu ouvido.
Eu Sou a Serpente Multicolorida Que Coroa a Colina da Inspiração.
Inflijo a mordida mortal nos que têm passos pesados e são sem inspiração.

511 Parte de um manuscrito inédito de rituais para mulheres.

Eu Sou a Mata Fechada Que Não Esconde Nem o Javali Nem a Corça.
Sou a Filha que empunha a lança do Nome Sagrado.

Eu Sou Uma Maré Mais Violenta do que Suas Ondas Dizem.
Sou o terror no chocalhar dos seixos contra as falésias em ruínas.

Eu Sou as Ondas do Mar Cuja Crista é Espuma Brilhante.
Não serei detida e incessantemente devorarei a costa inimiga.

Quem Conhece os Segredos do Dólmen Intocado?

Eu, que sou Mulher: ou suas pedras são minha vida,
e seu portal, meu coração.
Eu, que sou Mulher: ou sou a estrutura que se abre
para dar passagem à Vida.
Eu, que sou Mulher: pois sou também a porta
que leva a Vida à Morte.

Eu Sou Sacerdotisa e Mulher.
Sou filha de minha Mãe.

LADAINHA DA MÃE TERRA[512]

Ó Mãe-Terra, Tu de incontáveis nomes e faces, Tu da Natureza multifacetada dentro e acima de Tudo, Natureza Encarnada, Amor e Vida realizados; olha favoravelmente para este lugar, concede-nos a Tua Presença, inspira e infunde-nos com os Teus poderes; por todos os nomes pelos quais tens sido conhecida, ó Mãe-Terra:

VENHA A NÓS.

TU A QUEM OS DRUIDAS CHAMAM DANU

VENHA A NÓS.

TU QUE ÉS A ERDE DOS ALEMÃES

VENHA A NÓS.

TU A QUEM OS ESLAVOS CHAMAM DE ZIVA
TU QUE ÉS A NERTHUS DOS VANIR
TU A QUEM OS POLONESES CHAMAM DE MARZYANA
TU QUE ÉS A FRIGGA DOS AESIR
TU A QUEM OS ROMANOS CHAMAM DE TERRA
TU QUE ÉS DIANA PARA OS ETRUSCOS
TU A QUEM OS PERSAS CHAMAM DE KYBELE
TU QUE ÉS IPHIMEDEIA, PODEROSA RAINHA DOS GREGOS
TU A QUEM OS EGÍPCIOS CHAMAM DE NUIT, MÃE DAS ESTRELAS
TU QUE ÉS A NINMAH DA SUMÉRIA
TU A QUEM OS HITITAS CHAMAM DE KUBALA
TU QUE ÉS MAMI-ARURU DA BABILÔNIA
TU A QUEM OS CANANEUS CHAMAM DE ARSAI.
TU QUE ÉS NOSSA SENHORA DE BIBLOS NA DISTANTE FENÍCIA
TU A QUEM OS FILHOS DE CRETA CHAMAM DE MÃE DA MONTANHA
TU QUE ÉS A IEMANJÁ DA UMBANDA
TU A QUEM OS DAOMEANOS CHAMAM DE ERZULIE

512 Dos Druidas Hasídicos da América do Norte (HDNA); publicado em *The Druid Chronicles (Evolved)*, editado por Isaac Bonewits (Berkeley: Drunemeton Press, 1976).

Tu que és Shakti e Parvati na Índia
Tu a quem os Tibetanos chamam de Tara Verde
Tu que és a Kwanyin da China
Tu a quem os Nipônicos chamam de Izanami
Tu que és a Sedna e a Nerivik dos Esquimós
Tu a quem os Pawnee chamam de Uti-Hiata
Tu que és a Mãe do Milho das Planícies
Tu a quem os Navajos chamam de Estsanatlehi.
Tu que és Ometeotl e Guadalupe no México
Tu a quem os ilhéus chamam de Hina-alu-oka-moana
Tu que és a Grande Mãe, a Deusa Estrela, a Criadora de Tudo
Mãe de Todos, nós te invocamos
Terra Mater, Mater Sotier, Terra-Mãe

Venha a Nós.

BÊNÇÃO PESSOAL[513]

Este ritual deve ser realizado durante a lua nova, mas não está limitado a essa fase. A necessidade, não a estação, determina sua realização. Há um verdadeiro poder em se autoabençoar; mas isso não deve ser feito senão em momentos de necessidade e não deve ser realizado de forma promíscua.

O propósito do ritual é trazer um contato mais próximo com a Divindade. Também pode ser usado como uma dedicação menor, quando uma pessoa que deseja ser dedicada não tem quem o faça. Este ritual de benção pessoal também pode ser utilizado como um exorcismo menor, para banir quaisquer influências malignas que possam ter se formado ao redor da pessoa. Pode ser realizado por qualquer pessoa sobre si mesma, e de acordo com seu desejo.[514]

Realize o ritual em um lugar tranquilo, livre de distrações, e nua. Você precisará do seguinte:

1. Sal, aproximadamente um quarto de colher de chá.
2. Vinho, cerca de 30 ml.
3. Água, cerca de 15 ml.
4. Vela, votiva ou outra.

O resultado do ritual é uma sensação de paz e calma. É aconselhável que o participante se banhe nessa luz residual e medite, com a intenção de entender que chamou a atenção da Divindade para si, pedindo maior proximidade com ela, tanto nos objetivos quanto na sabedoria.

Quando estiver pronto para começar, espalhe o sal no chão e fique em cima dele, acendendo a vela. Deixe o calor da vela ser absorvido pelo corpo. Misture a água ao vinho, meditando sobre suas razões para realizar a bênção pessoal.

513 Escrito por Ed Fitch no final da década de 1960. Designado para ser um ritual introdutório para aqueles que estão buscando e investigando o Caminho Pagão.

514 N.T.: vamos considerar o ritual feminino, adapte conforme seus interesses.

Leia o seguinte em voz alta:

Abençoa-me, Mãe, Pois Sou Teu Filho.

Mergulhe os dedos da mão direita na mistura de água e vinho e unja os olhos,

Abençoados Sejam Meus Olhos, Para Que Eu Possa Ver Teu Caminho.

Unja o nariz,

Abençoado Seja Meu Nariz, Para Que Eu Possa Respirar Tua Essência.

Unja a boca,

Abençoado Seja Minha Boca, Para Que Eu Possa Falar De Ti.

Unja o peito,

Abençoado Seja Meu Peito, Para Que Eu Seja Fiel Ao Meu Trabalho.

Unja os quadris,

Abençoados Sejam Meus Quadris, Que Geram a Vida dos Homens e das Mulheres, Assim Como Tu Geraste Toda a Criação.

Unja os pés

Abençoados Sejam Meus Pés, Para Que Eu Possa Caminhar Nos Teus Caminhos.

Permaneça... e medite por um tempo.

RITUAL PAGÃO PARA USO GERAL[515]

Um círculo deve ser marcado no chão, cercando aqueles que irão participar da cerimônia. Um altar deve ser montado no centro do círculo. No centro do altar deverá ser colocada uma imagem da Deusa, e um incensário colocado à frente dela. Atrás da imagem deve estar uma varinha feita de um ramo de salgueiro. Velas devem ser colocadas sobre o altar... um total de cinco, já que uma será colocada em cada quadrante e uma permanecerá no altar durante o rito.

Quando todas as pessoas estiverem preparadas, elas devem se reunir dentro do círculo. A mulher que atuar como Sacerdotisa deverá orientar o homem que atuará como Sacerdote a acender as velas e o incenso. Ela deverá então dizer:

A PRESENÇA DA NOBRE DEUSA SE ESTENDE POR TODA PARTE.
POR TODOS OS MUITOS MUNDOS ESTRANHOS, MÁGICOS E BELOS.
A TODOS OS LUGARES DE SELVAGERIA, ENCANTAMENTO E LIBERDADE.

Ela então coloca uma vela ao Norte e faz uma pausa para olhar para fora, dizendo:

A SENHORA É INCRÍVEL.
OS PODERES DA MORTE SE CURVAM DIANTE DELA.

A pessoa mais próxima do Leste pega uma vela do altar e a coloca naquele quadrante, dizendo:

NOSSA DEUSA É UMA SENHORA DA ALEGRIA.
OS VENTOS SÃO SEUS SERVOS.

A pessoa mais próxima do Sul pega uma vela do altar e a coloca naquele quadrante, dizendo:

NOSSA DEUSA É UMA DEUSA DO AMOR.
COM SUAS BÊNÇÃOS E DESEJO,
O SOL TRAZ A VIDA NOVAMENTE.

A pessoa mais próxima do Oeste pega uma vela do altar e a coloca naquele quadrante, dizendo:

OS MARES SÃO OS DOMÍNIOS DE NOSSA SERENÍSSIMA SENHORA.
OS MISTÉRIOS DAS PROFUNDEZAS SÃO SOMENTE SEUS.

---

515 Outro ritual introdutório de Ed Fitch.

O Sacerdote agora pega a varinha e, começando no Norte, vai movendo-a ao longo de todo o círculo no sentido horário, retornando ao ponto Norte e dizendo:

O círculo está selado, e todos aqui
estão total e completamente separados
do mundo exterior,
para que possamos glorificar a Senhora que adoramos.
Abençoada seja!

Todos repetem:

Abençoada seja!

O Sacerdote agora segura a varinha em saudação em direção ao Norte por um momento e depois a entrega à Sacerdotisa, que também a segura em saudação. Ela faz um gesto para o grupo repetir as seguintes falas após ela:

Como acima, assim abaixo...
Como o Universo, assim a alma.
Como fora, assim dentro.
Abençoada e graciosa,
Neste dia consagramos a ti
Nossos corpos,
Nossas mentes,
E nossos espíritos.
Abençoada Seja!

Agora vem o momento para discussão e ensinamentos. Vinho e lanches leves podem ser servidos. Quando a reunião terminar, todos se levantarão e meditarão em silêncio por um momento. A Sacerdotisa então pegará a varinha e tocará cada vela para apagá-la, começando pelo Norte e seguindo no sentido horário ao redor do círculo, enquanto diz:

Nosso rito chega ao fim.
Ó adorável e graciosa Deusa,
Esteja com cada um de nós enquanto partimos.
O círculo está quebrado!

RITUAL DE BELTANE[516]

I

Dança circular em espiral.

II

PRIMEIRA SACERDOTISA: (lança o círculo.) O PESO DO INVERNO ACABOU. ALEGREMO-NOS COM A TERRA BROTANDO E COM A BELEZA DA DONZELA AGORA ASCENDENTE. (ACENDE AS VELAS DO ALTAR E O INCENSO.) ACENDEMOS OS FOGOS DE BELTANE E CELEBRAMOS O CALOR FÉRTIL E A LUZ DE NOSSO SENHOR E OS PODERES RENOVADOS E RENOVADORES DA LUZ, DA ENERGIA E DO AMOR QUE SÃO DA NOSSA SENHORA DE MAIO.

III

SEGUNDA SACERDOTISA: CELEBRAMOS O AR PERFUMADO DA PRIMAVERA, AS SUAVES BRISAS DE MAIO QUE REFRESCAM A TERRA E SEUS FILHOS.

PRIMEIRA SACERDOTISA: CELEBRAMOS O FOGO GENTIL DO SOL NA PRIMAVERA, CUJA CALOROSA CARÍCIA DESPERTA A TERRA E SEUS FILHOS.

TERCEIRA SACERDOTISA: CELEBRAMOS AS CHUVAS FRESCAS E ÚMIDAS DA PRIMAVERA, AQUELES BRILHANTES CHUVISCOS QUE SUSTENTAM A TERRA E SEUS FILHOS.

QUARTA SACERDOTISA: CELEBRAMOS A TERRA. NO PLENO FLORESCIMENTO DE SUA JUVENTUDE, ELA DÁ VIDA A TODOS OS SEUS FILHOS.

516 Este ritual ocorreu em Beltane, 1978, no Central Park em Nova York.
As quatro Sacerdotisas eram membros de um grupo chamado Manhattan Pagan Way. Elas escreveram o ritual. Cerca de trinta e cinco pessoas participaram.
Isso exemplifica o tipo de ritual de primavera que um grupo de Pagãos urbanos poderia realizar.

IV

Terceira Sacerdotisa: Ó fonte de alegria e amor, Ó Deusa de todos os começos, vem e junta-te a nós, pois esta é a estação do novo crescimento. Ó Senhora de Maio, refresca nossos sentidos, torna-nos inteiros, reabastece a terra. Segunda Sacerdotisa: no equinócio, eu despertei. Então, eu tive o poder de derreter o inverno. Mas agora estou no pleno florescimento da minha juventude, e estou selvagem de alegria!

Veja como os botões florescem. Veja como todas as minhas criaturas animais se unem em amor e prazer. Sinta como minha beleza tenta todos vocês a esquecerem suas tarefas diárias e celebrarem comigo.
Beba profundamente desta estação, pois minha juventude é passageira, e parecerá a vocês como se fosse apenas um instante, e então desaparecerá. O forte calor do verão virá sobre vocês, e eu serei a Grande Mãe mais uma vez.

V

Primeira Sacerdotisa: (mostra o vinho.) Celebramos a doce embriaguez da primavera que agora floresce ao nosso redor. Abençoa esta nossa oferta de Vinho de Maio, e, enquanto provamos sua plenitude, ensina-nos a semear Suas sementes em amor e alegria.

Quarta Sacerdotisa: (exibe o pão e os brotos.) Celebramos o ciclo renovado da vida. Da semente ao broto, da flor ao fruto, da fruta à semente. Um círculo perfeito. Estas são as contas do Seu colar! (As pessoas no centro compartilham, depois levam o vinho, o pão e os brotos ao redor do círculo.)

VI

Terceira Sacerdotisa: Agora, enquanto a primavera quente renova a Terra e nossas vidas, vamos relembrar como nossos predecessores celebravam Beltane. O fogo da lareira de cada casa seria extinto. Então, toda a comunidade se reunia para um festival. Quando a celebração terminava, cada chefe de família levava para casa algumas brasas do fogo comunitário, para reacender a lareira em casa.

Primeira Sacerdotisa: O fogo da lareira não é o fogo da floresta. O perigo é domesticado pela habilidade e experiência.

O fogo da lareira cozinhava sua comida e aquecia suas casas. Ele representava segurança e conforto. E ainda representava o calor do coração - a amizade e o cuidado que vêm de dentro de cada pessoa.

O fogo da lareira é simples, familiar, sem grandes espetáculos. É o oposto polar dos fogos de artifício. Segurança, conforto, amizade. Amor "no nível da necessidade mais tranquila de cada dia, pela luz do sol e da vela."

Quarta Sacerdotisa: o inverno nos desgastou. O dia estava sombrio e cinza. O frio era doloroso. Envolvemos nossos corpos e recolhemos nossos sentidos. Superamos.

Agora, na suavidade e beleza da primavera, deixamos cair as camadas de roupa de nossos corpos e abrimos nossos sentidos novamente. Juntos, hoje, reunimos o calor de nossa alegria na primavera. Levaremos conosco uma porção do nosso calor compartilhado, para renovar nossas vidas cotidianas.

VII

Dança do caldeirão ao som de The Lady's Branle (A Dança da Senhora) ou She will bring the buds of spring (Ela trará os brotos da primavera), música tradicional, palavras de Hope, publicado em Songs for the Old Religion (Canções para a Antiga Religião).

VIII

Segunda Sacerdotisa: agradecemos pelo florescimento da nova vida e pela festa da primavera, que é o frescor de sua presença. Abençoada seja!

O círculo está encerrado. Alegre encontro, alegre despedida.

Apêndice III

Recursos

Esta é a terceira edição deste guia de recursos. Não é exagero dizer que o número de Grupos, Festivais e Sites Pagãos explodiu – há tantas organizações e encontros que esta é apenas uma amostra, e alguns dos pequenos Groves, Covens e Clãs nem estão listados. A única categoria que não se expandiu foi a de publicações, provavelmente porque a Web assumiu muitas de suas funções. Muitos boletins e revistas listados na edição de 1997 já não existem. Alguns agora estão apenas on-line, sem versão impressa. A maioria dos festivais mencionados na edição anterior ainda acontece, e muitos novos foram criados. Atualmente, existem mais de 350 encontros Pagãos. Alguns grupos se extinguiram, enquanto outros já têm trinta anos de existência. Por favor, se for enviar perguntas pelo correio, sempre inclua um envelope selado e endereçado para resposta (SASE). Caso haja um endereço de e-mail disponível, essa é a opção mais rápida.

O que mudou hoje é a Internet. Se estiver procurando uma organização, festival ou boletim informativo e a carta for devolvida por endereço incorreto, busque na Web. Pela minha experiência, mais da metade das vezes, você encontrará a informação lá.

Se você encontrar este livro depois de 2010, as listas apresentadas aqui terão mais de quatro anos. Para obter informações mais atualizadas, uma opção é entrar em contato com o Circle e solicitar seu *Guide to Pagan Groups* (veja a página ???). A cada poucos anos, o Circle publica um guia essencial sobre grupos Pagãos, centros, redes, revistas, sites, fornecedores e artistas. Ou seja, um guia muito mais abrangente do que este, incluindo centenas de pequenos grupos que não estão mencionados aqui, além de artistas independentes e lojas. Portanto, este é um guia de recursos e uma lista eclética que inclui a maioria das grandes organizações, os principais Periódicos, Festivais e Sites. No entanto, se você procura um grupo próximo à sua cidade, a melhor opção pode ser mesmo o guia do Circle. O endereço do Circle é P.O. Box 9, Barneveld, WI 53507. Embora eu mantenha um endereço postal público (Margot Adler, P.O. Box 20182, Cathedral Station, New York, NY 10025-1518), tenho dois empregos e uma família, sem contar minhas atividades Pagãs, o que me impede de manter esta lista sempre atualizada. Mais uma vez, a Web é uma excelente fonte para encontrar publicações, Festivais e Grupos Pagãos.

Boletins Informativos, Revistas e Periódicos Atuais

The Accord – Periódico trimestral para Wiccanianos, Pagãos e outros que seguem um caminho mágico/espiritual, com foco na espiritualidade Pagã e em temas de interesse para a comunidade Pagã. Publicado sempre próximo aos Solstícios e Equinócios pelo Council of Magickal Arts, Inc. (CMA), uma associação sediada no Texas que reúne praticantes de religiões das artes mágicas. O CMA conta com mais de 1.800 membros e está aberto a pessoas de todas as Tradições interessadas em celebrar a natureza, o espírito e a comunidade. Cada edição do *The Accord* tem um tema específico e inclui resenhas, colunas, conselhos, humor, questões sobre liberdades religiosas, calendário e conhecimentos mágicos. Assinaturas: gratuitas para membros do CMA (veja página 563) e também disponíveis em lojas de Ocultismo, Wicca e Esotéricas. Endereço: Accord Office, P.O. Box 66100, Houston, TX 77266. E-mail: accord@magickal-arts.org Site: www.magickal-arts.org

AFA Update – Jornal on-line publicado duas vezes por mês pela Ásatrú Folk Assembly (veja página 552). Contém artigos curtos, resenhas, comentários e links de interesse. Disponível gratuitamente. Endereço: Ásatrú Folk Assembly, PO Box 445, Nevada City, CA 95959. Inscreva-se por e-mail: AFA-Bearclaw-subscribe@yahoogroups.com

Always in Season: Living in Sync with the Cycles – Publicação trimestral de Mama Donna's Tea Garden & Healing Haven (veja página 586). Oferece "informação, ideias e inspiração baseadas em referências científicas, artísticas, antropológicas, psicológicas, mitológicas, místicas e religiosas de diversas culturas ao longo do tempo, para apoiar e enriquecer a prática pessoal de cerimônias e celebrações." Assinatura: $28/ano. Colunas incluem "Essence of the Season", "Ask Your Mama" e "Ritual Ragout". Endereço: Mama Donna's Tea Garden & Healing Haven, P.O. Box 380403, Exotic Brooklyn, NY 11238-0403. Telefone: 718-857-1343 E-mail: cityshaman@aol.com Site: www.DonnaHenes.net

Awakened Woman (AWe) – Revista on-line publicada continuamente desde 1999, dedicada à inspiração, cura e empoderamento das mulheres – por meio da Deusa. *AWe* combina política e espiritualidade de maneira única, trazendo notícias sobre o movimento feminino, artigos sobre círculos de mulheres, jornadas espirituais e perfis de mulheres notáveis. *AWe* também publica um boletim eletrônico mensal gratuito, disponível por assinatura. A revista colabora com a organização sem fins lucrativos *Women for a Better World*, que busca fortalecer o movimento global das mulheres ao encontrar "bases de acordo dentro de nossa diversidade" e incentiva as leitoras a visitarem o site e se tornarem membros da organização.

Editora: Stephanie Hiller. Endereço: Awakened Woman Publications, P.O. Box 1113, Occidental, CA 95465. Telefone: 707-874-1744 E-mail: editor@awakenedwoman.com Site: www.awakenedwoman.com

The Beltane Papers: A Journal of Women's Mysteries – Publicação feminista/ecológica focada na Deusa e na espiritualidade Pagã, produzida há mais de vinte anos por voluntárias. Essa revista única e belamente elaborada apresenta arte e textos de alta qualidade feitos por mulheres. Seu conteúdo inclui artigos aprofundados sobre folclore, mitologia, história da religião, rituais, festivais, além de conhecimentos sobre Deusas e ervas, receitas, experiências pessoais, sonhos, poesia, humor e uma extensa seção de resenhas. Editora: Marione Thompson--Helland. Publicada três vezes ao ano. 64 páginas. Assinaturas: EUA: $16/ano, avulsa $5. Canadá: $21/ano, avulsa $7. Outros países: $28/ano, avulsa $8,50 (valores em dólares americanos). Endereço: TBP, P.O. Box 29694, Bellingham, WA 98228-1694. E-mail: womensmysteries@yahoo.com Site: http://thebeltanepapers.net

The Blessed Bee: A Newsletter for Pagan Families – Publicação voltada especificamente para Pagãos com crianças. Apresenta atividades manuais, rituais, ideias para ensino domiciliar, histórias, poemas, resenhas de livros e conselhos. Publicada trimestralmente. 32 páginas. Editora-chefe: Anne Newkirk Niven. Disponível apenas por assinatura: EUA $13/ano; Canadá e outros países: $19/ano (valores em dólares americanos). Endereço: P.O. Box 641, Point Arena, CA 95468. Telefone: 888-724-3966 Solicitação de edição amostra: sample@blessedbee.com Site: www.blessedbee.com

The Cauldron – Jornal com artigos sérios sobre Paganismo, Bruxaria, Wicca, Folclore e Mistérios da Terra. Inclui resenhas de livros e pequenos anúncios. Publicado trimestralmente desde 1976. Editor: Mike Howard. 44 páginas. Assinaturas: $40/ano, emissão de amostra $7 (somente dinheiro); Reino Unido £ 14/ano, emissão de amostra £ 2,50. Não são aceitos cheques ou ordens de pagamento em moeda estrangeira. Endereço: BM Cauldron, London WCIN 3XX, U.K. Site: www.the-cauldron.fsnet.co.uk

Circle Guide to Pagan Groups – O guia mais completo para grupos Pagãos. Ferramenta indispensável para descobrir quais grupos existem em sua região. O *Circle* lista centenas de pequenos Covens e Groves, bem como Igrejas, redes, centros, periódicos, lojas e reuniões. Inclui contatos Wiccanianos, Xamânicos, Druídicos, Pagãos, da Deusa, Animistas e de outras espiritualidades ligadas à natureza. Atualizado a cada poucos anos. 80 páginas; encadernação espiral. $18/ano para EUA, Canadá e México; $24/ano via correio aéreo para outros países. Pagamento apenas em dólares americanos. Endereço: Circle Guide to Pagan Groups, Circle, P.O. Box 9, Barneveld, WI 53507. 608-924-2216. E-mail: circle@circlesanctuary.org Site: www.circlesanctuary.org/network

CIRCLE MAGAZINE – Revista trimestral publicada pela *Circle* e pela *Voice of Circle Network*. Um dos mais antigos e conhecidos periódicos Pagãos, com artigos sobre religiões da natureza, Xamanismo, estudos da Deusa, Animismo, Wicca, Magia e temas relacionados. A seção *Readers' Forum* explora um tema diferente a cada edição. Também inclui colunas regulares sobre celebrações das estações, questões de liberdade religiosa Pagã, Deuses e Deusas, herbologia, espíritos animais, criação de rituais, atividades para famílias Pagãs e religiões da natureza ao redor do mundo. Cada edição contém artigos, notícias, rituais, invocações, poesia, fotografias, arte, meditações, anúncios de festivais, contatos e muito mais. Editora-chefe: Juliana van Clausen. Publicado trimestralmente. 72 páginas. Assinaturas: $19/ano tarifa econômica nos EUA; $25/ano primeira classe nos EUA; $30/ano correio aéreo para Canadá e México; $46/ano correio aéreo para Europa; $48/ano correio aéreo para outros países; avulsa $5 para qualquer lugar. Pagamento apenas em dólares americanos. Endereço: Circle Magazine, P.O. Box 9, Barneveld, WI 53507. Telefone: 608-924-2216 Site: www.circlesanctuary.org/circle

COMMUNITIES MAGAZINE – Publicação nacional trimestral sobre vida comunitária cooperativa, bairros organizados e diversos tipos de comunidades intencionais, incluindo ecovilas e comunidades de coabitação. Apresenta artigos, colunas e opiniões sobre todos os aspectos da vida em comunidade, incluindo processos e habilidades de comunicação. 76 páginas. Editora: Diana Leafe Christian. Assinaturas: $20/ano, avulsa $6. Endereço: Communities, 1025 Camp Elliott Road, Black Mountain, NC 28711. Telefone: 828-669-9702 E-mail para assinaturas: store@ic.org E-mail editorial: communities@ic.org

COVENANT OF THE GODDESS NEWSLETTER – O Pacto da Deusa é uma federação tradicional de mais de cem Covens (ver página ???). Inclui artigos, anúncios e recursos de interesse para Bruxas, além de notícias e assuntos internos da COG. Publicado oito vezes por ano nos Sabbats, com 30 a 40 páginas. Assinaturas: gratuitas para Covens membros e praticantes solitários; doação de $30/ano para outros. Endereço: COG Newsletter, P.O. Box 1226, Berkeley, CA 94701. Site: www.cog.org

CUP OF WONDER – Não está mais sendo publicado, mas edições anteriores ainda estão disponíveis. Era um jornal anual focado em religiões Pagãs Reconstrucionistas, práticas da Diáspora Africana, além da vida e do pensamento Heathen e Mágico.

Aproximadamente 180 páginas. Edições anteriores variam de $2,50 a $10,00, dependendo da edição. A editora Vireo Nyx Publications planeja lançar mais livros e artigos sob o selo *Cup of Wonder.* Site: www.vireonyxpub.org

Earth First! Journal – Jornal ambientalista radical não especificamente Pagão (embora seja publicado nos antigos feriados europeus da natureza) que se dedica à ecologia radical e profunda. Apresenta artigos sobre a preservação da natureza selvagem e da diversidade biológica, críticas ao movimento ambientalista, notícias sobre grupos ambientalistas radicais, ensaios sobre ecologia profunda, discussões sobre táticas e resenhas de livros e músicas. Assinaturas: $25/ano; $40/ano em primeira classe. Escreva para obter informações sobre tarifas internacionais. Endereço: EF! Journal, P.O. Box 3023, Tucson, AZ 85705. Telefone: 520-620-9600 E-mail: collective@earthfirstjournal.org Site: www.earthfirstjournal.org

Enchante: The Journal for the Urbane Pagan – Foi uma das revistas Pagãs mais sofisticadas e espirituosas, mas não está mais sendo publicada em formato impresso. No entanto, edições anteriores ainda estão disponíveis. Inclui artigos, resenhas, poesia, humor, histórias e cartas. *Enchante* tem um site na Web, e seu criador, John Yohalem, menciona a possibilidade de relançá-la como uma revista on-line. O preço das edições anteriores varia. Endereço: Enchante, 30 Charlton Street, #6F, New York, NY 10014. E-mail: johnyohalem@herodotus.com Site: www.herodoto.com

Faces of the Goddess – Publicada desde 1992 com o objetivo de fornecer informações, inspiração e um espaço de exploração sobre a espiritualidade da Deusa, misticismo, mitologia, psicologia feminina e técnicas de empoderamento. "É uma revista para mulheres e homens celebrarem a Deusa em si mesmos e em suas vidas." Cada edição aborda um tema diferente para escritores, artistas e leitores explorarem. Editora: Sharon/Siannan Niman. Assinatura: $12/ano (EUA e Canadá); $18/ano (outros países; pagamento apenas em dólares americanos); edição avulsa $5. Cheques devem ser emitidos em nome de Sharon Niman. Endereço: P.O. Box 486, Crows Landing, CA 95313. E-mail: latigrepress@thevision.net.

Fifth Estate – Revista anarquista publicada desde 1965, inicialmente em Detroit e agora no interior do Tennessee. Apresenta algumas das melhores críticas à tecnologia e à sociedade moderna. Um projeto cooperativo e sem fins lucrativos, produzido por um grupo de amigos que afirmam não o fazer por salários nem como um investimento na indústria editorial, mas para incentivar a resistência e a rebelião contra esta sociedade. Inclui artigos sérios – tanto históricos quanto sobre a atualidade –, cartas, resenhas e relatos de campos de batalha e movimentos ao redor do mundo. Publicação trimestral com 56 páginas. Assinaturas: $10/ano;

$20/ano internacional; $25/ano para instituições. Gratuita para prisioneiros e soldados. Endereço para assinaturas: Fifth Estate, P.O. Box 201016, Ferndale, MI 48220. Endereço editorial: Fifth Estate, Box 6, Liberty, TN 37095. Site: www.fifthestate.org

Goddess Alive! – Publicação semestral sobre pesquisa e celebração da Deusa, editada na Cornualha. Cobre notícias, pesquisas e resenhas sobre a Deusa no Reino Unido, nos Estados Unidos e internacionalmente. Assinaturas: $20 (somente dólares americanos, por favor) ou £8/ano, também disponível via PayPal. Endereço: Goddess Alive! Whitewaves, Boscaswell Village, Pendeen, Penzance, Cornwall TR 19 7EP, U.K. E-mail: editor@goddessalive.co.uk. Site: www.godessalive.com

Goddessing – Jornal internacional semestral voltado à Deusa, dedicado à "expressão da Deusa, estudos, artes, eventos e celebração!". Inclui entrevistas, pesquisas aprofundadas, artigos sérios, humor, poesia, resenhas detalhadas, cartas, redes de contato, listas de eventos ao redor do mundo, tours e peregrinações, fotografias, ilustrações e relatos de festivais e encontros. Editora: Willow La Monte. 40 páginas. Assinaturas: $30-35 (dependendo da renda) por 5 edições (2 anos e meio), enviadas por correio de primeira classe dentro dos EUA; avulsa $5; gratuita para prisioneiros Pagãos. Para o exterior, $35-45 por 5 edições (pagamento em cheque em dólares americanos ou em dinheiro). Cheques devem ser emitidos para "Goddessing". Endereço: Goddessing, P.O. Box 269, Valrico, FL 33595. Telefone/fax: 813-643-7285. Site: www.goddessmandala.com

The Hermit's Lantern – Boletim informativo mensal com artigos sobre medicina herbal, jardinagem, tarô, astrologia, gemas e outros temas. 16 páginas. Assinaturas: $25/ano. Endereço: The Hermit's Lantern, P.O. Box 0691, Kirkland, WA 98083.

Idunna – Jornal trimestral da Troth (veja página 613), uma organização dedicada à exploração, prática e promoção da religião pré-cristã dos povos germânicos. Cada edição aborda um tema de interesse para a organização e seus membros. O conteúdo inclui ensaios acadêmicos e pessoais, poesia, notícias sobre atividades Heathen, arte, além de resenhas de livros e músicas. A assinatura é gratuita para membros da Troth; não membros podem assinar por $20/ano (EUA) ou $24/ano (internacional). Endereço: The Troth, P.O. Box 1369, Oldsmar, FL 34677. E-mail: troth-contact@thetroth.org Site: www.thetroth.org/publications/idunna.html

If... Journal (anteriormente PagaNet News) – Publicação voltada à exploração espiritual para buscadores reflexivos de espiritualidades alternativas. Publicado por *PagaNet, Inc.* (veja página 598), é produzido em formato tabloide impresso oito vezes por ano, nos solstícios, equinócios e pontos intermediários. Apresenta artigos sobre práticas espirituais e religiosas alternativas, exploração e jornadas xamânicas, física quântica, vida sustentável, ciência e espiritualidade, saúde e bem-estar, além de visões astrológicas, poesia, arte, enquetes, listas de eventos e redes de contato, além de resenhas de eventos, livros e músicas. Disponível gratuitamente em pontos de distribuição selecionados nos EUA e na Europa, mas depende exclusivamente de assinaturas e anunciantes para se manter em circulação. Assinaturas disponíveis em formato impresso ou digital por $21/ano ou $36/2 anos. Edições de amostras e números anteriores de *If... Journal* e/ou *PagaNet News* estão disponíveis por $5 cada. Endereço: If... Journal, P.O. Box 61007, Virginia Beach, VA 23466. Telefone: 757-539-4523 E-mail: if@ifjournal.org Site: www.ifjournal.org

The Lunar Calendar – Um belo calendário lunar publicado há mais de trinta anos por Nancy Passmore e Luna Press, dedicado "à Deusa em Seus Muitos Aspectos". Ensina o alfabeto das árvores, inspirado em *The White Goddess*, de Robert Graves. Exibe as fases da lua e fornece dados astronômicos e astrológicos. Inclui ilustrações de mais de vinte artistas, além de poemas, informações lunares e uma excelente bibliografia. 32 páginas, formato 32 páginas, formato 28 x 21,5 cm, abrindo para 28 x 43 cm. Preço: $23, mais $6 para envio e manuseio. Endereço: Luna Press, P.O. Box 15511, Kenmore Station, Boston, MA 02215-0009. Telefone: 617-427-9846 E-mail: THELUNAPRESS@aol.com Site: www.thelunapress.com

MAMAROOTS Forum: Connecting in Her AfraGoddess Spirit!!! – Publicação da *Spiritual SistahWeb and Triune Forum* dedicada à Espiritualidade *Afrakan-Matristik*, Mitologia, História das Mulheres, Cultura e Política. Funciona como "uma rede positiva onde as *Sistahs* praticantes da comunidade MAMAROOTS podem dialogar (NOMMA... o poder das mulheres tecendo a PALAVRA) e fortalecer *Sistah-bonds*, espiritualmente e culturalmente." Explora e compartilha questões e sabedorias que inspiram de forma afirmativa as *Sistahs* que buscam aprender, praticar e compartilhar sua consciência desperta dos princípios sagrados da harmonia espiritual *Afrakan*. MAMAROOTS Forum recebe com gratidão doações e contribuições de artigos, resenhas, imagens, contos, rituais, correspondências, networking e outros recursos produzidos por, para e em honra das mulheres de herança Africana. Assinatura: $7/ano. Endereço: MAMAROOTS FORUM, P.O. Box 21066, Long Beach, CA 90804. Telefone: 562-961-0900 E-mail: MAMAROOTS@aol.com ou SistahMIND@yahoo.com Sites: www.MAMAROOTSweb.com; forums.delphiforums.com/SistahMIND

MatriFocus Cross-Quarterly – Um jornal acadêmico e sofisticado, além de uma revista eletrônica sazonal on-line, fundada em 2001. Apresenta artigos sérios, ensaios, resenhas de livros, ilustrações e fotografias. Destina-se a Mulheres da Deusa e a todas as pessoas interessadas em estudos e tradições da Deusa, religiões da

Deusa (antigas e contemporâneas), Espiritualidade Feminista, Mistérios Femininos, Neopaganismo, Paganismo, Religiões Baseadas na Terra, Bruxaria, Wicca Diânica e outras Tradições Wiccanianas, o Caminho da Sacerdotisa, Arte da Deusa, Cura Natural, Mitologia, Xamanismo Feminino, Consciência, Comunidade, Cosmologia, Criatividade Feminina, Cultura e Saúde das Mulheres. MatriFocus também é uma organização sem fins lucrativos. Assinaturas são gratuitas, e doações são bem-vindas. E-mail: matrifocus@yahoo.com Site: www.matrifocus.com

Metaformia: A Journal of Menstruation and Culture – Uma nova publicação multidisciplinar, multicultural e de múltiplos gêneros, patrocinada pelo programa de Mestrado em Espiritualidade Feminina do New College of California. Editada pela teórica cultural e poeta Judy Grahn, autora de *Blood, Bread, and Roses* e codiretora do programa, conta com Deborah Grenn, fundadora do Lilith Institute e docente do programa, como editora assistente. A revista *Metaformia* surgiu da teoria metaformica, que propõe que os rituais menstruais das mulheres foram a base para grande parte da cultura como a conhecemos. Grahn define metaformas como atos, objetos ou ideias incorporadas que conectam a menstruação a um princípio mental ou espiritual. Os artigos apresentam abordagens que vão do acadêmico ao pessoal e exploram temas como o Sagrado Feminino, Tealogia, os Poderes das Madonas Negras, Guerras, Ritos Modernos de Iniciação Menarca, Análises Metaformicas de Raça, Classe e Casta, Violência e Paz, Papéis de Mulheres, Homens e Pessoas Trans na Evolução, Dinheiro, Religião, Antropologia, Sexualidade e outros tópicos. Os criadores da revista esperam formular novas ideias e movimentos sociais e planejam lançar um blog. Publicada on-line duas vezes ao ano pelo New College of California. Contatos: Judy Grahn (jgrahn@serpentina.com) ou Deborah Grenn (deborah@lilithinstitute.com). Site: www.metaformia.com

Meyn Mamvro – Revista Pagã da Cornualha dedicada aos Mistérios da Terra, com foco em pedras antigas e locais sagrados da região. Apresenta artigos sobre poços sagrados da Cornualha, Bruxaria local, sítios sagrados, resenhas de livros e vídeos, rituais e práticas. *Meyn Mamvro* também publica diversos materiais, incluindo *Pagan Cornwall: Land of the Goddess, Fentynyow Kernow: In Search of Cornwall's Holy Wells* e *Megalithic Mysteries of Cornwall.* Editora: Cheryl Straffon. Assinaturas: $20/ano (somente dólares americanos) ou £6,50 esterlinas. Endereço: Meyn Mamvro, 51 Carn Bosavern, St. Just, Penzance, Cornwall TR 19 7QX, U.K. E-mail: cheryl.straffon@meynmamvro.freeserve.co.uk. Site: www.meynmamvro.co.uk

The Mystic's Wheel of the Year – Um calendário multirreligioso que reflete uma espiritualidade ecoigualitária. Publicado desde 1996 pela *Page Two, Inc.*, é um calendário de parede que ajuda a redescobrir a Deusa e a compreender o Divino em uma perspectiva não patriarcal e baseada na natureza. Apresenta dias sagrados de diversas tradições espirituais indígenas ao redor do mundo, incluindo europeias (Celta, Nórdica e Grega), do Oriente Médio (Suméria e Cananeia-Hebraica), africanas (Egípcia e Santeria) e americanas (Iroquois, Zuni e Navajo), além de tradições do Judaísmo Cabalístico, Cristianismo Místico, Sufismo Islâmico, Hinduísmo, Zoroastrismo, Taoísmo, Xintoísmo e Budismo (Tântrico e Zen). O calendário também aborda temas ligados ao ambientalismo, feminismo, direitos humanos e movimentos pacifistas, além de incluir dados astronômicos, meditações e fotografias de ícones sagrados de diversas tradições. 2 páginas, formato 28 x 28 cm fechado; 28 x 56 cm aberto. Preço: $12 por unidade, mais $2 de envio, com descontos para pedidos de 5 ou mais exemplares. Endereço: Page Two, Inc., P.O. Box 1209, Beltsville, MD 20704. Telefone: 800-821-6604 E-mail: info@WheeloftheYear.com Site: www.WheeloftheYear.com

new Witch: not your mother's broomstick – Revista voltada para Pagãos de 18 a 34 anos e para "qualquer outra pessoa descolada o suficiente para lê-la". Apresenta temas inovadores como Paganismo Queer, rock 'n' roll Pagão, artesanato Pagão e magia solitária, além de colunas de aconselhamento. Publicada trimestralmente. 80 páginas. Editora-chefe: Anne Newkirk Niven. Assinaturas: $18/ano nos EUA; $24/ano para outros países (pagamento em dólares americanos). Endereço: newWitch, P.O. Box 641, Point Arena, CA 95468. Telefone: 888-724-3966 Para solicitar uma edição amostra, entre em contato pelo e-mail sample@newwitch.com Site: www.newwitch.com

Northword Journal – Grupo Pagão eclético, uma publicação que interage com o Circle e outros grupos ao redor do mundo. Tem um envolvimento especial com ficção científica, fantasia e Paganismo futurista. Faz parte da *Northward Enterprises* desde 1992. Para mais informações, entre em contato com o editor: Jeff Redmond, 1335 Beechwood NE, Grand Rapids, MI 49505-3830. E-mail: redmondjeff@hotmail.com Site: www.erdabooks.net

The Oakleaf – Publicação trimestral da Church of Spiral Oak (veja página 559) que aceita contribuições de textos e ilustrações sobre temas de interesse para Pagãos. Seu conteúdo inclui artigos, ensaios, poesia, humor, resenhas, eventos atuais, passatempos, receitas e mais. Conta também com *The Acorn*, um encarte infantil destacável com artigos, atividades manuais, ilustrações e poesia voltados para jovens Pagãos, escritos por ou para eles. Edições de amostras, diretrizes para envio de material e informações de contato estão disponíveis no site da Igreja. As edições atuais podem ser encontradas em eventos da COSO e nos estabelecimentos comerciais dos anunciantes. Assinaturas estão disponíveis mediante uma doação de $10 por ano, e edições anteriores podem ser solicitadas. Endereço: The Church of Spiral Oak, P.O. Box 13681, Akron, OH 44334-3681. E-mail: clergy@spiraloak.com Site: www.spiraloak.com

Oak Leaves – Jornal publicado pela *Ár nDraíocht Féin: A Druid Fellowship* (*ADF*) (veja página 551). Suas edições incluem artigos, ensaios, canções e rituais sobre Druidismo e Neopaganismo. Publicado quatro vezes ao ano, tem entre 40 e 60 páginas. Edições anteriores estão disponíveis. Assinaturas: $20/ano para membros e $25/ano para não membros. Endereço: ADF, P.O. Box 17874, Tucson, AZ 85731-7874.ou on-line em: www.adf.org

Odin LIVES! – Programa de rádio transmitido às quintas-feiras às 20h (horário do leste dos EUA) a partir dos estúdios da WBCQ em Kennebunkport, Maine, na frequência de 7.415 MHz. Apresenta o melhor da música *folk* do norte da Europa, interpretada por diversos artistas. O programa também inclui leituras extensas e entrevistas com autores, músicos e praticantes das Antigas Tradições do povo nórdico-europeu. O *Odin LIVES!* incentiva a participação dos ouvintes, promovendo o crescimento da comunidade Heathen. Seu site mantém links para diversas organizações Heathen, e downloads de programas arquivados estão disponíveis para compra, com os lucros destinados ao financiamento do programa e de seus patrocinadores. O produtor executivo, Chris Larsen, organiza concertos de música folk nórdica em Ohio e atua como coordenador musical do *Valhallapalooza*, um festival que celebra a música, a cultura e a espiritualidade Heathen. Endereço: Odin LIVES!, 2625 CR 12, Bellefontaine, OH 43311. E-mail: info@odinlives.org Site: www.odinlives.org

Pagan Dawn – Revista trimestral publicada pela *Pagan Federation* (anteriormente *The Wiccan*, fundada em 1968). Contém artigos aprofundados, resenhas de livros e músicas, comentários sobre notícias e um fórum de leitores. As assinaturas anuais custam £12,00 no Reino Unido e £15,00 para outros países (pagamento apenas em libras esterlinas). A revista também é disponibilizada gratuitamente para membros da *Pagan Federation* (veja página 598). Endereço: Pagan Dawn, BM Box 7097, London WC1N 3XX, U.K. E-mail: pd@paganfed.org Site: www.paganfed.org

Pagan Times – Publicação da Pagan Alliance, Inc., uma organização australiana de networking e informação Pagã (veja página 596). Publicada quatro vezes ao ano, nos solstícios e equinócios, traz resenhas, artigos, informações sobre encontros públicos, professores, grupos, outras publicações Pagãs e temas de interesse para a comunidade Pagã. Inclui uma seção de contatos para praticantes solitários. Assinaturas: AU$8,00 por edição (incluindo GST) ou AU$30 por um ano (AU$44 para assinantes no exterior). Pagamento por cheque ou ordem de pagamento emitidos para Pagan Times. Endereço: Pagan Times, P.O. Box 26, North Hobart, TAS 7002, Austrália. E-mail: TasPAlliance@hotmail.com

Panegyria – Jornal e boletim informativo voltado para Paganismo e Wicca, publicado pela *Aquarian Tabernacle Church* (veja página 550). Inclui artigos, cartas, notícias, relatórios legais, contatos, resenhas, anúncios e debates. Publicado aproximadamente oito vezes por ano. Assinaturas: $22/ano em primeira classe para EUA, Canadá e México; $36/ano para outros países via correio aéreo. Edições de amostras são enviadas gratuitamente mediante o envio de selos postais equivalentes a 85 gramas ou três cupons de resposta internacional. Endereço: Aquarian Tabernacle Church, P.O. Box 409, Index, WA 98256. Telefone: 360-793-1945 E-mail: atc@AquaTabCh.org Site: www.AquaTabCh.org

PanGaia: A Pagan Journal for Thinking People – Revista trimestral de 80 páginas que explora a espiritualidade Pagã e Gaiana baseada na Terra, tanto localmente quanto ao redor do mundo. Publica artigos sobre diversos temas, incluindo "Pagãos e a Terra", "Artesanato Sagrado" e "O Novo Druidismo". Editora-chefe: Anne Newkirk Niven. Assinaturas: $18/ano nos EUA; $24/ano para outros países (pagamento em dólares americanos). Endereço: PanGaia, P.O. Box 641, Point Arena, CA 95468. Telefone: 888-724-3966 Para solicitar uma edição de amostra, entre em contato pelo e-mail: sample@pangaia.com Site: www.pangaia.com

The Pomegranate: The International Journal of Pagan Studies – Único periódico acadêmico revisado por pares dedicado aos estudos Pagãos. Oferece um espaço para artigos, ensaios e simpósios sobre práticas religiosas Pagãs antigas e contemporâneas, além de resenhas de livros acadêmicos. O jornal busca novas interpretações e reavaliações de tradições que enfatizam a natureza como fonte de valor sagrado, como a Wicca e as religiões modernas da Deusa, assim como aquelas que valorizam a continuidade com um passado politeísta, como o Ásatrú e outras formas de Paganismo reconstrucionista. Também publica artigos sobre a interação entre tradições religiosas Pagãs, cultura popular, literatura, psicologia e artes. Editor: Chas Clifton. Assinaturas: preço institucional £80/$125; preço individual £40/$65; preço para estudantes e membros da *AAR/SBL/BASR* £32/$52. Endereço: Journals Department, Subscription Customer Services Manager, Turpin Distribution Services, Stratton Business Park, Biggleswade, Bedfordshire SG18 8QB, U.K. Telefone: 44(0) 1767 604 951 E-mail: subscriptions@turpin-distribution.com Site: www.equinoxpub.com/journals/prices.asp?jref=51

QUEST – Revista publicada desde 1970, dedicada à herança mágica do Ocidente. Apresenta artigos sobre Magia, Bruxaria, Adivinhação, Rituais, Tradições de Mistérios e todos os aspectos do Ocultismo Ocidental Moderno e Prático. Inclui artigos, resenhas e cartas. Editora: Marian Green. Publicada trimestralmente. Assinaturas: £8/ano no Reino Unido; $20/ano nos EUA (via correio aéreo); avulsa $5 (via correio aéreo). Pagamento apenas em dinheiro, exceto se for em libras esterlinas. Endereço: BMC-SCL QUEST, London WCIN 3XX, U.K.

RECLAIMING QUARTERLY MAGAZINE (anteriormente *Reclaiming Newsletter*) – Publicação dedicada a unir a espiritualidade baseada na Terra com a ação política, social e ecológica direta. Seu foco é o Ativismo Mágico, explorando a interseção entre esses aspectos. O site RQ.org traz a magia no estilo *Reclaiming* para a Web, com informações sobre ativismo popular, instruções para construir um labirinto, atualizações sobre os *Witchcamps* e muito mais. Também vende CDs de músicas e cânticos do *Reclaiming*. A revista é produzida por um grupo de voluntários baseado em São Francisco, com correspondentes em mais de vinte comunidades na América do Norte e Europa. Assinaturas podem ser feitas on-line ou por correio. Endereço: Reclaiming Quarterly, P.O. Box 14404, San Francisco, CA 94114. Telefone: 415-255-7623 E-mail: quarterly@reclaiming.org Site: www.reclaimingquarterly.org

RFD MAGAZINE – Jornal escrito por leitores sobre a vida queer no campo e estilos de vida alternativos. Há mais de vinte e oito anos, explora temas como comunidade, diversidade sexual, cuidado com o meio ambiente, consciência *Radical Faerie* e espiritualidade centrada na natureza. A revista oferece uma extensa lista de recursos sobre os *Radical Faeries* e grupos/comunidades *faerie* ao redor do mundo, além de incluir resenhas, fóruns comunitários, poesia e fotografias. Assinaturas: $25–75/ano, com escala flexível de preços. Endereço: RFD Magazine, P.O. Box 68, Liberty, TN 37095. E-mail: mail@rfdmag.org Site: www.rfdmag.org

SAGEWOMAN – Revista trimestral belamente produzida que celebra "a Deusa em Cada Mulher". Cada edição é centrada em um tema específico e inclui ilustrações, artigos aprofundados, histórias sobre Deusas, rituais, magia prática, astrologia, ervas, poesia e resenhas de livros e gravações. Editora-chefe: Anne Newkirk Niven. Assinaturas: $21/ano nos EUA; $27/ano para outros países (pagamento em dólares americanos). Endereço: SageWoman, P.O. Box 641, Point Arena, CA 95468. Telefone: 888-724-3966 Para solicitar uma edição amostra, entre em contato pelo e-mail sample@sagewoman.com Site: www.sagewoman.com

Societe – Jornal dos *Technicians of the Sacred* (veja página 610), da *International Religious and Magical Order of Societe, La Couleuvre Noire* e *Order Templi Orientis Antiqua*. Dedicado à preservação e prática do Vodu e de outros sistemas religiosos neo-africanos, aborda sua magia, arte e cultura. Publicado periodicamente, tem em média 100 páginas. Endereço: Technicians of the Sacred, 1317 N. San Fernando Boulevard, Suite 310, Burbank, CA 91504. E-mail: cwillis664@aol.com Site: www.techniciansofthesacred.com

Spirited Women – Boletim informativo publicado quatro vezes ao ano pela *SisterSpirit* (veja página 608), um grupo eclético de espiritualidade feminina em Portland, Oregon. Inclui artigos, resenhas de livros e anúncios. Com 15 a 20 páginas, a assinatura custa $15 por ano. Endereço: Spirited Women, SisterSpirit, P.O. Box 9246, Portland, OR 97207.

Survival – Revista Wiccaniana publicada pela Church of Wicca. Inclui artigos de Gavin e Yvonne Frost, além de contribuições de muitos alunos da School of Wicca. Conhecida como "a revista Wicca publicada continuamente há mais tempo", é lançada seis vezes ao ano. Assinaturas: $24/ano, exceto para alunos ativos, que a recebem gratuitamente. Endereço: Survival, P.O. Box 297-DM, Hinton, WV 25951-0297. Site: www.wicca.org

Tapestry – Boletim trimestral da *TAWN* (*Tucson Area Wiccan-Pagan Network*, veja página 613). Apresenta um calendário de eventos locais, resumos das atividades da *TAWN* e de seus membros, rituais, resenhas e outros artigos de interesse Neopagão. Assinaturas: $15/ano, avulsa $5. Endereço: Tapestry, c/o TAWN, P.O. Box 482, Tucson, AZ, 85702-0482. E-mail: Board@TAWN.org Site: www.TAWN.org

Touchwood – Originalmente uma revista impressa, agora está disponível on-line. Publicada por uma Tradição Pagã hereditária (Clan Cornovii), oferece informações sobre sua própria Tradição e também sobre outros Clãs, Covens, Grupos e Nemeds. Funciona como um espaço para Druidas, Heathens, Pagãos, Bruxas e Magos. Inclui artigos, notícias, resenhas de livros e músicas, rituais, locais sagrados e cartas. Também oferece um curso por correspondência. Acesso gratuito. E-mails: jeremy_crawford2003@yahoo.co.uk ou webmaster@touchwood-magazine.co.uk. Site: www.touchwood-magazine.co.uk/

The Unicorn – Boletim Wiccaniano publicado a cada Sabbat, contendo notícias, resenhas, poesia, ilustrações, cartas e uma leitura especial para o Sabbat. Publicado continuamente desde 1976, é uma das mais antigas publicações Wiccanianas da América do Norte. Editado por Paul Beyerl e publicado pela *Rowan Tree*. Assinaturas: $13/ano. Endereço: The Unicorn, P.O. Box 0691, Kirkland, WA 98083. Site: www.therowantreechurch.org

WAXING & WANING – Publicação on-line dedicada a contos e poesias criativas Pagãs. Aceita todos os gêneros literários e está sempre em busca de novas contribuições. Também apresenta trechos de romances e resenhas de livros. E-mail: editor@waxwanemag.com Site: www.waxwanemag.com

WEAVINGS – Boletim informativo on-line publicado oito vezes por ano, em formato eletrônico (PDF), coincidindo com os Sabbat Wiccanianos. Produzido pela *Iowa Pagan Access Network* (IPAN, veja página 582), oferece assinaturas gratuitas, e a edição atual está sempre disponível na página inicial do site da IPAN. Inclui artigos, poesia, magia e rituais, uma seção para famílias, eventos, ilustrações e resenhas. Endereço: IPAN, P.O. Box 861, Iowa City, IA 52244-0861 E-mail: ipan@ipan.org Site: www.ipan.org

WHITE CRANE JOURNAL – fundado em 1989 como um fórum trimestral dedicado à exploração e fortalecimento da espiritualidade de homens gays. O *Lambda Book Report* o descreveu como "um periódico acadêmico literário, inteligente e, ao mesmo tempo, provocador e inovador sobre a cultura gay". Comprometido com a ideia de que a consciência gay desempenha um papel especial e importante na evolução da vida na Terra, *White Crane* busca explorar as diversas manifestações da busca espiritual entre homens gays contemporâneos. Endereço: White Crane Journal, 172 Fifth Avenue #69, Brooklyn, NY 11217. E-mail: Bo@WhiteCraneJournal.com Site: www.whitecranejournal.com

THE WICCAN/PAGAN TIMES – Periódico Pagão on-line em atividade desde 1999. Fundado pelo casal Imajicka e Boudica (Michael e Margaret Foster), oferece entrevistas perspicazes e resenhas de livros, focando não apenas autores consagrados, mas também novos talentos da comunidade Pagã. O site destaca obras de artistas Pagãos, além de disponibilizar rituais, recomendações de livros, eventos e listas de lojas. Atualizado regularmente, o acesso é gratuito para o público. Site: www.twpt.com

WICCAN REDE – Revista sobre a Arte, publicada em inglês e holandês nos Países Baixos por Bruxas Gardnerianas, em circulação desde 1979. Apresenta entrevistas aprofundadas, artigos sérios e pontos de vista filosóficos e controversos sobre as Tradições Wiccanianas iniciáticas e a Bruxaria solitária/eclética. Editores: Merlin e Morgana. Publicação trimestral, com 80 páginas no formato A5. Endereço: Wiccan Rede, P.O. Box 473, 3705 AL, Zeist, the Netherlands. Site: www.silvercircle.org/wiccanrede.htm

The Wise Woman – Jornal nacional focado em questões feministas, Mitologia da Deusa, espiritualidade feminista e Bruxaria feminista. Publicado desde 1980 por Ann Forfreedom, que escreve muitos dos artigos, incluindo temas como história das mulheres, notícias, análises, resenhas, fotografias, poesia, entrevistas, pesquisas originais sobre mulheres na história, Caças às Bruxas e a vida das mulheres na atualidade. Conta com ilustrações e gráficos da Deusa criados por Bulbul. A publicação completa está arquivada em microfilme na UMI, University Microfilms, Inc., localizada em 300 North Zeeb Road, Ann Arbor, MI 48106-1336. The Wise Woman está em transição de revista para editora de livros, mas edições anteriores ainda estão disponíveis. Cópia avulsa por $4. Endereço: The Wise Woman, 2441 Cordova Street, Oakland, CA 94602. E-mail: forfreedom3@earthlink.net.

Witch Eye: A Zine of Feri Uprising – pequeno zine em formato impresso repleto de arte, artigos, feitiços e saberes inspirados na Tradição Feri(e) de Bruxaria, que abrange diversas variações da tradição transmitida por Victor e Cora Anderson e popularizada por autores como Starhawk e Gwydion Pendderwen. Embora tenha um foco enraizado na Tradição Feri, a revista também oferece conteúdos de interesse para qualquer Pagão ou Bruxa. Fundada em 1999, é publicada aproximadamente duas ou três vezes por ano. Editor: Storm Faerywolf. 52 páginas, com capas coloridas. Edições atuais custam $8 cada; edições anteriores disponíveis por $10 (verificar disponibilidade no site). Residentes da Califórnia devem acrescentar 7,25% de imposto sobre vendas. Pagamentos devem ser feitos a Faerywolf e enviados para: Witch Eye, c/o Faerywolf, P.O. Box 3736, Antioch, CA 94531. Também disponível para compra on-line. Site: www.feritradition.org/witcheye

The Witches' Almanac – é "o guia anual completo para a harmonia lunar", um verdadeiro tesouro ocultista repleto de saberes mágicos, mitos, lendas, contos populares, segredos herbais, conselhos sobre animais, feitiços, rituais sagrados e histórias curiosas sobre o bem e o mal. Autoritativo e envolvente, inclui informações astrológicas de Dikki-Jo Mullen, apresentando de forma clara as fases da lua, aspectos planetários e suas influências em cada signo. Também traz feriados Wiccanianos e previsões climáticas mensais por região. Publicado desde 1971, a revista continua sua produção mesmo após o falecimento da editora Elizabeth Pepper, em 2005, com Theitic e sua equipe dando continuidade ao trabalho sem interrupções. Além do *Almanac*, já foram publicados outros onze títulos, com mais planejados para o futuro. Disponível na maioria das livrarias a partir do início de fevereiro e ao longo do ano, pelo preço de $8,95. Site: www.TheWitchesAlmanac.com

The Witches' Voice (AKA Witchvox) – Organização sem fins lucrativos aberta a todos os caminhos espirituais da Terra e uma fonte on-line excepcional de informações, oferecendo um espaço livre de publicidade para Pagãos do mundo todo compartilharem sua inspiração e magia. Como um recurso comunitário gratuito, *The Witches' Voice* funciona como uma rede educacional que disponibiliza serviços de informação e recursos sobre e para Pagãos, Heathens, Bruxas e Wiccanianos. Fundado por Wren Walker, Peg Aloi e Fritz Jung em dezembro de 1996, oferece a maior coleção de conteúdos Pagãos e recursos de networking na Web, incluindo artigos, ensaios, colunas e muito mais. É um excelente ponto de partida para pesquisar Tradições Wiccanianas e acompanhar notícias atuais. Vencedor do *Webby Award 2003* de Melhor Site de Espiritualidade na Internet, *Witchvox* recebe mais de 3,8 milhões de acessos mensais de mais de 800.000 visitantes únicos. Site: www.witchvox.com

WomenSpirit – Primeiro periódico dedicado à espiritualidade feminista, iniciado em 1974. Embora não esteja mais em circulação, edições anteriores ainda estão disponíveis pelo valor original de $3 cada. Para solicitá-las, envie um envelope selado e endereçado (SASE) para WomenSpirit, 2000 King Mountain Trail, Sunny Valley, Oregon 97497. Também pode ser acessado em microfilme através da University Microfilm International (UMI). E-mail: jmtgrove@hotmail.com

Yggdrasil – Uma das publicações Pagãs mais antigas em circulação contínua desde 1984. Trata-se de um pequeno jornal focado na religião Heathen, mitologia, runas, cultura e ethos. *Yggdrasil* é a árvore sagrada da mitologia nórdica, cujas raízes e galhos sustentam o Universo. A publicação enfatiza a religião e a cultura da Tradição Nórdica Europeia (N.E.T.). Inclui artigos sobre história, mitologia, rituais, resenhas e runas. Editora: Prudence Priest. Publicado trimestralmente, com 16 páginas. Assinaturas: $10/ano nos EUA; $13/ano em outros países; edição avulsa $3 (pagamento apenas em dólares americanos). Cheques devem ser emitidos para Freya's Folk. Endereço: Freya's Folk, PMB 165, 537 Jones Street, San Francisco, CA 94102-2007. Site: www.freyasfolk.org

Grupos

Caso você seja novo nisso tudo e tenha preocupações legítimas sobre entrar em contato com grupos desconhecidos, aqui estão algumas orientações. Embora os grupos Pagãos não sejam cultos (eles não tentam "converter" você, fazer lavagem cerebral ou controlar sua vida), qualquer pessoa que esteja em uma busca espiritual está, de certa forma, em uma posição vulnerável. Além disso, há muitas pessoas - independentemente da religião - que falam muito bem, mas não resolveram seus próprios problemas emocionais. O líder de um grupo Wiccaniano que elogiei intensamente na primeira edição deste livro (felizmente o grupo se dissolveu desde então), acabou assumindo uma postura de guru e até esperava favores sexuais de alguns membros. Espero que isso seja uma exceção rara. No entanto, é provável que existam muitos grupos com os quais eu discorde política ou filosoficamente.

No livro *Real Magic,* Isaac Bonewits publicou o que chamou de "Quadro de Avaliação de Perigo de Cultos", revisando-o depois em 2001 e novamente em 2004. O quadro apresenta dezoito aspectos a serem observados ao avaliar um grupo específico. Cada item pode ser pontuado de um a dez e, como regra geral, quanto maior a pontuação total de um grupo, maior a probabilidade de ele ser perigoso. Embora muitas das escalas do quadro sejam subjetivas, Bonewits enfatiza que sua avaliação se baseia em ideias modernas da psicologia humanista sobre saúde mental e crescimento pessoal, além de sua própria experiência. Independentemente do tipo de grupo que você esteja considerando, seja a Cientologia ou um círculo Pagão local, vale a pena refletir sobre essas dezoito questões antes de se envolver.

QUADRO AVANÇADO DE AVALIAÇÃO DE PERIGO DE CULTO DE BONEWITS

POR P. E. I. BONEWITS

FATORES:		1 2 3 4 5 6 7 8 9 10 Baixo Alto
1	Controle Interno: quantidade de poder político e social interno exercido pelo(s) líder(es) sobre os membros; falta de direitos claramente definidos para os membros dentro da organização.	1__________
2	Controle Externo: quantidade de influência política e social externa desejada ou obtida; ênfase em direcionar o comportamento político e social externo dos membros.	2__________
3	Sabedoria ou Conhecimento Alegado pelo(s) líder(es); quantidade de infalibilidade declarada ou implícita das decisões ou interpretações doutrinárias ou das escrituras; número e grau de credenciais não verificadas ou inverificáveis alegadas.	3__________
4	Sabedoria ou Conhecimento Creditado ao(s) líder(es) pelos membros; quantidade de confiança nas decisões ou interpretações doutrinárias ou das escrituras feitas pelo(s) líder(es); quantidade de hostilidade dos membros a críticas internas ou externas ou a esforços de verificação.	4__________
5	Dogma: rigidez dos conceitos sobre a realidade ensinados; quantidade de inflexibilidade doutrinária ou "fundamentalismo"; hostilidade ao relativismo e ao situacionismo.	5__________

ARDANE

Esta edição foi composta pela
Ardane Books, São Paulo, SP. O papel
utilizado foi o papel offset gramatura 90.
O texto principal foi composto em fonte
Minion Pro, 12 e entrelinhamento 14,4, os
títulos em Mr Darcy, 21, os subtítulos em
Merriweather , 16, as epígrafes em New
Hero UltraLight, 9. Impresso no Brasil.